भारत में सामाजिक आन्दोलन

भारत में सामाजिक आन्दोलन

Social Movements in India

वी.एन. सिंह

जनमेजय सिंह

रावत पब्लिकेशन्स

जयपुर • नई दिल्ली • बैंगलोर • गुवाहाटी • कोलकाता

ISBN 978-81-7033-972-4 (Hardback)
ISBN 978-81-7033-973-1 (Paperback)

Reprinted, 2026

(While every effort has been taken to avoid errors, the authors, publishers and printers are not responsible for the consequence of any action taken on the basis of the book).

Published by
Prem Rawat for **Rawat Publications**
Satyam Apts, Sector 3, Jawahar Nagar, Jaipur 302 004 (India)
Phone: 0141 265 1748 / 7006
E-mail: info@rawatbooks.com
Website: www.rawatbooks.com

New Delhi Office
4858/24, Ansari Road, Daryaganj, New Delhi 110 002
Phone: 011 2326 3290

Printed and bound in India

उन ज्ञात-अज्ञात आन्दोलनकारियों और
विद्रोहियों को नमन करते हुए
यह पुस्तक समर्पित है।

विषय सूची
(Contents)

दो शब्द
(Preface)

भारतीय सामाजिक आन्दोलनों का परिदृश्य का इतिहास जितना स्पष्ट और व्यापक होना चाहिए था, नहीं है। सामाजिक आन्दोलनों की घटनाओं का अध्ययन कुछ राजनीतिशास्त्र के विद्वानों और कुछ इतिहासविज्ञों ने किया है, किन्तु सामाजिक आन्दोलनों के समग्र रूप का अध्ययन आज तक नहीं किया गया है। किसी एक आन्दोलन के एक पक्ष को लेकर विभिन्न राज्यों में अध्ययन किये गये हैं इधर लगभग तीन दशकों से समाजशास्त्रियों का ध्यान सामाजिक आन्दोलनों के अध्ययन की ओर गया है। इसकी जरूरत को महसूस किया गया है।

वास्तव में सामाजिक आन्दोलनों और विद्रोहों का इतिहास सैकड़ों वर्षों का है। कभी कोई आन्दोलन वर्षों तक चलते रहे और कभी लघु आयु में ही थम गए, किन्तु आन्दोलन की चिंगारी का अन्तर-प्रवाह शोषित जन-समुदाय में होता रहा। सामन्तवादी और साम्राज्यवादी व्यवस्था में निर्धनों, भूमिहीन श्रमिकों, बाल श्रमिकों तथा महिलाओं का शोषण और उत्पीड़न होता रहा। इसके विरुद्ध समय-समय पर विद्रोह और आन्दोलन किये गये। पर जमीन्दारों, महाजनों, पुलिस, भू-माफियाओं और अंग्रेज शासकों ने न तो शोषण बन्द किया और न उत्पीड़न। महिलाओं के साथ बलात्कार किये गये। निर्धन किसानों की जमीन छीनी गई। उन पर तरह-तरह के कर लगाये गये। कर्ज में किसान अजीवन डूबा रहा और भूखों मरता रहा। शोषितों में सामन्तों और साम्राज्यवादियों के विरुद्ध अन्दर ही अन्दर आग धधक रही थी। एक दिन वह जंगल की आग की तरह फैल गई। विद्रोह और आन्दोलन भड़क उठें। शोषितों के छापामार युद्ध ने अंग्रेज शासकों और जमीन्दारों को झकझोर कर रख दिया। अनेक अंग्रेज और जमींदार मारे गये। पुलिस चौकियाँ फूंकी गई। गोदाम फूंके और लूटे गए। इस तरह की असंख्य घटनाएं घटी पर उनका समग्र रूप में और समाजशास्त्रीय दृष्टि से अध्ययन नहीं किया गया। समाज इन विद्रोहों और आन्दोलनों से आज भी अनभिज्ञ है। यह पुस्तक इसी दिशा में एक प्रयास है। दृष्टि यह रही है कि उनके मूलभूत कारणों और प्रेरक मूल्यों की खोज की जाय और उनके आन्तरिक संरचना को समाजशास्त्रीय दृष्टि से देखा जाय।

इस लघु पुस्तक में सामाजिक आन्दोलनों और विद्रोहों को समग्र रूप में देखने का

प्रयास किया गया है। वास्तव में शोषण, उत्पीड़न और अत्याचार के गर्भ में आन्दोलन के बीज समाहित होते हैं जो अन्दर ही अन्दर पकते रहते हैं और एक दिन फूटते है। इन आन्दोलनों का लक्ष्य होता है सामाजिक परिवर्तन लाना, व्यवस्था को बदलना जिससे सभी को सामाजिक न्याय मिल सके।

इस पुस्तक में कुछ ऐसे आन्दोलनों का भी उल्लेख है जिन्हें अभी तक समाजशास्त्रीय दृष्टि से देखा नहीं गया है, जैसे भक्ति आन्दोलन, नवजागरण, दलित और महिला आन्दोलन, जनजातीय और नक्सलवादी आन्दोलन '**सर्वोदय दर्शन**' का आन्दोलन, **सम्पूर्ण-क्रांति, पर्यावरण जागरुकता आन्दोलन, भूमंडलीकरण: एक परोक्ष आन्दोलन,** संभवत: प्रथम बार भारतीय दृष्टि से सामाजिक आन्दोलनों के सिद्धान्तों की व्याख्या भी की गई है।

हमें इस लघु-पुस्तक को लिखते समय यह आभास हुआ कि भारत की आजादी का इतिहास जो अभी तक लिखा गया है वह अधूरा भी है और अधकचरा भी। हम उन पुस्तकों के लेखकों के आभारी हैं, जिनसे हमें इस पुस्तक को तैयार करने में सहायता मिली है। प्रकाशक रावत जी का भी आभारी हूं, जिन्होंने इस पुस्तक को लिखने की प्रेरणा दी।

111/98, फ्लैट 22, अशोक नगर, कानपुर-208012
फोन : 254 8410

डॉ. वी.एन. सिंह
डॉ. जनमेजय सिंह

1

सामाजिक आन्दोलनों की सैद्धान्तिकी
(Theorizing Social Movements)

भारतीय सिद्धान्तों की व्याख्या (Exposition of Indian Theories)

आश्चर्य इस बात का है कि सामाजिक आन्दोलनों के सिद्धान्तों की जब भी हमने व्याख्या की है विदेशी विद्वानों और उनके स्थापित किए हुए सिद्धान्तों के मॉडलों को ही हमने भारतीय सामाजिक आन्दोलनों पर लागू करने का प्रयास किया है। हमने इस पर विचार नहीं किया कि प्रत्येक देश के सामाजिक आन्दोलनों की पृष्ठभूमि समान न होकर असमान होती है। क्या अमेरिकी फौजों से वीयतनामी फौजों के मध्य चला दशकों वर्षों का विद्रोह अथवा आन्दोलन और अमेरिका के नीग्रो आन्दोलन समान हैं? क्या इनके आन्दोलनों के सिद्धान्त समान हो सकते हैं? भारत के विभिन्न सामाजिक आन्दोलनों की प्रकृति क्या समान है? यदि नहीं, तो विदेशी विद्वानों के सामाजिक आन्दोलनों के सिद्धान्त निश्चय ही भारतीय आन्दोलनों पर पूर्णतया लागू नहीं होते हैं क्योंकि कोई भी आन्दोलन अपने देश की परिस्थितियों और आवश्यकताओं से जन्म लेता है।

हमें भारतीय सामाजिक आन्दोलनों के सिद्धान्तों और विचारों को भारतीय परिप्रेक्ष्य में ही देखना चाहिए तभी हम वास्तविक और तथ्ययुक्त निष्कर्ष पर पहुँच सकते हैं। इसके साथ ही विभिन्न आन्दोलनों की प्रकृति और स्वरूप को भी जानना आवश्यक है। इसलिये भारतीय समाजशास्त्री जब विदेशी विद्वानों के सिद्धान्तों को भारतीय सामाजिक आन्दोलनों के सांचे में ढालने का प्रयास करते हैं तो तथ्य भ्रमात्मक और परस्पर अस्पष्ट और उलझे हुए होते हैं।

पाश्चात्य देशों में सामाजिक आन्दोलनों का इतिहास इतना प्राचीन नहीं है, जितना भारत का। इसलिये भारतीय सामाजिक आन्दोलनों को यहाँ के पूर्व इतिहास और प्राचीन सामाजिक विचारों के परिप्रेक्ष्य में भी देखना होगा क्योंकि वर्तमान सामाजिक परिस्थितियाँ प्राचीन परम्पराओं की विकसित और परिवर्तित अंश है। उदाहरण के लिये भारतीय समाज की मूल संरचनागत विशेषता यहाँ की जाति और वर्ण व्यवस्था है जो कि इसी रूप में और कहीं नहीं पायी जाती। इसलिये यहाँ के सामाजिक आन्दोलन जब तक इस व्यवस्था को

नहीं समझ लेते तब तक विदेशी वैचारिकी का अध्ययन पूरी तरह सफल नहीं होगा। उसी तरह जैसे हम जाति व्यवस्था के आधार पर अमेरिकी समाज का अध्ययन नहीं कर सकते।

अभी तक भारतीय सामाजिक आन्दोलनों के सिद्धान्तों को हमने भारतीय परिप्रेक्ष्य में क्यों नहीं देखा? आन्दोलन के समग्र रूप का अध्ययन क्यों नहीं किया? यहाँ पर प्रश्न उठता है कि क्या अन्य वस्तुओं की तरह हम सिद्धान्त भी आयात करते हैं? हम उनके द्वारा स्थापित सिद्धान्तों का ही अनुकरण करते हैं। भारत की जमीन अलग है और सामाजिक परम्पराएँ भी विशिष्ठ हैं, अतः आन्दोलनों का स्वरूप भी। इसी दृष्टि से हमें सामाजिक आन्दोलनों का अध्ययन भी करना चाहिए।

सिद्धान्त बनने की प्रकिया (Process of Theory Formation)

प्रत्येक आन्दोलन के दो पक्ष होते हैं। एक तो उस आन्दोलन का सैद्धान्तिक और वैचारिक पक्ष और दूसरा व्यावहारिक और क्रियान्वयन का पक्ष। आन्दोलन दोनों को मिलाकर ही सम्पूर्ण होता है परन्तु जब वह व्यापक जन समुदाय में फैलता है तो उसका संबंध क्रियात्मक पक्ष से अधिक होता है। वैचारिक पक्ष को न जानते हुए भी सामान्य जनता नेतृत्व के अन्तर्गत उसका प्रचार-प्रसार और प्रयोग करती है। उदाहरण के लिये यदि मध्यकालीन भक्ति आन्दोलन को लें तो विभिन्न धर्मों में दार्शनिक आधार और उनके मध्य सूक्ष्म अन्तर से जनता का कोई परिचय नहीं था, परन्तु उसके व्यावहारिक पक्ष में जो उपदेश किया जाता था उसका वे पालन करते थे। इसी तरह 19वीं शताब्दी के जागरण में प्रत्येक आन्दोलन के पीछे वैचारिक और सैद्धान्तिक आधार था, परन्तु सामान्य जनता अपने नेताओं का अनुकरण करती थी जैसे सत्य और अहिंसा के सिद्धान्त को बगैर समझे सामान्य जन गांधी का अनुकरण करते थे और आदेश का अनुपालन भी।

भारतीय सन्दर्भ में सामाजिक आन्दोलनों के सिद्धान्त (Theories of Social Movements in Indian Context)

सामाजिक आन्दोलनों के संबंध में दो बातें जानना अत्यन्त आवश्यक हैं –

1. स्वदेशी सामाजिक आन्दोलनों के सिद्धान्त और वैचारिकी।
2. विदेशी सामाजिक आन्दोलनों के सिद्धान्त और वैचारिकी।

1. स्वदेशी सामाजिक आन्दोलनों के सिद्धान्त और वैचारिकी (Indian Social Movements: Theory and Ideology)

अभी तक भारतीय सामाजिक आन्दोलनों के सिद्धान्तों को भारतीय परिप्रेक्ष्य में अध्ययन नहीं

किया गया है। इनकी विश्लेषणात्मक विवेचना की गयी है। हम यहाँ पर भारतीय दृष्टि और भारतीय सन्दर्भ में सामाजिक आन्दोलनों के सिद्धान्तों को संक्षेप में देखने का प्रयास करेंगे क्योंकि इन आन्दोलनों की काफी विस्तार से आगे व्याख्या की गयी है।

13वीं से लेकर 16वीं शताब्दी तक भारत में एक द्वन्द्वात्मकता की स्थिति थी जिसमें उच्च वर्गीय जाति प्रथा के विरुद्ध आक्रोश और विद्रोह दोनों ही उबाल पर थे। समाज में ब्राह्मणों के उच्च स्थान और उनके प्रभुत्व को लेकर विचार मन्थन आरम्भ हो गया था। दुखी, पीड़ित, शोषित, प्रताड़ित निम्न जाति के व्यक्ति पशु सा जीवन व्यतीत कर रहे थे। इस प्रकार की परिस्थिति में रामानुजाचार्य अपने नये सामाजिक दर्शन के साथ अवतरित हुए। वे अपने विचारों से जाति प्रथा में आमूलचूल परिवर्तन लाना चाहते थे। उनके क्रांतिकारी विचार शूद्रों की स्थिति में परिवर्तन लाना चाहते थे। उन्होंने ब्राह्मैतर लोगें को मन्दिर में अराधना करने का अधिकार देकर एक नूतन, स्वतंत्र धार्मिक चेतना के सिद्धान्त की स्थापना की। इस धार्मिक विचार का प्रचार, प्रसार और प्रयोग होने लगा। यह धार्मिक आधार पर आधारित वैचारिकी जन जीवन का स्वत: हिस्सा बन गयी। इसी क्रम में रामानन्द धर्म के बाह्य आडम्बर और संस्कार के विरोधी थे। उन्होंने एक व्यावहारिक सिद्धान्त की स्थापना की कि सभी व्यक्ति एक ही ईश्वर के अंश हैं, फिर परस्पर कटुता, द्वेष, घृणा, ऊंच-नीच की भावना आदि क्यों? रामानन्द के इस वैचारिक सिद्धान्त ने भारत के परम्परात्मक ढाँचे में उथल-पुथल मचा दी। इसे आप सामाजिक आन्दोलन का एक महत्त्वपूर्ण तत्त्व भी कह सकते हैं। इस आन्दोलन की पृष्ठभूमि में रामानन्द के व्यावहारिक जीवन का चिन्तन था। इस समय समाज विभिन्न जातियों के छोटे-बड़े खानों में विभाजित था। इस प्रथा और व्यवस्था के वे विरोधी थे।

कबीर के अवतरण के साथ सम्पूर्ण उत्तर भारत में सांस्कृतिक चेतना की लहर उत्पन्न हो गई थी। यदि यह कहा जाय कि 14वीं सदी से लेकर 17वीं सदी तक कबीर और तुलसी मंत्रदाता के रूप में अवतरित हुए। इनके विचारों ने समाज को एक नयी रोशनी दी। क्रांतिकारी कबीर ने अपने वैचारिकी से हिन्दू-मुस्लिम समाज की कट्टरता, अन्ध-विश्वास,जड़ता, कूप मन्डूकता आदि पर गहरा प्रहार किया। कबीर को तो अपने युग का महान आलोचक कहा जाता है। उनकी सकारात्मक आलोचना जातिवाद और धार्मिक अन्ध-विश्वासों पर चोट करती है। समाज और व्यक्ति दोनों रूढ़ियों और धार्मिक कट्टरता के विरुद्ध खड़े होने के लिये छटपटाते हैं। यह छटपटाहट और चेतना कबीर के व्यावहारिक जीवन और अवलोकन की अनुभूति से जन्मे थे। इसने सामाजिक आन्दोलन को एक मानवतावादी विचार दिया है। इसे कबीर का मानवतावादी वैचारिकी का सिद्धान्त भी कह सकते हैं जो आज भी जातिवाद रूढ़ियों और अन्धविश्वासों के विरुद्ध खड़ा हुआ है। कबीर की यह पंक्तियाँ देखें -

ऊँचे कुल का जनमिया, करनी ऊँच न होय।

सुबरन कलस सुरा भरा,साधो निन्दा सोय।

सामाजिक आन्दोलनों के सिद्धान्त बने बनाये मॉडल के रूप में उपलब्ध नहीं होते और न किसी सिद्धान्त को आधार बनाकर आन्दोलन किये जाते हैं। इसीलिये प्रत्येक आन्दोलन के तथ्य, प्रकृति और स्वरूप में भिन्नता देखने को मिलती है। सम्पूर्ण धार्मिक आन्दोलनों की पृष्ठभूमि नवजागरण आन्दोलन से मेल नहीं खाती है। दोनों के सिद्धान्तों व विचारों में पर्याप्त अन्तर है।

नव-जागरण आन्दोलन और सामाजिक सिद्धान्त (Renaissance and Social Theory)

नव जागरण आन्दोलन के गर्भ में सामाजिक सांस्कृतिक सुधार के बीज समाहित थे। नव जागरण का आन्दोलन वहीं आरम्भ हुआ जहाँ सामाजिक सांस्कृतिक कुरीतियों के विरुद्ध संघर्ष और आन्दोलन का बिगुल बजा। भारत पर मुगलों और अंग्रेजों का शासन सैकड़ों वर्षों रहा है। इसलिये इनका समाज पर काफी प्रभाव भी पड़ा। इनके शासन काल में अनेक सामाजिक कुरीतियाँ भी उत्पन्न हुईं जो समाज के लिये कलंक बन गयी। जैसे पिछड़ापन, रूढ़िवादिता, अन्धविश्वास, ढ़ोगी प्रथायें, अशिक्षा आदि। ये सामाजिक बुराइयाँ किसी भी समाज को आगे बढ़ने के बजाय पीछे ढकेलती हैं। इसी समय पश्चिम के उदारवादी विचारों का भी, भारतीय समाज पर प्रभाव पड़ रहा था। इन परिस्थितियों में **राजाराम मोहन राय** का जन्म हुआ।

राजा जी पाश्चात्य शिक्षा में दीक्षित थे। वे भारत के पिछड़ेपन को जानते थे। उनका कहना था कि भारत में, जब तक, अंग्रेजी शिक्षा का प्रचार व प्रसार नहीं होगा भारत उन्नति नहीं कर सकता है। उन्होंने अंग्रेजी शिक्षा का जहाँ समर्थन किया वहीं, समाज में व्याप्त कुरूतियों का डटकर विरोध भी किया जैसे सती-प्रथा, बाल-विवाह, मूर्ति पूजा, बहु पत्नी प्रथा आदि। राजा जी ने अपने विचारों और कार्यों से सामाजिक आन्दोलन की एक नयी ज़मीन तैयार की। इसीलिये उनके नेतृत्व में धार्मिक अन्धविश्वास के विरुद्ध आन्दोलन किये गये। सती प्रथा और बाल विवाह को कानूनी रूप से समाप्त किया गया। समाज के एक बड़े वर्ग में यह भावना घर करने लगी कि जड़वादी धार्मिक व्यवस्था को बदलना आवश्यक है। अन्ततः पुनर्जागरण आन्दोलन का एक व्यावहारिक-प्रकार्यात्मक सिद्धान्त का आधार बना और 'ब्रह्म समाज' राजा जी की वैचारिकी को आधार बनाकर आन्दोलन करता रहा।

नव जागरण आन्दोलन के दूसरे महत्त्वपूर्ण स्तम्भ **स्वामी विवेकानन्द सरस्वती** थे। **दयानन्द जी** का युग हिन्दू धर्म के लिहाज से पतन का युग था। इस समय वैदिक ज्ञान एवं संस्कृति का क्षय हो रहा था। वैदिक संस्कृति का पतन केवल बह्म समाजियों के द्वारा ही नहीं हो रहा था, बल्कि अंग्रेज शासक भी इस कार्य में लगे हुए थे। स्वामी जी ने वेदों के ज्ञान के स्त्रोतों पर विचार प्रकट किए। वास्तव में, वे हिन्दू नहीं वरन् वैदिक धर्म के पुनरूत्थान के प्रतिष्ठापोषक थे। स्वामी जी को यह आभास हो गया था कि यदि भारतीयों

ने विदेशी संस्कृति को ग्रहण कर लिया तो स्वदेशी और राष्ट्रीय भावना समाप्त हो जायगी। स्वामी जी हिन्दू पुनरूत्थानवाद के रूप में प्रकट हुए। उन्होंने वैदिक आदर्शवाद और कर्म की प्रेरणा दी। देश संस्कृति, आदर्श, मूल्य, वेद धर्म के अनुपालन में ही सुरक्षित रह सकता है। वे धार्मिक अन्धविश्वासों के विरोधी थे। वे मूर्ति पूजा, तीर्थ, व्रत, और तीर्थ स्थानों के भी आलोचक थे। वे कहते थे व्रत और उपवास में शरीर को कष्ट देना मूर्खतापूर्ण हैं। ढोंगी ब्राह्मणों ने प्रत्येक व्रत के साथ विचित्र बातें जोड़ दी जैसे कार्तिक स्वामी की षष्ठी, गणेश की चतुर्थी, पितरों की अमावस्या आदि दिन उपवास के हैं।

वास्तव में, **स्वामी दयानन्द सरस्वती** व्यक्तियों के चरित्र का निर्माण वैदिक आदर्शों के आधार पर करना चाहते थे। वैदिक धर्म में आस्था होने से व्यक्ति में नैतिकता, परोपकार, देश-भक्ति, निर्भीकता, चिन्तनशीलता आदि विशेषतायें उत्पन्न होती हैं। वेदों के ज्ञान को स्थापित करने हेतु आर्य-समाज की स्थापना की गई। एक दिन स्वामी जी के गुरू विरजानन्द ने कहा ''तुमने ज्ञान प्राप्त कर लिया है। जाओ उसका प्रचार करो। मत-मतान्तरों की अविद्या को मिटाओ तथा वैदिक धर्म को फैलाओ।'' स्वामी जी ने 'सत्यार्थ प्रकाश' पुस्तक को प्रकाशित किया। इसे 'आर्य समाज' की आत्मा कहा जाता है। स्वामी जी ने वैदिक धर्म को जीवन में उतारने हेतु एक सशक्त वैचारिकी दी। वैदिक धार्मिक आन्दोलन को 'आर्य समाज' और 'सत्यार्थ प्रकाश' के माध्यम से एक वैदिक धार्मिक आधार प्रदान किया। इस आन्दोलन का लक्ष्य था कि जनसमुदाय वेद ज्ञान की ओर वापस लौटे जिसे प्रत्यावर्तन भी कहा जाता है। आज भी 'आर्य समाज' वैदिक धर्म के प्रचार और प्रसार में लगा हुआ है। वैदिक ज्ञान और धर्म सामाजिक सांस्कृतिक आन्दोलन का सशक्त आधार बना।

रामकृष्ण परमहंस का आध्यात्मिक चिन्तन वैचारिकी और मानवतावादी दर्शन पूर्व के विचारकों से बहुत कुछ भिन्न है। उनका मत है कि व्यक्ति समाज की इकाई है। उसे मानव प्रेमी होना चाहिए फिर व्यक्ति-व्यक्ति में दूरी, अलगाव, भेद, मतभेद, द्वेष और घृणा कैसी? सामाजिक आन्दोलन की ऐसी सशक्त वैचारिकी और क्या हो सकती है? एक ऐसा परमहंस का फलसफा जो व्यक्ति को सारे मतभेद त्यागने की प्रेरणा देता है। उनका आध्यात्मिक चिन्तन मानवतावादी सौहार्द और एकता का दर्शन है। उनका एक उदाहरण देखें - उनका कहना था कि मनुष्य-मनुष्य में कोई भेद नहीं, इस शिक्षा को समझाने का उनका ढंग यह था कि मनुष्य मानो केवल तकिये के गिलाफ हैं। गिलाफ जैसे भिन्न-भिन्न रंग और आकार के होते हैं, वैसे ही मनुष्य भी कोई सुरूप, कोई कुरूप, कोई साधु, कोई दुष्ट होता है। बस इतना ही अन्तर होता है। पर जैसे सभी गिलाफों में एक ही पदार्थ कपास भरा होता है, उसी के अनुसार सभी मनुष्यों में वही एक सच्चिदानन्द भरा हुआ है।[1]'' वे मानते थे कि सभी जाति और वर्ग के व्यक्ति समान हैं तो सभी धर्म भी समान हैं। धर्म बुद्धि की नहीं अनुभूति की वस्तु है, स्वधर्म ही श्रेयस्कर है। परमहंस जी के प्रिय और प्रतिभा

1. रामधारी सिंह दिनकर, संस्कृति के चार अध्याय, पृष्ठ 489.

सम्पन्न शिष्य विवेकानन्द थे। इन्होंने रामकृष्ण मिशन की स्थापना की। वास्तव में, मानव सेवा, मानव कल्याण और मानवतावाद के सिद्धान्त को लेकर रामकृष्ण परमहंस ने एक आध्यात्मिक सामाजिक आन्दोलन की नींव रखी। उनके विचार और जहाँ सैद्धान्तिक दिखायी पड़ते हैं वहीं व्यावहारिक भी। और जब जनता इनसे जुड़ गई तो एक सैद्धान्तिक सामाजिक आन्दोलन के सिद्धान्त की स्थापना हुई। यह वैचारिकी के क्रियान्वयन से ही सम्भव हुआ।

इसी प्रकार के अनेक उदाहरण नव जागरण आन्दोलन से दिये जा सकते हैं। सभी आन्दोलनों में कुछ ऐसे नवीन तथ्य हैं जो विद्वानों, समाज सेवकों, विचारकों के चिन्तन से जन्मे हैं। इनके व्यावहारिक जीवन की अनुभूतियों से एक विशेष प्रकार की वैचारिकी का निर्माण होता है। यह सामाजिक आन्दोलनों का आधार भी बनाते हैं और सिद्धान्त भी।

तीन महान् व्यक्तित्व : सिद्धान्त
(Three Great Personalities and their Theories)

उपर्युक्त मनीषियों के वैचारिकी से हटकर तीन महान् समाज सेवकों, चिन्तकों के विचारों की यदि यहाँ पर चर्चा नहीं की जाती है तो भारतीय सामाजिक आन्दोलनों के सिद्धान्तों के आधार अधूरे रह जायेंगे। प्रथम है महात्मा गांधी के विचार, जो देश के स्वतंत्रता आन्दोलन के आधार भी बने। समाज का निर्माण किस प्रकार किया जाय, इस पर भी उन्होंने गंभीर विचार प्रकट किये हैं। उनके विचारों, आन्दोलनों और समाज सुधार कार्यों के अभिन्न अंग थे – सत्य, अंहिसा और प्रेम। सारे आन्दोलनों का आधार ये तीन तत्त्व थे। अंग्रेज शासकों को भी उन्होंने अपने अंहिसा के शस्त्र से मात दी। अंहिसा और सत्याग्रह आन्दोलन के अचूक अस्त्र है। संरक्षता के दर्शन के द्वारा वे पूंजीवादी व्यवस्था समाप्त करना चाहते थे पर पूंजीपतियों को नहीं। वे पूंजीपतियों का हृदय परिवर्तन करने के पक्षधर थे। पूंजीपति अपनी आवश्यकताओं को पूर्ण करने के पश्चात जो धन उनके पास शेष है उसे उन्हें जनता के कल्याण कार्य में लगाना चाहिए।

गांधी जी का सत्य, अंहिसा, प्रेम और सत्याग्रह का सिद्धान्त सामाजिक आन्दोलनों का आधार, केवल भारत में ही नहीं बना वरन् विदेशों में भी अहिंसा के हथियार को आन्दोलनों के लिये अपनाया गया। मार्टिन लूथर किंग और मन्डेला इसके उदाहरण हैं। गांधी जी की वैचारिकी और व्यावहारिक सिद्धान्तों पर आधारित है उनका सर्वोदय दर्शन का आन्दोलन जिसकी आगे विस्तार से व्याख्या की गई है।

भारतीय राजनीति के कैनवास पर मुख्य रूप से तीन महापुरूष ऐसे हैं जो सत्ता के न तो भूखे थे और न सत्ता के लिये राजनीति करते थे। ये हैं गांधी, जयप्रकाश नारायण और विनोबा भावे। ये तीनों ही अपने विचारों और कार्यों से समाज में सकारात्मक परिवर्तन लाने के लिये संघर्ष करते रहे जिससे मानव समाज का बगैर किसी भेद-भाव के कल्याण हो सके। द्वितीय महान् व्यक्तित्व जय प्रकाश नारायण का है। उन्होंने समाजिक आन्दोलन के लिये

'सम्पूर्ण क्रांति' का सिद्धान्त दिया। समग्र सामाजिक, आर्थिक, व राजनीतिक ढांचें को बदलने के लिये उन्होंने सम्पूर्ण क्रांति का सिद्धान्त दिया। सम्पूर्ण क्रांति मात्र परिवर्तन तक ही सीमित नहीं है, वरन् इसमें मूल्य, मनोवृत्ति, समाज के सभी क्षेत्रों में रचनात्मक और सृजनात्मक परिवर्तनों का समावेश किया गया है। जे.पी. ऐसी क्रांति के पक्षधर थे जो सम्पूर्ण भी हो और समग्र भी। उनके अनुसार सात प्रकार की क्रांतियों के मिलने से ही 'सम्पूर्ण क्रांति' का निर्माण होता है। ये है : सामाजिक क्रांति, आर्थिक क्रांति, राजनीतिक क्रान्ति, सांस्कृतिक क्रांति और नैतिक अथवा आध्यात्मिक क्रांति। जे.पी. के विचार उनके 'सम्पूर्ण क्रांति' आन्दोलन के व्यावहारिक पक्ष की भी पुष्टि करते हैं। इन्हीं वैचारिकी और सिद्धान्तों के आधार पर आन्दोलनों का क्रियान्वयन भी हुआ हैं। आगे सम्पूर्ण क्रांति पर विस्तृत विवेचना की गयी है।

विनोबा भावे को भी 'भू-दान आन्दोलन' के संबंध में विशेष रूप से स्मरण किया जाता है। यद्यपि उन्होंने असंख्य चीजों पर भी अपने विचार प्रकट किये हैं, किन्तु 'भू-दान आन्दोलन' अपना विशेष अर्थ रखता है। सन् 1951 में विनोबा जी तेलंगाना क्षेत्र में पद यात्रा कर रहे थे। वे नलकुण्डा जिले के पोचमपल्ली गांव भी गए। इस गाँव में 3000 की जनसंख्या थी और जिसमें 2000 भूमिहीन श्रमिक थे, शेष भू स्वामी जमीन्दार थे अपनी पद यात्रा के दौरान भू-स्वामियों से अनुरोध किया कि वे अपनी भूमि का कुछ भाग दान में दे दें। इस दान में भूमिहीन श्रमिकों की समस्या का समाधान छिपा था। भू स्वामियों ने हजारों एकड़ भूमि दान में दी। विनोबा जी ने इस वैचारिकी आन्दोलन के सिद्धान्त की स्थापना की कि जिसके पास अत्यधिक भूमि है वे स्वेच्छा से उसमें से कुछ दान में दे दें जिससे निर्धन, निराश्रित, बेरोजगार, भूमिहीन श्रमिकों का कल्याण हो सके।

संक्षेप में, हम यह कह सकते हैं कि सभी प्रकार के आन्दोलनों में एक दर्शन और वैचारिकी छिपी होती है जो व्यक्ति को आन्दोलन करने की प्रेरणा देती है और आन्दोलन के सिद्धान्त की स्थापना भी करती है।

सिद्धान्तों के सन्दर्भ में अपना मत
(Personal Opinion in the Context of Theories)

प्राय: आन्दोलन किसी विशेष लक्ष्य की प्राप्ति के लिये किये जाते हैं और लक्ष्य की उपलब्धि होने पर अथवा न होने पर भी वे स्वत: समाप्त हो जाते हैं। अत: आन्दोलन एक कालबद्ध प्रक्रिया है, परन्तु किसी न किसी प्रकार के आन्दोलन विकल्प के रूप में निरन्तर बने रहते हैं। भारतीय आन्दोलनों के इतिहास पर यदि प्रारम्भ से दृष्टि डालें तो यह तथ्य उभर कर आता है कि उनमें किसी विशेष दृष्टि के होने पर भी अन्य सम अथवा विषम अभिप्रायों का भी समावेश कर लिया जाता है। इस प्रकार आन्दोलन जिस मूलभूमि पर आधारित होते हैं उसी में विलीन हो जाते हैं। उदाहरण के लिये मध्ययुगीन जागरण, नव जागरण, और

आजादी के भारत के आन्दोलन।

सामाजिक आन्दोलन की सबसे बड़ी विशेषता यह है कि जिन चीजों के खिलाफ वह खड़ा होता है, वही बुराइयाँ कालान्तर में उसमें आ जाती है। इसी से उसका पतन होता है। सिद्धान्त और व्यवहार का फासला जितना बड़ा होता है आन्दोलन उतना ही क्षणिक होता है जैसे भूदान आन्दोलन के पीछे क्या लक्ष्य और भावना थी और उस पर भू-माफियों ने कब्जा कर लिया। दयानन्द सरस्वती मूर्ति पूजा के विरुद्ध थे और उन्हीं की मूर्ति स्थापित होने लगी। इस तरह जो आन्दोलन अपनी जमीन से जितना ही कटा होगा, वह उतना ही असफल होगा जैसे मार्क्सवादी आन्दोलन। भारत ने विचार लिये हैं परन्तु दर्शन अपना रखा है। इसलिये भारतीय सामाजिक आन्दोलन के सिद्धान्त और वैचारिकी अपनी मूल जमीन से जुड़े हुए हैं।

भारतीय सामाजिक आन्दोलनों की वैचारिकी और सिद्धान्त का आधार यह है कि वे प्राय: धर्म के माध्यम से घटित हुए हैं। यदि धर्म का विरोध भी करना है तो धर्म के माध्यम से ही। उदाहरण के लिए वैदिक पुरोहितवाद के विद्रोह में बौद्ध और जैन धर्मों ने संघर्ष किया और नये धार्मिक आन्दोलन चलाये। इसी प्रकार जब परवर्त्ती बौद्ध और जैन धर्म स्वयं रूढ़िग्रस्त हुए तो वैष्णव धर्म के उदय ने उनका विरोध किया। यहाँ तक कि उन्नीसवीं सदी का जन आन्दोलन भी विविध धर्म समाजों द्वारा किया गया था, यद्यपि उन्होंने धर्म को आधुनिक एवं समग्र रूप में प्रस्तुत किया। उनके आधुनिक विचारों पर भी धार्मिक अवधारणाओं का प्रभाव है। प्रत्येक आन्दोलन पूरे समाज से जुड़ा होता है। भारतीय आन्दोलनों की एक प्रमुख विशेषता यह है कि वे जन्म तो एक जगह लेते हैं, परन्तु शीघ्र ही वे अखिल भारतीय स्वरूप ग्रहण कर लेते हैं। अत: ये आन्दोलन अपनी प्रकृति में राष्ट्रीय है। सामाजिक आन्दोलन के सिद्धान्तों को राष्टीय स्तर प्रदान करते हैं जैसे 'सम्पूर्ण क्रांति', भूदान आन्दोलन, गांधी जी का सत्य, अहिंसा और सत्याग्रह।

2. विदेशी सामाजिक आन्दोलनों के सिद्धान्त व वैचारिकी (Theories of Foreign Movements and Ideology)

कार्ल मार्क्स का वर्ग संघर्ष का सिद्धान्त

विश्व प्रसिद्ध चिन्तक और विद्वान कार्लमार्क्स एक समाजवादी विचारक हैं। विदेशी विचारधारा होने पर भी दुनियां के आर्थिक, सामाजिक व राजनीतिक बदलाव में वर्ग संघर्ष की अहम् भूमिका रही है और भारत में अभी तक प्रभावी है। अत: इसकी विवेचना आवश्यक है। राष्ट्रीय और अन्तर्राष्ट्रीय स्तर पर जितने भी श्रमिक संगठन हैं, वे कहीं न कहीं मार्क्स के सिद्धान्त से प्रभावित हैं।

उपर्युक्त सभी सामाजिक आन्दोलनों की वैचारिकी और सिद्धान्त भारतीय जमीन से जुड़े हुए हैं। वे आयातित नहीं है। भारतीय सिद्धान्तों से हटकर कार्ल मार्क्स का वर्ग संघर्ष का सिद्धान्त है। यह सम्पूर्ण विश्व के श्रमिक आन्दोलनों का आधार और प्रेरणा रही है। विदेशी विचारधारा होने पर भी इसने विद्वानों, समाज सेवकों और राजनीतिज्ञों को प्रभावित किया है। जहाँ भी शोषण की बात उठी है वहाँ वर्ग संघर्ष सिद्धान्त की अहम् भूमिका रही है।

कार्ल मार्क्स का सम्पूर्ण सिद्धान्त और वैचारिकी उसके ऐतिहासिक भौतिकवाद और द्वन्द्वात्मक भौतिकवाद पर आधारित है। वहीं उत्पादन के साधन और अतिरिक्त मूल्य का सिद्धान्त केन्द्र में है। मार्क्स एक ऐसा समाजवादी विद्वान है जो सामाजिक घटनाओं की व्याख्या भावनाओं के आधार पर न करके वैज्ञानिक दृष्टि से करता है। इसीलिये वे यथार्थ और व्यवाहारिक जीवन से मेल खाते हैं।

मार्क्स का कहना है कि प्रत्येक युग में दो ही वर्ग रहते हैं। एक पूंजीपति वर्ग और दूसरा श्रमिक वर्ग। भले ही किसी विशेष युग में इनके नाम अलग हों जैसे सामन्तवादी युग में स्वामी और दास, जमीन्दार और भूमिहीन श्रमिक, पूंजीवादी औद्योगिक समाज में पूंजीपति और श्रमिक वर्ग। इस प्रकार के संबंध स्वेच्छापूर्वक नहीं बनते वरन् उत्पादन के साधनों के आधार पर बनते हैं।

मार्क्स ने समाज में पाये जाने वाले अनेक वर्ग-भेद को अपनी सामाजिक विवेचना का मुख्य केन्द्र माना है। उसकी सम्पूर्ण वैचारिकी और सिद्धान्त ऐतिहासिक भौतिकवाद और द्वंद्वात्मक भौतिकवाद और वर्ग संघर्ष पर आधारित है। मार्क्स ने वर्ग संघर्ष के माध्यम से यह प्रमाणित करने का प्रयास किया है कि समाज में बदलाव और आन्दोलन वर्ग संघर्ष से ही उत्पन्न होते है। इस तरह उसने एक समाजशास्त्रीय सामाजिक आन्दोलन के मौलिक सिद्धान्त की स्थापना की है। उसके वर्ग का आधार आर्थिक है। यह उत्पादन के साधनों पर आधारित है। उनके अनुसार, समाज में दो ही वर्ग होते हैं एक वह जिसका उत्पादन के साधनों पर एकाधिकार होता है जिसे सामन्त, जमीन्दार और पूंजीपति के नाम से पुकारा जाता है। दूसरा श्रमिक वर्ग जो अपने श्रम को बेचकर जीविका चलाता है। पूंजीपति इनका शोषण करता रहता है। वह कहता है श्रम चाहे शारीरिक हो अथवा मानसिक वह श्रमिक वर्ग में आता है। मार्क्स और एंजिल का प्रसिद्ध वाक्य है कि ''आज तक प्रत्येक समाज शोषक तथा शोषित वर्गों के विरोध पर आधारित रहा है।'' श्रमिक वह वर्ग है जो उत्पादन करता है और सारा का सारा लाभ पूंजीपति हड़प कर जाता है। यही वह शोषण का बिन्दु है जहाँ से श्रमिकों में असन्तोष और आक्रोश पूंजीपति वर्ग के विरुद्ध उत्पन्न होता है। शोषित श्रमिक वर्ग अपनी शक्ति बढ़ाने हेतु अपना संगठन बनाते हैं जिससे वे पूंजीपति वर्ग से अपने हितों की लड़ाई अथवा संघर्ष कर सकें। दूसरी तरफ पूंजीपति सत्ता से मिलकर श्रमिकों को दबाने का प्रयास करता है। किन्तु समय के साथ श्रमिक वर्ग की शक्ति बढ़ती जाती है।

वे पूंजीपति के विरुद्ध आन्दोलन करते हैं। यह निरन्तर शोषण, अत्याचार, उत्पीड़न और अमानवीय व्यवहार के विरुद्ध संघर्ष करते रहते हैं। यह आज भी जारी है। इनके आन्दोलन में यह एकजुटता का नारा गूंजता है 'दुनियाँ के मजदूरों एक हो'। आज भी वर्ग संघर्ष का आन्दोलन शोषण के विरुद्ध जारी है।

विश्व के विभिन्न देशों में भले ही वहाँ किसी भी प्रकार की शासन व्यवस्था हो श्रमिक वर्ग शासक व पूंजीपति वर्ग से अपने हितों के लिये संघर्ष कर रहा है। नीग्रो श्रमिक अपने अस्तित्त्व के लिये और शोषण के विरुद्ध आज भी संघर्षरत है। तीसरी दुनियाँ के निर्धन श्रमिक भी संघर्ष करने से पीछे नहीं हैं। पूंजीपति श्रमिकों के श्रम को कम मूल्य में क्रय कर अतिरिक्त मूल्य बचा लेता है और अधिक धन-वृद्धि में श्रमिकों का शोषण करता है। औद्योगीकरण और नगरीकरण के युग में जहाँ श्रमिकों में परस्पर सम्पर्क में वृद्धि होती है वहीं श्रमिक संगठन भी शक्तिशाली बनते चले जाते हैं। यही कारण है कि आधुनिक समय में श्रमिकों के आन्दोलन राज्य और राष्ट्रीय स्तर पर होते हैं। मार्क्स श्रमिक वर्ग के लिये भविष्यवाणी करता है "**अतः बुर्जुआ अपनी कब्र खोदने वालों की ही अधिक उत्पत्ति करता है। इसका पतन और सर्वहारा का विजय अपरिहार्य है।**"[2]

संक्षेप में, हम यह कह सकते हैं कि मार्क्स का वर्ग संघर्ष का सिद्धान्त श्रमिक आन्दोलनों का यर्थाथवादी सिद्धान्त है जो शोषण के विरुद्ध विश्व भर में लड़ा जा रहा है। दुःख और आश्चर्य इस बात का है कि रूस और चीन जैसे समाजवादी देशों में भूमन्डलीकरण, उदारीकरण और पूंजीवादी बाजारवाद ने प्रवेश कर लिया है। वर्ग संघर्ष का श्रमिकों का आन्दोलन कहीं पीछे छूटता दिखायी पड़ता है फिर भी यह सत्य है कि जहाँ श्रमिकों का शोषण है, वहाँ मार्क्स का वर्ग संघर्ष का सिद्धान्त और श्रमिकों का आन्दोलन किसी न किसी रूप में चिंरजीवी है।

सामाजिक आन्दोलन के तीन अन्य सिद्धान्त
(Three Theories of Social Movements)

एम.एस.ए. राव ने अपनी पुस्तक 'सोशल मूवमेन्ट इन इण्डिया' में तीन प्रकार के सामाजिक आन्दोलनों के सिद्धान्त की व्याख्या की है। वे कहते हैं कि वे कौन सी संरचनात्मक दशायें हैं जिनमें आन्दोलन उत्पन्न होते हैं? कौन सी प्रेरणादायक शक्तियाँ हैं? कौन से ऐसे सिद्धान्त हैं जो आन्दोलन के सिद्धान्तों की अवधारणा बताते हैं? किस सीमा तक यह सही है।

मोटे तौर पर सामाजिक आन्दोलनों के तीन सिद्धान्त हैं। ये संरचनात्मक दशाओं और प्रेरणादायक शक्तियों की व्याख्या करते हैं कि इनसे किस तरह आन्दोलन उत्पन्न होते हैं।

2. एम.एस.ए. राव, सोशल मूवमेन्टस इन इन्डिया, पृष्ठ 4.

1. सापेक्षिक वंचना का सिद्धान्त (रीलेटिव डेपरीवेशन थिऑरी)
2 तनाव सिद्धान्त (स्ट्रेन थिऑरी)
3. पुनर्निमाण का सिद्धान्त (रीवाइटेलाइजेशन थिऑरी)

1. सापेक्षिक वंचना का सिद्धान्त (Relative Deprivation Theory)

सामाजिक वंचना के सिद्धान्त को दो भिन्न आधारों पर विकसित किया गया है। सामाजिक गतिशीलता और सामाजिक संघर्ष। इन्हें मर्टन और रून्सीमेन ने प्रयोग किया है। मर्टन ने इस सिद्धान्त का प्रयोग 1950 में और रून्सीमेन ने 1966 में। यद्यपि इसे 1949 में अमेरिकन सिपाहियों के सन्दर्भ में प्रयोग किया गया था पर मर्टने इसे सही रूप में सन्दर्भ समूह के सन्दर्भ में प्रयोग किया है। मर्टन ने जहाँ इसे गतिशीलता का विश्लेषण करने में प्रयोग किया है वहीं, रून्सीमेन ने इसे सन्दर्भ समूह, असमानता की समस्या और सामाजिक न्याय के संबंध में प्रयोग किया है। वास्तव में जब कोई व्यक्ति अथवा समूह किसी चीज को प्राप्त करने से वंचित रह जाता है तो इसे सापेक्षिक वंचना की संज्ञा दी जाती है। यह सिद्धान्त इस बात की व्याख्या करता है कि किस प्रकार समाज में अधिक से अधिक व्यक्ति अपनी आवश्यकताओं और मांगों से वंचित रह जाते हैं जब कि दूसरे लोग नहीं। ऐसी सापेक्षिक स्थिति में सामाजिक आन्दोलन का उत्पन्न होना स्वाभाविक है। जैसे श्वेत प्रजातियों और नीग्रो प्रजातियों पर यह सिद्धान्त लागू होता है। भारत पर भी यह सिद्धान्त लागू होता है। भारत में एक ऐसा धनी वर्ग है जिसके पास जीवन की सभी सुविधायें उपलब्ध हैं जबकि लगभग 50 करोड़ व्यक्तियों के पास जीने के लिये सामान्य सुविधायें भी उपलब्ध नहीं है। यहाँ सन्दर्भ समूह निर्धनों को आन्दोलन करने हेतु प्रेरित करता है। यही कारण है कि आज अनुसूचित, दलित, जनजातियों और दुर्बल वर्ग में सामाजिक आन्दोलन को सहज ही देखा जा सकता है।

1970 में गुर ने सापेक्षिक वंचना के सिद्धान्त का अनेक दृष्टि से विश्लेषण किया। उसका मत है कि यह सिद्धान्त मात्र महत्वाकांक्षाओं के सन्दर्भ में ही लागू नहीं होता वरन् अवलोकन की क्षमता अथवा योग्यता पर भी लागू होता है।

गुर ने सापेक्षिक वंचना के सिद्धान्त के तीन आधार बताये हैं –

1. सामान्य मूल्यों की प्रवृत्ति अथवा व्यवस्था
2. आर्थिक दशायें और
3. राजनीतिक शक्ति और सामाजिक स्थिति

उपर्युक्त तीनों आधारों की व्याख्या करते हुए वे कहते हैं कि इन चीजों में जितना फासला होगा, महत्वाकांक्षायें स्थिर रहेंगी, योग्यताओं का पराभव होगा। महत्वाकांक्षायें जब

बढ़ती हैं, योग्यताओं का ह्रास होता है और जब महत्त्वाकांक्षाओं में वृद्धि होती है तब योग्यतायें स्थिर रहती है यानी सापेक्षिक वंचना घटित होती है।[3]

2. तनाव सिद्धान्त (Strain Theory)

1962 में **स्मेलसर** जो एक अमेरिकन समाजशास्त्री थे, इन्होंने इस सिद्धान्त की स्थापना की। उनका मत है कि संरचनात्मक तनाव सामूहिक व्यवहार को प्रभावित करता है। संरचनात्मक तनाव विभिन्न प्रकार के मूल्यों, व्यवहार प्रतिमान, परिस्थितीय सुविधाओं के अनेक स्तरों में घटित होते हैं। जब कभी संरचनात्मक तनाव का सामान्यीकरण होता है, आन्दोलन की उत्पत्ति होती है।

विश्व के अनेक विकासशील और प्रगतिशील देशों में संरचनात्मक तनाव के अनेक स्वरूप देखे जा सकते हैं। भारत की संरचना में भी परम्परात्मक और आधुनिकता के मध्य तनाव को देखा जा सकता है। उदाहरण के लिये एक तरफ समाजवादी विचारधारा के लोग हैं तो दूसरी तरफ हिन्दूवादी व्यवस्था के पोषक और समर्थक हैं और तीसरी तरफ पंथ निरपेक्ष व्यवस्था के भी पक्षधर हैं। इन तीनों के संरचनात्मक मूल्य और मान्यतायें भिन्न-भिन्न हैं। इन्हें लेकर इनमें तनाव भी होते हैं और आन्दोलन भी। स्मेलसर का मत है कि आन्दोलन के तनाव का यह सिद्धान्त संरचनात्मक-प्रकार्यात्मक सामाजिक फ्रेम की देन है। इस सिद्धान्त के अनुसार जब समाज संक्रमणकालीन अवस्था में होता है तो व्यक्ति के मूल्य, विचार, मान्यतायें आदि टूटने लगती हैं। एक भ्रमित बदलाव की स्थिति होती है। इस बदली हुई संरचनात्मक व्यवस्था में सापेक्षित तनाव का उत्पन्न होना स्वाभाविक है। यह तनाव सामाजिक आन्दोलन को प्रोत्साहित करता है।

3. पुनर्निर्माण का सिद्धान्त (Revitalization Theory)

1956 में **वालेश** ने पुनर्निर्माण सिद्धान्त के संबंध में कहा था कि समाज के व्यक्तियों द्वारा आन्दोलन जान बूझकर व्यवस्थित ढंग से और जागरूक प्रयासों से इसलिये किया जाता है कि एक सन्तोषप्रद संस्कृति का पुनर्निर्माण हो सके। वालेश पुनर्निर्माण आन्दोलन के मुख्य चार चरण बताते हैं -

1. सांस्कृतिक स्थिरता का काल,
2. वह काल जिसमें व्यक्तियों के तनाव में वृद्धि होती है,
3. संस्कृति के विघटन का काल और
4. पुनर्निर्माण का काल।

---

3. एम.एस.ए. राव, सोशल मूवमेन्टस इन इन्डिया, पृष्ठ 5.

व्यक्ति जब वर्तमान व्यवस्था से सन्तुष्ट नहीं होते हैं तो वे सामाजिक व्यवस्था के विरुद्ध खड़े होते हैं। वे व्यवस्था के अनुरूप एक सकारात्मक कार्यक्रम प्रस्तुत करते हैं। वालेश का यह सिद्धान्त भारत पर भी किसी सीमा तक लागू होता है। यहाँ विभिन्न राजनीतिक दल, समाज सेवी संस्थायें, विभिन्न प्रकार की वैचारिकी के आधार पर आन्दोलन होते हैं। कभी सम्पूर्ण क्रांति के द्वारा पुनर्निर्माण की बात कही जाती और कभी 'संर्वोदय समाज'। आज भूमन्डलीकरण के द्वारा आर्थिक सामाजिक पुनर्निर्माण की बात की जा रही है।

वास्तव में, उपर्युक्त सभी सामाजिक आन्दोलन के सिद्धान्त पूर्ण नहीं है। आरम्भ में ही कहा गया है कि सामाजिक आन्दोलन का कोई बना बनाया न तो मॉडल है और न सिद्धान्त ही। कोई भी आन्दोलन बहुत सी चीजें पकने के पश्चात फूटती है। इसके विभिन्न चरण होते हैं[4] पर इन चरणों का कोई क्रम नहीं बनाया जा सकता है। आन्दोलन किसी एक तथ्य से प्रभावित होकर नहीं घटित होते हैं। सापेक्षिक वंचना और तनाव का सिद्धान्त सामाजिक आन्दोलन के पोषक तत्त्व हो सकते हैं पर सब कुछ नहीं। जैसे भारत के स्वतंत्रता आन्दोलन में कोई एक तत्त्व प्रभावी नहीं था बल्कि अनेक तत्त्व एक साथ मिल गये थे जिसके परिणामस्वरूप एक दीर्घ कालीन स्वतंत्रता आन्दोलन का संघर्ष चला। किसी एक तत्त्व से किसी वस्तु को प्राप्त करने से वंचित रह जाना सामाजिक आन्दोलन का कारण नहीं बनता है। यदि देश के अधिकांश व्यक्ति भूखे, बेघर, बेरोजगार और संकट ग्रस्त हैं तो निश्चय ही सापेक्षित वंचना का सिद्धान्त प्रभावी हो सकता है। आधुनिक समय में तनाव समाज की एक विशेषता बन चुका है। छोटे बड़े वर्ग के व्यक्ति, धनी-निर्धन, व्यवसायी आदि सभी तनाव ग्रस्त है। तनाव के स्तर भी अलग-अलग हैं पर सामाजिक आन्दोलन इसके आधार पर नहीं हो रहे हैं। वास्तविकता यह भी है कि किसी समय कोई समस्या किसी क्षेत्र विशेष के लिये इतनी गंभीर बन जाती है कि क्षेत्रीय व्यक्तियों का सैलाब आन्दोलन करने के लिये खड़ा हो जाता है और कालान्तर में यह आन्दोलन एक वृहद क्षेत्र में फैल जाता है जैसे पर्यावरण से सम्बन्धित 'चिपको आन्दोलन।'

---

4. स्मेलसर, सोशियोलाजी, पृष्ठ 558.

References

Dinkar, Ramdhari Singh, Sanskrit Ke Char Adhyaya, Rajpal & Sons, Delhi.

Rao, M.S.A., Social Movements in India, Manohar Publication, New Delhi.

Ritzer, George, Sociology, Alin and Becan, London.

Singh, V.N., Bhartiya Samajik Chintan, Vivek Prakashan, Delhi.

2

भारत में सामाजिक आन्दोलन
(Social Movements in India)

गत कुछ वर्षों से समाजशास्त्रियों और मानवशास्त्रियों का ध्यान सामाजिक आन्दोलन की ओर गया है। इसे वे अनेक आयामों में देखते हैं। वर्तमान में सामाजिक आन्दोलन, समाजशास्त्रीय परिप्रेक्षय में किया जा रहा है जब कि अभी तक सामाजिक आन्दोलनों को इतिहास का विषय मान कर इसका अध्ययन भी किया जाता था। वास्तव में सामाजिक आन्दोलन समय के साथ अपने स्वरूप, मूल्य विचार बदलता चलता है। सामाजिक आन्दोलन की आर्थिक, सामाजिक एवं राजनैतिक संरचना कोई स्थिर अवधारणा नहीं है, वरन् वह निरन्तर प्रवाहमान प्रक्रिया है जो अपने साथ समय के मूल्यों, विचारों, मांगों और समस्याओं को लेकर चलता है। समकालीन समाज की छोटी-बड़ी घटनायें इसके साथ जुड़ती चलती हैं। कभी छोटे-छोटे सामाजिक आन्दोलन छोटे मुद्दों को लेकर किये जाते हैं और अल्पकाल में ही फुलझड़ी की चमक की तरह बुझ जाते हैं। इसके विपरीत बड़े मुद्दों को लेकर जब आन्दोलन किये जाते हैं तो काफी समय तक चलते रहते हैं। इनका उद्देश्य और फलक काफी विशाल होता है जैसे स्वतंत्रता, किसान और श्रमिक आन्दोलन। इन आन्दोलनों की पृष्ठभूमि में सामाजिक तथ्य, मूल्य विभिन्न प्रकार की विचारधारायें आदि समाहित होते हैं। इन तथ्यों का समाजशास्त्रीय अध्ययन और विश्लेषण करना महती आवश्यकता है। सामाजिक आन्दोलनों का विश्लेषण और विवेचना करना इस दृष्टि से भी महत्त्वपूर्ण है कि अमुक आन्दोलन की पृष्ठभूमि में किस प्रकार की विचारधारायें हैं? किस प्रकार का नेतृत्व है? किस प्रकार की सामाजिक घटनाओं और आन्दोलनों से समाज व देश प्रवाहित होता है? इन आन्दोलनों का समाज के किस वर्ग पर सबसे अधिक प्रभाव पड़ता है? किस प्रकार की वर्ग-चेतना उत्पन्न होती है? इन आन्दोलनों से किस प्रकार के परिणाम देखने को मिलते हैं?

विभिन्न सामाजिक आन्दोलनों में हमें यह भी देखना चाहिए कि समस्याओं की जड़ें कहाँ हैं? सामाजिक संरचना को कौन से तत्व प्रभावित कर रहे हैं? किस प्रकार की सामाजिक व्यवस्था में आन्दोलन अधिक होते हैं? इनका भी समाजशास्त्रीय विश्लेषण करना

आवश्यक है क्योंकि सामाजिक परिवर्तन में कई सामाजिक आन्दोलन के बीज होते हैं। इसी तरह सामाजिक आन्दोलन किसी विशिष्ट वर्ग की सामाजिक घटना से कहीं न कहीं जुड़ा अथवा प्रभावित होता है। सामाजिक आन्दोलन जनसंख्या के एक वर्ग विशेष का एक संगठित आन्दोलन है जो समूह के आदर्शों व मांगों को प्रभावित कर सामाजिक परिवर्तन के लिये प्रेरित करता है। यह परिवर्तन सामाजिक-व्यवस्था में भी बदलाव लाता है। इस दृष्टि से हमें सामाजिक प्रक्रिया से जुड़े अन्तःक्रियाओं, प्रतिक्रियाओं और इससे सम्बन्धित विचारधाराओं का भी अध्ययन और विश्लेषण करना होगा जिससे हम ज्ञात कर सकें कि इनका संबंध संरचना, समाज और सांस्कृतिक परिवर्तन से किस प्रकार का है?

सामाजिक आन्दोलन के केन्द्र में कई बार सामाजिक परिवर्तन विद्यमान रहता है। यह परिवर्तन किसी प्रतिस्पर्धा के फलस्वरूप जन्म नहीं लेता अपितु यह किसी न किसी समस्या के विरुद्ध खड़ा होता है और उसका विरोध करता है, जैसे सती-प्रथा या बाल-विवाह का विरोध किया गया और विधवा पुनर्विवाह को मान्यता देने के लिये आन्दोलन किये गए। स्त्री शिक्षा पर बल दिया गया। पुनर्जागरण आन्दोलन ने इसी प्रकार की सामाजिक समस्याओं को लेकर आन्दोलन किये। कहीं पर यह सामाजिक व्यवस्था में प्रकार्यात्मक एकता को दर्शाता है तो कहीं संघर्ष और प्रतिवाद को भी। सामाजिक आन्दोलन अनेक तथ्यों स प्रभावित होकर घटित होते हैं, जैसे प्रतिवाद, चुनौती, संघर्ष, क्रांति, सामाजिक समस्यायें आदि। सामाजिक आन्दोलन सामाजिक गतिशीलता और सामाजिक परिवर्तन को जहाँ उत्पन्न करते हैं वहीं परम्परात्मक शक्ति सन्तुलन को भी बनाये रखने में सहायक हैं।

उन्नति और विकास के साथ-साथ अनेक प्रकार की आर्थिक-सामाजिक व सांस्कृतिक समस्यायें भी उत्पन्न होती हैं, जैसे असमानता, शोषण, दमन, अत्याचार जैसी आर्थिक समस्याओं का जन्म हुआ, वहीं वर्ण और जातिवादी व्यवस्था ने एक दूसरे प्रकार की समस्याओं को उत्पन्न किया। वास्तव में, सामाजिक आन्दोलन की प्रकृति काफी व्यापक है। उसे किसी सीमा में बाँधकर अध्ययन नहीं किया जा सकता है और न किसी एक कारण को आधार बनाकर ही। शोषण की अवधारणा और प्रवृत्ति सीधे सामन्ती और पूंजीवादी व्यवस्था से जुड़ी हुई है। श्रमिक आन्दोलन भी शोषण की नीतियों से नत्थी है। भूमिहीन श्रमिकों और सीमान्त श्रमिकों की समस्यायें खेतिहर समाज से सम्बन्धित हैं। पिछड़ी जातियों, अनुसूचित जातियों, जनजातियों, दलित जातियों, दुर्बल वर्ग और महिलाओं से जुड़े आन्दोलनों की प्रकृति समान नहीं है। सभी प्रकार के आन्दोलन अपने वर्ग, जाति, सम्प्रदाय की मागों की पूर्ति हेतु संघर्ष करते हैं। संघर्ष के तह में सामाजिक आन्दोलन के बीज गढ़े होते हैं।

हबर्ट ब्लूमर सामाजिक आन्दोलन को एक सामूहिक कार्य के रूप में देखते हैं जिसका लक्ष्य एक नयी व्यवस्था की स्थापना करना है। अशान्ति की स्थिति में सामाजिक आन्दोलन अपने निष्कर्ष सामाजिक असन्तोष और वर्तमान जीवन के प्रकारों से निकालती है और नयी जीवन व्यवस्था की तलाश करती है। आपका यह विचार है कि आरम्भिक अवस्था में सामाजिक आन्दोलन का कोई स्वरूप विकसित नहीं हुआ था। यह व्यवस्थित

भी नहीं था और सामूहिक व्यवहार का संगठित रूप भी नहीं था। अन्त:क्रियायें अपनी आरम्भिक अवस्था में थी। जैसे-जैसे सामाजिक आन्दोलन विकसित हुए इसने एक समाज का रूप धारण किया। इसे एक संगठन और नेतृत्व की आवश्यकता पड़ी जिसके माध्यम से एक नवीन जीवन की स्थापना की जा सके।[1]

समाज में अनेक सामान्य सामाजिक आन्दोलन होते रहते हैं जिनकी पृष्ठभूमि में व्यक्तियों के बदलते हुए मूल्य, विचार और सोच होते हैं। सांस्कृतिक परिवर्तन को व्यक्ति गहराई से अनुभव करता है। इसीलिये ये व्यक्ति को सहज ही आन्दोलन करने हेतु प्रेरित करता है। इस प्रकार के आन्दोलन व्यक्ति को उसकी वास्तविक स्थिति से परिचय कराता है कि उनकी समाज में क्या स्थिति है और उन्हें वास्तव में क्या प्राप्त होना चाहिए। इस प्रकार की धारणा व विचार जब भी व्यक्ति में उत्पन्न होते हैं वे असंतोष के कारण बनते हैं। अन्तत: ये आन्दोलन के आधार बनते हैं, समाज पर ये दबाव बनाते हैं। सामाजिक आन्दोलन, सामाजिक मनोवैज्ञानिक दबाव ही है जिसके जरिये जनता अपनी मांगों को मनवाने का प्रयास करती है। इस प्रकार के सामान्य आन्दोलन मूल्यों की एक नवीन व्यवस्था को स्थापित करते हैं। इस नवीन व्यवस्था में व्यक्ति को नयी आशायें दिखाई पड़ती हैं। इस नयी व्यवस्था में स्वास्थ्य, शिक्षा, महिला-कल्याण, बाल-कल्याण, दलित और पिछड़ी जातियों आदि के लिये विकास और कल्याण हेतु नये रूप विकसित होते हैं। समस्याओं के समाधान के लिये नये रास्ते तलाश किये जाते हैं। इसलिये आधुनिक समय में सामाजिक आन्दोलन विभिन्न वर्गों के द्वारा हथियार की तरह प्रयोग किया जाता है।

एम. एस. ए. राव का विचार है कि सामाजिक आन्दोलन की समाजशास्त्रीय व्याख्या करने में 5 तरह की समस्यायें सामने आती हैं जो एक दूसरे से घनिष्ठ रूप से जुड़ी हुई हैं। वे हैं:

1. परिभाषा और वर्गीकरण की समस्या
2. आन्दोलन की उत्पत्ति संबंधी व्याख्या
3. विचारों का निर्धारण और समरूपता की स्थापना
4. सामूहिक गतिशीलता को प्रोत्साहित करना। संगठन, नेतृत्व, आन्तरिक लचीलापन और दिनचर्या की समस्या
5. वृहद समाज और संस्कृति की प्रकृति में परिवर्तन के परिणामों से सम्बन्धित समस्या।

राव का मत है कि आन्दोलन और आन्दोलनहीनता के मध्य अन्तर करना आवश्यक है। इसके साथ ही आन्दोलन की विशेषताओं की पहचान भी करना ज़रुरी है।[2] सामाजिक आन्दोलन वैयक्तिक क्रियाओं से भिन्न है। वास्तव में, सामूहिक क्रियायें जब छुट-पुट

---

1. हर्बर्ट ब्लूमर, सोशल मूवमेन्टस, पृष्ठ 4
2. एम.एस.ए.राव, भारत में सामाजिक आन्दोलन, पृष्ठ 1

घटनाओं से भिन्न घटित होती हैं तो वे सामाजिक आन्दोलन का रूप ले लेती है। सामूहिक क्रियाओं के माध्यम से ही जन-जागरण होता है। इससे ही लोगों में आन्दोलनों के प्रति रूझान व रूचि उत्पन्न होती है।

सामाजिक आन्दोलन की क्रियायें सामाजिक व्यवस्था में बदलाव लाना चाहती है जिससे कि समाज के मूल्य और सोच में परिवर्तन हो सके। नयी व्यवस्था नये मूल्यों के साथ स्थापित हो सके। सामाजिक आन्दोलन में विचार एक महत्त्वपूर्ण तत्त्व है जो इसे स्वरूप प्रदान करता है। उसे संगठित और क्रियाशील बनाने में सहायक होता है। इसके साथ ही उसे अन्य छोटी-मोटी घटनाओं से पृथक भी करता है। कोई भी आन्दोलन जिसकी नींव में कोई विचारधारा नहीं है वह न तो बहुत दिनों तक चल सकता है और न उसे कोई बड़ी सफलता ही प्राप्त हो सकती है। संसार में जितने भी आन्दोलन हुए हैं चाहे वे सामाजिक हों अथवा राजनैतिक उनके पीछे एक ठोस विचारधारा रही है। एक सशक्त विचारधारा एक मजबूत सामाजिक आन्दोलन को बढ़ाने में सहायक बनती है जैसे नवजागरण का आन्दोलन, स्वतंत्रता संग्राम, किसान आन्दोलन आदि।

इधर कुछ वर्षों में समाजशास्त्रियों ने सामाजिक आन्दोलनों पर गंभीरता से विचार करना आरम्भ किया है। विभिन्न दृष्टिकोणों से इसका अध्ययन करने के लिये विद्वानों को प्रेरित किया है। सामाजिक आन्दोलन का इतिहास काफी पुराना है। किन्तु इधर सामाजिक आन्दोलनों का जो स्वरूप सामने आया है वह पहले से भिन्न हैं। इनके आधार और तथ्य भिन्न हैं। सामाजिक संरचना और व्यवस्था में बदलाव के साथ सामाजिक आन्दोलन की प्रवृति और प्रकृति में भी परिवर्तन आया है। पहले समाजशास्त्री सामाजिक आन्दोलनों को सामूहिक व्यवहार की तरह अध्ययन करते थे अथवा सामाजिक आन्दोलन को सामाजिक प्रक्रिया और राजनैतिक क्रांति के रूप में अध्ययन करते थे, किन्तु सामाजिक आन्दोलन को एक विषय के रूप में नहीं। समाजशास्त्र ने विद्वानों को सामाजिक आन्दोलनों को अध्ययन करने के लिये एक पद्धति और समझ प्रदान की है। सामाजिक आन्दोलनों के अध्ययन हेतु एक वैज्ञानिक सामाजिक परिप्रेक्ष्य प्रस्तुत किया है। 1930 और 1940 के मध्य समाजशास्त्रियों ने सामाजिक आन्दोलन की अवधारणा की व्याख्या की कि सामाजिक आन्दोलन एक सामाजिक घटना है अथवा सामाजिक संरचना के गहरे तनाव की अभिव्यक्ति है अथवा सामाजिक आन्दोलन संस्थात्मक समर्थकों का एक राजनीतिक लक्ष्यों से प्रेरित सामूहिक व्यवहार होता है।

सामाजिक आन्दोलनों की विशेषतायें (Features of Social Movements)

सामाजिक आन्दोलनों की व्याख्या एवं विश्लेषण से कुछ विशेषतायें उभर कर सामने आती हैं जिन्हें निम्नलिखित रूप में रेखांकित किया जा सकता है:

1. सामाजिक आन्दोलनों का कोई स्थायी ढ़ांचा नहीं होता है।

2. सामाजिक आन्दोलनों के स्वरूप और लक्ष्य समयानुसार परिवर्तित होते रहते हैं।
3. सामाजिक आन्दोलन अल्पकालीन और दीर्घकालीन दोनों प्रकार के होते हैं।
4. सामाजिक आन्दोलनों की संरचना के साथ कोई स्थिर अवधारणा जुड़ी नहीं होती।
5. नेतृत्व के बदलने के साथ ही सामाजिक आन्दोलन के आयाम एवं गतिविधियों में भी परिवर्तन होते हैं।
6. सामाजिक आन्दोलन सामयिक मूल्यों और विचारों को अपने साथ जोड़ लेते हैं।
7. सामाजिक आन्दोलन में एक विशेष प्रकार की विचारधारा अन्त:प्रवाहित रहती है, जैसे मार्क्सवाद से प्रभावित श्रमिक आन्दोलन, स्वदेशी आन्दोलन आदि।
8. सामाजिक आन्दोलन सामाजिक समस्याओं व घटनाओं से प्रभावित और प्रेरित होकर भी किये जाते हैं जैसे दहेज प्रथा, बलात्कार, अपहरण आदि।
9. सामाजिक समस्या की कोख में कहीं न कहीं सामाजिक आन्दोलन के बीज छिपे होते हैं जैसे पुनर्जागरण आन्दोलन।
10. सामाजिक आन्दोलन जाति, धर्म, वर्ग और सम्प्रदाय से भी जुड़े होते हैं जैसे अनुसूचित जातियों के आन्दोलन। अभी-अभी एक ताजी घटना (19.11.2004) के अनुसार शंकराचार्य को पुलिस हिरासत में रखने से आन्दोलन भड़कने की पूरी सम्भावना दिखायी पड़ रही है।
11. सामाजिक आन्दोलन आर्थिक-सामाजिक और संस्कृति में बदलाव लाने हेतु भी किये जाते हैं।
12. सामाजिक आन्दोलन में सामाजिक परिवर्तन का लक्ष्य समाहित होता है।
13. सामाजिक आन्दोलन सामाजिक कुप्रथाओं के विरुद्ध भी खड़े होते हैं, जैसे दहेज हत्या, बाल श्रमिक, बलात्कार आदि।
14. सामाजिक आन्दोलन सामाजिक समस्याओं की चुनौती को स्वीकार कर आन्दोलनों को अंजाम देते हैं।
15. सामाजिक आन्दोलन परम्परात्मक और आधुनिक शक्ति में सन्तुलन बनाये रखने का प्रयास करते हैं।
16. सामाजिक आन्दोलन अत्याचार, शोषण, उत्पीड़न के विरुद्ध अपनी आवाज बुलन्द करते हैं।
17. सामाजिक आन्दोलन विशेष प्रकार की सामाजिक व्यवस्था के विरुद्ध भी किये जाते हैं जैसे जमींदारी प्रथा, पूंजीवादी व्यवस्था आदि।
18. सामाजिक आन्दोलन में अतीत और वर्तमान की समस्याओं की भी विशेषतायें घुली-मिली रहती हैं, जैसे जनजातियों की समस्यायें।

19. सामाजिक आन्दोलनों की कोई सीमा नहीं निर्धारित की जा सकती है। ये स्थानीय, क्षेत्रीय और राष्ट्रीय स्तर से भी जुड़े हो सकते हैं।
20. सामाजिक आन्दोलन में सामूहिकता की भावना समाहित होती है।
21. सामाजिक आन्दोलन में मनोवैज्ञानिक दबाव का बल होता है जो सरकार व समाज को अपनी गतिविधियों से प्रभावित करता है।
22. आधुनिक आन्दोलन राष्ट्रीय व अन्तर्राष्ट्रीय समस्याओं को लेकर भी किये जा रहे हैं, जैसे भूमण्डलीकरण और बाजारवाद। महिला आन्दोलन का फलक भी अन्तर्राष्ट्रीय है।
23. सामाजिक आन्दोलन किसी न किसी असन्तोष के पकने से फूटता है, जैसे दहेज-हत्या, महिला-उत्पीड़न, यौन-शोषण आदि।
24. सामाजिक आन्दोलनों की एक महत्त्वपूर्ण विशेषता यह भी है कि एक वर्ग आन्दोलन का पक्षधर होता है और दूसरा विरोधी।

कुछ विद्वानों का मत इस प्रकार है (Views of Some Scholars)

1. हबर्ट ब्लूमर का विचार है कि सामाजिक आन्दोलन असंगठित प्रकृति के होते हैं, जैसे महिलायें किसी एक मुद्दे को लेकर बहुत दिनों तक आन्दोलन नहीं चला पाती हैं।
2. **एम.एस.ए. राव** का मानना है कि सामाजिक आन्दोलन की बुनियादी विशेषता सामूहिक क्रिया है जो उसे वैयक्तिक क्रियाओं से पृथक करती है। इसके साथ ही वह समाज में आंशिक अथवा पूर्ण परिवर्तन लाना चाहती है।[3]
3. **रूडोल्फ हिब्ली** सामाजिक आन्दोलन की विशेषता 'सामाजिक सामूहिकता' बताते हैं।
4. हिब्ली का विचार है कि सामाजिक आन्दोलन की विशेषता 'सामूहिक व्यवस्था' है।
5. **जे.आर.पीजन** कहते हैं कि सामाजिक आन्दोलन में 'प्रतिरोध (प्रोटेस्ट)' की राजनीति समाहित है।

उपर्युक्त सभी सामाजिक आन्दोलन की विशेषतायें उसके व्यापक फलक को दर्शाती हैं जो समय-समय पर अपने रूप, रंग, तेवर और आन्दोलन की धार को बदलते रहते हैं। समयानुसार आन्दोलन अपने ढ़ांचे से जुड़े विचार और गतिविधियों को नये आयाम देता रहता है। इसीलिये सामाजिक आन्दोलन का न कोई स्थायी ढ़ांचा होता है और न विचार ही। ये निरन्तर परिवर्तन की प्रक्रिया से गुज़रते रहते हैं। इसीलिये हमें सामाजिक आन्दोलनों के

---

3. एम.एस.ए.राव, भारत में सामाजिक आन्दोलन, पृष्ठ 2

विविध रूप देखने को मिलते हैं। यह अतीत और वर्तमान के मूल्यों में जहाँ एक ओर सामंजस्य स्थापित किये रहते हैं वहीं भविष्य में सकारात्मक परिवर्तन की भी आशा संजोये रहते हैं।

सामाजिक आन्दोलन के स्वरूप (Forms of Social Movements)

यदि समग्र सामाजिक आन्दोलनों का विश्लेषण किया जाय तो मुख्यतया इनके दो स्वरूप दिखायी पड़ते हैं-

1. अल्पकालीन सामाजिक आन्दोलन (Short Term Social Movements)
2. दीर्घ कालीन सामाजिक आन्दोलन (Long Term Social Movements)

उपर्युक्त दोनों श्रेणियों के आन्दोलनों की अपनी पृथक विशेषतायें हैं। अल्पकालीन छुट-पुट सामाजिक आन्दोलनों की निम्नलिखित विशेषतायें हैं-

1. अल्पकालीन सामाजिक आन्दोलनों को हर्बर्ट ब्लूमर[4] सामान्य साभाजिक आन्दोलनों की श्रेणी में रखते हैं। उसकी कुछ विशेषताओं का वर्णन करते हुए लिखते हैं कि इस प्रकार के आन्दोलन मुख्यतया असंगठित प्रयास से उपजते हैं। इनका कोई निश्चित स्वरूप नहीं होता। ये सामान्य निर्देशनों के तहत मध्य गति से चलते हैं। कभी आन्दोलन बीच में ही थम जाता है और कुछ समय के पश्चात फिर चलने लगता है। इस प्रकार के आन्दोलनों का निरन्तर चलना एक फैशन हो गया है। उनका यह भी कहना है कि इन आन्दोलनों की प्रकृत्ति असंगठित होती है। इनका कोई स्थायी नेतृत्व भी नहीं होता। न इनकी सदस्यता की अपनी कोई पहचान होती है। इन्हें न तो कोई ठोस निर्देशन प्राप्त होता है और न इन आन्दोलनों पर नियंत्रण होता है, जैसे महिलाओं का आन्दोलन। महिलायें समस्त क्षेत्रों से जुड़ी समस्याओं के लिये संघर्ष करती है किन्तु किसी एक मुद्दे को लेकर लम्बा आन्दोलन नहीं चलाती क्योंकि इनके आन्दोलन विवाह, दहेज, बलात्कार, शिक्षा, राजनीति आदि से जुड़े होते हैं। इस तरह एक विशेष सामाजिक मुद्दे पर जो दबाव पड़ना चाहिए वह नहीं पड़ पाता है। इस प्रकार के आन्दोलन अल्पकालीन घटना (एपीसोड) की तरह होते हैं। इनकी गतिविधियाँ भी बिखरी होती हैं। कभी इनमें अति उत्साह के दर्शन होते हैं और कभी जड़ता के। इसलिये इनकी प्रकृति में निरन्तरता का अभाव देखा जाता है।

अल्पकालीन आन्दोलनों की यह भी विशेषता है कि इन्हें कभी चलाने के लिये विशेष स्थान के व्यक्ति से प्रेरणा मिलती है और दूसरे क्षेत्र से। आन्दोलन की प्रेरणायें पृथक-पृथक स्थानों से अलग-अलग समय पर प्राप्त होती है। इनका न तो एक समय होता है और न वे एक समस्या से बंधे होते हैं। इसके साथ ही इनका नेतृत्व भी समय और स्थान के अनुसार

4. एम.एस.ए.राव, भारत में सामाजिक आन्दोलन, पृष्ठ 5

बदलता रहता है। इसलिये अल्पकालीन आन्दोलनों की कोई सर्वमान्य परिभाषा नहीं दी जा सकती है। ये एक तरह से प्रतिरोध की भूमिका अभिनीत करते हैं। इनके नेता **पेस-मेकर्स** की तरह कार्य करते हैं। अन्त में, हर्बर्ट-बलूमर कहते हैं इन आन्दोलनों का न कोई स्वरूप होता है और न इनका कोई अभिव्यक्तक।

2. दीर्घकालीन सामाजिक आन्दोलनः हर्बर्ट ब्लूमर का मत है कि अल्पकालीन सामाजिक आन्दोलन दीर्घकालीन आन्दोलनों का आधार तैयार करते हैं। दीर्घकालीन आन्दोलनों का आधार स्पष्ट होता है। उदाहरण के लिये 19वीं सदी की गुलामी प्रथा के विरुद्ध आन्दोलन।

यह एक मानवतावादी आन्दोलन था जिसे विश्व-स्तर पर समर्थन प्राप्त हुआ। ठीक इसी प्रकार प्रजातीय रंग-भेद के आन्दोलनों की लम्बी यात्रा है। अनेक अफ्रीकी नीग्रो-बाहुल्य देश आज गोरी चमड़ी के शासकों से मुक्त हुए हैं और जो नहीं हुए हैं वे आज भी आन्दोलन कर रहे हैं। भारत ने भी सदियों तक आज़ादी प्राप्त करने के लिये आन्दोलन किया था। आज स्वतंत्र भारत में अनुसूचित जातियाँ, जनजातियाँ, दलित जातियाँ और महिला समाज अपने अधिकारों के लिये आन्दोलन चला रही हैं। ब्लूमर इस आन्दोलन के संबंध में कहते हैं कि ''इनका लक्ष्य सुस्पष्ट होता है अथवा जिसे प्राप्त करना होता है।''[5] निर्धारित लक्ष्य की प्राप्ति हेतु वे संगठन और ढ़ाचें का निर्माण करते हैं। इसके साथ ही यह एक मान्य नेतृत्व का विकास करते हैं। एक निश्चित प्रकार की सदस्यता निर्धारित करते हैं जिसके अपने मूल्य, दर्शन और नियमों की एक व्यवस्था होती है। सदस्य अपने संगठन के प्रति वफादार होते हैं। सदस्यों के पद और संगठन में स्थिति भी होती है। यह सब नेतृत्व और व्यक्तित्व को गढ़ते हैं।

एम.एस.ए.राव[6] का विचार है कि सामाजिक आन्दोलन की बुनियादी विशेषता सामूहिक क्रिया है जो वैयक्तिक क्रिया से भिन्न होती है। सामूहिक क्रिया छोटी-मोटी क्रियाओं से पृथक होती है। सामाजिक आन्दोलन सामाजिक परिवर्तन लाने के लिये किये जाते हैं। दीर्घकालीन आन्दोलन एक विशिष्ट विचारधारा के तहत चलाए जाते हैं जो अन्य साामाजिक आन्दोलनों से पृथक करते है। राव का कहना है कि सामाजिक आन्दोलन की पृष्ठभूमि में एक निश्चित वैचारिकी (आइडियोलॉजी) होती है। इसके अभाव में कोई भी आन्दोलन चल नहीं सकता है। उदाहरण के लिये फ्रांस-क्रान्ति, मिस्र-क्रान्ति, पुनर्जागरण आन्दोलन, महिला आन्दोलन, किसान आन्दोलन, श्रमिक आन्दोलन आदि। वैचारिकी एक ऐसा आधार है जो सामाजिक आन्दोलन को सामान्य आन्दोलनों से फर्क करता है। उदाहरण के लिये छात्र-आन्दोलन जब किसी वैचारिकी के अभाव में किये जाते हैं, तो असफल हो जाते हैं। इस तरह सामाजिक आन्दोलन एक संगठित सामूहिक प्रयास है जो समाज में कम अथवा पूर्ण परिवर्तन का पक्षधर होता है।

---

5. हर्बर्ट ब्लूमर, सोशल मूवमेन्टस, पृष्ठ 4.
6. एम.एस.ए.राव, भारत में सामाजिक आन्दोलन, पृष्ठ 1-2

रूडोल्फ हिब्ली का मत है कि सामाजिक आन्दोलन सामाजिक सामूहिकता का एक नमूना है। राव की तरह आप का भी यह विचार है कि बगैर किसी वैचारिकी (आइडियोलॉजी) अथवा आधार के सामाजिक आन्दोलन चल ही नहीं सकते हैं। सामाजिक सामूहिकता को मनोवैज्ञानिकों ने दो श्रेणियों में विभाजित किया है 1. भीड़ और 2. जनता। भीड़ किसी आकस्मिक घटना के फलस्वरूप एकत्र हो सकती है। यह कुछ ही समय में तितर-बितर हो जाती है। किन्तु जब भीड़ किसी सामान्य समस्याओं अथवा मुद्दों पर एकत्र होने लगती है तब सामाजिक आन्दोलन आरम्भ हो सकता है। जनता में सामाजिक आन्दोलन के बीज आरम्भ से ही होते हैं। इनमें सामान्य मुद्दों पर विचार-विमर्श होते रहते हैं। अत: परस्पर मतभेदों के बावजूद भी वे किसी मुद्दे पर एकजुट होकर आन्दोलन से जुड़ जाते हैं। हिब्ली का मत है कि सामाजिक आन्दोलन सामूहिक-व्यवहार से जुड़ा हुआ है। सामूहिक व्यवहार के ज़रिये ही जनता अपने लक्ष्य को प्राप्त करती है। सामाजिक आन्दोलन की विशेषता है कि वह प्रतिरोध (प्रोटेस्ट) राजनीति करके समाज में वांछित परिवर्तन करना चाहता है। जे.आर.फीजिन का विचार है कि सामाजिक आन्दोलन प्रतिरोध और आन्दोलन की सामूहिकता का ऐसा संगठन है जो सामाजिक समस्या के विरुद्ध किया जाता है। इसका लक्ष्य समाज में निश्चित प्रकार का परिवर्तन लाना है। सामाजिक आन्दोलन के पक्ष और विपक्ष के दो वर्ग भी होते हैं। एक आन्दोलन का पक्षधर होता है और दूसरा विरोधी। उदाहरण के लिये जंगलों के ठेकेदार अपने स्वार्थ और लाभ के लिये कहते हैं जंगल काटे जाँए पर दूसरे इसके विरोध में, इसी प्रकार मद्य-निषेध होना चाहिए पर एक वर्ग इसका विरोध करता है।

सामाजिक आन्दोलन और सामूहिक व्यवहार
(Social Movements and Collective Behaviour)

सामाजिक आन्दोलन और सामूहिक व्यवहार में गहरा संबंध है। सामाजिक आन्दोलन में अन्तर्प्रवाह के रूप में सामाजिक व्यवहार के अनेक स्वरूप देखे जा सकते हैं। कभी वे प्रत्यक्ष रूप में दिखायी पड़ते हैं, कभी वे अप्रत्यक्ष रूप में गतिशील रहते हैं। फिर भी सामाजिक आन्दोलन अनेक स्थलों पर सामाजिक व्यवहार से भिन्न होते हैं जैसे दबाव समूह, भीड़, जनसामान्य का किसी स्थल पर एकत्रीकरण आदि। हर्बर्ट ब्लूमर ने सामाजिक आन्दोलन की अवधारणा को सामूहिक-व्यवहार के रूप में एक नया स्वरूप देने का प्रयास किया है। जबकि समकालीन अमरीकी सामाजिक वैज्ञानिकों ने सामूहिक व्यवहार को नकारात्मक रूप में वर्णन किया है बल्कि भीड़ में वे संम्वेगात्मक प्रवृत्ति भी देखते हैं। ब्लूमर सामाजिक व्यवहार में सकारात्मक पक्ष भी इंगित करता है। वह सामाजिक रचनात्मक स्वरूप में एक नई सांकेतिक अन्तर्क्रिया को बताता है। यह दैनिक रूटीन-मूल्यों और संस्थागत व्यवहारों को तोड़ती है। आपका सांकेतिक अन्तर्क्रिया का दृष्टिकोण एक नवीन स्वरूप की ओर विद्वानों का ध्यान आकर्षित करता है। यह अनुकूलन व्यवहार है जो सामूहिक-व्यवहार में उपस्थित रहता है और सामाजिक समस्याओं के निराकरण में सहयोगी होता है। इसी संबंध

में टालकट पारसन्स ने (संरचनात्मक प्रकार्यवाद) को निश्चित स्वरूप प्रदान किया है। इसे राजनैतिक सन्दर्भ के ढ़ांचे में रखकर एक दिशा प्रदान की गयी है। पारसन्स ने मैक्स वेबर और इमाइल दुर्खीम के क्लासिक सिद्धान्त से यह निष्कर्ष निकाला कि फासीवाद एक सामाजिक आन्दोलन है। आगे चलकर इसे संरचनात्मक प्रकार्यवादी दृष्टिकोण के रूप में विकसित किया गया और सामाजिक आन्दोलन को दबाव के रूप में विवेचित किया गया। यह अनियमित सामाजिक आन्दोलन है जो विभिन्न प्रकार की सामाजिक गतिविधियों से जन्म लेते हैं। ये सामाजिक व्यवस्था को गढ़ते हैं अथवा एक भिन्न प्रकार का आधुनिक समाज गढ़ते हैं। इस दृष्टि से व्यक्ति सामाजिक आन्दोलन में प्रगतिशील अथवा प्रतिक्रियावादी के रूप में सहभागी होता है। यद्यपि ब्लूमर और पारसन्स की सामूहिक व्यवहार संबंधी कोई सामान्य धारणा नहीं है जिसके आधार पर सामाजिक आन्दोलन का अध्ययन अथवा विश्लेषण किया जा सके। वास्तव में, 1960 तक सामूहिक व्यवहार सामाजिक आन्दोलनों के अध्ययन का एक महत्त्वपूर्ण आधार रहा है। हालांकि स्मेल्सर का मत है कि 'संरचनात्मक प्रेरक' एक ऐसे सामाजिक दिशाओं का निर्माण करते हैं जो सामूहिक व्यवहार को संकल्पित मार्ग की ओर ले जाते हैं।

यहाँ पर ध्यान देने योग्य बात यह है कि समाज, समूह, अथवा समुदाय किसी चीज को प्राप्त करने हेतु संकल्पित होता है तो इस प्रकार का सामूहिक चिन्तन की एक-रूपता सामाजिक आन्दोलन को प्रेरित करते हैं जिसे स्मेल्सर 'संरचनात्मक प्रेरक' की संज्ञा देता है। टर्नर और किलीयन ब्लूमर के विचारों को और अधिक विकसित करते हुए कहते हैं कि वैयक्तिक सहभागिता पर सामूहिक व्यवहार का प्रभाव और सामूहिक इच्छा की प्रक्रिया और पहचान सामाजिक आन्दोलनों का निर्माण करते हैं। इस संबंध में स्मेल्सर पारसन्स के संरचनात्मक सन्दर्भ को अनुसरण करता है जिसमें सामूहिक व्यवहार की सहभागिता होती है। स्मेल्सर स्पष्ट करते हैं कि संरचनात्मक प्रकार्य सामाजिक आन्दोलन का एक उपागम है। वह सामाजिक आन्दोलन के संरचनात्मक प्रकार्य के उपागम हेतु 6 प्रकार की दशाओं का वर्णन करते हैं। ये सामाजिक आन्दोलन की उत्पत्ति और विकास को प्रभावित करते हैं। ये हैं : सामाजिक प्रेरक, संरचनात्मक दबाव, सामान्यीकृत-व्यवहार प्रपाती कारक, नेतृत्व और संचार, सामाजिक नियंत्रण व संचालन। अमेरिका में ये सभी बिन्दु सामाजिक आन्दोलन के बहस के मुद्दे हैं।

लोकतंत्र और सामाजिक आन्दोलन
(Democracy and Social Movements)

विश्व के विभिन्न देशों में अनेक प्रकार की शासन व्यवस्था विद्यमान है। प्रत्येक शासन-व्यवस्था की अपनी विशेषतायें हैं। प्रत्येक व्यवस्था में जनता को कम अथवा अधिक अधिकार प्राप्त हैं। उदाहरण के लिये समाजवादी देशों में राज्य व सरकार ही सर्वोपरि है।

उसी के आदेशों का जनता आँख बन्द करके पालन करती है। यहाँ सरकार व सत्ता के विरुद्ध आन्दोलन हो नहीं सकते। चीन और पुराना (साम्यवादी) रूस इसके उदाहरण हैं। ठीक इसी प्रकार सैनिक तानाशाही शासन में भी देखी जा सकती है। इन शासन प्रणालियों के ठीक विपरीत लोकतंत्रीय व्यवस्था है जिसमें वास्तविक शक्ति राज्य व सरकार में न होकर जनता में और जनता के चुने हुए प्रतिनिधियों में होती है। ये चुने हुए प्रतिनिधि ही सरकार बनाते हैं। लोकतंत्र में जनता को यह अधिकार प्राप्त है कि यदि वह सरकार के कार्यों, निर्णयों, और कानून और व्यवस्था से सन्तुष्ट नहीं है तो वह सरकार के निर्णयों के विरुद्ध आन्दोलन कर सकती है।

यदि जनता का शोषण किया जा रहा है; अत्याचार, उत्पीड़न, अराजकता में वृद्धि हो रही है जिससे जनता के जान, माल को खतरा उत्पन्न हो गया है तो जनता सरकार का ध्यान इन बुराइयों की ओर आकर्षित करने के लिये आन्दोलन करती है। वे दैनिक जीवन की समस्याओं को लेकर भी आन्दोलन करती है, जैसे पैट्रोल और गैस के चूल्हों के दाम में वृद्धि। अभी नकली दवाओं को लेकर उत्तर-प्रदेश में आन्दोलन चलाये गये और यह माँग की गयी कि नकली दवा बनाने वालों और बेचने वालों को फांसी की सज़ा दी जाय। इसकी गूंज संसद में भी सुनाई पड़ी। सरकार को बाध्य होकर यह कहना पड़ा कि नकली दवाओं के बनाने वालों के विरुद्ध कड़ी कार्यवाही की जायेगी। इसी प्रकार सामाजिक अन्याय और शोषण के विरुद्ध आन्दोलन किये जाते हैं। इस प्रकार के आन्दोलनों का एक लम्बा इतिहास है।

लोकतंत्रीय व्यवस्था में एक बात और देखने को मिलती है कि प्रत्येक राजनैतिक आन्दोलन की पृष्ठभूमि में कोई न कोई समस्या अवश्य होती है जिसे राजनीतिक रंग देकर राजनीतिक दल आन्दोलन करते हैं। आज तरह-तरह के सामाजिक आन्दोलनों का राजनीतिकरण हो गया है जैसे महिला शक्तिकरण, संसद में महिलाओं की 33 प्रतिशत आरक्षण की माँग आदि। लोकतंत्रीय व्यवस्था में सामाजिक आन्दोलन सामाजिक समस्याओं का दर्पण भी है। जिस देश में जितनी अधिक आर्थिक-सामाजिक, सांस्कृतिक व राजनैतिक समस्यायें होंगी उस देश में सामाजिक आन्दोलनों की संख्या भी अधिक होगी। लोकतंत्र में जनता को यह अधिकार प्राप्त है कि वह सरकार पर आन्दोलन के द्वारा दबाव बनाये और समस्या के निराकरण के लिये उन्हें बाध्य करे। यह भी कटु सत्य है कि लोकतंत्रीय लचीली शासन व्यवस्था और कमजोर सरकारी व्यवस्था व प्रबन्धन देश में अराजकतावादी आन्दोलनों को भी जन्म देते हैं। नक्सलवादी आन्दोलन इसका एक उदाहरण है।

वास्तव में, लोकतंत्रीय व्यवस्था अथवा अन्य किसी प्रणाली में सामाजिक आन्दोलन की एक संस्कृति होती है। यह कभी आयातित होती है जैसे फ्रांस क्रांति के एक नारे-स्वतंत्रता, समानता और भ्रातृव ने सम्पूर्ण विश्व में राजनैतिक चेतना को उत्पन्न किया। 'दुनिया के मज़दूरों एक हो' के नारे ने विश्व के श्रमिकों को एकजुट किया। 'तुम मुझे खून दो मैं तुम्हें आज़ादी दूँगा' के नारे ने सम्पूर्ण भारत में आजादी का बिगुल बजाया। इस प्रकार के अनेक उदाहरण दिये जा सकते हैं जो अमुक देश की सामाजिक, राजनैतिक व आर्थिक

समस्याओं की चिंगारी थे जिन्होंने आगे चलकर आन्दोलन का एक बड़ा रूप धारण किया। मैक्स वेबर का विचार है कि भीड़ और जनता में अपेक्षाओं की बनिस्पत उद्वेग से सामाजिक आन्दोलन प्रभावित होते हैं। वे सामाजिक बदलाव के रूप में देखे जाते हैं। वेबर श्रमिक आन्दोलन को संघठित परिपक्व राजनैतिक संघों के रूपों में देखता है।

लोकतंत्र में सामाजिक आन्दोलन इस बात पर निर्भर करता है कि नेतृत्व और संगठनों के प्रकारों की भूमिका आन्दोलन में किस प्रकार की है। इस तंत्र में सामाजिक आन्दोलन चलाने और नियंत्रित करने का दायित्व नेता पर होता है। ठीक इसी प्रकार वे सामाजिक संगठन जो संगठित और शक्तिशाली हैं 'सामाजिक आन्दोलन को दिशा और निर्देश देते हैं जैसे महाराष्ट्र में शिव सेना का संगठन शक्तिशाली और प्रभावशाली है। ठीक इसी प्रकार विश्व-हिन्दू परिषद का संगठन जो हिन्दुत्व और सांस्कृतिक राष्ट्रवाद हेतु आन्दोलन चला रहे हैं। ठीक इसी प्रकार पंथ निरपेक्ष राजनैतिक दल देश में पंथ निरपेक्ष सरकार की स्थापना के लिये आन्दोलन करते रहते हैं। मार्क्सवादियों के अनुसार आन्दोलन सामाजिक असन्तोष का प्रदर्शन है और सामाजिक परिवर्तन का एक शक्तिशाली आधार है। यह आवश्यक नहीं है कि आन्दोलन का जन्म कैसे हुआ? उसका स्वरूप क्या है? वह कैसे कार्य करता है? बल्कि आवश्यक यह है कि आन्दोलन को संचालित करने वाला वर्ग कौन सा है। आवश्यक यह है कि आन्दोलन का सामाजिक आधार क्या है और उसकी वर्ग संरचना किस प्रकार की है। मार्क्स पूंजीवादी व्यवस्था और शोषण के विरूद्ध था। श्रमिक वर्ग ही उसके सामाजिक-आर्थिक और राजनैतिक आन्दोलन का आधार है। भारत में श्रमिक आन्दोलन आज मुँह के बल गिर गया है और मार्क्सवादी विचारधारा के स्थान पर नव उपनिवेशवादी आर्थिक-सामाजिक संस्कृति की स्थापना हो रही है। संचार माध्यम इसी संस्कृति को स्थापित करने का आन्दोलन चला रहे हैं। कटु सत्य यह भी है कि भारत में 1975 के पश्चात किसी भी प्रकार का शक्तिशाली आन्दोलन नहीं हुआ। छुट-पुट आन्दोलन हुए और बुझ गये।

स्मेल्सर लोकतंत्र में सामाजिक आन्दोलन की दो श्रेणियाँ बताता है एक सामान्य आन्दोलन जो सामाजिक आन्दोलन से भिन्न है। सामान्य आन्दोलन धीरे-धीरे परिवर्तन लाते हैं। शनैः शनैः लोकाचार, मूल्य और प्रवृत्तियों में बदलाव होते हैं। सामाजिक चेतना में भी परिवर्तन होते हैं जिससे मानवीय व्यवहार में परिवर्तन होते हैं। सामाजिक परिवर्तन की तीव्र गति सामूहिक व्यवहार में एकदम से परिवर्तन लाती हैं। इसलिये सामाजिक आन्दोलन अन्ततः सामान्य आन्दोलन की ही अभिव्यक्ति है। आन्दोलन का यह सामाजिक लोकतंत्रीय विचार सामाजिक परिवर्तन के विकासवादी सिद्धान्त को दर्शाता है। वास्तव में, लोकतंत्र में सामाजिक आन्दोलन का कोई एक आधार नहीं होता और न कोई एक कारक ही। लोकतंत्र में समस्याजन परिस्थितियाँ सामाजिक आन्दोलन को समय-समय पर उत्पन्न करती रहती है। इसलिये सामाजिक आन्दोलन की प्रक्रिया की कोई सीधी रेखा खींची नहीं जा सकती है। इतना कहा जा सकता है कि सामाजिक आन्दोलन व्यक्तियों के एकजुट प्रयास का प्रतिफल

है जो सामाजिक दशा में बदलाव लाना चाहता है। सामाजिक आन्दोलन का यह मॉडल फ्रांस-क्रांति पर आधारित है।[7]

सामाजिक आन्दोलन का यदि विश्लेषण किया जाय तो हम यह कह सकते हैं कि सामाजिक आन्दोलन के अल्पकालीन व दीर्घकालीन अनेक स्वरूप हैं जो समय-समय पर स्थानीय, क्षेत्रीय, राज्य और राष्टीय स्तर पर घटित होते हैं। कभी महत्त्वपूर्ण अन्तर्राष्ट्रीय घटनायें भी आन्दोलन करने के लिये प्रेरित करती हैं। इनके पीछे राष्ट्रीय सामूहिक भावना और वर्गीय चेतना रहती है। कहीं यह मानवतावाद से भी जुड़ी होती हैं। इसके साथ ही जनता की आईडियोलॉजी में परिवर्तन होता रहता है। इसलिये आन्दोलन विशेष परिस्थिति में जन्मते हैं जिसमें समाहित होती है-आर्थिक-सामाजिक, सांस्कृतिक और राजनैतिक समस्यायें। एक विशेष समस्या एक समय में जनता को आन्दोलन करने के लिये प्रोत्साहित करती है। सामाजिक आन्दोलन सशक्त नेतृत्व और संगठन की माँग करती है जिससे प्रभावी ढंग से वांछित परिवर्तन लाया जा सके। आन्दोलन के बीज समाज में उपस्थित रहते हैं। आन्दोलन को अंजाम देने की आईडियोलॉजी समाज में सदैव अन्त:प्रवाहित रहती है जो उचित समय और परिस्थिति में आन्दोलन का रूप धारण करती है। इस आधार पर मैं यह कह सकता हूँ कि सामाजिक आन्दोलन की कोई सीधी रेखा नहीं खींची जा सकती है।

7. वोनस्टेन, सामाजिक आन्दोलन की भूमिका, पृष्ठ 2.

References

Banks, J., The Sociology of Movements, London, Macmillan.

Blumer, Herbert, Social Movements, Harcourt Brace Javanovich, New York.

Evans, R. (ed.), Readings in Collective Behaviour, Chicago, Rand McNally.

Heberk, R. Social Movements : An Introduction to Political Sociology, New York, Appleton-Crofts.

Mallik, S.C., Indian Movements, Indian Institute of Advanced Study Simla.

Neil, Smelser, Theory of Collective Behaviour, London, Routledge and Kegan Paul.

Pannikar, K.N., National and Left Movement in India, New Delhi, Vikas Publishing House.

Piven, F. and Cloward, R., Poor People's Movements, New York, Pantheon.

Rao, M.S.A. (ed.), Social Movements in India, Manohar Publications, New Delhi.

Shah, Ghanshyam, Social Movements in India: A Review of Literature, New Delhi, Sage Publication.

Smelser, N. (ed.), Social Movements and Modernity, Social Change and Modernity, Berkeley, University of California Press.

Zald, M. and McCarthy, Social Movements in an Organizational Society, Collected Essays, New Brunswick, Transaction.

3

सामाजिक आन्दोलन और सामाजिक परिवर्तन

(Social Movements and Social Change)

सामाजिक परिवर्तन अनादिकाल से होता आ रहा है। यह एक शाश्वत सामाजिक प्रक्रिया है। एक प्राकृतिक प्रक्रिया है। समय के साथ चीज़ें बदलती हैं। सामाजिक ढ़ांचे एवं व्यवस्था में परिवर्तन कभी स्वत: होते हैं और कभी सप्रयास किये जाते हैं। सामाजिक आन्दोलन सदैव किसी न किसी उद्देश्य को लेकर किये जाते हैं। यह उद्देश्य बड़े भी हो सकते हैं और छोटे भी। दोनों का लक्ष्य समाज में ऐसा परिवर्तन लाना है जिससे उनकी मांगों की पूर्ति हो सके। सामाजिक आन्दोलन परिवर्तन का प्रतीक है। आन्दोलन के द्वारा समाज में बदलाव होता है। यह वर्तमान सामाजिक व्यवस्था और संरचना को परिवर्तित करने का पक्षधर है। यह परिवर्तन किसी छोटे क्षेत्र से भी जुड़ा हो सकता है और सम्पूर्ण देश से भी, लेकिन यह कहना कि सामाजिक आन्दोलनों से सभी प्रकार के सामाजिक परिवर्तन होते हैं, गलत है। यह सामाजिक परिवर्तन का एक प्रभावी एवं महत्त्वपूर्ण कारण हो सकता है क्योंकि इसके साथ सामूहिक व्यवहार और सामाजिक चेतना जुड़ी होती हैं। इनकी सामाजिक परिवर्तन में महत्त्वपूर्ण भूमिका है।

सामाजिक आन्दोलन के अतिरिक्त सामाजिक परिवर्तन के वर्तमान समय में अनेक महत्त्वपूर्ण कारक हैं जैसे संस्कृतिकरण, वैश्वीकरण, उपभोक्तावाद, उदारीकरण, नव-उपनिवेशवाद, बाजारवाद, यांत्रिक-प्रौद्योकीय प्रगति, पाश्चात्यीकरण, नगरीकरण, भौतिकवाद आदि।

सामाजिक परिवर्तन के उपर्युक्त पोषक तत्त्वों की अपनी भूमिका व महत्त्व है। इसके साथ प्रत्येक सामाजिक आन्दोलन में सामाजिक-सांस्कृतिक, आर्थिक और राजनैतिक कारणों के बीज समाहित होते हैं। ये सामाजिक परिवर्तन के बीज सामाजिक आन्दोलन के आरम्भ होने के साथ प्रकट होने लगते हैं। सामाजिक आन्दोलन की पृष्ठभूमि में अनेक तथ्य अथवा कारण ऐसे होते हैं जो व्यवस्था में बदलाव लाना चाहते हैं। इसलिये

सामाजिक आन्दोलन के गर्भ में सामाजिक परिवर्तन के तत्व समाहित होते हैं। डब्ल्यू.ई. मूर[1] का मत है कि किसी भी समाज में सामाजिक परिवर्तन निरन्तर होते रहते हैं और समकालीन समाज में परिवर्तन लगभग सभी स्थानों पर समान रूप में घटित होते हैं। समकालीन परिवर्तन नियोजित भी होते हैं। वास्तव में, सामाजिक परिवर्तन समाज के प्रकार्यात्मक पक्ष को भी प्रभावित करता है। यहाँ पर ध्यान देने की बात यह है कि समाज व व्यक्ति के प्रकार्यात्मक पहलू पर सामाजिक परिवर्तन का प्रभाव सभी पर समान रूप से नहीं पड़ता है। यह वह बिन्दु है जहाँ से सामाजिक आन्दोलन अपनी ज़मीन तैयार करता है।

सामान्यत: सामाजिक व्यवस्था व संरचना को दो प्रकार के सामाजिक परिवर्तन प्रभावित करते हैं। ये किसी न किसी रूप में सामाजिक आन्दोलन को प्रभावित करते हैं। सामाजिक परिवर्तन से जुड़े कारक सामाजिक व्यवस्था को एक दिशा प्रदान करते हैं। यह दिशायें सामाजिक आन्दोलन का आधार तैयार करती हैं जैसे सामाजिक परिवर्तन बाह्य और आन्तरिक दोनों कारकों से प्रभावित होते हैं। उदाहरण के लिये कार्ल मार्क्स ने एक ऐसे भौतिकवाद ओर द्वन्द्वात्मक सिद्धान्त की स्थापना की जिसने आर्थिक-जगत् में आर्थिक सामाजिक आन्दोलनों को करने के लिये प्रोत्साहन दिया। वह भौतिक जगत के आर्थिक-ढांचे का विश्लेषण करता है। उसका मत है कि उत्पादन के साधनों के आधार पर ही कुछ निश्चित प्रकार के सामाजिक संबंधों का प्रतिमान निर्मित होता है, और सम्पूर्ण आर्थिक सामाजिक ढ़ांचा उत्पादन के साधनों के अनुसार बनता है। वास्तव में, उत्पादन के साधनों में वह शक्ति छिपी होती है कि इनके बदलाव के साथ ही समाज की सम्पूर्ण आर्थिक व्यवस्था आन्दोलित हो उठती है। उदाहरण के लिये पूंजीवादी व्यवस्था के शोषणकारी प्रवृत्ति के विरूद्ध एक नारा गूंजा कि "दुनियाँ के मजदूरों एक हो।" इस एक नारे ने पूरे संसार के श्रमिकों को एक जुट होने की प्रेरणा दी।

मार्क्स के सामाजिक परिवर्तन का सिद्धान्त वस्तुवादी वैचारिक आन्दोलन के रूप में विकसित होता है जिसने सम्पूर्ण संसार में पूंजीवादी शोषण के विरुद्ध क्रांतिकारी आन्दोलन की नींव रखी। यह सामाजिक परिवर्तन का वह बाह्य कारक है जो सामूहिक चेतना, और सक्रियता से जहाँ सीधे जुड़ा है वहीं श्रमिक आन्दोलनों से भी। मार्क्स का मत है कि श्रमिक आन्दोलन जैसे-जैसे एक-जुट और संगठित होंगे, श्रमिक एक न एक दिन पूंजीवादी व्यवस्था को उखाड़ फेकेंगे। श्रमिक आन्दोलन से समाज में एक ऐसा परिवर्तन आयेगा जिसमें न कोई शोषक होगा और न कोई शोषित।

मार्क्स का भौतिकवादी सामाजिक परिवर्तन का सिद्धान्त जो सामाजिक आन्दोलन को प्रेरित करता है, उसे निम्नलिखित रूप में स्पष्ट किया जा सकता है-

---

1. डब्ल्यू.ई.मूर, सोशल चेन्ज, पृष्ठ 2.

सामाजिक परिवर्तन और आन्दोलन की प्रक्रिया

↓

उत्पादन के साधनों में परिवर्तन

↓

उत्पादन की शक्तियों के स्वरूप में परिवर्तन

↓

आर्थिक-सामाजिक संबंधों के ताने-बाने में परिवर्तन

↓

स्वामी और दास, सामन्त और कृषक, पूंजीपति और श्रमिक

↓

पूंजीपति की शोषण-युक्त आर्थिक-व्यवस्था

↓

शोषण के विरुद्ध श्रमिक आन्दोलन

↓

आर्थिक-सामाजिक आन्दोलन

↓

श्रमिकों की एकजुटता पूंजीपतियों के विरूद्ध

↓

आर्थिक-सामाजिक आन्दोलन का लक्ष्य

↓

वर्गहीन शोषण रहित समाज की स्थापना

यहाँ ध्यान देने की बात यह है कि कभी सामाजिक आन्दोलन सामाजिक परिवर्तन को करने के लिये प्रेरित करते हैं और कभी सामाजिक परिवर्तन के आर्थिक-बाह्य कारक सामाजिक आन्दोलन को करने के लिये प्रोत्साहित करते हैं। कार्ल मार्क्स का भौतिक-सिद्धान्त श्रमिकों को पूंजीवादी शोषण की नीतियों के विरुद्ध एकजुट होकर आन्दोलन करने हेतु एक नई और जुझारू ऊर्जा प्रदान करता है। पूंजीवादी नीति पर प्रहार करते हुए **राहुल सांकृत्यायन** ललकारते हुए सामाजिक आन्दोलन करने की प्रेरणा देते हैं ''दूसरे की कमाई भाग्य-भगवान की देन के नाम से यदि हलाल हो सकती तो सभी चोरों डकैतों को जेलों से बाहर निकाल देना चाहिये।''[2] आगे पुनः आन्दोलन की बात करते हैं, ''जगत को बदलने में कर्म संघर्ष की जरूरत है, उसमें मुंदी आंखें नहीं, खुली आंखों की ज़रूरत है।''[3]

2. राहुल सांस्कृत्यायन, वैज्ञानिक भौतिकवाद, पृष्ठ 26.
3. राहुल सांस्कृत्यायन, वैज्ञानिक भौतिकवाद, पृष्ठ 32.

सामाजिक-व्यवस्था में न जाने कब से क्या-क्या पकता रहता है? इस व्यवस्था में बहुत सी चीज़ें ऐसी होती है जो व्यक्ति और समाज का अनेक प्रकार से दोहन करती हैं। अनेक ऐसी आर्थिक, सामाजिक, सांस्कृतिक एवं राजनैतिक समस्यायें होती हैं जो व्यक्ति का शोषण करती हैं। उन्हें अमानवीय जीवन जीने के लिये विवश करती हैं। ये वे आन्तरिक परिस्थितियाँ हैं जो व्यक्ति को दास की भाँति जीवनयापन करने के लिये विवश करती हैं। संसार के सभी देशों में इस प्रकार की परिस्थितियाँ हैं जिन्हें व्यक्ति स्वयं अपने प्रयासों व आन्दोलनों के द्वारा परिवर्तित करना चाहता है। ये वे परिवर्तन हैं जो समाज की आन्तरिक व्यवस्था और ढ़ांचे से विकसित होते हैं। सामाजिक आन्दोलन सामाजिक परिवर्तन से प्रत्यक्ष अथवा अप्रत्यक्ष रूप में जुड़ा है और जिसका संबंध समाज की आन्तरिक व्यवस्था से कहीं गहरे रूप में संबंधित है। इस आन्तरिक व्यवस्था में जब यातनाओं, कष्टों, समस्याओं आदि में वृद्धि होती है तब व्यक्ति अन्दर ही अन्दर घुटन महसूस करता है। यह घुटन व्यक्तियों को एकजुट करके आन्दोलन करने के लिये प्रेरित करता है।

सामाजिक आन्दोलन और सामाजिक परिवर्तन में गहरा संबंध है। हम इस तथ्य से परिचित हो गये हैं कि किसी भी सामाजिक व्यवस्था में बहुत सी चीजें समस्याओं के रूप में पकती रहती हैं जिसका संबंध समाज की आन्तरिक व्यवस्था से जुड़ा होता है। इसके हम कुछ उदाहरण विभिन्न कालों के प्रस्तुत करते हैं जिन्होंने सामाजिक आन्दोलनों को प्रेरित किया। इन आन्दोलनों से सामाजिक परिवर्तनों की एक विशिष्ट दिशा का भी बोध होता है। उदाहरण के लिये कृषि समाज की अनेक समस्यायें रहीं हैं और आज भी हैं। ए.आर.देसाई का विचार है कि 1918 से पूर्व ही किसान आन्दोलन प्रारम्भ हो गये थे किन्तु वे अनियमित, सीमित और स्थानीय आर्थिक उद्देश्य से जुड़े थे। उन्हीं के शब्दों में-

''1918 के बाद किसानों में राजनीतिक चेतना की शुरुआत हुई। वे संगठित राष्ट्रीय संघर्षों में भाग लेने लगे और बाद में उन्होंने अपने झन्डे और कार्यक्रम के साथ अपने संगठन भी बनाए और अपने ही नेताओं की अगुआई में अपने कार्यक्रम की पूर्ति के लिये संघर्षों का संगठन किया। ..... 1870 और 1897 के बीच में कई बहुत बड़े दुर्भिक्ष पड़े, ... अकाल वाले क्षेत्रों में किसानों को बड़ी तकलीफों का सामना करना पड़ा।.......... फलस्वरूप, समय-समय पर जमींदारों, साहूकारों और सरकार के विरुद्ध किसानों के संघर्ष उभरते रहे।''[4] इस तरह अंग्रेजों के शासन काल में किसानों ने अपनी समस्याओं के निराकरण हेतु अनेक आन्दोलन किये। स्वतंत्रता के पश्चात भी किसानों के आन्दोलन थमे नहीं है। वे अपनी कठिनाईयों और सुविधायें प्राप्त करने हेतु सरकार पर आन्दोलनों का दबाव बनाये रखते हैं।

अनुसूचित जातियों, दलित और पिछड़ी जातियों के उत्पीड़न का इतिहास काफी प्राचीन रहा है। धर्म से जुड़े मनगढ़न्त अन्धविश्वासों ने अनुसूचित, दलित और पिछड़ी

4. ए.आर.देसाई, भारतीय राष्ट्रवाद की सामाजिक पृष्ठभूमि, पृष्ठ 150.

जातियों को समाज और मानव समाज का एक निहायत घृणित अंग माना। मनुष्य के रूप में उसे समाज में निम्नतम स्थान दिया गया। इस अस्पृश्य भावना के विरुद्ध समय-समय पर अनेक आन्दोलन किये गये। इस संबंध में डॉ. रामगोपाल सिंह कहते हैं-

''इस दृष्टि से सामाजिक आन्दोलन एक विद्या है जिसमें संरचना का एक भाग जो लम्बे समय से शक्ति एवं सुविधा से वंचित होता है कालान्तर में सामाजिक प्रवचन एवं प्रभेदन से मुक्ति पाने के लिये अपने को प्रभुत्ता सम्पन्न वर्ग के विरुद्ध सामाजिक संघर्ष के लिये संगठित करता है।''[5] डॉ. रामगोपाल सिंह भारत की उस आन्तरिक सामाजिक व्यवस्था की सामन्ती प्रवृत्तियों पर प्रहार करते हैं जिसमें प्रभु जातियों ने दलित जातियों का मन चाहे रूप में शोषण किया। जातीय आन्तरिक व्यवस्था जहाँ शोषण और उत्पीड़न के घने जंगल हैं। उन्हें वे वर्गों में विभाजित करते हैं-

> ''परम्परात्मक समाज में दलित अपने कार्य के आधार पर दो वर्गों में विभक्त थे। एक वे जो जजमानी व्यवस्था के तहत प्रत्यक्ष या परोक्ष रूप से केवल अपने जजमानों की परम्परात्मक सेवा करते थे जैसे धोबी, अथवा गुज़ारा करने के लिये परम्परात्मक रूप से मात्र अपना पैतृक कार्य ही करते थे, जैसे खटिक (सुअर पालन), दारकार (बांस का काम), अथवा चमार (चमड़े का काम), दूसरे वे जो परम्परात्मक सेवा कार्य के साथ-साथ भू-स्वामी के यहाँ खेती का काम भी बहुत कुछ वंशानुगत रूप से करते थे- दलितों में अधिकांश लोग इस वर्ग में आते हैं।''[6]

इस दलित, पीड़ित, शोषित, कुंठित जातियों में चेतना का जन्म हुआ। इस सामन्तवादी व्यवस्था को बदलने की उन्होंने कमर कसी। इन्होंने इस सामाजिक दासता के विरुद्ध आन्दोलन खड़ा किया। इस सामाजिक व्यवस्था में अन्तर्विरोध थे। वे सामाजिक परिवर्तन की माँग करते थे। यह दलित-वर्ग एक ऐसे समाज की स्थापना करने के लिये आन्दोलन चला रहा था जिसमें स्वतंत्रता, समानता और भ्रातत्व की भावना हो। इसलिये डॉ. पुरुषोत्तम सत्य प्रेमी दलित आन्दोलनों के सन्दर्भ में लिखते हैं -

> ''आज का दलित आन्दोलन आर्थिक-सांस्कृतिक शोषण से मुक्ति एवं समाजेतिहास की प्रज्जलता का ही आन्दोलन नहीं है, अपितु वह तो अस्मितादर्शी मानव की प्रतिष्ठा और मानव से मानव की मुक्ति का स्वतंत्रता, समानता, बन्धुता तथा न्याय पर आधारित संरचना का सृजनात्मक रचनात्मक आन्दोलन भी है।[7] इस दलित अनुसूचित, पिछड़ी जातियों के आन्दोलन को मुख्य रूप से भीमराव अम्बेडकर

---

5. डॉ. रामगोपाल सिंह, भारतीय दलितः समस्यायें एवं समाधान, पृष्ठ 63.
6. डॉ. रामगोपाल सिंह, भारतीय दलितः समस्यायें एवं समाधान, पृष्ठ 63-64.
7. डॉ. पुरुषोत्तम सत्य प्रेमी, दलित साहित्य और सामाजिक न्याय, पृष्ठ 27.

का नेतृत्व प्राप्त हुआ। उन्हीं के यह शब्द थे, "**अपना-दीपक आप बनो**", "**शिक्षित बनो, संगठित रहो और संघर्ष करो**", "**बहुजन हिताय - बहुजन सुखाय**" के दर्शन ने जातीय चेतना को प्रोत्साहित किया।

"इन आन्दोलनों ने स्वतंत्रता के पश्चात स्वतंत्रता, समानता और भ्रातत्व के वातावरण में सांस लेना आरम्भ किया। इन आन्दोलनों से एक बहुत बड़ा सामाजिक बदलाव भारतीय संविधान के द्वारा भी लाया गया। अनेक प्रकार की सुविधायें जैसे शिक्षा, नौकरी, विधान सभा और संसद में आरक्षण आदि इन्हें प्राप्त होने लगी।

पूंजीवादी व सामन्तवादी देशों में श्रमिकों से एक समय 18 घन्टे तक काम लिया जाता था। पारिश्रमिक इतना कम कि दो समय का भोजन भी उससे सम्भव नहीं था। सम्पूर्ण विश्व में श्रमिकों का कोई इस प्रकार का संगठन नहीं बना जो उनके हितों के लिये संघर्ष और आन्दोलन चलाता। पूंजीपतियों के हाथ में ही सभी प्रकार के उद्योग थे। उन्हीं का बाजार पर एकाधिकार था। शासन पर भी इनका प्रत्यक्ष व अप्रत्यक्ष अधिकार था। श्रमिक शोषण के विरुद्ध 27 सितम्बर, 1864 को लन्दन के सेन्ट मार्टिन हाल में अन्तर्राष्ट्रीय मज़दूर संघ पहला इन्टरनेशनल की स्थापना हुई। सर्वहारा एक जुटता के विकास में एक महत्त्वपूर्ण मंज़िल थी।"[8]

श्रमिकों का संगठन अत्यधिक संगठित और सक्रिय हो गया जब फरवरी 1867 में शर्लिसआ जिले के हड़ताली बेल्जियम खान मजदूरों के विरुद्ध सैनिक भेजे गये और बहुत से हड़ताली मारे गये --ब्रिटेन की ट्रेड युनियनों ने कहा कि वे जुल्म का शिकार बनने वालों को आर्थिक सहायता दें। .... जर्मनी, आस्ट्रिया, इग्लैण्ड, फ्रांस, अमेरिका तथा बेल्जियम के मजदूरों द्वारा दी गयी नगद सहायता की बदौलत 1868 के बसन्त में जेनेवा में निर्माण कार्य करने वाले 3,000 मजदूरों की हड़ताल विजय की प्राप्ति के साथ समाप्त हुई।"[9]

सम्पूर्ण विश्व की पूंजीवादी-व्यवस्था की आन्तरिक-व्यवस्था इस रूप में पनप रही थी कि वह 'दुनियाँ के मजदूरों एक हों' के नारे के तहत अपने शोषण के विरुद्ध आन्दोलन चलाने के लिये एकजुट हो रहे थे। इस दृष्टि से 1890 में मई दिवस मनाने के लिये ज़ोर-शोर से तैयारी की गयी। इस तरह सम्पूर्ण विश्व में श्रमिक आन्दोलनों के अनेक स्वरूप पनपने और विकसित होने लगे।

भारत सैकड़ों वर्षों तक मुगलों और अंग्रेज़ों का गुलाम रहा है। इस सामन्तवादी व्यवस्था में श्रमिकों की शोचनीय व दयनीय स्थिति थी। श्रमिकों के शोषण की सीमायें भारत में भी नहीं थी। उनके काम के घन्टे, कारखानों के काम की दशायें, कम

---

8. रव्रामत्सोव, मई दिवस की परम्परायें, पृष्ठ 13.
9. रव्रामत्सोव, मई दिवस की परम्परायें, पृष्ठ 14.

मज़दूरी, निवास स्थानों की कमी, स्वास्थ्य की सुविधाओं का न होना, महिला श्रमिक और बाल श्रमिकों और बन्धुआ श्रमिकों की समस्या, खेतिहर और भूमिहीन श्रमिकों की दयनीय स्थिति, खानों में कार्य करने वाले मजदूरों की शोचनीय स्थिति, दैनिक वेतन भोगी आदि का पूंजीपति, सामन्त और जमींदार मन चाहे रूप में शोषण करता रहा है। यह उत्पीड़न की चरम-व्यवस्था थी जिसमें श्रमिक गुलाम और पशु की तरह जीवनयापन करता था। शूद्र श्रमिकों की स्थिति पशुओं से भी गिरी हुई थी बल्कि अम्बेडकर जैसे विद्वान और प्रतिभा सम्पन्न को निम्न जाति का व्यक्ति होने के कारण जाने कितनी बार अपमानित होना पड़ा। इसलिये उन्होंने अस्पृश्य, दलित, पिछड़ी जातियों के उत्थान व प्रगति के लिये अनेक आन्दोलन किये। आज भी वे दलितों के लिये प्रेरणा के स्त्रोत बने हुए हैं।

भारत में भी एक ऐसा समय था जब श्रमिकों को 10 दिन तक दिन-रात काम करना पड़ता था।[10] इस नारकीय काम की दशाओं ने श्रमिकों को एकजुट होने का अवसर प्रदान किया। वे इस अत्याचार और शोषण युक्त व्यवस्था को बदलने के लिये लामबन्द हुए। आन्दोलनों के माध्यम से उन्होंने काम करने की दशाओं में आमूलचूल परिवर्तन करने का संकल्प लिया। इस दृष्टि से अयोध्यासिंह ने अनेक हड़तालों की एक लम्बी सूची प्रस्तुत की है। काम के घंटे 10 से घटाकर 8 घन्टे करने के लिये हावड़ा रेलवे स्टेशन के लगभग 1,200 मजदूरों की हड़ताल (मई, 1862), बम्बई में 300 नाईयों की हड़ताल (1863), बम्बई में नगर पालिका के कसाइयों की हड़ताल (1863), अहमदाबाद में ईंट मजदूरों और दर्जियों की हड़ताल (1873), नागपुर की टाटा की एम्प्रेस मिल के बुनकरों की हड़ताल (1877)[11], श्रमिकों आन्दोलनों से जुड़ी हड़तालों का दौर आज भी इस नारे के साथ गूंज रहा है कि "हर ज़ोर जुल्म की टक्कर में हड़ताल हमारा नारा है।"

स्वतंत्रता के पश्चात एक नये वातावरण में श्रमिक आन्दोलन और श्रमिक संगठन श्रमिकों के कल्याण के लिये संकल्पित हुए। ये समाज की व्यवस्था को इस रूप में परिवर्तित करने के लिये प्रयासरत है जिसमें श्रमिकों का जीवन स्तर ऊंचा हो सके। उन्हें इतना वेतन प्राप्त होना चाहिए जिससे उनके बच्चे शिक्षित हो सकें। उनका स्वास्थ्य ठीक रह सके। निवास की सुविधायें प्राप्त होनी चाहिये। काम की दशाओं में परिवर्तन होना चाहिये। उन्हें पेन्शन, ग्रेच्यूटी और बोनस का लाभ मिलना चाहिए। श्रमिकों की सामाजिक सुरक्षा का दायित्व सरकार को पूर्ण करना चाहिये। श्रमिकों के जीवन में गुणात्मक परिवर्तन लाने हेतु अनेक कानून बनाये गये। केन्द्रीय सरकार ने अनेक अधिनियम पारित किये जिससे श्रम कल्याण कार्यक्रमों को वैधानिक आधार प्राप्त हुआ, जैसे कारखाना अधिनियम (1948), खान अधिनिमय (1942) बगान श्रम अधिनियम (1951), ठेका श्रम नियमन एवं उन्मूलन अधिनियम (1970) आदि। इसी तरह श्रमिकों की बीमारी, चोट तथा प्रसूति आदि के लिये

10. अयोध्या सिंह, भारत का मज़दूर आन्दोलन, पृष्ठ 27.
11. अयोध्या सिंह, भारत का मज़दूर आन्दोलन, पृष्ठ 36.

निःशुल्क चिकित्सा की व्यवस्था आज प्राप्त है। इसी तरह न्यूनतम मजदूरी अधिनियम में मजदूरी, मंहगाई भत्ता में वृद्धि का 'अंश अनिवार्य बचत योजना' आदि। इस तथ्य के उदाहरण हैं कि श्रमिक आन्दोलनों ने श्रमिकों की आर्थिक-सामाजिक जीवन में अनेक प्रकार के परिवर्तन ही नहीं किये बल्कि शोषणयुक्त व्यवस्था को बदलने में भी सफलता प्राप्त की।

सामाजिक सुधार आन्दोलन 19वीं सदी के पूर्वार्द्ध में अपनी अहम भूमिका का निर्वाह करते हैं। भारतीय समाज में सदियों से परम्परावादी, रुढ़िवादी, अन्धविश्वासों का जाल बिछा हुआ था। सामन्ती समाज ने और पुरोहितवादी जड़ संस्कृति ने सामाजिक चेतना को उभरने नहीं दिया। यही कारण है कि भारत आर्थिक दृष्टि से निर्धन और दरिद्र बना रहा। दलित जातियों और स्त्री समाज के साथ धर्म के नाम पर अत्याचार किये जाते रहे। निर्बल वर्ग को पूछने वाला कोई नहीं था। इस उत्पीड़न व्यवस्था में निर्धन, पिछड़ी जातियों, अनुसूचित जातियाँ और स्त्रियों पर धर्म के नाम पर अत्याचार किये जा रहे थे। इन शोषणों के विरुद्ध समाज सेवकों, विद्वानों, चिन्तकों और धार्मिक पंक्ति के अग्रणी नेताओं ने समाज सुधार आन्दोलन आरम्भ किये। यह वह सामाजिक व्यवस्था थी जहाँ अत्याचार, उत्पीड़न, शोषण अपनी पराकष्ठा पर था। इसके बावजूद अंग्रेजी शासन काल में प्रगति और विकास के संबंध में जागरूकता उत्पन्न होने लगी थी। इस संबंध में **ए.आर. देसाई** कहते हैं-

> ''अंग्रेजी शासन के दिनों में भारत में समाज और धर्म सुधार संबंधी जो आन्दोलन शुरू हुए वे भारतीय जनता की उदीयमान राष्ट्रीय चेतना और उनके बीच पश्चिम के उदारवादी विचारों के प्रसार के परिणाम थे। इस आन्दोलन ने धीरे-धीरे सामाजिक और धार्मिक नव-निर्माण का कार्यक्रम अपनाया और सारा देश इन आन्दोलनों की चपेट में आया। सामाजिक क्षेत्र में जाति सुधार या जाति प्रथा की समाप्ति, औरतों के लिये समानाधिकार, बाल विवाह का उन्मूलन और विधवा विवाह के समर्थन, सामाजिक और कानूनी असमानता के विरोध आदि पर आन्दोलन हुए।''[12]

वास्तव में, इन सामाजिक सुधार आन्दोलनों ने सामाजिक परिवर्तन की ऐसी परिस्थितियाँ तैयार की जिससे राष्ट्रीयता में जहाँ विकास हुआ वहीं समाज इन अन्धविश्वासों के विरुद्ध खड़ा होने लगा। ए.आर.देसाई लिखते हैं कि ''धार्मिक परिवेश में जो आन्दोलन हुए उन्होंने धार्मिक अन्धविश्वास और पूजा, बहुदेवतावाद, वंशानुगत पुरोहिती आदि का विरोध किया। इन आन्दोलनों ने कमोबेश मात्रा में व्यक्ति स्वातंत्र्य, सामाजिक एकता और राष्ट्रवाद के सिद्धान्तों पर जोर दिया और उसके लिये संघर्ष किए।''[13]

---

12. ए.आर.देसाई, भारतीय राष्ट्रवाद की सामाजिक पृष्ठभूमि, पृष्ठ 190.
13. ए.आर.देसाई, भारतीय राष्ट्रवाद की सामाजिक पृष्ठभूमि, पृष्ठ 199.

किसी भी सामाजिक व्यवस्था में कुछ लोग सामाजिक आन्दोलन के पक्षधर होते हैं और कुछ इसका विरोध करते हैं। इन परिवर्तन के समर्थकों में भी दो अन्तर्विरोधी और प्राय: परस्पर टकराने वाली प्रवृत्तियाँ दृष्टिगोचर हो रही थी। ......(एक वर्ग) पश्चिम की 'भौतिकवादी' संस्कृति के मुकाबले भारत की (आध्यात्मिक) संस्कृति को खड़ा करते थे। .... दूसरी प्रवृत्ति के नेता वे बुद्धिजीवी थे, जो समय की आवश्यकताओं के अनुसार हिन्दू धर्म और समाज में सुधार के दृढ़ समर्थक थे।''[14]

इन भारतीय सामाजिक कुरीतियों, अन्धविश्वासों और रुढ़ियों के विरुद्ध एक सशक्त आन्दोलन खड़ा हुआ जिसके अग्रणी नेता और समाज सुधारक थे--राजा राम मोहन राय, स्वामी दयानन्द सरस्वती, विवेकानन्द, गोविन्द रनाडे आदि। इस आधार पर हम कह सकते हैं सुधार आन्दोलनों ने देश में सामाजिक परिवर्तन की एक ठोस ज़मीन तैयार की।

(उपर्युक्त सभी सामाजिक आन्दोलनों की व्याख्या और विश्लेषण आगे के अध्यायों में विस्तार से की जायेगी। इसलिये यहाँ पर हमने संक्षिप्त रूप में ही विचार किया है।)

सामाजिक आन्दोलन और सामाजिक परिवर्तन नियोजित योजनाओं द्वारा (Social Movements and Social Change by Planned Planning)

सामाजिक आन्दोलन और सामाजिक परिवर्तन का परस्पर गहरा संबंध है। सामाजिक आन्दोलन साभाजिक व्यवस्था में परिवर्तन हेतु किया जाता है, इसके अपने उद्देश्य और कार्य प्रणाली है। प्रत्येक सामाजिक आन्दोलन के समान लक्ष्य नहीं होते। वे विभिन्न कारणों से उत्पन्न होते हैं। ये स्थानीय, क्षेत्रीय व राष्ट्रीय स्तर पर भी होते हैं। इस प्रकार के आन्दोलन कुछ लोगों व संस्थाओं के द्वारा समय-समय पर चलाए जाते हैं।

मैं यहाँ पर कहना चाहूँगा कि राज्य व राष्ट्रीय स्तर पर सरकार द्वारा विभिन्न प्रकार की योजनाओं के माध्यम से भी विकास और प्रगति का आन्दोलन नियोजित ढ़ंग से चलाया जाता है। यह भी आर्थिक, सामाजिक, सांस्कृतिक और जातिगत ढांचे में बदलाव लाने के लिये किये जाते हैं! स्वतंत्रता के पश्चात केन्द्र और राज्य की सरकारों ने विभिन्न योजनाओं के माध्यम से एक ऐसा विकास का आन्दोलन चलाया है जिससे देश का समग्र विकास हो सके। ग्रामीण और नगरीय समाज के विकास में सन्तुलन हो जिससे ग्रामीण समाज पिछड़ा न रहे। इन नियोजित सरकारी योजनाओं में सरकारी-तंत्र के अतिरिक्त जनता और समाज-सेवी संस्थाओं की भी सहभागिता होती है। ये समाज के बाह्य और आन्तरिक व्यवस्था में परिवर्तन लाने हेतु संकल्पित होते हैं।

14. दामोदरन, भारतीय चिन्तन परम्परा, पृष्ठ 380.

यहाँ पर कुछ उदाहरण देना चाहूँगा जिनके द्वारा राष्ट्रीय स्तर पर सामाजिक परिवर्तन को देखा जा सकता है। इसे आप सरकारी योजनाओं के माध्यम से सामाजिक आन्दोलन कह सकते हैं। अभी तक समाजशास्त्र के विद्वानों ने आन्दोलनों का इस दृष्टि से अध्ययन करने का प्रयास नहीं किया है। उन्होंने नियोजित परिवर्तन का तो अध्ययन किया है किन्तु इसे सरकारी नियोजित आन्दोलन के रूप में अध्ययन नहीं किया गया है। उदाहरण के लिये पंचायती राज, सामुदायिक विकास योजनायें, समन्वित ग्रामीण विकास कार्यक्रम, राष्ट्रीय ग्रामीण रोजगार कार्यक्रम, 20 सूत्रीय कार्यक्रम, हरित-क्रांति, श्वेत क्रांति, प्रौढ़ शिक्षा, आरक्षण की सुविधायें, महिला-कल्याण कार्यक्रम आदि। ये सभी कार्यक्रम अपने में एक आर्थिक-सामाजिक एवं सांस्कृतिक आन्दोलन हैं। इन कार्यक्रमों के द्वारा सभी क्षेत्रों में सरलता से सामाजिक परिवर्तन को देखा जा सकता है। एक दृष्टि से यह आन्दोलन पूर्व के आन्दोलनों से काफी विशाल और व्यापक है। इनका लक्ष्य जाति, धर्म, सम्प्रदाय में परिवर्तन लाना नहीं है, वरन् ये देश के समग्र विकास का लक्ष्य रखते हैं। इस भूमन्डलीकरण के दौर में अन्तर्राष्ट्रीय स्तर पर आर्थिक विकास के लिये प्रत्यक्ष अथवा अप्रत्यक्ष रूप में आन्दोलन चल रहा है। इस तरह हम यह कह सकते हैं कि राष्ट्रीय स्तर पर सामाजिक आन्दोलन का फलक काफी व्यापक बन गया है। इसलिये सामाजिक परिवर्तन की गति भी काफी तीव्र हो गयी है क्योंकि प्रोद्योगिक, वैज्ञानिक और सूचना क्रांति ने व्यक्ति की सम्पूर्ण प्राचीन, परम्परावादी अवधारणाओं को परिवर्तित कर दिया है।

वैयक्तिगत विचार, सामाजिक आन्दोलन और सामाजिक परिवर्तन
(Individual Thought, Social Movements and Social Change)

सामाजिक आन्दोलन के संबंध में यह तथ्य भी महत्त्वपूर्ण है कि किसी महान चिन्तक, विचारक, समाज सेवी, धार्मिक मनीषी और राजनीतिज्ञ के विचार सामाजिक आन्दोलन की एक शक्तिशाली ज़मीन तैयार करते हैं जिस पर आन्दोलन खड़ा होता है। इतिहास इस बात का साक्षी है कि विभिन्न क्षेत्रों के विद्वानों के विचारों से प्रेरित होकर सामाजिक आन्दोलन किये गये और जिससे सम्पूर्ण समाज में बदलाव आया। इस तरह वैचारिकी सामाजिक आन्दोलन और सामाजिक परिवर्तन के आधार भी हैं।

समय-समय पर विद्वानों ने सामाजिक समस्याओं के विरुद्ध जो विचार प्रकट किये हैं उनमें कुछ बातें सामान्य रूप से देखने को मिलती है, जैसे ये किसी वर्ग विशेष के हितों की रक्षा हेतु होते हैं अथवा व्यवस्था के विरुद्ध अपना आक्रोश और विरोध प्रकट करते हैं। ये विचारक जन मानस को इस रूप से प्रभावित और प्रेरित करते हैं कि सामाजिक परिवर्तन लाने में सहभागी बन जाते हैं। इस सन्दर्भ में, मैं कुछ उदाहरण प्रस्तुत करना चाहूँगा। उदाहरण के लिये गौतम बुद्ध और महावीर ने पुरोहितवाद और धार्मिक अन्धविश्वासों के विरुद्ध आवाज बुलन्द की। अपने ठोस विचार समाज के सम्मुख रखे। उनके विचारों से एक

प्रगतिशील विचारों की ज़मीन तैयार हुई। ब्राह्मणवाद से फैले अन्धविश्वासों में परिवर्तन आया। निम्न और पिछड़ी जातियों में समानता की भावना उत्पन्न हुई आदि। कार्ल मार्क्स श्रमिक शोषण के विरुद्ध खड़े होते हैं और पूंजीवादी व्यवस्था का जमकर विरोध करते हैं। उनका विचार है कि जब तक वर्ग विहीन समाज की स्थापना नहीं होती तब तक पूंजीपति श्रमिकों और आम जनता का शोषण करते रहेंगे। इसलिये 'दुनियाँ के मज़दूरों एक हो' का नारा बुलन्द किया। इन विचारों से सामाजिक परिवर्तन का एक नया स्वरूप उभर कर सामने आया जो आज भी समाजवादी देशों में देखा जा सकता है।

भारतीय पुनर्जागरण आन्दोलन में भी मनीषियों के व्यक्तिगत विचारों ने सामाजिक आन्दोलन को ही जन्म नहीं दिया वरन् समाज में परिवर्तन लाने में भी अहम भूमिका निभायी। उदाहरण के लिये राजा राम मोहन राय, स्वामी दयानन्द सरस्वती, गोविन्द रनाडे, देवेन्द्रनाथ ठाकुर, केशवचन्द्र सेन आदि ने सती प्रथा, बाल-विवाह, बहुपत्नी प्रथा का जहाँ विरोध किया, वहीं विधवा पुनर्विवाह का समर्थन। स्वामी दयानन्द सरस्वती ने स्त्री शिक्षा पर अत्याधिक जोर दिया। इतना ही नहीं, उन्होंने वेदों के प्रमाणों के आधार पर यह सिद्ध किया कि शूद्रों को वेदाध्यान करने का अधिकार है। तीर्थों और धार्मिक स्थानों की आलोचना की। उन्होंने कहा यह सब कुछ ढोंगी ब्राह्मणों के द्वारा गढ़ा गया है। इस तरह इन वैचारिक स्तर पर जो आन्दोलन चलाये गये उन्होंने परम्परावादी विश्वासों की जड़ें हिला दी। समाज में नये भूल्यों की स्थापना हुई।

20वीं सदी के महान विचारक महात्मा गांधी थे। उनके विचारों की श्रृंखलाओं को किसी एक सिद्धान्त में और न किसी एक विषय से बांधा जा सकता है। प्रत्येक विषय को उन्होंने एक नया आयाम और दृष्टि दी। उन्होंने बुनियादी शिक्षा, प्रौढ़ शिक्षा को एक नयी दृष्टि दी। जाति और वर्ण, अस्पृश्यता, स्त्रियों की स्थिति, धर्म, आचार, व्यक्ति और समाज आदि पर मानवीय रूप से विचार किया। राजनीति में सत्य, अहिंसा, प्रेम, सत्याग्रह, संरक्षता का सिद्धान्त, सर्वोदय की अवधारणा आदि ऐसे विचार हैं जिनके आधार पर अनेक प्रकार के रचनात्मक आन्दोलन खड़े हुए। उन्होंने तो अंहिसात्मक आन्दोलन के द्वारा आज़ादी का संग्राम लड़ा और देश को गुलामी से मुक्त कराया। ये गांधी जी के व्यक्तिगत विचार थे जिन्होंने जन-आन्दोलन की भूमिका निभायी। इस तरह भारत में अनेक विचारक हुए हैं जिनके विचारों पर सामाजिक आन्दोलन हुए। इनमें प्रमुख हैं अम्बेडकर, जय प्रकाश नारायण, दीनदयाल का एकात्मवाद, ज्योति बा फूले, कबीर, दादु, नानक आदि।

सामाजिक आन्दोलन और सामाजिक परिवर्तन के संबंध में एक महत्वपूर्ण तथ्य और भी सामने आता है कि जिन विषयों को लेकर आन्दोलन चलाये गये, समाज को बदलने का प्रयास किया गया, उन्हीं विषयों तथा अन्य सामाजिक कुरीतियों को स्थायी रूप से निराकरण हेतु विचारकों और समाज सेवकों ने संस्थाओं की भी स्थापना की जिससे आन्दोलन की चेतना बुझ न सके और समाज में गुणात्मक परिवर्तन होते रहे। मानव धर्म

के आधार पर ऐसी संस्थाओं में ब्रह्म समाज, आर्य समाज, प्रार्थना समाज, रामकृष्ण मिशन का योगदान महत्त्वपूर्ण है।

सामाजिक आन्दोलन का विश्लेषण: एक सामाजिक परिवर्तन की दृष्टि

(Analysis of Social Movements: A Social Change Perspective)

समाजशास्त्रीय दृष्टि से यदि सामाजिक आन्दोलनों का विश्लेषण किया जाय तो हमें ज्ञात होता है कि प्रत्येक आन्दोलन के गर्भ में सामाजिक परिवर्तन के तत्व निहित होते हैं। सामाजिक आन्दोलन किसी न किसी रूप में आर्थिक, सामाजिक, सांस्कृतिक और राजनैतिक व्यवस्था के विरुद्ध किया जाता है। कार्ल मार्क्स का द्वन्द्वात्मक सिद्धान्त इस तथ्य की पुष्टि करता है कि प्रत्येक व्यवस्था में उसको परिवर्तित करने के कारक उपस्थित रहते हैं। ये जब भी फूटते हैं समाज के ढांचें व व्यवस्था में बदलाव आता है। पुनर्जागरण से जुड़े सुधार आन्दोलनों की यह माँग थी कि सामाजिक कुरीतियाँ जो धर्म के नाम पर जड़ें जमाए बैठीं थीं उन्हें अंग्रेजी शासन कानूनी रूप से समाप्त करें। यही कारण है कि सती प्रथा, बाल विवाह पर जहाँ प्रतिबन्ध लगाये गये, वहीं विधवा पुनर्विवाह को मान्यता प्रदान की गयी और स्त्री शिक्षा को महत्व दिया गया। अत: इस प्रकार के सामाजिक आन्दोलन सामाजिक-सांस्कृतिक परिवर्तन के द्योतक हैं।

सामाजिक आन्दोलनों का विश्लेषण करने पर यह भी ज्ञात होता है कि प्रत्येक आन्दोलन कुछ उद्देश्यों और मागों को केन्द्र में रखकर किया जाता है। आन्दोलनों के उद्देश्यों और मांगों की प्रकृति और प्रक्रिया दोनों में विविधतायें होती हैं। ये विविधतायें स्थानीय, क्षेत्रीय, राज्यकीय और राष्ट्रीय स्तर पर चलाये जा रहे लक्ष्यों और मांगों के आधार पर होती है। इस तरह हम यह कह सकते हैं कि सामाजिक आन्दोलनों में सामाजिक परिवर्तन की प्रकृति में भी भिन्नतायें होती हैं। जैसे यह आवश्यक नहीं है कि उत्तराखण्ड और झारखण्ड के आन्दोलन क्षेत्रीय होते हुए भी इनमें सामाजिक परिवर्तन के आधार समान हों। दोनों के सामाजिक-सांस्कृतिक, भौगोलिक और अर्थिक ढांचें में पर्याप्त अन्तर है। ज़ाहिर है सामाजिक परिवर्तन की दिशायें पृथक-पृथक होंगी। उनके राज्य की मांगें भी अलग-अलग होंगी।

सामाजिक आन्दोलन सामूहिक व्यवहार के द्वारा कार्यान्वित होता है। सामाजिक आन्दोलन सामूहिक व्यवहार के सोच, मानसिकता और सामाजिक संबंधों के ताने-बाने में परिवर्तन लाकर आन्दोलन को समूह भावना का एक अंग बनाता है। यही कारण है कि बड़े से बड़े आन्दोलन समूह के हितों को लेकर लड़े जाते हैं, जैसे श्रमिक आन्दोलन शोषण के विरुद्ध आज भी खड़ा है। नारा देता है (दुनियां के मजदूरों एक हो)। इस नारे के तह में जायें तो ज्ञात होता है कि इसमें न जाति है न धर्म है और न सम्प्रदाय। यह पूंजीवादी व्यवस्था की शोषणकारी नीतियों के विरुद्ध है। इसलिये समाजवादी चिन्तक, विचारक और

राजनैतिक दल शोषण युक्त आर्थिक उपनिवेशवाद के विरुद्ध आन्दोलन करते हैं। भारत में आज भी स्वदेशी आन्दोलन चलाये जा रहे हैं और उदारीकरण और भूमन्डलीकरण का विरोध किया जा रहा है क्योंकि इनसे जहाँ भारत की अर्थव्यवस्था विदेशों की मुखापेक्षी बन रही है, वहीं अपसंस्कृति में वृद्धि हो रही है। ये दोनों ही सामाजिक संबंधों को तार-तार कर रहे हैं।

सामाजिक आन्दोलन का यह अर्थ नहीं है कि वे सम्पूर्ण देश की व्यवस्था में परिवर्तन लाना चाहते हैं, बल्कि आन्दोलन की प्रकृति देखकर यह अनुमान लगाया जा सकता है कि अमुक आन्दोलन से विशेष रूप से किस क्षेत्र वर्ग व जाति में परिवर्तन होने की सम्भावना है। उदाहरण के लिये महिलायें संसद में 33 प्रतिशत का आरक्षण चाहती हैं। इस आन्दोलन का प्रभाव महिलाओं के एक छोटे व मुख्यत: शहरी वर्ग पर पड़ेगा। सम्पूर्ण देश की महिलाओं पर नहीं और न इससे सम्पूर्ण देश की अशिक्षित, ग्रामीण, कस्बई, जनजातीय महिलाओं की आर्थिक-सामाजिक स्थिति में कोई बहुत बड़ा बदलाव आयेगा। इतना निश्चित है कि इसके द्वारा महिलाओं की जागरूकता में वृद्धि होगी। यह परिवर्तन समग्र आर्थिक-सामाजिक व राजनैतिक परिवर्तन का द्योतक न होकर महिला जगत में आंशिक परिवर्तन का प्रतीक है।

यह देखा जाता है कि सामाजिक आन्दोलन कई बार दबाव समूह के ज़रिये चलाये जाते हैं। इन्हें हम हित समूह भी कह सकते हैं जो अपनी जाति, धर्म और वर्ग हित के लिये ही आन्दोलन करके सरकार पर अपनी मांगों को मनवाने हेतु आन्दोलन करते हैं। उदाहरण के लिये पिछड़ी जातियाँ निरन्तर आरक्षण सूची में शामिल किये जाने के लिये आन्दोलन करती हैं। इस सूची में निरन्तर कुछ पिछड़ी जातियाँ जुड़ जाती हैं। संक्षेप में, हम यह कह सकते हैं कि सामाजिक आन्दोलन चाहे उसका स्वरूप छोटा हो अथवा विशाल समाज की आन्तरिक व बाह्य परिस्थितियों में परिवर्तन लाता है। एक नई सामाजिक व्यवस्था को स्थापित करने का प्रयास करता है। समानता, स्वतंत्रता और सामाजिक न्याय के लिये सामाजिक आन्दोलन निरन्तर प्रयासरत रहते हैं। इन आन्दोलनों से जो परिवर्तन होते हैं वे सामाजिक संबंधों के ताने-बाने को भी परिवर्तित करते हैं। इस तरह सामाजिक आन्दोलन सामाजिक परिवर्तन के आधार हैं।

References

Damodaran, K., Bhartiya Chintan Prampara, Peoples Publishing House, New Delhi.

Desai, A.R., Bhartiya Rashtrawad Ki Samajik Prishthabhumi, The Macmillan Co, New Delhi.

Moore, Wilbert E., Social Change, Prentice Hall of India, New Delhi.

Ravanmtsowa, A., Traditions of the First May Day, Pragati Prakashan, New Delhi.

Premi, Purshotam Satya, Dalit Sahitya Aur Samajik Nyay, Samta Prakashan, Delhi.

Sanskritayan, Rahul, Vaighanic Bhoulikvad.

Singh, Ram Gopal, Bhartiya Dalit : Samasayen Aur Samadhan, Madhya Pradesh Hindi Granth Akademi, Bhopal.

4

सामाजिक पुनर्जागरण और सामाजिक सुधार आन्दोलन

(Social Renaissance and Social Reform Movements)

19वीं सदी सामाजिक-आर्थिक और राजनैतिक संक्रमण का काल है। यह आधुनिक भारत के अभ्युदय का समय है। इस युग में भारतीय समाज और संस्कृति पर यूरोपीय सभ्यता, शिक्षा, विज्ञान प्रोद्योगिकी का अत्याधिक प्रभाव पड़ा है। जब भारत में अंग्रेज़ी राज की स्थापना हो गयी तब भारत और यूरोप सम्पर्क की परिस्थिति में बदलाव आना स्वाभाविक था। अंग्रेज़ी शासन और अंग्रेज़ी शिक्षा-दीक्षा में पके बुद्धिजीवियों ने भारतीय समाज में जागृति उत्पन्न करने हेतु उन सामाजिक कुरीतियों और धार्मिक अन्धविश्वासों पर प्रहार किया जो भारत को प्रगतिशील बनाने में रूकावट उत्पन्न कर रहे थे। इन सामाजिक बुराइयों को समाप्त करने हेतु भारत में पुनर्जागरण आन्दोलन को प्रोत्साहन मिला। इस आन्दोलन ने सुधार की आवश्यकता को प्रेरित किया। इसलिये एक ओर ब्रह्म समाज, आर्य समाज, प्रार्थना समाज, रामकृष्ण मिशन, थियोसाफिकल सोसायटी जैसी समाज सुधार करने वाली संस्थाओं को जन्म दिया वहीं दूसरी ओर ईश्वरचन्द्र विद्यासागर, महादेव गोविन्द रनाडे, फूले, तिलक जैसे समाज सुधारकों और राजनीतिज्ञों को भी प्रोत्साहित किया। इन समाज सुधारकों के प्रभा मन्डल ने समाज सुधार आन्दोलन को गति और दिशा प्रदान की। इस आन्दोलन ने सामाजिक और राजनैतिक चेतना को भी उत्पन्न किया जो आगे चलकर स्वतंत्रता संग्राम का आधार बनी।

सामाजिक पुनर्जागरण की कोख में सामाजिक सुधार के बीज समाहित थे। विश्व के किसी भी देश में जहाँ सामाजिक जागरण का जन्म हुआ है, वहाँ सामाजिक-सांस्कृतिक कुरीतियों के विरुद्ध संघर्ष और आन्दोलन खड़ा किया गया। भारत में भी पुनर्जागरण की लहर आयी। आरम्भ में बंगाल में इसके प्रभाव को सरलता से देखा जा सकता है। अमित सेन का विचार है कि अंग्रेज़ी शासन और बूर्जुवा आर्थिक व्यवस्था और पाश्चात्य संस्कृति का

सर्वप्रथम प्रभाव बंगाल पर पड़ा। इससे बंगाल में जाग्रति उत्पन्न हुई। इस जाग्रति को बंगाल में पुनर्जागरण की संज्ञा दी गयी। वास्तव में, बंगाल में सामाजिक चेतना देश के अन्य भागों से कहीं अधिक थी। इसकी तुलना यूरोपीय रेनासा से की जाती है।[1]

पुनर्जागरण और सामाजिक सुधार की प्रक्रिया पर प्रकाश डालते हुए डॉ. ए.आर.देसाई लिखते हैं -

''अंग्रेज़ी शासन के दिनों में समाज और धर्म सुधार संबंधी जो आन्दोलन शुरू हुए वे भारतीय जनता की उदीयमान राष्ट्रीय चेतना और उनके बीच पश्चिम के उदारवादी विचारों के प्रसार के परिणाम थे। इन आन्दोलनों ने धीरे-धीरे सामाजिक और धार्मिक नवनिर्माण का कार्यक्रम अपनाया और सारा देश इन आन्दोलनों की चपेट में आया। सामाजिक क्षेत्र में जाति सुधार और जाति प्रथा की समाप्ति, औरतों के लिये समानाधिकार, बाल विवाह का उन्मूलन और विधवा विवाह के सर्मथन, सामाजिक और कानूनी असमानता के विरोध आदि प्रश्नों पर आन्दोलन हुए। धार्मिक क्षेत्र में जो आन्दोलन हुए उन्होंने धार्मिक अन्धविश्वास और मूर्तिपूजा, बहुदेवतावाद, वंशानुगत पुरोहिती आदि का विरोध किया।''[2]

इस दृष्टि से सामाजिक पुनर्जागरण आन्दोलनों का सामाजिक सुधार आन्दोलनों में कहीं अधिक महत्त्व है। पुनर्जागरण आन्दोलनों की उपेक्षा करके सामाजिक आन्दोलनों के साथ न्याय नहीं कर सकते हैं। इन आन्दोलनों ने सीधा सामाजिक कुरीतियों पर प्रहार किया था। इन आन्दोलनों से एक ऐसे वातावरण का जन्म हुआ जिसने सामाजिक पुनर्निर्माण को बल प्रदान किया। इससे सामाजिक सुधार आन्दोलनों को एक दिशा प्राप्त हुयी। इसी सन्दर्भ में **देसाई** कहते हैं -

''समाज और धर्म सुधार के आन्दोलन भारत के राष्ट्रीय जागरण के सूचक थे और उनका उद्‌देश्य था मध्ययुगीन सामाजिक संरचना और धार्मिक दृष्टिकोणों का कमोबेश जनतांत्रिक, अर्थात् व्यक्ति स्वातत्र्य और मानव एकता के सिद्धान्त के आधार पर परिशोधन।''[3]

प्रसिद्ध विचारक **रामधारीसिंह दिनकर** पुनर्जागरण और सामाजिक सुधार आन्दोलनों पर यूरोपीय प्रभाव को बताते हुए कहते हैं -

''भारत यूरोप के साथ आने वाले धर्म से नहीं डरा बल्कि भय उसे यूरोप के विज्ञान को देखकर हुआ, उसकी बुद्धिवादिता, साहस और कर्मठता से हुआ। अतएव, भारत में नवोत्थान का जो आन्दोलन उठा उसका लक्ष्य अपने धर्म, अपनी परम्परा और अपने विश्वासों का त्याग नहीं, प्रत्युत यूरोप की विशिष्टताओं के साथ उनका सामंजस्य बिठाना था।''[4]

---

1. अमित सेन, आन द बंगाल रेनांसा, पृष्ठ 1.
2. ए. आर. देसाई, भारतीय राष्ट्रवाद की सामाजिक पृष्ठभूमि, दि मेकमिलन कं., पृष्ठ 191
3. ए.आर.देसाई, भारतीय राष्ट्रवाद की सामाजिक पृष्ठभूमि, दि मेकमिलन कं., पृष्ठ 192
4. रामधारी सिंह दिनकर, संस्कृति के चार अध्याय, पृष्ठ 443.

भारतीय पुनर्जागरण और सामाजिक परिवर्तन के समर्थकों में अन्तर्विरोधी प्रवृत्तियाँ देखी जाती हैं। **के.दामोदरन** इन अन्तर्विरोधी प्रवृत्तियों का विश्लेषण करते हुए कहते हैं-

"बुद्धिजीवियों का एक हिस्सा पश्चिम के आक्रमणों से 'राष्ट्रीय' संस्कृति की सुरक्षा के लिए पुरानी धार्मिक परम्पराओं के पुनरुत्थान को एक महत्वपूर्ण तत्व मानता था। ये लोग पश्चिम की 'भौतिकवादी' संस्कृति के मुकाबले भारत की 'आध्यात्मिक' संस्कृति को खड़ा करते थे। उनका दावा था कि भारतीय संस्कृति पश्चिमी संस्कृति से श्रेष्ठतर है और वे हर किस्म के विदेशी सांस्कृतिक प्रभाव की निन्दा करते थे। वे हिन्दू धर्म के परम्परागत रीति-रिवाजों, रस्मों और कर्मकाण्डों को दृढ़ता से पालन करने पर ज़ोर देते थे, हालांकि वे कुछ पुराने सड़े गले रिवाजों का विरोध भी करते थे।"[5]

रेनांसा और समाज सुधार
(Renaissance and Social Reform)

रेनासां सामाजिक आन्दोलन का वह स्वरूप है जिसने सामाजिक सुधार आन्दोलन को एक नया आयाम दिया। समाज के विभिन्न वर्गों के प्रतिष्ठित व्यक्तियों और मनीषियों ने सामाजिक कुरीतियों और धार्मिक अन्धविश्वासों के विरुद्ध आन्दोलन को खड़ा किया। रेनांसा एक तरफ आधुनिक प्रवृत्तियों का समर्थक रहा है दूसरी तरफ वह जड़वादी समाज का विरोधी। इसमें गतिशील धारणा समाहित है जो समयानुसार समाज में बदलाव लाने का पक्षधर है। वस्तुतः रेनांसा एक सापेक्षिक शब्द है। रेनांसा का शब्दार्थ है नवयुग, पुनर्जागरण, नवजीवन आदि। ये सभी शब्द सापेक्षिक और गतिशील हैं। देश और युग के संदर्भ में उसके अर्थों में संकुचन और विस्तार होता रहता है। सांस्कृतिक प्रक्रिया का यह एक अनिवार्य प्रकरण है। उदाहरण के लिये परवर्ती वैदिककाल में कर्मकाण्ड की अधिकता ने आर्यों की सामाजिक व्यवस्था में एक जटिलता पैदा कर दी थी **जिसका अनिवार्य परिणाम जैन, बौद्ध-धर्म के नवजागरण में हुआ।**

आर्यों का समानता पर आधारित वह समाज विधान, जो यज्ञ के अन्दर पोषित होता था, आगे चलकर स्वयं ही वर्गों में विभाजित हो गया था। बौद्ध और जैन सम्प्रदायों में संघ की स्थापना द्वारा उसी आधार को पुनर्जीवित किया गया। अपने अन्तर्निहित तत्वों के कारण बौद्ध-धर्म भी जब पतन के कगार पर खड़ा हुआ, उस समय ब्राह्मण धर्म के नवजागरण ने न केवल दर्शन विद्या के क्षेत्र में नवीन अध्यायों का आवर्तन किया बल्कि भारतीय राज शक्ति को भी वह दृढ़ता प्रदान की जिससे वह विदेशियों के सम्मुख अडिग रह सकी। और जब ब्राह्मण धर्म अपने विघटनशील तत्वों में टूटकर जकड़ गया तो फिर भारतीय इतिहास

5. के. दामोदरन, भारतीय चिन्तन परम्परा, पृष्ठ 380.

में एक नये अध्याय का आरम्भ हुआ जिसे मोटे अर्थों में मध्ययुगीन जागरण कह सकते हैं।

इस दृष्टि से 11वीं शताब्दी से भारतीय रेनासां का आरम्भ मानना विवेकपूर्ण नहीं है। प्राय: विद्वान रेनासां का जन्म औद्योगिक क्रांति के फलस्वरूप मानते हैं। किन्तु केवल इसी आधार पर भारतीय रेनासां को 18वीं शताब्दी तक घसीट ले जाना न्याय संगत नहीं है। वैसे तो हर युग की अपनी विशेषता होती है जो इतिहास को प्रभावित करती है, परन्तु उसकी मूलभूत धारा बहुत कुछ समगति से प्रभावित होती है। 18वीं, 19वीं शताब्दी में जिन विद्वानों और विचारकों को नव जागरण का प्रणेता माना जाता है, वे विचारों के क्षेत्र में कोई मौलिक क्रान्ति नहीं लाये थे। **उनकी विचारधारा या तो प्राचीन विचारधारा का नवीन संस्करण है या भारतीय और पाश्चात्य संस्कृतियों के सम्मिलन का प्रयास। इसलिये भी रेनासां को केवल औद्योगिक क्रांति की देन नहीं कह सकते हैं।** इस विचारधारा के पोषण के लिये एक दूसरा कारण भी दिया जा सकता है। इतिहास की वैज्ञानिक अवधारणा ने यह सिद्ध कर दिया है कि विकास के विभिन्न युग बहुत कुछ समानान्तर चलते हैं। यूरोप में रेनासां का प्रारम्भ सामान्यत: अन्तिम धर्मयुद्ध (क्रूसैड) 1270, के बाद के 75 वर्षों (1275-1350) तक माना जाता है और भारतीय रेनासां काल भी इस काल के समकक्ष, अर्थात् 8वीं शताब्दी से प्रारम्भ हो जाता है।

फ्रांसीसी लेखक ई.जे. देलाब्लूज (1781-1863) सम्भवत: प्रथम व्यक्ति हैं जिन्होंने एक विशिष्ट युग एवं स्थान अर्थात् उत्तर मध्यकालीन उत्तरी एवं मध्य इटली में पाश्चात्य ईसाई धर्म जगत पर मृत यूनानी सभ्यता के संघात का वर्णन करने के लिये पहली बार **रेनासां (पुनर्जागरण)** शब्द का प्रयोग किया था। **अर्नाल्ड टायनबी** ने रेनासां को इतिहास के अध्ययन का एक औज़ार मानते हुए लिखा है-

'रेनासां की खोज में डूबने से पूर्व हमें यह भी कह देना चाहिए कि इस प्रकार की घटनाओं को वर्तमान एवं अतीत के बीच होने वाली दो भिन्न प्रकार की टक्करों से भिन्न रूप में ग्रहण करना होगा। इनमें से एक तो मरणोन्मुख व मृत सभ्यता एवं उसके भ्रूण अथवा शिशु उत्तराधिकारी के बीच उत्तराधिकारी एवं सम्बद्धता का संबंध .... इसे एक सामान्य एवं आवश्यक घटना के रूप में लेना चाहिए, जैसे कि उस पर पितृत्व एवं पुत्रत्व के उदाहरण के हमारे आरोहण में सन्निहित हैं। इसके विपरीत, रेनासां तो एक विकसित सभ्यता एवं उसके बहुत पूर्व मरे हुए जनक के प्रेत (घोस्ट) के बीच की संघात-टक्कर है, पर्याप्त रूप से सामान्य होते हुए भी असामान्य रूप में उसका वर्णन होना चाहिए। परीक्षा करने पर वह प्राय: अस्वास्थकर निकलता है। वर्तमान और अतीत के बीच दूसरा संघात जिससे रेनांसाओं को भिन्न मानना चाहिए, वह घटना का दृश्य प्रपंच (फिनोमेना) है जिसे हमने पुराणवाद (आर्फेइजू) के नाम से पुकारा है और उसका प्रयोग समाज विकास की उस प्रारम्भिक अवस्था में लौट जाने का प्रयास करने के अर्थ में किया है, जिसमें पुराणवादी स्वयं रहे होते हैं।'

वर्तमान और अतीत के बीच होने वाले संघात के तीन प्रकारों में एक और अन्तर की स्थापना की गई है। उत्तराधिकार एवं सम्बद्धता के संबंध या रिश्ते में इतना तो स्पष्ट ही है कि जिन दो समाजों का सम्पर्क होता है, वे विकास की बड़ी ही भिन्न, बल्कि विपरीत श्रेणियों में होते हैं। अपनी जरावस्था में जनक तो विघटनशील समाज होता है, सन्तति एक नवजात शिशु फिर एक पुराणोन्मुख व्यक्ति मामलों की एक ऐसी स्थिति के मोहपाश में आबद्ध हो जाता है जो उसकी स्थिति से बहुत अधिक भिन्न होती है, नहीं तो पुराणोन्मुख क्यों हों? इसके विपरीत, रेनासां में प्रवेश करने वाला समाज अपने जनक के प्रेत को उस अवस्था वाला जनक मानकर पुकारता है जब जनक विकास की इस श्रेणी में थे जिसमें सन्तति अब पहुंची है।

''रेनासां'' शब्द के लिये हिन्दी में दो शब्द प्रयोग किये जाते रहे हैं– पुनर्जागरण और नवजागरण। विकासशील चेतना को ध्यान में रखते हुए 'नवजागरण' शब्द अधिक सार्थक है। पुनर्जागरण का अभिप्राय अतीत की उसी विशिष्ट चेतना का जागरण भी हो सकता है अथवा यह अतीत के सर्वग्राही मोह को भी व्यंजित कर सकता है। इसके विपरीत, जागरण विकास की नवीन भूमि का निर्माण करता है। अतीत के सृजनात्मक तत्वों को ग्रहण करते हुए भी वह रूढ़ियों को नकारता है, उनसे विद्रोह करता है।

वास्तव में, नवजागरण का संबंध इतिहास के किसी पक्ष विशेष से नहीं होता। यह तो मूलत: मानव की प्रगतिगामी चेतना है जो काल के अन्तराल से विस्फोट करती है और उसके परिणामस्वरूप इतिहास के युग से दूसरे युग में छलांग परिलक्षित होती है। नवजागरण की भावना में मानव आत्मा की स्वतंत्रता प्राप्ति की आकुल उत्कण्ठा छिपी रहती है जो मानवीय संसार के निर्माण में प्रेरणा का कार्य करती है। उसमें संसार के पुनर्निर्माण की भावना जागृत होती है। मानववाद, कलाओं का मुख्य मूल्य निर्धारण किया जाता है और अतीत के प्रति आकर्षण एक नयी सृजनात्मक भूमिका उपस्थित करता है।

वास्तव में, यह देखना अत्यन्त आवश्यक है कि भारतीय नवजागरण के विभिन्न युगों में सुधार की कौन-कौन सी चुनौतियाँ उत्पन्न हुयीं और उन चुनौतियों से किस प्रकार लड़ा गया। सामाजिक सुधार की पृष्ठभूमि में सामाजिक चेतना की उन परिस्थतियों को भी देखना होगा जिन्होंने सामाजिक आन्दोलन को प्रेरित किया। इसलिये पूर्ववर्ती रेनासां की पृष्ठभूमि जानना आवश्यक है।

प्रथम भारतीय नवजागरण (First Indian Renaissance)

(ई.पू. ४000-600 ई.पू.)

प्रथम भारतीय नवजागरण उपनिषद्काल में घटित हुआ। इस समय तक वैदिक धर्म कर्मकाण्ड की सीमा तक पहुँचकर समाज की चुनौती को स्वीकार करने में असमर्थ हो चुका था तथा कथित पुरोहित वर्ग का उस पर एकाधिपत्य था। यह युग कर्म से भावना की ओर

विकास इंगित करता है। वैदिकोत्तर युग में अनेक सुधारवादी दर्शनों और सम्प्रदायों का उदय हुआ। यह उदय विशेष रूप से मगध और विदेह के अर्द्ध-ब्राह्मण क्षेत्रों में हुआ।

ईसा पूर्व पांचवीं, छठीं और सातवीं शताब्दी में भारत, ईरान और फिलिस्तीन तथा हेलाज में एक साथ दर्शन के स्वर्णयुग का सूत्रपात हुआ। फिलिस्तीन में 750 से 500 ई.पू. तक महान हिब्रू मसीहाओं का प्रभाव रहा। लगभग 660 ई. पूर्व में भारत में प्राचीनतम उपनिषदों की रचना हुई, इनमें ऐतरेय बृहदारण्यक और धान्दोग्य थे। बुद्ध (563-487) महावीर (599-527) और आजीवक धर्म के नेता मस्करी गोसाल समकालीन थे। चीन में कनफ्यूशस ने अपने उपदेश 551-479 ई. पू. में दिये थे और लाओत्से का दार्शनिक सम्प्रदायों का जन्म हुआ। कालिदास, भारवि, कुमारदास, दण्डी और विशारद दत्त जैसे कलाकार उत्पन्न हुए। मथुरा, विदिशा, सारनाथ और नालन्दा की कला अस्तित्व में आयी, चीनी यात्रियों का आगमन हुआ। दक्षिणी-पूर्वी एशिया में हिन्दू धर्म का प्रचार हुआ। इस युग की विशेषता थी - अस्वीकृति के स्थान पर परिपाक, संघर्ष के स्थान पर समन्वय।

गुप्तकाल उसके बाद की तीन शताब्दियों में भारतीय समाज की संरचना में तेजी से परिवर्तन आया। विभिन्न जातियों के सम्मिश्रण के फलस्वरूप बौद्धिक स्वाधीनता में अभिवृद्धि हुई और एक उदार तथा सहिष्णु दृष्टिकोण, व्यक्तिगत देवता के प्रति गंभीर भक्ति-भावना तथा समस्त प्राणियों के प्रति करूणा भावना का विकास हुआ। **गुप्तकाल के समाप्त होने तक सामन्तीकरण एवं सांस्कृतिकरण की प्रक्रिया पूर्ण हो चुकी थी।**

नव जागरण के विश्लेषण करने में निम्नलिखित तथ्य सामने आते हैं जिन्होंने सामाजिक आन्दोलनों को प्रत्यक्ष अथवा अप्रत्यक्ष रूप में प्रभावित किया है।

1. प्रथम, भारतीय नवजागरण में क्षत्रिय, ब्राह्मण प्रभुत्व और कर्मकाण्ड के प्रति विद्रोह करते हैं। ये ज्ञान, दर्शन, कला और साहित्य में भी नवीन पद्धतियों को प्रारम्भ करते हैं और द्वितीय एवं तृतीय नवजागरण में हम एक समन्वयात्मक संस्कृति का स्वरूप विकसित होता हुआ देखते हैं। चौथा नवजागरण के लिये पृष्ठभूमि तैयार हो जाती है जिसका परिपाक आगे चलकर भक्तिकाल में हुआ है।

2. दूसरा, विशेष तथ्य यह है कि सभी महान नवजागरण धर्म के माध्यम से घटित हुए हैं। एंजिल का कथन है कि प्रत्येक सामाजिक और राजनीतिक जन आन्दोलन उस समय धर्म साधना का रूप लेकर आता था और संसार के ऐसे धर्मों में जो जन-आन्दोलन की अभिव्यक्ति बनकर आये।

3. सभी नवजागरण अपने युग की चुनौती को स्वीकार करने के परिणाम स्वरूप उपजे हैं इसलिये उनमें समूचे युग के संघर्ष व्यक्त हुए हैं।

4. भारतीय नवजागरण संघर्ष एवं संश्लेषण की प्रक्रिया के परिणाम हैं। ये संघर्ष आन्तरिक भी है और समय पांचवी शताब्दी है। यूनान में (461-399 ई.पू.) में दर्शन के क्षेत्र में सुकरात का एकाधिकार था।

भारत में छठी शताब्दी में तप और त्याग का युग स्थापित हो गया जिसका एक कारण आरम्भिक मगध साम्राज्यवाद था। एक छोटे से प्रदेश में यथेष्ट आकर्षण और विशिष्टता और, इतने सारे संप्रदायों का एक साथ उदय **इस बात का सूचक है कि कोई सामाजिक आवश्यकता अवश्य थी जिसे पुराने सिद्धान्त पूरा नहीं कर पा रहे थे। कोई नई चुनौती समाज के सामने थी।**

जैन, बौद्ध एवं उपनिषद् दर्शन में जिस अहिंसा एवं रहस्यवाद के दर्शन होते हैं उसका मूल कृषि व्यवस्था में ही लक्षित होता है। **सामाजिक व्यवस्था में पनपते अन्तर्विरोध चातुर्वण्य एवं चतुराश्रम प्रणाली का जैन एवं बौद्ध, दोनों ने विरोध किया।** संघस्फित भिक्षु के जीवन को सर्वश्रेष्ठ माना गया। पूर्वी गंगाघाटी के बौद्धिक वातावरण की विशेषता थी – सांसरिकता का परित्याग, आत्मानुशासन अथवा आत्मपीड़न एवं अहिंसा। परम्परागत ब्राह्मण धर्म एवं बौद्ध धर्म के नीचे-नीचे अनेक प्रकार के लोकमत प्रचलित थे जिनकी जड़ें काफी गहरी थीं। भारतीय प्रथम नवजागरण में लोकशक्ति अपनी पूर्ण प्रखरता एवं सौन्दर्य शक्ति के साथ प्रतिबिम्बित हुई है।

द्वितीय भारतीय नवजागरण (Second Indian Renaissance)

(ई.पू. 200 से 300 ई.पू.)

ईसवी सदी के प्रारम्भ से कुछ पहले की शताब्दियों के दौरान भारतीय धर्मों में गंभीर परिवर्तन प्रारम्भ हो गये थे। सभी धर्मों में भक्ति की प्रवृत्ति का समावेश होने लगा। इस युग में विदेशी बैक्ट्रियन, यवनों, शकों, पल्लवों, कुषाणों, शुंगों, तथा आन्ध्र सातवाहनों के शासन काल में भारतीय प्रतिभा विदेशों के सम्पर्क में आयी जिससे समाज की क्षयग्रस्त रूढ़ियाँ कुछ शिथिल हुईं। इस काल की विशेषता थी गंभीर राजनीतिक, बौद्धिक, धार्मिक और कलात्मक राष्ट्रीयता का विकास।

तृतीय भारतीय नवजागरण (Third Indian Renaissance)

(गुप्तकाल 320-470 ई.)

यह युग भारतीय इतिहास में स्वर्ण युग के नाम से पुकारा जाता है। इसी अवधि में छः ब्राह्मण बाह्य भी, देशगत भी है और विदेशी भी। इन संघर्षों ने सदैव विकास की नयी प्रक्रिया की खोज की है जिसकी विशेषता है कि

— इन नवजागरणों में भारतीयता के ऐतिहासिक पक्ष का विस्तार हुआ है। इसमें भी दो प्रक्रियायें प्रधानतः क्रियान्वित हुई हैं। सामन्तीय सांस्कृतिकरण एवं भारतीयकरण।

— सबसे अधिक महत्त्व की बात यह है कि उत्थान-पतन के इन द्वन्द्वों में भारतीय जन कभी हारा नहीं। निष्ठा और मूल्यों के शून्य में भी उसने अपनी चेतना समाविष्ट की

है। सामाजिक सुधार की कड़ियाँ भले ही धीमे गति से आगे बढ़ी हों किन्तु वे टूटी नहीं। सुधार की जय यात्रा निरन्तर गतिशील है। 19वीं शताब्दी के पूर्व नवजागरण का संदेश धर्म के विभिन्न सम्प्रदायों द्वारा किया गया। जाति-पांति, छुआछूत, ऊंच-नीच, बाल विवाह, सती-प्रथा आदि सामाजिक समस्याओं एवं कुरीतियों का विरोध धार्मिक सन्तों, सूफियों, समाज सुधारकों आदि के द्वारा किया गया। इस युग में **सामाजिक आन्दोलन इस रूप में चलाया गया जिससे व्यक्ति और समाज की उन्नति हो सके। उसके प्रगति मार्ग से अन्धविश्वास के रोड़े हट सकें।**

राजा राम मोहन राय : समाज सुधार आन्दोलन
(Raja Ram Mohan Rai : Social Reform Movement)

राजा राम मोहन राय भारतीय पुनर्जागरण और सुधार आन्दोलन के जनक कहे जाते हैं। आपका जन्म 22 मई, 1972 ई में बंगाल के हुगली जिले के राधानगर ग्राम में एक धार्मिक ब्राह्मण परिवार में हुआ था। इनके पड़ बाबा कृष्ण चन्द्र बनर्जी को अंग्रेज़ी शासन में राय की उपाधि प्राप्त हुई थी। इनके पिता का नाम रमाकान्त और माता का नाम तारणी देवी था।

तत्कालीन भारतीय स्थिति
(Contemporary Indian Condition)

18वीं शताब्दी के भारत का अवलोकन किया जाय तो हमें सहज ही ज्ञात होता है कि यह संक्रमणकाल का दौर था। आर्थिक, सामाजिक, राजनीतिक, धार्मिक और सांस्कृतिक क्षेत्रों में उथल-पुथल हो रहे थे। सामाजिक परिवर्तन हो रहा था किन्तु उसका कोई निश्चित स्वरूप उभर कर नहीं आ रहा था। इसका मुख्य कारण था कि भारतीय पूंजीपति और धनाढ्य वर्ग यह जानता था कि उनके स्वार्थों की पूर्ति अंग्रेज़ी शासन में ही सम्भव है। **के. दामोदरन** उचित ही कहते हैं-

''ऐसे में स्वाभावतः ही भारतीय पूंजीपति वर्ग के बहुत से प्रतिनिधि यह सोचते थे कि उनकी आकांक्षाएं विदेशी आधिपत्य के विरुद्ध क्रांतिकारी संघर्ष के द्वारा नहीं, वरन् ब्रिटिश पूंजीपति वर्ग की सहायता और संरक्षण से ही पूरी हो सकती है।''[6]

आगे चलकर **के.दामोदरन** एक महत्त्वपूर्ण तथ्य को उजागर करते हुए कहते हैं-

''उन्नीसवीं शताब्दी और बीसवीं शताब्दी के आरम्भ में सामन्तवाद विरोधी और उपनिवेशवाद विरोधी संघर्षों में धर्म ने अत्यन्त महत्वपूर्ण भूमिका अदा की है। राष्ट्रीय

6. के. दामोदरन, भारतीय चिन्तन परम्परा, पृष्ठ, 360

जागरण की अभिव्यक्ति धार्मिक जागरण के प्रतिबिम्ब के रूप में हुई है। .... वे जनता को सड़े गले सामाजिक संबंधों के खात्मे के लक्ष्य के लिये कार्य करने और नये संबंधों और विचारों का सृजन करने के लिये प्रोत्साहित करते थे।''[7]

वास्तव में, राजनीतिक दृष्टिकोण से मुसलमानी शासन नीति में धर्म की कट्टरता ने अनेक समस्याओं को जन्म दिया जैसे धर्म में कट्टरपन, बाल-विवाह, सती प्रथा, छुआछूत तथा विधवा पुनर्विवाह निषेध आदि। मुगल साम्राज्य का प्रभुत्व समाप्त होने से भारतीयों में यह आशा बंधी थी कि सामाजिक कुरीतियाँ जो विशेष रूप से मुगलकाल में उभरी थीं, समाप्त हो जायेगीं। अंग्रेज़ों की शोषणकारी प्रवृत्ति व्यापारिक रूप में जन्मी और साम्राज्यवादी स्वरूप में फैली। अंग्रेज़ों ने ईसाई मिशनरियों द्वारा धर्म का प्रचार करने का बीड़ा उठाया। उन्होंने अनेक निर्धन भारतीयों को नौकरी और विवाह का प्रलोभन देकर ईसाई बनाया। हिन्दू समाज इस समय विभाजित एवं विघटित हो रहा था। इस शताब्दी के अन्तिम चरण में पाश्चात्य शिक्षा का प्रभाव ज्ञान-विज्ञान के क्षेत्र में प्रर्याप्त रूप से पड़ रहा था। भारतीयों में इस समय अपने देश की समस्याओं को लेकर जागृति उत्पन्न हो रही थी। इसी समय राजा राम मोहन राय ने अन्धविश्वासों और अंग्रेज़ों की शोषण पूर्ण नीतियों पर प्रहार किया। धार्मिक अन्धविश्वासों और सामाजिक कुरीतियों को अपने समाज सुधार का आधार बनाया। इससे राष्ट्रीय चेतना में भी विकास हुआ। इस समय की सबसे बड़ी विशेषता थी समाज-सुधार धर्म के सुधार आन्दोलनों के माध्यम से किया गया। **ए. आर. देसाई** का कथन दृष्टव्य-

'धर्म सुधार आंदोलनों की यह भी विशिष्टता थी कि उनका कार्यक्रम धर्म सुधार तक ही सीमित नहीं था, उन्होंने सामाजिक संस्थाओं और संबंधों के नव निर्माण का भी कार्य किया। इसकी वजह यह थी कि भारत में धर्म और समाज परस्पर जैविक रूप से अनुलग्न थे। जातिगत श्रेणीश्रृंखला, स्त्री-पुरूष की विषमता, अस्पृश्यता और सामाजिक वर्जना इसलिये फल फूल रहे थे कि उन्हें कर्म का प्रश्रय प्राप्त था। इसलिये समाज सुधार सभी धर्म सुधार आन्दोलनों का अनिवार्य लक्ष्य था।'[8]

उस समय की तात्कालीक स्थिति का विश्लेषण करते हुए **रामधारी सिंह दिनकर** कहते हैं कि -

'भारत में ईसाइयत का प्रचार, ईसाइयों के द्वारा भारतीय धर्मों की निन्दा, यूरोप के क्रांतिकारी बुद्धिवादी विचार और अंग्रेज़ी पढ़े-लिखे हिन्दुओं द्वारा हिन्दुत्व की भर्त्सना, ये कुछ कारण थे जिनसे हिन्दुत्व की नींद टूटी। उसकी पहली अंगड़ाई ब्रह्म समाज में प्रकट हुई और उसके नवोत्थान के आदि पुरुष राजा राम मोहन राय हुए।'[9]

---

7. के. दामोदरन, भारतीय चिन्तन परम्परा, पृष्ठ 361-62.
8. ए. आर. देसाई, भारतीय राष्ट्रवाद की सामाजिक पृष्ठभूमि, पृष्ठ 227.
9. रामधारी सिंह दिनकर, संस्कृति के चार अध्याय, पृष्ठ 447.

ब्रह्म समाज (Brahma Samaj)

राजा राम मोहन राय ने अपने धार्मिक एवं सामाजिक विचारों के प्रसार के लिये 20 अगस्त, 1822 को कलकत्ता में ब्रह्म समाज की स्थापना की. इस समाज का रूप पूर्णतया भारतीय था। यह अद्वैतवादी हिन्दुओं की संस्था थी। इस समाज को स्थापित करने का उद्देश्य था कि धर्म के साथ जुड़े हुए अनेक अन्धविश्वासों को समाप्त करना। वास्तव में राजा जी उस धर्म में विश्वास करते थे जो समाज की उन्नति व विकास में रूकावटें उत्पन्न न करे और समय के साथ वह स्वत: अपने को परिवर्तित करता जाए।

रामधारी सिंह दिनकर ब्रह्म-समाज की नीतियों व उद्देश्यों को व्यक्त करते हुए कहते हैं –

'यूरोप के सम्पर्क से जैसे भारत में नयी मानवता का जन्म हो रहा था वैसे ही हिन्दू-धर्म भी नया रूप ले रहा था। इस अभिनव ब्रह्म समाज में हिन्दुत्व का एक रूप था। इसने मूर्ति पूजा का बहिष्कार किया, अवतारों को नहीं माना और लोगों का ध्यान उस निराकार, निर्विकार, एक ब्रह्म की ओर आकृष्ट किया, जिसका निरूपण वेदान्त में हुआ है। किन्तु ब्रह्म समाज की इससे भी बड़ी विशेषता यह थी कि यह सभी धर्मों के प्रति सहानुभूतिशील रूप से उदार था। राजा राममोहन राय ने समाज के लिये जो भवन खड़ा किया उसके ट्रस्ट के दस्तावेज में (1830 ई.) स्पष्ट प्रतिबन्ध रखा था कि इस समाज में होने वाली पूजा में किसी भी ऐसी सजीव या निर्जीव वस्तु की निन्दा नहीं की जायगी जिसकी थोड़े से लोग भी पूजा या आराधना करते हों तथा इस समाज में केवल ऐसे ही उपदेश दिये जायेंगे जिनमें सभी धर्मों के लोगों के बीच एकता, समीपता और सद्भाव की वृद्धि होती हो।'[10] वस्तुत: ब्रह्म समाज किसी विशेष धर्म का पक्षधर नहीं था। उसका आधार मानवतावादी था। मानव के कल्याण और उत्थान हेतु ही इस समाज की स्थापना हुई थी। वे कहते भी थे कि सभी धर्मों के व्यक्ति परस्पर भाई-बहन हैं।

यह अपनी तरह का पहला सामाजिक सुधार संगठन था जिसमें शिक्षित वर्ग ने भाग लिया। इन्होंने ब्रह्म समाज के सेवा सुधारों के कार्यों में भी भाग लिया। जाति, धर्म, जाति भेद इस समाज से दूर थे। इस आधार पर हम यह कह सकते हैं कि 'ब्रह्म समाज' ने हिन्दू जन जीवन के धार्मिक एवं सामाजिक क्षेत्रों में एक ऊर्जा, जाग्रति और क्रांति को उत्पन्न किया।

ब्रह्म समाज के मुख्य सिद्धान्त (Major Principles of Brahma Samaj) **इस प्रकार हैं** –

1. यह अवतार वाद में विश्वास नहीं रखता।
2. ईश्वर सर्व शक्तिमान एवं सर्वगुण सम्पन्न है।

---

10. रामधारी सिंह दिनकर, संस्कृति के चार अध्याय, पृष्ठ 452.

3. इसमें मूर्ति पूजा का निषेध है।
4. सभी जाति व धर्म के व्यक्ति ईश्वर की पूजा कर सकते हैं।
5. पूजा हृदय से की जाती है, अस्तु मन्दिर, मस्जिद की ज़रूरत नहीं।
6. पाप-कर्म का त्याग प्रायश्चित द्वारा किया जा सकता है।
7. प्रायश्चित ही मोक्ष का मार्ग है।
8. इसमें जाति-भेद के लिये कोई स्थान नहीं।
9. जीवात्मा अमर है, वह अपने कार्यों के लिये उत्तरदायी है।
10. ईश्वर में पितृभाव, मनुष्य जाति में मातृ भाव तथा प्राणि मात्र में दया भाव रखना ही श्रेयस्कर है। यही व्यक्ति का परम कर्त्तव्य है।

ब्रह्म समाज के समाज-सुधार कार्य
(Role of Brahma Samaj in Social Reform)

ब्रह्म समाज एक ऐसा प्रथम सामाजिक सुधार संगठन है जिसने नियोजित ढंग से सामाजिक सुधार कार्य को अंजाम दिया। राजा जी प्राचीन हिन्दू धर्म की अवधारणाओं में आमूल-चूल परिवर्तन करना चाहते थे। धर्म के क्षेत्र में उन्हें निम्नलिखित बातें स्वीकार थीं-

1. मूर्ति पूजा का विरोध
2. एकेश्वरवाद में विश्वास
3. बुद्धिवादी दृष्टिकोण
4. मानवतावादी धर्म

सामाजिक सुधार क्षेत्र में राजाराम मोहन राय का अद्वितीय योगदान है। इस समय बंगाल की सामाजिक-आर्थिक व सांस्कृतिक स्थिति शोचनीय थी। बंगाल समाज में बाल विवाह, दहेज प्रथा, कन्या वध, सती-प्रथा, विधवा-पुनर्विवाह निषेध, स्त्रियों की दयनीय स्थिति, जातिवाद, अस्पृश्यता आदि सामाजिक कुरीतियाँ फैली हुई थी। ब्रह्म समाज ने इन सामाजिक कुरीतियों से निरन्तर संघर्ष किया। इसे सफलता भी प्राप्त हुई। राजा जी ने भारत को आधुनिक बनाने हेतु संस्कृत का विरोध किया और अंग्रेज़ी स्कूलों को स्थापित करने के लिये ज़ोर डाला। अंग्रेज़ी स्कूलों की भूमिका तकनीकी शिक्षा, विज्ञान आदि में महत्त्वपूर्ण होगी।

राजा जी एक ऐसे समाज सुधारक थे जिन्होंने धर्म को आधार बनाकर सामाजिक, धार्मिक एवं राजनीतिक कुरीतियों को समूल नष्ट करने का प्रयास किया। डी.सी. शर्मा ब्रह्म समाज के संबंध में लिखते हैं, 'इसने हिन्दुत्व की तीन तरह से सेवा की – इसने

सामाजिक कार्य को प्रसिद्ध बनाया, व्यक्तियों को ईसाई बनने से रोका और कट्टर हिन्दू को स्वयं संगठित होने के लिये कहा कि वे अपने धर्म को पुनर्ज्जीवित करने के लिये कार्य करें।'[11] **के.एम.पणिकर**, ब्रह्म समाज के संबंध में कहते हैं कि यह परम्परात्मक वेदान्त हिन्दू पर आधारित है पर इसका दृष्टिकोण या विचार न तो ईसायत से और न हिन्दुत्व से प्रभावित हैं, बल्कि 18वीं सदी के प्रबुद्ध वर्ग से प्रेरित है।[12]

ब्रह्म समाज का सामाजिक कार्य (Social Functions of Brahma Samaj)

संक्षेप में, ब्रह्म समाज के कार्यों की पृष्ठभूमि में सामाजिक सुधार की भावना समाहित थी जिन्हें निम्नलिखित बिन्दुओं के द्वारा जाना जा सकता है –

1. राष्टीय भावना को उत्पन्न करने हेतु व्यक्तियों को प्रगतिशील बनाना।
2. सामाजिक कुरीतियों को दूर करने हेतु संघर्ष करना, जैसे सती-प्रथा, बाल विवाह, बहु विवाह आदि।
3. भ्रष्ट कर्मकाण्डों का भन्डाफोड़ करना।
4. स्त्री समाज में शिक्षा का प्रसार करना और उनमें जागृति उत्पन्न करना।
5. शिक्षा व्यवस्था को समयानुसार उपयोगी बनाना।
6. अन्धविश्वासों व आडम्बरों का खण्डन-मन्डन करना।
7. अस्पृश्यता की भावना समाप्त करना।
8. बाल-विवाह का विरोध करना और विधवा पुनर्विवाह को प्रोत्साहित करना।
9. मानवतावादी धर्म की स्थापना करना।

राजा राम मोहन राय ने सामाजिक सुधार कार्य की जो बुनियाद रखी थी, वह उनकी मृत्यु के पश्चात थमी नहीं। उनके कार्य को **देवेन्द्र ठाकुर** और **केशव चन्द्र सेन** ने आगे बढ़ाया। 1843 ई. में देवेन्द्र ने 'ब्रह्म समाज' को जीवन शक्ति प्रदान की। 1845 ई. में आप इसके संचालक बन गये। धार्मिक एकता की जो नींव राजा जी ने डाली थी उसे व्यवहारिक रूप देने के लिये देवेन्द्र और केशवचन्द्र ने निरन्तर प्रयास किया। देवेन्द्र ने भी हिन्दू-धर्म की कुरीतियों को दूर करने का प्रयास किया। किन्तु उन्होंने पूर्णतया राजा जी के विचारों का अनुसरण न करके उनके सिद्धान्तों व उद्देश्यों में कुछ परिवर्तन किये। वे अन्तर्जातीय विवाह और विधवा विवाह के समर्थक थे। देवेन्द्र ठाकुर ने ब्रह्म समाज के उद्देश्यों को नया रूप प्रदान किया। वे इस प्रकार हैं –

---

11. डी.सी.शर्मा, हिन्दूइज्म थ्रू एजेस, पृष्ठ 81.
12. के.एम. पण्णिकर, दि फाउन्डेशन आफ न्यू इन्डिया, पृष्ठ 27.

1. आदि ब्रह्म ही सृष्टि का रचयिता है।
2. ईश्वर ही शाश्वत है और सर्व व्यापी है।
3. उसकी अराधना से मोक्ष की प्राप्ति होती है।
4. प्रायश्चित मोक्ष का साधन है।
5. ब्रह्म समाज तीर्थ-यात्रा का खण्डन करता है।
6. वेद को ईश्वर का दर्जा देना उचित नहीं।

देवेन्द्र ठाकुर और केशव चन्द्र में आगे चलकर मनमुटाव हो गया। केशव चन्द्र ने ब्रह्म समाज से अलग होकर '**भारतीय ब्रह्म समाज**' की स्थापना की और देवेन्द्र ठाकुर ने ब्रह्म समाज का नाम बदलकर '**आदि ब्रह्म समाज**' रख दिया।

1917 में केशव चन्द्र सेन इंग्लैण्ड से लौटे। उन्होंने '**सोशल रिफार्म एसोसिएशन**' की स्थापना की। इसका कार्य क्षेत्र सम्पूर्ण भारत था। इन्होंने '**भारतीय संघ**' की भी स्थापना की। इसकी मुख्य पाँच शाखायें थीं। ये अपने-अपने क्षेत्र में पृथक-पृथक ढंग से कार्य करती थीं। वे इस प्रकार हैं-

1. स्त्री संबंधी समस्याओं में सुधार
2. शिक्षा में सुधार
3. सस्ते साहित्य का प्रबन्ध करना
4. मद्य निषेध का प्रयास करना
5. दान लेने का प्रबन्ध करना।

वास्तव में, केशव चन्द्र सेन राजनीतिज्ञ, दार्शनिक न होते हुए भी स्वतंत्रता के महत्व को अपने भाषणों और उपदेशों में उल्लिखित किया करते थे। उन्होंने एक दिन जयघोष किया था। '**राष्ट्र की दासताग्रस्त आत्मा को स्वतंत्रतापूर्वक उठकर तथा सचेष्ट होकर उच्चतर जीवन के पवित्र कार्य में संलग्न होना चाहिए।**' इसीलिये चितरंजनदास ने कहा था, '**केशव महान राष्ट्रवादी, महान समाज-सुधारक और महान ईश्वर-भक्त थे।**'

सम्पूर्ण ब्रह्म समाज की समीक्षा और विश्लेषण करते हुए रामधारी सिंह दिनकर कहते हैं -

> 'केशवचन्द्र सेन भी अपने जीवन के अन्तिम काल में, भारतीयता और एशियाईपन की ओर बहुत अधिक झुक गये थे। किन्तु एक बात सच है कि ब्रह्म समाज के सभी नेता हिन्दुत्व की घबराहट के प्रतीक थे। वे हिन्दुत्व की रक्षा उसके सम्पूर्ण रूप में करने से घबराते थे। निदान, वे हिन्दू-धर्म की उन्हीं बातों को ऊपर ला रहे थे, जो बुद्धिवाद की कसौटी पर ठहर सकती थी, जिनका मज़ाक उड़ाने

में ईसाइयों को दुविधा हो सकती थी। किन्तु, यह बहुत कुछ शरमाए हुए लोगों का युद्ध था।'[13]

इन आलोचनाओं के बावजूद भी हमें यह स्वीकार करना पड़ेगा कि अंग्रेज़ों के शासन काल में इन अंग्रेज़ी शिक्षा-दीक्षा में पगे बुद्धिजीवियों और सम्भ्रन्त वर्ग के व्यक्तियों ने भारतीय समाज से धार्मिक-सामाजिक कुरीतियों के निराकरण के लिये जो कार्य और संघर्ष किये हैं वे अत्यन्त महत्त्वपूर्ण हैं। न उन्हें नकारा जा सकता है और न उपेक्षा की जा सकती है।

प्रार्थना समाज (Prathana Samaj)

जिस प्रकार बंगाल में पुनर्जागरण आन्दोलन के पहले नेता राजा राम मोहन राय हुए उसी प्रकार, महाराष्ट्र में श्री गणेश महादेव गोविन्द रानाडे ने किया। वे राजा राममोहन राय की तरह बुद्धिमान और ज्ञानी थे। देश ने उन्हें महापुरुषों में स्थान दे रखा था।

गोविन्द रानाडे का जन्म 18 जनवरी, 1842 को नासिक में हुआ। 16 जनवरी, 1901 को बम्बई में उनकी मृत्यु हो गयी। 1868 में वे बम्बई के एलफिस्टन कॉलेज में अंग्रेज़ी तथा इतिहास के प्रोफेसर नियुक्त हुए। 1871 में बम्बई सरकार ने उन्हें न्यायाधीश बना दिया। 1885 में रानाडे को बम्बई विधान-परिषद का अतिरिक्त सदस्य नियुक्त किया गया। बाद में उच्च न्यायालय के न्यायाधीश हो गये। वास्तव में, गोविन्द रानाडे एक प्रसिद्ध विधिवेत्ता, अर्थशास्त्री, इतिहासकार और समाज सुधारक थे।

केशव चन्द्र ने मार्च, 1867 में **प्रार्थना समाज** की स्थापना की। गोविन्द रानाडे इसके सदस्य बन गए। रानाडे को ईश्वर में अटूट आस्था थी। उनका विश्वास था कि अन्तःकरण के नैतिक नियम ईश्वर के अस्तित्व को सिद्ध करते हैं। वे सन्त तुकाराम की कविताओं को गाते-गाते आत्म विभोर हो उठते थे। रानाडे समाज के सर्वागींण विकास में आस्था रखते थे। उनका कहना था कि भारत में जो नवजागरण हो रहा है वे मात्र राजनीतिक राष्ट्रवादिता तक ही सीमित नहीं रहेंगे बल्कि इसका प्रभाव सामाजिक क्षेत्रों पर भी पड़ेगा वे पुनर्जागरण आन्दोलन को आवश्यक मानते थे क्योंकि इस आन्दोलन से भारतीय जनता में नवजागरण और नये विचारों का जन्म होगा।

गोविन्द रानाडे और सामाजिक सुधार (Govind Ranade and Social Reform)

रानाडे अनेक तरह की सामाजिक कुरीतियों के विरोधी थे। इसलिये 1866 में जिस विधवा

13. रामधारी सिंह दिनकर, संस्कृति के चार अध्याय, पृष्ठ 456.

विवाह संघ की स्थापना हुई, उसके सदस्य बन गये। वे विधवा पुनर्विवाह के समर्थक थे। वे स्त्रियों को अन्धविश्वासों और रूढ़ियों से ऊपर उठाना चाहते थे, क्योंकि इन अन्धविश्वासों और रूढ़ियों ने महिला जगत की प्रगति को रोक रखा है। उनका यह कहना था कि व्यक्ति को वैयक्तिक और सामूहिक रूप से अपनी शक्तियों का विकास करना चाहिए तभी समाज का विकास उचित रूप में सम्भव है। गोविन्द रानाडे कहते थे कि समाज सुधार, राष्ट्रीय चरित्र का शुद्धिकरण करता है और उसका निर्माण भी करता है। वे हिन्दू समाज के निम्नलिखित पाँच क्षेत्रों में सुधार करना चाहते थे-

1. ब्राह्य जगत से सम्पर्क न रखने की प्रवृत्ति,
2. अन्तःकरण की पुकार को न सुनना और बाह्य सत्ता के समक्ष समर्पण करना,
3. सामाजिक अधीनता, सामाजिक दूरी तथा जातीय अहंकार को बनाये रखना,
4. बुराइयों को स्थायी रूप से बनाये रखने के प्रयत्नों को निष्क्रिय भाव से सहन करना,
5. जीवन के लौकिक क्षेत्रों में श्रेष्ठता प्राप्त करने की अनिच्छा।

गोविन्द रानाडे का सामाजिक सुधार करने का तरीका बड़ा ही रोचक और व्यावहारिक था। वे समाज-सुधार कार्य जनता पर लादना नहीं चाहते थे। वे व्यक्ति को समझा बुझाकर सामाजिक सुधार के महत्व को बताना चाहते थे तथा उसकी पुष्टि के लिये धर्मशास्त्रों के उद्धरणों का सहारा लेते थे। रानाडे ने समाज सुधार कार्यों के माध्यम से जहाँ देश में नवजागरण लाने का प्रयास किया, वहाँ सामाजिक तथा राजनीतिक एकता को स्थापित करने का भी प्रयास किया। इससे राष्ट्रीयता की भावना को विकसित होने में बल प्राप्त हुआ। वे समाज सुधार को अतीत का नवीनीकरण कहते थे।

प्रार्थना समाज के नियम व सिद्धान्त
(Rules and Principles of Prathana Samaj)

प्रार्थना समाज के मुख्य नियम व सिद्धान्त के. दामोदरन ने इस प्रकार बताये हैं-[14]

1. ईश्वर ही ब्रह्माण्ड का रचयिता है।
2. ईश्वर की अराधना से ही इस संसार और दूसरे संसार में सुख प्राप्त हो सकता है।
3. ईश्वर के प्रति प्रेम और श्रद्धा, उसमें अन्यान्य आस्था, प्रेम श्रद्धा और आस्था की भावनाओं सहित आध्यात्मिक रूप से उसकी प्रार्थना और उसका कीर्तन, ईश्वर को अच्छे लगने वाले कार्यों को करना। यही ईश्वर की सच्ची आराधना है।
4. मूर्तियों अथवा अन्य मानव-सृजित वस्तुओं की पूजा करना, ईश्वर की आराधना का सच्चा मार्ग है।

---

14. के. दामोदरन, भारतीय चिन्तन परम्परा, पृष्ठ 381-82

5. ईश्वर का अवतार नहीं होता। कोई भी एक पुस्तक ऐसी नहीं है जिसे स्वयं ईश्वर ने रचा अथवा प्रकाशित किया हो अथवा पूर्णतः दोष रहित हो।
6. सभी मनुष्य ईश्वर की सन्तान हैं। अतः उन्हें बिना किसी भेदभाव के आपस में भाई-भाई की तरह व्यवहार करना चाहिए। इससे ईश्वर प्रसन्न होता है और यही मनुष्य का कर्त्तव्य है।

प्रार्थना समाज के उपर्युक्त सिद्धान्त जहाँ एक तरफ हमें ईश्वर और धर्म से जोड़ते हैं, वहीं दूसरी तरह मानवतावादी धर्म की वकालत करते हैं। समाज से कुरीतियों का तभी निराकरण सम्भव है जब सभी व्यक्ति भाई-चारे के बन्धन से बंधे। समाज में सौहार्द-पूर्ण वातावरण स्थापित हो।

प्रार्थना समाज के उद्देश्य (Aims of Prathana Samaj)

प्रार्थना समाज के मुख्य उद्देश्यों को निम्नलिखित बिन्दुओं के आधार पर समझा जा सकता है:

1. जाति-प्रथा का उन्मूलन,
2. बाल-विवाह पर प्रतिबन्ध,
3. धार्मिक अन्धविश्वासों को समाप्त करना,
4. अस्पृश्यता की भावना को समाप्त करना,
5. स्त्री-शिक्षा को प्रोत्साहित करना,
6. मूर्ति पूजा का विरोध,
7. विधवा पुनर्विवाह का समर्थन और इसके पक्ष में संघर्ष करना,
8. सामाजिक कुरीतियों को समाप्त करना और इसके लिये संघर्ष करना,
9. विभिन्न जातियों, धर्मों और सम्प्रदायों के व्यक्तियों के मध्य भाई-चारे की भावना को प्रोत्साहित करना,
10. सामाजिक समस्याओं का व्यवस्थित रूप से समाधान करने के मार्ग तलाशना,
11. अनाथालय और विधवाश्रमों की स्थापना करना,
12. सामाजिक, आर्थिक और राजनीतिक क्षेत्रों में प्रगतिवादी विचारों का प्रचार व प्रसार करना,
13. महिलाओं के सामाजिक अधिकारों को दिलाना,
14. अन्तर्जातीय विवाह संबंधी सुधारों के द्वारा हिन्दू समाज को पुनः शक्तिशाली बनाना।

उपर्युक्त प्रार्थना समाज के उद्देश्य इस तथ्य के प्रमाण है कि गोविन्द रानाडे हिन्दू-धर्म में अटूट आस्था रखते हुए भी धार्मिक और सामाजिक कुरीतियों से कहीं भी समझौता करते नहीं दिखायी पड़ते हैं बल्कि उनके विरुद्ध जीवन-पर्यन्त संघर्ष करते रहे। उन्होंने भारत की दयनीय आर्थिक स्थिति पर चोट करते हुए कहा कि जातिवाद, भाग्यवादिता, साम्प्रदायिक भावना का जब तक अन्त नहीं हो जाता तब तक समाज सुधार का कार्य पूर्ण नहीं हो सकता। इसलिये हमें सबसे पहले इन मानवीय शत्रुओं को परास्त करना होगा।

आर्य समाज (Arya Samaj)

आर्य समाज के संस्थापक स्वामी दयानन्द सरस्वती थे। इनका वास्तविक नाम मूलशंकर था। आपका जन्म 1824 ई. में मोरवी नगर, गुजरात प्रदेश में हुआ था। ये अहवर्त ब्राह्मण थे। इनके पिताजी ने इन्हें यजुर्वेद तथा व्याकरण का अध्ययन 10 वर्ष की अवस्था तक कराया। इसी मध्य इन्होंने मीमांसा और शास्त्रों का गंभीर अध्ययन किया। 24 वर्ष की अवस्था तक आते-आते आपने शास्त्रों का ही अध्ययन नहीं किया था, बल्कि विद्वानों, सन्यासियों, मनीषियों से इस पर बहस भी करते थे। आपकी भेंट जब पूर्णानन्द दण्डी स्वामी से हुई तब उन्होंने इन्हें सन्यास की दीक्षा दी।

इन्होंने इनका नाम बदलकर दयानन्द सरस्वती कर दिया। इसके पश्चात वे सम्पूर्ण भारत में वैदिक धर्म का प्रचार करने निकल पड़े। सन् 1875 में वे बम्बई पहुंचें। यहीं पर उन्होंने 'सत्यार्थ प्रकाश' नामक ग्रन्थ की रचना की। इसी वर्ष आपने आर्य समाज की स्थापना की। 1877 में लाहौर में आर्य समाज की स्थापना की गयी और यहीं से आर्य समाज ने धार्मिक सामाजिक सुधार का प्रसार उत्तरी भारत में आरम्भ किया। सन् 1883 में स्वामी दयानन्द सरस्वती चिरनिद्रा में सो गये।

तत्कालीन भारतीय स्थिति (Contemporary Indian Condition)

कोई भी विचारक, विद्वान, मनीषी, चिन्तक और समाज सेवी एक विशेष सामाजिक-आर्थिक, सांस्कृतिक व राजनीतिक परिस्थितियों की देन होता है। ऐसी परिस्थितियां जो व्यक्ति और समाज का दोहन और शोषण करती हों। उसी में से समाज सेवक और चिन्तक उत्पन्न होते हैं जो अपने विचार और सेवाओं से समाज सुधार का कार्य करते हैं।

19वीं शताब्दी में अंग्रेज़ों ने भारत पर पूर्णत: प्रभुत्व जमा लिया था। अंग्रेज़ी शिक्षा, पाश्चात्य संस्कृति और सभ्यता का प्रभाव भारत पर पड़ रहा था। भारतीय संस्कृति का लोप हो रहा था। ईसाई मिशनरी भारतीयों को नौकरी और विवाह का प्रलोभन देकर ईसाई बना रहे थे। वास्तव में, यह समय धार्मिक उथल-पुथल का था। राजा जी हिन्दू मूर्ति-पूजा, बाल-विवाह, सती-प्रथा, विधवा विवाह निषेध आदि के विरुद्ध आन्दोलन छेड़ चुके थे। वास्तव

में, राजा राम मोहन राय और उनके अनुयायियों ने अंग्रेज़ी सभ्यता, संस्कृति, शिक्षा और भारतीय दृष्किोण को एक समन्वयात्मक रूप में अपनाया था। वस्तुतः सामाजिक सुधार भारतीय संस्कृति और धर्म के आधार पर नहीं किया गया। यही कारण था कि अंग्रेज़ी शिक्षा-दीक्षा में पारंगत विद्वान यूरोपीय मस्तिष्क वाले बनने लगे थे और अपनी संस्कृति और धार्मिक परम्पराओं से हट रहे थे और इसकी कटु आलोचना भी करते थे।

इस संक्रमणकालीन अवस्था में स्वामी दयानन्द सरस्वती आर्य समाज के माध्यम से भारतीयों को यह सन्देश देना चाहते थे कि वास्तविक ज्ञान वेदों में है न कि अन्य विदेशी जातियों की संस्कृति और सभ्यता में। वास्तव में, भारतीय संस्कृति जो पाश्चात्य संस्कृति के प्रभाव से नष्ट हो रही थी उस भारतीय संस्कृति का पुनरुद्धार (रीवाइवल) करना चाहते थे। इसमें वे किसी सीमा तक सफल भी हुए। इसी सन्दर्भ में **रामधारी सिंह दिनकर** कहते हैं-

'केशवचन्द्र और रानाडे की तुलना में दयानन्द वैसे ही दिखते हैं जैसे गोखले की तुलना में तिलक। जैसे राजनीति के क्षेत्र में हमारी राष्ट्रीयता का सामरिक तेज पहले-पहल तिलक में प्रत्यक्ष हुआ, वैसे ही संस्कृति के क्षेत्र में भारत का आत्माभिमान स्वामी दयानन्द में निखरा। ब्रह्म समाज और प्रार्थना समाज के नेता अपने धर्म और समाज में सुधार तो ला रहे थे, किन्तु उन्हें बराबर यह खेद सता रहा था कि हम जो कुछ कह रहे हैं, वह विदेश की नकल है। ...... उन्होंने भारतवासियों की कड़ी निन्दा की और उनसे कहा कि तुम्हारा धर्म पौराणिक संस्कारों की धूल में छिपा है। इन संस्कारों के गंदे पत्तों को तोड़ फेकों। तुम्हारा सच्चा धर्म वैदिक धर्म है जिस पर आरुढ़ होने से तुम फिर से विश्व विजयी हो सकते हो।'[15]

19वीं शताब्दी में जितने भी सुधार आन्दोलन हुए उनका तात्कालिक कारण अंग्रेज़ों का इस देश में आगमन था। इन आन्दोलनों में भारतीय सोच और आत्मा कम और पाश्चात्य प्रभाव अधिक था। इन समस्त आन्दोलनों का प्रभाव यह हुआ कि भारतीय संस्कृति तथा हिन्दू-धर्म नष्ट होने लगा। स्वामी दयानन्द सरस्वती के आर्य समाज आन्दोलन के कारण पतनशील हिन्दू जाति में अपने धर्म और संस्कृति के प्रति नई चेतना का प्रार्दुभाव हुआ। आर्य समाज के महत्त्वपूर्ण 10 नियम हैं। आर्य समाज को समझने के लिये इन्हें जानना आवश्यक है:

1. सब सत्य विद्या और जो पदार्थ विद्या से जाने जाते हैं, उनका सबका आदि परमेश्वर है।
2. ईश्वर, सच्चिदानन्द स्वरूप, निराकार, सर्वशक्तिमान, सर्वव्यापक, सृष्टिकर्ता आदि है, उसी की उपासना करनी चाहिए।

---

15. रामधारी सिंह दिनकर, संस्कृति के चार अध्याय, पृष्ठ 463.

3. वेद समस्त सद्विद्याओं का ग्रन्थ है, वेद का पढ़ना-पढ़ाना, सुनना, सुनाना, समस्त आर्यों का परम धर्म है।

4. सत्य ग्रहण करने और असत्य छोड़ने के लिये सर्वदा उद्यत रहना चाहिए।

5. समस्त कार्य धर्मानुसार, अर्थात् सत्य और असत्य का विचार कर करने चाहिये।

6. संसार का उपकार करना, आर्य समाज का मुख्य उद्देश्य है, अर्थात् शारीरिक, आर्थिक और सामाजिक उन्नति करना।

7. सभी से प्रेम पूर्वक धर्मानुसार यथायोग्य व्यवहार करना चाहिए।

8. अविद्या का अन्त और विद्या की वृद्धि करनी चाहिए।

9. प्रत्येक को अपनी ही उन्नति से सन्तुष्ट नहीं होना चाहिए वरन् सब की उन्नति में अपनी उन्नति समझनी चाहिए।

10. सभी प्राणियों को सामाजिक सर्वहितकारी नियम पालन में परतन्त्र रहना चाहिये और प्रत्येक हितकारी नियम में सब स्वतंत्र रहें।

वास्तव में, आर्य समाज ने किसी नवीन दर्शन को स्थापित कर समाज सुधार कार्य नहीं किया बल्कि उसने वेदों का प्रचार सबसे अधिक किया है। भारतीय संस्कृति जो यूरोपीय संस्कृति के संघात से नष्ट-भ्रष्ट हो रही थी उसकी रक्षा हेतु कार्य किया। आर्य समाज का सामाजिक सुधार के क्षेत्र में महत्वपूर्ण स्थान है। यह सुधार आन्दोलन आयातित नहीं था विशुद्ध रूप से भारतीय था और पाश्चात्य विरोधी। उन्होंने धार्मिक अन्धविश्वासों पर तीखा प्रहार किया और मूर्तिपूजा का खण्डन किया।

स्त्री और शूद्र उत्थान के लिये आर्य समाज ने आन्दोलन किये। स्वामी जी कहते थे, 'स्त्रियाँ आजीवन ब्रह्मचर्य व्रत धारण करती थीं, जैसे सुलमान और स्त्रियों के भी उपनयन और गुरु गृह में वास आदि संस्कार होते थे।' इसी वैदिक शिक्षा के आधार पर आर्य समाज ने स्त्रियों को समानाधिकार दिलाने के लिये आन्दोलन प्रारम्भ किया। आर्य-समाज सामाजिक भेद-भाव, ऊंच-नीच, पवित्र-अपवित्र आदि को समाप्त कर सभी व्यक्तियों को समाज में समान स्तर देने का पक्षधर था, क्योंकि ईश्वर की दृष्टि में सभी व्यक्ति समान है। यह तो समाज के स्वार्थी व्यक्तियों ने व्यक्ति-व्यक्ति के मध्य पवित्र-अपवित्र की खाई को जन्म दिया है। आर्य समाज के चलाये गये आन्दोलनों का स्त्री समाज पर गहरा प्रभाव पड़ा। वे घर की चार दीवारियों से बाहर निकली। बाल विवाह और वृद्ध विवाह की आर्य समाज ने कटु आलोचना की। बाल विवाह पर प्रतिबन्ध शारदा एक्ट द्वारा हुआ। यह आर्य समाज की देन थी। इससे स्त्रियों के सम्मान में वृद्धि हुई। उन्होंने विधवा विवाह के संबंध में कहा **'जब पुरुषों को पुनर्विवाह करने की आज्ञा दी जाती है, तो स्त्रियों को दूसरे विवाह से क्यों रोका जाये।'**

आर्य समाज का शुद्धिकरण का आन्दोलन (Movement of Purification)

आर्य समाज का महत्वपूर्ण आन्दोलन शुद्धिकरण का भी है। यह उस समय की आवश्यकता भी थी और आज भी आर्य समाज इस कार्य को पूर्ण जिम्मेदारी से पूर्ण कर रहा है। वे व्यक्ति जो अपनी इच्छा से अथवा बलपूर्वक ईसाई या मुसलमान बना लिये गये थे, उन्हें पुनः हिन्दू धर्म में वापस लाने के लिये आर्य समाज ने महत्वपूर्ण कार्य किया है। ऐसे व्यक्तियों को जिन्होंने अपना धर्म बदल दिया था उन्हें पुनः शुद्ध करके हिन्दू धर्म में सम्मिलित किया जाता है। इस प्रकार आर्य समाज ने न केवल हिन्दुओं को मुसलमान या ईसाई बनने से रोका वरन् उन्हें पुनः अपने धर्म में वापस लाने का प्रयास भी किया। इसीलिये आर.सी.मजूमदार कहते हैं कि शुद्धिकरण आर्य समाज का एक ऐसा हथियार था जिसके माध्यम से धार्मिक, सामाजिक एवं राजनीतिक एकता भारत में स्थापित की जा सकती थी।[16]

शिक्षा में सुधार आन्दोलन (Reform in Education)

आर्य समाज की स्त्री शिक्षा के विकास में अह्म भूमिका रही है। हम इस तथ्य से परिचित हैं कि सामन्तवादी समाज और रूढ़िवादी व्यक्तियों ने स्त्री-शिक्षा को कभी प्रोत्साहित नहीं किया। उसे वस्तु की तरह प्रयोग करते हैं। वे अपने ही देश और परिवार में द्वितीय श्रेणी की नागरिक हैं। स्वामी जी ने स्त्री-शिक्षा पर विशेष बल दिया। वे समाज के सभी वर्ण की स्त्रियों को बगैर किसी भेद-भाव के सामान्य शिक्षा देने के पक्षधर थे। इसके लिये उन्होंने आन्दोलन भी किये। आप इस बात के विरुद्ध थे कि शुद्र वर्ण की स्त्रियाँ धर्म ग्रन्थ न पढ़ें। उन्होंने वेदों के प्रमाणों के आधार पर यह सिद्ध किया कि शूद्रों को वेदाध्ययन करने का अधिकार है। **उन्होंने शूद्र शब्द को नया अर्थ दिया। वे कहते थे जिसे पढ़ने-पढ़ाने से ज्ञान प्राप्त न हो, निर्बुद्धि एवं मूर्ख बना रहे ऐसे प्राणी को शूद्र कहते हैं।** वेद सभी वर्णों के लिये हैं क्योंकि वे ईश्वरीकृत हैं। जैसे ईश्वर ने संसार की समस्त वस्तुओं का निर्माण समस्त प्राणियों के उपयोग के लिये बनाया है, उसी प्रकार वेद तथा अन्य ग्रन्थों को भी सभी व्यक्तियों के लिए बनाया है। पिछड़ी, दलित, अनुसूचित जातियों में आर्य समाज की शिक्षा ने उनमें पढ़ने-लिखने की इच्छा प्रबल की। इसने उनमें जागृति और आत्मविश्वास भी उत्पन्न किया। स्त्री-शिक्षा के विकास को प्रोत्साहन मिला।

धार्मिक अवधारणाओं और अन्धविश्वासों पर प्रहार (Attack on Religious Concepts and Superstitions)

आर्य समाज ने वैचारिक क्रांति के द्वारा ऐसी अवधारणाओं को प्रचारित और प्रसारित किया जो हिन्दू समाज को जड़ बनाये हुए थी। उन्होंने हिन्दू धर्म में व्याप्त अनेक धार्मिक अन्धविश्वासों पर कड़ा प्रहार किया। उन्होंने मूर्ति पूजा, तीर्थ स्थान, व्रत आदि की कटु

---

16 आर.सी.मजूमदार, ब्रिटिश पैरामाउन्टेन्सी एण्ड इन्डियन रेनांसा, पार्ट ॥ पृष्ठ 111.

आलोचना की। पुजारियों को धर्म के नाम पर दान दिया जाता है। उसका सदुपयोग न होकर दुरुपयोग होता है। वे कहते थे कि राम और कृष्ण महान व्यक्ति थे न कि अवतार। तीर्थ स्थल भ्रष्टाचार के गढ़ हैं। ढोंगी ब्राह्मणों ने धर्म, व्रत, तीर्थ स्थान आदि के साथ अपने स्वार्थों के लिये अनेक अन्धविश्वासों को जोड़ दिया। निःसन्देह इस प्रकार धर्म ने भारत में न तो सामाजिक चेतना केा विकसित होने दिया और न विभिन्न जातियों व धर्मों में सौहार्द की भावना ही उत्पन्न कर सका।

आर्य समाज की मात्र आर्य-संस्कृति के विकास में ही अह्म भूमिका नहीं है वरन् इसका महत्व कुप्रथाओं की अन्धविश्वासों को दूर करने, स्त्री-शिक्षा के विकास में और शुद्धिकरण में भी है। के.एम. पणिकर ने आर्य समाज के कार्यों की समीक्षा करते हुए कहा, कि इसने हिन्दुत्व की रक्षा इस्लाम व ईसाइयत से की किन्तु यह पंजाब के हिन्दुओं को ही प्रभावित कर सका, उसके आगे नहीं बढ़ सका।[17]

ए.आर. देसाई आर्य समाज के संबंध में कहते हैं-

'ब्राह्मणों की सत्ता का खण्डन और जिन निरर्थक कर्मकाण्डों की असंख्यता और विभिन्न देवी देवताओं की मूर्तियों की जिस उपासना के कारण समाज परस्पर विरोधी पंथों में बंटा था उनकी निन्दा, जिन धार्मिक अन्धविश्वासों के कारण सदियों से हिन्दू जन मानस आध्यात्मिक पतन के कुहाबद्ध गर्त में पड़ा था। उसके विरुद्ध संघर्ष जैसे कार्यक्रम आर्य समाज के प्रगतिशील तत्व थे।'[18] **डी.एस.शर्मा** आर्य समाज के कार्यों को हिन्दुत्व की दृष्टि से मापते हैं और उसे हिन्दुत्व की पुनर्स्थापना के लिये महत्त्वपूर्ण कार्य करने वाला मानते हैं।[19]

हम सामाजिक सुधार आन्दोलन में आर्य समाज की भूमिका को नकार नहीं सकते हैं। कम से कम इसने स्त्री शिक्षा, सभी वर्गों के लिये शास्त्रों का अध्ययन, शुद्धिकरण के क्षेत्र में महत्वपूर्ण कार्य किये हैं। वहीं धार्मिक अन्धविश्वासों, रूढ़ियों, भ्रष्टाचार के केन्द्र तीर्थ स्थलों पर जमकर प्रहार किया है। इस आन्दोलन ने भारतीय राष्ट्रीय चेतना को एक नया स्वरूप प्रदान किया जिसकी जड़ें भारतीय ज़मीन में थीं।

रामकृष्ण मिशन और आन्दोलन
(Rama Krishna Mission and Movement)

रामकृष्ण परमहंस (1837-1886) का जन्म बंगाल में हुगली जिले के एक गांव में हुआ था। इनका बाल्यावस्था का नाम गदाधर चटर्जी था। इनके माता-पिता धार्मिक एवं परम्परावादी

17. के.एम. पणिकर, दि फाउन्डेशन ऑफ इन्डिया, पृष्ठ 29-30
18. ए.आर.दसाई, भारतीय राष्ट्रवाद की सामाजिक पृष्ठभूमि, पृष्ठ 232.
19. डी.एस.शर्मा, हिन्दूइज़्म थ्रू दी एजेस, पृष्ठ 101.

थे। इनकी स्मरण शक्ति तो तीव्र थी किन्तु इनका पढ़ने-लिखने में मन नहीं लगता था। पिता की मृत्यु के पश्चात अपने भाई के साथ रहने लगे और जब भाई को दक्षिणेश्वर में काली मन्दिर का प्रधान पुजारी बनाया गया तो इस स्थान पर रामकृष्ण परमहंस जीवन पर्यन्त रहे। यह उनकी तपस्या व साधना स्थली थी। समाधिस्थ अवस्था में वे अपने को भी भूल जाते थे। कहा जाता है कि माँ काली का दर्शन उन्हें यहीं हुआ था। उन्होंने काली के साथ-साथ राम की भी साधना की।

रामकृष्ण के परिवार वालों ने उन्हें संसार रूपी परिवार के बन्धनों में बांधना चाहा। उनका विवाह 1859 में 25 वर्ष की आयु में एक कन्या से किया गया जिसकी आयु मात्र 6 वर्ष की थी। विवाह के बन्धनों में वे नहीं बंधे और पुनः दक्षिणेश्वर लौटकर अराधना-साधना में लीन हो गए। रामकृष्ण धर्म के किसी दर्शन से नहीं जुड़े। उनमें योग, ज्ञान और भक्ति का समन्वय हुआ। अनुभव ही उनके ज्ञान का आधार था। इसलिये उन्होंने अनुभूतिवादी मार्ग को अपनाया। उनका कहना था-

> ''शास्त्रार्थ को मैं नापसन्द करता हूँ। ईश्वर शास्त्रार्थ की शक्ति से परे है। मुझे तो प्रत्यक्ष दीखता है कि जो कुछ है, वह ईश्वरमय है। फिर तर्कों से क्या फायदा? बागीचे में तुम आम खाने जाते हो, न कि पेड़ों के पत्ते गिनने। फिर मूर्ति पूजा, पुनर्जन्म और अवतारवाद को लेकर यह विवाद क्यों चलता है?''[20]

रामकृष्ण परमहंस का विलक्षण व्यक्तित्व था। न तो वे अंग्रेज़ी जानते थे और न संस्कृत। न सभाओं में भाषण देते थे और न समाचार पत्रों में वक्तव्य। वे दिन रात परमार्थ चिन्तन में डूबे रहते थे।

रामकृष्ण अनुभव और आध्यात्मिक चिन्तन के आधार पर मानवतावादी व्यावहारिक दर्शन के पोषक और पक्षधर थे। व्यक्ति समाज की एक सशक्त ईकाई है, उसे मानव प्रेमी बनना चाहिए। फिर व्यक्ति-व्यक्ति में भेद कैसा? समाज सुधार का इससे बड़ा और शक्तिशाली मंत्र और क्या हो सकता है? वे समझाते हुए कहते हैं-

''मनुष्य-मनुष्य में कोई भेद नहीं, इस शिक्षा को समझाने का उनका ढ़ंग यह था कि मनुष्य मानो, केवल तकिये के गिलाफ हैं। गिलाफ जैसे भिन्न-भिन्न रंग और आकार के होते हैं, वैसे ही मनुष्य भी कोई सुरूप, कोई कुरूप, कोई साधु, कोई दुष्ट होता है। बस इतना ही अन्तर होता है। पर जैसे सभी गिलाफ में एक ही पदार्थ कपास भरा होता है, उसी के अनुसार, सभी मनुष्यों में वही एक सच्चिदानन्द भरा हुआ है।''[21]

रामकृष्ण को भारतीय जातिवादी समाज अन्दर ही अन्दर कचोटता रहा। भाई चारे की भावना में सबसे बड़ी रूकावट जातिवादी पूर्वाग्रह हैं। उनका कहना था कि सभी जाति

---

20. रामधारी सिंह दिनकर, संस्कृति के चार अध्याय, पृष्ठ 489.
21. रामधारी सिंह दिनकर, संस्कृति के चार अध्याय, पृष्ठ 489.

और वर्गों के लोग समान है। इसीलिये वे ब्राह्मण होते हुए भी सभी के हाथ का छुआ खाना-पानी ग्रहण करते थे। समाज सुधार के कार्य में उन्होंने धन और वैभव को नकारा। उस समय जो लोग यूरोपीय माया जाल में फंस रहे थे, उस बुद्धिजीवी वर्ग पर इसका अच्छा प्रभाव पड़ा। वे धर्म को भी खण्डों-खण्डों में विभाजित कर व्यक्ति और समाज को विभाजित करने के पक्षधर थे। जब सभी जाति व वर्ग के व्यक्ति समान हैं तो सभी धर्म भी समान हैं। **वे कहते थे धर्म बुद्धि की नहीं अनुभूति की वस्तु है, स्वधर्म ही श्रेयस्कर है।**

रामकृष्ण मिशन संस्था के जन्मदाता रामकृष्ण परमहंस थे, किन्तु इस संस्था को नाम देने वाले उनके शिष्य स्वामी विवेकानन्द थे। इस मिशन का मुख्य उद्देश्य वेदान्त की शिक्षा का प्रचार और प्रसार करना था। रामकृष्ण मिशन ब्रह्म समाज और आर्य समाज की तरह हिन्दुत्व का कोई विशेष पंथ नहीं है और न ही कोई सम्प्रदाय है। इसके मुख्य उद्देश्यों में से एक उद्देश्य समाज की निस्वार्थ सेवा करना है।

उद्देश्य (Aims) : रामकृष्ण मिशन के मुख्य उद्देश्य निम्नलिखित हैं जिनके द्वारा समाज सुधार कार्यों को व्यावहारिक रूप दिया जाता है-

1. मानव सेवा और मानव कल्याण की भावना का प्रचार करना।
2. व्यक्तियों को प्रेरित करना कि वे मानव सेवा के कार्य में निस्वार्थ भाव से लगें।
3. सामाजिक कार्यकर्त्ताओं को प्रशिक्षित और दीक्षित करना।
4. वेदान्त ज्ञान एवं दर्शन का सन्देश घर-घर पहुंचाना।
5. हरिजन तथा निर्धन व्यक्तियों की सेवा करना।
6. सभी धर्मों के व्यक्तियों में सद्भावना, प्रेम तथा भाई चारे की भावना को बढ़ाना।
7. विभिन्न प्रकार की कलाओं को प्रोत्साहन देना।
8. निःशुल्क शिक्षा संस्थाओं की स्थापना करना।
9. निःशुल्क अस्पतालों का प्रबन्ध करना।
10. मानवतावादी विचारों का प्रसार व प्रचार करना।
11. सभी धर्मों को समान समझना।
12. जातिवादी पूर्वाग्रहों का खण्डन करना।
13. मनुष्य-मनुष्य में किसी प्रकार का भेद न करना।
14. धार्मिक अन्धविश्वासों और रूढ़ियों का विरोध करना।

रामकृष्ण मिशन के उपर्युक्त उद्देश्य इस वास्तविकता के साक्षी हैं कि आज देश में रामकृष्ण मिशन की अनेक शाखायें, अनाथालय-स्कूल, कॉलेज,दवाखाना और पुस्तकालयों के द्वारा समाज कार्य में लगी हुई हैं। इन्हीं संस्थाओं के माध्यम से वह समाज की कुरीतियों

का भी निराकरण मानवीय आधार पर करने का प्रयास करती है जिससे एक भाईचारे युक्त समाज बन सके। **ए.आर.देसाई,** रामकृष्ण मिशन आन्दोलन के सन्दर्भ में कहते हैं –

''भारतीय जनता का राष्ट्रीय जागरण रामकृष्ण द्वारा अनुप्रेरित आन्दोलन में भी परिलक्षित होता है। रामकृष्ण चंड़ीदास और चैतन्य की परम्परा में एक महान हिन्दू सन्त थे। भक्ति का सिद्धान्त उनके आन्दोलन का आधार था। इस सिद्धान्त के सबसे बड़े प्रचारक स्वामी विवेकानन्द थे, जो रामकृष्ण के शिष्य थे और महान् विद्वान। उन्होंने रामकृष्ण की शिक्षाओं के प्रचार के लिए अपने गुरु की मृत्यु के बाद भी रामकृष्ण मिशन की स्थापना की।''[22]

थियोसोफिकल सोसायटी (Theosophical Society)

थियोसोफिकल सोसायटी की स्थापना श्रीमती हेलेना पेट्रीवा ब्लात्सकी (1831-1891) और कर्नल आलकाट ने की थी। श्रीमती ब्लात्सकी एक रूसी महिला थी। ऐसा कहा जाता है कि अपने तिब्बती गुरुओं की प्रेरणा से श्रीमती ब्लात्सकी थियोसोफिकल सोसायटी को भारत लायीं। सन् 1882 में मद्रास के समीप अडयार में थियोसोफिकल सोसायटी के मुख्य कार्यालय की स्थापना हुई। कुछ दिनों के बाद ब्लात्सकी इंग्लैण्ड वापस चली गयीं, वहीं उनका देहान्त हुआ। सन् 1907 में कर्नल आल्काट की मृत्यु के पश्चात थियोसाफिकल सोसायटी की अध्यक्षा ऐनी बीसेन्ट हुई। वे मृत्यु पर्यन्त 1933 तक इसकी अध्यक्षा रहीं। आपके व्यक्तित्व की विशेषता समाजवादी, उदारवादी, बौद्धिकता थी। नारी मताधिकार और पराधीन देशों के अधिकारों की हामी शी और सम्राटत्व एवं मृत्यु दण्ड के विरुद्ध थीं।

श्रीमती एनी बीसेन्ट 16 नवम्बर 1893 में भारत आयीं। इस समय इनकी आयु 46 वर्ष की थी। भारत भूमि पर पैर रखते ही इस धरती ने उन्हें अपनी गोद में ले लिया। भारतीय धर्म, संस्कृति को इस रूप में अपनाया कि जैसे उनका इससे जन्मजन्मान्तर का संबंध रहा हो। इसीलिये भारत आते ही वे यहाँ के सांस्कृतिक आन्दोलनों में सक्रिय रूप में भाग लेने लगीं। साथ ही थियोसोफिकल सोसायटी का नाम भी शिखर पर पहुँचा दिया।

श्री सांवलिया बिहारीलाल वर्मा इसके उद्देश्यों के बारे में लिखते हैं:

''सर्व धर्म समन्वय द्वारा विश्व में बन्धुत्व स्थापित करना, विश्व-बन्धुत्व के साथ ही साथ गुप्त शक्तियों का अनुसन्धान एवं समन्वय करना, धर्म, जाति, सम्प्रदाय, वर्ण, राष्ट्र, वर्ग आदि किसी प्रकार का भेदभाव न रखकर सारे विश्व को एक प्रेम सूत्र में गूथना इसका ध्येय है। अतः इसमें आस्तिक, नास्तिक, ईश्वरवादी, अनीश्वरवादी आदि सभी तरह के स्त्री-पुरूष सम्मिलित हो सकते हैं।''[23]

22. ए.आर.देसाई, भारतीय राष्ट्रवाद की सामाजिक पृष्ठभूमि, पृष्ठ 234.
23. श्री साँवलिया बिहारीलाल वर्मा, विश्व धर्म दर्शन, पृष्ठ 366.

ऐनी बीसेन्ट विश्व को हिन्दू-धर्म के माध्यम से विश्व भ्रातृत्व का सन्देश देती रहीं। वे मानती थीं कि वह पूर्व जन्म में अवश्य हिन्दू थीं। हिन्दू धर्म को मात्र श्रेष्ठ ही नहीं मानती थीं, वरन् वे इसे सबसे प्राचीन और सर्वश्रेष्ठ मानती थीं। भारत और हिन्दुत्व एक दूसरे के पर्याय रूप में हैं। उन्होंने एक भाषण में कहा था कि "भारत और हिन्दुत्व की रक्षा भारतवासी और हिन्दू ही कर सकते हैं। हम बाहरी लोग आपकी चाहे कितनी भी प्रशंसा करें किन्तु आपका उद्धार आपके ही हाथ है। आप किसी प्रकार के भ्रम में न रहें। हिन्दुत्व के बिना भारत के सामने कोई भविष्य नहीं। हिन्दुत्व ही वह मिट्टी है जिसमें भारतवर्ष का मूल गड़ा हुआ है। यदि यह मिट्टी हटा ली गयी तो भारत रूपी वृक्ष सूख जायेगा।"[24]

उद्देश्य (Aims) : थियोसोफिकल सोसायटी एक अन्तर्राष्ट्रीय संस्था है। इसलिये इसके उद्देश्य किसी देश की सीमाओं में सीमित होकर नहीं रह गये हैं। यह तो संसार के सम्पूर्ण मानव जाति के कल्याण और बन्धुत्व का संदेश देती है। इसके मुख्य उद्देश्य निम्नलिखित है:

1. यह सभी धर्मों में समन्वय का पक्षधर है।
2. विश्व बन्धुत्व के प्रचार व प्रसार में आस्था रखता है।
3. थियोसोफिकल आन्दोलन का उद्देश्य है कि सभी धर्मों में जो तत्व समान हैं उन्हें लेकर सभी धर्मों में एकता स्थापित की जाय।
4. यह किसी व्यक्ति को अपना धर्म त्यागने की प्रेरणा नहीं देता बल्कि अपने धर्म में गहराई से आस्था रखने की प्रेरणा देता है।
5. हिन्दुत्व को भारत के पर्याय रूप में मानता है।
6. विश्व-मानवता का सन्देश देता है। धर्म की भिन्नता से एक व्यक्ति दूसरे से भिन्न नहीं हो जाता।
7. यह धर्म, जाति, वर्ग, सम्प्रदाय में अन्तर न मानकर उन्हें प्रेम के बन्धन में गूंथने का ध्येय रखता है।
8. शिक्षा के क्षेत्र में इस संस्था ने काशी में सेन्ट्रल हिन्दू कॉलेज की स्थापना की जो आगे चलकर बनारस हिन्दू विश्वविद्यालय के नाम से प्रसिद्ध हुआ।
9. यह सोसायटी धर्मों के तुलनात्मक अध्ययन की प्रेरणा देती है। इसी से मानव-मानव में भ्रातृत्व की भावना उत्पन्न होगी।
10. जीवन के अन्त में बीसेन्ट ने अनुभव किया कि भारतीय संस्कृति और हिन्दू धर्म की जो विशेषतायें हैं वे भारतीय जीवन और चरित्र में झलकती नहीं है। अस्तु, भारत में समाज सुधार की आवश्यकता है।

24. रामधारी सिंह दिनकर, संस्कृति के चार अध्याय, पृष्ठ 474.

थियोसोफिकल सोसायटी के आन्दोलन की समीक्षा करते हुए **दिनकर जी** कहते हैं –

''यह ऐनी बीसेन्ट और मैक्स मूलर जैसे लोगों की ही निष्पक्षता और उदारता का परिणाम था कि मिशनरियों के दंश में कमी आयी और संसार भारत के सात्विक रूप को पहचानने में समर्थ हुआ।''[25]

मुसलमानों में सुधार आन्दोलन
(Reform Movements in Muslims)

मुस्लिम धर्म और सम्प्रदाय में भारतीय पुनर्जागरण की तरह कभी भी कोई आन्दोलन आरम्भ नहीं हुआ जो मुसलमानों में कहीं गहरे जमे रूढ़िवादी और कट्टरवादी परम्पराओं और विश्वासों को झकझोर सकता। इसका मुख्य कारण था कि भारतीय मुसलमान जहाँ निर्धन हैं वहीं अशिक्षित भी हैं। उसे हमेशा यह शिक्षा दी जाती रही है कि यूरोपीय सभ्यता और संस्कृति से बचे क्योंकि यह मुस्लिम धर्म, संस्कृति और सम्प्रदाय के शत्रु है। इस धर्म ने ऐसा कोई नेता नहीं दिया जो मुसलमानों को प्रगतिशील बनाता। धर्म की कट्टरता ने और अशिक्षा ने इन्हें अन्य जातियों से बहुत पीछे छोड़ दिया। मुस्लिम महिलाओं में अशिक्षा का अन्धकार गहरा बना रहा। यही कारण है कि घर ही दुनियां की तरक्की से दूर और अनजाना है तो फिर बच्चों को नयी प्रगतिशील रोशनी कहाँ से मिलेगी। यही डर सदैव बना रहा कि मुस्लिम जमात प्रगतिशील बन गयी तो फिर उनकी धर्म से आस्था भी कम हो जायेगी। बुनियादी रूप से इस सोच ने इन्हें आगे नहीं बढ़ने दिया। यही कारण है कि इनमें पुनर्जागरण, भारतीय नवोत्थान जैसा आन्दोलन उत्पन्न नहीं हो सका। एक बार शरीयत को लेकर संसद में हंगामा हुआ था। आस्टिव साहब को मंत्री पद से इस्तीफा देना पड़ा था और मुस्लिम सम्प्रदाय ने उनकी दलीलों को खारिज कर दिया था। इसी तरह एक बार महाराष्ट्र और पूना की मुस्लिम महिलाओं ने चार शादियों के विरुद्ध भी आवाज़ उठायी थी पर उन्हें कुछ हासिल नहीं हुआ। फिर भी इधर दो दशकों से मुसलमानों में कुछ सकारात्मक परिवर्तन हो रहे हैं, पर इन्हें सुधार आन्दोलन का नाम तो नहीं दिया जा सकता है। इसके अतिरिक्त इस्लाम एक अन्तर्राष्ट्रीय धर्म है क्योंकि मुसलमान सभी देशों में कम या अधिक बसे हुए हैं। अनेक देशों में मुसलमानों का शासन है फिर भी वे यूरोपीय प्रौद्योगिकी और विज्ञान की दौड़ में बहुत पीछे हैं। इस सन्दर्भ में **दिनकर जी** कहते हैं –

''उन्नीसवीं सदी के आते आते, यूरोप और इस्लामी राज्यों का कोई मुकाबला नहीं रह गया। कहाँ इस्लाम के एशियाई राज्य, जो अन्धविश्वासों में डूबे हुए और विलासिता में विभोर थे और कहाँ यूरोप का वह रूप जो औद्योगिक क्रान्ति और रिनासां के प्रभाव से पूर्णतया

---

25. रामधारी सिंह दिनकर, संस्कृति के चार अध्याय, पृष्ठ 476.

जागरूक और चैतन्य था, जिनके हाथ में विज्ञान ने नयी-नयी शक्तियाँ धर दी थी, जो आविष्कारों और अनुसंधानों के द्वारा प्रकृति के तमाम रहस्यों को उधेड़ कर देख रहा था जिसके भीतर यह भावना जग रही थी कि एशिया के लोग असभ्यता की अवस्था में है तथा यूरोप सबसे ऊंचे मानवों का देश है।''[26]

इस तथ्य से इतना अवश्य ज्ञात हेाता है कि जिस भी धर्म और सम्प्रदाय में अशिक्षा व्याप्त हो, प्रौद्योगिकी और विज्ञान के क्षेत्र में पिछड़े हों और रूढ़िवादी परम्पराओं से जकड़े हुए हों, वहाँ समाज सुधार के अवसर कम होते हैं।

ए.आर. देसाई मुसलमानों में समाज सुधार आन्दोलन के संबंध में कहते हैं -

''राष्ट्रीयता के रास्ते पर प्रगति की दृष्टि से मुसलमानों की अपेक्षाकृत निष्क्रियता के बावजूद, उनके बीच भी कालक्रम से कई धार्मिक पुनर्जीवन और धर्म सुधार आन्दोलनों का जन्म हुआ। लेकिन ये आन्दोलन हिन्दुओं के बीच हुए, ऐसे ही आन्दोलनों ने बताया और लोगों से यह कहा कि कुरान का अर्थ तुम्हें सुन्नत के प्रसंग में समझना चाहिए और पंडितों के मतवाद के फेर में नहीं पड़ना चाहिए।....... बदलती हुई परिस्थितियों के साथ अपने को बदल कर युगानुरूप बनाने के लिये इस्लाम में जो भी प्रयास किये थे, उन्हें वहाब ने एक बारगी काट दिया और समाज को उन्होंने लौटा कर उस स्थान पर ले जाना चाहा जो इस्लाम की आरम्भिक पवित्रता का स्थान था।''[27] इस दार्शनिक और चिन्तक की मृत्यु सन् 1787 ई. में हो गयी। इनके जीवन काल में ही इनका काफी विरोध किया गया किन्तु वे अपने पथ से डिगे नहीं।

भारतीय मुसलमानों में हिन्दू-रीति रिवाजों, परम्पराओं, धर्म की अनेक बातें उनके व्यवहार में परिलक्षित होने लगी। वे भारतीय संस्कृति के अविभाजित अंग बन गये। इस आचरण और व्यवहार के विरुद्ध सन् 1804 ई. में हाजी शरीयत उल्लाह ने मुसलमानों से कहा कि हिन्दुओं के प्रभावों को गर्हित करो। मुसलमानों से कहा कि इन प्रभावों से निकलकर शुद्ध कुरान के मार्ग पर चलें। भारत में वहाबी आन्दोलन के सबसे प्रभावशाली नेता रायबरेली के सैयद अहमद हुए। अहमद ने पूरे भारत का भ्रमण कर यह देखा कि धर्म कितना रूढ़िग्रस्त हो गया है। वे रूढ़ियों को त्याग कर धर्म के असली मार्ग पर आये। अहमद की नीतियाँ और भाषण कुछ इस प्रकार के हुए कि अंग्रेज़ उनका दमन करने लगे। अन्ततः वहाबी आन्दोलन लगभग समाप्त हो गया।

अलीगढ़ आन्दोलन (Aligarh Movement)

वास्तव में, मुसलमानों ''का यह एक सशक्त नवजागरण आन्दोलन था जिसके नेता सैयद अहमद खाँ थे। उनके योग्य, सक्षम और समझदार सहयोगी थे शायर ख्वाज़ा अल्ताफ़ हुसैन

26. रामधारी सिंह दिनकर, संस्कृति के चार अध्याय, पृष्ठ 582.
27. रामधारी सिंह दिनकर, संस्कृति के चार अध्याय, पृष्ठ, 584.

हाली, मौलवी नज़ीर अहमद और मौलवी शिवली नुमानी। इस आन्दोलन की ज़मीन अलीगढ़ शक्ति सम्पन्न नहीं हो सकी। साथ ही, इनमें अधिकांश में राष्ट्रीयता का अभाव था। इस तरह के चार प्रमुख आन्दोलन हुए। दिल्ली के शाह अब्दुल अजीत, बरेली के सैयद अहमदा जौनपुर के शेख करामत अली और फरीदपुर के हाज़ी शरियत उल्ला इन आन्दोलनों के जनक थे।'' मूलतः इन आन्दोलनों का आधार और क्रियाकलाप धर्म का पुनर्जागरण ही था। सामाजिक सुधार की अपेक्षा शिक्षा में सुधार करने की आवश्यकता पर बल दिया गया, क्योंकि मुस्लिमों में शिक्षा का और शिक्षित वर्ग का काफी अभाव रहा है। इसीलिये वे यूरोपीय प्रगति के साथ तालमेल बैठाने में असफल रहे।

वहाबी आन्दोलन (Vahabi Movement)

वहाबी आन्दोलन के प्रवर्त्तक मुहम्मद इब्न अब्दुल वाहब थे। इनका जन्म सन् 1700 ई. के करीब अरब देश के नज्द प्रान्त में हुआ था। वे बचपन से ही चिन्तनशील और प्रतिभावान थे। अध्ययनशील थे। उन्होंने मदीने में रहकर मुस्लिम साहित्य का गंभीर अध्ययन किया था। वे सोचने लगे कि इस्लाम धर्म विघटित और कमजोर क्यों हुआ? इसकी छानबीन करते हुए उन्हें ज्ञात हुआ कि रूढ़ियों, अन्धविश्वासों और कुरीतियों ने इस्लाम को कमजोर बनाया है, उनके भीतर इनके विरुद्ध आक्रोश उत्पन्न हुआ। 1740 ई. में उनके पिता की मृत्यु के पश्चात उन्होंने सुधार की बात करनी आरम्भ कर दी। उन्होंने कहा यह उद्धरण मौलिक रूप में ''माडर्न मूवमेन्टस इन इस्लाम'' में उपस्थित है जिसे दिनकर जी ने अपनी पुस्तक में प्रयोग किया है:

''जीवन के भीतरी और बाहरी विलासों की उन्होंने कड़े शब्दों में निन्दा प्रारम्भ की। पीरों, औलियों तथा अन्य मानवों की पूजा एवं उनकी कब्रों की आराधना के खिलाफ उन्होंने युद्ध घोषणा कर दी। .... उलमाओं के द्वारा कुरान की जाने वाली व्याख्याओं को उन्होंने अमान्य करार दिया। इसलिये इसका नाम अलीगढ़ आन्दोलन पड़ गया।''

सैयद जी का जन्म 17 अक्टूबर, सन् 1817 को दिल्ली के एक सम्मानित परिवार में हुआ था। वे पैगम्बर मोहम्मद के पौत्र हजरत हुसैन की वंशावली के 36 वें नक्षत्र थे। वे शिक्षा के प्रति निरन्तर जागरूक रहे। अपने ज्ञान को बढ़ाने के लिये वे इंग्लैण्ड भी गये। उन्हीं के प्रयासों से अलीगढ़ में एम.ए.ओ. स्कूल की स्थापना हुई। बाद में इसे अलीगढ़ विश्वविद्यालय का गौरव भी दिया गया। सैयद हमेशा यह प्रयास करते रहे कि मुसलमान अंग्रेज़ी शिक्षा पद्धति से लाभ उठाये और अंग्रेज़ी सत्ता के निकट आयें।

सैयद जी को शिक्षा सुधार कार्य में विरोध भी सहने पड़े। वे कटु आलोचना के शिकार हुए। **डॉ. वीरेन्द्र शर्मा** का कहना है कि –

''रूढ़िवादिता के मोह से मुक्त करने के लिए उन्होंने अलीगढ़ को केन्द्र बनाकर पुनर्जागरण के लिए एक महान आन्दोलन प्रारम्भ किया। उन्हें तरह तरह के

फतबे दिये गये। मारने की धमकी दी गयी। रूढ़िवादी मुसलमानों ने उन्हें धर्म विरोधी घोषित किया।''[28]

सैयद इन आलोचनाओं से न तो घबराये और न पीछे हटे। व्यवस्थित रूप में मुसलमानों को उच्च शिक्षा देने हेतु सन् 1886 में मौलवी शमी उल्ला खाँ की अध्यक्षता में 'आल इण्डिया मोहमडन एजूकेशन कांग्रेस' का प्रथम अधिवेशन अलीगढ़ में हुआ। वे जहां परम्पराओं के अन्धानुकरण के विरोधी थे, वहीं हिन्दू-मुस्लिम एकता के महान् समर्थक थे। उन्होंने कहा कि-

''हमें अपनी समस्याओं का हल करने के लिए एक होकर कार्य करना चाहिए। यदि हम ऐसा करते हैं तब हम जीवित रह सकते हैं, जब हम ऐसा करने में असमर्थ रहेंगे, तब यह हिन्दुओं तथा मुसलमानों दोनों के लिये घातक सिद्ध होगा।''[29]

हिन्दू-मुस्लिम एकता के संबंध में वे कहते हैं -

''शताब्दियां बीत गईं, ईश्वर ने चाहा था कि हिन्दू और मुसलमान इस देश की जलवायु में, इसके उत्पादनों में समान भागीदार बने तथा इसके लिये एक साथ मरें और जियें। इसलिये ईश्वर की यह इच्छा है कि ये दोनों जातियाँ इस देश में मित्र की तरह तथा दो सगे भाइयों की तरह रहें। वह इस देश के चेहरे की दो सुन्दर आखें हैं।''[30]

वास्तव में, मुस्लिम सुधार आन्दोलन मुसलमानों के मज़हबी कट्टरवादियों ने आगे बढ़ने नहीं दिया। यह स्थिति आज भी बनी हुई है। फ़तवे और जेहाद की राजनीति ने आज भी, स्वतंत्रत भारत में, जहाँ प्रगतिशील बनने के, शिक्षित होने के, समान अवसर प्राप्त हैं, वहां मुस्लिम जमात आज भी भारत में बहुत पिछड़ी हुई है। इसका मुख्य कारण है स्त्री और पुरुष की शिक्षा में कमी। पर्दा-प्रथा, रूढ़िवादी परम्पराओं में विश्वास आदि। महिलायें जब अधिक से अधिक कामकाजी बनेगी, परिवार स्वत: चाहे वह किसी भी धर्म का हो, प्रगति करेगा। प्रगतिशील और वैज्ञानिक बनेगा। सर सैयद अहमद की यही इच्छा कहीं गहरे उनके मन में समायी थी।

मूल्यांकन (Valuation)

भारतीय संस्कृति की सबसे बड़ी विशेषता है उदारता, सहिष्णुता और समन्वयवादी दृष्टिकोण। भारत न तो अपने विगत से पूर्णतया चिपका रहता है और न उसे भूल ही जाता है। वह एक साथ अतीत में भी जीता है और वर्तमान में भी। यूरोपीय संस्कृति के संघात से भारत

---

28. वीरेन्द्र शर्मा, आधुनिक भारतीय राजनीतिक विचारधारायें, पृष्ठ 583.
29. वीरेन्द्र शर्मा, आधुनिक भारतीय राजनीतिक विचारधारायें, पृष्ठ 584.
30. सर सैयद अहमद का 30 दिसम्बर सन् 1873 की लाहोर में दिया गया भाषण - देखें मजमुआ लैकचर्स, पृ. 119-120 उदृत वीरेन्द्र शर्मा, आधुनिक भारतीय राजनीतिक विचारधारायें, पृष्ठ 586.

में पुनर्जागरण आन्दोलन को विकसित होने की प्रेरणा मिली। यह 19वीं सदी के धर्म सुधार आन्दोलन में परिलक्षित होता है और समाज सुधार आन्दोलन में भी। समाज सुधार आन्दोलन का विकास वहीं हुआ जहाँ पाश्चात्य संस्कृति का प्रभाव सबसे गहरा पड़ा है। अंग्रेज़ी शिक्षा दीक्षा में पके अभिजात वर्ग के लोगों में समाज सुधार करने की प्रवृत्ति में विकास हुआ। ये भारत को यूरोप की तरह प्रगतिशील बनाने के प्रयास में जुटे थे। यही कारण है कि भारत का समाज सुधार आन्दोलन ज्यादातर बंगाल और महाराष्ट्र में विकसित हुआ।

भारत में समाज सुधार कार्य धर्म के माध्यम से आगे बढ़ा, क्योंकि ऐसी धारणा बन गयी थी कि धर्म में सुधार का अर्थ है समाज सुधार। दूसरे शब्दों में यह कहा जा सकता है कि धर्म से जुड़ी कुरीतियाँ, अन्धविश्वास, रूढ़ियाँ, प्रथायें आदि समाज सुधार के आधार बने। यही कारण है कि प्रत्येक धर्म सुधारक और चिन्तक ने समाज सुधार हेतु एक पृथक समाज की स्थापना की जैसे 'ब्रह्म समाज', 'प्रार्थना समाज', 'आर्य समाज', 'रामकृष्ण किशन'। वास्तव में, धर्म सुधारक और समाज सुधारक का लक्ष्य एक ही था-एक धर्म के माध्यम से समाज सुधार करना चाहते थे, दूसरा समाज के माध्यम से धर्म में सुधार करना चाहते थे। **इन सुधार आन्दोलनों ने एक राष्ट्रीय भावना को उत्पन्न करने में भी जनमत तैयार किया।** इन सुधार आन्दोलनों की राष्ट्रीय भावना को प्रेरित करने में अह्म भूमिका है। समाज सुधारकों ने समाज सुधार को गति प्रदान करने के लिये किसी पंथ अथवा सम्प्रदाय की स्थापना नहीं की, वरन् यह कार्य सुधार समितियों और एसोसियेशन के माध्यम से किये गये। मानवतावादी होने के नाते इन्होंने ऐसा किया।

वास्तव में, सुधारवादी आन्दोलन के केन्द्र में कुछ सामाजिक कुरीतियाँ और धर्म से जुड़ी कुरीतियाँ और अन्धविश्वास थे जैसे बाल विवाह, बहु-विवाह प्रथा, विधवा विवाह निषेध, सती-प्रथा, महिला अशिक्षा, जातिवाद आदि। इन समस्याओं की जड़ में जहाँ धर्म की भूमिका हमें दिखायी देती है, वहीं जाति प्रथा भी है। जाति प्रथा ने ही इन प्रथाओं को सींचा है। इन्होंने ही इन कुप्रथाओं को धर्म के आधार पर पाला-पोसा और वट वृक्ष की तरह बड़ा किया है और अमर बेल की तरह फैलाया है जो पूरे पेड़ को ही ढ़क लेता है, वैसे ही इसने समाज को समान रूप से विकसित नहीं होने दिया। जातिवादी ढांचे ने जहाँ जातिगत और धर्मगत भेद उत्पन्न किये, वहीं महिलाओं को शिक्षित होने में रोड़े अटकाये। इसलिये समाज सुधारकों की दृष्टि में भारतीय समाज की कुरीतियाँ मुख्यतया जाति व्यवस्था की देन है। इस तथ्य को समाजशास्त्रीय दृष्टि से भी देखा जा सकता है।

इन सामाजिक सुधारों में जो मुझे सबसे अधिक बात चुभती है वह यह है कि समाज की कुरीतियों के समाधान हेतु धर्म से जुड़ी बुराइयों और अन्धविश्वासों को केन्द्र में रखा किन्तु हमने उन आर्थिक व्यवस्थाओं और ढांचे पर ध्यान नहीं दिया जहाँ गरीब और गरीबी विष की तरह समाज में फैला थी। लोग भूख और बेरोजगारी से मर रहे थे। भाग्यवादिता, धार्मिक अन्धविश्वास उन्हें पनपने नहीं दे रहे थे। इस सामन्तवादी व्यवस्था में जातिवादी ढांचे

को अपनी गोद में बैठाए रखा। निम्न और मध्यम वर्ग और महिलाओं का दोहन करते रहे, फिर भी इतना तो सत्य है कि पुनर्जागरण आन्दोलन ने सामाजिक सुधार की ज़मीन ही तैयार नहीं की, बल्कि राष्ट्रीयता की भावना को उत्पन्न करने हेतु जन मानस भी तैयार किया। इस दृष्टि से धार्मिक सामाजिक सुधार आन्दोलनों ने अनेक सामाजिक समस्याओं को कानूनी रूप से समाप्त करवाने में सफलता भी प्राप्त की। यह आन्दोलन थमा नहीं। आर्य समाज और रामकृष्ण मिशन आज भी सामाजिक सुधार कार्य में लगे हुए हैं।

References

Chamupali, M.A., Principles of Arya Samaj, New Delhi Press, Delhi.

Damodaran, K., Bhartiya Chintan Prampara, People's Publishing House, New Delhi.

Desai, A.R., Bhartiya Rashtrawad Ki Samajik Prishthabhumi, The Macmillan Co., New Delhi.

Dinkar, Ramdhari Singh, Sanskrit Ke Char Adhaya, Rajpal and Sons, Delhi.

Munshi, K.M., Hinduism Through Ages, Bhartiya Vidya Bhawan, Bombay.

Pannikar, K.M., The Foundation of New India, Quoted by V.N. Singh, Bhartiya Samajik Chintan, Vivek Prakashan, Delhi.

Sen, Amit, Notes on the Bengal Renaissance, National Book Agency, Calcutta.

Sharma, D.C., Hinduism Through the Ages, quoted in V.N. Singh's Bhartiya Samajik Chintan, Vivek Prakashan, Delhi.

Sharma, Virendra, Adhunik Bhartiya Rajnitik Vichadharayen, Rastogi Publication, Meerut.

Verma, Shri Savanliya Biharilal, Vishwa Dharma Darshan, Bihar Rashtrabhasha Parishad, Patna.

5

भक्ति आन्दोलन और सामाजिक सुधार
(Bhakti Movement and Social Reforms)

इस युग का अध्ययन करते समय इस बात को भी नज़र अन्दाज नहीं किया जा सकता कि ये सभी विचारक मुख्य रूप से धार्मिक नेता थे और जो कुछ भी उन्होंने प्रासंगिक रूप से समाज सुधार किये वे धर्म के ही उद्देश्य से किए गए। परन्तु यह कोई नयी बात नहीं है। धर्म उस युग की नींव के समान है और कोई भी विचारधारा, चाहे वह विज्ञान से ही सम्बन्धित क्यों न हों, धर्म के प्रभाव से अछूती नहीं रह सकी। केवल भारत में ही नहीं, यूरोप के रिनासां का प्रारम्भ भी धार्मिक वातावरण में ही हुआ है। इसलिए इन्हें धार्मिक विचारक कह कर उन्हें हम भारतीय रिनासां से अलग नहीं कर सकते। रिनासां और सामाजिक सुधार आन्दोलन का अध्याय इस तथ्य का प्रमाण है कि पूरा का पूरा पुनर्जागरण आन्दोलन धर्म के केन्द्र में रखकर छेड़ा गया था। वे समस्त सामाजिक कुरीतियाँ जिनका छोर कहीं न कहीं धर्म और जाति व्यवस्था से बंधा था, उनके विरुद्ध समाज सेवक, प्रबद्ध वर्ग, समाज सुधारक आदि ने आन्दोलन किये। उन्हें बहुत कुछ सफलता भी प्राप्त हुई। भक्ति आन्दोलन में समाज सुधार की भावना कहीं गहरे रूप में समाहित है। भक्ति आन्दोलन पर एक दूसरा आक्षेप यह लगाया जाता है कि विचारकों ने कविता के माध्यम से अपने विचार प्रकट किये हैं। इसलिये ये कवि मात्र हैं, विचारक नहीं। परन्तु उस युग में कविता ही विचारकों को व्यक्त करने का प्रमुख माध्यम थी। भारत में विधिक और विज्ञान से सम्बन्धित ग्रन्थ भी, उस युग में, कविता में ही लिखे गये थे।

सामाजिक पृष्ठभूमि (Social Background)

भारतीय इतिहास की प्रकृति में एक द्वन्द्वात्मकता रही है और उच्च वर्गीय पांडित्यपूर्ण विचार-परम्परा के विरुद्ध समय-समय पर व्यापक लोक जीवन विद्रोह करता रहा है और नये विचारों के रूप में अपने को प्रतिष्ठित करता रहा है। **जान इर्विन** का मत है कि भारतीय इतिहास में ऐसे समय आते रहे हैं जब आर्य लोग अपनी आत्मसात कर लेने की प्रवृत्ति को खो देते रहे हैं और परिणाम यह होता था कि ब्राह्मणों की सत्ता निर्गमता जन साधारण पर लाद

दी जाती थी। जनता पहले से अधिक दमन का शिकार होती थी। ऐसी परिस्थितियों में संकट आना अनिवार्य था।

दलित जनशक्तियाँ परम्परागत रूढ़ियों के स्तर के नीचे ही नीचे वेग से संगठित होने लगती थी और खुले विद्रोह की भूमिका प्रस्तुत करने लगती थीं। बौद्ध धर्म का प्रारम्भिक इतिहास भी यही था। ब्राह्मण कर्मकाण्ड के विरुद्ध उसने जनव्यापी विद्रोह का रूप ग्रहण किया और विगत सामूहिक जीवन की प्रत्यागत स्मृति का आश्रय ग्रहण कर सारे भारत में फैल गया।[1]

जहाँ तक आर्थिक व्यवस्था का प्रश्न है, लगभग समस्त भारत की आर्थिक व्यवस्था में ग्रामों का ही प्रमुखतम महत्व था। ग्रामों की भूमि लगभग तीन भागों में बंटी रहती थी, गोचर भूमि, क्षेत्र-भूमि तथा वस्तु। गोचर भूमि चरागाहों को कहते थे, क्षेत्र भूमि में खेत रहते थे और वस्तु ग्राम का वह भाग होता था जिनमें सभी रहा करते थे। इनके मध्य गर्त-पोखर और सूखे गड्डे वाले प्राकृतिक नाले और कृत्रिम नहरें तथा गो-पथ हुआ करते थे।[2] ग्रामों के इस गठन का यह प्रभाव हुआ था कि लोग एक साथ रहते थे, अत: इनमें सामाजिक सम्वेदना अधिक विकसित थी।

इस काल में समाज संगठन में बहुत सी नई जातियों का समावेश हुआ। बहुत सी जातियों के सामाजिक स्तर बदले। बहुत सी पुरानी जातियों का सम्मिश्रण हुआ और कुल मिलाकर अन्य कालों की अपेक्षा इस काल में कुछ समय के लिये बहुत सी जातियों का आर्थिक और राजनीतिक प्रभुत्व छाया रहा, विशेषतौर से जो ब्राह्मणों द्वारा तिरस्कृत एवं हेय दृष्टि से देखी जाती थी। यह एक जातीय ढांचे में सामाजिक परिवर्तन का सूचक तथा निम्न जातियों में सामाजिक चेतना के उद्भव का प्रतीक था।

इसका प्रमुख, आर्थिक कारण यह प्रतीत होता है कि ज्यों-ज्यों नगरों का विकास होता गया और विदेशों से व्यापार में वृद्धि होती गयी, त्यों-त्यों वैश्य कृषि तथा शिल्प छोड़ते गये और शूद्र उन्हें अपनाते गये। यहाँ तक कि ह्वेनसांग उन्हें कृषक ही कहता है। ये निम्न जातियाँ समाज के आर्थिक उत्पादन में विशेष योग देते हुए केवल दान वृत्ति पर जीवित रहती थी। ब्राह्मण उस समय तक चिन्तक न रहकर राज्याश्रित कर्मकाण्डी पुरोहित मात्र रह गया था। दान की भूमि का उपयोग करते हुए वह लोभी हो गया।

कहीं-कहीं इन जातियों का ब्राह्मण विरोध दूसरे रूप में प्रकट होता था। वे स्वत: अपने का ब्राह्मण कहने लगती थी। आचार्य क्षिति मोहन सेन का मत है कि उस समय इतनी रूढ़ व्यवस्था नहीं थी। बहुत सी जातियों का पद उठता-गिरता रहता था। बहुत सी जातियां ब्राह्मण बन गयी। इन जातियों में बहुत से कृषक भी थे।[3] डोम और चमार भी

---

1. माडर्न क्वाटर्ली, खण्ड 1, संख्या 2, पृष्ठ 13.
2. हिस्ट्री ऑफ बंगाल, पृष्ठ 607.
3. क्षितिज मोहन सेन, जाति भेद, पृष्ठ 41

अक्सर अपने पूर्वजों के ब्राह्मण होने का दावा करते थे।

तत्कालीन सामाजिक व्यवस्था में विभिन्न वर्णों में जीविकाओं का विपर्यय प्रचलित हो गया था। मनुस्मृति में कहा गया है कि श्राद्ध में ऐसे ब्राह्मणों को नहीं बुलाना चाहिए जो मांस विक्रयी और तैलिक हों।[4] इसी प्रकार पेशेवर अपराधी प्रवृत्ति के व्यक्ति, पशु पालक, सीमक्रयी, तैलकार, धनुषबाण बनाने वाला, पक्षी पालने वाले, नदी आदि का निर्माण करने वाले ब्राह्मणों को भी श्राद्ध भोजन में निषिद्ध ठहराया गया है।[5] ऐसे ब्राह्मण जनता के अधिक निकट थे। अधिकांश सिद्ध या तो ऐसे ब्राह्मण या निम्न कथित जातियों से जुड़े थे। कुछ सिद्धों ने निम्न वर्ग की स्त्रियों से विवाह कर उनकी आजीविका अपना ली थी। आचार्य सेन ने इस रोटी व बेटी के दो तत्वों को जाति-भेद का आधार माना है।[6] यह जाति-भेद के आधार बताते हैं कि 800 ई. तक जाति-भेद के आधार विवाह और व्यवसाय थे। वास्तव में, मध्यकाल में धर्म व्यक्ति को केन्द्र बना कर चलता है और लोकपक्ष को अभिव्यक्ति देने वाला धर्म, जाति, व्यवस्था, नैतिक मर्यादा, सामाजिक अनुशासन सभी को व्यक्ति के आगे गौण मानने लगता है।

भक्ति आन्दोलन के समय धर्म के स्वरूप के विषय में **डॉ. ग्रियसन** ने लिखा है-

''कोई भी मनुष्य जिसे पन्द्रहवीं तथा बाद की शताब्दियों का साहित्य पढ़ने का मौका मिला वह उसी भारी व्यवधान के लक्ष्य को लिये बिना नहीं रह सकता जो (पुरानी और नई) धार्मिक भावनाओं में विद्यमान है। हम अपने को ऐसे धार्मिक आन्दोलन के सामने पाते हैं जो उन सब आन्दोलनों से कहीं विशाल है, जिन्हें भारतवर्ष में कभी देखा है, यहाँ तक कि वह बौद्ध धर्म के आन्दोलन से भी अधिक विशाल हैं। क्योंकि इसका प्रभाव आज भी विद्यमान है। इस युग में धर्म नहीं बल्कि भावावेश का विषय हो गया था।[7] इस तथ्य से यह स्पष्ट होता है कि धार्मिक तथा दार्शनिक दृष्टिकोण में समय-समय में परिवर्तन होते रहते हैं। वैसे भी भारतीय धर्म और उससे जुड़े हुए दर्शन के अनेक स्वरूप हैं जो समय के अनुसार बदलते रहे हैं। भक्ति आन्दोलन के द्वारा भी समाज सुधार के अनेक आयाम हैं।''

वास्तव में, भक्ति आन्दोलन रूढ़िवादी, धार्मिक कट्टरता, जाति-भेद, सम्प्रदायवाद, हिन्दू-मुसलमानों में व्याप्त अन्धविश्वास, और सामाजिक कुरीतियों के विरुद्ध आन्दोलन था। इन सामाजिक धार्मिक बुराईयों के विरुद्ध जो आवाज बुलन्द की गयी वह भावों के उद्‌गार थे। इस रोगग्रस्त समाज में भक्ति आन्दोलन का विकास अमुक समय की परिस्थितियों की देन है।

---

4. मनुस्मृति - 3-1.
5. मनुस्मृति - 3-152.
6. क्षितिज मोहन सेन, जाति भेद, पृष्ठ 115.
7. झारखण्डे चौबे, मध्य युगीन भारतीय समाज एवं संस्कृति, पृष्ठ 325.

13वीं से 16वीं सदी तक इस्लाम तथा हिन्दू धर्म के पारस्परिक संबंधों के साथ-साथ नये-विचार व सोच पनप रहे थे। सामाजिक समस्यायें समाज के लिये चुनौती बन रही थी, उन पर गंभीरता से विचार करना आरम्भ हो गया था। वेद के उपदेशों पर और ब्राह्मणों के प्रभुत्व जैसे विषयों पर तर्क प्रारम्भ हो गये थे। इसी समय रामानुजाचार्य ने विष्णु की भक्ति का आश्रय लेकर नीच जाति के लोगों को ऊंचा उठाने का प्रयास किया। रामानुजाचार्य का जन्म मद्रास के समीप तिरुपति अथवा पैगम्बर नामक स्थान में 1016 में हुआ था। 1137 ई. में उनकी मृत्यु हो गयी।

रामानुजाचार्य दार्शनिक और समाज सुधारक थे। वे भारतीय जाति-व्यवस्था से पूरी तरह परिचित थे। वे शूद्रों को धर्म परिवर्तन और स्वतंत्र वातावरण की ओर आकृष्ट कर रहे थे। धर्म परिवर्तन को अस्त्र बनाकर शूद्रों की रक्षा करना उनका लक्ष्य था। रामानुजाचार्य अपने विचारों में जाति-पाँति की भावना से कहीं ऊपर थे। उन्होंने मन्दिर में ब्राह्मेतर लोगों को अराधना करना का अधिभार देकर क्रांति का उद्घोष कर दिया। वास्तव में, भक्ति आन्दोलन के अन्तर्गत समाज सुधार आन्दोलन में रामानुजाचार्य की अहम् भूमिका है। उस रुढ़िवादी और धार्मिक समाज में ब्राह्मण, क्षत्री, वैश्य और शूद्रों को एक साथ लाकर उनकी जाति भेद को कम करने में महत्वपूर्ण भूमिका रही है। सत्य यह है कि रामानुजाचार्य ने समाज सुधार आन्दोलन का जो बीज रोपा था उसे पल्लवित करने का श्रेय कबीर, नानक, राजा राम मोहनराय, दयानन्द सरस्वती, रानाडे को है।

धर्म तथा समाज सुधार आन्दोलन (Religion and Social Movement)

भारतीय इतिहास में 13वीं सदी को हिन्दू सभ्यता का अन्धकार युग कहा जाता है। इस काल में मुस्लिम साम्राज्य का विस्तार होने लगा। इस अन्धकार युग में महान समाज सुधारक रामानन्द का जन्म 1299 में प्रयाग के कान्यकुब्ज ब्राह्मण परिवार में हुआ। 1456 ई. में उन्होंने शरीर त्याग दिया। आपका मूल उद्देश्य धर्म और भक्ति के माध्यम से समाज सुधार करना था। रामानन्द धर्म के बाह्य आडम्बर और संस्कार के विरोधी थे। उनका यह कहना था कि सभी व्यक्ति परस्पर भाई-भाई हैं। सभी एक जाति के हैं। श्रेष्ठता भक्ति से होती है न कि जन्म से। इस तरह उन्होंने भाई-चारे की भावना को विभिन्न जातियों में उत्पन्न किया। एक सौहार्द पूर्ण वातावरण बनाने का प्रयास किया और जांत-पांत में व्याप्त कटुता, दूरी को समाप्त करने का प्रयत्न किया। इस उदारवादी दृष्टिकोण के कारण उनके शिष्य प्रत्येक जाति में से हुए जिन्होंने आगे चलकर समाज-सुधार कार्य को अपने हाथों में लिया। उनके शिष्यों में मुख्य थे - रैदास 'चमार', कबीर 'जुलाहा', धन्न 'जाट किसान', सेना 'नाई', पीपा 'राजपूत' और कबीर को अपना शिष्य बनाकर उन्होंने हिन्दू-मुस्लिम समन्वयवादी दृष्टिकोण का सन्देश समाज को दिया। उनके विचार से प्रभावित होकर उत्तर-भारत में कबीर, महाराष्ट्र में नामदेव और उनके उत्तराधिकारी पंजाब में नानक एवं बंगाल में चैतन्य ने समाज और

धर्म-सुधार कार्य को एक नई दिशा और कार्य करने की प्रेरणा प्रदान की। सम्पूर्ण भारतवर्ष में आपके विचारों ने एक नयी रोशनी इनके अनुयायियों को दी। उनका प्रमुख लक्ष्य था भारत में रामराज्य की स्थापना करना। ऐसा समाज जिसमें छोटे-बड़े जाति के लोग समान हों। परस्पर भेद-भाव समाप्त हो। सौहार्दपूर्ण वातावरण स्थापित हो। इस तरह समाज और व्यक्ति का शुद्धीकरण हो। उनकी हार्दिक इच्छा थी कि जाति-विहीन समाज स्थापित हो जिसमें रुढ़िवादिता का लोप हो। एक विवाह की प्रथा रहे। रामानन्द ने समाज सुधार की एक मज़बूत ज़मीन तैयार की जिस पर अनेक समाज सुधारक आगे बढ़े और समाज सुधार कार्य को अपने हाथों में लिया।

हिन्दी-प्रदेश में सुधार आन्दोलन (1400-1700)

रामानन्द का उत्तर-भारत में प्रभाव फैलने एवं कबीर के अवतरण के बाद से उत्तर-भारत में सांस्कृतिक जागरण का जो स्वर सुनायी दिया, उसने विद्वानों को आश्चर्य में डाल दिया। सम्पूर्ण भक्ति आन्दोलन के साहित्य में **कबीर और तुलसी दो व्यक्ति ऐसे थे जिन्हें हम मंत्रदाता आचार्य कह सकते हैं।**

एक समाज सुधारक के रूप में कबीर (Kabir as a Social Reformist)

क्रांतिकारी कबीर का आविर्भाव उस समय हुआ जब सम्पूर्ण भारतवर्ष पर मुस्लिम प्रशासन की स्थापना हो चुकी थी। हिन्दुओं को गुलामों जैसा जीवनयापन करना पड़ता था। निर्धनता के कारण उनके घर की स्त्रियाँ मुसलमानों के घर में कार्य करके पेट भरती थी। ऐसी परिस्थिति में क्रांतिकारी कबीर समाज सुधारक का जन्म 1425 ई. में एक विधवा ब्राह्मणी के गर्भ से हुआ। उसने लोकलाज के भय से नवजात शिशु को वाराणसी में लहरतारा के पास एक तालाब के निकट छोड़ दिया।

कबीर अपने युग के कड़े आलोचक थे। उनके दृष्टिकोण में विशेषतः एक सुधारक की तीव्रता और तत्परता ही दृष्टिगोचर होती है। उसमें भारी असन्तोष और क्षोभ भी निहित है। वे समाज की विचलन प्रक्रिया से खिन्न थे और विघटनकारियों के प्रति उन्हें क्षोभ था। इतने पर भी उन्होंने आशा का एकदम परित्याग नहीं कर दिया था। बिखरे हुए समाज को एकता में बांधने के लिये कुरूप को सुरूप में परिणित करने के लिये कबीर ने कहीं प्रखर और कहीं मृदुल संकेत भी दिये कि उनका 'प्रस्तावित' समाज कैसा होना चाहिए।

विभिन्न धर्मों में बाहय आडम्बर का विरोध (Protest against Ostentation)

कबीर के समय में जनता में सर्वाधिक प्रभाव हिन्दू मत अथवा पौराणिक धर्म का था। इसके

बाद योगियों की प्रबलता थी। उस समय के योगी अपने योग की करामातें दिखाने में जितने कुशल होते थे उतने ही मैदान कूदने में भी। कबीर हैरान थे और लोगों से कहा करते थे भाई यह भी अजब योग है कि महादेव के नाम पर पंथ चलाया जाता है। लोग बड़े बड़े महन्त हो जाते हैं। हाट-बाट में समाधि लगाते फिरते हैं और फिर मौका पाते ही रक्षा क्षेत्र में कूद पड़ते हैं। भला दत्तात्रेय ने भी कभी मवासियों द्वारा शत्रुओं पर चढ़ाई की थी, शुकदेव ने भी कभी तोप संग्रह किये थे, नारद ने भी कभी बन्दूक दागी थी। विचित्र हैं ये विरक्त योगी जिनकी सोने की गद्दियाँ जगमगा रही हैं। **हाथी घोड़े के ठाट लगे हैं,** करोड़पतियों जैसी शान है।[8]

कबीर ने जैसे चित्र योगियों की दशा के प्रस्तुत किए हैं उनसे कहीं अधिक रंगीन पंडे-पुजारियों के आडम्बरों के किये हैं। उनकी साढ़े तीन हाथ की धोती, जनेऊ, लम्बा तिलक और छुआछूत की बीमारी, इतनी भयंकर कि लकड़ी भी धोकर जलाई जाती थी परन्तु पेड़ कभी नहीं धोये जाते थे।[9]

ब्राह्मणों के संबंध में आठ **'कनौजिया नौ चूल्हे'** की कहावत तब भी चरितार्थ थी-

कहु पाण्डे सुचि कवन ढाँप
जिहि धरि भोजन बैठि खाँउ।

इसी प्रकार परम्परागत आचारों की कबीर ने तीखी भर्त्सना की है। लोग माला फेरते हैं, परन्तु आवश्यकता है वासना से मन फेरने की-

माला पहरै मनमुखी, तापै कछु न होई।
मन माला को फेरता, जग उजियारा होई॥

अपने युग की भावना और आचरण में संगति न देख कर भी कबीर को भारी क्षोभ होता था। मूर्ति पूजा और तीर्थ-व्रत आदि का कबीर के समय का दौर था। इसमें एक ओर भ्रम का आधार था तो दूसरी ओर भेदभाव का प्रचार था। जप, तप, तीर्थ एवं व्रत में केवल अन्धविश्वास देख कर उन्हें कहना पड़ा था -

जप तप दीसै थोथरा, तीरथ व्रत बेसास
सवै सैबेल सेवियायों जग चल्या निरास।

ढोंग और आडम्बर को कबीर ने कहीं नहीं छोड़ा है। बनारस के सन्तों के ढोंग को लक्ष्य करके कबीर ने कितना यथार्थ वर्णन प्रस्तुत किया है -

ऐसे सन्त न मोकौ भावहिं, डालास्यो पेड़ों गरकावहि।

---

8. ऐसा जोग देखा भाई। भूला फिरे लिए गफलाई। महादेव को पंथ चलावैं। ऐसा बड़ो महंत कहावै।
9. कबीर ग्रन्थावली, पद 365.

साम्प्रदायिकता का विरोध (Protest against Communalism)

कबीर के समय में हिन्दू, मुसलमानों का द्वेष एक प्रमुख समस्या रही होगी।

उन्होंने दोनों के बाह्य आचारों का खण्डन कर,दोनों के मध्य एकता स्थापित करने का प्रयास किया। इसी प्रकार उन्होंने मुसलमानों के अन्य ब्राह्यचारों अजान, कुर्बानी तथा हज का विरोध भी किया है। वे जाति व्यवस्था की आलोचना करने से भी नहीं चुके क्योंकि कबीर के समय जाति-व्यवस्था काफी जटिल हो चुकी थी। इस व्यवस्था में शूद्रों की निम्नतम स्थिति थी। कबीर ने उनका डट कर विरोध किया-

ऊचें कुल का जनमिया, करनी ऊंच न होय।
सुबरन कलस सुरा भरा, साधो निन्दा सोय।

मानवतावादी कबीर (Kabir on Humanism) - सन्त कबीर पहले एक सामाजिक विचारक थे, पीछे कुछ और। वे समाज के एकता के पुजारी और अखण्डता के सच्चे प्रहरी थे। वे व्यक्तियों को भिन्न-भिन्न इकाइयों के रूप में देखना स्वीकार न कर सके। वे अपनी रचना में जीवन के जिस किसी पक्ष का निदर्शन करते हैं, उसी से सामाजिक एकता की प्रतिध्वनि निकलती है। उसकी विशेषतायें इस प्रकार हैं -

1. उसमें परमात्मा एक अन्तिम और सर्वोच्च शक्ति है तथा वह सबमें और उसमें सब हैं।
2. राम और रहीम में कोई भेद नहीं। वर्ग और वर्ग का भेद कृत्रिम है। अत: उसको मान्यता नहीं देनी चाहिए।
3. मनुष्य-मनुष्य में भेद नहीं है।
4. कबीर में साम्यवाद के सत्य और अहिंसा प्रमुख तत्व है और वह प्रेम की शिक्षा देता है।
5. समाज के बीच शोषक-शोषित का भेद मिटाकर वे साम्य स्थापित करने के पक्षधर थे।
6. कबीर को मानव कल्याण के लिये समाज से जो कुछ प्राप्त हुआ उसे ग्रहण किया और शेष को अस्वीकार किया।
7. सम्पूर्ण जीवन कबीर हिन्दू समाज को समझाते रहे कि जन्म से सभी व्यक्ति समान है।

एक बूदें एकै मल मूतर एक चाम एक गूदा।
एक ज्योति से सब उत्पन्न को बामन को सूदा॥

कबीर एक असामान्य सन्त थे। वे ज़मीन से जुड़े थे। मानव समाज की विविध धार्मिक सामाजिक समस्याओं से सीधे उनका सम्वाद होता था। न वह धर्म के पाखण्ड में विश्वास करते थे और न जात-पाँत में। वे तो शुद्ध मानवतावादी थे। उनके विचार में न कोई छोटा

था और न बड़ा, सभी समान थे। ज्ञान, तर्क, बुद्धि से मनुष्यों का उद्धार होने वाला नहीं। यह कहा भी जाता है कि बुद्धिमान मेंढ़क के समान हैं जिसे एक साथ तौला नहीं जा सकता है। व्यक्ति का उद्धार प्रेम से होता है।

समन्वयवादी कबीर (Kabir as a Harmoniser) – कबीर के समय में हिन्दू और मुसलमानों के मध्य काफी दूरी और कड़वाहट थी। वे इन दोनों के मध्य भाई-चारे की संस्कृति स्थापित करने हेतु जीवन पर्यन्त प्रयास करते रहे। इस दृष्टि से दोनों धर्मों में जो अन्धविश्वास थे उनकी आलोचना भी करते रहे। डॉ. विजयेन्द्र स्नातक उचित ही कहते हैं। "कबीर ने अपने जीवन में दूसरों के लिये कष्टों को स्वीकार किया था। उनका जीवन जनता के उद्‌बोधन में ही व्यतीत हुआ। वे अपने लिये नहीं बल्कि संसार के लिये रोते और विलाप करते रहे। उन्होंने साईं के सब जीवों के लिये अपना अस्तित्व समर्पित कर दिया था। संसार के लिये उन्होंने अपने आपको मिटा दिया।"[10]

झारखण्डे चौबे कबीर के योगदान की समीक्षा करते हुए लिखते हैं। "कबीर एक महान समाज-सुधारक थे। हिन्दू समाज की जाति-प्रथा, नारी वर्ग का नैतिक अवमूल्यन, पर्दा प्रथा, बालविवाह, उनके लिए सहानुभूति का विषय बन गया था। निम्न जातियों पर उच्च वर्ग का घोर अत्याचार, शिक्षा के अभाव में जादू-टोना, शकुन-अपशकुन, जीव हिंसा,मांस भक्षण, वेश्यागमन आदि अन्धविश्वास तथा कुरीतियाँ समाज की जड़ें खोखली कर रही थी। पाखण्ड और आडम्बर इतने फैले थे कि उन पर काबू पाना किसी के बस की बात नहीं रह गयी थी। कबीर ने तटस्थ होकर सामाजिक तथा आर्थिक विषमताओं को निहारा था और अपने प्रबल व्यक्तित्व से इन्हें मिटाकर एकत्व स्थापना का निश्चय किया।"[11]

कबीर के विचारों में निम्नलिखित उद्‌देश्य स्पष्ट रूप से दिखायी देते हैं। इन विचारों ने सामाजिक सुधार का कार्य किया है[12]–

1. ईश्वर सभी व्यक्ति में विराजमान है। वह सर्वोच्च शक्ति है।
2. राम और रहीम में कोई अन्तर नहीं है।
3. वर्ग-भेद कृत्रिम है। अस्तु इसे समाप्त करना चाहिए।
4. सभी मनुष्य समान है। ईश्वर और मनुष्य में भी कोई अन्तर नहीं है।
5. कबीर अहिंसा तथा समाजवाद के पक्षधर थे।
6. जातिवाद की भावना का कबीर ने ज़ोरदार शब्दों में खण्डन किया।
7. अन्धविश्वासों का भी उन्होंने खण्डन किया है जैसे मूर्ति-पूजा, व्रत, रोज़ा अज़ान, नमाज़ आदि।

---

10. विजयेन्द्र स्नातक, कबीर, पृष्ठ 232.
11. झारखण्डे चौबे, मध्य युगीन भारतीय समाज एवं संस्कृति, पृष्ठ 349.
12. वी.एन.सिंह, भारतीय सामाजिक चिन्तन, पृष्ठ 178.

8. हिन्दू-मुस्लिम एकता स्थापित करने के लिये सदैव प्रयत्नशील रहे।
9. शास्त्रों की अपेक्षा उन्होंने वैयक्तिक अनुभवों को अधिक महत्त्व दिया है।

भक्ति आन्दोलन और तुलसी का सुधारवादी दृष्टिकोण (Bhakti Movements and Tulsi as a Reformist)

तुलसी राम के भक्त। उनमें अटूट आस्था। महानतम चिन्तक। विश्व कवि जिन्होंने राम को महलों से लेकर झोंपड़ी तक में श्रद्धा की मूर्ति के रूप में स्थापित किया। समाज की जर्जर अवस्था ने हर स्तर पर तुलसी को झंकझोरा है। दासता की मनोवृत्ति ने किस प्रकार की शिक्षा की मनोवृत्ति जगाई थी, तुलसी ने उसका संकेत किया है-

मातृ-पिता बालकन्ह बोलां वंहि
उदर भाई सोइ पाठ पढ़ावहिं।

देवस्थलों एवं तीर्थों की दशा चिन्तनीय थी। वे नाना प्रकार के छद्‌म तथा अनाचार के अड्‌डे हो गये थे। ऐसा प्रतीत होता था मानो कलयुग अपने-दल-बल सहित वहाँ किला बन्दी कर रहा है।[13]

तुलसी ने अपने युग की बुराइयों को बारीकी से पकड़ा था। सामाजिक पुनर्निमाण संबंधी उसकी सारी भावनायें उनके रामराज्य के आदर्श स्वरूप की कल्पना में पिरोई गई हैं। उन्होंने स्पष्ट किया है कि समाज का स्वरूप कैसा होना चाहिए।

तुलसी के रामराज्य की भौतिक परिणति के क्रमशः पाँच सोपान प्रतीत होते हैं -

1. अत्युच्च व्यक्तित्व-साधना एवं वैषम्य का अभाव
2. प्रकृति की अनुकूलता
3. कर्त्तव्यनिष्ठा एवं अविकल दायित्व निर्वाह
4. भौतिक समृद्धि और
5. व्यक्तित्व साधना संबंधी सतत जागरूकता।

1. तुलसी व्यक्ति के उन्मेष के लिए भी और सामाजिक विकास के लिए भी अन्ततः व्यक्ति को ही जिम्मेदार ठहराते और प्रत्येक प्रकार से उसके व्यक्तित्व को साधना करने पर बल देते हैं। उनके व्यक्तित्व का विकास सहज रूप में हुआ है कि दरिद्र, दीन आदि न होने वाले ऋणात्मक गुणों के अलावा स्वधर्म स्वस्थ, गुणज्ञ आदि धनात्मक गुणों की अधिकता हो गई हो।

---

13. दोहावली, दो, पृष्ठ 558.

2. राम राज्य का दूसरा सोपान प्रकृति की अनुकूलता है। यहाँ प्रकृति के दो रूप दिखायी पड़ते हैं। एक है, "**खग मृग सहज वयरू बिसराई**" एवं "**सबहि परस्पर प्रीति बढ़ाई**" मानवीय व्यवहार के अनुरूप प्रकृति में परिवर्तन होना धार्मिक सत्य नहीं, भौतिक सत्य है। कुछ ही लोग प्राकृतिक साधनों का लाभ उठा पाते हैं। शेष सामाजिक आर्थिक विषमता में फंसे रह जाते हैं।

3. तीसरा सोपान कर्त्तव्यनिष्ठ एवं निरन्तर उत्तरदायित्व के निर्वाह का है। इनमें एक ओर तो सच्चे सामाजिक जीवन की स्थापना है,दूसरी ओर पारिवारिक आदर्श को अपने उच्चतम रूप में प्रदर्शित किया गया है। राम का चरित्र इन दोनों स्थितियों में आदर्श मानकर वर्णन किया गया है। यह सोपान रामराज्य का आचरण पक्ष है।

4. चौथा सोपान भौतिक समृद्धि का है। यह राम राज्य का उपभोग पक्ष है जो स्वर्ग से भी श्रेष्ठ है। धरती पर विकसित यह तुलसी का वह स्वर्ग है जिसकी वे सर्वत्र स्थापना करना चाहते हैं।

5. पांचवाँ और अन्तिम सोपान व्यक्तित्व साधना संबंधी सतत जागरूकता का है। तुलसी का मत है कि भौतिक समृद्धि और भोग अन्त में अनेक विकृतियों को जन्म देते हैं। इसी कारण समृद्ध समाज का भी पतन होता है। अत: राम राज्य को स्थायी बनाने के लिए उन्होंने भोग के साथ-साथ निरन्तर जागरूक रहने वाले योग को भी आवश्यक बताया।

युग पुरुष गुरु नानक का समाज सुधार आन्दोलन (Nanak and Social Reform Movement)

गुरु नानक जी का जन्म नवम्बर, 1469 को एक खत्री परिवार में हुआ था। आपके पिता का नाम मेहता कालूचंद था। 18 वर्ष में आपका विवाह हो गया। इनके दो पुत्र भी थे। 1539 में आप ने इस मृत्यु लोक से विदा ले ली। गुरु नानक जी की सामाजिक सुधार की बहुत कुछ जमीन रामानन्द और कबीर ने तैयार कर दी थी। वे इस तथ्य से भली-भाँति परिचित थे कि मुसलमानों को उनके अस्तित्व से हटा पाना कठिन है। इसलिये अन्य सुधारकों की भांति हिन्दू और मुसलमानों के मध्य सौहार्दपूर्ण संबंध स्थापित करने का उन्होंने प्रयास किया। उनका बहुत बड़ा योगदान यह भी है कि उन्होंने पददलित लोगों को मुसलमान बनने से रोका। गुरु नानक जी ने भी अन्य साधु-सन्तों की तरह धार्मिक अन्धविश्वासों, पाखण्डों, आडम्बरों आदि का विरोध किया।

मुस्लिम शासक इस समय हिन्दुओं पर अत्याचार कर रहे थे। वे जहाँ हिन्दुओं को मुसलमान बनने के लिये दबाव डाल रहे थे वहीं उन्होंने तीर्थ-यात्रा कर धार्मिक मेलों, नये मन्दिरों के निर्माण आदि पर प्रतिबन्ध लगा रहे थे। इन सब अत्याचारों को वह देख रहे थे। हिन्दुओं को अपनी रक्षा हेतु सचेत होना पड़ा। उन्होंने हिन्दुओं को एक जुट करने हेतु

जाँत-पाँत का विरोध किया। वे भी कबीर की तरह हिन्दू-मुसलमानों के मध्य एकता स्थापित करना चाहते थे। यह उनका समन्वयवादी दृष्टिकोण था। गुरु नानक का मुख्य लक्ष्य मानव सेवा है। उन्होंने बाह्याडम्बर का विरोध किया और प्रेम-भक्ति पर ज़ोर दिया। यह आपका मानवतावादी दृष्टिकोण था। इस युग की समस्याओं के समाधान करने के लिये ही उन्होंने सिख-धर्म की स्थापना की।

समाज सुधारक के रूप में गुरु नानक सदैव याद किये जाते रहेंगे। उन्होंने जहाँ जाँत-पाँत का विरोध किया वहाँ हिन्दू मुसलमानों में सौहार्दपूर्ण संबंध बनाने का प्रयास किया। उनका सबसे महत्त्वपूर्ण कार्य यह भी है कि उन्होंने पुरूषों के समान स्त्रियों को भी समान अधिकार देने की पैरवी की। वे किसी भी धर्म को बुरा नहीं कहते थे बल्कि उसमें व्याप्त बुराईयों की आलोचना करते थे। उनकी समाज सेवा भावना के कारण ही वे समाज सुधारकों की अग्रणी पंक्ति में आते हैं।

महाप्रभु चैतन्य का समाज सुधार आन्दोलन
(Prabhu Chaitanya and Social Reform Movement)

15वीं शताब्दी सुधार के युग के नाम से प्रसिद्ध है। दक्षिण भारत, गुजरात, पंजाब और उत्तर भारत में समाज-सुधार की लहर व प्रभाव, इस युग में देखा जा सकता है। बंगाल में चैतन्य के साथ सुधार-आन्दोलन को बल प्राप्त हुआ। चैतन्य का जन्म 18 फरवरी, सन् 1486 में नादिया जिले के मायापुर गाँव में हुआ। आपके पिता का नाम जगन्नाथ मिश्र था और माता का नाम शची देवी था। आप प्रतिभा सम्पन्न और तीव्र बुद्धि के थे। दो विवाह भी हुए। इनका मन गृहस्थी में नहीं लगा। अस्तु सन्यासी हो गये। चैतन्य जी उन परिस्थितियों में बड़े हुए जब धार्मिक, नैतिक और सामाजिक वातावरण पतन की ओर अग्रसर हो रहा था। मुसलमानों को धर्म परिवर्तन करने के लिये बढ़ावा दिया जा रहा था। बड़ी संख्या में हिन्दू मुसलमान हो रहे थे। दलित समाज के लोग मुस्लिम धर्म को अपना रहे थे। इस तरह यह एक सामाजिक विघटन और अराजकता का युग था।

चैतन्य के सामाजिक सुधारों का लक्ष्य भी मुख्य रूप से वही थे जो समकालीन समाज सुधारकों के थे जैसे सामाजिक असमानता को दूर करना। पिछड़ी जातियों के स्तर को ऊंचा करना। शूद्रों में समानता के भावों को उत्पन्न करके उन्हें मुसलमान धर्म ग्रहण करने से रोकना। वे हिन्दू और मुसलमान धर्म में भाई-चारे की भावना को स्थापित करना चाहते थे। चैतन्य ने भी जाति प्रथा का विरोध किया। वे दीन-दुःखी, पीड़ित व्यक्तियों के कष्टों को दूर करना चाहते थे। वास्तव में, वे मानवतावादी थे। वे सामाजिक कुरीतियों को दूर कर मानवतावादी समाज की स्थापना करना चाहते थे जिसमें ऊंच-नीच की भावना न हो। सभी जातियों के व्यक्ति समान हों। दलित-जातियों को समानता दी जाय जिससे वे इस्लाम धर्म ग्रहण न कर सकें। इस तरह चैतन्य भी समकालीन समाज सुधारकों में अपना उच्च स्थान रखते हैं।

विश्लेषण (Analysis) – मध्य–युगीन भारतीय समाज और समाज सुधार आन्दोलन का विश्लेषण करें तो समाज सुधार के महत्त्वपूर्ण तथ्य सामने आते हैं जिन्होंने समाज को बदला भी है और दिशा भी दी है। समाज को जाँत–पाँत से ऊपर उठने की प्रेरणा भी दी है। इस युग में प्रत्येक समाज सुधारक ने धार्मिक आडम्बरों का मुक्त होकर खण्डन–मन्डन किया है। सामाजिक कुरीतियों का कड़ा विरोध किया है। एक समतामूलक, मानवतावादी समाज की स्थापना करने का प्रयास किया है। हिन्दू और मुस्लिमों के मध्य भाई–चारे के संबंध बनाने का यथासम्भव प्रयास किया गया है। इस युग ने मानवतावादी दर्शन को एक नया जामा पहनाया। जैसे रामानन्द का प्रसिद्ध वाक्य है –

जात–पाँत पूछै नहीं कोई, हरिका भजै सो हरि का होई।

भक्ति आन्दोलन की सबसे बड़ी विशेषता यह भी थी कि इस आन्दोलन के नायक अत्यन्त निर्धन वर्ग से आये थे। इसीलिये वे सभी मानवतावादी थे, जैसे राजपूताना के दादू नीच–जाति के बुनकर थे। नामदेव दर्ज़ी थे। तुकाराम नीची जाति के व्यापारी थे। इसीलिये ये सभी जातिवाद के विरोधी थे। धार्मिक अन्धविश्वासों और आडम्बरों का खण्डन करते थे। ये ऐसे सामान्य समाज–सुधारक थे जो कुर्सी के पीछे न तो भागते थे और न विलासिता का जीवनयापन करते थे। ये अपनी जीविका स्वयं अर्जित करते थे। इनमें समाज सेवा की भावना अन्तर्मन में छिपी होती थी।

भक्ति आन्दोलन का महत्व बताते हुए **के. दामोदरन** लिखते हैं –

''तो भी भक्ति आन्दोलन ने, जिसने दो शताब्दियों से अधिक समय तक समूचे देश को आन्दोलित किया था, जनता के राष्टीय नवजागरण में, जिसमें हिन्दू और मुसलमान दोनों ही शामिल थे, महत्वपूर्ण योगदान किया। यदि यह आन्दोलन सदा के लिये सामाजिक असमानताओं और जाति–प्रथा से उत्पन्न अन्यायों को खत्म नहीं कर सका, तो सम्भवतः इसका कारण यह था कि कारीगर, व्यापारी और दस्तकार, जो इस आन्दोलन का मुख्यतः आर्थिक आधार थे, अब भी कमज़ोर और असंगठित थे।''[14]

इस तरह भक्ति आन्दोलन ने समाज–सुधार की एक सशक्त चेतना को जन्म दिया जिसने सामाजिक परिवर्तन की नयी दिशाओं को दिशा भी दी और प्रेरणा भी। दलित जातियों में समानता की भावना को रोपा। इसके साथ ही सम्पूर्ण समाज को धार्मिक आडम्बरों से बाहर निकालने के लिये प्रेरित किया। वास्तव में, भक्ति आन्दोलन राष्ट्रीय चेतना के लिये एक जमीन तैयार करती है। अपने में यह एक बड़ा व व्यापक सामाजिक आन्दोलन था जिसने जात–पाँत, धार्मिक अन्धविश्वास और सामाजिक कुरीतियों के विरुद्ध जनजागरण का बीड़ा उठाया था।

---

14. के. दामोदरन, भारतीय चिन्तन परम्परा, पृष्ठ 337.

References

Choube, Jharkhand, Madhya Yugin Bhartiya Samaj Avam Sanskrit.

Damodaran, K., Bhartiya Chintan Prampara, People's Publishing House, New Delhi.

Dohawali, Nagri Pracharni Sabha, Kashi.

History of Bengal, Quoted by Ayodhya Singh in Bharat Ka Mukti Sangram.

Kabir Granthawali, Nagri Pracharni Sabha, Kashi.

Manu, Manusmriti.

Modern Quarterly, Vol.I No.3. Quoted in V.N. Singh, Bhartiya Samajik Chintan.

Sen, Kshitij Mohan, Jati Bhed, Quoted in V.N. Singh, Bhartiya Samajik Chintan.

•

6

किसान आन्दोलन
(Peasant Movement)

भारतीय इतिहास के लेखकों ने चाहे वे स्वदेशी हों अथवा विदेशी अनेक महत्त्वपूर्ण घटनाओं, आन्दोलनों व संघर्षों का वर्णन बहुत ही गैर ज़िम्मेदाराना ढ़ंग से किया है, किसान संघर्षों और आन्दोलनों की भी बहुत ही सतही तरीके से व्याख्या की गई है। अंग्रेज़ों, ज़मींदारों, साहुकारों और महाजनों के विरुद्ध असंगठित संगठन के रूप में किसी वर्ग ने यदि आन्दोलन चलाया है तो वह निश्चय ही किसान आन्दोलन है। किसान आन्दोलनों का इतिहास बिखरा पड़ा है। किसान आन्दोलनों का दंगों–फसादों, संघर्षों के रूप में वर्णन किया गया है। भारत के 80 प्रतिशत किसानों के आन्दोलनों की इतिहासकारों ने उपेक्षा की है। भारत के प्रत्येक राज्य के किसान आन्दोलनों का अपना इतिहास है। इसकी पृष्ठभूमि में अनेक क्षेत्रीय, स्थानीय पोषक तत्त्व हैं जिन्होंने किसानों को सामन्तवादी और साम्राज्यवादी व्यवस्था के विरुद्ध आन्दोलन छेड़ने की प्रेरणा दी।

सैकड़ों वर्ष पूर्व हम ज़रा मुड़कर देखें कि अंग्रेजों का प्रवेश भारत में किस प्रकार हुआ और उनकी शोषक नीतियों ने आगे चलकर किसानों का किस प्रकार शोषण किया। अयोध्या सिंह अंग्रेजों के भारत में प्रवेश के संबंध में कहते हैं, "पन्द्रहवीं सदी के अन्त में समुद्र के रास्ते हिन्दुस्तान से सीधा संबंध स्थापित करने के लिए पुर्तगाल, स्पेन और ब्रिटेन जोरों से चेष्टा करने लगे। .... 1500 ई. में पुर्तगालियों ने कालीकट में अपनी फैक्टरी बनायी। हिन्दुस्तान में यूरोप के पूंजीवादियों का प्रवेश यहीं से आरम्भ होता है। .... एक सौ वर्ष तक पुर्तगालियों को यूरोप के किसी दूसरे पूंजीवादी का मुकाबला करना नहीं पड़ा। 1600 ई. में ब्रिटिश ईस्ट इन्डिया कम्पनी, 1602 में डच ईस्ट इंडिया कम्पनी और 1664 में फ्रांसीसी ईस्ट इन्डिया कम्पनी बनी। पुर्तगाली पूंजीवादियों की तरह हिन्दुस्तान को लूटने के लिए अंग्रेज, डच और फ्रांसीसी पूंजीवादी इस देश की जमीन पर आ डटे।[1]" यह काल का वह बिन्दु है जहाँ से भारत के सभी वर्गों का शोषण आरम्भ होता है।

---

1. अयोध्या सिंह, भारत का मुक्ति संग्राम, पृष्ठ 1.

किसान का सीधा संबंध भूमि से है। उसकी ज़मीन उसका जीवन है। उसके जीने का आधार जमीन है। खेती है। फसल है। ज़मीन से उत्पन्न होने वाली चीज़े उसकी आय का स्त्रोत है। इस स्त्रोत का ही जब दोहन होने लगे और किसानों का शोषण होने लगे तो क्रांति और आन्दोलन की चिन्गारी कहीं अन्दर ही अन्दर सुलगने लगती है। भूमि हीन किसानों एवं छोटे किसानों का शोषण विभिन्न युगों की सामन्ती और पूंजीवादी के तहत किया जाता रहा है। प्रत्येक युग ने शोषण के अपने आधार तैयार किये। रजनी दास दत्त शोषण के इतिहास को विभिन युगों में बांटते हैं। उनका विचार है ''भारत में साम्राज्यवादी शासन के इतिहास में तीन मुख्य युग सामने आते हैं। पहला युग प्रारम्भिक पूंजीवाद का युग है जिसकी प्रतिनिधि ईस्ट इन्डिया कम्पनी थी। जहाँ तक साम्राज्यवादी व्यवस्था के साधारण स्वरूप का संबंध है, यह युग अठारहवीं सदी के अन्त तक चला जाता है। दूसरा औद्योगिक पूंजी का यानी मशीन इस्तेमाल करने वाले पूंजीवादी उद्योगों का युग है, जिसने उन्नीसवीं सदी में भारत के शोषण का एक नया आधार तैयार किया। तीसरा बैंक-पूंजी का आधुनिक युग, जिसने शोषण की पुरानी व्यवस्था के खण्डहरों पर भारत को लूटने की अपनी एक खास ढ़ंग की व्यवस्था जारी की.....[2]''

अंग्रेजों की शोषणकारी नीतियाँ किसानों का मन चाहे रूप में दमन करने लगी। उनके साथ शत्रुओं जैसा व्यवहार करने लगी। उन्हें गुलाम की तरह जीवनयापन करने के लिये बाध्य किया जाने लगा। सम्पूर्ण भारतवर्ष का किसान अंग्रेज़ी शासकों के उत्पीड़न का शिकार हो गया। ईस्ट इन्डिया कम्पनी के सौदागरों को भारत को लूटने का रास्ता देखा गया। इस संबंध में रजनी दास दत्त लिखते हैं-

कम्पनी की तरफ से बार-बार यह माँग की जाती थी कि लूट की आमदनी को और बढ़ाया जाय, और बढ़ाया जाय। इसका नतीजा यह हुआ कि ज़मीन की मालगुजारी को अंधाधुंध बढ़ा दिया गया। हालत यहाँ तक पहुंची कि अक्सर किसानों से बीज के नाज और बैल तक छीन लिये जाते थे। बंगाल के अन्तिम भारतीय शासक के शासन काल के आखिरी वर्ष में, यानी 1764-65 में 817,000 पौण्ड की मालगुजारी वसूल हुई। कम्पनी के शासक के पहले वर्ष में यानी 1765-66 में बंगाल में 1,470,000 पौण्ड की मालगुजारी वसूल हुई और जब 1793 में लार्ड कार्नवालिस ने इस्तमरारी बन्दोबस्त शुरू किया, तो उन्होंने 3,400,000 पौंड की मालगुजारी बांधी।[3]''

यह उद्धरण इस बात का प्रमाण है कि भारतीय किसानों का अंग्रेजी शासकों ने इतना शोषण किया कि गरीब और गरीबी दोनों उनके भाग्य से जुड़ गए। वे इन्सान होते हुए भी उनसे पशुओं की तरह व्यवहार किया जाता था। भारतीय जमींदारों, साहूकारों, ताल्लुकेदारों और महाजनों ने अंग्रेजों को खुश करने के लिये किसानों का जी भर के शोषण किया। इस संबंध में रजनी दास दत्त यह कहते हैं-

---

2. रजनी दास दत्त, भारत वर्तमान और भावी, पृष्ठ 46.
3. रजनी दास दत्त, भारत वर्तमान और भावी, पृष्ठ 49.

''साम्राज्यवादी शोषण का अन्त में यह परिणाम हुआ कि यदि किसान किसी तरह भूमि हीन खेत मज़दूरों में मिलने से बच गया, तो उस पर तीन तरफ का बोझा लद गया। सरकार की मालगुजारी का बोझा सभी पर पड़ता था। इसके अलावा अधिकतर किसानों पर जमींदार के लगान का बोझा भी पड़ता था। और साहूकार के सूद का बोझा उससे भी बड़ी संख्या में ढोना पड़ता था। इस तरह कुल मिलाकर किसान की पैदावार का कितना हिस्सा उसके हाथ से निकल जाता था।[4]''

किसानों से कमर तोड़ मेहनत ली जाती थी। काम के घन्टों की कोई सीमा नहीं थी। दिन में भी उनसे काम लिया जाता था और रात में भी और मजदूरी के नाम पर 1 रु. मिलता था। शहदा और तालोदा महाराष्ट राज्य के उत्तर के दो देहाती इलाकों के अध्ययन के आधार पर –

''दस घन्टों तक काम करने के बाद उनको 1 रुपये मज़दूरी मिलती है। एक सालदार (ठेके पर श्रमिक) को 600 से 800 रु. की सलाना आय से सन्तुष्ट होना पड़ता था। उसे बहुधा रात में भी काम करना पड़ता है, इसके अलावा जमीन्दार के लिये उसे गंदें से गंदा काम करना पड़ता है। जमींदार की सनक और मज़दूर की गरज़ से मज़दूरी का परिणाम निश्चित होता है। मज़दूर को कोई छुट्टी नहीं मिलती। अपने परिवार (बहुधा दस तक सदस्य) को भूखों मरने से बचाने के लिए उसे महाजन से कर्ज लेना पड़ता है जो मौजूदा संबंधों के तहत वह अपने जीवन भर में कभी चुका नहीं पाएगा। इस प्रकार मालिक गुलाम संबंध बनता है, और वह मजबूर होता है कि वह अपने सारे परिवार को दासता में लगाए, जिसका निर्णय पूरी तरह जमींदार के हाथ में होता है।[5]''

निश्चय ही दमनकारी व्यवस्था किसानों को जमींदारों के विरुद्ध आन्दोलन करने की प्रेरणा दे रहे थे। इस नारकीय और पशु समान जीवन से किसानों में आग सुलग रही थी। वे एक ऐसे अवसर की तलाश में थे कि किसान एक जुट होकर जमींदार, महाजन और साहूकारों के शोषण के विरुद्ध अपनी आवाज बुलन्द करें। उनके अत्याचारों के विरुद्ध आन्दोलन छेड़ें। एक दिन शहदा के किसान आन्दोलन की ओर बढ़ गये। ''क्रांतिकारी चेतना से कार्य कर रहे मजदूरों और किसानों ने 'श्रमिक संगठन' की स्थापना की, और इस संघर्ष समिति में भील और शोषित हिन्दू जातियाँ एक जुट हो गई। अपने संघर्ष को उन्होंने इन आर्थिक माँगों से जोड़ा : कार्यरत जन समुदाय, विशेषकर आदिवासियों की आर्थिक स्थिति में बुनियादी सुधार, ठेके के मजदूरों के लिए 50 प्रतिशत और वेतन वृद्धि, निश्चित कार्य समय और प्रति सप्ताह एक सवेतन छुट्टी[6]'' आदि।

भारतीय किसान एक तरफ स्वदेशी सामन्तवादी चक्की में पीसा जा रहा था और दूसरी

---

4. रजनी दास दत्त, भारत वर्तमान और भावी, पृष्ठ 96.
5. वी, सर्मा, मार्ला, भारत में किसान संघर्ष, पृष्ठ 54.
6. वी. सर्मा, मार्ला, भारत में किसान संघर्ष, पृष्ठ 55.

तरफ अंग्रेजी शासन उसका मन चाहे रूप में शोषण कर रहा था। किसान लगान के अधिक भार से टूट रहा था। कांग्रेस के नेतृत्व को जितनी जोर-दारी से इसका विरोध करना चाहिए था, नहीं किया। उस समय की समकालीन परिस्थितियों का विश्लेषण करते हुए डॉ. महेन्द्र प्रताप अपने शोध-ग्रन्थ 'उत्तर प्रदेश में किसान आन्दोलन' में लिखते हैं-

भारत के राष्ट्रीय आन्दोलन के प्रारम्भिक दौर के नेताओं के विचार से भारत में कृषि तथा किसानों की विपन्नता के प्रमुख कारण राजस्व का अधिक अनुमान या लगान का अधिक निर्धारण और सरकारी हिस्से के जल्दी-जल्दी बदलने के कारण इसका अनिश्चित रहना और राजस्व प्रणाली की कठोरता थी जिससे कृषि पर बुरा प्रभाव पड़ता था। राष्ट्रीय नेतृत्व के अनुसार इस दोषपूर्ण तथा क्रूर राजस्व-व्यवस्था का भारतीय कृषि पर बहुत ही दमनकारी प्रभाव पड़ा .... राष्ट्रीय नेतृत्व के विचार में लगान की अधिकता अकालों की अधिकता तथा भयावहता का कारण भी थी।[7]

अंग्रेजों का शिकंजा भारत पर कसता जा रहा था। वे इस तथ्य से निश्चित हो गये थे कि भारत में उनका विरोध करने की न तो शक्ति है और न मनोबल, यहाँ के निवासी शान्ति प्रिय, दब्बू और भाग्यवादी हैं। ये बहुत सन्तोषी हैं। इन्हें यदि भर पेट भोजन न मिले, रहने को निवास न हो, बेरोजगार हो तो भी ये शासन के विरुद्ध खड़े नहीं होते हैं। भारतीयों की इस मनोवृत्ति ने अंग्रेजों को लूटने का खुले अवसर दिया। अंग्रेजों की नीतियों और कानूनों को इस तरह गढ़ा गया कि भारतीय आर्थिक सामाजिक व्यवस्था से अधिकतम लाभ उठाया जा सके। यह सामन्तवादी और पूंजीवादी व्यवस्था की एक चाल होती है कि आम आदमी को दो समय का भोजन प्राप्त करने में ही उलझाये रखो फिर वह शासन को ही सब कुछ समझने लगेगा। वही गरीबों का मसीहा बन जाता है। शायद इसीलिये निर्धन, दरिद्र और गरीबी से त्रस्त जनता राजा को ही भगवान के रूप में देखती थी।

एल. नटराजन अंग्रेजी शासन व्यवस्था में किसानों को किस तरह प्रताड़ित और शोषण किया जाता था, उस संबंध में लिखते हैं "इस बीच भारतीय समाज के समूचे सामाजिक और आर्थिक आधार में एक जबरदस्त रद्दोबदल हो रहा था। अंग्रेजों के जमीन के बन्दोबस्त, मालगुजारी की ऊंची दरें और एक ऐसी न्याय व्यवस्था जो जनता के हितों के खिलाफ जाती थी- इन सबका फायदा उठाकर, जमीदारों ने आम किसान जनता के ऊपर अपना शिंकजा कसना शुरू कर दिया था।[8]"

डॉ. ए. आर. देसाई किसानों, मालिक किसानों, बटाईदारों और खेत मजदूरों के आन्दोलनों के कुछ बिन्दुओं की ओर संकेत करते हैं[9]:

1. 1918 के बाद किसानों में राजनीतिक चेतना आरम्भ हुई।

---

7. महेन्द्र प्रताप, उत्तर प्रदेश में किसान आन्दोलन, पृष्ठ 21-22.
8. एल. नटराजन, भारत के किसान विद्रोह, पृष्ठ 10.
9. ए. आर. देसाई, भारतीय राष्ट्रवाद की सामाजिक पृष्ठ भूमि, पृष्ठ 150.

2. 1870 और 1897 के बीच बड़े अकाल पड़े।
3. 1870 में बंगाल के बटाईदार आर्थिक संकट के शिकार बने।
4. इस समय बंगाल और संथाली देहाती इलाकों में अराजकता की स्थिति थी।
5. अमेरिकी गृह-युद्ध के बाद भारतीय किसानों पर ऋण का बोझ काफी बढ़ गया।
6. 19वीं सदी के अन्तिम दशक में, जब सूदखोरों ने बेदखली का भय दिखाया तो पंजाब के किसानों ने विद्रोह कर दिया।
7. 1917-18 में गांधी के नेतृत्व में बिहार के चंपारण जिले के किसान नील बगीचों के मालिकों, जो अधिकांशतया यूरोपीय थे,के विरुद्ध उठ खड़े हुए।
8. असहयोग आन्दोलन के दौरान किसानों में राजनीतिक चेतना आई।
9. दो और किसान संघर्षों की चर्चा आवश्यक है। एक तो नरसिपत्तन तालुका के कोया लोगों का संघर्ष .... दूसरा रायबरेली, सीतापुर और उत्तरप्रदेश के अन्य जिलों के किसानों का संघर्ष। लेकिन ये संघर्ष स्वतः स्फूर्त थे, उन्नीसवीं सदी के संघर्षों जैसे।
10. गुजरात में बरदोली जिले के किसानों के दो संघर्ष हुए : एक 1928-29 में और दूसरा 1930-31 में।
11. नागरिक अवज्ञा आन्दोलन के बाद किसानों के स्वतंत्र संगठनों की स्थापनायें तेजी से होने लगी।

कृषक श्रमिक आन्दोलन की पृष्ठभूमि में अनेक ऐसे पोषक तत्त्व हैं जो शताब्दियों से कृषि समाज में समाहित हैं। ये तत्व कृषि और कृषि समाज में विषमताओं को बनाये हुए हैं। ये विषमतायें कृषि समाज को पनपने नहीं देती। इसीलिये समय-समय पर किसानों ने विद्रोह और आन्दोलन किये हैं। इस संबंध में रजनी दास दत्त का विशलेषण दृष्टव्य है[10]-

1. राष्ट्र की अर्थव्यवस्था में खेती का स्थान अधिकाधिक असन्तुलित होता जाता है, उसके साथ-साथ खेती पर आबादी का दबाव जरूरत से ज्यादा बढ़ता जाता है।
2. खेती के विकास में ठहराव आ जाता है और उसका पतन होने लगता है, जमीन की उपज कम रहती है, श्रम का अपव्यय होता है .... खेती के कुल रकबे में कमी आने लगती है।
3. जमीन के लिए किसानों की भूख बढ़ती जाती है, उनकी जोते बराबर, छोटी होती जाती है ....ऐसे जोतों का अनुपात बढ़ता जाता है जिनके सहारे किसान के लिए अपनी गुज़र करना असम्भव हो जाता है।
4. ज़मींदारी प्रथा का विस्तार बढ़ता जाता है .... ऐसे लोगों की संख्या बढ़ जाती

---

10. रजनी दास दत्त, भारत वर्तमान और भावी, पृष्ठ 98.

है जो खेती नहीं करते और मुफ़्त में लगान वसूलते हैं और अधिकाधिक किसानों की जमीनें इन मुफ़्त खोरों के हाथों में जाने लगती है।

5. जिन किसानों के पास थोड़ी बहुत ज़मीन बचती है उन पर कर्ज़ का बोझ बढ़ता जाता है।

6. किसानों की ज़मीने कर्ज़े के एवज में उनके हाथ से अधिकाधिक निकलकर साहूकारों और सट्टेबाजों के हाथों में पहुंचती जाती है।

7. 1921 में तमाम खेती करने वालों का पाँचवाँ हिस्सा खेत मजदूरों का था। दस वर्ष के अन्दर यानी 1931 में एक तिहाई खेती करने वाले खेत मजदूर बन गये।

भारतीय ग्रामीण समाज की सामन्ती और पूंजीवादी व्यवस्था में किसान खाने को मोहताज हो गया। सरकार ने भी किसानों की समस्याओं से मुँहमोड़ लिया। किसान का अन्तिम औज़ार आन्दोलन ही बचा था। भूखे मरने से अच्छा था शोषण कारियों के विरुद्ध विद्रोह और आन्दोलन किया जाय। 19वीं सदी के उत्तरार्द्ध में सन्थालों ने विद्रोह का बिगुल बजाया फिर आन्दोलन और विद्रोह का क्रम थमा नहीं। अयोध्या सिंह का यह मानना है कि, "पलासी और बकसर के युद्धों में ब्रिटिश पूंजीवादियों की विजय के बाद ही हम किसानों और कारीगरों को इन नये लुटेरों और उनके समर्थक जमींदारों तथा साहूकारों से संघर्ष करते पाते हैं। उनका पहला विद्रोह इतिहास में सन्यासी विद्रोह के नाम से मशहूर है। यह विद्रोह 1763 में बंगाल और बिहार में शुरू हुआ और 1800 तक चलता रहा।" किसान आन्दोलन का क्रम आज भी रुका नहीं है। निश्चय ही स्वतंत्र भारत में इसके स्वरूप,आकार और संगठन में अनेक प्रकार के परिवर्तन देखे जा सकते हैं।

उपर्युक्त विवरण उस भारतीय किसान की परिस्थितियों का है जिसने किसानों को शोषण के विरुद्ध विद्रोह और आन्दोलन करने की प्रेरणा दी।

किसान आन्दोलनों का निश्चित काल बताना एक जोखिम भरा कदम है पर इतना तो सत्य है कि किसानों ने सैकड़ों वर्ष तक ज़मींदारों, साहूकारों, महाजनों, सामन्तों के अमानवीय अत्याचार सहे हैं। किसानों से जीने का अधिकार छीन लिया गया। पशुओं से भी निम्न उनकी स्थिति थी। इस जुल्म और शोषण के विरुद्ध चिंगारी तो कहीं उनके मध्य थी जो एक दिन आग की लपटों की तरह फैल गयी। इतना सत्य है कि आरम्भिक किसान आन्दोलन असंगठित थे पर समय के साथ किसानों की चेतना ने उन्हें संगठित होकर आन्दोलन करने की प्रेरणा दी।

हम यहाँ पर कुछ महत्त्वपूर्ण किसान-विद्रोह और आन्दोलनों पर संक्षेप में विचार करेंगे जिससे पाठकों का इस आन्दोलन के समग्र रूप से परिचय हो सके। साथ ही किसान आन्दोलनों में किसान की भूमिका और बलिदानों से भी आपका परिचय हो सके।

सन्यासी विद्रोह (Sanyasi Revolt 1763-1800)

अंग्रेज़ों की पूंजीवादी नीतियों के विरुद्ध किसानों के अन्दर एक भट्टी धधक रही थी। उनके अत्याचारों को सदैव खामोशी से बर्दास्त नहीं किया गया बल्कि समय-समय पर अंग्रेज़ शासकों को इसका जवाब दिया गया। यह विद्रोह बंगाल और बिहार में आरम्भ हुआ और 1800 तक चलता रहा। अयोध्यासिंह इस विद्रोह के लिये लिखते हैं, ''ईस्ट इंडिया कम्पनी के गवर्नर जनरल वारेन हेस्टिंग्स ने इस विद्रोह को सन्यासी विद्रोह नाम दिया था और इसे हिन्दुस्तान के यायावरों का पेशेवर उपद्रव, दस्युक्त और डकैती बताया था। कितने ही इतिहासकारों ने हेस्टिंग्स के सुर में सुर मिलाया है। लेकिन सरकारी दस्तावेज़ों की छानबीन करने से पता चलता है कि यह ब्रिटिश पूंजीवादियों और हिन्दुस्तानी ज़मींदारों के खिलाफ़ किसानों का विद्रोह था। विद्रोही सेना और विद्रोह के नेता जहाँ गये, साधारण किसानों ने उनका स्वागत किया, उनकी सहायता की और विद्रोही सेना में शामिल होकर उसकी शक्ति बढ़ायी।[11]'' इस विद्रोह में वे लोग शामिल थे जो भूख, गरीबी, बेरोज़गारी और अंग्रेजों के अत्याचारों से दुखी और आहत थे। इसमें पीड़ित सैनिक और भूमिहीन किसान भी थे। सर विलियम हन्टर ने लिखा है कि, ''ये जीवनयापन के शेष उपाय का सहारा लेने को बाध्य हुए थे। ये तथाकथित गृहत्यागी और सर्वत्यागी, सन्यासियों के रूप में पचास-पचास हजार के दल बाँधकर सारे देश में घूमा करते थे।[12]''

इस विद्रोह ने भारतीय कृषि समाज में भूचाल उत्पन्न कर दिया। सम्पूर्ण देश में आत्म गौरव और सम्मान की भावना की लहर थी। अत्याचार और शोषण से मुक्त होने की प्रेरणा भी इनमें इस रूप में जागी कि देश को साम्राज्यवादी शक्तियों से मुक्त कराना होगा। ''सन्यासी धार्मिक भिक्षु'' थे। इन्होंने मुख्यतया बंगाल और बिहार में घूम-घूमकर विद्रोह करने की प्रेरणा दी। अंग्रेज़ों को सबक सिखाने के लिये ये 'ईस्ट इन्डिया कम्पनी की कोठियों को लूटते, ज़मींदारों की कचहरियों को लूटते और उनसे कर वसूल करते।' 'इन विद्रोहियों का सबसे पहला आक्रमण ढाका की ईस्ट इन्डिया की कोठी पर हुआ।' वास्तव में, सन्यासी विद्रोह ने अंग्रेज़ शासकों के दाँत खट्टे कर दिये। उन्हें न जाने कितनी बार इनके गोरिल्ला आक्रमणों का शिकार होना पड़ा। अनेक बार इन्हें अपनी जान बचाने के लिये उलटे पैर भागना पड़ा। अंग्रेज़ों ने अनेक बार इस विद्रोह को अपनी शक्ति से दबाना चाहा। उन पर आक्रमण किया। ऐसा भी समय आया कि अंग्रेज़ों ने भारतीय सिपाहियों से हमला करने को कहा तो उन्होंने भारतीय किसानों पर आक्रमण करने से मना कर दिया। इस विद्रोह के प्रसिद्ध नेता थे मजनू शाह, भूसा शाह, भवानी पाठक, देवी चौधरानी आदि। 29 दिसम्बर,1786 को अंग्रेजों से युद्ध करते हुए मजनू शाह घायल हो गये और कुछ दिनों के पश्चात उन्होंने प्राण त्याग दिये। इस तरह सन्यासी विद्रोह, किसान आन्दोलन और विद्रोह की एक ऐसी

---

11. अयोध्या सिंह, भारत का मुक्ति संग्राम, पृष्ठ 15.
12. अयोध्या सिंह, भारत का मुक्ति संग्राम, पृष्ठ 15.

मशाल थी जिसने अंग्रेज़ों और देशी ज़मींदारों के छक्के छुड़ा दिये। इस आन्दोलन ने भारतीयों को एक सबक भी दिया कि अन्याय, अत्याचार और शोषण के विरुद्ध एक जुट होकर साम्राज्यवादी शक्तियों से संघर्ष और विद्रोह करो। उनके विरुद्ध एक शक्तिशाली मोर्चा बनाकर लड़ो।

संथाल विद्रोह (Santhali Revolt 1855-1856)

आधुनिक भारत में समाजशास्त्रियों और मानव विज्ञानियों का ध्यान सामाजिक आन्दोलनों के विभिन्न स्वरूपों और प्रकारों की ओर गया है। इन अध्ययनों से यह ज्ञात करने का प्रयास किया गया है कि किन आर्थिक, सामाजिक व राजनैतिक परिस्थितियों में विभिन्न प्रकार के आन्दोलनों का जन्म हुआ। वे कौन से पोषक तत्त्व थे, जिन्होंने आन्दोलनकारियों को साम्राज्यवादी शक्तियों से विद्रोह करने की प्रेरणा दी। वे तमाम दमनकारी नीतियों के सम्मुख सरलता से झुके नहीं। टूटे नहीं। और जब तक उनमें शक्ति, ऊर्जा और संगठन का बल था तब तक वे अत्याचारी अंग्रेज़ों से लड़ते रहे। इन किसान-विद्रोह और आन्दोलनों ने सामाजिक परिवर्तन की दिशा दी। निहत्थे किसानों को एकजुट करके महाजनों, ज़मींदारों और अंग्रेज़ों से संघर्ष करने की प्रेरणा दी। वे शोषण और अत्याचार के विरुद्ध उठ खड़े हुए। ऐसे ही संथाली बहादुर स्वाभिमानी जाति के व्यक्ति थे जिन्होंने अपना संगठन बनाकर छापा मार दस्तों के ज़रिये अंग्रेज़ शासकों के दाँत खट्टे कर दिये। जाने कितनों को अपने तीर-कमान से मौत के घाट उतार दिया। संथाल विद्रोह को 'संथाल हूल' की भी संज्ञा दी जाती है।

सन्थालियों का आन्दोलन मुख्यतया आर्थिक शोषण और अत्याचारों के विरुद्ध लड़ा गया एक महत्त्वपूर्ण आन्दोलन था, इतिहास के पन्नों में इसे एक ज़बरदस्त विद्रोह की संज्ञा दी गयी। यह विद्रोह 1855-57 के मध्य किया गया। वास्तव में, सन्थाली वह जनजाति हैं जो नगरों से दूर जंगलों और पहाड़ों पर निवास करते हैं। ये सीधे सरल और मेहनती व्यक्ति होते हैं। जंगलों को काटकर खेती करते हैं। ये बिहार, पश्चिमी बंगाल, असम, मेघालय और उड़ीसा में मुख्यतया पाये जाते हैं। 18वीं सदी में ये छोटा नागपुर, विशेष तौर से हज़ारी बाग, पालमऊ और सिंह भूमि जिलों में निवास करते थे। 18वीं सदी के अन्त में ज़मींदारी प्रथा को अंग्रेज़ों के सामन्ती ढांचे में बदला गया। ज़मींदारों ने संथाल श्रमिकों को जंगल साफ करने के लिये रखा, जिससे राजमहल की पहाड़ियों को साफ करा कर उन पर खेती की जा सके। इस कार्य के लिये सन्थालियों को प्रलोभन दिये जाते कि उन्हें ऊंची पगार और शुल्क मुक्त खेत प्राप्त होंगे।[13] यह वह बिन्दु है जहाँ से धीरे-धीरे संथालों पर अत्याचार का आरम्भ होता है। उनके शोषण की दास्तां अंग्रेज़ लेखक ई.जे. मान ने अपनी पुस्तक 'संथाली एण्ड संथाल्स' में लिखा है। उनके अनुसार विद्रोह के कारण थे :

13. जोसफ त्रोइसी, सोशल मूवमेन्टस इन इन्डिया, सम्पादक एम.एस.ए. राव, पृष्ठ 342-343.

''प्रथमतः, इस उपजाति के साथ व्यवसाय करने में महाजनों का लोभ और लूटने की प्रवृत्ति, द्वितीय, ऋण के लिये व्यक्तिगत और वंशगत दासता की बर्बर प्रथा से उत्पन्न क्रमशः बढ़ती दुर्दशा और दुर्गति, तृतीय पुलिस का असीम भ्रष्टाचार और अत्याचार और पुलिस द्वारा महाजनों के कुकर्मों में सहायता, चतुर्थ न्यायालयों में संथालों का न्याय पाना असंभव, अन्तिम सन्थालों की फिजूल खर्ची।[14]''

संथाल-विद्रोह 1855-56 ई. में बिहार और बंगाल के संथाल क्षेत्रों में हुआ। यह इतना महत्त्वपूर्ण विद्रोह था कि जिसकी गूंज उनके नाटकों और लोक गीतों में आज भी मौजूद है। ये गीत इस तथ्य व सत्य के परिचायक हैं कि संथाल जाति के लोग अपने विद्रोह के सदैव स्मरण करते रहें। यह उनके जीवन की एक यादगार घटना के रूप में उनके साथ रहे। संथाल-विद्रोह अत्याचार और अर्ध गुलामी की ज़िन्दगी के विरुद्ध था। वे अपने अधिकारों के लिये लड़ रहे थे। जोसफ रोइसी का कहना है कि संथाल-विद्रोह उस समय उत्पन्न हुआ जब अत्याचार अपनी पराकाष्ठा पर पहुंच गया और महाजनों, ज़मींदारों और व्यापारियों का शोषण बढ़ गया?[15]

संथाल, निर्धन, भूमिहीन श्रमिक, गरीब और गरीबी उसके भाग्य में ज़मींदारों,महाजनों और अंग्रेजों ने लिख दी थी। संथालों का शोषण करने के लिये बन्धुआ श्रमिक अथवा दास-प्रथा को स्थापित किया गया। संथालों को आर्थिक-सामाजिक रूप से अधिक से अधिक कैसे निचोड़ा और दोहन किया जाय इसके लिये उन्हें कर्ज़ के बोझ से लाद दिया जाता था। बन्धुआ श्रमिकों के मुख्यतः दो प्रकार थे। प्रथम कामोती और दूसरा हरवाही। प्रथम वे संथाली आते हैं जो कर्ज़ की अदायगी साहूकारों के खेतों पर बगैर पारश्रमिक लिये काम करते हैं और वे तब तक काम करते हैं जब तक कर्ज़ अदा नहीं हो जाता है। द्वितीय में संथाल जिसे कर्ज़ लिया है वह अपनी वैयक्तिक सेवाओं के साथ खेती का भी काम तब तक करता है जब तक महाजन का कर्ज चुक न जाय। वास्तव में, इनके कार्यों की ज़रूरत तो फसल को बोने और काटने के समय पड़ती थी। वह इन कार्यों में इतना व्यस्त हो जाता था कि वह अपनी जमीन के टुकड़े को भी जोत नहीं पाता था और न वह और कोई कार्य करके रूपया अर्जित कर सकता था। यदि उसकी कहीं मृत्यु हो गयी तो उसके बच्चों और अन्य सगे सम्बन्धियों को मृत व्यक्ति के कर्ज़ उतारने के लिये काम करना पड़ता था। इस तरह यह पीढ़ी दर पीढ़ी बन्धुआ श्रमिक साहूकारों और महाजनों के गुलाम बने रहते थे। इतना ही नहीं वे यूरोपीय लोगों से भी प्रताड़ित होते थे। ये यूरोपीय रेलवे कर्मचारी थे। 1856 के कलकत्ता रिव्यू में कहा गया कि संथालियों के घर लूट लिये जाते थे। उनकी फसल चोरी कर ली जाती थी। उनकी स्त्रियों के साथ मुँह काला करते थे। इतना ही नहीं इन विदेशियों द्वारा उनके बच्चों की हत्या भी कर दी जाती थी। इन अत्याचारों के विरुद्ध सन्थालियों ने

14. अयोध्या सिंह, भारत का मुक्ति संग्राम, पृष्ठ 284.
15. जोसफ त्रोइसी, सोशल मूवमेन्टस इन इन्डिया, सम्पादक एम.एस.ए. राव, पृष्ठ 243.

सरकार से कहा किन्तु उसका कोई परिणाम नहीं निकला। 'कलकत्ता रिव्यू' में इन अत्याचारों के बारे में लिखा –

''ज़मींदार और ज़्यादा सही कहा जाय तो गुमास्ते माल देने वाले प्यून और महाजन आदि जमीन्दारी के कर्मचारी, पुलिस, तहसीलदार और अदालत के नौकरशाह तथा कर्मचारी सब एक साथ मिलकर संथालों का भयंकर शोषण करते, बलपूर्वक उनकी सम्पत्ति छीन लेते,संथालों को अपमानित किया जाता। मारपीट तथा दूसरे उत्पीड़नों का जाल फैल गया था। कर्ज़ का सूद 50 से लेकर पाँच सौ प्रतिशत तक वसूल किया जाता। बाज़ार, हाट, में संथालों को ठगने के लिये गलत तराजू और नकली बाट इस्तेमाल किये जाते। संथालों का ज़मीन की फसल नष्ट करने के लिए ज़मीन्दार और महाजन अपने मवेशी,गधे और घोड़े और यहाँ तक कि हाथी अनाज भरे खेतों में जबरदस्ती घुसा देते। इस तरह के गैर कानूनी और अपराध पूर्ण कार्य साधारणतः रोज़ ब रोज़ के काम बन गए थे।''[16]

अत्याचारों का पहाड़ संथालों पर टूटता था। यातनाओं की कोई सीमा नहीं थी। दमन और शोषण उन्हें जीते जी मार रहा था। वे जीवित होते हुए भी मृतक के समान थे। उनकी ज़मीन उनके जीवन का अभिन्न अंग थी। वह छिनती जा रही थी। ज़मीन का मोह, लगाव और उनकी सामूहिक सम्वेदना ने संथालों को अत्याचार और अन्याय के विरुद्ध एकजुट होने की प्रेरणा दी। यदि उन्हें अपनी ज़मीन के साथ रागात्मक संबंध न होता तो शायद संथाल विद्रोह का स्वरूप कुछ और होता। यह ज़मीन उनकी सामाजिक सुरक्षा का आधार ही नहीं था बल्कि पूर्वजों से जुड़े रहने का एक माध्यम भी था।

संथालों में इन अमानवीय अत्याचारों और शोषण के विरुद्ध अन्दर ही अन्दर ज्वालामुखी की तरह आग जल रही थी और उसे एक न एक दिन फूटना ही था। 30 जून 1855, की रात को मगनाडीही गांवों में संथालों को एकत्रित होने के लिये कहा गया। चार सौ गांवों के प्रतिनिधियों ने इसमें हिस्सा लिया। इस सभा में कहा जाता है कि 10,000 से भी अधिक संथाल थे। संथाल विद्रोह के मुख्य नेता थे – सिद्धू, कानू, चाँद और भैरव। संथालों की सभा में आक्रोश की मशाल ऐसी जली कि उन्होंने घोषणा की कि अब संथाली किसी का भी अत्याचार सहन नहीं करेंगे। इसके साथ ही उन्होंने घोषणा कर दी कि संथाल स्वाधीन शासन व्यवस्था स्थापित करने हेतु संकल्पित हैं। इन्होंने अपनी मांगों को शासन के विभिन्न अधिकारियों के पास भेजा। उत्तर के लिये उन्हें 15 दिन की मोहलत दी गयी। 30 जून, 1955 की सभा में कलकत्ता जाने की घोषणा की गई। 30,000 हज़ार सन्थाली तीर और धनुष जैसे सामान्य हथियार लेकर कलकत्ता की ओर रवाना हुए। इस समय पुलिस इन्सपेक्टर और कुछ हिन्दू और मुसलमान महाजनों ने उन्हें रोकने का प्रयास किया और उनके नेता को बन्दी बनाने का प्रयत्न किया किन्तु इसमें वे सफल नहीं हुए। परिणामस्वरूप अत्याचारी दरोगा महेश लाल दत्त और नौ पुलिस कर्मियों को मौत के घाट उतार दिया गया। यह विद्रोह

---

16. अयोध्या सिंह, भारत का मुक्ति संग्राम, पृष्ठ 285.

निरन्तर एक वर्ष तक चलता रहा। अनेक अंग्रेज़ कर्मचारी मारे जाते रहे। सन्थालियों ने छोटे-छोटे टुकड़ों में छापा मार दस्ते तैयार किये। इनके हमलों से थानों के सिपाही और जमादार इतने आतंकित हो चुके थे कि वे नौकरी छोड़कर अपनी जान बचाने के लिये भागने लगे। सन्थाली अपने विद्रोह में सफल होते दिख रहे थे। इसीलिये उन्होंने कहा कि अब अंग्रेज़ों और कम्पनी का शासन समाप्त हो चुका है। संथाली राज की स्थापना हो चुकी है।

वास्तव में, सन्थालियों का आतंक इतना बढ़ चुका था कि ये ढूंढ कर अत्याचारी और दमन करने वाले महाजनों की हत्या कर रहे थे। बाज़ार और दुकानें लूटी जा रही थीं। इस विद्रोह की सफलता का अनुमान इससे लगाया जा सकता है कि पाकुड़ जमीन्दारी की सीमा पर पहुंचते ही इनके साथ, लोहार,चमार, डोम आदि हो गये। इनकी शक्ति बढ़ती गयी। इन्होंने महाजनों, साहूकारों और उनके अमले को सबक सिखाने की ठानी। ये सब भयभीत होकर भाग खड़े हुए। एक दिन पाकुड़ के धनी महाजन दीनदयाल राय सन्थालों के हाथों से निर्दयता पूर्वक मारा गया। इस अत्याचारी महाजन ने सन्थाली परिवारों व बच्चों के साथ जघन्य अपराध किये थे।

सन्थालों की बढ़ती शक्ति का मुकाबला करने के लिये अंग्रेज़ों ने अपनी पूरी शक्ति लगा दी। वे किसी भी हालत में सन्थाली विद्रोहियों को कुचलने के लिये तैयार हो गये थे। कैम्प्टन शेरविल को चालीसवें मोर्चे पर भेजा गया जिसने 12 सन्थाल गांवों को नेस्त-नाबूद कर दिया और लोहदिया की पहाड़ियों पर पहुँच कर 15 सन्थाल गांवों को नष्ट कर दिया। इस तरह एक के बाद एक सन्थाल गांवों को तहस नहस कर दिया गया।

सन्थाल विद्रोहियों की बहादुरी की गाथा इन शब्दों में देखी जा सकती है ''विद्रोही संथालों ने वीरभूमि जिले के प्रायः आधे हिस्से पर अधिकार कर लिया था। 21 जुलाई, 1855 को पुलिस, ज़मीन्दारों और महाजनों की सम्मिलित सेना को विद्रोहियों ने पराजित किया। 13 जुलाई को विद्रोहियों ने गुजपुर गांव ध्वंस किया। लेफ्टिनेन्ट टोल गेडन ने विद्रोहियों पर हमला किया तो उसे लेने के देने पड़ गये। उसकी सेना पराजित हुई और वह खुद कई सिपाहियों के साथ मारा गया। अगस्त 1855 में बहुत बड़ी सरकारी सेना ने आक्रमण आरम्भ किया तो विद्रोही वीरभूमि छोड़कर चले गये।[17]''

सन्थालियों के शक्तिशाली विद्रोह का परिणाम यह हुआ कि 22 दिसम्बर, 1855 को एक एक्ट XXXVII बनाना पड़ा जिसका अपना एक निश्चित क्षेत्र था। इस क्षेत्र अथवा जिले का नाम संथाल परगना रखा गया। इसके साथ ही संथाल अंचल के अन्दर यूरोपीय मिशनरियों को छोड़कर दूसरों का प्रदेश निषिद्ध कर दिया गया। यह परगना भागलपुर आयुक्त के अधीन कर दिया गया। इस नये जिले को चार भागों में विभाजित किया गया। दुमका, देवगढ़, (जमात्रा भी शामिल था), गोड्डा और राजमहल जिसमें पाकौर भी था। ये डिप्टी कमिश्नर और चार उप-कमीश्नर के अधीन रखा गया। इसके साथ ही सन्थाल परगना के

17. अयोध्यासिंह, भारत का मुक्ति संग्राम, पृष्ठ 291.

अधिकारियों का सीधा संबंध अंग्रेज़ शासकों से जुड़ गया। सन्थालियों की बन्धुआ श्रमिक बनने की प्रथा को भी एक कानून के द्वारा 1858 में समाप्त कर दिया गया।[18]

आश्चर्य की बात यह है कि सैकड़ों वर्ष पूर्व अशिक्षित, किसान, श्रमिक, नगरों से दूर रहने वाले सन्थालियों ने साम्राज्यवादी शक्तियों और स्वदेशी महाजनों और साहूकारों को लोहे के चने चबवा दिये। अत्याचारियों को मौत के घाट उतार दिया गया। अनेक अंग्रेज़ों की भी हत्या की गयी। दुकान और बाजार लूटे गये। ये जज़्बा और चेतना सदियों तक भारत भूमि पर गूंजता रहेगा और सन्थालियों के विद्रोह को किसान भुला न सकेगा।

तेलंगाना किसान आन्दोलन
(Peasants Movement of Telangna)

तेलंगाना का आन्दोलन मध्य 1946 से आरम्भ हुआ और पाँच वर्ष से अधिक तक चला। इसे 1951 में वापिस लिया गया। हैदराबाद के निज़ाम ने दोनों विश्व युद्ध में अंग्रेज़ों का जी जान से साथ दिया था। इससे प्रसन्न होकर उन्होंने निज़ाम, हैदराबाद को अनेक उपाधियाँ दे डाली थीं। तेलंगाना में नौ ज़िले थे जिसमें तेलगू, मराठी और उर्दू भाषा बोली जाती थी। और राज्य की भाषा उर्दू थी। हैदराबाद के सामन्तवादी इतिहास के पन्नों में दो प्रकार की खेती अथवा काश्तकारी पायी जाती है। एक खालसा अथवा दीवानी काश्तकारी। भारत के अन्य भागों में इसे रय्यतवारी प्रथा भी कहते हैं। यह किसानों की मालिकाना व्यवस्था थी। 1941 तक भूमि का 60 प्रतिशत इसी व्यवस्था के अन्तर्गत था। भूमि मालिक को मालिक न कहकर उन्हें पट्टेदार कहा जाता था। प्रत्येक पट्टे के अधिभोक्ता को शिकमीदार कहा जाता था जिसे हर तरह की दखल करने का अधिकार प्राप्त था। जैसे-जैसे भूमि पर दबाव बढ़ता गया ज़मीन को उप-आसामी शिकमी को खेती के लिये दिया जाने लगा। ये वे काश्तकार थे जिनका ज़मीन पर कोई अधिकार नहीं था और न इनकी सामाजिक सुरक्षा जैसी कोई चीज़ थी। इनसे कभी भी ज़मीन खाली करवायी जा सकती थी। 1920 से लेकर 1950 के मध्य रय्यतवारी प्रथा में उप सामन्तवादी व्यवस्था कहीं गहरे रूप में प्रवेश कर चुकी थी। कुछ खास प्रकार की काश्तकारी थी जिसे सर-फे-खास कहा जाता था। इसके करोड़ों रुपयों की आमदनी से निज़ाम के दैनिक जीवन के खर्चे चलते थे और साथ में कुछ निज़ाम की सेना का भी खर्चा इससे निकलता था। ये ज़ागीर प्रथा एक विशेष प्रकार की सामन्तवादी व्यवस्था की प्रतीक थी। लगभग 40,000 स्क्वायर मीटर्स में यह फैला था।[19]

राज्य का तीन हिस्सा जागीरदारी प्रथा के तहत काम करता था। लगभग 6,500 गाँव थे। समय के साथ जागीरदारों की संख्या में निरन्तर वृद्धि होती गयी। जागीरदारों और जागीरदारों के कर्मचारियों ने काश्तकारों से गैर-कानूनी कर मन चाहे रूप में वसूलना

---

18. जोसफ त्रोइसी, सोशल मूवमेन्टस इन इन्डिया, सम्पादक एम.एस.ए. राव, पृष्ठ 348.
19. डी. एन. धनागरे, सोशल मूवमेन्टस एण्ड स्टेट, पृष्ठ 94.

आरम्भ कर दिया। इन्होंने काश्तकारों को लूटना आरम्भ कर दिया। यहाँ से किसानों पर अत्याचार शुरू होते हैं। इस व्यवस्था में देशमुख और देश पाण्डों पर कर एकत्र करने का दायित्व था। कुछ कर्मचारी और सामन्तों के मध्य कुछ अधिकारियों की नियुक्ति की गयी जिनका कार्य ज़मीनों की कीमतों का मूल्यांकन करना था। इतना ही नहीं था बल्कि ये धोखा-धड़ी से ज़मीन को हथिया लेते थे। किसानों से ज़मीन छीनी जाने लगी। खेतिहर भूमिहीन श्रमिक बन गया। तेलंगाना से अधिक शोषण हैदराबाद में किये जाने लगे। जागीरदार और देशमुखों ने अनेक गाँव पर कब्ज़ा कर लिया और हज़ारों एकड़ जमीन पर मालिकाना हक जमा दिया। यह अन्ततः तेलंगाना के किसान आन्दोलन का एक महत्वपूर्ण कारण बना।[20]

19वीं शताब्दी में मारवाड़ी साहूकार ग्रामीण तेलंगाना में प्रवेश कर गये। ये सूद पर रुपया देते थे। गरीब किसान, भूमिहीन श्रमिक जो निम्न जातियों के थे शोषण के शिकार हुए। जनजातियों के व्यक्ति भी इसमें आते हैं। उन पर भी अत्याचार किये गए। इन जनजातियों को महाजनों और कर अधिकारियों ने मन चाहे रूप में लूटना आरम्भ किया। इनसे जंगलों, खानों और मकान निर्माण का कार्य कराया जाता था।

हैदराबाद के निज़ाम के निरकुंश शासन के तहत 1930 तक कोई भी राजनैतिक आन्दोलन उठने नहीं दिया गया। 1920 के पश्चात भारतीय राष्ट्रीय आन्दोलन ने कुछ बुद्धिजीवियों और उदारवादी लोगों को प्रभावित किया। इन्होंने सांस्कृतिक साहित्यिक फोरम की स्थापना तीन विभिन्न भाषायी क्षेत्रों में की। 1928 में इन्होंने तेलंगाना ज़िले में कार्य करना आरम्भ किया। इन्होंने जनमत बनाने की दृष्टि से अनेक समस्याओं की ओर जनता का ध्यान आकर्षित किया जैसे प्रशासनिक और संवैधानिक ढांचें में सुधार किया जाय। स्कूल और नागरिकों को सुविधायें दी जाए। नौकरियों में भर्ती की जाय आदि। इस नये आर्थिक और राजनैतिक बदलाव ने निश्चय ही तेलंगाना के जनमानस को प्रभावित किया। इनसे आन्दोलन करने की प्रेरणा मिली। शोषित किसानों और भूमिहीन श्रमिकों में अपने अधिकार प्राप्त करने की इच्छा को प्रोत्साहन मिला। एक नये आन्दोलन की ऊर्जा अन्दर ही अन्दर किसानों, श्रमिकों और जनजातियों में उत्पन्न होने लगी। अन्ततः कम्युनिस्टों ने इस आन्दोलन को अपने हाथ में लिया। 1942 से लेकर 1946 तक कम्युनिस्टों का प्रभाव गरीब किसान, शिकमी काश्तकार, भूमिहीन श्रमिकों पर काफी था।

तेलंगाना किसान आन्दोलन (1946-1951)

स्वतंत्रता के पूर्व और बाद में भी किसान आन्दोलन हो रहे हैं। किन्तु 1946 और 1951 के मध्य तेलंगाना किसान आन्दोलन अपना पृथक महत्त्व रखता है। तेलंगाना हैदराबाद का एक

20. डी. एन. धनागरे, सोशल मूवमेन्टस एण्ड स्टेट, पृष्ठ 95.

प्रदेश था जिसमें अधिकांश खेती भूमि चन्द ज़मींदारों के हाथ में थी। इस सामन्तवादी व्यवस्था में किसान और खेतिहर श्रमिकों के शोषण और उत्पीड़न की कोई सीमा नहीं थी। ये तबाही के कगार पर खड़े थे। भूख, बेरोज़गारी और ज़मींदारों के अत्याचारों से ये टूट चुके थे। छोटे किसानों और दैनिक पारश्रमिक प्राप्त करने वाले खेतिहर श्रमिकों की दशा शोचनीय हो गयी थी। इनके भाग्य में निराशा, दुख और कष्ट ही थे। इनके पास जीने का कोई विकल्प शेष नहीं रह गया था। अस्तु इन्होंने किसान सभा में संगठित होकर कम्युनिस्टों के नेतृत्व में 50 लाख जनसंख्या के 2500 हज़ार गांवों की 12 लाख एक्ड़ भूमि पर कब्ज़ा कर लिया। किसान की एकजुटता और शक्ति के सम्मुख ज़मींदार और उनके चापलूस गुलाम कर्मचारी गांव छोड़ने के लिए विवश हो गये। वे गाँव से भाग खड़े हुए हैं। इनकी रक्षा हेतु निज़ाम हैदराबाद की पुलिस सेना आयी तो किसानों की सशस्त्र टुकड़ियों ने उन्हें भी मार भगाया। किसानों की मांग थी कि नवाबों और ज़मींदारों द्वारा गैर कानूनी और सीमा से अधिक वसूली की जा रही है, उसे तत्काल बन्द किया जाय। इस आन्दोलन में कम्युनिस्टों की भूमिका अलग थी। इनकी इच्छा थी कि हैदराबाद रियासत को भारत और पाकिस्तान से पृथक रखा जाय। इनकी इच्छा थी कि एक स्वतंत्र कम्युनिस्ट राज्य की स्थापना की जाय। इस दृष्टि से कम्युनिस्टों ने इस आन्दोलन के स्वरूप को ही बदल दिया। इस उद्देश्य की पूर्ति के लिये इन्होंने 5,000 सशस्त्र छापा मार सैनिक तयार किये। इन्होंने हज़ारों वर्ग मील क्षेत्र पर अपना कब्ज़ा जमा लिया। अनेक ज़मींदारों और कर्मचारियों की हत्यायें की गई। लगभग 40,00,000 की जनसंख्या वाले गांवों में सोवियतें स्थापित कर दी गई। कालान्तर में तेलंगाना की कम्युनिस्ट पार्टी के अन्दर ही मतभेद उभर आये। कम्युनिस्टों में विचारधारा नीतियों को लेकर विभाजन हो गया। सी.पी.आई, सी.पी.एम और सी.पी.आई (एम.एल.) तेलंगाना की समस्याओं को अपने ढंग और नीतियों से समाधान करना चाहते थे। सी.पी.एम. का यह विचार था कि तेलंगाना में किसानों को सफलता प्राप्त हो जाने के पश्चात भारत की केन्द्रीय सरकार से तेलांगना की स्वतंत्रता को लेकर संघर्ष नहीं करना चाहिए किन्तु रेवोलूशनरी कम्युनिस्ट पार्टी सशस्त्र संघर्ष को न्यायोचित मान रही थी।[21]

तेलगांना किसान आन्दोलन का यदि विश्लेषण किया जाय तो लगभग सामन्ती, नवाबी, ज़मींदारी और महाजनी सभ्यता और संस्कृति की सामान्य विशेषतायें देखने को मिलती है। तेलंगाना किसानों का भी शोषण करने वाले वर्ग नवाब और देशमुख प्रमुख थे। दुर्भिक्ष के समय किसान इनसे ऋण लेता था और उस पर ब्याज दर ब्याज चढ़ता जाता था। इस महाजनी ढांचें के विरुद्ध तेलंगाना के किसानों और श्रमिकों ने आन्दोलन छेड़ा। इस आन्दोलन में हिंसा को भी औज़ार के रूप में प्रयोग किया गया। निज़ाम् हैदराबाद नहीं चाहते थे कि उनके राज्य का विलय स्वतंत्र भारत में हो जाय और मुसलमानों की भी यही इच्छा थी किन्तु तेलंगाना आन्दोलन नवाबों के शोषण व अत्याचारों से इतना दुखी हो चुका था कि उसने भारत सरकार में विलय का समर्थन किया। किन्तु इस समर्थन के अन्दर भी

21. के. रंगाराव, सोशल मूवमेन्टस इन इन्डिया, पृष्ठ 149.

बहुत से ऐसे तत्त्व थे जिन्होंने हैदराबाद निवासियों और किसानों को समझाया कि अगर हैदराबाद का विलय भारत में हो जाता है तो भारतीय सरकार किसान आन्दोलन को दबा देगी। इसने तेलंगाना आन्दोलन को एक भ्रमजाल में डाल दिया।

सव्य-सांची तेलंगाना किसान आन्दोलन का विश्लेषण करते हुए लिखते हैं-

"तेलंगाना के इस क्षेत्र में किसान मेहनत से उत्पादन द्वारा अपनी पैदावार के मालिक बन कर अपनी खुशहाली की ही नयी कहानी नहीं लिख रहे थे - वे दहेज़, छुआछूत, अशिक्षा, अनमेल विवाह, बाल-विवाह, इच्छा-विरुद्ध वैधव्य आदि को खत्म करके नयी ज़िन्दगी का निर्माण भी कर रहे थे। तेलंगाना की इन घटनाओं का ज़मींदारों के शोषण उत्पीड़न की जंजीरों में जकड़े हुए हमारे देश के किसानों पर भी प्रभाव पड़ रहा था। अतः पूंजीपति ज़मींदार गठबन्धन की हमारी सरकार ने पहले तो सशस्त्र कार्यवाही द्वारा हैदराबाद पर कब्ज़ा किया और तेलंगाना के किसानों को हिटलरी हुक्म सुनाया - ज़मींदार की जमीन वापस करो और जब किसानों ने ज़मीन वापस नहीं की तो बर्बर सैनिक दमन द्वारा हज़ारों किसानों और बूढ़े-बच्चे औरतों को मौत के घाट उतार दिया।[22]"

क्रिस्यिन सिग्रिस्ट तेलंगाना आन्दोलन का विश्लेषण करते हुए लिखते हैं कि, "अधिक मूलभूत बात यह है कि इस संयुक्त कार्य द्वारा जर्मन लेखक यकीन दिलाना चाहते थे कि भारतीय सामन्तशाही और बुर्जुआ की फ़ासीवादी उत्पीड़न प्रणाली की आलोचना महानगरीय बौद्धिक वर्ग की परीक्षा 'वामपंथी' संरक्षकत्व भर नहीं बन जाती, बल्कि वास्तव में प्रगतिशील भारतीय शक्तियों के अनुभवों के साथ एकजुट होती है।[23]"

आश्चर्य की बात यह है कि यह सोवियत सरकार ज़बरदस्ती 1950 तक चलती रही और भारतीय सरकार और राज्य की सरकारें इनकी तरफ से आंखें मूंदे रहीं। कम्युनिस्टों के परस्पर मतभेद होने के कारण अन्ततः यह आन्दोलन असफल हो गया। 13 सितम्बर,1940 को भारतीय सेना ने हैदराबाद में प्रवेश किया और एक सप्ताह के अन्दर ही निज़ाम ने आत्म समर्पण कर दिया। निज़ाम के सैनिकों ने सरलता से आत्म समर्पण नहीं किया। वे भारतीय सेना से लड़े। इस लड़ाई में 2000 किसान और पार्टी के कार्यकर्ता मारे गये। अगस्त, 1949 में लगभग 25,000 कम्युनिस्ट और अन्य सक्रिय आन्दोलनकारी बन्दी बनाये गये और जुलाई,1950 तक 10,000 बन्दी रोके गये। यह आंकड़े तेलंगाना के विद्रोह की गंभीरता को दर्शाता है। इसके पश्चात तेलंगाना का सम्पूर्ण परिदृश्य ही बदल गया। यह अब उनका स्वतंत्रता का आन्दोलन न होकर किसान आन्दोलन हो गया। एक वर्ष के अन्दर ही भारतीय सरकार ने 1949 में जागीर व्यवस्था को समाप्त कर दिया, इसके साथ ही काश्तकारों के भूमि सुधार के लिये एक समिति का गठन कर दिया गया। अप्रैल के महीने में भूदान आन्दोलन के नेता विनोबा भावे तेलंगाना गये और वहाँ के कम्युनिस्ट नेताओं से मिले। कहा जाता

22. सव्य-साची, आजादी से एमरजंसी तक, पृष्ठ 6.
23. क्रिस्यिन सिग्रिस्ट, वही, पृष्ठ 7.

है इसके पश्चात अनेक बन्दियों को रिहा कर दिया गया। इसके पश्चात एक माह के अन्दर ही सी.पी.आई. ने घोषणा की कि तेलंगाना का किसान आन्दोलन वापस लिया जाता है।

इसमें कोई दो मत नहीं है कि भारत के किसान-आन्दोलन में तेलंगाना किसान आन्दोलन की अहम् भूमिका है। इन्हें बहुत कुछ सफलता भी प्राप्त हुई। इन्हें सामन्तों, ज़मींदारों, महाजनों को शोषण के विरुद्ध सबक सिखाने में काफी सफलता भी प्राप्त हुई। निश्चय ही तेलंगाना किसान आन्दोलन आज एक लीजेन्ड बन चुका है।

कुछ महत्वपूर्ण किसान आन्दोलन

हम संक्षेप में कुछ और महत्वपूर्ण किसान आन्दोलनों की चर्चा करेंगे जिनके छोटे-छोटे और लघु-दीर्घीय आन्दोलनों ने किसानों के मनोबल को प्रोत्साहित किया। शोषण के विरुद्ध एकजुट होकर सामन्तों के विरुद्ध आन्दोलन करने की प्रेरणा दी।

रंगपुर किसान-विद्रोह (Rangpur Peasants Revolt 1783)

रंगपुर किसान विद्रोह का वर्णन अयोध्या सिंह की प्रसिद्ध पुस्तक (भारत का मुक्ति संग्राम) में देखने को मिलता है।[24] इस विद्रोह में भी अन्य किसान आन्दोलनों की तरह शोषण के बीज उपस्थित हैं। अंग्रेज़ी शासकों को 6 लाख से अधिक राजस्व प्राप्त नहीं होता था किन्तु देवी सिंह ने अंग्रेज़ों को प्रसन्न करने हेतु कहा कि वह प्रत्येक वर्ष 16 लाख रु. ब्रिटिश सरकार को देगा। इस वादे ने किसानों का दोहन, शोषण, अत्याचार की नींव रख दी। देवी सिंह के किसानों पर इतने अत्याचार बढ़ गये कि अंग्रेज़ों को उसे उसके पद से हटाना पड़ा। पुनः उसे दिनाजपुर, रंगपुर आदि का इजारा दे दिया गया। उसने अपने स्वभाव के अनुसार फिर छोटे ज़मींदार और किसानों का शोषण करना आरम्भ कर दिया। इस शोषण और अत्याचार से किसान उसके विद्रोही हो गए। दिनाजपुर में देवी सिंह के अत्याचारों के विरुद्ध 1783 में किसानों ने शस्त्र उठा लिये। किसानों का आक्रोश और विरोध अपनी पराकाष्ठा पर पहुँच चुका था। 1782 ई. में सम्पूर्ण बंगाल में बगावत की लहर फैल रही थी। किसान सभायें करने लगे थे। किसान सभा की एकजुटता का परिणाम यह हुआ कि उन्होंने घोषणा कर दी कि न वह लगान देंगे और न अंग्रेज़ी शासन को ही मानेंगे। इस तरह अंग्रेज़ी शासन के विरुद्ध किसानों का एक-जंगीय मोर्चा खड़ा कर दिया गया। जनवरी 1783, एक ऐतिहासिक किसान आन्दोलन का दिन था जब सम्पूर्ण रंगपुर परगने में किसानों ने विद्रोह का बिगुल बजा दिया। इस घटना का विवरण देखें।

''जनवरी, 1783 में सारे रंगपुर परगने में विद्रोह शुरू हुआ। विद्रोही किसानों ने रंगपुर में सभी इलाकों से देवी सिंह के लगान वसूल करने वालों को मार भगाया। देवी के बहुत

---

24. अयोध्या सिंह, भारत का मुक्ति संग्राम, पृष्ठ 76-77-78.

से कर्मचारी मारे गये। लगान वसूल करने वाले नायब, गुमास्ता और ज़मीन्दार भी पकड़-पकड़ कर मारे गये। नवाब के आह्वान पर कोचविहार और दिनाजपुर के किसान भी विद्रोही दल में शामिल हो गए, उन्होंने नायबों, गुमास्तों आदि को भगा दिया।[25]''

किन्तु हमेशा की तरह अंग्रेज़ शासकों की बर्बर कार्यवाही और अत्याचारों ने किसानों की कमर तोड़ दी। अंग्रेज़ी सेना ने छल कपट का रास्ता अपना कर 22 फरवरी, 1783 को विद्रोहियों को गोलियों से भूनने लगे। अन्य किसान विद्रोह अथवा आन्दोलनों की तरह इस आन्दोलन ने भी असफलता का मुँह देखा।

तेभाग आन्दोलन (Tebhag Movement 1946-1947)

लगभग सभी किसान आन्दोलनों की पृष्ठभूमि में किसानों के आर्थिक कष्ट और यातनायें किसी न किसी रूप में उनके जीवन को झकझोरती रही हैं। ऐसे ही तेभाग (बंगाल)किसान आन्दोलन का भी एक इतिहास है। 1943 में बंगाल भयानक रूप से अकाल की चपेट में आ गया। लगभग 45 लाख लोग दुर्भिक्ष के कारण मौत की नींद में सो गये। इस घटना के ठीक तीन वर्ष पश्चात 1946 में तेभाग आन्दोलन आरम्भ हुआ। इस आन्दोलन का नारा था 'तेभागा चाई' यानी हम तिहाई काश्त चाहते हैं। यह वह काल खण्ड था जिसमें देश के विभिन्न भागों में किसान आन्दोलन चल रहे थे। इन आन्दोलनों ने अंग्रेज़ शासकों के दाँत खट्टे कर दिये थे। इस समय के किसान आन्दोलन की सबसे बड़ी विशेषता थी एकजुटता और संगठित होकर आन्दोलन चलाना। ये जहाँ जमींदारी प्रथा का विरोध कर रहे थे वहीं लगान बढ़ाने का भी विरोध कर रहे थे। तेभाग आन्दोलन की जन्म स्थली बंगाल थी। अब यह बंग्लादेश में है। इसके अन्तर्गत मुख्य रूप से चार ज़िले आते थे: दिनाजपुर, रंगपुर, शुशान और मैमनसिंह।

दिनाजपुर में घटना घटी थी। यहाँ अतवारी थाने के निकट भारतीय किसानों की एक सभा हुई। इस सभा के कुछ कार्यकर्ताओं ने एक काश्तकार के खेत से धान काट लिये। ऐसा उन्होंने अपनी माँग पूरा करने के लिये किया। पुलिस इस मामले में कुछ नहीं कर सकी। धीरे-धीरे यह आन्दोलन पूर्वी बंगाल के एक बड़े भाग में फैल गया। किसान सभा के कार्यकर्ता समाजवादी नेता के नेतृत्व में अपना आन्दोलन संगठित करने लगे। लाठी डन्डों से लैस होकर ये खेतों में घुसकर धान काटने लगे। इस आन्दोलन में आदिवासियों ने खुलकर भाग लिया। वे तीर और भालों को लेकर आन्दोलन में कूद पड़े। इससे तेभाग आन्दोलन को काफी शक्ति प्राप्त हुई। इस आन्दोलन में अनेक किसान मारे गये। तेभाग आन्दोलन की कृषि व्यवस्था में जमींदार, जोतेदार, कम भूमि वाले किसान, बटाईदार और भूमिहीन किसान श्रमिक थे। इस संरचना को बरगादारी कहा जाता था। इस व्यवस्था में माल गुजारी कृषि

25. अयोध्या सिंह, भारत का मुक्ति संग्राम, पृष्ठ 77.

उत्पादन के रूप में अदा करनी पड़ती थी। बरगादारी व्यवस्था के तहत आदिवासी एकजुट होने लगे। इन्होंने जंगल साफ कर दिये और कुछ समय तक इन्हें काश्त चुकानें से मुक्त कर दिया गया।

वास्तव में, बरगादारी व्यवस्था कृषि उत्पादन के मार्ग में सबसे बड़ी रूकावट थी। यह व्यवस्था अपने में विचित्र थी। एक तरफ जोतदार उत्पादन व्यय में सहभागी नहीं बनता था और दूसरी तरफ बरगादार लम्बे समय तक चलने वाली विनियोगों के प्रति सन्देह करता था। इसलिये ये भी रूचि नहीं लेते थे। इससे कृषि उत्पादन निरन्तर घटता गया। 1940 में भूराजस्व आयोग ने यह सिफारिश की कि बरगादारों को उपयोग अधिकार प्राप्त काश्तकारों का दर्जा दिया जाय। इसके साथ ही काश्त उत्पादन का 1/3 निर्धारित कर दिया जाय। इन सुझावों का कार्यान्वयन नहीं हो सका और किसानों की आर्थिक सामाजिक स्थिति दिन पर दिन ढुलकती गयी। आर्थिक यातनायें चाहे वे अकाल से किसानों को प्राप्त हुई हो या बरगादारी व्यवस्था से, इन्होंने तेभागा आन्दोलन को जन्म दिया। उसे संगठित किया। शोषण के विरुद्ध किसान भूमिहीन श्रमिक और आदिवासी एकजुट हुए। यह आन्दोलन बहुत लम्बे समय तक तो नहीं चला फिर भी सामन्तवादी व्यवस्था का इसने डटकर विरोध किया। इस आन्दोलन का मुख्य मुद्दा किसानों को उत्पादन का अधिक हिस्सा दिया जाना था।

क्रिस्टियन सिग्रिस्ट इस आन्दोलन के लिये लिखते हैं-

"यद्यपि 1947 में जुझारू आन्दोलन के दमन के बाद कृषि अधिनियम अमल में नहीं आया। 1950 में जाकर ही विभाजित आधे बंगाल में सुधार कानून लागू किए गए। .... इस आन्दोलन के साथ ही प्रगतिशील कांग्रेस नेताओं ने कृषि सुधार की आवश्यकता को सिर्फ औपचारिक रूप से घोषित किया। पहली बार जुझारू आन्दोलन ने शासक वर्गों को इस विचार के लिये बाध्य कर दिया कि देहातों में बढ़ते हुए असन्तोष, विद्रोह का मुकाबला सुधारों से ही किया जा सकता है।[26]"

नील किसानों का विद्रोह (Neel Peasants Revolt 1960-1961)

नील किसानों पर अत्याचार, उत्पीड़न और शोषण इतना अधिक अंग्रेजों और ज़मींदारों ने किया कि यह विद्रोह अथवा आन्दोलन इतिहास का एक महत्त्वपूर्ण दस्तावेज बन गया। नील की खेती किसानों के रक्त से सींची गयी थी। जुल्म की इम्तहा थी। किसानों को धमकाकर मारपीट कर नील की खेती करवायी जाती थी। पगार का मकड़जाल ऐसा बनाया गया था कि किसान कर्ज़ में डूबा रहे और वह ज़मींदार और अंग्रेज़ों का जीवन पर्यन्त गुलाम बना रहे। नील किसानों का उत्पीड़न पराकाष्ठा पर पहुँच चुका था। उनसे बेगार ही नहीं ली जाती थी वरन् उनके परिवार की स्त्रियों के साथ बलात्कार किया जाता। यदि वे काम

26. क्रिस्टियन सिग्रिस्ट, वही, पृष्ठ 20.

करने से मना करते तो उनके मकान जलाये जाते। घर लूटे जाते। यहाँ तक कि उनकी हत्या कर दी जाती। नील किसानों के साथ यह अमानवीय और बर्बतापूर्ण कार्यवाही सामन्तवादी और साम्राज्यवादी शासन का अंग बन चुकी थी।

भारत में नील नाम के एक पौधे की खेती की जाती थी। वे किसान जो इस खेती से जुड़े थे उन्हें नील किसान कहा जाता था। यह नील कपड़ा रंगने के काम में आता था और आज भी सफ़ेद कपड़ों को धोने के पश्चात नील के पानी में डुबोया जाता है जिससे कपड़े में चमक आ जाय। वास्तव में, नील खेती ने कालान्तर में एक उद्योग का रूप ले लिया। इसकी माँग निरन्तर बढ़ती गयी। ज़मींदारों और अंग्रेज़ शासक की निगाह इस उद्योग पर पड़ गयी। इसे हथियाने के हेतु उन्होंने तरह-तरह के हथकण्डे प्रयोग किये। क्योंकि इसके व्यापार में लाभ ही लाभ था। इस दृष्टि से अंग्रेज़ों के साथ-साथ बंगाल के अंग्रेज़ों के भक्त ज़मींदारों में भी यह भावना उत्पन्न हुयी कि नील खेती से क्यों न लाभ कमाया जाय। वे भारतीय जो इग्लैण्ड में थे उन्हें प्रोत्साहित किया गया कि वे भारत आकर नील की खेती करें। अंग्रेज़ों के चाटुकार और प्रशंसक राममोहन राय और द्वारकानाथ ने 15 दिसम्बर, 1829 को एक सभा में वक्तव्य दिया कि निलहे साहबों और धनाढ्य जमीन्दारों को नील की खेती करने की सुविधा और अधिकार दिया जाय। इस आशय का पत्र उन्होंने ब्रिटिश पार्लियामेन्ट में भेजा। इसे अंग्रेज़ों का समर्थन प्राप्त हुआ। इसके साथ ही साथ बंगाल में एक विरोधी वर्ग भी था जो इसका पक्षधर नहीं था कि ज़मीन्दारों और अंग्रेज़ों के चाटुकार भारतीय लोगों को नील खेती का अधिकार दिया जाय। वे इस तथ्य से परिचित थे कि इससे किसानों को हानि ही नहीं होगी, वरन् उनके ऊपर अत्याचार किया जायेगा। उनका शोषण होगा। अस्तु इस वर्ग ने भी अंग्रेज़ शासकों को पत्र भेजा कि ज़मीन्दारों को ज़मीन्दारियाँ खरीदने का अधिकार न दिया जाय। इससे किसानों पर जुल्म बढ़ेगें। अंग्रेज़ी ब्रिटेनी सरकार ने 1833 में ज़मीन पर [illegible] इन्डिया कम्पनी की इजारेदारी को समाप्त कर दिया। इसका परिणाम यह हुआ कि अंग्रेज़ भारत में रह सकता है और यहाँ सम्पत्ति का मालिक बन सकता है। इस अधिकार को [illegible] ही ज़मीनों को खरीदा गया और उस पर नील की खेती करायी गयी जिससे अत्यधिक लाभ प्राप्त हुआ। इस दृष्टि से भारत में यूरोपीय लोग नीलहे साहब की हैसियत से बस गये। यहाँ से आरम्भ होती है इनकी हैवानियत, अत्याचार, शोषण और यातनाओं का दौर। नील-खेती के किसानों का मन चाहे रूप में दोहन होने लगा। विरोध करने पर इनकी हत्या तक कर दी जाती थी। नील उद्योग इतना बढ़ गया कि जगह-जगह नील की कोठियाँ स्थापित होने लगी। नीलहे साहब किसानों से जबरन खेती कराने लगे। किसानों की आमदनी घटती गयी और उन पर कर्ज़ बढ़ता गया।

किसानों पर अत्याचार का विवरण 1850 में देवेन्द्रनाथ ठाकुर के तत्वबोधनी पत्रिका में अक्षय कुमार दत्त ने लिखा :

''निलहे साहबों के कामों का वर्णन करते हुए प्रजा पीड़न का ही विवरण लिखना पड़ता है। वे दो प्रकार से नील प्राप्त करते हैं-प्रजा आदि को अग्रिम मूल्य देकर नील खरीदते

हैं और अपनी भूमि में खेती करा कर नील तैयार करते हैं।.......ये दोनों ही प्रजा के नाश के अमोघ उपाय हैं।..... माल की वाजिब कीमत देना उनकी नीति नहीं, इसलिये वे प्रजा के नील की बहुत ही कम कीमत निश्चित करते हैं।..... दया कर पेशगी के तौर पर जो रकम देने का वे हुक्म देते हैं, गुमास्ता और दूसरे नौकरशाहों की दस्तूरी और हिसाब आदि में उसका भी कोई न कोई हिस्सा काट लिया जाता है ..... उसमें नीलेह साहब का नील बोने से लाभ की बात तो दूर, उसे कर्ज़ के मज़बूत जाल में फंस जाना पड़ता है।..... उसे अपनी ही ज़मीन में नील ज़रुर बोना पड़ता है। ...... इस ज़मीन का नाम खाताई ज़मीन है। खाताई ज़मीन का प्रसंग उठते ही प्रजा का शोक सागर हिलोरे लेने लगता है।[27]''

नील की खेती में किसानों की हानि ही हानि होती थी। वे किसी भी कीमत पर नील की खेती से मुक्त होना चाहते थे किन्तु वे हो नहीं पाते थे। उनसे एक तरफ जबरन खेती करायी जाती थी, दूसरी तरफ उन पर कर्ज का बोझ इतना अधिक था कि उन्हें विवशता में गुलामों की तरह खेती में जोता जाता था। लेआर्ड साहब ने पार्लियामेन्ट में यह वक्तव्य दिया कि ''निलहे असहाय किसानों की ज़मीन दखल कर रहे हैं, उनके घर द्वार ध्वंस कर रहे हैं, पेड़ काटकर एवं बगीचों के पौधे उखाड़ कर फेकें जा रहे हैं। जो बाधा देने का प्रयास करते हैं, उनकी हत्या की जा रही है अथवा उनका हरण कर उन्हें खुद तैयार किये गए जेल खाने में बन्द किया जा रहा है। सम्पूर्ण देश में अराजकता का बाजार गर्म है।[28]'' समय के साथ नील किसानों का आक्रोश और नील कोठियों के विरुद्ध विद्रोह की भावना पकने लगी। संगठित होकर अंग्रेज़ों के सैनिक और नीलहे साहेब से मोर्चा लेने के लिये अपने को मज़बूती तैयार करने लगे। किसानों के सशस्त्र हमले से नील कोठियों को धूल में मिला दिया। यदि सरकारी अधिकारियों ने उनसे जबरन खेती कराने का प्रयास किया तो इन्होंने मुँह-तोड़ जवाब दिया। किसानों के गिरोह ने घेर कर इन्हें सबक सिखाया। ये अपनी जान-बचा कर जाने कितनी बार भाग खड़े हुए। नील-किसानों ने जाने कितनी बार बंगाल के गवर्नर के पास सरकारी अधिकारियों के अत्याचारों की दास्तान लिखी पर उन पर ध्यान नहीं दिया गया। अत्याचार में यह भी शामिल था कि सरकार के हथियारों से लेस अधिकारी लोगों को उठा ले जाते थे। पर सरकार के कान पर जूँ तक नहीं रेंगती थी। इन अत्याचारों और उत्पीड़नों का जवाब था कि सरकार नील किसानों से ज़ोर ज़बरदस्ती से खेती नहीं करा सकती है। यह उनके अधिकार में नहीं है। किसान संगठित हो गया था। किसानों के विद्रोही तेवर से मार्च 1860 को सरकार को आगाह कर दिया गया। किसान के घरवाले, संबंधी अथवा इस वर्ग के लोगों ने नीलहे साहब, सरकारी अधिकारी, नील की खेती करने वाले ज़मीन्दारों के यहाँ काम करने से मना कर दिया और जो कुछ लोग काम कर रहे थे, वे भी भयभीत थे, और काम छोड़कर भागने वाले थे। यह घटनायें नील-विद्रोह के आंतक की कहानी है जो अत्याचार व शोषण के विरुद्ध संगठित होकर लड़ रहे थे। मार्च के महीने

---

27. अयोध्या सिंह, भारत का मुक्ति संग्राम, पृष्ठ 369-370.
28. लेसार्ड खण्ड 162, खण्ड 802, प्रमोद सेन गुप्त, नील विद्रोह, पृष्ठ 65.

में विद्रोह की अग्नि जंगल की आग की तरह एक गांव से दूसरे गांव तक तीव्रता से बढ़ रही थी। विद्रोह नदिया, जैसोर, वारासात, फरीदपुर और बंगाल के अनेक ज़िलों में फैल गया। अनेक कोठियाँ जलाई गई और लूटी गयीं। इस विद्रोह से अंग्रेज़ सरकार कांप गयी। उनकी जड़ें हिलने लगी। 27 अगस्त 1860 के एक कमीशन रिपोर्ट में स्पष्ट कहा गया कि अत्याधिक अत्याचार ही नील किसानों की अशान्ति का मूल कारण हैं। दुख इस बात का है कि इन अत्याचारों पर प्रतिबन्ध और नियंत्रण करने के लिये कोई कानून नहीं बनाया गया बल्कि इसे खूबसूरती से यह कहकर टाल दिया गया कि प्रजा को नील बोने अथवा न बोने का अधिकार है। कानून तोड़ने पर किसान कठोर दण्ड के भागी होंगे। पर यह सब दिखावे पूर्ण सरकारी वक्तव्य थे। उनका दमन और अत्याचार किसानों पर चलता रहा। पर नील किसान मोर्चे पर डटे रहे और अन्ततः उन्हें विजयश्री प्राप्त हुई। बंगाल में नील खेती बन्द करनी पड़ी। बंगाल निश्चय ही अपने नील किसानों पर गर्व कर सकता है जिसने संगठित होकर अपने आत्मबल से ज़मींदारों, सैनिकों और नील कोठियों के मालिको को धूल-धूसरित कर दिया। नील किसानों का विद्रोह इतिहास में सदैव याद किया जायेगा। इसके साथ ही बंगाल के किसान भी इस आन्दोलन अथवा विद्रोह के हथियार थे। लाठी-भाला, कच्चे बेल के गोले, नगाड़ा बजाकर नील किसानों को अधिकारियों और अंग्रेज़ों के आने की सूचना दी जाती थी। सबसे आश्चर्य की बात यह थी कि नील महिलाओं ने भी अपने शत्रुओं का लाठी-डन्डों से स्वागत किया और उन्हें दौड़ा कर भगा दिया। विद्रोह की यह आग दिन-प्रति दिन अपने नये स्वरूप में पनप रही थी। इससे एक बात और भी स्पष्ट होती है कि नीलहे किसान अस्त्र-शस्त्र क्रय करने के और न इन्हें किसी और तरीके से एकत्र करने के लायक थे पर उनके स्वदेशी लाठी, भाले और बेल के गोलों ने अंग्रेज़ी सरकार के दाँत खट्टे कर दिये। इस तरह नील किसानों ने सामन्तों और साम्राज्यवादी शक्तियों से मोर्चा लिया और उन्हें मात दी। भारतीय किसानों के इतिहास में यह एक अभूतपूर्व घटना के रूप में स्मरण किया जायगा।

पाबना-किसान विद्रोह (Pabna Peasants Revolt 1872-1873)

समस्त किसान विद्रोहों अथवा आन्दोलनों के ढांचे में एक सामान्य तत्त्व यह था कि ये एक तरफ सामन्तवादी और साम्राज्यवादी शक्तियों से लड़ रहे थे तो दूसरी तरफ अन्याय, अत्याचार और शोषण के विरुद्ध संगठित होकर अपना विरोध प्रकट कर रहे थे। इस विरोध की क्रिया में हिंसा, लूटपाट, आगजनी, कोठियों और महलों को लूटना, जलाना, सरकारी अधिकारियों पर संगठित होकर हमला करना और अत्याचारियों को मौत के घाट उतारना सम्मिलित थीं। यदि मालगुज़ारी और राजस्व को बढ़ाने की सीमा अत्यधिक हो जाती थी तो भी किसान इसका डटकर मुकाबला करता था। इन अत्याचारों और शोषण की नीतियों ने कमोबेश सभी किसान विद्रोह और आन्दोलन को हिंसात्मक स्वरूप भी प्रदान किया। इसका मुख्य कारण किसानों के साथ अमानवीय अत्याचार और शोषण था। संथाल और

नील–विद्रोह की तरह पाबना विद्रोह के भी कारण लगभग समान थे। पाबना के विद्रोह ने सम्पूर्ण बंगाल को हिलाकर रख दिया था।

पाबना किसान विद्रोह का आरम्भ शहजादपुर के गांव से प्रारम्भ होता है। शनैः शनैः यह पाबना ज़िले की सीमाओं को लाँघकर अन्य जिलों में फैल गया। ज़िलों में पाबना किसान का भय इतना व्याप्त हो गया कि ज़मींदार और धनी व्यक्ति उसके नाम से कांपने लगे थे। इस आन्दोलन का पोषक तत्व यह था कि ज़मींदार और उनके कार्यकर्ताओं ने किसानों के साथ अत्याचार किये थे। उनके घर फूँके थे। उनकी सम्पत्ति लूटी थी। महिलाओं का अपमान किया था। इन सबका बदला लेने हेतु पाबना किसान संगठित हुए थे।

विद्रोह का मुख्य केन्द्र स्थल पाबना ज़िला था। जहाँ पहले नाटोर राज्य के सामन्तों और ज़मीन्दारों का राज्य था। इस जिले पर लगान इतना बाकी रह गया था कि इसे नीलाम करना पड़ा। एक ज़मीन्दार ने इसे खरीद लिया। इस नये ज़मींदार ने किसानों पर बेतहाशा लगान बढ़ा दी। उन्हें ज़मीन से बेदख़ल किया जाने लगा। घरों और फसलों को फूका जाने लगा। इतना ही नहीं इनसे मन चाहे रूप में अनेक प्रकार की गैर कानूनी रकमें भी ज़मीन्दार लेने लगे जैसे किसानों के हिसाब रखने का खर्च, पूजा–मौज का खर्च, सरकार को दिया गया डाक खर्च, पुलिस की आवभगत में किया गया खर्च आदि किसानों से वसूल किया जाने लगा। यह किसानों के उत्पीड़न की पराकाष्ठा थी। इस प्रकार के कानून नाटोर राज्य के थे जिसका नाज़ायज फायदा ज़मीन्दार उठा रहे थे। किसानों की ज़मीनों को नाप के नये तरीकों से हड़पा जा रहा था। इस संबंध में अंग्रेज़ी सरकार ने 'रोड सेस कानून' बनाया जिसके तहत ज़मींदार को अपनी ज़मीन बतानी होती थी और किसानों से जो नियम विरुद्ध रकम झपटी जाती थी उसका भी ब्योरा माँगा गया। ज़मीन्दारों ने किसानों से मिलकर झूठे प्रमाण सरकार को दिये कि किसान स्वेच्छा से भूमि राजस्व ज़मीन्दार को देते हैं। इसके होते हुए भी कुछ किसानों ने साहस का परिचय दिया और असली लगान न्यायालय में जमा किया। ज़मीन्दारों ने इसके विरूद्ध अदालत में केस किया किन्तु ऊंची अदालत में उन्हें पराजय का मुँह देखना पड़ा। इस साहसिक कार्य ने निश्चय ही किसानों का मनोबल बढ़ाया। उन्होंने ज़मीन्दारों के अत्याचार का मुँह तोड़ जवाब देना आरम्भ कर दिया। ज़मीन्दार के आदमियों को जो लगान वसूल करने पहुंचते उन्हें मारपीट कर भगा देते।

1872 का एक ऐसा ऐतिहासिक दिन था कि आन्दोलन सभी जगहों पर फैल गया। इसी समय किसान सभा की स्थापना हुई। इसके परिणामस्वरूप सम्पूर्ण पाबना ज़िला किसान आन्दोलन अथवा विद्रोह के तूफान में परिणित हो गया। इस किसान सभा ने अपनी एकजुटता और संगठन की शक्ति पहचान कर सरकार व ज़मीन्दारों से अपनी मांगें रखी जैसे बढ़ी हुई लगान और बेदखलियाँ तत्काल बंद की जाएँ? ज़मींदारी प्रथा समाप्त की जाए आदि। पाबना किसान विद्रोह अथवा आन्दोलन की सफलता इस बात से आंकी जा सकती है कि 4 जुलाई 1872 को सरकार ने फरमान जारी किया कि गैर कानूनी काम करने की किसी को भी इजाजत नहीं है। इसके साथ ही यदि किसान शान्ति पूर्वक अपनी मांगों व

शिकायतों को सरकार के सम्मुख रखेंगे। तो सरकार उन पर विचार करेगी। इस विद्रोह की सबसे बड़ी सफलता यह थी कि 1885 में 'बंगाल प्रजा स्वत्व कानून' पारित किया गया। इस कानून के तहत यह कहा गया कि जो किसान 12 वर्षों से खेत जोतते- बोते रहे हैं, उन्हें ज़मीन से बेदख़ल नहीं किया जा सकता। इस तरह बापना किसान आन्दोलन केवल ज़मींदारों के अत्याचारों का ही जवाब नहीं था बल्कि लगान रूपी शोषण के हथियार पर अंकुश लगाने में सफल हुआ। यह सफलता मिली कि पुराने किसानों को उनकी ज़मीनों व खेतों से बेदख़ल नहीं किया जा सकता। यह सामन्तवादी और साम्राज्यवादी व्यवस्था की एक बहुत बड़ी पराजय थी।

7

पंजाब और बिहार में किसान आन्दोलन
(Farmer's Movements in Punjab and Bihar)

भारत का पंजाब एक ऐतिहासिक प्रदेश है। धनी और मेहनती लोगों का प्रदेश है। सही अर्थों में पुरुषार्थी और कर्मवीर है। पंजाब के लोगों के लिये प्रसिद्ध है कि ये रेगिस्तान में भी शकरकन्दी पैदा कर लेते हैं। पंजाब की भूमि भारत के अधिकांश लोगों का गेहूँ से पेट भरती है। इस उपजाऊ पंजाब की ज़मीन पर किसानों की समस्यायें हैं। वैसे जहाँ, व्यवसाय, काम व संगठन हैं, वहाँ समस्यायें भी हैं। ये समस्यायें ही व्यक्ति को चुनौती देती हैं। पंजाब का किसान 'भारतीय किसान यूनियन' के झन्डे के नीचे, संगठित होकर सक्रियता से कार्य कर रहा है। बी.के.यू. का यहाँ काफी प्रभाव और दबदबा है। इसके साथ ही यहाँ किसान सभा, सी.पी. आई. और सी.पी.एम. का प्रभाव है। एक नया किसान संगठन 'कीर्ति किसान' यूनियन सी.पी.आई. (एम.एल.) का है। इन सभी यूनियनों में किसानों को सक्रिय बनाने के लिये एकजुटता और एकता भी दिखायी पड़ी है। राजनैतिक दल किसानों की शक्ति का प्रयोग राजनैतिक रूप से भी करना चाहते हैं जिससे कि उनकी राजनैतिक शक्ति में वृद्धि हो सके। बी.के.यू. की अपनी छवि है, वह किसी भी राजनैतिक दल के साथ जुड़ने को इच्छुक नहीं रहती। उसका अपना स्वतंत्र अस्तित्व है।

सुचा सिंह गिल ने पंजाब के काश्तकारों और किसानों का गंभीर अध्ययन किया है।[1] उनका यह मत है कि इस क्षेत्र के लोगों की जागरुकता, किसानों की संगठित होकर संघर्ष करने की परम्परा, भौतिक यथार्थ और वैयक्तिक शक्तियों ने यहाँ के किसानों के आन्दोलनों को एक स्वरूप प्रदान किया है। आजादी से पूर्व भी यहाँ के लोग आन्दोलनों में भागीदार रहे हैं। पंजाब और हरियाणा के बंटवारे के पूर्व यहाँ का किसान जमींदारों के संगठन से जुड़ा था। क्रियाशील और गतिशील था। किसान सभा सी.पी.ई. की भूमिका किसानों को जागरूक बनाने में बहुत अहम रही है। इन्होंने एक सामूहिक शक्ति का एहसास किसानों को कराया और किसानों को संगठित किया। स्वतंत्रता के पश्चात राजनैतिक दलों को यह

1. सुचा सिंह गिल, सोशल एण्ड पोलिटिकल मूवमेन्ट, सम्पादित हरीश के पुरी, पृष्ठ 357.

अनुभव होने लगा कि किसानों के सहयोग के बिना उनकी शक्ति मजबूत नहीं हो सकेगी। नेता किसानों से घुलने-मिलने लगे। उन्हें पद और सम्मान देने लगे। इस प्रक्रिया से किसानों की सोच व मानसिकता में बदलाव आने लगा। वे भी सक्रिय राजनीति में भागीदार बनने लगे। धनाढ्य और बहुआयामी व्यक्तित्व वाले किसानों का दबदबा और प्रभाव राजनैतिक दलों पर काफी गहरे रूप में पड़ने लगा। ये एक प्रभावशाली नेता के रूप में स्थापित होने लगे - जैसे प्रकाश सिंह बादल, गुरु चरन सिंह तोहरा और हर चरन सिंह बरार। खेती के बड़े लाभ से ये सब जुड़े थे। वास्तव में, ये सब सामन्त थे। लेकिन जब हरित-क्रांति से इनको लाभ मिलना कम होने लगा तो ये अपनी राजनैतिक गतिविधियों को बढ़ाने लगे और इसे व्यापक बनाने लगे। इन सबका परिणाम यह हुआ कि किसानों के एक बड़े संगठन 'भारतीय किसान यूनियन' की स्थापना हुई। ''भारतीय किसान यूनियन'' के पूर्ववर्तियों ने ''पंजाब खेतीकारी जमींदार यूनियन'' की स्थापना प्रभावशाली नेताओं के द्वारा 1972 में की गई। पंजाब में भारतीय किसान यूनियन एक इकाई के रूप में, 1980 में ही गतिशील हुई। इसने किसानों के हित में अनेक प्रकार के आन्दोलन किये किन्तु जब इसने पंजाब राज भवन का घेराव किया तो यह सुर्खियों में छपने लगे।

पंजाब के खेतिहर समाज में अधिकांश मालिक धनी और शिक्षित थे। इनकी सन्तानें भी शिक्षित थीं। इसलिये ये धनाढ़य किसान और इनके परिवार के लोग स्वयं खेती न करके श्रमिकों और भूमिहीन श्रमिकों से खेती कराते थे। उन्हें पारिश्रमिक देते। यह वह बिन्दु था जहाँ पूंजीवादी खेती का विकास भी होता है। इसके साथ ही खेत के मालिकों और खेतिहर श्रमिकों के मध्य शोषण के द्वन्द्व भी आरम्भ होते हैं। यह पंजाब के कृषि समाज में जहाँ बदलाव का द्योतक है, वहीं किसान संगठन को शक्तिशाली बनाने के लिये किसान एकजुट होते भी दिखायी देते हैं जिससे धनाढ्य किसान उनका शोषण न कर सकें। इस दृष्टि से कम्युनिस्ट सी.पी.ई.एम. ने एक स्वतंत्र किसान सभा नामक संगठन बनाया। 1982 में अखिल भारतीय कृषि श्रमिक यूनियन की स्थापना की। हांलाकि इस संस्था के निर्माण के पूर्व सी.पी.आई., सी.पी.एम. और नक्सलियों ने भी किसानों को एक संगठन में लाने का भरसक प्रयास किया कि वे सब पारिश्रमिक के मुद्दे पर एक हों। इसके पीछे भावना यह थी कि वे ग्रामीण समाज के खेतिहर मालिकों से किसान श्रमिकों की रक्षा कर सकें, इन मालिकों के विरुद्ध संघर्ष कर सके। ये कम्युनिस्ट सामन्तवादी व्यवस्था के शोषण व अत्याचार के विरुद्ध किसानों को तैयार करने में लग गये। सामन्तवादी कृषि व्यवस्था पर राजनैतिक दलों के नेतृत्व का दबाव कम होने पर बी.के.यू. ने किसानों के हितों की रक्षा करने का दायित्व अपने ऊपर ले लिया। पंजाब में बी.के.यू. अकाली दल के काफी निकट रहा है। प्रकाश सिंह बादल बी.के.यू. से आरम्भ से ही जुड़े रहे हैं। 1977-80 के दौर में जब बादल पंजाब में मुख्य मंत्री थे, उस समय बी.के.यू. ने दो आन्दोलन छेड़े, एक 1977-78 में था जो खराब ट्रेक्टरों को लेकर किया गया था। बादल की वजह से इस आन्दोलन को सफलता प्राप्त हुई। दूसरा आन्दोलन 1979 में डीजल की कमी को लेकर

किया गया। इसमें सफलता प्राप्त नहीं हुई।[2] समय-समय पर बी.के.यू. मांगों की सूची सरकार को देते रहे। इस संस्था का लक्ष्य था कि भ्रष्टाचार, शोषण और भेदभाव की भावना को ग्रामीण जन-जीवन से समाप्त किया जाय। इस लक्ष्य को लेकर उन्होंने ग्रामीण समाज को संगठित किया। इसमें बी.के.यू. को किसी सीमा तक सफलता भी प्राप्त हुई। इसके साथ ही साथ बी.के.यू. की मांगों की सूची में वे सारी चीजें शामिल होती गयी जो किसान और खेत से सीधे जुड़ी हुयी थी, जैसे खाद, ट्रेक्टर, सीमेन्ट, स्टील, कपड़े आदि के दाम कम किये जाय। एक संकटकालीन कोष की स्थापना की जाय जो ग्रामीण किसानों को प्राकृतिक संकटों के समय सहायता प्रदान करें। 55 वर्ष की आयु पर किसानों को वृद्ध-पेन्शन दिया जाय। आरक्षण की सुविधा मेडिकल कॉलेज, इन्जीनियरिंग विभाग और शिक्षा संस्थाओं में दी जाय। ग्रामीण जनसंख्या के अनुपात में सरकारी नौकरियों में भी आरक्षण दिया जाय। ये सारी मांगें इस बात की साक्षी है कि पंजाब के किसान अन्य राज्यों की अपेक्षा अधिक जागरुक हैं। अपने वर्ग के लिये संघर्ष करते हैं। वे अपनी सामाजिक आर्थिक सुरक्षा के लिये सरकार से निरन्तर संघर्ष करते रहते हैं। इसमें बी.के.यू. की भूमिका महत्त्वपूर्ण है। बी.के.यू. पर यह आरोप लगाया जाता है कि इसने सीमान्त किसानों और गरीब किसानों के लिये संघर्ष न करके धनाढ्य वर्ग के किसानों के लिये ही आन्दोलन चलाये हैं। इसलिये पूंजीवादी किसानों के द्वारा ही अपने हितों के लिये आन्दोलन पंजाब में सामान्यतः चलाये जाते रहे हैं। बी.के.यू. पंजाब में हिन्दू किसानों को भी प्रभावित नहीं कर सकी क्योंकि यह मुख्यता पंजाब के किसानों के मांगों के अनुसार काम करती रही। इसकी यू.पी. इकाई में जाट जाति के किसानों का आधिपत्य रहा। आगे चलकर सरकार ने कुछ किसान नेताओं को महत्त्वपूर्ण विभागों और राज्य सभा में भी मनोनीत किया। इससे किसान संगठन और आन्दोलन में फांक पड़ गयी। एक धड़ के नेता मोहिन्दर सिंह टिकैत हो गये और दूसरे के शरद जोशी। इस विभाजन ने निश्चय ही किसान संगठन और एकता को क्षति पहुँचायी। इसके पश्चात बी.के.यू. में निरन्तर विभाजन होता रहा। इस तरह बी.के.यू. की समय के साथ विभाजन होकर तीन पार्टियां बन गयी। इसने एक शक्तिशाली और प्रभावशाली किसान संगठन की कमर तोड़ दी। इसका परिणाम यह हुआ कि सम्पूर्ण पंजाब में किसानों की समस्याओं को लेकर अब आन्दोलन दिखायी नहीं पड़ते हैं। इसके बावजूद भी बी.के.यू. एकता ने पंथी दलों से हाथ मिलाया। उनकी किसान सभा सी.पी.आई., सी.पी.आई.एम. और कीर्ति किसान युनियन सी.पी.आई.एम.एल. से मिलकर किसानों के हितों को लेकर संयुक्त रूप में संघर्ष करने लगे। सामान्य एजेन्डा के आधार पर इन्होंने चण्डीगढ़ में प्रदर्शन किये। ये सभी संगठन 'गैट' के विरूद्ध थे। इसके विरोध में प्रदर्शन भी किये। किसान नेता इस बात से परिचति हो गये थे कि यदि 'गैट' लागू कर दिया गया तो धनी किसान भी हाशिये पर आ जायेगा। निर्धन किसान भूखों मरेगा।

---

2. सुचा सिंह गिल, सोशल एण्ड पोलिटिकल मूवमेन्ट, सम्पादित हरीश के पुरी, पृष्ठ 365.

पंजाब के किसान आन्दोलन का यदि विश्लेषण किया जाय तो ऐसा आभास होता है कि इन आन्दोलनों में निर्धन और मध्य वर्ग के किसानों की समस्याओं की जानबूझ कर उपेक्षा की गयी। किसान संगठनों में पूंजीपति किसान रहे हैं। वे अपने हितों को लेकर ही सरकार से संघर्ष करते रहे, लेकिन वाम पंथी दल जब किसानों की शक्ति बन गए तो पंजाब के किसानों का आन्दोलन जनवादी चरित्र का बन गया। किसान सभा और कीर्ति किसान यूनियन ने किसानों के शोषण के विरुद्ध प्रदर्शन किये। उन्हें विभागों में आरक्षण देने की माँग की।

लेकिन यदि पीछे मुड़कर देखें तो पंजाब के किसान आन्दोलनों में शोषण और उत्पीड़न के तत्त्व भी बिखरे पड़े हैं। यह ठीक है कि समकालीन पंजाब में किसान आन्दोलन अमीर मालिकों के हाथ में था किन्तु, पंजाब में 1906 में भूमि पर राजस्व और सिंचाई आदि के दामों में समान रूप से अक्रोशित किया था। उन्हें साम्राज्यवादी शक्ति के विरुद्ध आन्दोलन करने के लिये प्रोत्साहित किया था। इसका मुख्य कारण था गत वर्षों में फसल का ठीक न होना। किसान अन्दर ही अन्दर टूट चुका था। उनमें असन्तोष की ज्वाला धधक रही थी। पंजाब के किसानों के संघर्ष में शहीद भगत सिंह के चाचा सरदार अजीत सिंह की भूमिका महत्त्वपूर्ण थी। आपने 1907 में भारतीय देश भक्त एसोसिएशन संस्था बनाई जिसका मुख्य कार्य किसानों की समस्याओं पर विचार करना और उनके निराकरण के लिये रास्ते तलाशना था। सरदार अजीत सिंह ने अंग्रेज शासकों के विरुद्ध एक बड़ा मजबूत किसान संगठन खड़ा कर दिया। स्वतंत्रता के पश्चात पंजाब के किसानों को प्रोत्साहित करते हुए अप्रैल सन् 1950 में जालंधर में आचार्य नरेन्द्रदेव ने सोशलिस्ट पार्टी की पंजाब शाखा के सम्मेलन में अध्यक्षता की। .... पार्टी के कार्यकर्ताओं को किसानों और खेतिहर मजदूरों के संघर्ष में डटे रहने की सलाह दी। .... सन् 1944 और 1953 के दरम्यान सोशलिस्ट पार्टी और गांव पंचायतों के नेतृत्व में दो और संघर्ष खेतिहरों और शिकमियों के चलाये गये। ...... तीसरा संघर्ष फिरोजपुर और अम्बाला में पुराने मुसलमान जमींदारों और हिन्दू और सिक्ख के पक्ष में था।[3]

ये उद्धरण इस तथ्य के साक्षी हैं कि पंजाब में किसान आन्दोलनों का इतिहास सैंकड़ों वर्ष पुराना है। किसानों ने उत्पीड़न, शोषण अत्याचार और अधिक राजस्व के विरोध में आन्दोलन किये हैं। इनका क्रम समकालीन भारत में थमा नहीं है। बी.के.यू. की भूमिका,इसमें सराहनीय है। इन आन्दोलनों का परिणाम है कि आज पंजाब का कृषि समाज सम्पन्न और प्रगतिशील है।

किन्तु आगे चलकर बी.के.यू. के नेता महेन्द्र सिंह टिकैत पश्चिमी उत्तर-प्रदेश के प्रभावशाली नेता बन गये और उन्होंने किसानों का एक राजनैतिक संगठन बहुजन किसान दल (बी.के.डी.) का गठन कर लिया है। 2004 के लोकसभा चुनाव में उन्होंने इस दल

---

3. मुकुट बिहारी लाल, आचार्य नरेन्द्र देव, युग और नेतृत्व, पृष्ठ 258-259.

से 5 लोगों को चुनाव लड़ाया। इस तरह अन्ततः महेन्द्र सिंह टिकैत का किसान मोर्चे का राजनीतिकरण हो गया।

बिहार में किसान आन्दोलन (Bihar Farmer's Movement)

भारत के लगभग सभी राज्यों में किसान आन्दोलन की पृष्ठिभूमि में भूमि सम्बन्धी नीतियाँ समाहित हैं। खेती, फसल और कृषि भूमि को लेकर शासक जमीन्दार, महाजन और सामन्तों ने छोटे, मझले और भूमिहीन श्रमिकों का शोषण किया है। उन पर अमानवीय अत्याचार और उत्पीड़न किया है। उनके परिवार की महिलाओं का दोहन किया है। परिवार के युवाओं को कर्ज के एवज में बन्धुआ श्रमिक बनाया है। बिहार के किसान भी इन अत्याचारों से बच नहीं पाये हैं।

बिहार में किसानों के आन्दोलनों का आरम्भ अंग्रेज शासकों की भूमिगत नीतियों के कारण हुआ है। अंग्रेजों ने अपने हितों और स्वार्थों के कारण कृषि कार्यों में गलत ढ़ंग से हस्तक्षेप करने लगे। राजस्व और मालगुजारी की बकाया राशि किसानों पर निरन्तर बढ़ती गयी। अंग्रेज़ों ने इसे आधार बनाकर उन्हें उनकी ही जमीन से बेदखल किया। इस नीति के तहत अंग्रेजों की यह चाल थी कि वे ज़मीन्दारों की, स्वामिभक्ति व निष्ठा प्राप्त कर सके जिससे कि वै किसानों से अधिक से अधिक राजस्व प्राप्त कर सके।

वास्तव में, किसान आन्दोलन की भूमिका में उत्तर-प्रदेश और बिहार अग्रणी रहे हैं। इनका इतिहास काफी प्राचीन है। इन प्रदेशों के किसानों में विरोध और संघर्ष करने की अद्वितीय क्षमता रही है। इन्होंने शोषण और अत्याचार के विरुद्ध मोर्चा लिया है। उदाहरण के लिये बिहार के 1855-56 का संथाल विद्रोह का ऐतिहासिक महत्त्व है जिसका उल्लेख हम पहले ही कर चुके हैं। यह आन्दोलन अंग्रेज शासकों, जमीन्दारों और साहूकारों के खिलाफ था। संथाल इन सबको समाप्त कर स्वाधीन और सुखी संथाल राज्य की स्थापना करना चाहते थे।[4] 1899-1901 का मुण्डा विद्रोह और 19वीं सदी के अन्तिम और 20वीं शताब्दी के आरम्भ का नील-विद्रोह अपनी सानी नहीं रखता है। नील-विद्रोह का अर्थ है नील की खेती करने वालों द्वारा किया गया विद्रोह। इसका भी वर्णन पहले किया जा चुका है। बिहार के कुछ मुख्य किसान आन्दोलनों को संक्षेप में यहाँ प्रस्तुत किया जा रहा है-

1. चम्पारण सत्याग्रह (Champaran Satyagrah)

बिहार के चम्पारण जिले में नील के उत्पादन से जुड़े हुए किसानों का शोषण अंग्रेज करते थे। इसके विरोध में किसान एकजुट होकर संघर्ष करने लगा। यह संघर्ष काफी लम्बे समय तक चला। इस आन्दोलन ने गाँधी जी का ध्यान आकृष्ट किया। राष्टीय स्तर पर नील-किसानों

4. अयोध्या सिंह, भारत का मुक्ति संग्राम, पृष्ठ 284.

के शोषण को मुद्दा बनाया गया। अंग्रेजी सरकार और जमीन्दारों के विरुद्ध जनमत तैयार किया गया। इनके विरुद्ध मोर्चा खोला गया। इस आन्दोलन को जनता का भारी समर्थन प्राप्त हुआ। नील किसान को उचित पारिश्रमिक नहीं दिया जाता था। उनसे बेगार ली जाती थी। उन पर तरह-तरह के अत्याचार किये जाते थे। निलहे साहबों और गुमाश्तों द्वारा किसानों का उत्पीड़न किया जाता था। नील के छोटे मझले दुकानदारों पर भी गैर कानूनी कर लाद दिये गये थे। इससे उनमें भी असन्तोष उत्पन्न हो गया था। इस तरह चम्पारण की सम्पूर्ण जनता नील-किसानों के आन्दोलन को समर्थन देने लगी। इस आन्दोलन को गाँधी जी का नेतृत्व प्राप्त हुआ। इसके साथ ही साथ राजेन्द्र प्रसाद, नजहरूल हक और अनेक बुद्धिजीवियों ने चम्पारण के किसानों को संगठित किया। इस आन्दोलन ने किसानों में राजनैतिक चेतना को उत्पन्न किया। अन्ततः इस आन्दोलन को विजयश्री प्राप्त हुई। चम्पारण कृषि कानून, 1 मई 1938 को पारित हुआ।

बिहार के किसानों के लिये 1927 का वर्ष काफी महत्त्वपूर्ण था क्योंकि इसी वर्ष बिहार किसान सभा का गठन किया गया। इस सभा में किसानों के शोषण, अत्याचार, बेगार जमीन से बेदखल करने की नीति, श्रमिकों को दी जाने वाली कम मजदूरी आदि के विरुद्ध आन्दोलन करने का संकल्प लिया गया। इस सभा को स्वामी सहजानन्द का नेतृत्व प्राप्त होने से इसे ऊर्जा प्राप्त हुई। इनके नेतृत्व की यह सबसे बड़ी विशेषता थी कि सभी जातियों के व्यक्तियों ने इन्हें नेता के रूप में स्वीकार किया। 1929 में सोनपुर मेले में बिहार प्रान्तीय किसान सभा का गठन किया गया। इसके अध्यक्ष स्वामी सहजानन्द सरस्वती बनाये गये। 1929 में सरकार ने पट्टेदारी संशोधक विधेयक का प्रस्ताव किया। इसका पट्टेदारी पर अच्छा प्रभाव नहीं पड़ा। किसान सभा ने इसका विरोध किया। अन्ततः इस संशोधन प्रस्ताव को सरकार ने वापस ले लिया। इसके पश्चात अनेक आन्दोलन श्रमिकों और किसानों की समस्याओं को लेकर बिहार किसान सभा ने किये। इस तरह इस सभा ने श्रमिकों और किसानों में जनजाग्रति के दायित्व को भी पूर्ण किया। किसानों को संघर्ष करने की शक्ति भी दी।

इस अवधि में कांग्रेस की नीतियों और गतिविधियों में परिवर्तन होने लगा। वे धनाढय किसानों और जमीन्दारों के पक्षधर बनने लगे। स्वामी जी इन नीतियों से सहमत नहीं थे। अस्तु उन्होंने कांग्रेस से त्याग पत्र दे दिया। अप्रैल, 1936 में अखिल भारतीय किसान सभा का गठन हुआ। इसके गठन में सोशलिस्ट पार्टी के एन.जी.रंगा की महत्त्वपूर्ण भूमिका थी। स्वामी सहजानन्द को अध्यक्ष चुना गया। उन्होंने जमीन्दारी प्रथा को समाप्त करने का संकल्प लिया और काश्तकारों को जमीन का अधिकार देने की वकालत की। यह सभा किसानों के शोषण और उत्पीड़न को समाप्त करने के लिये संकल्पित थी।

स्वतंत्रता के पश्चात समाजवादियों में नीतियों को लेकर फूट पड़ गयी और एक नये संगठन हिन्द किसान पंचायत का गठन हो गया। इस नये पंचायत के निर्माण का श्रेय स्वामी सहजानन्द को है। इस किसान पंचायत की मुख्यता दो मांगें थी : भूमि, जल मार्गों, ऊर्जा

और सम्पदा के सभी स्त्रोतों का राष्ट्रीयकरण और कृषि, उद्योग एवं सामाजिक सेवाओं का योजनाबद्ध रूप से राष्ट्रीयकरण किया जाय। किसान पंचायत की यह मांग थी कि जिसके पास काफी भू सम्पत्ति है उसकी भूमि का अधिग्रहण कर लिया जाय और उसे उन लोगों के मध्य वितरित कर दिया जाय जो भूमिहीन श्रमिक हैं अथवा जो बहुत ही छोटी जोतों के मालिक हैं।[5]

किसान आन्दोलन का प्रभाव बिहार सरकार पर इतना अधिक था कि 1947 में ही 'बिहार जमींदारी उन्मूलन विधेयक' पारित किया गया जिसे संशोधित रूप में 1948, 1950 और 1952 में पुन: पारित किया गया। 1954 में शीघ्र कार्यान्वयन हेतु इसमें पुन: संशोधन किया गया जिसके आधार पर जमीन्दारों और पट्टाधारकों द्वारा जागीर अधिकार का हस्तान्तरण, जोतों को खण्डित करके अपने सम्बन्धियों में बांटना, छद्म नाम देना, लगान की राशि कम कर देना जैसे उपायों और छल-कपट की चालों से निपटा जा सके। इस तरह बिहार में जमींदारी प्रथा पर सरकार ने संशोधन करके अंकुश लगा दिया जिससे किसानों को लाभ प्राप्त हुआ। किन्तु इन जमींदारी अधिनियमों में अनेक संशोधन होने के बाद भी इनमें इतनी कमियाँ थी कि जिसका लाभ जमीन्दार उठाते थे। परिणामस्वरूप कृषक आन्दोलन करने के लिये विवश होते हैं। इसी कारण से भी बिहार नक्सलियों का कार्य क्षेत्र बन गया।

निष्कर्ष (Conclusion)

देश के विभिन्न राज्यों में किसान विद्रोहों, आन्दोलनों और छापामार हमलों का यदि विश्लेषण करें तो कुछ सामान्य निष्कर्ष निकाले जा सकते हैं जिन्हें निम्नलिखित बिन्दुओं के आधार पर जाना जा सकता है। इस संबंध में प्रदीप बोस ने भी किसान आन्दोलनों से कुछ निष्कर्ष निकालने का प्रयास किया है।

1. अधिकांश किसान विद्रोह अथवा आन्दोलन अथवा किसानों के छापामार हमले सामन्तों, जमीन्दार, महाजन, सूदखोर और अंग्रेज प्रशासकों के विरुद्ध किये गये हैं।
2. किसान आन्दोलन का सीधा संबंध खेत, जमीन और जमींदारी प्रथा से है। जिसमें, छोटे मझले और भूमिहीन श्रमिकों का शोषण, उत्पीड़न और अत्याचार किये गये हैं।
3. धनाढय जमींदारों और महाजनों ने निर्धन किसानों को जमीन से जबरन बेदखल किया है।
4. किसानों से बेगार ली गयी है। उन्हें बन्धुआ मजदूर बनाया गया है।

---

5. एम.ए. रसूल, हिस्ट्री आफ द आल इन्डिया किसान सभा, महेन्द्र प्रताप, उद्धत उ.प्र.किसान आन्दोलन, वाणी प्रकाशन, नयी दिल्ली, पृष्ठ 21.

5. निर्धन किसानों की महिलाओं का शोषण किया गया है। उन्हें रखैल बनाकर रखा गया है।

6. प्रदीप बोस[6] का कहना है कि देश के अधिकांश भागों की किसान समस्यायें सामान्य होते हुए भी असमान सी हैं। इसीलिये उनके आन्दोलनों में एकरूपता और तालमेल भी दिखता है। ये समस्यायें जमीन और उत्पीड़न से जुड़ी हैं।

7. इनके आन्दोलनों में सैनिकी तत्त्व भी है जो सड़कों और ट्रेनों को जाम करते हैं, धावा भी बोलते हैं। हजारों बन्दी बनाये गये और मारे भी गये फिर भी ये अपने अधिकारों के लिये आन्दोलन करते रहे।

8. इनका आन्दोलन तमिलनाडू, कर्नाटक और महाराष्ट्र में गैर राजनैतिक था लेकिन आन्ध्र प्रदेश में किसान आन्दोलन का राजनीतिकरण हो गया और बाद में महाराष्ट्र में भी।

9. गत दशकों में खेतिहर निवेश में वृद्धि हुई है और चीजों के दाम बढ़े हैं जिससे किसानों की जिन्दगी में तंगी आई है।

10. सरकार ने जो अनाज के दाम निश्चित किये हैं उससे सीमान्त किसानों को कोई लाभ नहीं हुआ।

11. गत दशकों में किसान आन्दोलन धनी किसानों और जमींदारों द्वारा चलाये गये, इससे निर्धन किसानों को कोई लाभ नहीं हुआ।

12. राजनीतिज्ञों ने किसानों से राजनैतिक लाभ तो उठाया किन्तु उन्हें जितनी खेतिहर सुविधायें देनी चाहिए थीं, नहीं दी। इससे एक लाभ यह हुआ कि किसानों की राजनीतिक चेतना और अपने अधिकारों के प्रति जागरुकता बढ़ी।

13. भूमिहीन श्रमिकों और सीमान्त किसानों के वर्ग में गरीबी रेखा के नीचे की संख्या में वृद्धि हुई।

14. इधर भूमिहीन श्रमिकों की संख्या में काफी वृद्धि हुई है। किसान आन्दोलनों में इनकी भागीदारी जोर-शोर से हुई है। इसका कारण है यह वर्ग निर्धन, शोषित और अत्याचारों का शिकार रहा है।

15. भविष्य में यह आशा की जाती है कि स्वतंत्र भारत में सीमान्त किसान भूमिहीन श्रमिकों और कम जोतों वाले किसानों की आर्थिक सामाजिक स्थिति में बदलाव आयेगा। इस दिशा में भारतीय केन्द्रीय सरकार ने अपने ग्रामीण कल्याण के कार्यक्रम को सरकारी आन्दोलन का रूप दिया है।

ग्रामीण खेतिहर समाज के उत्थान हेतु सरकारी कार्यक्रमों द्वारा सम सामायिक

6. प्रदीप बोस, सेमिनार, जनवरी 1998, पृष्ठ 59.

कृषि समाज को उन्नतशील बनाने के लिये निरन्तर प्रयत्न किये जा रहे हैं। सैकड़ों वर्षों के सामन्तवादी और साम्राज्यवादी व्यवस्था में भारतीय किसान का शोषण और उत्पीड़न होता रहा है। पशुओं सा जीवन उसने व्यतीय किया है। भूखे पेट और नंगे तन से उसने जमींदारों के खेत जोते हैं। वह सैकड़ों वर्षो तक बन्धुआ श्रमिक रहा है। भारतीय किसानों की दयनीय और शोचनीय दशा और स्थिति के कारण, आजादी के पूर्व अनेक किसान आन्दोलन हुए जिनका हमने वर्णन और विश्लेषण किया है।

स्वतंत्रता के पश्चात भारतीय सरकार ने खेतिहर समाज पर समुचित ध्यान दिया। विभिन्न सरकारी नीतियाँ और कृषि समाज से जुड़ी योजनाओं ने एक क्रांति जैसा रूप धारण किया है। इसका मुख्य कारण है कि 70 प्रतिशत जनता आज भी गाँव में रहती है। 27 प्रतिशत ग्रामीण जनता गरीबी में जीवन व्यतीत करती है। गत वर्षों में ग्रामीण विकास की नीतियों में अनेक बदलाव देखने को मिलते हैं। अनेक ग्रामीण योजनायें खेतिहर समाज, किसान, भूमिहीन श्रमिक, बेरोजगार युवकों और महिलाओं के कल्याण के लिये चलाये जा रहे हैं। यही कारण है कि ग्रामीण विकास के लिये सरकार अधिक से अधिक धन आवंटित कर रही है।

ग्रामीण क्षेत्रों के विकास को कायम रखने के लिये ग्रामीण विकास के प्रावधान में भारी मात्रा में वृद्धि की गई है। वर्ष 2000–01 के लिये बजट प्रावधान 9,760 करोड़ रूपये की तुलना में वर्ष 2001–02 में यह प्रावधान 12,265 करोड़ रुपये रखा गया। वर्ष 2002–03 के लिये यह बढ़ाकर 13,670 करोड़ रुपये का बजट प्रावधान दिया गया। चालू वर्ष अर्थात् 2003–04 के लिये इसे पुनः बढ़ाकर 14,670 करोड़ रुपये का बजट प्रावधान किया गया।[7]

वर्तमान भारत की ग्रामीण समाज के उत्थान व कल्याण संबंधी योजनायें इस तथ्य की साक्षी हैं कि गाँव का सर्वांगीण विकास हो और शोषण मुक्त समाज बन सके। निर्धन किसान, भूमिहीन श्रमिक, महिलाओं और बेरोजगार युवकों को भी जीविकोपार्जन की सुविधायें प्राप्त हो सके। ग्रामीण विकास योजनाओं को युद्ध स्तर पर लागू किया जा रहा है। संक्षेप में, जानकारी हेतु कुछ महत्वपूर्ण ग्रामीण विकास योजनाओं की यहाँ रूपरेखा प्रस्तुत करना चाहूँगा जो किसान और ग्रामीण समाज के ढांचे में आमूलचूल परिवर्तन ला रही हैं। यदि इसे मैं स्वतंत्रता के पश्चात् ग्रामीण विकास की आर्थिक सामाजिक एवं राजनैतिक नीतियों में क्रांति कहूँ तो अतिशयोक्ति न होगी।

कुछ महत्त्वपूर्ण ग्रामीण विकास के कार्यक्रम (Some Important Rural Development Programmes) जो सामयिक खेतिहर समाज के ढांचे में बदलाव लाने के लिये उत्तरदायी हैं। प्रथम प्रधानमंत्री जवाहर लाल नेहरू का यह विचार था कि जब तक ग्रामीण समाज और नगरीय समाज के विकास कार्यक्रम में सन्तुलन नहीं होता है तब

7. भारत 2004, पृष्ठ 619.

तक सम्पूर्ण भारत का आर्थिक सामाजिक रूप से विकास होना सम्भव नहीं। गाँधी जी की यह धारणा थी कि भारत गांवों का देश है। इसकी उन्नति तभी सम्भव है जब हम गाँव को केन्द्र में रखकर योजनायें बनायें। विनोबा भावे और जय प्रकाश नारायण ने भी इसी तथ्य पर बल दिया है।[8]

कृषि समाज व किसानों की समस्याओं के निराकरण हेतु निम्नलिखित महत्वपूर्ण योजनायें :

1. गरीबी उन्मूलन कार्यक्रम
2. सामुदायिक विकास योजनाएँ
3. सघन कृषि कार्यक्रम
4. अधिक उपज देने वाले बीजों का कार्यक्रम
5. सूखे की सम्भावना वाले क्षेत्रों के लिये कार्यक्रम (डी.पी.ए.पी.)
6. मरुस्थल विकास कार्यक्रम (डी.डी.पी.)
7. ग्रामीण रोजगार कार्यक्रम।
8. अन्त्योदय कार्यक्रम
9. समन्वित ग्रामीण विकास कार्यक्रम (आई.आर.डी.पी.)
10. ग्रामीणं युवा स्व:रोजगार प्रशिक्षण कार्यक्रम (एन.आई.ई.पी.)
11. बीस सूत्रीय आर्थिक कार्यक्रम
12. भूमिहीनों के लिए रोजगार गारन्टी कार्यक्रम (आर.एल.ई.जी.पी.)

गत पाँच वर्षों में राजद की केन्द्रीय सरकार ने प्रधानमंत्री के नेतृत्व में किसानों के हित कल्याण और विकास के लिये कुछ और महत्त्वपूर्ण कदम उठाये हैं। इन कार्यक्रमों से निश्चय ही ग्रामीण समाज के आर्थिक सामाजिक ढांचे में बदलाव देखा जा सकता है। किसान हितैशी सरकार के कुछ महत्वपूर्ण कार्य निम्नलिखित हैं–

1. पहली बार एक व्यापक किसान हितैषी राष्ट्रीय कृषि नीति बनी।
2. किसानों की चिन्ता के लिये किसान आयोग।
3. किसानों को महाजनी कर्ज से मुक्ति। किसान क्रेडिट कार्ड योजना, तीन करोड़ से अधिक किसान लाभान्वित हुए।
4. किसानों से ब्याज की दरें 14 प्रतिशत से घटाकर साढ़े 8 प्रतिशत की गयी।
5. 5800 रूपये के निवेश द्वारा त्वरित सिंचाई लाभ कार्यक्रम के अन्तर्गत विशेष रूप से

---

8. वी.एन.सिंह, ग्रामीण समाजशास्त्र, पृष्ठ 251.

जनजातीय और सूखा ग्रस्त क्षेत्रों में 8.5 लाख हेक्टेयर सिंचाई क्षमता का सृजन किया गया है।

6. 170 करोड़ रुपये की केन्द्रीय सहायता से 2453 लघु सिंचाई परियोजनाओं को पूरा कर 1.4 लाख हेक्टेयर भूमि की और सिंचाई क्षमता का सृजन किया गया है।

7. 14 राज्यों में 781 करोड़ रुपए के निवेश से 28 कृषि निर्यात क्षेत्रों की स्थापना की गयी है।

8. चाय, काफी और रबड़ जैसी फसलों के किसानों के लिए 500 करोड़ रुपये का एक मूल्य स्थिरता कोष स्थापित किया गया है।

9. गन्ना किसानों के लिए आर्थिक पैकेज की व्यवस्था की गई है।

10. कृषि तकनीक की जानकारी देने वाले किसान काल सेन्टर की व्यवस्था की गई है।

11. कृषि व बुनियादी क्षेत्रों के लिये पचास-पचास हजार करोड़ के कोष की स्थापना।

12. किसानों को कम ब्याज दरों पर ऋण।

13. पृथक कृषि और ग्रामीण, उद्योग मंत्रालय का गठन।

14. भारतीय लघु उद्योग के लिये स्वतंत्र मंत्रालय का गठन।

15. प्रधानमंत्री ग्राम सड़क योजना।

16. 1000 करोड़ रुपयों की सम्पूर्ण ग्रामीण रोजगार योजना (एस.जी.आर.वाई.)

17. त्वरित ग्रामीण जल योजना।

18. ग्रामीण क्षेत्र में अटल ग्रामीण गृह योजना।

19. वाटर शेड विकास कार्यक्रम के विकास के लिए हरियाली योजना।[9]

20. स्वर्ण जयंती ग्राम स्वरोजगार योजना।

21. जन सहयोग और ग्रामीण प्रौद्योगिकी उत्कर्ष परिषद (कपार्ट)।

23. भूमि सुधार कार्यों की निगरानी।

24. महिलाओं को भूमि सुधार अधिकार[10]।

उपर्युक्त ग्रामीण विकास योजनायें इस तथ्य की साक्षी हैं कि हजारों वर्षों से निर्धन किसान, भूमिहीन श्रमिक का बड़े धनाढ्य किसान व जमींदार जो मन चाहे रूप में शोषण करते थे, उनसे इन्हें मुक्ति दिलाना है। महाजनी संस्कृति से इन्हें छुटकारा दिलाना है। इन सरकारी किसान सुधार प्रयासों की पृष्ठभूमि में किसानों के सैकड़ों वर्षों के आन्दोलनों की

---

9. भारत की समृद्धि, पृष्ठ 6-7

10. भारत 2004, पृष्ठ 630-637.

भूमिका है। स्वतंत्रता के पश्चात भी किसान आन्दोलन थमा नहीं है। किसान अपने हित और अधिकार के लिये निरन्तर संघर्ष कर रहा है। ग्रामीण विकास कार्यक्रमों का लक्ष्य है कि गांव स्वावलम्बी बने और ग्रामीण व्यक्ति अपने पैरों पर मज़बूती से खड़ा हो सके। इसीलिये किसानों को तरह-तरह की सुविधायें दी जा रही हैं।

सरकारी किसान विभाग और इनसे जुड़े नौकरशाह तंत्र इतना भ्रष्ट हो चुका है कि ये सरकारी धन का अधिकांश भाग हड़प जाते हैं। विकास के नाम पर चुटकी भर रुपया ग्रामीण समाज पर व्यय किया जाता है। यही वजह है कि सरकारी आंकड़े कुछ भी बोलते रहें, लोग उन पर विश्वास इसलिये नहीं करते हैं कि आज किसान सामूहिक आत्महत्यायें कर रहे हैं। यह किसी भी सरकार के लिये शर्म की बात है। प्रत्येक प्रधानमंत्री यह दोहराता है कि देश भ्रष्टाचार में डूबा है। लगभग सभी सरकारें इस पर अंकुश लगाने में असफल रहीं हैं। इसलिये देश के विकास के गतिरोधक भ्रष्टाचार और भ्रष्ट नौकरशाह और राजनीतिज्ञ है जिनकी साँठ-गाँठ से भ्रष्ट तंत्र विकसित हुआ है। ग्रामीण समाज, किसान वर्ग भूमिहीन श्रमिक, निर्धन वर्ग की तभी उन्नति और कल्याण सम्भव है जब भ्रष्ट तंत्र पर और महाजनी संस्कृति पर पूरी तरह अंकुश लगाया जाय। सरकारी योजनाओं का फल तभी ग्रामीण समाज को प्राप्त हो सकेगा। इन तथ्यों को मैंने इसलिये देना आवश्यक समझा क्योंकि स्वतंत्रता के पश्चात ग्रामीण समाज और किसान वर्ग की तस्वीर बदली है। गांव कमोबेश रूप में उन्नति कर रहे हैं। गांव का सामान्य व्यक्ति लाचारी का जीवनयापन नहीं कर रहा है जैसा कि मुगल शासन और साम्राज्यवादी व्यवस्था में था। काम के नये अवसर, स्व:रोजगार योजना, ऋण की व्यवस्था, महिला कल्याण योजनायें आदि प्रगति के द्योतक हैं। राजनैतिक रूप में ग्रामीण समाज और किसान काफी जागरूक हो गया है। वह समय-समय पर आन्दोलन करके सरकार पर दबाव बनाकर अपनी मांगों को पूरा करने के लिये बाध्य करता है। किसानों के नेता संसद और विधान सभाओं में भी पहुंचने लगे हैं। ये अपने वर्ग के लिये संघर्ष करते हैं। किसानों की मांगों को सभा पटल पर रखते हैं। ये सब किसानों की प्रगति के प्रतीक हैं। पर यह भी सत्य है कि अभी भी भूमिहीन किसान, श्रमिक भूखे और बेरोजगार है। युवा-पीढ़ी बेरोजगारी की आग में झुलस रहा है। सच यह भी है कि काम के नाम पर अनाज भी नहीं मिलता। गरीब किसान अभी भी गरीब और अमीर और अमीर होता जा रहा है। सरकार की नीतियाँ और योजनायें भ्रष्ट नौकरशाही तंत्र और नेता व मंत्री निगल जाते हैं। कागजों पर हम प्रगति कर रहे हैं पर समग्र विकास का स्वप्न अभी अधूरा है। गांधी का ग्रामीण पुनर्निर्माण एवं रचनात्मक कार्यक्रमों का सपना, सपना ही रह गया है। इस उदारीकरण और भूमन्डलीकरण के दौर में सब कुछ धीरे-धीरे विदेशों के हाथों में जा रहा है। पेटेन्ट की बिमारी जाने कहाँ भारतीय कृषक समाज को ले जायगी?

8

उत्तर प्रदेश में किसान आन्दोलन
(Farmer's Movement in Uttar Pradesh)

किसान की समस्यायें जमीन, खेत, फसल, पानी, बिजली, खाद, लगान और सुविधाओं से जुड़ी हैं। उनके शोषण, उत्पीड़न और अत्याचारों से सम्बन्धित हैं। जमींदार और सरकार के रूख पर आधारित है। ग्रामीण किसानी समाज में सामन्तवादी ढाँचा लगभग समाप्त हो गया है लेकिन धनी किसानों का प्रभाव भूमिहीन श्रमिकों और छोटे किसानों पर आज भी बना हुआ है। ग्रामीण अंचलों में विज्ञान और प्रौद्योगिकी का स्पष्ट प्रभाव दिखाई पड़ता है पर इसका लाभ बड़े और धनाढ्य कृषकों को ही प्राप्त हुआ। आन्दोलन का एक सामान्य लक्षण है कि वह गरीब के पेट से जन्म लेता है जहाँ भूखे रोटी, मकान, रोजी और सामाजिक सुरक्षा की माँग करते हैं। देश के विभिन्न किसान आन्दोलनों के विश्लेषण से यह तथ्य स्पष्ट रूप से उजागर हुआ है। किन्तु यह कटु सत्य है कि उत्तर प्रदेश का किसान आन्दोलन बिहार और बंगाल की तरह भयंकर और खूंखार नहीं था। किसानों में विद्रोह और आन्दोलन करने का जज़्बा जो हमें बिहार और बंगाल के आन्दोलनों में देखने को मिला, वह उत्तर-प्रदेश में नहीं जैसे संथाल और नीलहे विद्रोह।

वास्तव में, ब्रिटिश काल की शासन व्यवस्था और नीतियों में किसान आन्दोलन के बीज छिपे थे जो आगे चलकर किसान आन्दोलन के आधार बने। अंग्रेजी शासन व्यवस्था के अंतर्गत जमींदारी-व्यवस्था में भूमि का स्वामित्व उन लोगों को दे दिया गया जो अभी तक मात्र राजस्व वसूल करते थे। इनका खेती के किसी भी प्रकार के कार्य से संबंध नहीं था। इसी नीति का प्रभाव किसानों पर यह पड़ा कि जो पीढ़ी दर पीढ़ी भूमि के मालिक थे वे स्वयं ही खेती करते थे, उन्हें इस अधिकार से बेदखल कर दिया गया। कितनी अजीब घटना थी कि भू-स्वामी अब जमींदारों का दास बन गया। उनकी दया पर अपने ही खेतों पर जमींदार का काम करने लगा।

रैय्यतवाड़ी व्यवस्था में सरकार और वास्तविक कृषकों के मध्य जमींदार जैसे मध्यस्थ नहीं थे। किसान का सीधा संबंध सरकार से था। उनका अपनी जमीन पर मालिकाना अधिकार था। वे इसे बेच सकते थे और इसे स्वेच्छा से किसी के नाम भी कर सकते थे।

खेत पर खेत के स्वामी का ही पूर्ण अधिकार था। हांलाकि इस प्रकार के अधिकार किसानों को कुछ वर्ष के लिये ही प्राप्त होते थे। इसके साथ दोनों ही व्यवस्थाओं में सरकार मालगुजारी निर्धारित करती थी। सच यह है कि अंग्रेज मालगुजारी इतनी अधिक किसानों पर लगाते थे कि उसकी भरपायी करना किसानों के शक्ति से बाहर था। अन्ततः किसान अपनी भूमि बेचने के लिये मजबूर हो जाता था। सम्पूर्ण ब्रिटिश शासन की कृषि नीति का यदि विश्लेषण किया जाय और उसे खंगाला जाय तो कुछ तथ्य उभर कर सामने आते है, जैसे कृषि व्यवस्था के तीन पक्ष देखने को मिलते हैं। सरकार, बिचौलिये, जमींदार, रय्यतवाड़ तथा वास्तविक कृषक। वास्तविकता यह भी थी कि ये बिचौलिये पैदावार का इतना अधिक भाग स्वयं ले लेते थे कि बेचारा किसान वर्ष भर आधा पेट खाता था। वह दिन पर दिन दरिद्र होता गया। इस अर्ध सामन्ती कृषि व्यवस्था में किसान भूख, बेरोजगारी, कष्ट और अत्याचारों से पीड़ित होने लगा था। क्योंकि इस व्यवस्था में किसान की जमीन भी छिन गयी और फसल का अधिकांश भाग बिचौलिये और जमींदार हड़पने लगे। इस तरह वास्तविक किसान भूमिहीन श्रमिक बन गया। शनैः शनैः भू–स्वामियों, किसानों और भूमिहीन बने श्रमिकों के मध्य, समय के साथ बड़ी गहरी खाई पड़ने लगी। दोनों वर्ग परस्पर एक दूसरे के शत्रु बन गये। इस स्थिति ने किसानों को विद्रोही बना दिया। वे दंगे–फसाद करने लगे। आगजनी से लेकर लूट–पाट की घटनाओं में वृद्धि होने लगी। हिंसात्मक गतिविधियों में अत्याधिक वृद्धि हुई। इस प्रकार की जमींदार विरोधी गतिविधियाँ इनकी वर्गीय चरित्र के कारण थी। किसानों की यह भूखी पींढ़ी संगठित होकर जमींदारों और शासकों का विरोध नहीं कर सकी। ब्रिटिश कानून तथा उनका व्यवहार भी जमींदार वर्ग के पक्ष में था। उनकी सहानुभूति भी इन्हीं के साथ थी क्योंकि जमींदार, किसान और सरकार के मध्य बिचौलिए का कार्य करता था। जमींदार के माध्यम से ही ब्रिटिश सत्ता गांव में स्थापित थी। जमींदार किसानों को उनकी भूमि से बेदखल करने पर भी सरकार इन्हीं के साथ होती थी। परिणामस्वरूप किसान भूमिहीन बनता गया। इतना ही नहीं आगरा और अवध के भूमि संबंधी कानून भी अलग–अलग थे।

इसी समय 1919 का असहयोग आन्दोलन सर्व प्रथम गाँधी जी के नेतृत्व में हुआ। जिसने यह नारा दिया था कि लगान अथवा मालगुजारी अथवा भू राजस्व का भुगतान न किया जाये। इस नारे का काफी प्रभाव किसानों पर पड़ा। बड़ी संख्या में किसानों ने इसमें भाग लिया। किसानों ने इस नारे से प्रेरित होकर अनेक आन्दोलन अपने स्तर पर किये। इससे उन्हें लाभ भी प्राप्त हुआ किन्तु यह आन्दोलन राजनैतिक था इसलिये इसे किसानों का विशुद आन्दोलन नहीं कह सकते हैं। वास्तविकता यह है कि गांधी जी अंग्रेजों के विरुद्ध आन्दोलन चलाना चाहते थे, किन्तु यह पूंजीपतियों और जमींदारों के विरुद्ध नहीं था इसलिये उन्होंने असहयोग आन्दोलन को चलाने से मना कर दिया। गांधी जी की दृष्टि, नीति और राजनैतिक गतिविधियाँ उस समय स्पष्ट रूप से सामने आ गयी जब उन्होंने 1930 में सविनय अवज्ञा आन्दोलन की 11 मांगों में किसानों की मांगों को सम्मिलित नहीं किया। इस नीति से

समाजवादी नेता जो किसानों से सहानुभूति रखते थे वे गाँधी जी से असन्तुष्ट हो गये। 1934 में कांग्रेस के भीतर ही किसानों का एक संगठन बनाने की तैयारी की गयी। इसमें **आचार्य नरेन्द्र देव, युसूफ मेहर अली, अशोक मेहता, राम मनोहर लोहिया आदि थे।** इनका लक्ष्य था कांग्रेस के एजेन्डा में किसानों-मजदूरों की समस्याओं को भी रखा जाय।

आचार्य नरेन्द्र देव वकालत छोड़कर किसान आन्दोलन में कूद पड़े। उस समय फैजाबाद जिले के टांडा और अकबरपुर तहसीलों में किसान आन्दोलन काफी जोरों से आगे बढ़ रहा था। यह आन्दोलन वास्तव में अवध के चार प्रमुख जिलों : रायबरेली, प्रतापगढ़, फैजाबाद और सुलतानपुर में काफी बढ़ चुका था। **मुकुट बिहारीलाल** इस संबंध में लिखते हैं-

''इसका प्रारम्भ तो सन् 1918 में हो चुका था जब कि प्रयाग में एक किसान सभा कायम की गई थी। इस सभा ने किसानों का संगठन शुरू किया और सन 1920 में अवध में इसे काफी सफलता प्राप्त हुई। इसका बहुत कुछ श्रेय श्रीधर बलवन्त जोधपुर जी को है। यह जौनपुर जिले में रहते थे और बाबा रामचन्द्र के नाम से प्रसिद्ध थे। वे जौनपुर से ही प्रतापगढ़ जिले के किसानों में काम करते थे। किसानों की मांग थी कि-

1. बेदखली रोकी जाय,
2. दस्तूर से अधिक अबवाद न हो,
3. बेगार पर रोक लगाई जाय,
4. जुर्माना लगान बन्द किया जाय,
5. गैर कानूनी टैक्सों की वसूली बन्द की जाय।

किसानों को प्रतिज्ञा लेनी पड़ती थी कि वे सदा शान्त रहेंगे, गैर कानूनी टैक्स नहीं देंगे, बेगार बिना मजदूरी लिये नहीं करेंगे, पलई, भूसा, रसद बाजार भाव पर बेचेंगे। नजराना नहीं देंगे चाहे बेदखल हो जाय, बेदखल खेत को दूसरा कोई किसान नहीं लेगा, लगान ठीक समय पर देंगे, जब तक बेदखली का कानून मंसूख न होगा दम न लेंगे। इस तरह प्रत्येक किसान को चौदह प्रतिज्ञाएँ लेना पड़ती थी।[1]''

इन मांगों के पीछे किसानों का तेवर, आक्रोश और विद्रोह की भावना स्पष्ट रूप से दिखायी पड़ती है। साँप भी मरे और लाठी भी न टूटे। मांगों के जरिये अंग्रेजों और जमीदारों को चेतावनी भी दे दी गयी कि किसान अब न तो उनके अत्याचारों को सहेगा और न शोषण को। यह मांगें इस बात का भी प्रतीक हैं कि किसान अपने अधिकारों के प्रति जागरूक हो चुका है। वह अपने संगठन के जरिये ब्रिटिश सत्ता पर दबाव बनाने में सक्षम है। समाजवादी विचारधारा के नेताओं से इस आन्दोलन को काफी बल प्राप्त हुआ। यह आन्दोलन प्रतापगढ़ से रायबरेली जिले के दक्षिण तहसीलों में फैल गया। हजारों, हजारों

1. मुकुट बिहारी लाल, आचार्य नरेन्द्र देव, पृष्ठ 54.

लोगों ने इसमें भाग लिया। 7 जनवरी सन् 1921 को मुंशीगंज में गोली चली। जिसके कारण रायबरेली जिले में आन्दोलन कुछ शिथिल पड़ गया पर दूसरे जिलों में जोरों से चलता रहा और इसने ब्रिटेन की साम्राज्यशाही के विरुद्ध विद्रोह का रूप धारण कर लिया।[2] इस किसान आन्दोलन से अंग्रेज शासन इतना आतंकित हो गया था कि उसने उनकी महत्त्वपूर्ण दो मांगें मान ली एक बेदखली की माँग नोटिस देकर बेदखली रोक दी गई। एक नया कानून का निर्माण कर किसानों को हीनहयाती का अधिकार दे दिया गया।

राम मनोहर लोहिया एक समाजवादी प्रख्यात चिन्तक थे। जमीन की समस्या के संबंध में उन्होंने एक अच्छा उदाहरण पेश किया- मैं सिर्फ इतना बता दूँ कि सन् 1948 में पहली बार लखनऊ जिले में मोहम्मद जुवेद नाम के जमींदार ने अपनी जमीन को करीब 20-25 किसानों में पूर्जी देकर बांटा था। उस घटना का जिक्र आजकल नहीं होता है। उनके तीन चार बरस के बाद आन्ध्र की घटना का जिक्र होता है। सन् 1948 में जब मोहम्मद जुवेद ने यह काम किया था लखनऊ में तो यह जमीन के सवाल का एक मात्र हल है यह दिखाने के लिये नहीं बल्कि यह दिखाने के लिए कि जमीन के सवाल का एक हल और कम से कम लोगों के मन बदलने का एक तरीका है।..... जमीन के सवाल को हल करने के चार-पाँच मुख्य रास्ते हैं। एक तो जमींदारी या बड़े लोगों के मन को प्रभावित करके दान के रूप में जमीन छुड़वाना, दूसरा किसानों और खेतिहर मजदूरों को संगठित करके अपनी जमीनों के लिये लड़ाई करवाना, तीसरा, जनमत इतना जबरदस्त बनाना कि सरकार पर दबाव डालकर उससे ऐसे कानून पास करवाना। यह सब अलग अलग कार्यक्रम है।[3] लोहिया जी के इन निर्देशों को देखें तो स्पष्ट ज्ञात होता है कि किसान को किन-किन मांगों को लेकर अपना आन्दोलन चलाना चाहिए। यह किसान आन्दोलन मजबूत किसान संगठन पर ही निर्भर करता है। और हम आगे चलकर देखेंगें कि किसान संगठनों के माध्यम से किस रूप में किसान आन्दोलन उत्तर प्रदेश में आगे बढ़ा।

सन् 1930 में आचार्य नरेन्द्र देव ने किसानों की वास्तविक स्थिति को ज्ञात करने हेतु उत्तर प्रदेश के अनेक जिलों का भ्रमण किया। मुकुट बिहारी लाल ने लिखा है कि-

उनकी धारणा थी कि भूमि व्यवस्था में कतिपय सुधारों द्वारा किसानों की समस्या का समाधान नहीं हो सकता। जमींदारी प्रथा का उन्मूलन ही इस समस्या का सही हल है। देश की आर्थिक प्रगति और किसानों की अभिवृद्धि इसी में निहित है। इस काम के लिये किसानों को वर्ग संघर्ष के लिये तैयार करना वे अत्यन्त आवश्यक समझते थे। उनके विचार में क्रांतिकारी राजनीतिक और आर्थिक संघर्षों द्वारा ही किसानों का उद्धार हो सकता है।[4] आचार्य नरेन्द्र देव के विचारों ने भी उत्तर-प्रदेश के किसानों को एकजुट होकर जमींदारों

2. मुकुट बिहारी लाल, आचार्य नरेन्द्र देव, पृष्ठ 54.
3. ओंकार शरद, लोहिया के विचार, पृ. 21-22.
4. मुकुट बिहारी लाल, आचार्य नरेन्द्र देव, पृष्ठ 236.

का विरोध करने की प्रेरणा दी है क्योंकि किसान जमीन्दारों के उत्पीड़न और शोषण से दुखी हो चुका था। आचार्य जी को फैजाबाद और रायबरेली के किसानों की दास्तां मालूम थी। जमींदारी प्रथा में उत्तर प्रदेश के इन जिलों में किसानों का मनचाहे रूप में शोषण किया। कृषि के राष्ट्रीय आयोग के रिपोर्ट में यह दर्ज है कि उत्तर प्रदेश में भारत के अन्य प्रान्तों की अपेक्षा निर्धनता कहीं अधिक है। प्रथम महायुद्ध के पश्चात् के वर्षों में उत्तर-प्रदेश के एक खेत श्रमिक की दैनिक मजदूरी मात्र 4 आने थी।[5]

उत्तर प्रदेश में फैजाबाद और रायबरेली में किसान विद्रोह उग्र रूप में भड़का। रायबरेली में किसानों ने जमींदारों से सामूहिक विद्रोह किया। यह घटना 21 जनवरी, 1921 की है। किसान जमींदारों की फसल नष्ट कर रहे थे। उन जमींदारों की फसलों को गिन-गिन कर नष्ट किया जा रहा था जो अंग्रेजों के चाटुकार थे। किसानों के साथ अत्याचार करते थे। उनका दोहन करते थे। बेगार लेते थे। ये केवल फसल को ही नष्ट नहीं कर रहे थे बल्कि दुकानों को भी लूट रहे थे। गोदाम और बाजार लूटे गये। नष्ट किये गये। इस तरह रायबरेली के किसानों ने जमीन्दारों और ब्रिटिश सरकार के दाँत खट्टे कर दिये। इस आन्दोलन ने उत्तर-प्रदेश के किसानों को आन्दोलन करने की प्रेरणा दी।

डी.एन. धनागरे ने लिखा है कि अवध का 1920-22 तथा 1930-32 का कृषक आन्दोलन मुख्यतया मध्यवर्गीय और धनी कृषकों के द्वारा चलाया गया था। परिणामस्वरूप निर्धन कृषकों को राष्ट्रीय आन्दोलन की मुख्य धारा से अलग कर दिया गया था। वास्तव में कांग्रेस का मुख्य उद्देश्य स्वतंत्रता आन्दोलन के लिए किसानों को एकजुट करना था और उसके लिये किसान श्रमिकों और बटाईदारों की समस्या का निराकरण गौण प्रश्न था।[6] लेकिन समय के साथ किसान चेतना में तीव्रता से वृद्धि हो रही थी। इसका बहुत बड़ा कारण यह भी था कि उत्तर-प्रदेश में विभिन्न राजनैतिक दल किसानों की समस्याओं में रुचि लेने लगे थे। उनकी समस्याओं को लेकर माँग-पत्र तैयार होने लगे थे। इस संबंध में **ए.आर. देसाई** लिखते हैं -

"....... धीरे-धीरे ही सही, वे अपने संगठन बनाने लगे, अपनी माँग को मूर्त रूप देने लगे और अपने वर्ग एवं राष्ट्र के आन्दोलनों में भाग लेने लगे। इसकी यह भी वजह थी कि भारतीय राष्ट्रवादी यह समझने लगे थे कि किसानों की मदद के बिना वे स्वतंत्रता प्राप्त नहीं कर सकते और इस तरह वे उन पर अधिक ध्यान देने लगे। कांग्रेसी,सोशलिस्ट, कम्युनिस्ट आदि सब लोगों ने किसानों के बीच काम करना शुरु किया।[7] इससे एक बात तो बिल्कुल स्पष्ट होती है कि ग्रामीण समाज में जातिवाद की जो संरचना है उसका लाभ राजनैतिक दल उठाना चाहते थे। समाजवाद के प्रचारार्थ बड़े-बड़े सामाजिक, आर्थिक

5. सुखवीर चौधरी, पीज़ेन्ट एण्ड वर्करस मूवमेन्ट इन इन्डिया, पृष्ठ 7.
6. डी.एन.धनागरे, कांग्रेस एण्ड अग्रेरियन एजिटेशन इन अवध, पृष्ठ 67-77.
7. ए.आर.देसाई, भारतीय राष्ट्रवाद की सामाजिक पृष्ठभूमि, पृष्ठ 156.

आधारों को चाहे वे औद्योगिक क्षेत्र के श्रमिक हों अथवा खेतिहर श्रमिक स्तम्भ बनाने का प्रयास किया जा रहा था। राजनैतिक दलों का खेतिहर समाज में प्रवेश करने का एक यह भी लाभ हुआ कि किसान में राजनैतिक चेतना के साथ-साथ अपने अधिकारों को प्राप्त करने की जागरुकता में भी वृद्धि हुई। वे अत्याचार और शोषण के विरुद्ध आवाज बुलन्द करने लगे और अपनी मांगों का स्मृति पत्र ब्रिटिश सरकार को देने लगे।

मार्च 1921, के आरम्भ में उत्तर प्रदेश के सुलतानपुर जिले में भी किसान आन्दोलन की आग पहुँच गयी। ब्रिटिश सरकार की किसानों के आन्दोलनों के साथ कोई सहानुभूति नहीं थी। इसलिये उन्होंने किसानों पर अत्याचार और दमन की कठोर कार्यवाही की। किसानों को मारा पीटा गया। उन्हें बन्दी बनाया गया। उनके स्वाभिमान को निर्दयतापूर्वक कुचला गया। इस समय सरकारी दमन अपनी पराकाष्ठा पर था। गिरफ्तार व्यक्ति को जब तक पीटा जाता था जब तक वह पुलिस की इच्छा के अनुरूप बयान न दे दे।[8] रायबरेली के किसान आन्दोलन का भी अत्यधिक महत्त्व है। इसकी उपेक्षा नहीं की जा सकती। 20 मार्च 1921, को कर दिया में होने वाली एक प्रतिबन्धित सभा में 2 किसान नेताओं को बन्दी बनाया गया। इसी समय सशस्त्र पुलिस दल ने किसानों पर हमला बोल दिया। इस घटना ने किसानों को संघर्ष करने के लिये आह्वाहन किया। किसानों ने अपने साहस का परिचय दिया और पुलिस दल को घेर लिया किन्तु फायरिंग होने से दो लोगों की मृत्यु हो गयी और पाँच घायल हो गये। इससे उग्र आन्दोलनकारियों ने डिप्टी कमीश्नर और पुलिस के एस.पी. को घेर लिया। उन्हें बचाने के लिये पुलिस दल ने अंधाधुध गोली बारी की जिससे अनेक लोग मारे गये और अनेक घायल हो गये। इस दमन चक्र से किसानों की हिम्मत टूटी नहीं बल्कि उन्होंने दुगने उत्साह से 17-18 अप्रैल, 1921 को रायबरेली की कलक्टरी के एक हिस्से को नष्ट कर दिया। ब्रिटिश शासन ने असंख्य सैनिकों को बुलाकर क्षेत्र में मार्च कराया और आतंक व भय का माहौल बनाया।

राजेन्द्र सिंह ने उत्तर-प्रदेश के किसान आन्दोलनों का विशेषतौर से अध्ययन किया। मुख्य रूप से उनके अध्ययन का क्षेत्र बस्ती जिला है। विशेषतौर से भूमि राजनीति और भूमि नियंत्रण के संबंध में उनका अध्ययन है।[9] आपका यह मानना है कि वैज्ञानिक अध्ययन के लिये यह आवश्यक है कि तथ्यों का स्पष्ट रूप से वर्गीकरण कर लिया जाय अन्यथा वास्तविक तथ्यों में अवास्तविकताओं के पैबन्द लग जायेंगे। कुछ इतिहासकारों और सामाजिक वैज्ञानिकों ने किसान आन्दोलन और विद्रोह को खींच-खाँच कर सभी प्रकार के प्रतिरोध, क्रांति और सभी प्रकार के किसान विद्रोहों की व्याख्या करी है। वास्तव में, इस प्रकार के किसान आन्दोलनों के अध्ययन से इसकी समग्रता के विविध आयाम दृष्टिगोचर नहीं होते हैं। इसलिये मात्र घटनाओं की व्याख्या करे, उनका विवरण और आंकड़े प्रस्तुत कर देने

---

8. प्रोसीडिंग होम डिपार्टमेन्ट, पोलिटिकल, फाइल नं. 63।1921, पृष्ठ 27.
9. राजेन्द्र सिंह, सोशल मूवमेन्टस इन इन्डिया, सम्पादित एम.एम.ए.राव, पृष्ठ 91.

से ही किसान आन्दोलनों का वैज्ञानिक अध्ययन पूर्ण नहीं हो जाता है। यदि हम इस दृष्टि से किसान विद्रोहों या आन्दोलनों को देखें तो वे मात्र विवरण के अतिरिक्त कुछ नहीं है। उनका वैज्ञानिक विश्लेषण और वर्गीकरण नहीं किया गया। इस दृष्टि से राजेन्द्र सिंह बस्ती के किसान आन्दोलन का वैज्ञानिक अध्ययन करते हैं और वे सबसे पहले कुछ बिन्दुओं की ओर संकेत करते हैं जो किसान आन्दोलन के अन्य आन्दोलनों से अन्तर की ओर ध्यान दिलाते हैं, जैसे -

1. प्रतिरोध और संघर्ष का केन्द्र बिन्दु क्या है? इस प्रश्न को जानने हेतु केन्द्रीय कारकों को ढूंढ़ना होगा जैसे भूमि और इसके उत्पाद, साम्प्रदायिक, धार्मिक, सांस्कृतिक और राजनैतिक कारक। इन कारकों के चारों ओर कौन सी चीज गतिशील होती है?
2. इन गतिविधियों में कौन भागीदार होता है? यह एक तरफ छोटे खेतिहर श्रेणी और खेतिहर श्रमिक होते हैं और दूसरी तरफ राजस्व वसूल करने वाले राजा, ताल्लुकेदार, जमींदार होते हैं।
3. किस समूह या समाज के वर्ग के विरुद्ध संघर्ष छेड़ा जाता है?

राजेन्द्र सिंह ने इन बिन्दुओं के आधार पर उत्तर प्रदेश के बस्ती जिले का अध्ययन प्रस्तुत किया। ये वे किसान आन्दोलन के आधार हैं जो कमोबेश सभी स्थानों के किसान आन्दोलनों पर लागू होते हैं। आपने अपने शोध-कार्य में दो श्रेणियों को सम्मिलित नहीं किया है - एक वे जो लगान और राजस्व वसूल करते हैं, राजा, ताल्लुकेदार और जमींदार हैं। यह मालिकाना हक के आधार पर किसान से जुड़े होते हैं बजाय उत्पाद के आधार पर और दूसरा व्यापारी वर्ग जो वस्तुओं के क्रय और विक्रय से जुड़ा होता है। इसका सीधा संबंध जमीन और खेती से नहीं होता।

1801 और 1842 के मध्य बस्ती जिले में राजपूत राजा और ठाकुर जमींदार होते थे। दोनों ही क्षत्रिय जाति के होते थे। इस क्षेत्र में अन्य वंश के लोग भी काफी दूर-दूर से आकर घुल मिल गये जो भार, थारू, द्वोभ, डोमकटार के नाम से जाने जाते थे। इन्होंने जमीन, तालाब, नदी और जंगलों पर अधिकार जमा लिया है। राजाओं की तरह इनका वंशीय आधार नहीं था। राजपूत और कलान जातियों के मध्य जमीन और संसाधनों का विभाजन जमींदारी, पट्टाधारी और भाई-चारे के आधार पर होता था। जिस वर्ग के पास जितनी अधिक भूमि होती थी वह उतना शक्तिशाली समझा जाता था और उसी का प्रभाव और दबदबा अपने-अपने क्षेत्र में होता था। 1818-20 में होल्ट मेकन्जी आयुक्त बोर्ड का सचिव था। उसने लिखा है कि बस्ती जिले का राजपूत जमींदार समाज के शीर्ष पर बैठा होता था। वह जमीन, फसल और प्रजा पर नियंत्रण रखता था। वास्तव में, बस्ती की भूमि पर पाँच प्रकार से नियंत्रण किया जाता था। खुद कास्त, पट्टा भूमि, बिरना भूमि, मालगुजारी की जमीन और अध बटाई।

बस्ती जिले में आश्चर्य की बात यह है कि जमींदारी व्यवथा में 19वीं सदी का आधा समय निकल जाने के पश्चात भी हमें किसी प्रकार का किसान विद्रोह अथवा आन्दोलन जमीन के मालिकों के विरुद्ध नहीं मिलता बल्कि मालिक लोग ईश्वर के अवतार और माई-बाप के रूप में सम्बोधित किये जाते थे। यह झूठ बस्ती जिले के आर्थिक असमानता में कहीं गहरे छिपा है क्योंकि यह सम्भव ही नहीं है कि जमींदारी प्रथा में किसी प्रकार का शोषण न होगा। यह व्यवस्था तो शोषण और अत्याचार पर ही आधारित है। 1842 में मालिक और प्रजा के संबंधों में बदलाव देखा जाने लगा और जो 20 वीं सदी में बस्ती में दिखायी पड़ने लगा। राजेन्द्र सिंह के शोध पत्र में इस विशेष तथ्य को उजागर किया है कि ब्रिटिश शासकों ने जितने भी बस्ती में खेती संबंधी कानून बनाये वे मूलत: राजपूत मालिकों के विरुद्ध थे। इसके उन्होंने अनेक उदाहरण दिये। उन्होंने यह भी लिखा कि बस्ती में अहीर, कुर्मी और पासी के पास काफी भूमि होती थी। इनकी आर्थिक सामाजिक स्थिति अन्य पिछड़ी जातियों से अच्छी थी। उन्होंने यह भी लिखा कि इस असमानता की संस्कृति में अछूत जातियाँ मालिकों के यहाँ अर्ध दास और गुलाम की तरह थी। इस दशा में भी उन्होंने विद्रोह करने का साहस अपने में नहीं जुटाया, किन्तु 1930 में अन्य किसानों से मिलकर ये विद्रोही हो गये।[10] किन्तु इनमें अपने असन्तोष और आक्रोश को संगठित होकर प्रदर्शन करने की क्षमता नहीं थी। इनमें यह एहसास नहीं उत्पन्न हुआ कि उनके अधिकारों का हनन किया जा रहा है। इसलिये उनके जीवन का आधार असमानता की संस्कृति बन गयी।

बस्ती में असमानता की संस्कृति बहुत दिनों तक घुटती नहीं रही क्योंकि इस जिले को अभिजात वर्ग किसानों के प्रतिरोध और विद्रोह की भावना महसूस कर रहा था। 1946 के निज बोल और भूमि हथियाओ आन्दोलन में बस्ती जिले के हजारों किसानों, खेतिहर मजदूरों और ग्रामीणों ने खुलकर भाग लिया। निजी बोल का अर्थ था जमीन का मालिकाना घोषित करना। स्वतंत्रता के पश्चात (1970) का भूमि हथियाओ आन्दोलन किसानों के वे आन्दोलन थे जो असंगठित भी थे और छुट-पुट रूप में किये गये थे। ये मालिकों के विरुद्ध किये गये विद्रोह अथवा आन्दोलन थे। (1935-70) के मालिक विरोधी आन्दोलन में 9 मालिकों की हत्या की गयी और पांच किसान नेताओं की। इस आन्दोलन में सैकड़ों किसान और मालिक जख्मी हुए।

बस्ती किसान आन्दोलन की पृष्ठभूमि में वास्तव में अनेक पोषक तत्त्व कार्य कर रहे थे जैसे जमीन से किसानों को बेदखल करना, बेगार लेना, महिलाओं के साथ सेक्स के संबंध स्थापित करना। उन्हें रखैलों की तरह रखना। उनका मन चाहे रूप में शोषण करना। ये सब ऊंची जाति के मालिकों के कारनामे थे। इन सबका परिणाम था एक रक्त रंजित विद्रोह। वास्तव में बस्ती जिले का भूमि हथियाओ आन्दोलन एक सामान्य स्वतंत्र आन्दोलन था। निजी बोल आन्दोलन बस्ती जिले के उत्तरी क्षेत्र से जुड़ा था जब कि भूमि हथियाओ

---

10. राजेन्द्र सिंह, सोशल मूवमेन्टस इन इन्डिया, सम्पादित एम.एम.ए.राव, पृष्ठ 110.

आन्दोलन सम्पूर्ण भारत से सम्बन्धित था। राजेन्द्र सिंह अपने शोध पत्र के द्वारा विद्रोहियों के अनेक आक्रमणों का (केस एक से लेकर चार तक) में निजोई बोल आन्दोलनों का वर्णन किया गया है। राजपूत जाति के जमीन्दार किसानों से बेगार लेते। उन्हें जमीनों से बेदखल करते और उन्हें निर्धारित पारश्रमिक से भी आधा पारिश्रमिक देते। जब किसान विरोध करता तो उसे मारा पीटा जाता। उनकी झोपड़ियां फूंकी जाती और उनकी महिलाओं को अपमानित किया जाता। इसके विरोध में निर्णय लिया गया कि जमीन्दारी के खेतों पर काम नहीं करेंगे। आखिर कार जमीन्दार के 50 लोगों ने किसानों के150 सौ की संख्या पर आक्रमण कर दिया गया। इसमें मालिक मारे गये। अनेक लोग घायल हुए। पुरूषों ने गांव छोड़ दिया किन्तु महिलायें गाँव और जमीन पर डटी रहीं। दूसरी घटना 1938 की है जब एक ब्राह्मण जमीन्दार को काश्तकार ने मौत के घाट उतार दिया। यह घटना महज सिंचाई के पानी को लेकर घटी थी। इस प्रकार की अनेक घटनायें जमींदार और किसानों के मध्य हुई जिसमें जमीन्दारों की हत्यायें की गई। सन् 1944 की घटनायें महत्त्वपूर्ण है जब किसानों ने नारे लगाने आरम्भ कर दिये जैसे जमीन का बदला जमीन से लेंगे, अत्याचार नहीं चलेगा, खून चूसने वाले को मिट्टी में मिला देंगे।[11]

निजेइ बोल आन्दोलन का अपना महत्त्व है। निजी का अर्थ है वैयक्तिक। अपनी ज़मीन। इस आन्दोलन ने जमीन के अपने पन की भावना किसानों में घर कर दी। अधिकांश जमीन पर राजपूतों और ब्राह्मण जमीदारों का अधिकार था। जमीन किसान की थी। उन्हें जमीन से जबरन बेदखल किया गया था। इसलिये वे अपनी जमीन पर पुनः अधिकार पाने के लिये संघर्ष रत हो गये। मालिक जमींदारों का सीधा संबंध उपज से नहीं था। वे खेत नहीं जोतते थे। उनका चरागाह, लकड़ी और सिंचाई के साधनों पर अधिकार था। किसानों के जीवन का एक मात्र सहारा खेती था। उस पर स्वर्ण जमींदारों का कब्जा था। वे किसानों का शोषण भी करते और अत्याचार भी। 1930-40 और आजादी के पश्चात कांग्रेसी नेताओं ने कहा कि किसानों में व्याप्त असुरक्षा की भावना कहीं से भी उचित नहीं। यह असमानता की संस्कृति समाप्त होनी चाहिए। किसान पटवारी,तहसीलदार और जिला अधिकारी पर विश्वास नहीं करता है क्योंकि ये सभी जमीन मालिकों के पक्षधर थे। किसानों ने यह माँग की कि खेती के रिकार्ड ठीक किये जायें क्योंकि इसमें किसानों के मालिकाना हक को दर्ज नहीं कया गया है। अन्ततः किसानों को इसमें सफलता प्राप्त हुई। रिकार्ड आपरेशन की स्थापना बस्ती में हुई। यह खेतिहरभूमि की छानबीन करेगी।

इस आन्दोलन का परिणाम यह हुआ कि किसान और मालिकों में मुकदमेबाजी आरम्भ हो गयी। हिंसा, अशान्ति और किसान और जमीन्दारों में तनाव बढ़ने लगा। 'निजोई बोल' आन्दोलन को जमीन्दारों ने भी चुनौती दी। जमीन के रिकार्ड ठीक करवाने के लिये कहा कि इसे साक्षी के सम्मुख ही ठीक किया जाय। साक्षी के अभाव में नहीं। इस आन्दोलन

11. राजेन्द्र सिंह, सोशल मूवमेन्टस इन इन्डिया, सम्पादित एम.एम.ए.राव, पृष्ठ 123.

के कुछ मालिकों और किसानों की हत्या की गई। इन सब घटनाओं से किसान व वर्गीय चेतना का अभ्युदय हुआ जिसने उन्हें अपना संगठन बनाने की प्रेरणा दी।

राजेन्द्र सिंह ने बस्ती किसानों के आन्दोलन 'निजोई बोल' के परिणामों का उल्लेख किया। इस आन्दोलन से जमीन्दारों में निर्धनता बढ़ी। किसानों ने उसकी जमीनों पर कब्जा कर लिया। उन्हें लगान और राजस्व भी किसानों ने देना बन्द कर दिया। किसानों ने अपनी जमीन के कुछ अंश भी कानूनी रूप से प्राप्त कर लिये। सवर्ण जातियों की जमीन किसानों को वापस दी जाने लगी। किसान प्रेशर समूह की तरह कार्य करने लगे। अन्ततः उत्तर प्रदेश में 1952 में सरकार को जमीन्दारी उन्मूलन कानून पारित करना पड़ा।[12]

1970 का जमीन हथियाओं या कब्जा करो आन्दोलन स्वतंत्रता के पश्चात का आन्दोलन। आजादी के पूर्व कांग्रेसजन अपनी शक्ति बढ़ाने के लिये किसानों के आन्दोलनों में भागीदार बने थे और उन्होंने किसानों का पक्ष लेकर 1952 में जमीन्दार उन्मूलन कानून भी पारित किया। 1970 में वामपंथी दलों ने इस आन्दोलन को पुनः जीवित करना चाहा किन्तु इस समय तक इस आन्दोलन में सरकार को झकझोरने की शक्ति नहीं रह गयी जो उपनिवेषी शासन में थी। इस आन्दोलन में मुख्यतया बस्ती के कुर्मी और मुसलमानों ने ही भाग लिया था। इन्होंने नारा दिया था 'मुस्लिम हरिजन भाई-भाई, हिन्दू जाति कहाँ से आई।' इस नारे ने वामपंथी शक्तियों को उत्तेजित किया। इसलिये सभी जातियों के व्यक्तियों ने अछूत ओर मुसलमानों के शोषण के विरुद्ध विद्रोह किया। साम्प्रदायिक शक्तियों के उभार ने इस आन्दोलन को सफल नहीं होने दिया। बस्ती में 'जमीन हथियाओ' आन्दोलन पूर्णतया असफल रहा।[13]

बस्ती के किसान आन्दोलन की विशेषता है कि एक तरफ तो ब्रिटिश काल में इसने अपने जुझारूपन के तेवर प्रदर्शित किये वहीं स्वतंत्रता के पश्चात भी आन्दोलन थमा नहीं जब तक कि स्वतंत्र भारत ने 1952 में जमीन्दारी उन्मूलन कानून पारित नहीं कर दिया। इसके साथ ही इस आन्दोलन के संरचनात्मक जातीय ढांचे की भी वैज्ञानिक समाजशास्त्रीय जानकारी प्राप्त हुई जो भविष्य में सामाजिक आन्दोलनों के अध्ययन में सहायक होगी।

किसान सभा, संस्था और किसान आन्दोलन

यहाँ एक बात ध्यान रखने की है कि किसान आन्दोलन तथा देश के अन्य राजनैतिक आन्दोलन अनेक बार साथ-साथ चलते दिखायी पड़ते हैं क्योंकि वे कारण जो किसान आन्दोलन को उद्वेलित करते हैं वही राजनीति के आधार पर भी कालान्तर में बनते हैं। जैसे 1870 से 1897 के मध्य देश को अनेक गंभीर अकालों का सामना करना पड़ा। इससे गाँवों

12. राजेन्द्र सिंह, सोशल मूवमेन्टस इन इन्डिया, सम्पादित एम.एम.ए.राव, पृष्ठ 136.
13. राजेन्द्र सिंह, सोशल मूवमेन्टस इन इन्डिया, सम्पादित एम.एम.ए.राव, पृष्ठ 137.

की आर्थिक स्थिति बदल गयी। इन अकालों का परिणाम यह हुआ कि देश के विभिन्न क्षेत्रों में किसान आन्दोलन जमीन्दार, महाजन और शासन के विरुद्ध आरम्भ हो गये। यद्यपि यह आन्दोलन आरम्भ में असंगठित थे, किन्तु किसान आन्दोलन में राजनीति का प्रवेश हो जाने से किसान सभा, किसान पंचायत, किसान संस्था जैसे संगठनों की स्थापना होनी लगी। इससे किसानों के आन्दोलनों को संगठित होकर चलाने में सहायता प्राप्त हुई।

भारत के किसान आन्दोलनों की जड़ों में असमानता की संस्कृति है। इस देश में जाति, धर्म, अर्थ, राजनीतिक क्षितिज पर असमानता का स्तरीकरण है। असमानता के मात्र यही कारण नहीं है, वरन् सम्पत्ति और शक्ति में भी काफी असमानता है।[14] निश्चय ही यह असमानतायें ग्रामीण समाज की भूमि व्यवस्था से सीधे जुड़ी हुई हैं। बड़ी जातियों के पास जमीन अधिक है। छोटी जातियों के पास न के समान। जिसके पास जमीन अधिक है वही हर दृष्टि से शक्तिशाली है। धनवान है। भूमिहीन और धनहीन व्यक्तियों का जमींदारी प्रथा में शोषण किया जाता है। बेगार लिया जाता है। अत्याचार किये जाते हैं। बहु-बेटियों और महिलाओं को अपमानित किया जाता है। यह सब वे आधार हैं जिन्होंने किसानों को संगठित होकर जमीन्दारों के विरुद्ध आन्दोलन चलाने की प्रेरणा दी।

सन् 1932 के सविनय अवज्ञा आन्दोलन के पश्चात, उत्तर-प्रदेश, आन्ध्र आदि प्रान्तों मं किसान आन्दोलन ने गति पकड़ ली। अनेक प्रान्तों और जिलों में किसान सभायें संगठित की गई। इनके जरिये किसानों के बड़े-बड़े सम्मेलनों का प्रबन्ध किया गया। इन सम्मेलनों में किसानों ने उत्साह के साथ भाग लिया। किसान के उत्साह और चेतना देखकर अखिल भारतीय किसान सभा की स्थापना की गई। इसका प्रथम अधिवेशन 1936 को बिहार में हुआ। इस सम्मेलन में विशेषतौर से कांग्रेसी और समाजवादी नेता राम मनोहर लोहिया ने खुल कर भाग लिया। लोहिया ने जमींदारी उन्मूलन की जोरदार वकालत की। उत्तर प्रदेश में किसान सभाओं के संगठन में आचार्य नरेन्द्रदेव का अत्यधिक महत्त्व है। समाजवादी चिन्तक होने के नाते वे शोषण, अत्याचार, उत्पीड़न और सामन्तवादी व्यवस्था के विरुद्ध थे।

वास्तव में, 1926 के बाद से ही किसान सभायें स्थापित होने लगी थी। चौथे दशक के मध्य में समाजवादी विचारों की लहर चल रही थी। समाजवादी चिन्तक अखिल भारतीय राष्ट्रीय किसान सभा बनाने की तैयारी में लगे हुए थे। इस समय तक बिहार की किसान सभा काफी मजबूत हो चुकी थी। किसान आन्दोलन में इसका महत्त्वपूर्ण योगदान है। 1939 में आचार्य नरेन्द्रदेव अखिल भारतीय किसान सभा के गया अधिवेशन के अध्यक्ष चुने गये। किसान सभाओं ने जहाँ राष्ट्रीय आन्दोलन को शक्ति प्रदान की, वहीं किसानों में शोषण के विरुद्ध आन्दोलन करने की प्रेरणा दी। 15 अप्रैल, 1937 में कानपुर में किसान प्रदर्शनों का एक लम्बा दौर चला। इसमें प्रदर्शनकारी यह नारा लगा रहे थे कि 'हम भूखे हैं, हमें रोटी

---

14. आनन्द चक्रवर्ती, भारत के किसान आन्दोलन आंद्रे बेतेई। सम्पादित पुस्तक, आंद्रे बेतेई, पृष्ठ 129.

चाहिए।' इन आन्दोलनों के संबंध में उत्तर प्रदेश की सरकार ने भारत सरकार के गृह विभाग में रिपोर्ट भेजी जिसका परिणाम यह हुआ कि फैजाबाद और बनारस के किसानों को कहा गया कि वह उतना ही लगान दे जितना कि वह सरलता से दे सकते हैं। बड़ी किसान सभाओं का प्रदर्शन थमा नहीं। किसान अपनी मांगों के लिये अब सड़कों पर उतर आया था। वह जगह-जगह सरकारी स्थानों पर प्रदर्शन करता था जिससे कि सरकार का ध्यान उनकी समस्याओं की ओर जाय। इसी सन्दर्भ में 1 मार्च, 1938 को असेम्बली का सत्र आरम्भ होना था। किसान सभा ने निकटवर्ती उन्नाव जिले के लगभग 20,000 किसानों के साथ, अपनी एकजुटता का प्रदर्शन कौंसिल हाउस के सामने किया। सरकार ने प्रदर्शनकारियों को चेतावनी दी कि वे सरकारी कार्यों में बाधा न पहुँचायें। आचार्य नरेन्द्र देव ने किसानों को संगठित होकर आन्दोलन करने की सलाह दी। शाम को अमीनुदौला पार्क में 50,000 मजदूरों और किसानों की सभा हुई। इसे कानपुर के अर्जुन अरोड़ा ने सम्बोधित किया। 3-4 अक्टूबर, 1938 को मुरादाबाद में किसान सभा ने किसान सम्मेलन की व्यवस्था की। 26 अक्टूबर, 1938 को सम्पूर्ण उत्तर प्रदेश के किसानों की सभायें की गई। प्रदेश में सभायें करके किसान सरकार पर एक दबाव समूह की तरह कार्य कर रहे थे। सरकार को भी बढ़ती किसान शक्ति का आभास हो गया था। किसानों ने सरकार से यह अनुरोध किया कि वे किसी भी प्रकार की रियायतें ज़मीन्दारों को न दें। यह किसान विरोधी है और वह उन पर अत्याचार करने में कोई कसर नहीं छोड़ते हैं।

25 नवम्बर, सन् 1949 को राम मनोहर लोहिया जी की प्रेरणा से सोशलिस्ट पार्टी और किसान पंचायत के संयुक्त नेतृत्व में लखनऊ में किसानों का एक विशाल प्रदर्शन हुआ। किसान नारे लगा रहे थे 'किसान जागा, पन्त भागा' आचार्य नरेन्द्र देव ने ऐसे नारे लगाने के लिये मना किया। दामोदर स्वरूप सेठ ने किसानों के परिपत्र को विधान भवन की दीवार पर चस्पा किया। इसमें निम्नलिखित मांगें थीं[15]-

1. जमींदारी फौरन खत्म की जाय। भूमि खेतिहरों की हो। भूमिधर और असामियों के सब भेद मिटा दिये जायें तथा सबके लिये एक समान कानून हो।
2. भूमि इस तरह बांटी जाय कि 30 एकड़ से अधिक कोई जोत न हो। इतनी नयी जमीन तोड़ी जाय कि प्रत्येक किसान परिवार के पास कम से कम साढ़े बारह एकड़ जमीन हो।
3. छोटी मशीनों द्वारा संचालित गृह उद्योग प्रत्येक गांव में चलायें जायें और गांव के नवयुवकों को कला कौशल की शिक्षा दी जाय।
4. गांवों में सहकारी कार्यों को प्रोत्साहित किया जाय।
5. नयी जमीनों को खेती के काम में लाने के लिये भूमि सेना का संगठन किया जाय।

15. आचार्य नरेन्द्र देव, वही, पृष्ठ 242-243.

6. खेती से पैदा पदार्थों का कपड़ा, सीमेन्ट आदि उपभोग्य सामग्रियों की कीमतों में सन्तुलन हो।
7. जमीन्दारी के खत्म होने पर किसानों से उतनी रकम वसूल की जाय जितनी जमींदार उस जमीन के लिये मालगुजारी देता है।
8. खेतिहर मजदूरों के कर्जे माफ हों और वे अपनी जमीनों से बेदखल न किये जाय।
9. खजाने की आमदनी का एक पर्याप्त हिस्सा ग्रामोत्थान के लिये गाँव पंचायतों और जिलाबोर्डों के सुपुर्द किया जाय।

किसानों के आन्दोलनों की उपर्युक्त घटनायें इस तथ्य की परिचायक हैं कि किसान अपने अधिकारों के प्रति काफी जागरुक हो चुका था। उसमें संगठन की क्षमता भी उत्पन्न हो चुकी थी। उनमें संघर्ष करने की ऊर्जा दमक रही थी। वे मौत को हाथ में लेकर जमीन्दार और सरकार के शोषण व अत्याचार के विरुद्ध आन्दोलन कर रहे थे। अनेक प्रकार की सफलतायें उन्हें मिली। पर सरकार और जमीन्दारों की शक्ति बाहुबल, धनबल और पुलिस व सैनिक शक्ति के सम्मुख किसान आन्दोलन कहीं टूटा और कहीं कमजोर हुआ पर वे हिम्मत नहीं हारे। अपना संगठन बनाकर निरन्तर अपने मांगों के लिये संघर्ष करते हैं और आज भी कर रहे हैं।

समकालीन भारत में किसान आन्दोलन
(Peasants Movement in Contemporary India)

किसी भी देश में विभिन्न प्रकार के आन्दोलन इस तथ्य के साक्षी हैं कि अमुक देश रोग-ग्रस्त है। एक बीमार समाज में विभिन्न समस्याओं को लेकर आन्दोलन करना एक स्वाभाविक प्रक्रिया बन गयी है। ब्रिटिश शासन और सामन्तवादी समाज में किसानों, भूमिहीन श्रमिक, निर्धन, गरीब परिवारों की महिलाओं का मन चाहे रूप में शोषण किया गया है। उन पर जी भर कर अत्याचार किया गया है। पशु समान उनसे व्यवहार किया गया है। उनसे बेगार लिया गया है। उनसे श्रम तो करवाया गया पर मजदूरी इतनी कम दी जाती थी कि आजीवन जमीन्दार का गुलाम बना रहता था। कर्ज में डूबा किसान बन्धुआ मजदूर बनकर जीता था। अन्ततः इन अत्याचारों के विरोध में किसानों ने मालिक के विरुद्ध आन्दोलन आरम्भ कर दिया। इसे हमने कभी ब्रिटिश काल का किसान विद्रोह का नाम दिया और कभी किसान आन्दोलन का। समकालीन समाज में किसान आन्दोलन थमे नहीं हैं। किसान, खेती और खेती से जुड़ी समस्याओं को लेकर स्वतंत्र भारत में आन्दोलन कर रहा है। नगर की अपेक्षा ग्रामीण समाज अविकसित है। अभी भी ग्रामीण अंचलों में कुछ बड़े कृषकों के पास अत्याधिक भूमि है जबकि दूसरे भूमिहीन श्रमिक हैं अथवा वे बटाई पर काम करते हैं। कानूनी रूप से जमीन्दारी प्रथा समाप्त हो गई परन्तु व्यवहार में खेतिहर जमीन पर कुछ लोगों

का ही कब्जा है। अब ये धनाढ़य वर्ग अधिक से अधिक जमीन पर कब्जा जमा कर जमींदारी उन्मूलन कानून को मात देना चाहते हैं।[16]

दीपांकर गुप्ता का विचार है कि भारत में बुनियादी तौर पर दो प्रकार के किसानों का ध्रुवीकरण है। एक वे जो निर्धन कृषक श्रमिक और सीमान्त किसान हैं। दूसरे वे धनी मालिक किसान हैं जो अत्याधिक अनाज उत्पन्न करते हैं। ये धनाढ़य किसान पूंजीपति हैं जो कृषकों का शोषण करते हैं। इनके खेत बटाई पर चलते हैं अथवा दैनिक कार्य करते हैं।[17]

समकालीन भारतीय समाज में किसान आन्दोलनों को राजनैतिक दलों के द्वारा सामान्यतया चलाये जा रहे हैं। इन राजनैतिक दलों का सिद्धान्त, शोषण व अन्याय के विरुद्ध संघर्ष करना है। ये किसान सभा, सी.पी.आई. एम.एल. के द्वारा मुख्यतया आन्दोलन चलाये जाते हैं। इनका कार्य स्थल वहाँ हैं जहाँ इनकी सरकारें हैं अथवा सरकारें रही हैं अथवा जहाँ इनके दल का प्रभाव है जैसे केरल, बंगाल, त्रिपुरा। दूसरे प्रकार के वे ग्रामीण किसान आन्दोलन है जो भारतीय किसान संघ द्वारा संचालित होते हैं। विशेष तौर से इनका पश्चिमी उत्तर-प्रदेश, पंजाब और हरियाणा में काफी प्रभाव है। इन प्रदेशों में किसान आन्दोलन काफी बड़े स्तर पर हुए हैं। इनके द्वारा चलाये गये किसान आन्दोलनों की एक यह भी विशेषता रही है कि यह किसानों के हित और कल्याण की तो बात करते हैं लेकिन खेतिहर भूमिहीन, निर्धन श्रमिकों की उपेक्षा करते हैं। समकालीन किसान आन्दोलन की यह भी एक विशेषता है कि देश के सभी राज्यों में किसान आन्दोलन के मुद्दे अलग-अलग होते हैं। ब्रिटिश शासन के दौरान जो किसान आन्दोलन होते थे उनके लक्षण सामन्तवादी और साम्रज्यवादी व्यवस्था के विरुद्ध थे। स्ततंत्र भारत में किसान आन्दोलन क्षेत्रीय व स्थानीय समस्याओं को लेकर किये जाते हैं। ये केन्द्रीय अथवा राज्य सरकार की किसान विरोधी नीतियों के तहत किये जाते हैं। इनके सामान्य मुद्दे होते हैं जैसे गाँव को निरन्तर बिजली दी जाय। किसानों के लिये बिजली की दर कम हो। खाद के दाम कम किये जायें। उत्पाद के दाम निश्चित किये जायें। कम सूद पर किसानों को ऋण दिया जाय। इस प्रकार के किसान आन्दोलन को कुलक कहा जाता है। समय के साथ किसानों की संघीय शक्ति में निरन्तर वृद्धि होती जा रही है। इनकी शक्ति ने अंग्रेजों के भी दांत खट्टे कर दिये। स्वतंत्र भारत में किसान संघ एक दबाव-समूह की तरह कार्य करता है। अपना दबाव बनाकर सरकार से मांगें पूरी कराने का प्रयास करता है। सरकार भी जानती है कि ग्रामीण खेतिहर समाज देश की प्रगति की रीढ़ है, तो वह उनके वोट बैंक का भी काम करती है।

पश्चिमी उत्तर प्रदेश के **महेन्द्र सिंह टिकैत** किसानों के बड़े नेता हैं। उन्हेंाने सदैव हिन्दुओं और मुसलमानों को साथ रखने में विश्वास किया। उन्होंने लाल बहादुर शास्त्री के

16. आनन्द चक्रवर्ती, सम्पादित, एन्डरे बेटली, इक्यूलिटी एण्ड इन्कयूलिटी, पृष्ठ 158.
17. दीपांकर गुप्ता, सम्पादित, घनश्याम शाह, सोशल मूवमेन्ट एण्ड द स्टेट, पृष्ठ 191.

नारे को ही हथियार बनाया '**जय जवान, जय किसान**' उन्होंने भारतीय किसान यूनियन बी.के.यू. में हिन्दू और मुसलमानों के मध्य एकता बनाये रखी। वह अपना भाषण आरम्भ करने के पहले और खत्म करने के समय 'अल्लाह हो अकबर' कहते हैं। 'हर हर महादेव' कहते हैं। यह किसानों की राष्ट्रीय एकता का भी सन्देश देता है। पश्चिमी उत्तर प्रदेश के जमीन्दार ज्यादातर जाट और राजपूत हैं। टिकैत के अधिकांश किसान आन्दोलनों का आधार आर्थिक होता है। वे स्थानीय प्रशासन और शोषणकारी नीति के विरोध में नहीं होते, वे सीधे राज्य सत्ता से संघर्ष करते हैं। महेन्द्र सिंह टिकैत के फरवरी, **1988 जन आन्दोलन** ने सम्पूर्ण भारत का ध्यान अपनी ओर आकर्षित किया। उनके आन्दोलन का प्रदर्शन का केन्द्र दिल्ली का वोट क्लब था जहाँ 25 से 31 अक्टूबर तक उत्तर-प्रदेश, हरियाणा और पंजाब के किसानों ने साथ मिलकर अभूतपूर्व धरना दिया। मुझे याद है इस धरने में लगभग 5,00,000 किसानों ने भाग लिया था। इस धरने से दिल्ली भी एक बार काँप उठी थी, किन्तु सरकार ने जब इनकी कुछ नहीं सुनी तो टिकैत को स्वतः धरना वापस लेना पड़ा। किसानों की मुख्य मांगें थीं - बिजली और खाद के दाम कम किये जायें। गन्ने का मूल्य 35 रु. प्रति क्विंटल निश्चित किया जाय। भारतीय किसान यूनियन की विशेषता है कि मालिक अपने खेतों पर स्वयं खेती करते हैं। महेन्द्र सिंह टिकैत पश्चिमी उत्तर प्रदेश के बेताज नेता कम से कम एक दशक से ज्यादा रहे हैं। अपने को यूनियन नेता के रूप में स्थापित भी किया है। वास्तव में, भारतीय किसान यूनियन का आरम्भ में कार्य क्षेत्र हरियाणा रहा है। 11 जुलाई, 1978 की कंजवाला गाँव की घटना ने तूल पकड़ लिया। इस घटना के पीछे किसी हरिजन व्यक्ति को 120 एकड़ भूमि स्वीकृत की गई। यह जाट बाहुल्य क्षेत्र है। इस घटना ने क्षेत्रीय किसानों को संगठित होकर आन्दोलन चलाने की प्रेरणा दी। उत्तर प्रदेश में 1986 तक भारतीय किसान यूनियन ने अपनी जड़ें जमा ली थी और वह किसानों की समस्याओं को लेकर आन्दोलन करने लगे थे। जैसे 1986 में उसने बटौत जिला मेरठ में बिजली की दरों में वृद्धि को लेकर आन्दोलन किया। वास्तव में, समकालीन किसान आन्दोलन में महेन्द्रसिंह टिकैत और भारतीय किसान यूनियन की भूमिका काफी महत्त्वपूर्ण हैं। उदाहरण के लिये इस आन्दोलन के फलस्वरूप 1988 में गेहूँ, जिसके भाव 10 रु. क्विंटल थे वे बढ़कर 183 रु. क्विंटल हो गया। ठीक इसी प्रकार बिजली की दर 30 रु. से घटकर 20 रु. प्रति हार्सपावर हो गई। यह एक बहुत बड़ी सफलता थी।

1969-70 में तमिलनाडु में एक किसान संगठन की स्थापना हुई जिसका नाम था तमिलनाडु विवासैपगल संगम। इस संगठन के माध्यम से किसानों ने अपनी मांगें रखी। उनकी माँग थी बिजली की दरें कम की जायें। कर्ज की वसूली स्थगित की जाय। इन्हीं मांगों को लेकर विवासैपगल ने 1972 में आन्दोलन छेड़ा। 1979 महाराष्ट में शरद जोशी ने प्याज उत्पादकों की समस्याओं को लेकर आन्दोलन किया। इसी प्रकार 1946-47 के मध्य तेभागा आन्दोलन एक महत्वपूर्ण घटना थी जिसमें लगान देने वाले किसानों ने सामन्तवादियों का डट कर विरोध किया। 1970 का भूमि हड़पों आन्दोलन कम महत्त्वपूर्ण नहीं था। इस

आन्दोलन का नेतृत्व पहले कांग्रेस ने फिर बाद में समाजवादियों ने किया। 20 वीं शताब्दी का तेलंगाना आन्दोलन अपना सानी नहीं रखता है।

स्वतंत्रता के पश्चात् अनेक किसान आन्दोलन हुए किन्तु हरित क्रान्ति काल में किये गये सरकारी सुधार कानूनों के फलस्वरूप जो आन्दोलन हुए वे काफी महत्वपूर्ण थे। दिसम्बर 1969 में भारत सरकार के गृह मंत्रालय ने वर्तमान कृषि संबंधी तनाव के कारण और स्वरूप पर अपनी रिपोर्ट प्रकाशित की। इस रिपोर्ट के अनुसार 1966 से 1969 तक के किसान संघर्षों का चार प्रकार के प्रश्नों से संबंध रहा जो इस प्रकार है –

1. बिहार, केरल, त्रिपुरा और पश्चिमी बंगाल आदि राज्यों के आन्दोलनों में दो मांगें मुख्य थी – पैदावार में उचित साझा और जिन खेतों पर वे खेती करते हैं उन पर उनके खेती करने के स्थायी अधिकार की गारन्टी,

2. केरल के अलेप्पी जिले, तमिलनाडु के तन्जौर जिले, आन्ध्र प्रदेश पूर्व और पश्चिम गोदावरी, नेलोर और गुन्टूर जिलों आदि राज्यों में हुए खेतिहर मजदूरों के आन्दोलनों और हड़तालों में उनकी प्रमुख माँग थी कि उनकी मजदूरी बढ़ाई जाय,

3. असम, आन्ध्र-प्रदेश, बिहार,गुजरात, केरल, मध्य-प्रदेश,महाराष्ट, मणिपुर, उड़ीसा, पंजाब, राजस्थान, तमिलनाडु, त्रिपुरा, उत्तर प्रदेश और पश्चिमी बंगाल के राज्यों में भूमिहीन और निम्न श्रेणी के गरीब किसानों ने जगह जगह घूम-घूम कर सत्याग्रह किये और जमीनों पर जबरदस्ती कब्जा किया, उनके पीछे उनकी प्रमुख माँग थी कि ग्रामों में पड़ी भूस्वामियों के बेशी या फालतू, अतिरिक्त अर्थात् उच्चतम सीमा से अधिक भूमि, गांव समाजों और जंगलात विभाग की फालतू जमीनों को उनमें वितरित किया जाय,

4. आन्ध्र प्रदेश के श्रीकाकुलम क्षेत्र में हुए बलवों और बिहार के छोटा नागपुर तथा उड़ीसा के कोड़ापुर जिले में हो रहे आन्दोलनों के पीछे यह मुख्य माँग थी कि सूदखोर सेठ साहूकार और बाहरी भूस्वामियों के शोषण से कबायली लोगों की रक्षा की जाय।[18]

पश्चिमी उत्तर प्रदेश में यदि महेन्द्र सिंह टिकैत किसानों के नेता माने जाते हैं तो महाराष्ट में शरद जोशी। इन्होंने 'शेतकारी' संगठन की स्थापना करके किसान आन्दोलन का नेतृत्व किया। महाराष्ट्र के किसानों का अपना महत्व है। वे सामान्यतया सीमान्त किसानों की श्रेणी में नहीं आते हैं। महाराष्ट्र में पाटिल अथवा देशमुख का मुख्य स्थान है। 1948 में सहकारी संगठन के द्वारा वे कार्य क्षेत्र में उतरे। शरद जोशी न तो मराठी थे और न वे कृषक समाज की पृष्ठभूमि लेकर किसानी समाज में उतरे थे। फिर भी वे किसानों के नेता थे। मराठियों ने 'शेतकारी संगठन' की गतिविधियों के समझने के पश्चात वे शरद जोशी को

18. रघुराज गुप्त, ग्रामीण समाज शासन : भारतीय परिवेश में, पृष्ठ 206-207.

अपना समर्थन देने लगे और शरद जोशी महाराष्ट्र में किसानों के बड़े और प्रभावशाली नेता माने जाने लगे। शरद जोशी के नेतृत्व की सबसे बड़ी विशेषता है कि वे किसानों की समस्याओं के समय सदैव उपलब्ध रहे। आन्दोलन को दिशा दी और उसका नेतृत्व किया। आपने महाराष्ट्र के टुकड़ों-टुकड़ों में बटे किसानों को एकजुट किया। एक मंच पर लाये। किसान संगठन को ताकत भी दी और शक्तिशाली भी बनाया। शरद जोशी ने अपने एक राजनैतिक दल 'स्वतन्त्र भारत' की मई 1994 में स्थापना की।[19] महाराष्ट्र में मराठियों की कुल जनसंख्या के 40 प्रतिशत की संख्या है। महाराष्ट्र के किसानों की मुख्य समस्यायें हैं -किसानों को उनकी फसल का उचित मूल्य दिया जाय। कपास के उत्पाद को अधिक से अधिक सरकार खरीदे क्योंकि सरकार मात्र 20 प्रतिशत ही क्रय करती है। 18 अप्रैल, 1988 को जलगांव में 'शतेकारी' संगठन ने एक विशाल रैली का आयोजन किया। इस रैली के द्वारा सरकार से यह मांग की गई कि गांव में कर्ज वसूली का विरोध किया गया। गाँव में भयंकर सूखा पड़ जाने के कारण लगान व कर्ज न लिया जाय। सूखा पड़ने से हजारों किसान हाशिये पर आ गये थे। इस आन्दोलन का परिणाम यह हुआ कि सरकार को किसानों के सामने झुकना पड़ा। उसने 217 करोड़ रू. का किसानों का कर्ज माफ कर दिया।

किसान आन्दोलनों से कुछ नतीजे निकाले जा सकते हैं। किसान जिसकी भूमि और खेती ही सब कुछ है, ग्रामीण समाज का अधिकांश कृषक जिसके पास बहुत थोड़ी भूमि है, वह बटाई पर काम करता है। भूमिहीन श्रमिकों की दशा शोचनीय है। इसी तरह खेती से जुड़े असंख्य परिवार हाशिये पर हैं। ग्रामीण समाज का सामन्तवादी ढांचा गिर गया। जमींदारी का उन्मूलन हुआ। कानून ने किसानों को कुछ राहत दी। किन्तु आज भी नये चेहरों में नये युग के धनाढ़्य भू माफिया ग्रामीण और खेतों पर कब्जा जमाए हैं। शोषण, उत्पीड़न और अत्याचार आज भी किसानों का बड़े धनाढ्य किसानों द्वारा हो रहा है। ये वे तथाकथित किसान हैं जो स्वयं खेती नहीं करते बल्कि बटाई पर खेती करवाते हैं। ये भूमिहीन श्रमिकों को कम से कम पारश्रमिक देकर किसानी कराते हैं।

ग्रामीण समाज की जातीय व्यवस्था एवं संरचना सामान्यत: पिछड़ी जातियों, अनुसूचित जातियों, दुर्बल वर्ग के लिये अभिशाप बन चुकी है। छोटी निर्धन जातियों का आज भी शोषण किया जाता है। छोटी, अशिक्षित असवर्ण जातियों में अभी ऐसा प्रभावशाली नेता नहीं है जो इनकी समस्याओं को आधार बनाकर आन्दोलन चलाये। सच यह भी है कि इन्हें किसान माना ही नहीं जाता। इन्हें भूमिहीन श्रमिक कहा जाता है। इसे विडम्बना ही कहेंगे।

पानी, बिजली, खाद और ऋण को लेकर आज भी किसान आन्दोलन करते हैं। इन सब कमियों के बावजूद भी आज कृषि व्यवसाय के ढाचे में अनेक सुधार के सुखद परिवर्तनों को सहज ही देखा जा सकता है। जैसे अच्छी से अच्छी खाद किसानों को उपलब्ध है। खेती के समय अधिक समय तक किसानों को बिजली दी जाती है। खेती के लिये ऋण दिया

---

19. दीपांकर गुप्ता, सम्पादित, घनश्याम शाह, सोशल मूवमेन्ट एण्ड द स्टेट, पृष्ठ 223.

जाता है। सरकार किसानों की फसल को उचित मूल्य पर क्रय करती है। खेती के नये-नये तरीकों की जानकारी किसानों को दी जाती है। यही कारण है कि भारत अन्न के मामले में आत्म निर्भर बन चुका है। ग्रामीण समाज की महाजनी-संस्कृति किसानों को बैंक से ऋण मिल जाने के कारण लगभग समाप्त हो चुकी है। इस दृष्टि से महाजन, सूदखोर और धनाढ्य लोग किसानों का न तो शोषण कर पाते हैं और न बन्धुआ श्रमिक ही बना पाते हैं। ग्रामीण समाज में बन्धुआ श्रमिकों की प्रथा लगभग समाप्त हो गयी है।

ग्रामीण और कृषक समाज में राजनैतिक और जातिगत जागरूकता में, स्वतंत्रता के पश्चात अत्यधिक वृद्धि हुई। किसान अब अपना भला बुरा समझने लगे हैं। विभिन्न जातियों के अलग-अलग राजनैतिक नेता हो गए हैं जो अपनी जाति के किसानों के लिये आन्दोलन करते हैं, संघर्ष करते हैं। इस प्रकार के किसान आन्दोलनों की प्रकृति छोटे समय की होती है। स्थानीय और क्षेत्रीय किसान भी आन्दोलन करते हैं। इसीलिये ये अल्पायु के आन्दोलन होते हैं। फुलझड़ी की तरह चमक कर बुझ जाते हैं।

किसान आन्दोलनों के विश्लेषण से यह निष्कर्ष निकाला जा सकता है कि किसानों का अब जमींदार या धनाढय किसान शोषण और उत्पीड़न उस स्तर पर नहीं कर पाता है जिस स्तर पर वह ब्रिटिश शासन में किया करता था। स्वतंत्र भारत की सरकार ने कृषि व्यवसाय की उन्नति के लिये अनेक योजनायें बनायी हैं और साथ ही वह ग्रामीण समाज और कृषि व्यवसाय की उन्नति के लिये वचनबद्ध भी है और कटिबद्ध भी।

References

Bharat 2004.

Bose, Pradeep, Seminar, January, 1998.

Cameron, Wm. Bruce, Modern Social Movements, New York, Random House.

Chakarvarty, Anand, Bharat Mein Kisan Sangharsh, The Macmillan Company of India, New Delhi.

Chakervarty, Anand, in Equality and Inequality, Andre Beteille (ed), Oxford University Press, Bombay.

Desai, A.R., Bhartiya Rashtrawad Ki Samajik Prishthabhumi, The Macmillan Company of India, New Delhi.

Desai, A.R., Peasant Struggles in India, Oxford University Press, New Delhi.

Dhanagare, D.N., Social Movements and the State, Ghanshyam Shah (ed), Sage Publications, New Delhi.

Dhanagare, D.N., Peasants Movement in India, Oxford University Press, Delhi.

Dutt, Rajni Pam, Bharat Vartman Aur Bhawi, People's Publishing House.

Gill, Sucha Singh, in Social and Political Movements, Harish Puri (ed), Rawat Publications, Jaipur.

Guha, R., Elementary Aspects of Peasant Insurgency in India, Oxford University Press, Delhi.

Gupta, Dipankar, Social Movement and the State, Ghanshyam Shah (ed), Sage Publications, New Delhi.

Gupta, Raghuraj, Gramin Samajshashtra, Bhartiya Paridarsh, Sarswati Sadan, Delhi.

Lal, Mukut Bihari, Acharya Narendra Dev, Vishvidayalaya Prakashan, Varanasi.

Marla, V. Sarma, Bharat Mien Kisan Sangharsh, The Macmillan Co of India, New Delhi.

Natrajan, L., Bharat Ke Kisan Vidhroh, Sarvan Jayanti Prakashan, Delhi.

Pratap, Mahendra, Uttar Pradesh Mein Kisan Andolan, Vari Prakashan, New Delhi.

Rao, K. Ranga, Social Movements in India, M.S.A. Rao (ed.) Manohar Publications, New Delhi.

Rasool, M.A., History of the All India Kisan Sabha.

Sachi, Savay, Azadi Se Emergency Tak, Savay Sachi Prakashan.

Saharabudhe, Sunil, The Peasant Movement Today (ed), Asia Publishing House, New Delhi.

Sen, S.K., Agrarian Struggles in Bengal, People's Publishing House, New Delhi.

Shard, Onkar, Lohiya Ke Vichar, Lok Bharti Prakashan, Allahabad.

Singh, Ayodhya, Bharat Ka Mukti Sangram, Rekha Prakashan, Calcutta.

Singh, Rajendra, Social Movements in India, M.S.A. Rao (ed), Manohar Publications, New Delhi.

Singh, V. N., Rural Sociology, Vivek Prakashan, Delhi.

Siqrist, K., Bharat Mein Kisan Sangharsh, The MacMillan Co. of India, New Delhi.

Troisi, Joseph, Social Movements in India, M.S.A. Rao (ed), Manohar Publications, New Delhi.

9

जनजातीय आन्दोलन
(Tribal Movements)

पुस्तकों में जनजातियों के लिये अनेक शब्दों का प्रयोग पर्यायवाची के रूप में किया जाता है जबकि वास्तव में वे पर्यायवाची नहीं है। जैसे **जनजाति, आदिवासी, वनवासी, आदिम जाति**। ये चारों शब्द मानवशास्त्रियों के द्वारा जनजातियों के लिये, समान अर्थों में प्रयोग किये गये हैं। जबकि वन्य जाति का अर्थ है वे व्यक्ति जो वनों में निवास करते हैं और उनकी जीविका का साधन वन उत्पाद हैं। आदिवासी का अर्थ उन जातियों से है जो प्राग ऐतिहासिक और आदिम जातियों से सम्बन्धित रही हैं, जैसे कोल, भील आदि। जनजाति अथवा ट्राइब्स का सामान्यतः अर्थ है कि वे जातियाँ जिनकी अपनी विशिष्ट सांस्कृतिक विशेषतायें हैं जिनके आधार पर उन्हें अलगाया जा सकता है। विशेष उल्लेखनीय बात यह है कि वर्तमान सन्दर्भ में इनमें से कोई भी जाति अपने विशुद्ध स्वरूप में उपलब्ध नहीं है। इसीलिए जनजाति की सर्वमान्य कोई परिभाषा नहीं है। जनजाति के लिये जिन विद्वानों ने उपर्युक्त पर्यायवाची शब्दों का प्रयोग किया है, मैं समझता हूँ ऐतिहासिक पृष्ठभूमि की दृष्टि से पूर्णतया गलत है। वास्तव में, जनजाति एक ऐसा समूह है जिसकी अपनी (कुछ) विशिष्ट विशेषतायें हैं और जो एक निश्चित स्थान पर निवास करते हैं। इनका अपना स्वायत्त शासन होता है। ये बाह्य संसार की चटक-मटक और भौतिक संस्कृति से दूर होते हैं, किन्तु विकासशील देशों में इनकी संस्कृति में अनेक तरह के बदलाव देखे जा रहे हैं। जनजाति के लिये स्वतंत्र भारत के संविधान में वर्णित 'अनुसूचित जनजाति' के नाम का प्रयोग किया गया है। भारत के विशाल खण्ड में जो विभिन्न प्रकार की जनजातियाँ पायी जाती हैं लगभग वे सभी अनुसूचित जनजाति के अन्तर्गत रखी गयी हैं। इस बात का ध्यान रखा गया है कि अनुसूचित जनजाति में वे ही सम्मिलित की गई हैं जो हिन्दू वर्ण व्यवस्था के बाहर थे और सदियों से उपेक्षित थे।

भारत जैसे विशाल भू-खण्ड पर जनजातियों की जनसंख्या विभिन्न राज्यों में भिन्न-भिन्न है। ये लगभग सभी राज्यों में न्यूनाधिक रूप में आज भी उपस्थिति है। अनुसूचित जनजातियों की जनसंख्या 1991 के अनुसार विभिन्न राज्यों में निम्नलिखित है :

अनुसूचित जनजातियों की जनसंख्या (1991)

राज्य/केन्द्र शासित प्रदेश	*अनुसूचित जनजातियाँ*	*कुल जनसंख्या का प्रतिशत*
भारत	**67,758**	**8.08**
राज्य–		
1. आन्ध्र प्रदेश	4,200	6.31
2. अरूणाचल प्रदेश	550	63.66
3. असम	2,847	12.82
4. बिहार	6,617	7.66
5. गोवा	–	0.03
6. गुजरात	6,612	14.92
7. हरियाणा	–	–
8. हिमाचल प्रदेश	218	4.22
9. कर्नाटक	1,916	4.26
10. केरल	321	1.10
11. मध्य प्रदेश	15,399	23.27
12. महाराष्ट्र	7,318	9.27
13. मणिपुर	623	34.41
14. मेघालय	1,518	85.53
15. मिजोरम	654	94.75
16. नागालैण्ड	1,061	87.70
17. उड़ीसा	7,032	22.21
18. पंजाब	–	–
19. राजस्थान	5,475	12.44
20. सिक्किम	01	22.36
21. तमिलनाडु	574	1.03
22. त्रिपुरा	853	30.95
23. उत्तर प्रदेश	288	0.21
केन्द्र शासित प्रदेश–		
1. अण्डमान और निकोबार द्वीप समूह	27	9.54
2. चन्डीगढ़	–	–
3. दादरा और नागर हवेली	109	78.99
4. दमन और दीव	12	11.54
5. दिल्ली	–	–
6. लक्षद्वीप	48	93.15
7. पांडिचेरी	–	–

भारत, 2004, पृ. 15.

उपर्युक्त आंकड़े दर्शाने का अर्थ मात्र इतना है कि भारत के विभिन्न प्रदेशों में फैली जनजातियों की जनसंख्या कितनी है जो हमें अनुसूचित जनजाति के शीर्षक से उपलब्ध होती है। इन जनजातियों के अपने नाम हैं जिन्हें संक्षेप में जानना आवश्यक है। इसके साथ ही यह भी ज्ञात करना जरूरी है कि इनकी मुख्य समस्यायें क्या रहीं हैं? क्योंकि इन समस्याओं के गर्भ में ही आन्दोलन के बीज हैं जो समय-समय फूटते रहे हैं और व्यापक रूप धारण कर लेते हैं।

यहाँ पर मैं स्पष्ट कर देना चाहता हूँ कि विभिन्न जनजातियों का विवरण प्रस्तुत करने का ध्येय हमारा नहीं है, वरन् उनके नाम से परिचय कराना मात्र है जिससे आगे चलकर आपको यह ज्ञात हो सके कि जनजातियों में आन्दोलन क्यों, कैसे और किन समस्याओं के कारण आरम्भ हुए। भारत के विभिन्न राज्यों में प्रमुख और प्रसिद्ध जनजातियाँ निम्नलिखित हैं :

बस्तर की जनजातियाँ

बस्तर की जनजातियों पर लाला जगदलपुरी का महत्वपूर्ण और सराहनीय कार्य है। इस संबंध में उनकी पुस्तक 'बस्तर इतिहास एवं संस्कृति' एक महत्वपूर्ण कृति है। बस्तर की स्थिति बताते हुए लिखते हैं बस्तर जिला चतुर्दिक चार संस्कृतियों से घिरा है। जिले के चारों ओर छत्तीसगढ़, आन्ध्र, उड़ीसा और महाराष्ट्र की सीमायें स्थिति हैं। सीमा संस्कृतियों से घिर कर भी बस्तरांचल अपनी आरण्य संस्कृति की एक अलग पहचान देता है।[1]''

हलबा जनजाति- यह मुख्यतः मध्य-प्रदेश, उड़ीसा, और महाराष्ट्र में पायी जाती है। मध्य प्रदेश में यह जनजाति बस्तर, रायपुर, दुर्ग, छिंदवाड़ा में पाई जाती है।

भतरा जनजाति- इस जनजाति के व्यक्ति आधुनिक सम्पर्क में आकर आधुनिक बनते जा रहे हैं। ये कला-प्रेमी और नाटय प्रेमी होते हैं, साथ ही कठोर परिश्रम भी करते हैं। जिले भर में फैले हुए हैं। केकड़े, चूहे और पक्षी इनके प्रिय खाद्य हैं।

मुरिया जनजाति- 'मुरिया' मूल निवासी हैं। बस्तर के मूलतः तीन प्रकार के मुरिया होते हैं : राजा मुरिया, घोटुल मुरिया और झोरिया मुरिया।

माड़िया जनजाति - यह दो प्रकार की है। दण्डामी माड़िये और अबूझ माड़िये। अबूझ माड़िये पहाड़ी होते हैं। जो मैदानों में निवास करते हैं उन्हें दण्डामी माड़िये कहते हैं। इस तरह बस्तर जिले में घुरवा और दोटला जनजाति के लोग भी निवास करते हैं।

बी.के. राय बर्मन[2] का यह कहना कहीं तक उचित प्रतीत होता है कि उपनिवेशिक

---

1. लाला जगदलपुरी, बस्तर इतिहास एवं संस्कृति, पृष्ठ 1.
2. बी.के.राय बर्मन, सोराल मूवमेन्ट्स इन इन्डिया, पृष्ठ 317.

काल में जनजातियों में अशान्ति व्यापक रूप में फैली हुयी थी। प्रत्येक जनजाति में इसके अपने कारण थे। समकालीन समाज में जनजातियों की चुनौतियाँ सामाजिक और राजनीतिक व्यवस्था के लिये चुनौतियाँ बन चुकी थी। हमें इस पर विचार करना होगा कि यदि चुनौतियाँ बनी रहीं तो वैश्विक आयाम का स्वरूप ले सकती हैं। यहाँ पर यह कहना उचित ही लगता है कि ब्रिटिश शासन में जो जनजातियों के आन्दोलन अन्याय, शोषण और अत्याचार के विरुद्ध हुए थे, स्वतंत्र भारत में आज भी जनजातीय आन्दोलन थमें नहीं हैं। देश के विभिन्न राज्यों में जनजातीय आन्दोलन चल रहे हैं। उनकी माँगें अलग-अलग हैं। असम, नागालैण्ड, मिज़ोरम, तेलंगाना, बिहार, मध्य प्रदेश, राजस्थान, बस्तर, झारखण्ड, आन्ध्र-प्रदेश, गुजरात आदि राज्यों में जनजातियों के व्यक्ति एकजुट होकर अपनी मांगों के लिये आन्दोलन चला रहे हैं।

भारत के विभिन्न राज्यों में जो मुख्य जनजाति आन्दोलन हुए हैं, वे निम्नलिखित हैं-

संथाल विद्रोह (Santhal Revolt)

अनेक जनजातियों के आन्दोलनों में संथालों के आंदोलन का मुख्य स्थान है। बिहार में इस जनजाति की काफी अधिक जनसंख्या है। संथाल विद्रोह को संथाल हल भी कहते हैं। इनके निवास स्थान कटक, धलभूम, मानभूम, छोटा नागपुर, पलामू, हजारीबाग, भागलपुर, पूर्णिया, बाकुड़ा, मुर्शिदाबाद आदि रहे हैं। इनकी जनसंख्या का एक भाग पश्चिम बंगाल में भी पाया जाता है। संथाल मेहनती होते हैं। ये घने जंगलों को काट कर खेती योग्य बना लेते हैं। एक बड़े भू-भाग पर इनका अधिकार था। वे खेतों के मालिक थे। खेत ही इनके जीवन और खुशहाली का आधार था, किन्तु अंग्रेजी शासकों को यह फूटी आँख भी सुहाता नहीं था। अस्तु उन्होंने उन्हें अपनी जमीन से बेदखल कर दिया। भूमि जमींदारों की व्यक्तिगत सम्पत्ति बन गयी। लेकिन वास्तविक भूमि की मालिक ब्रिटिश सरकार बन गयी और खेती करने वाले कृषक जमींदार बिचौलिये बन गए। इस तरह संथाल कृषकों पर अत्याचार, शोषण, उत्पीड़न चौतरफा होने लगा। शासक, जमींदार, व्यापारी, महाजन सभी संथालों का शोषण करने लगे। इस अत्याचार और शोषण के विरुद्ध संथालों में अन्दर ही अन्दर आन्दोलन की चिंगारी सुलगने लगी और एक दिन यह भयंकर रूप में फूटी।

प्रो. वी.एस. उपाध्याय और डॉ. जी. पाण्डे संथालों की आर्थिक सामाजिक परिस्थितियों का वर्णन करते हैं। इन महाजनी और शोषण की परिस्थितियों ने ही अन्ततः संथाल आन्दोलन को प्रोत्साहित किया। "सन् 1851 ई. तक संथाल परगना में संथालों के 1473 गांव बस चुके थे। धीरे-धीरे उनके क्षेत्र में शोषकों का आगमन हुआ। ये शोषक बंगाली जमींदार तथा बादरी व्यापारी एवं व्यवसायी थे जिन्हें महाजन या साहूकार के नाम से जाना जाता है। टिकुओं के आगमन से पहले संथाल गांवों की अर्थव्यवस्था आत्मनिर्भर थी।..... एक बार महाजन के चंगुल में आने पर आजीवन उन्हें महाजन के अधीन रहना पड़ता था।

महाजन उनकी खेती की फसल, पशुओं, मुर्गा-मुर्गी तथा महिलाओं के आभूषण भी कर्ज तथा सूद वसूलने के लिये जबरदस्ती उठाकर ले जाते थे। अगर इस पर भी कर्ज नहीं वसूल हो पाता था, तब संथाल को महाजनों के घर में बेगारी करनी पड़ती थी। महाजनों द्वारा संथाली महिलाओं का यौन शोषण किया जाता था।[3]''

शोषण की कहानी यहीं नहीं थमती है। ब्रिटिश सरकार की दृष्टि संथालों की उपजाऊ भूमि पर भी थी जिसे उन्होंने बहुत परिश्रम से जंगलों को काटकर खेत बनाये थे। उस पर मालगुजारी थोप दी गई। मालगुजारी के बोझ से संथाल टूटता जा रहा था। उसकी आर्थिक स्थिति दयनीय होती जा रही थी। संथाल मालगुजारी देने के पक्ष में नहीं थे।

अयोध्या सिंह की महत्त्वपूर्ण पुस्तक 'भारत का मुक्ति संग्राम' में संथालों के आन्दोलनों को सप्रमाण प्रस्तुत करते हैं :

''संथाल विद्रोह के पीछे थी जमीन पर एक छत्र अधिकार की स्थापना की आकांक्षा और उसके साथ आ मिली थी संथालियों की स्वाधीनता की स्पृहा जिसके कारण उन्होंने नारा बुलन्द किया था: स्वयं अपने दलपति के अधीन स्वाधीन संथाल राज्य स्थापित करें।''

संथाल परगना गजेटियर पृ. 487.

ई.जे. मान ने अपनी पुस्तक 'संथालिया एण्ड द संथाल्स' में इस विद्रोह के संबंध में लिखा है। उन्होंने विद्रोह के मुख्य कारणों पर प्रकाश डालते हुए लिखा है-

प्रथम, इस उपजाति के साथ व्यवसाय करने में महाजनों का लोभ और लूटने की प्रवृत्ति; द्वितीय, ऋण के लिये व्यक्तिगत और वंशगत दासता की बर्बर प्रथा से उत्पन्न क्रमशः बढ़ती दुर्दशा और दुर्गति; तृतीय, पुलिस का असीम भ्रष्टाचार और अत्याचार और पुलिस द्वारा महाजनों के कुकर्मों में सहायता; चतुर्थ; न्यायालयों में संथालों के लिये न्याय पाना असम्भव व अन्तिम संथालों की फिजूलखर्ची।[4]''

संथालों पर अत्याचार व शोषण जहाँ देशीय जमींदार, महाजन, सूदखोर, व्यापारी, पुलिस कर रही थी, वही अंग्रेजी सरकार भी उनका दमन और उत्पीड़न कर रही थी। अंग्रेजी शासन के न्यायालय संथालों को न्याय नहीं देते थे। इन दमनकारी नीतियों और शोषण के विरुद्ध संथालों ने 1855-56 में एकजुट होकर विद्रोह का बिगुल बजाया। जिसका उद्घोष बिहार और बंगाल के अंचलों में हुआ। अत्याचारों के विरुद्ध संथालों ने बीर सिंह माझी नामक सरदार के नेतृत्व में एक दल की स्थापना की। इस दल ने बदले की भावना से उन महाजनों और साहूकारों को लूटना शुरू किया जिन्होंने संथालों को खुले आम लूटा था। संथालों में आक्रोश की अग्नि प्रज्वलित हो चुकी थी। उनके धैर्य का बाँध टूट चुका था। 30 जून, 1855 एक ऐसा ऐतिहासिक दिन था जिस दिन भगनाडीही गाँव में चार सौ गांवों

---

3. वी. एस. उपाध्याय और जी. पाण्डे, जनजातीय विकास, पृष्ठ 42.
4. अयोध्यासिंह, भारत का मुक्ति संग्राम, पृष्ठ 284.

के संथाल प्रतिनिधि एकत्रित हुए। इनकी 10,000 से भी अधिक संख्या थी। इस गांव को यह श्रेय प्राप्त था कि इस गांव में चार बड़े साहसी संथाल नेता थे - सिद्धू, कानू, चांद और भैरव। यह गाँव इनका जन्मस्थली भी था। इस विशाल संथाली सभा में सभी ने यह शपथ ली कि वे अब देशी और अंग्रेजों की सरकार के अत्याचार व शोषण सहन नहीं करेंगे। संथाल-विद्रोह की सबसे बड़ी शक्ति संथालों की बहुत बड़ी संख्या है। **डब्ल्यू, डब्ल्यू हन्टर** ने इस संबंध में लिखा है कि-

"इस अभियान में केवल नेताओं के अंगरक्षकों की सेना 30,000 थी। घर से लाया भोजन जब तक चलता रहा तब तक अभियान भी चलता रहा। किन्तु भोजन सामग्री जब समाप्त हो गयी तो दो ही रास्ते बचे थे लूट या जबरदस्ती खाद्य सामग्री एकत्र करना। नेताओं ने दूसरा रास्ता अपनाया किन्तु साधारण संथालों ने प्रथम मार्ग को ही अच्छा समझा।[5]"

7 जुलाई, 1855 का संथाल-विद्रोह अपना सानी नहीं रखता है। यह वह विद्रोह था जिसने अंग्रेज शासकों व सरकार के दाँत खट्टे कर दिये थे।

जुलाई माह समाप्त होने के पूर्व ही संथालों ने इतना भय अंग्रेजों में उत्पन्न कर दिया था कि वे इनकी बड़ी जनसंख्या के सामने टिक नहीं पा रहे थे। इतिहासकार हंटर ने लिखा है कि .... "जुलाई माह समाप्त होने के पहले ही सैकड़ों गावों को जला कर खाक कर दिया गया था, कई हजार गाय-भैंस संथाल हाँक ले गये। हमारी सेना कई स्थानों में पराजित हुई और महिलाओं समेत कई अंग्रेज कर्मचारी मारे गए। अंग्रेजों के बहुत से केन्द्र और नील कोठियाँ लूट ली गयी और जला दी गयी.....। उनके डर से डाकिया, चौकीदार और यहाँ तक कि छोटे-छोटे थानों के सिपाही और जमादार नौकरी छोड़ कर भाग गए। विद्रोहियों ने चारों तरफ घोषणा कर दी कि कम्पनी का राज खत्म हो गया है और स्वाधीन संथाल राज्य स्थापित हो गया है।[6]"

वी.एस. उपाध्याय और डॉ. पाण्डे संथालों पर किये गये अंग्रेजी शासकों के अत्याचार का वर्णन करते हुए लिखते हैं कि संथालों ने निलहे गोरे के शोषण के खिलाफ न्यायालय की शरण ली लेकिन उन्हें लाभ नहीं मिला। .... विवश होकर संथालों ने 25 जुलाई 1855 को संथाली बोली तथा कैथी भाषाओं में निलहों के खिलाफ एक घोषणा पत्र तैयार किया। .... अंग्रेज ठेकेदार द्वारा तीन महिला श्रमिकों का अपहरण कर लिया गया तथा उनके साथ दुष्कर्म भी किए गए थे। इस व्यवहार से क्रुद्ध होकर संथालों ने अंग्रेजों पर आक्रमण कर दिया। इस आक्रमण में तीन अंग्रेजों की मौत हुई तथा अपहृत महिला को छुड़ा भी लिया गया था।[7]

---

5. डब्ल्यू. डब्ल्यू. हन्टर, हिस्टी ऑफ संथाल रेबेलियन ऑफ 1815, पृष्ठ 313.
6. डब्ल्यू. डब्ल्यू. हन्टर, हिस्टी ऑफ संथाल रेबेलियन ऑफ 1815, पृष्ठ 314. उद्धृत अयोध्या सिंह, भारत का मुक्ति संग्राम, पृष्ठ 288.
7. वी. एस. उपाध्याय और जी. पाण्डे, जनजातीय विकास, पृष्ठ 43.

ये सभी उद्धरण इस बात के प्रमाण हैं कि संथाल विद्रोह अंग्रेज शासकों के विरुद्ध एक सशक्त विद्रोह था जिसने संथालों की समस्याओं पर विचार करने के लिये विवश कर दिया था क्योंकि इनमें इतना भय घर कर गया था कि सन्थालों का सामना करने में वे अपने को असमर्थ पा रहे थे। भय का एक कारण यह भी था कि अंग्रेज मारे जा रहे थे। संथालों द्वारा निलहे गोरों की कोठियों पर कब्जा किया जा रहा था। इतना ही नहीं 20 हजार संथाली वीरों ने अमरपुर परगना पर आक्रमण कर वहाँ के राजा को राजभवन से खदेड़ दिया था। संथालों ने अनेक स्थानों पर कब्जा कर लिया। संथालों की महान शक्ति और साहस ने अंग्रेजों को झकझोर कर रख दिया था। वे इतने आतंकित हो गए थे कि इनका सामना करने में डरते थे। डॉ. ए.आर.एन. श्रीवास्तव संथालों के इस महा संग्राम का विश्लेषण करते हुए अन्त में इस निष्कर्ष पर पहुँचते हैं कि दो संथाल भाई सिदो व कान्हू संथालों को एकजुट करने हेतु सामने आये।

"उन्होंने जन असन्तोष को नेतृत्व प्रदान किया। इन्होंने खुले रूप से कहना प्रारम्भ किया कि उन्हें उच्च प्राकृतिक आज्ञा मिली है कि अपने भाइयों को रास्ता दिखायें। उनका नारा था कि हमें सभी दिकू (विदेशी) को मार डालना चाहिए और स्वयं को ही शासक बनाना चाहिए।...... संथालों ने स्वयं को तीर धनुष, कुल्हाड़ी से सुसज्जित किया व साहूकारों को मारना शुरू किया। ..... 1871 के संथाल विद्रोह का मुख्य परिणाम यह हुआ कि ब्रिटिश सरकार ने 1855 के सुधारों को पुनः लागू करने का गंभीर प्रयत्न किया।[8]"

अन्त में हताश, थकी-पिटी अंग्रेजी सरकार ने संथालों का दमन करने के लिये 10 नवम्बर, 1855 को बंगाल और बिहार के संथाल अंचलों को सेना के सुपुर्द कर दिया और संथालों में आंतक और भय उत्पन्न करने के लिये घोषणा की गई कि जिस संथाल के हाथों में हथियार देखे जायेंगे, उन्हें मौत की सजा दी जायगी क्योंकि वे अंग्रेज शासकों के शत्रु माने जायेंगे।[9]

ब्रिटिश शासकों के पास अन्तिम हथियार यही था कि उपद्रवी और विद्रोही संथालों का सख्ती से दमन किया जाय। इन्हें कठोर से कठोर सज़ा दी ही न जाय बल्कि इन्हें मृत्यु दण्ड का भी दण्ड दिया जाना चाहिए। इस नीति के तहत हजारों संथालों को बन्दी बना कर जेल में ठूंस दिया गया। उन पर अत्याचार किये गये। आश्चर्य की बात यह है कि अनेक दबाव के बावजूद भी संथालों के विरुद्ध कोई गवाही देने को तैयार नहीं होता था। यह अपने में जन शक्ति और सामूहिक भावना का उदाहरण था जिसे सामान्यतः इतिहास के पन्नों में देखा नहीं जा सकता था। इसका अर्थ यह भी है कि संथाल विद्रोह अथवा आन्दोलन के पीछे अपार जन शक्ति की भावना छिपी थी। संथाल विद्रोह का एक सुखद परिणाम सामने आया कि संथाल परगना की स्थापना की गई। संथालियों को अपनी भूमि, अपना शासन,

8. ए.आर.एन. श्रीवास्तव, जनजातीय संस्कृति, पृष्ठ 87.
9. अयोध्या सिंह, भारत का मुक्ति संग्राम, 291.

अपने क्षेत्र का सपना साकार हुआ। सशक्त संथाल विद्रोह का लावा देश के अन्य क्षेत्रों में फैल गया। यह किसान आन्दोलनों के रूप में प्रस्फुटित हुआ।

कोल आन्दोलन (Kol Movement)

कोल जनजाति के व्यक्ति साहसी, जुझारू, संघर्ष से पीछे न हटने वाले बहादुर होते हैं। इसीलिये शायद इन्हें लड़ाका कोल की संज्ञा दी गई है। कोल विद्रोह की पृष्ठभूमि में भूमि संबंधी असंतोष था क्योंकि उनकी भूमि पर जमीन्दारों, साहूकारों, महाजनों और धनाढ्य सामन्तों ने कब्जा कर रखा था। गाँव के पदाधिकारी मुण्डा और मानकी के साथ दुर्व्यवहार और महिलाओं के साथ बलात्कार करना, उनका अपहरण करना कोल-विद्रोह के मुख्य पोषक तत्त्व थे। सामान्यतया कोल जनजातियों के लोगों से जमींदार तक आंतकित रहते थे। इसका उदाहरण है छोटा नागपुर का 1831-32 का विद्रोह। इस विद्रोह से शोषक, भ्रष्ट, उत्पीड़क, अत्याचारी, जमीन्दार पत्ते की तरह कांपते थे। अंग्रेज भी कोल लोगों की शक्ति, साहस और लड़ाकूपन से भयभीत और चिन्तित थे। इस काल के विद्रोह को कोल-विद्रोह के नाम से जाना जाता है। इसे मुण्डा लोगों का भी विद्रोह कहा जाता था। इनके सशक्त सहयोगी हो जनजाति के लोग थे।

कोल जनजाति के लोगों को यह विश्वास था कि अंग्रेजों के शासन में उन्हें अत्याचारी ज़मीन्दारों से मुक्ति मिलेगी। उनका शोषण नहीं किया जायगा। उन्हें उनके मुख्य जीविका के साधन खेती से वंचित नहीं किया जायगा। उनके साथ न्यायोचित व्यवहार किया जायगा। दमनकारी और सामन्तों पर अंकुश लगाया जायगा पर इसके विपरीत घटनायें हुई। हो और मुण्डों के मध्य प्राचीन गाँव व्यवस्था ही प्रचलित थी। जिसमें 7 से लेकर 12 तक गांवों को सम्मिलित कर एक पीर होता था। इसका नेता मानकी कहा जाता था। इसका सीधा सम्बन्ध जमीन्दार अथवा सरकार से होता था। इन्हीं के प्रति वह उत्तरदायी भी था, उनकी निगरानी भी इन्हीं की जिम्मेदारी में शामिल था। मुण्डों की दोहरी जिम्मेदारी होती थी। एक तरह वे पुलिस का उत्तरदायित्व निभाते थे तो दूसरी तरफ वे अपने गांव का भी प्रतिनिधित्व करते थे। इस दृष्टि से इनका पद व भूमिका महत्वपूर्ण थी।

सिंह भूमि के कोल जातियों को अंग्रेजों से बड़ी अपेक्षायें थी किन्तु उनकी आशाओं पर पानी फिर गया। उनकी स्थिति दिन-प्रति खराब होती गयी। ब्रिटिश शासकों का जुल्म बढ़ता गया। अंग्रेजों ने नाना प्रकार के शुल्क सिंह भूमि के निवासियों पर लगा दिये। इतना ही नहीं स्थानीय व्यक्तियों पर जुल्म ढाने के लिये दुश्चरित्र एवं बदमाश ठेकेदारों की नियुक्ति की गयी जिससे वे कड़ाई करके शुल्क वसूल कर सकें। जनता का उत्पीड़न करके वसूली करने की छूट जैसे थी उनको। इस प्रकार दिकुओं (बाहरी व्यक्ति) अंग्रेजों ने बाहरी लोगों द्वारा कोल जनजाति का शोषण करना शुरू कर दिया। इन अमानवीय कार्यों के विरुद्ध कोलों में विद्रोह की आग सुलगने लगी। अंग्रेजी सरकार कोलों को उत्पीड़न करने में कोई कोर

कसर नहीं छोड़ रही थी। नये-नये कर लगा कर उनका दमन किया जा रहा था। टैक्स न अदा करने पर उनकी जमीन छीनी जा रही थी। इसे मिल ने इस प्रकार लिखा है-

''कई जमीन्दारियों के आन्तरिक शासन का भार उनके सामन्त सरदारों को सौंपा गया, लेकिन उन्हें प्रतिवर्ष थोड़ा सा कर देना होता था, अपने ज़िलों के अन्दर लूटमार और हत्या बन्द करनी पड़ती थी तथा सभी ब्रिटिश राज्यों से भागे लोगों और अपराधियों को ब्रिटिश अधिकारियों को सौंप देना पड़ता था।प्रान्त के अन्य भागों में बंगाल सरकार के न्याय और राजस्व संबंधी नियम लागू थे। इस हालत को सामन्त सरदार और जनता दोनों ही कतई पसन्द न करते थे।..... यह भी असम्भव नहीं छोटे-छोटे देशी राजस्व और पुलिस अफसरों का बलपूर्वक वसूल करने का उदण्ड व्यवहार कोलों का असन्तोष बढ़ाने में सहायक हुआ हो।..... इन तथा अन्य उत्तेजना फैलाने वाले कारणों से जिनका सही रूप सुनिश्चित न किया जा सका और जिसे सम्भवत: खुद कोल भी न जानते थे, का प्राय: सर्वव्यापी विद्रोह हुआ।[10]''

भारतीय भूमि पर कम्पनी सरकार अथवा ब्रिटिश सरकार को कभी भी किसी जनजाति के समुदाय ने हाथों हाथ नहीं लिया। वे जब झुके हैं दबाव अथवा सैन्य-शक्ति के कारण अथवा भारतीय जमीन्दारों की दोगली नीति के कारण। जनजातियाँ सरलता से पराजय को स्वीकार नहीं करती थी। कोल जनजाति तो लड़ाकू के रूप में प्रसिद्ध थी। मिदनापुर से लगे हुए मानभूमि और सिंहभूमि के सीमावर्त्ती क्षेत्र में अंग्रेजों का चुआर ने डट कर विरोध किया। इसी तरह कोलाहन क्षेत्र में कम्पनी सरकार का हो जनजाति के वीरों ने प्रतिरोध किया। यह प्रतिरोध लम्बे समय तक जारी रहा। वास्तव में, इस समय इस क्षेत्र के जमीन्दार, राजा, महाराजा सभी अंग्रेज शासन का विरोध करने में लगे थे। इन्हें नियंत्रण करना अंग्रेजी सरकार के लिए सरल नहीं था। यह कोल विद्रोह की वह अग्नि थी जिसका ताप अंग्रेजों तक पहुँच रहा था। जब कभी अंग्रेजों ने किसी क्षेत्र पर शिकंजा कसा वैसे ही कोलों का विद्रोह और तीव्र हो जाता था। कम्पनी ने सिंहभूमि पर अपना कब्जा मजबूत करना चाहा, विद्रोह और उग्र हो गया। यह घटना 1818 ई. की है। ब्रिटिश सरकार निरन्तर इस प्रयास में लगी रही कि दो जनजाति के लोगों को किस प्रकार दबाया जाय। उन्हें नियंत्रित कैसे किया जाय? अंग्रेजों ने वही पुरानी चाल चली कि उसने पोरदार राजा और सिंहभूमि के दूसरे जमीन्दारों को मिलाकर हो जाति के लोगों को दबाना आरम्भ कर दिया।

अंग्रेजों के दमनकारी अत्याचारों और उत्पीड़न की प्रतिक्रिया होना स्वाभाविक था। हो जनजाति के लोग हिंसात्मक कार्यों को करने लगे। गाँव को जलाना, लूटना और लोगों को मौत के घाट उतारना आरम्भ कर दिया। क्योंझर क्षेत्र में 100 गाँवों को आग के हवाले कर दिया। वे लोग जो सिंहभूमि से बाहर जा रहे थे और जनजाति के लोग नहीं थे, वे मारे जा रहे थे। हो जनजाति के लोगों को दबाने के लिये मेजर रफसेज को जिम्मेदारी सौंपी

10. अयोध्या सिंह, भारत का मुक्ति संग्राम, पृष्ठ 220-21.

गयी। वह एक बटालियन लेकर जिसमें पैदल, घुड़सवार और तोपची थे कोलहान क्षेत्र में दाखिल होता है। जैसे ही बटालियन चाईबासा पहुँचती है कोली ने उनके शिविर पर जबरदस्त धावा बोल दिया। अंग्रेजी सेना को काफी क्षति पहुंची। इसके पश्चात हो जनजाति के लोग पहाड़ों और जंगलों को चले गए। अंग्रेजी सरकार हार मानने वाली नहीं थी। उसने लेब मेलाई को हो जाति के लोगों को मार गिराने के लिये पूरी तैयारी से भेजा। जनजाति के लोगों ने इनका डटकर सामना किया। इस संघर्ष में हो जाति के लोगों को काफी क्षति पहुंची लगभग 50 लोग मारे गये और 250 के करीब जंगलों में छिप गये। इन घटनाओं से हो जनजाति के लोगों का मनोबल गिर गया। इसके परिणाम स्वरूप 24 गांवों के मुडांओं ने अन्ततः आत्म समर्पण कर दिया।

विद्रोह की आग सुलगती रही और एक के बाद एक घटनायें इस रूप में घटित होती रही कि कोलों में असन्तोष फैलता गया। ठीक इसी तरह की एक घटना है कि रांची जिला के सोनपुर परगना में इचाहातु के सिंहराय मान की के 12 गांवों को बाहरी लोगों को दे दिया गया। वे बाहरी लोग जनजाति की युवतियों और महिलाओं से अपनी सेक्स की भूख को भी जबरन सन्तुष्ट करते थे। महिलाओं का अपहरण भी किया जाता था। इन सबसे दुखी होकर कोल जाति के लोगों ने एक सभा कर निर्णय लिया कि सामन्तों और बाहरी लोगों को जिन्होंने उनकी जमीन छीनी है उनके विरुद्ध एक मजबूत विद्रोह करना होगा। इसलिये इस विद्रोह को कोल विद्रोह की भी संज्ञा दी जाती है। हालांकि इस महान विद्रोह को अंग्रेजी सेना बल ने रौंद दिया था।

कोल विद्रोह के संबंध में **ओ मैली** ने लिखा है –

> "1831 में हो छोटा नागपुर के मुण्डा विद्रोह में जिसे, साधारणतः कोल विद्रोह कहा जाता है, शामिल हुए। मुण्डों के अन्दर बहुत दिनों से असन्तोष की आग सुलग रही थी जिसका कारण उनके मुखियों को दबाकर उनके गांवों को विदेशी फारमरों को सौंप देने का था। इस विस्फोट का कारण वस्तुतः सिंहभूमि के और उसके उत्तर के निवासी मुण्डों के साथ किया गया व्यवहार था।[11]"

सन् 1921 का हो जनजाति का विद्रोह भी अपनी सानी नहीं रखता है। उनका लड़ाकू चरित्र और अत्याचार के विरुद्ध विद्रोह करने का संकल्प अडिग होता था। वे जान की बाजी लगा कर भी अंग्रेजों, जमीन्दारों, साहूकारों को सबक सिखाने में पीछे नहीं रहते थे। हो जाति के लोगों ने अंग्रेजों को सिंहभूमि से निकाल बाहर करने की ठान ली थी। इन्होंने गोखरिया डटी कम्पनी के सूबेदार पर जनवरी 1921 को धावा बोल दिया। इनकी टुकड़ी को पूरी तरह नष्ट कर दिया। अन्ततः सुबेदार अपने 15 साथियों के साथ मौत के घाट उतार दिया गया।

---

11. अयोध्या सिंह, भारत का मुक्ति संग्राम, पृष्ठ 221-22.

पोरदार में राजा के दो मोख्तार तथा 20 घोड़े भी मारे गए। बीशेत्तम जी घटना का विवरण देते हुए लिखते हैं;[12]

"6 फरवरी, 1821 ई. को हो लोगों ने चैनपुर पर हमला किया। अन्ततः एक हवलदार दस सिपाहियों और तीन घोड़ों की हत्या कर उन्होंने चैनपुर की गद्दी पर कब्जा कर लिया। रतनसिंह जमादार तथा उसके अनुयायी सम्पूर्ण नकदी हथियार तथा गोला बारुद छोड कर सरायकेला भाग गये। अब सम्पूर्ण कोल दान लड़ाकू कोलो की दया पर आश्रित था। उन्होंने चक्रधरपुर तथा चैनपुर को उजाड़ डाला। सभी रैयत भागकर जंगलों, पहाड़ों में छिप गये। लड़ाका कोलों ने पोरहाट पर भी हमला किया और वहाँ का राजा भागकर आनन्दपुर पहुँचा।"

उपर्युक्त घटनाओं से ज्ञात होता है कि कोल जाति के लोगों ने अपने विद्रोह से अंग्रेजों को एक लम्बी लड़ाई लड़ने के लिये विवश कर दिया था किन्तु अंग्रेजों की प्रशिक्षित सेना के सम्मुख कोलो को पराजय का मुंह देखना पड़ा। इस महान कोल विद्रोह ने ब्रिटिश शासकों को विवश किया कि वे कोल जनजाति के लिये कोई विशेष नियम बनाये जिससे उनका कल्याण व विकास हो सके। इस दृष्टि से सन् 1833 ई. में बंगाल विनियमन का निर्माण किया गया। इसके तहत सम्पूर्ण छोटा नागपुर क्षेत्र को विनियमन मुक्त क्षेत्र घोषित कर दिया गया। इस कानून को प्रशासन क्षेत्र से भी मुक्त रखा गया। इस विनियमन कानून को गवर्नर जनरल के एक एजेन्ट के अधीन रखा गया। सन् 1837 विल्किसंन नियमावली के निर्माण के पश्चात कोल्हन राज्य की स्थापना हुई थी। इस तरह कोल लड़ाकूओं के विद्रोह को एक सफलता भी प्राप्त हुई और अंग्रेज़ों प्रशासकों को एक सबक भी मिला कि अत्याचार और उत्पीड़न से जनजातियों को न तो लम्बे समय तक दबाया जा सकता है और न नियंत्रण ही किया जा सकता।

कोल महा विद्रोह का यदि विश्लेषण करें तो ज्ञात होता है कि इस लड़ाकू जनजाति के पास अद्वितीय साहस और लड़ने तथा जूझने की जहाँ क्षमता थी, वहीं विरोधियों और अंग्रेज शासकों से बदला लेने की भी तीव्र भावना थी। वे विरोधियों के गांव फूंकते। उन बाहरी लोगों को मौत के घाट उतार देते थे जिन्होंने छल-कपट करके उनकी जमीनों पर कब्जा कर लिया था। यह उनकी एकजुटता और सामूहिक संगठन भावना का प्रतीक था। कोल लड़ाकुओं का यह विद्रोह मूलतः छोटा नागपुर के जमीन्दारों के विरुद्ध था किन्तु आगे चलकर यह कम्पनी सरकार की दमनकारी नीतियों के विरुद्ध भी खड़े हुए। इनके विद्रोह से उन्हें लोहे के चने चबाने पड़े। अंग्रेजों को जल्दी ही यह ज्ञात हो गया कि हो जनजातियों और कोल जनजातियों के व्यक्तियों को पोराहाट के जमीन्दार के अधीन नहीं किया जा सकता है। इसलिये अंग्रेजों ने इन्हें दबाने के लिये अपनी पूरी शक्ति झोंक दी थी, फिर भी अन्त में ब्रिटिश सरकार को कोल जनजातियों को मनाने के लिये कानून बनाना पड़ा।

---

12. बी. वीरोत्तम, झारखण्ड इतिहास एवं संस्कृति, पृष्ठ 146.

छोटा नागपुर में जनजातीय आन्दोलन
(Tribal Movement of Chhota Nagpur)

छोटा नागपुर की जनजातियों पर ईसाई मिशनरियों का अत्याधिक प्रभाव था। यही कारण था कि देश की अन्य जनजातियों की अपेक्षा इस क्षेत्र के जनजाति के लोग अधिक शिक्षित, जागरूक थे। इनमें एकता भी अत्यधिक थी। साक्षर और शिक्षित होने के कारण ये अपनी राजनैतिक चेतना और अपने अधिकारों के प्रति सजग भी थे। इस क्षेत्र के अधिकांश जनजाति के व्यक्तियों ने ईसाई धर्म ग्रहण कर लिया था। वैसे यदि समस्त भारतीय क्षेत्रों का अध्ययन किया जाय तो निश्चय ही हमें ज्ञात होता है कि अधिकांश जनजाति के लोगों ने ईसाई धर्म को अपना लिया। इसका मुख्य कारण यह भी है कि ईसाई मिशनरियों की सेवा भावना ने इन्हें प्रभावित किया। इन्होंने नौकरी और विवाह का जहां प्रलोभन दिया वहाँ उन्हें सम्मान भी दिया। उन्हें शिक्षित बनाया और विभिन्न प्रकार के रोजगार करने की प्रेरणा भी दी। इस दृष्टि से छोटा नागपुर के जनजाति के लोग अन्य क्षेत्रों की जनजातियों से औद्योगिक क्षेत्र में प्रगति के पथ पर रहे हैं। मिशनरियों ने अपने स्वार्थ को दृष्टि में रखकर जहां उन्हें योग्य व शिक्षित बनाया, वहाँ उन्होंने अपने छिपे स्वार्थ के साथ-साथ जनजातियों के व्यक्तियों को ईसाई बनाकर पूरा भी किया।

अन्य क्षेत्रों की जनजातियों की तरह छोटा नागपुर की जनजातियों की भी भूमि संबंधी समस्यायें थी। इनकी ज़मीन पर बंगालियों ने कब्जा कर रखा था और उसके मालिक बन बैठे थे। मुस्लिम व्यापारियों का दबदबा व्यापार के क्षेत्र में था। 1930 में मुस्लिम लीग की राजनैतिक गतिविधियों ने जनजातियों व गैर जनजातियों के मध्य खाई उत्पन्न कर दी। इस क्षेत्र में पृथकतावादी और अलगाववादी राजनीति की नींव पड़ गयी। ईसाई मिशनरियों का लक्ष्य जनजातियों के व्यक्तियों को धर्म परिवर्तन कर अधिक से अधिक संख्या में ईसाई बनाना था। इसका विरोध भी हल्के ढंग से किया गया। इसलिये इस विरोध का कोई प्रभाव समाज पर नहीं पड़ा। ईसाई मिशनरियों की एक भावना यह भी दिखाई पड़ती है कि उनमें किसी भी प्रकार से फूट उत्पन्न न हो। इसलिये ये निरन्तर यह प्रयास करते रहे कि इनमें एकता बनी रहे। वे इस तथ्य से भली-भांति परिचित थे कि यदि जनजातियों के व्यक्ति विभाजित हो गये तो उनके लक्ष्य की पूर्ति में रुकावट उत्पन्न हो जाएगी। छोटा नागपुर का यह दौर मूलतः सुधार का था। एक सुधार समिति बनी जिसे छोटा नागपुर उन्नति समाज कहा जाता है। इस सुधारवादी दृष्टि से यदि हम छोटा नागपुर की जनजातियों को देखें तो इनका आन्दोलन सकारात्मक रूप में हमें आरम्भ में दिखायी पड़ता है।

वास्तव में, आरम्भिक दौर के आन्दोलन में जहाँ सुधार की मनोवृति दृष्टिगोचर होता है, वहीं अलगाववादी राजनीति भी, जनजाति में, अन्दर ही अन्दर कार्य कर रही थी। जनजाति के लोगों में फूट डालने के लिये मुस्लिम लीग की अहम् भूमिका रही है। इस संबंध में हरिश्चन्द्र उत्प्रेती लिखते हैं-

"मुस्लिम लीग की भूमिका इस सन्दर्भ में नकारात्मक रही। उसने आदिवासी महासभा में वित्तीय सहायता प्रदान कर पृथक स्वायत्तता क्षेत्र के आन्दोलन के लिये प्रत्यक्ष अथवा अप्रत्यक्ष रूप से जनजातीय लोगों को प्रेरित किया। महासभा ने तत्कालीन सरकार की युद्ध संबंधी नीतियों का समर्थन किया जिसका कांग्रेस विरोध कर रही थी। इस प्रकार आदिवासी महासभा 1946 तक राष्टीय नीति की मुख्य धारा से एक प्रकार से अलग ही रही तथा मुस्लिम लीग के बुने हुए जाल तथा बिहारी-बंगाली विवाद के घेरे के मध्य उलझी रही।[13]"

वास्तव में, छोटा नागपुर का आन्दोलन अन्य जनजातियों के आन्दोलन की तरह शक्तिशाली नहीं था जैसा कि संथाली, विरसा, भील आदि। इसलिये यह आन्दोलन बहुत दिनों तक नहीं चला और मध्यमार्ग में लड़खड़ा गया। आदिवासी महासभा का संगठन भी छिन्न-भिन्न हो गया। इसके स्थान पर झारखण्ड पार्टी सशक्त रूप में उभर कर आयी। एक संगठित दल के रूप में छोटा नागपुर में अपनी पहचान बनायी। एक राजनीतिक पार्टी के रूप में उसने राज्य की सीटें जीतीं। झारखण्ड पार्टी के अस्तित्व में आने से छोटा नागपुर की जनजातियों का आन्दोलन का स्वरूप ही पूर्णतया परिवर्तित हो गया। अन्ततः झारखण्ड पार्टी की पृथक राज्य की माँग स्वीकार कर ली गयी। आज झारखण्ड भारत के एक राज्य के रूप में है। इस राज्य में जनजातियों की संख्या अत्यधिक है। इस दृष्टि से यदि देखा जाय तो छोटा नागपुर की जनजातियों का राजनैतिक संगठन झारखण्ड पार्टी में जो बदल गया था उसे पृथक राज्य के रूप में बहुत बड़ी सफलता प्रास हुई।

बस्तर की जनजातियों का विद्रोह (सन् 1910 ई.)

(Tribal Revolt of Baster 1910)

बस्तर की भौगोलिक स्थिति में मुख्यतया चार प्रकार की संस्कृतियाँ पायी जाती हैं। बस्तर जिले के चारों ओर छत्तीसगढ़, आन्ध्र, उड़ीसा एवं महाराष्ट्र की सीमायें हैं। बस्तरांचल अपनी आरण्यक संस्कृति की अपनी अलग एक पहचान है। बस्तर का प्राचीन इतिहास है। चालुक्य काल तक उड़ीसा के अनेक स्थान बस्तर राज्य में थे, जैसे कोटपाड़, चुचेंडा, उमरकोट, पोडागढ़ आदि। बस्तर एक छोटा सा गांव है जिसके नाम से एक विशाल और बड़ा भू-खण्ड बस्तर जिला के नाम से जाना जाता है।

बस्तर का जनजातियों का विद्रोह सन् 1910 ई. से व्यवस्थित रूप में देखने को मिलता है। इसमें भी जनजाति के सामान्यतः वे ही कारक हैं जो अन्य जनजातियों के आन्दोलन अथवा विद्रोह में देखने को मिलते हैं। वही अंग्रेजी सरकार के अत्याचार, दमन और उत्पीड़न की घटनायें जनजाति में असन्तोष उत्पन्न कर रही थी। कालक्रम की दृष्टि से बस्तर का

13. हरिश्चन्द्र उत्प्रेती, भारतीय जनजातियाँ - संरचना एवं विकास, पृष्ठ 332.

कम्पनी सरकार से सीधा संबंध सन् 1853 से जुड़ गया था। बस्तर जिले की प्रशासनिक व्यवस्था को सुचारू रूप से चलाने के लिये इसे 5 तहसीलों नारायणपुर, कोडा गाँव, जगदलपुर, बीजापुर और कोन्टा और चार जमींदारियों में विभाजित किया गया था। कुटरू, भोपालपटन्नक, परमेड़ और सुक्मा। अंग्रेजों ने जनजातियों पर दबाव बनाने हेतु वाइपिंग एक्ट, कैटिल पौउन्ड एक्ट और कोर्ट फीस एक्ट लागू कर रखा था। इन एक्टों का अर्थ इतना ही था कि जनता उनके विरुद्ध खड़ी न हो सके। इतना ही नहीं अंग्रेजी सरकार बस्तर में भूमि सुधार का जो स्वरूप गढ़ रही थी उससे जनजातियों में आक्रोश बढ़ रहा था। इसका कारण यह था कि बस्तर की जनजातियों का भूमि से संबंध काफी गहरा था। वे भावनात्मक स्तर पर इससे जुड़े हुए थे। इसलिये अंग्रेजी सरकार का भूमि में हस्तक्षेप जनजातियों में आग में घी छोड़ने के समान है। यही वजह है कि बस्तर में उपनिवेशवाद के पदार्पण ने करीब दो शताब्दियों के अन्तराल में वहाँ बारह बार विद्रोह की भूमिका रची। इन समस्त विद्रोह में सर्वाधिक भयावह एवं व्यापक था सन् 1910 का युग काल।[14]''

1910 के विद्रोह के संबंध में लाला जगदलपुरी निम्नलिखित रूप में वर्णन करते हैं-

> ''राजा रूद्रप्रताप देव के शासनकाल में भी सन् 1910 ई. में एक महा विपल्व हुआ था जिसमें लाला कालीन्द्र सिंह का प्रमुख हाथ था। उसने आदिवासियों के बीच गुंडाघूट और देवरीघूट आदि शौर्य प्रतिभाओं को ढूंढ निकाला था और उनसे काम लिया था। बलवे के कई कारण थे। तत्कालीन दीवान रायबहादुर पण्डा बैजनाथ ने वनों को आरक्षित कर दिया था तथा रियासत भर में अनिवार्य शिक्षा लागू कर दी थी। बेगार प्रथा और कबाड़ी प्रथा (बन्धक मजदूरी) से भी लोग तंग आ गये थे। अपरिचित अंग्रेजी शासन के प्रति आशंका अलग व्याप रही थी। अन्त में दमन चक्र ने बलवे को दबा दिया। लाला कालीन्द्र सिंह और उनके सारे सहयोगी गिरफ्तार कर लिये गये और जेल भेज दिये गये।[15] यह आग जो जनजातियों में फैली थी वह थमी नहीं भले ही अंग्रेजी शासकों ने कितनी बर्बरता की हो। समय के साथ अन्दर ही अन्दर उबल रही थी और उसे एक न एक दिन अंग्रेजों के विरुद्ध भड़कना ही था।''

बस्तर की जनजातियों के विद्रोह का इतिहास का क्रम निरन्तर चलता रहा। कभी प्रतीत होता था कि साम्राज्यवादी शक्तियों ने एक विद्रोह को रौंद दिया और अब उस भूमि से कोई दूसरा विद्रोह उत्पन्न नहीं होगा पर ऐसा हुआ नहीं। सुधीर सक्सेना ने जो तथ्य बस्तर विद्रोह के संबंध में खोजे हैं, वे महत्त्वपूर्ण हैं। उन्हीं के शब्दों में-

---

14. सुधीर सक्सेना, भुक काल, पृष्ठ 6.
15. लाला जगदलपुरी, बस्तर इतिहास एवं संस्कृति, पृष्ठ 13.

"सन् 1777 से सन् 1977 ई. यानी दो शताब्दियों के अन्तराल में बस्तर में कम से कम दस बार विद्रोह भड़का। प्रारम्भिक विद्रोहों व उनके दमन में अन्ततः सन् 1910 में बस्तर में ऐसे व्यापक और रक्तिम विद्रोह को जन्म दिया, जो भुमकाल गीत, वाचिक परम्परा, ब्रितानी दस्तावेजों के साथ-साथ आदिवासियों की स्मृति में आज भी जीवित है। महान भुमकाल की संज्ञा से समाहत इस विद्रोह की तुलना दमन के परिप्रेक्ष्य में जलियांवाला बाग नरमेध (1919) ई. से की जा सकती है। बताते हैं कि महान युगकाल में आदिवासयिों के रक्त से इन्द्रावती का पानी लाल हो गया था। यह सशस्त्र विद्रोह पूर्ववर्ती विद्रोहों से इस मायने में भिन्न था कि इसमें दूरस्थ दुर्गम वन प्रान्तों के सामान्य आदिवासियों ने हथियार उठा लिये थे।[16]"

उपयुर्क्त उद्धरण इस तथ्य को उजागर करता है कि जनजातियों के लोग अंग्रेजी शासकों से इतने अधिक त्रस्त थे कि अन्ततः बिखरे हुए जनजातियों के लोगों ने इनके विरुद्ध हथियार उठा लिये यद्यपि भूमि इनके रक्त से डूब गयी पर इनके विद्रोह की आग इनमें सुलगती रही। बस्तर की जन जातियाँ सत्तात्मक तानाशाही, अत्याचार, शोषण, दमन और उत्पीड़न के विरुद्ध संघर्ष करने में कभी पीछे नहीं हटीं।

1910 का विद्रोह (Revolt of 1910)

बस्तर छत्तीसगढ़ की देशी रियासतों में एक बड़ा राज्य था। बस्तर जनजाति के लोग सामान्यतया शान्ति प्रिय थे बशर्ते उनका दमन न किया जाय। वह चेतनाहीन होते हुए भी अपनी जनजाति के प्रति जागरूक भी थे और उनमें एकजुटता की भावना भी थी। द्वितीय विश्व युद्ध में संसार के अनेक देश युद्ध की आग में झुलस रहे थे और बस्तर के अंग्रेज इसकी प्राकृतिक घटा का जी भरकर आनन्द ले रहे थे। 1908 में अचानक एक ऐसी वन-नीति का निर्माण किया गया कि जिससे जनजातियों में असन्तोष और आक्रोश की लहर फैल गई। इस नीति के अनुसार बस्तर राज्य के सभी जंगलों को आरक्षित कर दिया गया। वन सदैव जनजातियों की आत्मा की तरह रहे हैं। वन सम्पत्ति उनके जीवन का आधार रही है। इतना ही नहीं जनजातियों को वन में घुसने भी नहीं दिया जाता था। वन सम्पत्ति से उन्हें हटा दिया गया। वनों में स्वतंत्र रूप से निवास करने की आजादी उनसे छीन ली गयी। पन्डा दीवान जिनका नाम बैजनाथ था उन्होंने इसी समय एक गुल और खिला दिया। एक ऐसी शिक्षा-नीति का निर्माण कर डाला कि राज्य में शिक्षा अनिवार्य हो गयी। व्यक्तियों को जोर ज़बरदस्ती पढ़ने के लिये बाध्य किया जाने लगा। शिक्षक जैसे तानाशाह बन गया हो। शिक्षा का आंतक काफी बढ़ चुका था। वे माता-पिता अथवा अभिभावक जो अपने बच्चों को पढ़ने के लिये नहीं भेजते थे, उन्हें पेड़ों से उल्टा लटका दिया जाता था। उन पर कोड़े बरसते थे। उनका तरह-तरह से उत्पीड़न किया जाता था। अत्याचार

16. सुधीर सक्सेना, भुक काल, पृष्ठ 6-7.

के जितने सम्भव उपाय हो सकते थे वे वन जातियों पर किये जाते थे। इन जुल्मों से जनजातियों के लोग पीड़ित हो चुके थे। ये सारी यातनायें धीरे-धीरे करके ज्वालामुखी का रूप धारण कर रही थी। आग अन्दर ही अन्दर बढ़ रही थी। सहनशीलता अपनी सीमा छोड़ चुकी थी। यही कारण है कि बस्तर में 1910 को विद्रोह का भयंकर विस्फोट हुआ। विद्रोह व्यवस्थित रूप में संचालित करने हेतु उलनार, जगदलपुर तहसील के अन्तर्गत पूर्वी बस्तर का एक गांव, जहाँ विद्रोह संबंधी तैयारी की जाती थी, अस्त्र-शस्त्र एकत्र किये जाते थे, क्राँति का संकल्प यही किया गया था। जनजातियों में अति साहस, उत्साह और संघर्ष करने की अद्वितीय क्षमता झलक रही थी। विरोधी लाल मिर्च बंधी आम की टहनियाँ लेकर प्रचार करने में जुट गए थे। इस महा विद्रोह का आरम्भ जगदलपुरी से हुआ था। लाला जगदलपुरी इसका विवरण इस प्रकार देते हैं :

"2 फरवरी 1910 को बलवाईयों ने पूसपाल बाज़ार में लूट मचाई थी। 4 फरवरी को कूकातार में बाज़ार के दिन बुटू और सामनाथ नामक दो व्यक्तियों ने एक व्यापारी की हत्या कर दी थी। 5 फरवरी को करंजी बाजार लूटा गया था। 7 फरवरी को राजा रूद्रप्रताप देव द्वारा भेजे गये तार से रायपुर के अधिकारियों को विद्रोह की सूचना मिली थी। 9 फरवरी को कुआ कोंडा में तीन पुलिस वालों की हत्या कर दी गई थी। 10 फरवरी को मारेंगा, तोकापाल और करंजी स्कूल जलाये गये थे। 13 फरवरी को गीदम में बाजार लूटा गया और व्यापारियों को तंग किया गया था। साथ-साथ वहाँ स्कूल भी जलाया गया था।[17]"

इन घटनाओं के पश्चात अंग्रेजी सरकार ने विद्रोह को कुचलने के लिये खूंखार रूप धारण कर लिया। विद्रोही जनजातियों पर गोलियां बरसाई गयी जिसमें कई जनजाति के लोग मारे गये। सैकड़ों की संख्या में बन्दी बनाया गया। विद्रोह के नेताओं की भी धरपकड़ शुरू हुई। ये भी गिरफ्तार किये गए। इन अत्याचारों के बावजूद भी जनजातियों के लोगों ने अपनी एकजुटता का परिचय पुनः दिया। संगठित होकर मोर्चा लेने का दमखम उनमें पुनः जागा था। पराजय को सरलता से स्वीकार करने वाले ये नहीं थे। इसलिये जनजातियों के पराम्परागत अस्त्र तीर कमान, भाले, फरसे थे। इन्हीं से उन्होंने विद्रोह करना आरम्भ कर दिया। इनकी आंखों से ज्वाला निकल रही थी जो भी इनको विरोधी मिला उसे मौत के घाट उतार दिया। पुलिस चौकियाँ फूंकी गई। लूटपाट की असंख्य घटनायें हुईं। बदला लेने में वे कसाई की तरह खुंखार हो गये थे। विरोधियों को पेड़ों से उल्टा लटका कर यातनायें दी जाती और फिर मौत की नींद सुला दिये जाते। जनजातियों के इस जान लेवा विद्रोह ने अंग्रेजों को हिला कर रख दिया था। अंग्रेज शासकों ने पूरी तैयारी के साथ 25 मार्च, सन् 1910 को नेतानगर में एक विद्रोही पर घात लगाकर आक्रमण किया जिसमें अनेक जनजातियों के बहादुर लोग मारे गये और सैकड़ों लोग जख्मी हुए। 3 मई, 1910 तक विद्रोहियों पर पूरी तरह कब्जा कर लिया गया था। उनके आन्दोलन को रौंद दिया गया था। इनके अनेक

---

17. लाला जगदलपुरी, बस्तर इतिहास एवं संस्कृति, पृष्ठ 24.

नेताओं को फाँसी देकर जनता में आतंक का साम्राज्य स्थापित करने की कोशिश की गई थी।

सुधीर सक्सेना की पुस्तिका **'युमकाल'** में बस्तर की जनजातियों के विद्रोह का जहाँ वर्णन मिलता है। वहीं आपने अन्य जातियों की भी विद्रोह में सहभागिता दिखा कर बस्तर विद्रोह को जन–जन का विद्रोह दिखाने का प्रयास किया है। उन्हीं के शब्दों में ''...... अन्याय व शोषण के शिकार अन्य जातीय समुदायों ने भी सशस्त्र प्रतिकार के व्यापक अभियान में समान रूप से हिस्सा लिया। ये समुदाय हैं– गदबा, भतरा, राजमुरिया, मुरिया, दंडामी, माडिया, अबूझ माडिया, दोला और हलबा। इनके अतिरिक्त अल्पसंख्यक जातीय समूहों जैसे महरा, धाकड़, पनका, सुंडी, कलार, बजारा, क्षत्रिय, ब्राह्मण और कायस्थों ने भी विद्रोह में हाथ बंटाया निष्कर्ष यह कि लगभग सम्पूर्ण बस्तर में विद्रोह की लहरें ठाठें मारने लगी थी। केवल जमीन्दार, जागीरदार, और मोकासदार ही विद्रोह से निर्लिप्त रहे।..... भौगोलिक दृष्टि से लगभग सम्पूर्ण बस्तर सशस्त्र विद्रोह की चपेट में था। बस्तर के तत्कालीन चौरासी परगनों में से 46 परगने विद्रोह में सीधे शरीक थे। शेष परगने लपट से अछूते नहीं थे और उनका परोक्ष सहयोग समर्थन विद्रोहियों को प्राप्त था।[18]''

बस्तर की जनजातियों का विद्रोह अन्य जनजातियों के विद्रोह से अलग दिखता। इस विद्रोह में जहाँ बस्तर की जनजातियाँ अंग्रेजों के दमन, अत्याचार, शोषण, उत्पीड़न के विरुद्ध संगठित रूप में विद्रोह करते हैं। संकल्पित होकर अंग्रेज शासकों को सबक सिखाना चाहते हैं। अपने छोटे–छोटे परम्परागत हथियारों से उन्होंने शासकों को लोहे के चने चबवा दिये। दूसरी तरफ जो सबसे महत्त्वपूर्ण है कि आम जनता और पिछड़े वर्ग की जातियों ने भी खुलकर इसमें हिस्सा लिया। किन्तु दुःख की बात यह है कि स्वदेशी सामन्तों ने अंग्रेज शासकों का साथ दिया। इस गद्दार वर्ग ने ही भारत में साम्रज्यवादियों को पनाह और सहयोग देकर उन्हें शक्तिशाली बनाया। ऐसा महज उन्होंने अपने तुच्छ स्वार्थों की पूर्ति के लिये किया। फिर भी सम्पूर्ण बस्तर में विद्रोह की चिंगारी फैल चुकी थी। 'पूर्ण स्वतंत्र क्रांतिकारी सरकार' की स्थापना की जाय। गुडाधुर के नेतृत्व में योजना का खाका इस प्रकार तैयार हुआ[19]–

1. अचानक धावा बोलकर साम्राज्यवादी शासकों को धर पकड़ा जाय,
2. टेलीफोन व तार लाइनों को ध्वस्त कर दिया जाय और डाक घरों और डाकपेटियों को नष्ट कर दिया जाये ताकि बस्तर का शेष विश्व से संबंध विच्छेद हो जाय,
3. सड़क मार्ग पर बाधायें खड़ी कर दी जाय, ताकि सड़क मार्ग से सहायता के लिये फौज व कुमुक नहीं पहुंच सके और,

---

18. सुधीर सक्सेना, भुक काल, पृष्ठ 15.
19. सुधीर सक्सेना, भुक काल, पृष्ठ 19.

4. अधिक से अधिक सरकारी अफसरों को या तो बन्धक बनाया जाय अथवा मार डाला जाय।

उपर्युक्त योजना से यह स्पष्ट ज्ञात होता है कि बस्तर की जनजातियों और आम जनता में साम्राज्यवादी शक्तियों के विरुद्ध कितना गहरा आक्रोश था। हर हालत में वे इन्हें समाज, बस्तर और देश से निष्कासित करना चाहते थे। वे एक स्वतंत्र भारत में रहना चाहते थे। यह विद्रोह अंग्रेजों के लिये चेतावनी थी और चुनौती थी कि उन्हें भारत से जाना होगा।

जनजातियों का झारखण्ड आन्दोलन
(Tribal Movement of Jharkhand)

इतिहास में झारखण्ड

झारखण्ड का सैकड़ों वर्ष पुराना इतिहास है। यह क्षेत्र अपने में जाने कितनी घटनाओं, उपघटनाओं, विद्रोह और आन्दोलनों को समेटे हुए है। इस भूखण्ड पर जनजातियों की जनसंख्या काफी है। झारखण्ड पर मुगल शासकों व अंग्रेज शासकों का लम्बे समय तक शासन रहा है। डॉ. बी. वीरोत्तम का झारखण्ड पर महत्वपूर्ण कार्य है। झारखण्ड के इतिहास और घटनाओं को सप्रमाण उन्होंने अपनी पुस्तक में प्रस्तुत किया है। झारखण्ड के संबंध में आप लिखते हैं–

> ''भारत के मुगलों के शासनकाल में छोटा नागपुर में कई छोटे-मोटे हिन्दू और अर्द्ध हिन्दू शासकों के राज्य थे। उनमें पलामू के रक्सेल, कोकरह के नागवंशी तथा सिंह भूमि के सिंह वंश प्रमुख थे। छोटा नागपुर का सम्पूर्ण पर्वतीय क्षेत्र मुसलमानों को झारखण्ड के नाम से ज्ञात था। मुगलकाल में झारखण्ड होकर पार होने वाली कोई स्थायी सड़क नहीं थी। तुर्क अफगान काल में उसकी सीमाओं पर अनेक जागीरदारों अथवा सैन संचालकों को तैनात किया गया था। उसका उद्‌देश्य था दिल्ली सल्तनत के प्रदेशों को झारखण्ड की जनजातियों के आक्रमणों से बचाना। बड़ी कठिनाई से दो-तीन बार मुस्लिम फौज उत्तरी पूर्वी झारखण्ड होकर गुजरी थी। .....खानदेश के शासक आदिलशाह द्वितीय ने अपने सैन्य दल को झारखण्ड तक भेजा और इसीलिए वह झारखण्डी सुल्तान के नाम से विख्यात हुआ।[20]''

मुगलकाल की विशेषता यह थी कि झारखण्ड में अनेक छोटे बड़े राज्यों की स्थापना हो गई थी। फिर भी यह मुस्लिम आक्रमणों से सुरक्षित रहा। झारखण्ड में शेरखाँ ने मुसलमानों का रास्ता खोला था।

---

20. बी. वीरोत्तम, झारखण्ड इतिहास एवं संस्कृति, पृष्ठ 45.

"अकबर के शासनकाल में मुगलों का झारखण्ड के शासकों के साथ पहली बार संघर्ष हुआ। वास्तव में मुगल राजाओं ने झारखण्ड को लड़ाई के समय प्रयोग किया। अकबर के शासनकाल में झारखण्ड के प्रमुख शासक वंश थे - कोकरह के नागवंशी, पलामू के चेरी और सिंहभूम का सिंहवश। उस समय तक कोकरह के नागवंशी राजाओं ने अपनी राजधानी सुतियाम्बे से हटकर खुखटा बना ली थी।[21]" फिर एक लम्बा इतिहास मुगल राजाओं का झारखण्ड के साथ जुड़ा हुआ है।

झारखण्ड आन्दोलन की पृष्ठभूमि में भी वे सभी कारक उपस्थित हैं जो अन्य जनजातियों के आन्दोलनों में रहे हैं। वही आर्थिक पिछड़ापन, शोषण, भूमि पर कब्जा, और शासकों के अत्याचार और उत्पीड़न। झारखण्ड की जनजातियों में सामाजिक चेतना अन्य जनजातियों की अपेक्षा कहीं अधिक थी। इसका कारण था कि वे मुगल शासकों और ब्रिटिश शासन के सम्पर्क में आ चुके थे। झारखण्ड निवासियों का लक्ष्य था आर्थिक, सामाजिक, राजनीतिक व्यवस्था में बदलाव लाना जिससे कि उनकी सामाजिक स्थिति में उन्नति हो सके। इस प्रबल चेतना ने सामाजिक आन्दोलन को प्रेरित किया। अनेक आन्दोलन हुए। इन आन्दोलनों में भी जनजातियों की एकजुटता इस बात का प्रमाण थी कि शोषक वर्ग को उनके क्षेत्र से निकाल बाहर किया जाय क्योंकि जब तक इनका दबदबा झारखण्ड की जनजातियों पर बना रहेगा तब तक इस क्षेत्र के व्यक्तियों का न तो कल्याण सम्भव है और न प्रगति और न रोजगार के अवसर ही प्राप्त हो सकेंगे। जनजाति की लाचारी और निर्धनता शासकों और धनाढ़्य व्यक्तियों के शोषण का माध्यम बना रहेगा। ठीक इसी तरह झारखण्ड की जनजातियों को वन सम्पत्ति और भूमि से भी बेदखल किया जा रहा था। उनकी परम्परागत जीविका का साधन भूमि, खेती और वन सम्पत्ति थी। वह भी उनके हाथों से फिसल रही थी।

झारखण्ड के जनजाति के लोग इतने जागरूक थे कि वे सामान्य जनजातियों के व्यक्तियों से कहीं अलग दिखायी देते थे। वे इस तथ्य से परिचित थे कि बगैर राजनीतिक आन्दोलन के उन्हें कुछ प्राप्त नहीं होगा। अस्तु, झारखण्ड आन्दोलन अन्ततः राजनीतिक आन्दोलन में परिणित हो गया।

झारखण्ड के रूप और स्वरूप में उस समय परिवर्तन दिखायी पड़ता है जब ढाका विद्यार्थी परिषद की एक शाखा, जो रांची में थी वह आगे चल कर झारखण्ड पार्टी के रूप में सामने आई। सन् 1912 ई. में चाईबासा निवासी जे. बारथोलम जिसकी शिक्षा-दीक्षा हजारीबाग में सम्पन्न हुई थी, ढाका से विद्यार्थी परिषद की सभा में शामिल होकर रांची लौट गया। वास्तव में, यह ईसाई संस्था थी जो ईसाई छात्रों को आर्थिक सहायता देती है। कालान्तर में इस संस्था के नियमों व सिद्धान्तों में परिवर्तन किया गया। इसके कार्य क्षेत्र को व्यापक बनाया गया। इसे मात्र छात्रों की समस्या समाधान तक ही सीमित नहीं रखा गया

21. बी. वीरोत्तम, झारखण्ड इतिहास एवं संस्कृति, पृष्ठ 48.

वरन इसे सम्पूर्ण छोटा नागपुर की जनजातियों के आर्थिक सामाजिक विकास और कल्याण हेतु भी बनाया गया। इसके नाम को भी बदल दिया गया। इसका नाम छोटा नागपुर उन्नति समाज रखा गया। साथ में यह नियम बना दिया गया कि इस संस्था के सदस्य केवल जनजाति के व्यक्ति ही हो सकते हैं।

घटनाओं का क्रम कुछ इस रूप में दिखायी दे रहा था कि शीघ्र ही कुछ राजनीतिक उथल-पुथल होने को है। सन् 1935 ई. के प्रान्तीय स्वायत्तता अधिनियम के अनुसार सन् 1937 ई. में बिहार विधान सभा के चुनाव के पश्चात् कांग्रेस का मंत्रिमंडल बना। छोटा नागपुर की बड़ी जनसंख्या और क्षेत्र होने के बावजूद भी इसे मंत्रिमंडल में कोई स्थान नहीं दिया गया। इस क्षेत्र के जनजातियों के लिये यह एक सबक भी था और आघात भी। इसके पश्चात् एक और घटना घटी कि ईसाई संस्थाओं ने दूसरी ईसाई संस्थाओं से समझौता कर नगरपालिका चुनाव में विजय प्राप्त की। इससे प्रेरित होकर कैथोलिक सभा और किसान सभा ने बड़ी संस्था की स्थापना की जिसका नाम था छोटा नागपुर आदिवासी महासभा। आन्दोलन ने एक और करवट ली। एक अलग स्वायत्त राज्य की मांग जोर पकड़ने लगी। जनवरी 1939 में छोटा नागपुर के पृथकतावादी आन्दोलन के इतिहास में एक नवीन अध्याय जुड़ गया। इस पृथकतावादी आन्दोलन के विरोध में अनेक संगठनों की स्थापना भी हुई। कहीं वे सरकार की प्रेरणा से आन्दोलन का विरोध कर रहे थे और कहीं निज स्वार्थ आगे आ रहा था। इस समय एक महत्त्वपूर्ण घटना घटी जिसका विवरण डॉ.विरोत्तम इस प्रकार करते हैं[22]-

जस्टिन रिचर्ड ने यूनाइटेड झारखण्ड पार्टी की स्थापना कर इसके द्वार आदिवासी तथा गैर आदिवासी दोनों के लिए खोल दिए। थोड़ी हिचक के बाद जयपाल सिंह ने भी इस प्रयोग को स्वीकार कर लिया। काफी विचार-विमर्श के बाद 1950 ई. में महासभा के जमशेदपुर अधिवेशन में निर्णय लिया गया कि गैर आदिवासी भी महासभा के सदस्य बन सकते थे। ..... वस्तुतः नए सिरे से शुरुआत की गई और महासभा का नाम झारखण्ड पार्टी रखा गया। 1950 ई. के बाद यह पार्टी पूर्णरूपेण राजनीतिक पार्टी के रूप में काम करने लगी। यह पार्टी शीघ्र ही प्रसिद्ध भी हुई और अपनी मजबूत राजनीतिक पहचान भी बना ली। 1950 के पूर्व ही 1946 ई. के संसदीय चुनाव में ही झारखण्ड अलग राज्य का एक सशक्त मुद्दा बन चुका था। वास्तव में, झारखण्ड आन्दोलन 1950 के दशक में काफी प्रसिद्ध हो चुका था। उसकी राजनीतिक जमीन मज़बूत बन चुकी थी। जनजातीय लोकप्रिय विधायक जयपाल सिंह के नेतृत्व में झारखण्ड पार्टी ने 1952-1957 के आम चुनावों में विजय प्राप्त की। किन्तु 1963 में झारखण्ड पार्टी का कांग्रेस में विलय के पश्चात आन्दोलन की गति ठहर सी गई। क्योंकि झारखण्ड अपनी एक पृथक पहचान बनाये रखना चाहता था।[23] झारखण्ड

22. बी. वीरोत्तम, झारखण्ड इतिहास एवं संस्कृति, पृष्ठ 283-84.
23. के.एस.सिंह, सोशल मूवमेन्टस एण्ड द स्टेट, पृष्ठ 275.

पार्टी का कांग्रेस में विलय अचानक नहीं हो गया बल्कि राजनीतिक घटनाओं ने ऐसा करने के लिये विवश कर दिया। झारखण्ड पार्टी के नेताओं के बीच बरियातू में कई दिनों तक विचार विमर्श हुआ। विलय का एक महत्वपूर्ण कारक यह भी था कि इनकी पार्टी के प्रतिनिधियों की बिहार विधान सभा में संख्या घटकर 36 से 20 हो गयी। इसके साथ ही साथ पार्टी को चलाने के लिये पर्याप्त धन की भी आवश्यकता पड़ती है जिसमें निरन्तर कमी होती जा रही थी। इसके साथ ही नेताओं ने यह तर्क दिया कि कांग्रेस ने तो अनेक राज्यों की स्थापना की है। अस्तु कांग्रेस में रहकर ही झारखण्ड राज्य की माँग करना कहीं ज्यादा उचित प्रतीत होता है। अन्ततः 1973 में बी.बी. मेहतो और सीबू सोरेन के नेतृत्व में जनजातीय दल के नेताओं ने पृथक झारखण्ड राज्य की मांग को लेकर संघर्ष करने के लिये झारखण्ड मुक्ति मोर्चा (झामुमो) की स्थापना की गयी। 15 नवम्बर, 2000, से बिहार राज्य के अधिकांश उत्तरी भाग (झारखण्ड क्षेत्र) को एक पृथक राज्य के रूप में मान्यता दे दी गई।

सम्पूर्ण झारखण्ड के जनजाति आन्दोलन का यदि विश्लेषण किया जाय तो निम्नलिखित तथ्य हमारे सम्मुख आते हैं-

1. झारखण्ड का आन्दोलन लगभग अहिंसात्मक था।
2. आरम्भ में झारखण्ड विद्यार्थी परिषद की स्थापना ने केवल विद्यार्थियों में ही नहीं, वरन् आगे चलकर जनजातियों में भी इसने पर्याप्त जागृति उत्पन्न की।
3. झारखण्ड आन्दोलन को लेकर जनजातीय नेताओं में एकमत नहीं था, फिर कुछ पार्टी की असफलताओं व दुर्बलताओं के कारण इन्हें कांग्रेस में विलय करना पड़ा।
4. झारखण्ड आन्दोलन का विश्लेषण करते हुए डॉ. विरोत्तम कहते हैं-

   ''स्वतंत्र भारत में जनजातियों को अल्पसंख्यक के रूप में मान्यता देकर उन्हें सदनों एवं अन्य सहायक तत्वों से अलग-थलग करने की चेष्टा की गयी। नवस्थापित झारखण्ड पार्टी में ऐसे लोग भी जगह पा गए जो अन्तःकरण से झारखण्ड विरोधी थे। झारखंडियों ने एक गलती और की कि प्रस्तावित झारखण्ड को छोटा नागपुर, संथाल परगना तक सीमित न रखा। इससे बंगाल, उड़ीसा, तथा मध्य प्रदेश की कांग्रेस सरकारें भी झारखण्ड के विरुद्ध उठ खड़ी हुई।[24]''
5. झारखण्ड आन्दोलन का मुख्य आधार क्षेत्रीय राजनीतिक असन्तुलन में वृद्धि, जनजातियों का उत्पीड़न, शोषण, आर्थिक सामाजिक विकास का न होना।
6. झारखण्ड आन्दोलन ने अन्ततः इतनी अधिक लोकप्रियता प्राप्त कर ली कि सरकार को इनकी मांगों की सफलता इससे ज्ञात होती है कि एक झारखण्ड राज्य की स्थापना

---

24. बी. वीरोत्तम, झारखण्ड इतिहास एवं संस्कृति, पृष्ठ 387-88.

हो गयी। अधिकांश पिछड़ी जागरूक और अहिसंक जनजातियों का एक राज्य झारखण्ड बन गया।

7. स्वतंत्र झारखण्ड राज्य में विरोध और विरोधी का होना लाज़मी है। इसलिये जनजातियों के भी अनेक गुट हैं। इनके अपने राजनीतिक स्वार्थ हैं। लेकिन इस गुटबाजी से झारखण्ड के विकास में अवरोध उत्पन्न होता है।

8. झारखण्ड आन्दोलन की सबसे बड़ी विशेषता यह है कि इस क्षेत्र के लोग मुगल शासकों के निकट तो आये किन्तु अपने अस्तित्व और पहचान को बनाये रखा। अपनी संस्कृति को अक्षुण्ण बनाये रखा।

9. झारखण्ड पार्टी को उस समय बहुत बड़ा आघात पहुँचा जब इसके अधिकांश नेता कांग्रेस में शामिल हो गए। शेष नेताओं में भी मुँह चाही और टकराहट होती रही। इससे कुछ समय के लिये झारखण्ड आन्दोलन थम सा गया, पर रूका नहीं।

10. आरम्भ के झारखण्ड आन्दोलन से ऐसा प्रतीत होता है कि जनजातियों के नेताओं के पास न तो कोई स्पष्ट योजना थी और न मांगों की रूपरेखा। अव्यवस्थित रूप से आन्दोलन चलता रहा। झारखण्ड आन्दोलन से जुड़े संगठन बनते रहे और टूटते रहे।

11. झारखण्ड आन्दोलन में कोई इतना प्रभावशाली, बड़ा बुद्धिमान, राजनैतिक कूटनीति में दक्ष नेता नहीं था जिससे इस आन्दोलन को अल्प समय में ही सफलता प्राप्त होती। यही कारण है कि 100 वर्षों से चलने वाला आन्दोलन स्वतंत्र भारत में ही सफल हो सका।

के.एस. सिंह का यह कहना किसी सीमा तक उचित लगता है कि छोटानगर ने झारखण्ड आन्दोलन की जमीन लक्ष्य और गतिशील बनाने में अहम भूमिका अभिनीत की है। इसके आधारों पर भी प्रकाश डालते हुए वे कहते हैं कि छोटा नागपुर साक्षरता में काफी आगे है, राजनीतिक चेतना और औद्योगिक प्रगति में भी। मुख्य जनजातीय समुदाय भील और गौंड जनजातियों की तरह बिखरे नहीं थे और इसके साथ ईसाइयत की एक बहुत बड़ी शक्ति छोटा नागपुर में थी।[25]

झारखण्ड आन्दोलन का विश्लेषण करते हुए के.एस.सिंह का मत है कि झारखण्ड आन्दोलन का मुख्य लक्ष्य एक पृथक राज्य है। वहीं झारखण्ड जनजातियों को गैर जनजातियों से शोषण से रक्षा करना भी है और प्राथमिकता के आधार पर युवकों को नौकरी दिलवाना है। 1968 में संथाल परगना में एक महत्वपूर्ण घटना घटी कि संथाल जबरन उन खेतों पर फसल की जिसे महाजनों ने उनसे छीन ली थी। सबसे आश्चर्य की बात यह थी कि इस घटना में खून खराबा नहीं हुआ था। इतना ही नहीं झारखण्ड मुक्ति मोर्चा ने महाजनों से

---

25. के.एस.सिंह, सोशल मूवमेन्टस एण्ड द स्टेट, पृष्ठ 267.

अपनी भूमि भी छीन ली। इन सारे आन्दोलन में 120 हिंसात्मक घटनायें हुई। शोषकों पर आक्रमण हुए, लूटमार और हत्यायें भी हुई।[26]

के.एस. सिंह के शोध कार्य से यह ज्ञात होता है कि यह कहना कि झारखण्ड आन्दोलन अहिंसात्मक था, गलत है। क्योंकि उनके शोध-पत्र में जो व्याख्या और आन्दोलन का विश्लेषण दिया गया, उसमें स्पष्ट व्याख्या है कि झारखण्ड पार्टी की पूर्ण राज्य तथा जनजाति स्वायत्तता के हेतु चन्दा एकत्र किये गए। पर्चे बांटे गए, दीवालों और बसों पर नारे लिखे गए। धरना और उपवास रखे गए। घेराव को अंजाम दिया गया जिससे सरकारी कार्यों में रुकावट उत्पन्न हो सके। इस संबंध में 103 व्यक्ति बन्दी बन गये जिसमें 68 सिंहभूमि और 35 रांची के थे। इसके पश्चात 31 अगस्त, 1978 को सीधी कार्यवाही करने का कार्यक्रम बना जिसके तहत जाम लगाये गए और रेल रोको कार्यक्रम भी हुआ। राज्य बन्द की घोषणा की गई। जुलूस निकाले गए, आदि-आदि।[27] इस तरह हम यह देखते हैं कि झारखण्ड आन्दोलन के अनेक स्तर थे। पर अन्ततः इस आन्दोलन को अनेक बार असफलताओं का भी सामना करना पड़ा किन्तु अन्त में झारखण्ड जनजातियों को सौगात में एक स्वतंत्र राज्य झारखण्ड प्राप्त हुआ।

• बिरसा मुण्डा आन्दोलन (Birsa Munda Movement)

बिरसा आन्दोलन बिरसा नामक व्यक्ति के व्यक्तित्व से जन्मा है। बिरसा के जीवन के कुछ महत्वपूर्ण तथ्यों को जानना आवश्यक है क्योंकि बिरसा अंग्रेज शासकों के विरुद्ध कैसे खड़ा हुआ, इसकी अपनी कहानी है। सुगना मुण्डा उलीहातु बिहार नामक गाँव में हुआ। बिरसा निर्धन परिवार के थे और ईसाई धर्म से प्रभावित थे। आपके पिता का ईसाई नाम मसीहदास था और बिरसा का नाम दाउद मुण्डा रखा गया। बिरसा जंगलों में भेड़ चराया करता था। 1886 में उसको जर्मन ईसाई मिशन उच्च प्राथमिक विद्यालय चाईबासा में भर्ती कराया गया। यहाँ यह 1890 तक रहा।

हम जानते हैं कि ईसाई मिशनरियों का भारत में एक ही मुख्य उद्‌देश्य था कि भारतीयों को ईसाई बनाया जाय। इस कार्य के लिये जनजातियों को तरह-तरह के प्रलोभन दिये जाते थे। ईसाई मिशनों द्वारा जनजातियों के मध्य भूमि वापसी के आन्दोलन चलाये जा रहे थे। इसी समय मुंडा सरदारों से ईसाई मिशनरियों के संबंध न केवल बिगड़ गये, बल्कि लगभग समाप्त हो गये। बिरसा ने इस घटना की जमकर आलोचना की। इस आलोचना से क्रोधित होकर बिरसा को स्कूल से निष्कासित कर दिया गया। इस घटना ने बिरसा के सम्पूर्ण सोच को ही बदल दिया। उसे अंग्रेजों के विरुद्ध आन्दोलन चलाने की प्रेरणा मिली।

26. के.एस.सिंह, सोशल मूवमेन्टस एण्ड द स्टेट, पृष्ठ 277.
27. के.एस.सिंह, सोशल मूवमेन्टस एण्ड द स्टेट, 281-285.

इस घटना के फलस्वरूप 1890 में बिरसा ने चाईबासा छोड़ दिया और ईसाई धर्म का परित्याग कर दिया। ईसाई धर्म त्यागने के पश्चात वह आनन्द पाण्डे नामक वैष्णव साधु के सम्पर्क में आया। उनके प्रभाव से जहाँ मांस खाना छोड़ दिया, वहीं यज्ञोपवीत भी धारण कर लिया। वह गोवध के विरुद्ध प्रचार करने लगा। इस अवस्था तक आते-आते वह एक धार्मिक व्यक्ति बन गया। कहा जाता है कि बिरसा को भगवान विष्णु के दर्शन भी हुए थे। वास्तव में, बिरसा को सरदार आन्दोलन, ईसाई धर्म और वैष्णव धर्म ने बहुत गहराई से प्रभावित किया था। कालान्तर में उसका सम्पूर्ण जीवन ही धार्मिक क्रियाकलापों में व्यस्त हो गया। वह धार्मिक उपदेश देने लगा। धर्म के उपदेशों ने उसे जनजातियों के ईश्वर के दूत के रूप में देखा जाने लगा। बिरसा के अनुयायियों ने यह मानना शुरू कर दिया कि 1895 में प्रभु ने उसके हृदय में प्रवेश कर लिया था।

अपने समाज में बिरसा एक दैवी शक्ति के रूप में उभर कर सामने आया। उसके उपदेशों से प्रभावित होकर जनजातियों के मुंडा सरदार ईसाई धर्म का बहिष्कार करने लगे। वह अपने धार्मिक प्रवचनों में पुरोहितवाद का खण्डन-मण्डन करता था। उसने अपने समाज में चोरी, भीख मांगना और हत्या पर प्रतिबन्ध लगा दिया था। कालान्तर में बिरसा एक शक्तिशाली पंथ हो गया।

यह आश्चर्य की बात है कि बिरसा मुण्डा जैसे महान और कर्मठ जनजातीय नेता को जितना प्रचार मिलना चाहिए था, प्राप्त नहीं हुआ। स्वतंत्रता के तीन दशक के पश्चात बिरसा मुण्डा व्यक्तित्व को लेकर राजनीतिक और सांस्कृतिक संस्थाओं ने बिरसा-मुण्डा के कार्यों और व्यक्तित्व के प्रचार-प्रसार में कोई कोर कसर नहीं उठा रखी। बिरसा मुण्डा स्टेच्यू कमेटी ने आक्रमण रूप में सरकार की आलोचना की। क्योंकि लोकतंत्र की यह विशेषता है कि जब तक किसी चीज़ को लेकर आवाज बुलन्द न की जाय सरकार के कान पर जूँ तक नहीं रेंगती। बिरसा की याद में जो विरोध दर्शाया गया उसके परिणामस्वरूप 15 नवम्बर, 1989, को बिरसा मुण्डा पर एक डाक टिकट जारी किया गया। 16 अक्टूबर, 1989 को उसके पोर्टेट का पार्लियामेन्ट के केन्द्रीय हाल में अनावरण किया गया। इसके साथ ही केन्द्रीय कारागार और रांचीं हवाई अड्डे का नाम बिरसा मुण्डा रखा गया। बिरसा मुण्डा के सम्मान में उस समय चार चाँद लग गए जब 28 अगस्त, 1998 को पार्लियामेन्ट हाउस के अहाते में बिरसा मुण्डा की मूर्ति का अनावरण भारत के राष्ट्रपति द्वारा किया गया। निश्चय ही यह सम्मान उन्हें जनजातीय नेताओं में सर्वश्रेष्ठ स्थान प्रदान करता है। एक ऐसे व्यक्तित्व की याद दिलाता है जो एक साथ लोक नायक, धार्मिक उपदेशक, समाज सुधारक, जुझारू और संघर्षशील व्यक्ति था। इसके साथ ही अंग्रेज शासकों और बाहरी लोग जो जनजातियों का शोषण और उत्पीड़न कर रहे थे उनसे भी नियोजित ढंग से संघर्ष करता रहा। इनका डटकर विरोध किया। वास्तव में, बिरसा मुण्डा का व्यक्तित्व भव्य और विशाल था।

कुमार सुरेश सिंह का विचार है कि "बिरसा मुण्डा और उनके आन्दोलन के पुर्नअध्ययन में दो बातें और कहने के लायक हैं। पहली यह कि उन्नीसवीं शताब्दी के अन्तिम दशक में वनों पर औपनिवेशिक नियंत्रण से जुड़े मुद्दे .....बिरसा मुण्डा ने खुद ही एक धार्मिक नेता के रूप में उभरने से काफी पहले 1892 में संरक्षित वन के सीमांकन के खिलाफ संघर्ष का बिगुल बजाया था।...... मुण्डा भूमि के इस क्षेत्र में जहाँ सरदारों का गढ़ था,जमीन का हस्तान्तरण मुख्य समस्या थी। दूसरा सवाल जिसने इतिहासकारों को उलझन में डाल रखा है वह उलगुलान की विभिन्न घटनाओं में बिरसा मुन्डा की वास्तविक भूमिका से जुड़ा हुआ है।[28]"

जनजातीय आन्दोलन के हम इस तथ्य से परिचित हैं कि इन आन्दोलनों में साम्राज्यवादी शक्तियों की छल-कपट, शोषण और उत्पीड़न की नीति ने जनजातियों के व्यक्तियों को विद्रोह अथवा आन्दोलन करने के लिये प्रेरित किया। इसलिये मुण्डा नेताओं को यह अनुभव होने लगा कि उनके दु:ख और पीड़ा का कारण अंग्रेजी शासन है। बिरसा जनजातियों के भूमि संबंधी समस्याओं को गहराई से अनुभव कर रहे थे। समस्या के निराकरण हेतु निरन्तर योजना बनाया करते थे। मुण्डा लोग बाहरी लोगों को बर्दास्त नहीं कर रहे थे क्योंकि ये शोषक थे। इस शोषण की गति को उस समय और शक्ति प्राप्त हो गयी है जब बाहरी धनाढ्य लोगों ने जनजातियों के क्षेत्रों में स्वार्थवश प्रवेश किया। आने वालों में निकट के कृषि समुदाय के लोग भी थे जो जनजातियों की भूमि को हड़पने के जुगाड़ में लगे रहते थे। दूसरे वर्ग के वे लोग थे जो दूसरों की सम्पत्ति को निगलने की फिराक में लगे रहते थे। जैसे व्यापारी, महाजन, सूदखोर और जमीन्दार। अंग्रेज शासकों की जैसे-जैसे शक्ति बढ़ती जा रही थी और उनका नियंत्रण जनजातियों पर बढ़ता जा रहा था वैसे-वैसे बाहरी लोग जनजातियों की सम्पत्ति को हड़पने के लिये उतावले हो रहे थे। इन शोषणयुक्त घटनाओं ने जनजातियों में विद्रोह की चिंगारी को प्रज्जवलित किया। इस समाज में दोहरी प्रक्रिया चल रही थी। एक तरफ जनजातियों में बाहरी लोगों के प्रति असन्तोष बढ़ रहा था वहीं दूसरी ओर जनजाति के व्यक्ति ईसाई मिशनरियों के प्रभाव से अपनी संस्कृति का पुनर्उत्थान करने में जुट गए। लेकिन इन सब के बावजूद भी 1874 तक मुंडा और उंराव सरदारों का दबदबा और प्रभाव निरन्तर क्षीण हो रहा था और बाहरी लोगों का प्रभाव बढ़ रहा था। स्थितियाँ, इस प्रकार, बद-से-बदत्तर हो रही थीं कि जनजाति के लोग अपनी भूमि को छोड़ने के लिये विवश हो रहे थे। अन्ततः खेत के मालिक जनजाति खेत के मजदूर बन गये। अत्याचार करने की कोई सीमा नहीं थी। मजदूरों से बेगार लिया जाता था।

इस प्रकार की घटनायें शायद ही इतिहास के पन्नों में देखने को मिले जिस प्रकार के अत्याचार और कष्टप्रद उत्पीड़न जनजातियों के साथ किया गया है। देखें "अगर उत्पीड़क (जागीरदार) को एक घोड़ा चाहिए तो उसका दाम चुकाना पड़ेगा कोल (आदिवासी) को

---

28. कुमार सुरेश सिंह, बिरसा मुण्डा, पृष्ठ 5.

ही। .... यदि जागीरदार के यहाँ कोई मर गया है तो वह मृत व्यक्ति के शव संस्कार के लिये कोलों पर टैक्स बैठाएगा और यदि जागीरदार के यहाँ बच्चा पैदा हुआ तो उस मौके पर धूम-धाम के लिये कोलों पर पुनः टैक्स। ..... यदि कोल के घर कोई मर गया तो कोल पर जुर्माना लगाया जाता था मानो उस मौत के लिए वही जिम्मेदार है....... लड़की की शादी हुई तो बेचारे को उसके लिये टैक्स अदा करना पड़ेगा।[29]'' इस उदाहरण से यह स्पष्ट ज्ञात होता है कि जमीन्दारों, महाजनों और गैर जनजातियों के धनाड्य व्यक्तियों ने इनका जोंक की तरह खून चूसा है। एक बेजान ढांचा, चिपके पेट, कर्ज में डूबा जनजाति का व्यक्ति जीवित रहते हुए भी मरा जैसा था। बन्धुआ मजदूर की जिन्दगी जीने के लिये विवश था। अजीब स्थिति थी कि, न उसे अपने पर कोई अधिकार था, न अपनी सम्पत्ति पर और न पत्नी और बच्चों पर। गुलाम से बदत्तर जिन्दगी थी। इस विस्फोटक स्थिति और परिस्थिति में शान्ति प्रिय वनवासी जनजातियों में विद्रोह अथवा आन्दोलन फूटता है तो स्वाभाविक ही था। इन सब स्थितियों ने मुंडा समाज को अन्दर ही अन्दर तोड़ दिया। मुंडा जनजाति के व्यक्तियों में बुद्धि और जनशक्ति की अद्भुत क्षमता थी और इसे अंग्रेज प्रशासकों ने भी स्वीकार किया। वे बिचौलिये (पाहन) जो अंग्रेजों और जनजातियों के मध्य कार्य करते थे मुंडाओं के आगे आने से पीछे चले गये। किन्तु मुन्डाओं की भूमि पर जो कब्जे कर लिये थे, इससे सम्पूर्ण आर्थिक सामाजिक एवं सांस्कृतिक व्यवस्था चरमरा गयी थी। इससे जो असन्तोष जन्मा वह जंगल की आग की तरह आगे चलकर फैल गया क्योंकि बिरसा आन्दोलन में धर्म और भूमि सम्बन्धी समस्यायें और विवाद एक साथ खड़े हो गये। इसलिये बिरसा आन्दोलन में इन तथ्यों की महत्त्वपूर्ण भूमिका है।

जनजातियों के आन्दोलन अथवा विद्रोह में एक सामान्य तथ्य देखा गया कि उनकी जमीनों पर जमीन्दारों ने कब्जा कर लिया है। यह सब छल-कपट की नीतियों के द्वारा किया गया था। इससे जनजातियों में आक्रोश भी था और असन्तोष भी। उनमें अन्दर ही अन्दर विद्रोह की चिंगारी सुलग रही थी। उन्होंने अपने अधिकार और भूमि पर पुनः अधिकार प्राप्त करने हेतु लगभग 15 वर्ष तक निरन्तर आन्दोलन किए। इस आन्दोलन को 'सरदारी लड़ाई' के नाम से भी जाना जाता है। इस आन्दोलन की पृष्ठभूमि में जो भावना कार्य कर रही थी वह यह थी कि वे ही वास्तविक रूप में जमीन के स्वामी हैं, जमीन्दार नहीं हैं। इसलिये उन्होंने निर्णय लिया है कि वे किसी भी प्रकार का राजस्व जमीन्दारों को नहीं देंगे। एक लम्बे समय तक आन्दोलन चलने के पश्चात भी कोई ठोस परिणाम सामने नहीं आये। ऐसी परिस्थिति में बिरसा मुण्डा का नेतृत्व सरदारों को प्राप्त हुआ। बिरसा हर कीमत पर ब्रिटिश हुकूमत को समाप्त करना चाहते थे। 6 अगस्त, 1895 के चौकीदारों द्वारा तमाड़ थाना को यह सूचना प्राप्त हुई कि बिरसा ने यह घोषणा कर दी है कि अंग्रेजी सरकार खत्म हो गयी है। बिरसा को बन्दी बनाने के लिये सरकार सक्रिय हो गयी। 8 अगस्त, 1895 को रात्रि में

29. कुमार सुरेश सिंह, बिरसा मुण्डा, पृष्ठ 26.

बन्दी बना लिये गये किन्तु बड़ी संख्या में बिरसा के अनुयायियों ने धावा बोलकर बिरसा को मुक्त करा लिया और सिपाहियों को अपनी जान बचाकर भागना पड़ा। 24 अगस्त, 1895 को बिरसा को पुनः गिरफ्तार कर लिया गया। उसे 2 वर्ष की सज़ा और 50 रु. जुर्माना किया गया। 30 नवम्बर, 1897 में बिरसा जेल से छूट गया। इसके पश्चात बिरसा के नेतृत्व में आन्दोलन ने वास्तविक रूप धारण किया। बिरसा के काजलकद गांव में पहुंचते ही उनके अनुयायी बड़ी संख्या में उसे मिलने आने लगे। डुम्बरी पहाड़ पर एक विशाल सभा की गई जिसमें एक राजनीतिक संगठन की स्थापना की गयी। इस तरह बिरसा आन्दोलन ने अन्ततः एक राजनैतिक स्वरूप धारण कर लिया। इस राजनीतिक संगठन में मूलतः चार प्रकार के व्यक्ति थे जिन्होंने बिरसा आन्दोलन में महत्त्वपूर्ण भूमिका अभिनीत की। ये थे:

1. वे व्यक्ति जो धर्म से जुड़े थे। ये लोग जनजातियों में धर्म का प्रचार कर एकजुटता लाने का प्रयास करते थे।
2. दूसरे वे व्यक्ति थे जो विभिन्न स्थानों पर बिरसा आन्दोलन और संगठन की सूचनायें पहुंचाते थे।
3. तीसरे वे कर्मठ, जोशीले और साहसी व्यक्ति थे जो खुले आम विद्रोह करने के पक्षधर थे।
4. चौथे बिरसा मोर्चे में सरदारों की भूमिकायें थी।

सन् 1899 का वर्ष बिरसा आन्दोलन में कम महत्त्वपूर्ण नहीं है। सिंहभूमि के कोटा गोरा स्थान में 60 मुख्य गुरुओं की एक सभा की गयी जिसमें निर्णय लिया गया कि हिंसा के माध्यम से जमीन्दारों, राजाओं और सरकार बाहरी लोगों को मारने की पक्षधर थे। ये विद्रोह से इस प्रकार का आतंक उत्पन्न कर देना चाहते थे कि वे भयभीत होकर बिरसा राज्य को स्वीकार कर लें।

इस वर्ष के आन्दोलन पर एक दृष्टि डालें तो निम्नलिखित तथ्य सामने आते हैं। ये तथ्य इस बात के संकेत हैं कि बिरसा मुण्डा आन्दोलन को आज इतना महत्व क्यों दिया जाता है –

1. योजनाबद्ध रूप में मुन्डा जनजाति के लोगों ने क्रिसमस के एक दिन पूर्व ईसाइयों पर तीरों से प्रहार करें। गिरजाघरों में तीरों से प्रहार किये। तीर चलाने की घटनायें अनेक क्षेत्रों में की गयीं।
2. कुछ गांवों के घर भी आगजनी के शिकार हुए।
3. जहाँ विद्रोह भड़के थे वहाँ सैनिकों को तैनात कर दिया गया। साथ ही सेना पर जो खर्च आयेगा उसे स्थानीय व्यक्तियों को ही सहन करना होगा। इस प्रक्रिया से जनजातियों में असन्तोष की लहर फैल गयी। हालांकि इसका उद्देश्य था कि जनजाति के लोग किसी तरह की सहायता विद्रोहियों को न दें। इस 24 दिसम्बर, 1899 के विद्रोह की

सफलता इस तथ्य में समाहित है कि इस विद्रोह की चिंगारी दूर तक उड़कर पहुंच चुकी थी। इस आन्दोलन की सफलता को देखते हुए बिरसा ने यह घोषणा की कि अंग्रेज और प्रशासक सहयोगी ही उनके शत्रु हैं।

4. अंग्रेज शासक मुण्डा और बिरसा आन्दोलन को दबाने के लिये घरों में घुसते। बिरसा और उनके अनुयायियों को पूछते और आंतक फैलाने के लिये गोलियाँ भी चलाते।

5. इस विद्रोह की विशेष बात यह है कि युवकों का अंग्रेजों के विरुद्ध तनकर खड़ा होना और महिलाओं का आगे आना। इस की बढ़ती शक्ति को उस समय चार चाँद लग गये जब आस-पास के लोग भी इसमें शामिल हो गये और विद्रोहियों के साथ कन्धे से कन्धा मिलाकर उनका साथ देने लगे। इन सभी का लक्ष्य अंग्रेज प्रशासकों को मत देना और किसी भी रूप में आत्म समर्पण न करना।

6. बिरसा मुण्डा का विद्रोह थमने का नाम नहीं ले रहा था। उसकी शक्ति में निरन्तर वृद्धि हो रही थी इसलिये बड़े अंग्रेज अधिकारियों ने आन्दोलन को दबाने के लिए बड़ी संख्या में सैनिक और पुलिस कर्मियों का प्रयोग किया। ये गांव-गांव में छापा डालते। बिरसा अनुयायियों की खोज करते और उन्हें बन्दी बनाते। इसके बावजूद भी विद्रोहियों की गोपनीय बैठक होती रहती थी। यह हिम्मत न हारने की दास्तान बताता है।

7. शक्ति के सम्मुख निहत्थे मुण्डा लोग कब तक डटे रहते आखिरकार अंग्रेजों के दमन ने उन्हें तोड़ दिया। जनजातियों के तीर और भाले कब तक अंग्रेजों की गोलियों की बौछार का सामना करते। यह सत्य है कि यह आन्दोलन बहुत बड़े क्षेत्र में फैल चुका था जिसने अंग्रेज शासकों को झकझोर कर रख दिया।

जनजातियों में विद्रोह की चिन्गारी जो अन्दर ही अन्दर सुलग रही थी उससे धुंआ उठने लगा था और किसी दुर्घटना की आशंका पूरे समाज को मिल रही थी। 1899-1900 के विद्रोह के पीछे समस्त जनजातियों की यातनायें पक रही थी। बन्द फोड़े की तरह टपकने लगी थी। आन्दोलन की पृष्ठभूमि पहले से ही तैयार हो चुकी थी कि अकाल के समय जमीन्दारों ने किसी प्रकार की सहायता नहीं की ' वे मौज उड़ा रहे थे और जनजाति के व्यक्ति भूख से तड़प रहे थे। इसलिये 1995 के आन्दोलन में सुझाव दिया गया कि जमीन्दारों को लगान न दिया जाय और मुण्डाओं को उनकी जमीन वापस की जाय जिस पर धनाढ्य लोगों ने ज़बरदस्ती कब्जा कर रखा है। मुन्डाओं ने भूमि समस्या को प्राथमिकता प्रदान की क्योंकि यह उनके जीवन और जीविका का आधार था। उन्होंने आवाज बुलन्द की कि मुण्डा ही वास्तविक रूप में भूमि के मालिक है। वे ही जमीन के मालिक हैं। मुण्डाओं ने जोर-शोर से यह कहना आरम्भ कर दिया कि बाहरी लोग उनकी जमीन को अनेक प्रलोभन देकर हथिया रहे हैं। इन्हें जमीन से बेदखल किया जाय। 1899-1900 में मुण्डाओं के आन्दोलनों से यह छन कर सामने आ गया कि जब साम्राज्यवादी शक्तियाँ और मिशनरी लोग उनके

क्षेत्र से पूरी तरह निष्काषित कर दिये जाय अथवा जनजातियों के क्षेत्र से उन्हें हटा दिया जाय। ये उनकी भूमि पर ही कब्जा नहीं करते थे बल्कि उनके सामाजिक सांस्कृतिक और धार्मिक जीवन में भी हस्तक्षेप करते थे। जनजातियों की एकजुटता की भावना ने यह निर्णय लिया कि बिरसा के नेतृत्व में एक राज्य की स्थापना की जाय और उस पर जनजातियों का वर्चस्व रहे। इस राज्य में बिरसा धर्म का महत्व होगा। इस तरह राजनीति और धर्म का सम्मिश्रण बिरसा राज्य की कल्पना में था। बिरसा आन्दोलन को शान्तिपूर्वक चलाने का पक्षधर था किन्तु उसके अनुयायी अंग्रेज शासकों, प्रशासकों और जमीन्दारों, कर्मचारियों को मौत के घाट उतार दिया जाय। इसके अलावा जनजातियों के पास दूसरा कोई रास्ता नहीं है जिससे वे अपनी जमीन वापस पा सके और जमीन्दारों के शोषण से छुटकारा पा सके। इसी वर्ष विद्रोह तीव्र रूप में अग्रसर हो गया। इनका आन्दोलन इतना उग्र हो गया कि लोगों को चर्च जाते समय तीर लगने लगे। लोग जख्मी होने लगे। जर्मन मिशन फूंक दिया गया। स्थिति अन्ततः यह हो गयी कि जनजातियां और सरकार आमने-सामने आ गयी, अनेक थानों पर इन्होंने खुलकर धावा बोला। 5 जनवरी, 1900, को समस्त मुण्डा क्षेत्र में जंगल के आग की तरह बिरसा आन्दोलन फैल गया।

3 फरवरी, 1900 को बिरसा बन्दी बना लिये गए। इनके 482 अनुयायियों पर मुकदमा भी चलाया गया और राँची जेल में बिरसा, एक साहसी, बहादुर, नेता की मृत्यु हैजे से 9जून 1900 को हो गयी। बिरसा आन्दोलन का इतिहास अंग्रेज, जमीन्दार और शोषकों के विरुद्ध था जिसने ब्रिटिश शासकों, पुलिस और जमीन्दारों के दाँत खट्टे कर दिये थे। बिरसा आन्दोलन के निम्नलिखित परिणाम महत्वपूर्ण है :[30]

1. बिरसा आन्दोलन के परिणामस्वरूप सरकार ने मुण्डा लोगों को जमीन्दारों के चगुंल से बचाने तथा भूमि की समस्या हल करने का प्रयत्न शुरू किया।
2. बिरसा आन्दोलन के 10 वर्षों के अन्दर ही सरकार ने भूमि बन्दोबस्ती का कार्य पूरा किया।
3. 1908 ई. के. टेनैन्सी अधिनियम द्वारा आदिवासियों की गैर आदिवासी के हाथ जमीन की बिक्री रोक दी गई।
4. 1902 ई. में गुमला तथा 1980 में खूंटी अलग-अलग अनुमण्डल बना दिये गए। इन स्थानों में कचहरियाँ स्थापित की गई। फलस्वरूप आदिवासियों को रांची जाने की जरूरत नहीं रही।
5. बिरसा आन्दोलन के परिणामस्वरूप समाज सुधार तथा धर्म संबंधी अनेक आन्दोलन मुण्डाओं में उठे।
6. जादू-भूत-प्रेत तथा बलिदान की निन्दा की गई।

---

30. हरिशचन्द्र उत्प्रेती, भारतीय जनजातियाँ - संरचना एवं विकास, पृष्ठ 355.

7. बिरसा आन्दोलन के परिणामस्वरूप ही ताना भगत तथा अन्य आन्दोलन सरकार के विरुद्ध शुरु किये गए।

इस आन्दोलन से यदि निष्कर्ष निकाला जाय तो कहा जा सकता है कि बिरसा जो आरम्भ में एक धार्मिक व्यक्ति के रूप में उभरा और अन्त में उसने धर्म को ही हथियार की तरह अंग्रेजों और जमीन्दारों के विरुद्ध प्रयोग किया। अपनी जनजाति को उसने अपने प्रवचनों के आधार पर एकजुट किया, वहीं उसने अंग्रेज शोषकों के विरुद्ध उन्हें खड़ा भी किया। इस आन्दोलन ने कुछ समय के लिये ही सही अंग्रेजों के दाँत खट्टे कर दिये।

कुमार सुरेश सिंह बिरसा आन्दोलन का विश्लेषण करते हुए लिखते हैं –

"सम्भवतः यह आदिवासी आन्दोलन का एक बेहतरीन दस्तावेजी अध्ययन है जो एक समृद्ध लोक साहित्य और अभिलेखीय एवं मानवशास्त्रीय सामग्रियों को भी संयुक्त करता है। यह सामाजिक या धार्मिक और राजनीतिक आयाम से भरा एक पूर्ण आन्दोलन भी था जिसने धार्मिक, जातीय और राजनीतिक आन्दोलनों की पूरी श्रृंखला को प्रभावित किया। वास्तव में मुण्डा धर्म एवं समाज के पुनर्गठन और मुण्डा राज व स्वतंत्रता की स्थापना के दोहरे उद्देश्य गूंज बाद के सभी आन्दोलनों में उठती रही और पहचान एवं स्वायत्तता के लिये समकालीन आन्दोलनों में इसकी जबरदस्त प्रतिध्वनि बनी रही।[31]"

क्रिस्टोफर एफ.एफ. हैमेनडोर्फ जनजातियों के इन आन्दोलनों के संबंध में बहुत ही मार्मिक ढ़ंग से कहते हैं–

"...... अक्सर यह वैसे संघर्ष की करुण कहानी है जो उन लोगों द्वारा लड़ा जाता रहा है जिनके विरुद्ध एक शासन ने सरासर अन्याय किया और जो विधि व्यवस्था कायम रखने के नाम पर अवदमित एवं अबोध जनजातियों का शोषण करने वालों के निहित स्वार्थों को बचाने के लिये सामने आता है।..... जितनी हैरत में डालने वाली बात यह है कि उन जनजातियों द्वारा, जिनकी जमीन और स्वतंत्रता, आर्थिक और राजनीतिक रूप से शक्ति सम्पन्न बाहरी लोगों ने छीन ली थी, विद्रोह की ऐसी विरल घटनाओं के स्थान पर बार-बार अधिक, हिंसक विद्रोह क्यों नहीं किए गए।[32]" यह चौकाने वाली आलोचना लन्दन विश्वविद्यालय के विद्वान की है।

भील आन्दोलन या विद्रोह (Bhil Movement or Revolt)

समस्त जनजातियों के आन्दोलन की पृष्ठभूमि में एक सामान्य तथ्य देखने को मिलता है कि जनजाति के व्यक्ति कितने भी सीधे,सरल और शान्ति प्रिय हों, फिर भी अन्य समाज

---

31. कुमार सुरेश सिंह, बिरसा मुण्डा, पृष्ठ 5
32. कुमार सुरेश सिंह, बिरसा मुण्डा, पृष्ठ 14.

के शक्तिशाली वर्ग के व्यक्ति उन पर अत्याचार करने से चूकते नहीं हैं। सामान्यतया जनजाति के लोग घने जंगलों और पहाड़ों पर रहते हैं। उनका जीवन-निर्वाह प्रकृति पर निर्भर करता है। वे प्रकृति पर आश्रित होते हैं। जहाँ खेती उनके जीवन का मुख्य साधन है वहीं वन सम्पत्ति भी है। इन पर भी जब लोगों की कुदृष्टि पड़ती है तो उसे भी हथियाने के रास्ते ढूंढने लगते हें। कालान्तर में जमीन्दार, साहूकार, महाजन, ठेकेदार, शासक उस पर कब्जा करने लगते हैं तो जनजातियों में इस अत्याचार और लूट के विरुद्ध विद्रोह अथवा आन्दोलन का सन्देश शक्तिशाली वर्ग और शासक वर्ग के पास पहुंचने लगता है। भील आन्दोलन अथवा विद्रोह जनजातियों के अनेक विद्रोहों में से एक महत्वपूर्ण विद्रोह है। उत्तर में विन्ध्याचल से लेकर पश्चिमी घाट तक भीलों का निवास स्थान रहा है। इस अंचल में भीलों की जनसंख्या अत्यधिक रही है। ये अपनी जमीन के मालिक थे। उसी पर खेती करते थे। भीलों की एक विशेष बात यह भी थी कि वे साहसी और बलशाली भी थे। अभावग्रस्त होने पर ये निकट के जमीन्दारों को भी लूटने चूकते नहीं थे।

सामन्ती समाज की अपनी विशेषतायें हैं। इस समाज की नींव में शोषण,अत्याचार, अमानवीय व्यवहार समाहित है। भूख इस समाज की खाली बटूही में उबाल खाती रहती है। भीलों के समाज पर भी सामन्तों के अत्याचार और शोषण की गाथायें मिलती हैं। महाजनों ने इन्हें नष्ट करने में कोई कोर-कसर नहीं छोड़ी। कहा जाता है कि बाजीराव द्वितीय पेशवा बनने के पश्चात् जसन्त राव होलकर ने जब विद्रोह किया तो मराठा सेना ने भीलों की बस्तियों को तोड़-फोड़ करके नष्ट कर डाला। खेत सूने हो गये। जोते नहीं गये। फसल नहीं हुई। भील आर्थिक रूप से तंगी हालत में पहुँच गये। इस पर भी पेशवा के सरदारों ने उन पर अत्याचार करने में नहीं चूके। आर्थिक रूप से दयनीय स्थिति पर पहुंचने के बावजूद भी उन्हें लूटा गया। अयोध्या सिंह लिखते हैं-

''1816 में पिण्डारियों ने पूर्वी पहाड़ियों के मुसलमान भीलों की मदद से इन भीलों पर ऐसे जुल्म ढाये कि उनके सामने मराठों और अरबों के जुल्म फीके पड़ गये। इन अत्याचारों से बचने के लिये भीलों ने भाग कर पहाड़ियों में शरण ली। सामन्त सरदारों के अत्याचारों ने उनमें विद्रोह की भावना भर दी। इस हालत में खान देश का प्रान्त अंग्रेजों के हाथ आया। इन नये शासकों के खिलाफ भीलों का विद्रोह करना इसलिये स्वाभाविक था।[33]''

भीलों पर अत्याचार, उनके परिवार पर तरह-तरह की यातनायें। महिलाओं के साथ अभद्र व्यवहार। उनके खेतों पर कब्जा जमा कर उन्हें साधनहीन बनाना। सूदखोरी ने उन्हें जीवन भर के लिए महाजन का गुलाम बना दिया। बन्धुआ मजदूरों की तरह उनसे काम लिया जाता था। इस कर्ज के जाल में पूरा का पूरा परिवार जमीन्दारों और सूदखोरों का दास बन गया। इन परिस्थितियों ने भीलों में विश्वास के स्थान पर संदेह को उत्पन्न किया।

---

33. अयोध्यासिंह, भारत का मुक्ति संग्राम, पृष्ठ 150.

ये शासकों को शक की दृष्टि से देखते थे। इस स्थिति का वर्णन करते हुए ग्राहम कहते हैं कि, ''भूतपूर्व देशी सरदारों की बराबर वादा खिलाफी से क्रुद्ध अपने परिवारों तथा नाते रिश्तेदारों के कत्ले आम से बर्बर बन जाने वाले भील आमतौर पर विदेशियों की नयी सरकार को सन्देह की दृष्टि से देखते थे और व्यवस्था तथा नियंत्रण के बन्धन में बन्धने को पहले से कहीं कम इच्छुक थे।[34]''

सामन्तों और अंग्रेजी शासकों के विरुद्ध वे नियोजित ढंग से मोर्चा लेने की तैयारी में जुट गए। भील लोगों को संगठित और एकजुट करने के लिये उन्होंने संगठन बनाया। अपना नेता बनाया। एक तरह से उनके अत्याचारों और शोषणों के विरोध में मजबूती से खड़े हुए क्योंकि शासक और सामन्त वादे तो करते थे पर उन्हें पूर्ण नहीं करते थे। आश्वासन देना मात्र उनका छलावा था। इतना ही नहीं अत्याचार की समस्त सीमायें उस समय टूट जाती है जब इनके सम्पूर्ण परिवार को मौत के घाट उतार दिया जाता था। इस असहनीय पीड़ा और तबाही के खिलाफ 1817 में खानदेश में भीलों का विद्रोह फूट पड़ा। भीलों ने लूट पाट करना आरम्भ कर दिया। अंग्रेजों ने भीलों को दबाने के लिये स्थानीय जमीन्दारों व पेशवा पर दबाव बनाया। इतना ही नहीं अंग्रेजों ने भीलों पर दबाव बनाने के लिये पहाड़ियों के उन रास्तों को अवरुद्ध कर सैनिक बिठा दिये जिससे खाद्य सामग्री भीलों के निवास स्थान तक न पहुँच सके। एक तरफ अंग्रेज भीलों पर जुल्म ढा रहे थे तो दूसरी तरफ वे उन्हें पुचकार भी रहे थे। तरह-तरह के प्रलोभन दिये जा रहे थे जिससे भीलों की एकता और उनका संगठन कमजोर हो सके और भील परस्पर बंट जायें। उन्होंने एलान किया कि भीलों को पुलिस में भर्ती कर उन्हें पेन्शन और भत्ते का लाभ पहले की तरह दिया जायगा बशर्ते वे अंग्रेजों के विरुद्ध लड़ना बंद कर दें। इस प्रलोभन ने 'मरता और क्या न करता' की कहावत को चरितार्थ किया। कुछ भील टूट गए। प्रलोभन में आ गये। अधिक संख्या भीलों की अंग्रेज शासकों के विरुद्ध थी। इसलिये उन्होंने 1819 में उनके चारों तरफ डेरा डाल दिया। पहाड़ी चौकियों पर पुनः अधिकार जमा लिया। अंग्रेजों को खदेड़ना आरम्भ किया। भीलों के आंतक से अंग्रेज भयभीत हो गये। इसलिये अंग्रेजी सरकार ने भीलों को दबाने के लिये कई कम्पनियाँ भेजी। भील अंग्रेजों की शक्ति के आगे झुके नहीं। वे विद्रोह करते रहे और अंग्रेजों के अत्याचार इस कदर बढ़ गये कि भीलों को बन्दी बना कर फांसी दी जाने लगी।

सन् 1820 का भील विद्रोह कई अर्थों में अजूबा था। भील और भील के नेता एकजुट होकर अंग्रेजों का सामना करने के लिये अपने को मज़बूती से तैयार करने लगे। संगठित रूप में उन्होंने अंग्रेज शासकों और कम्पनी पर धावा बोला। अनेकों को मौत के घाट उतार दिया। लूट-पाट भी की। अपनी संगठित शक्ति का एहसास प्रशासकों को करा दिया। किन्तु अंग्रेज और कम्पनी कहाँ हार मानने वाली थी? अंग्रेज पूरी शक्ति से भीलों से लड़े और पुनः जमीन और चौकियों पर अपना अधिकार जमा लिया। भील के हमलों को सख्ती से कुचलने

---

34. अयोध्या सिंह, भारत का मुक्ति संग्राम, पृष्ठ 150.

के लिये उन्होंने कोई कसर नहीं छोड़ी। अंग्रेजों ने सारी मानवता को ताक पर रख दिया। भीलों की बस्तियाँ फूंकी जा रही थी। खुले आम उनकी हत्या की जा रही थी। हालात बिगड़ते ही जा रहे थे। अत्याचार अपनी सारी सीमाओं को लाँघ रहे थे।

अंग्रेज अन्दर ही अन्दर हताश भी थे। वे भीलों को दबा नहीं पा रहे थे। न उनमें शासन का भय ही उत्पन्न कर पा रहे थे। अन्दर से वे कमजोर हो रहे थे बाहर से मजबूत दिख रहे थे। आखिर सालों साल लड़कर, कत्ले आम करके भी भीलों को अपने शासनाधीन करने में वे असफल रहे। इसलिये लेफ्टिनेन्ट आउत राम ने भीलों से साँठ-गाँठ करने के लिये भीलों को मनाना आरम्भ किया। भीलों में अंग्रेजी शासन के प्रति सदभावना बढ़ाने में उसकी महत्वपूर्ण भूमिका रही है। इस सद्‌भावनापूर्ण व्यवहार से भीलों को भी कुछ लाभ देकर भीलों को तोड़ लिया गया। उन्हें सेना व पुलिस में भर्ती किया गया। पानी ऊपर से स्थिर दिखायी पड़ रहा था और अन्दर ज्वार-भाटा उछाल ले रहा था। आग कुछ महिनों तक शान्त हो गयी थी, किन्तु विद्रोह की चिन्गारी अन्दर ही अन्दर सुलग रही थी। 183 और 1852 में पुन: भीलों का विद्रोह धार राज्य और खान देश में भड़का। किन्तु अंग्रेजों की शक्ति के आगे अन्तत: भील विद्रोह अथवा आन्दोलन को खामोश होना पड़ा। पर इतना तो मानना ही पड़ेगा कि भील आन्दोलन या विद्रोह ने अंग्रेजों के दाँत खट्टे कर दिये थे।

ताना भगत आन्दोलन (Tana Bhagat Movement)

ताना भगत आन्दोलन एक धार्मिक आन्दोलन था। इसका आरम्भ 1914 के आसपास छोटा नागपुर के पश्चिमी क्षेत्र में हुआ। ताना भगत सम्प्रदाय के अनुयायी वर्तमान में राँची, लोहरदगा ज़िले के भांडर, लारपुंग,सिसई, पालकोटट, विशुनपुर क्षेत्रों में निवास करते हैं। राँची जिले के विशुनपुर थाने के अन्तर्गत चौपटी नवाटोली गाँव में जतरा उराँव नामक एक 25 वर्षीय युवक ने 1914 में यह घोषणा कर दी कि उराँव व्यक्तियों के सबसे बड़े और मान्य देवता ने उसे स्वप्न दिया है कि वह एक नये धर्म की स्थापना करे। यह देवता धर्मेश कहे जाते हैं। इस सम्प्रदाय के अनुयायियों में उराँव जनजाति के व्यक्ति सबसे अधिक हैं, किन्तु मण्डा और खड़िया जनजाति के लोगों की भी संख्या कम नहीं है।

तानाभगत आन्दोलन को स्थापित करने का श्रेय एक युवक जतरा उराँव को है। जतरा उराँव ने ओझा का भी प्रशिक्षण प्राप्त किया था। अपने सर्वोच्च देवता धर्मेश के आदेशानुसार उसने लोगों को निम्नलिखित सुझाव दिये :

1. भूत-प्रेत में विश्वास न करना
2. पशुबलि को रोकना
3. मांस-मछली और शराब का प्रयोग न करना।

भारत की अन्य जनजातियों की तरह उराँव जनजाति पर भी ब्रिटिश सरकार ने

अत्याचार किये। उनका मन चाहे रूप में शोषण किया। जनजातीय भूमि व्यवस्था के ढांचे को छिन्न-भिन्न कर दिया। इन दमनकारी कार्यों का प्रभाव उराँव जनजाति के आर्थिक सामाजिक, धार्मिक व राजनैतिक जीवन पर भी गहरे रूप में पड़ा। जनजातियों के शोषण करने में जमीन्दार, महाजन, ठेकेदार, साहूकार आदि खुले रूप में कर रहे थे। उरांव को यह महसूस हो रहा था कि उनके परम्परागत देवी-देवता उनकी सहायता नहीं कर रहे हैं। उनकी समस्याओं का भी समाधान नहीं हो रहा है। इसलिये उरांव ने एक नये धार्मिक आन्दोलन की आवश्यकता को अनुभव किया। इस हताशा व निराशा की पृष्ठिभूमि में उरावों में एक नूतन धार्मिक आन्दोलन का श्री गणेश हुआ जिसे कुरूख अथवा कुरुखों का धर्म कहा जाता है। इस धर्म के अनुयायियों ने अपने जनजातियों के लोगों में यह जोर-शोर से प्रचार किया और उनमें विश्वास उत्पन्न किया कि धर्मेश की आराधना, भक्ति और पूजा करने से ही उन्हें शोषण, दमन, उत्पीड़न और अत्याचार आदि से मुक्ति प्राप्त हो सकेगी। इस तरह धीरे-धीरे ताना भक्तों ने परम्परात्मक देवी-देवताओं की पूजा और आराधना से अपने को अलग कर लिया। इस तरह जतरा उराँव के अनुयायियों की संख्या में निरन्तर वृद्धि होती गयी। उराँव के उपदेशों का इतना प्रभाव पड़ा कि उन्होंने जमीन्दारों की भूमि पर काम करना बन्द कर दिया और लगान देना भी। शासकों को यह डर घर करने लगा कि जनजातियों की एकजुटता की शक्ति उनके विरोध में कहीं खड़ी न हो जाय। इसलिये कुछ भक्तों को बन्दी बना लिया गया। वास्तव में, आरम्भ में ये आर्थिक सामाजिक और धार्मिक सुधार के लिये प्रयासरत थे। यही कारण है कि ताना भक्तों ने अन्य चीज़ों के बजाय भजनों पर सबसे अधिक जोर दिया है। व्यक्ति के शुद्ध आचरण और नैतिकता को दृष्टि में रखकर ताना भक्त के लोगों ने मांस, मछली और शराब पर पूरी तरह प्रतिबन्ध लगा दिया। इन्होंने अनेक चीज़ों पर अंकुश लगा दिया जैसे आभूषणों का प्रयोग, अंगूठी पहनना, गोदना-गुदवाना आदि। तलाक भी नहीं दिया जा सकता था। धर्मेश जनजाति देवता के साथ-साथ इन्द्र, गणेश और जगन्नाथ की भी पूजा होने लगी। इस सम्प्रदाय ने विवाह संबंधी अनेक नियम भी बनाये। इसके साथ ही वैवाहिक अनुष्ठानों को भी नया स्वरूप प्रदान किया। उदाहरण के लिये विवाह के अवसर पर दुल्हा-दुल्हन को साल के पत्तों पर बिठाया जाता है। इनके सामने घी का दीपक जलाया जाता है। इसके पश्चात दोनों एक दूसरे के माथे पर चन्दन का टीका लगाते हैं। उपर्युक्त सभी ताना भक्तों की गतिविधियाँ इस बात का प्रमाण है कि ताना-भक्तों का आन्दोलन मूलतः धार्मिक था।

समय के साथ ताना-भक्तों की संख्या में जहाँ वृद्धि हुई वहीं अंग्रेज शासकों और पुलिस की दृष्टि में ये चढ़ भी गये। इसलिये इनका उत्पीड़न किया जाने लगा।

1919 और 1921 में नागरिक अवज्ञा और असहयोग आन्दोलन में ताना भक्त के लोगों ने उनका साथ दिया। आन्तरिक सुरक्षा को ध्यान में रख कर सरकार ने अनेक ताना भक्तों को बन्दी बना लिया। इस तरह कांग्रेस ने उरांव जनजाति के लोगों को स्वाधीनता संग्राम में शामिल कर लिया। ताना भक्तों का आन्दोलन धर्म से राजनीति की ओर गाँधी जी के

प्रभाव से मोड़ लेता है। जनजाति के लोगों में यह विश्वास फैल गया कि जतरा उरांव का पुनर्जन्म महात्मा गांधी के रूप में हुआ। इसलिये इस जनजाति के लोग गाँधी को देवता के समान मानने लगे। ताना भक्तों ने कांग्रेस के गया, रामगढ़ और नागपुर अधिवेश में भाग लिया था। कालान्तर में धर्म और परम्पराओं में भिन्नता के कारण ताना भक्तों का विभाजन हो गया। इनकी अनेक नयी शाखायें स्थापित हो गयी जैसे कामरूप भगत, लोदरी भगत, विष्णु भगत, कबीर पंथी भगत आदि।

1925 में जब गाँधी जी राँची आए तो वे इन लोगों से भी मिले और इनकी देश भक्ति की भूरि-भूरि प्रशंसा भी की। स्वतंत्रता के पश्चात बिहार सरकार ने ताना भक्तों की सामाजिक-आर्थिक स्थिति में सुधार लाने हेतु अनेक कार्यक्रम चलाये। इनके उत्थान में 20 सूत्रीय कार्यक्रम योजना महत्वपूर्ण भूमिका अभिनीत कर रही है। बिहार सरकार के एक कानून के तहत जो जमीन इनसे ब्रिटिश सरकार ने छीन ली थी उसे लौटा दी गयी। इस कानून को 'ताना भगत कृषि भूमि पुनर्स्थापना नियम' कहा जाता है। इस तरह हम यह कह सकते हैं कि ताना भगत का आरम्भिक आन्दोलन धार्मिक था, किन्तु कालान्तर में गाँधी जी के आन्दोलन में सहभागिता से इसने राजनैतिक स्वरूप धारणा कर लिया।

बोडो आन्दोलन (Bodo Movement)

बोडो जनजाति भारत की अनेक प्रमुख जनजातियों में मुख्य स्थान रखती है। असम की कुल जनसंख्या 2 करोड़ 65 लाख में से 65 लाख लोग विभिन्न जातियों के हैं। इनमें से बोडो जनजाति की जनसंख्या 42,9600 है। एक विशाल जनसंख्या होने के नाते असम की बोडो जनजाति के लोग पृथक बोडोलैण्ड की मांग कर रहे हैं। बोडो जनजाति की समस्यायें अन्य जनजातियों की समस्याओं से भिन्न हैं। बोडो जनजाति के आन्दोलनों का आधार भाषा, संस्कृति और विकास है। सबसे महत्वपूर्ण और ज्वलन्त समस्या आज जो हो गई है, वह है बंगलादेश वासियों की इस क्षेत्र में घुस पैठ। अन्य जनजातियों की तरह बोडो व्यक्तियों की भी अपनी संस्कृति और भाषा है। बोडो जनजाति के लोग एवं नेता इस बात से नाराज है कि उन पर असमी भाषा को अपनाने के लिये दबाव डाला जाता है। बोडो जनजातियों की गंभीर समस्या यह भी है कि उनकी जमीनों पर गैर बोडो वासी कब्जा करते जा रहे हैं। बोडो आन्दोलन मुख्यरूप से सांस्कृतिक और राजनीतिक है। बोडो कछारी असम राज्य में गोल पाड़ा, कामरूप और दारंग जिले में मुख्य रूप से बसे हुए हैं। बोडो जनजाति की समस्याओं का लेकर 'प्लेन्स टाइबल काउन्सिल आफ असम' (पी.टी.सी.ए.) के नेता आन्दोलन चलाते है। इसी प्रकार बोडी साहित्य सभा और बोडो साहित्य परिषद ने भी बोडो आन्दोलन को शक्तिशाली बनाने में महत्वपूर्ण भूमिका अदा की है।

बोडो जनजातियों में आक्रोश की ज्वाला उस समय धधकने लगी जब इनके खेतों पर बादरी लोग ने कब्जा करना आरम्भ कर दिया। इन्हीं की जमीन से इनको ही बेदखल

कर दिया। शोषण में उस समय और वृद्धि होती गयी जब बांग्लादेश वासी बड़ी संख्या में असम में लुके-छिपे रूप में प्रवेश कर गये और बोडो कृषकों के खेतों पर अपना अधिकार जमा लिया। उनके उपजाऊ धान के खेत उनके हाथ से निकल गये। इसी के साथ बोडो लोगों की आर्थिक स्थिति दयनीय होती गयी। इन अप्रवासी लोगों ने धीरे-धीरे करके वनों की भूमि को भी हथियाने लगे। बोडो जनजाति के लोगों पर दोहरी मार थी कि उनके खेत और वन सम्पत्ति दोनों हाथों से निकलते जा रहे थे। बोडो आर्थिक रूप से हाशिये पर खड़ा हो गया।

हरिश्चन्द्र उत्प्रेती का विचार है कि बोडो जनजाति में चेतना को प्रोत्साहित करने में निम्नलिखित दो बातों का बहुत महत्व है:-

1. जनजातीय संस्कृतियों के विकास एवं संरक्षण हेतु संवैधानिक प्रयास,
2. बोडो लोग अपनी भाषा को पुनर्जीवित करना चाहते थे जिसके माध्यम से ही समस्त बोडो कछारी लोगों को संगठित करना चाहते थे।[35]

इसके साथ ही मैं कुछ और तथ्य भी जोड़ना चाहूंगा जिन्होंने बोडो आन्दोलन को धधकने का अवसर दिया। जंगल की आग की तरह उनका आक्रोश उस समय बढ़ गया जब उनके धान के खेतों और वन सम्पत्ति पर अप्रवासी बंगलादेश वासियों का कब्जा होने लगा। उनके अन्दर धीरे-धीरे यह भावना घर करती गयी कि खासी और नागा जनजाति के लोगों को राजनीतिक सफलता प्राप्त हो गयी और वे उनसे कहीं पीछे रह गये। अन्ततः यह कुण्ठा आक्रोश में परिणित हो गयी। इसके साथ ही बोडो जनजाति के लोगों में अपनी भाषा और संस्कृति से रागात्मक और सम्वेदात्मक संबंध रहा है, इसीलिये इनका राजनीतिक आधार भाषा भी रही है।

बोडो जनजाति के व्यक्तियों ने जहाँ भाषा को राजनीतिक हथियार के रूप में प्रयोग किया, वहीं स्वतंत्रता के पश्चात स्वायत्तशासी राज्य की मांग भी पूरी शक्ति के साथ इन्होंने खड़ा की। अपनी मांगों को सशक्त रूप में प्रस्तुत करने के लिये उन्होंने एक एक्शन कमेटी की भी स्थापना की जो बोडो आन्दोलन को व्यवस्थित रूप में प्रचार के कार्य को देखता था। आन्दोलन संबंधी तथ्यों को प्रकाशित करता था। समाचार पत्रों में भी आन्दोलन संबंधी समाचार भेजता था। इस प्रक्रिया ने जनमानस को जहाँ एक ओर बोडो आन्दोलन से परिचय कराया वहीं दूसरी ओर बोडो जनजातियों के आर्थिक, सामाजिक और राजनीतिक शोषणों, और अत्याचारों से भी अवगत कराया। आरम्भ में बोडो जनजाति आन्दोलन अहिंसक था किन्तु कालान्तर में इसने उग्र रूप धारण कर लिया।

बोडो आन्दोलन का उग्र रूप हमें 1968 में देखने को मिला। वह लावा जो भू-गर्भ में था वह फूट गया था। यह वह वर्ष था जिसमें आन्दोलन के समग्र रूप के दर्शन होते

35. हरिश्चन्द्र उत्प्रेती, भारतीय जनजातियाँ – संरचना एवं विकास, पृष्ठ 344.

हैं। स्कूलों, कॉलेजों का बहिष्कार किया गया। धरना और भूख हड़ताल बोडो के नेताओं और कार्यकर्ताओं ने किये। अनेक लोग गिरफ्तार भी किये गये। अन्ततः सरकार को यह संदेश भेजा गया कि वह सैकन्डरी स्तर तक बोडो भाषा को शिक्षा का माध्यम बनाये अन्यथा एम.एल.ए. विधान सभा से त्याग पत्र दे देंगे। यह इतनी बड़ी धमकी थी कि सरकार को इनके सम्मुख झुकना पड़ा।

वास्तव में, बोडो जनजाति के लोगों की एक पृथक राज्य की मांग ने इसे चर्चा में ला दिया। यह आज एक ज्वलन्त समस्या बन गयी है। इस संबंध में **फरजद अहमद** कहते हैं[36]–

"बोडो या कछारी लोगों का दावा है कि वे 5000 ईसा पूर्व मध्य एशिया से ब्रह्मपुत्र घाटी में आकर बसे। एक किवदन्ती के अनुसार उनकी आंडिबापुर वर्तमान में नागालैण्ड की राजधानी दीमापुर नाम की मजबूत राजधानी थी। 13वीं सदी में अहोक लोगों ने इन्हें इस क्षेत्र से खदेड़ दिया। यह लड़ाई तीन सदियों तक चली और उसके बाद बोडो जनजाति ने कछार पहाड़ियों में अपना राज्य कायम किया, जिसकी राजधानी गुवाहाटी थी। बाद में वे फिर मैदानी इलाकों में जाने को मजबूर हुए। पहली बार ब्रिटिश हकूमत के ज़माने में बोडो लोगों ने अलग राज्य की मांग उठाई। 1927 में कछारी युवक सम्मेलन ने साईमन कमीशन को ज्ञापन देकर स्वतंत्र पहचान और अलग कछारी रेजीमेन्ट बनाने की मांग की। इस उद्धरण से यह स्पष्ट होता है कि बोडो की पृथक राज्य की मांग स्वतंत्रता से पूर्व की है। लेकिन यह भी सत्य है कि उसे स्वतंत्रता के पश्चात नया राजनैतिक जामा पहनाया गया है जो थमता नजर नहीं आ रहा है।

स्वतंत्रता के पश्चात बोडो जनजाति के लोगों का आन्दोलन समाप्त हो जाना चाहिए था किन्तु ऐसा नहीं हुआ बल्कि यह पहले की अपेक्षा कुछ तीव्र हो गया। जहाँ एक तरफ भारत सरकार की विभिन्न योजनायें जनजातीय आर्थिक सामाजिक एवं राजनैतिक ढांचे में हस्तक्षेप करने लगी, वहीं दूसरे नगरीय लोग उनके क्षेत्रों में प्रवेश कर महाजनी करने लगे। उनके खेतों को हड़पने लगे। उन्हें कर्ज देकर सम्पत्ति पर कब्जा करने लगे। इस तरह बोडो जनजातियों का खुले रूप में शोषण होने लगा। उनसे बेगार ली जाने लगी। उनके परिवार की स्त्रियों का भी शोषण होने लगा। इन परिस्थितियों में बोडों में आक्रोश उत्पन्न होना स्वाभाविक था और आन्दोलन करना भी। यही कारण है कि 1967 में अखिल बोडो छात्र परिषद बोडोलैण्ड की मांग करने लगा। बोडो के नेता एक पृथक राज्य की माँग कर रहे हैं। इस सन्दर्भ में वे तर्क उपस्थित करते हैं कि जब नागालैण्ड, मिजोरम राज्य बन सकते हैं तो फिर बोडो राज्य की स्थापना क्यों नहीं हो सकती? सरकार इनकी पृथक राज्य की मांग से सहमत नहीं है।

अखिल बोडो छात्र परिषद के हिंसात्मक आन्दोलन से हम भली-भाँति परिचित

36. पी.सी.जैन, सामाजिक आन्दोलन का समाजशास्त्र, पृष्ठ 115

हैं। यह युवकों का एक सशक्त संगठन बन गया है जो असम राज्य में हिंसात्मक कार्यों को करके सरकार पर दबाव बनाने के लिये निरन्तर प्रयास करता रहता है। राज्य की सम्पत्ति को फूंकना, असम बन्द का नारा देना, पूरे राज्य में आतंक जैसा माहौल बनाना, रेलों का चक्का जाम करना आदि। अपनी हिंसात्मक गतिविधियों से इन्होंने राज्य की अनेक बार कानून व्यवस्था को ही चकनाचूर कर दिया। अपने आन्दोलन को गति देने के लिये और प्रभावशाली बनाने हेतु इन्होंने अनेक संगठनों की स्थापना की जैसे बोडो मुक्ति सेना, बोडो सुरक्षा सेना आदि। ये समस्त बोडो छात्र आन्दोलन उपेन्द्र नाथ ब्रहमा के नेतृत्व में क्रियाशील थे।

आगे चलकर इस पृथक राज्य की मांग के साथ बोडो भाषा की मांग भी जोड़ दी गई। बोडो साहित्य सभा ने अंग्रेजी माध्यम को शिक्षा में जहाँ स्वीकार कर लिया, वहीं दूसरी ओर बोडो भाषा संबंधी अधिकार के लिये भी वे जागरुक रहे। इसे प्राप्त करने के लिये उन्होंने सत्याग्रह तक किया। इस आन्दोलन की सबसे बड़ी सफलता है कि बोडो भाषा को शिक्षा का माध्यम बनाये जाने की मांग को सरकार ने स्वीकार कर लिया। उन्होंने असमिया के स्थान पर देवनागरी लिपि को मान्यता प्रदान की। बोडो आन्दोलन में अनेक ऐसे मोड़ आये जब बोडो छात्र संगठन ने सक्रिय भाग लिया। आन्दोलन को प्रभावकारी बनाने में अहम भूमिका अभिनीत की। बोडो लोक साहित्य ने आन्दोलन में प्रचार और प्रोत्साहन का कार्य किया। जनमानस को अपने अधिकार के लिये प्रेरित किया। इस आन्दोलन में साहित्य की भूमिका से बोडो लोगों में यह बात घर कर गयी कि उन्हें अपनी भाषा और लोक साहित्य की रक्षा करनी चाहिय। इसीलिये बोडो आन्दोलन में भाषा और संस्कृति हथियार के रूप में प्रयोग हुए हैं। इसीलिये बोडो साहित्य सभा ने 1974 में बोडो भाषा के लिये रोमन लिपि की स्वीकृति के लिये आन्दोलन किया। इस प्रकार बोडो आन्दोलन में अनेक समस्याएँ समानान्तर रूप में आन्दोलन का आधार बनी जैसे, भाषा, बोडो संस्कृति, पृथक राज्य और अप्रवासी लोग। वास्तव में, बोडो आन्दोलन की पृष्ठभूमि में अनेक महत्वपूर्ण तथ्य समाहित है, जैसे ब्रिटिश सरकार में आसाम एक पृथक सूबा था। नागालैण्ड, मिजोरम, मेघालय आदि छोटे पृथक सूबा थे। नागालैण्ड, मिजोरम, मेघालय आदि छोटे पृथक राज्यों की स्थापना हो गयी। अन्दर ही अन्दर यह असम के व्यक्तियों को कचोट रही थी। इसीलिये आज बोडोलैण्ड की मांग इस नारे के साथ गूंज रही है कि करो या मरो। भारतीय सरकार बोडो जनजातियों के विकास हेतु अनेक विकास योजनायें चला रही हैं जिससे उनकी आर्थिक सामाजिक स्थिति में सुधार हो सके। उनकी समस्याओं के निराकरण हेतु **बोडो स्वशासी परिषद** की भी स्थापना की गई है जो बोडो की समस्याओं का अध्ययन करके उनके समाधान हेतु त्वरित कार्यवाही के लिये अनुशंसा करेगी जिससे सरकार उस दिशा में ठोस कार्य कर सके।

सुरजीत सिन्हा ने जनजातीय आन्दोलन के संबंध में कुछ सामान्य तथ्यों की ओर इंगित किया है कि किसी भी क्षेत्र अथवा राज्य में जनजाति आन्दोलन चाहे वे बिरसा, नागा, संथाल, बोडो के हों, उनकी पृष्ठभूमि में कुछ अन्तर निहित अत्याचारों के विरुद्ध आक्रोश

समाहित होता है, जैसे खेतिहर समाज पर गैर खेतिहर व्यक्तियों का कब्जा। जनजातियों के क्षेत्र में गैर जनजातियों का प्रवेश। जनजातियों की आर्थिक स्थिति और जनजातियों का शिक्षा स्तर इन सभी के साथ जुड़ा है आर्थिक पिछड़ापन जो कुंठाओं को बढ़ाता है। आशावादी दृष्टि से अन्त में वे कहते हैं कि हमें सांस्कृतिक स्वायत्तता की ओर अग्रसर नहीं होना चाहिए।[37]

---

37. सुरजीत सिन्हा, सशोल मूवमेन्टस एण्ड स्टेट, पृष्ठ 262, 265.

References

Bharat 2004.

Burman, B.K. Roy, Social Movements in India, M.S.A. Rao, (ed.) Manohar Publications, New Delhi.

Hunter, W.W., History of Santhal Rebellion of 1855. (Quoted) by Ayadhya Singh (Ibid).

Jain, P.C., Samajik Anadolan Ka Smajshastra, National Publishing House, Jaipur & Delhi.

Lala Jagdalpuri, Bastar, Itihas Evam Sanskrit, Madhya Pradesh Hindi Granth Academy, Bhopal.

Orans, M., The Santhal : A Tribe in Search of a Great Tradition, Detroit: Wayne State University Press.

Saxena, Sudhir, Bhumkal, Madhya Pradesh Hindi Granth Academy, Bhopal.

Sharma, Brahmdev, Aadvashi Swashansan, Prakashan Sansthan, New Delhi.

Sharma, Braj Kishore, Rajasthan Mein Kisan and Aadiwasi Aandolan, Rajasthan Hindi Granth Academy, Jaipur.

Shukla, Heera Lal, Aadiwasi Asimita Aur Vikas, Madhya Pradesh Hindi Granth Academy, Bhopal.

Singh, Ayodhya, Bharat Ka Mukti Sangram, Rekha Prakashan, Culcutta.

Singh, K.S., Social Movements and the State, Ghanshyam Shah (ed), Sage Publications.

Singh, K.S., The Freedom Movement and the Tribal Sub-Movements in B.R. Nanda (ed) Oxford University Press, New Delhi.

Singh, Kumar Suresh, Birsa Munda Aur Unka Aandolan, Vani Prakashan, New Delhi.

Sinha, Surjeet, Social Movements and the State, Social Movements in India (ed.) M.S.A. Rao, Manohar Publications, New Delhi.

Srivastava, A.R.N., Janjatiya Sanskirt, Madhya Pradesh Hindi Granth Academy, Bhopal.

Thapar, Romesh (ed.), Tribe, Caste and Religion in India, Macmillan, New Delhi.

Upadhyaya, P.S. and V.K. Sharma, Bharat Ki Janjatiya Sanskrit, Madhya Pradesh Hindi Granth Academy, Bhopal.

Upadhyaya, V.S. & G. Pandey, Janjatiya Vikas, Madhya Pradesh Hindi Granth Academy, Bhopal.

Upreti, Harish Chandra, Bhartiya Janjatiyan: Sanrachna Evam Vikas, Rajasthan Hindi Granth Academy, Jaipur.

Virottam, B., Jharkhand, Itihas Evam Sanskrit, Bihar Hindi Granth Academy, Patna.

10

नक्सलवादी आन्दोलन

(Naxalite Movement)

नक्सलवादी आन्दोलन साम्यवादी आन्दोलन की कोख से जन्मा है। साम्यवादी विचारधारा से हटकर नक्सलवादी विचारधारा की व्याख्या करना एक विचारधारा के साथ अन्याय करना है। वैसे यह भारत भूमि की विशेषता है कि दो विभिन्न विचारधाराओं में जब भी टकराहट हुई एक नयी विचारधारा का प्रार्दुभाव हुआ। एक नयी व्यवस्था व संगठन की नींव रखी गयी। ठीक इसी प्रकार साम्यवादियों में एक ऐसा भी गुट विचारकों का था जो इनकी गतिदिधियों, कार्य प्रणालियों और सोच से सहमत नहीं था। जिस तरह से साम्यवादी आन्दोलन ने अपनी चमक खोयी वैसे ही नक्सलवाद की गति भी तीव्र होती गयी। नक्सलवादी सर्वप्रथम उस समय भड़क गये जब साम्यवादी गैर कांग्रेसवाद की रणनीति की तरह संयुक्त मोर्चा में, बिना सोचे समझे कि भविष्य में पार्टी पर इसका क्या प्रभाव पड़ेगा, शामिल हो गये। लेकिन सत्ता का नशा ऐसा होता है कि केवल कुर्सी, शक्ति, वैभव और ग्लेमर ही दिखायी पड़ता है। साम्यवादियों में जो जुझारूपन था वह विलुप्त होने लगा। यह कहीं से भी अच्छा संकेत नहीं था। यही कारण है कि नक्सलवादियों और साम्यवादियों के मध्य विचारों और कार्यप्रणाली को लेकर मतभेद भी आरम्भ हुए और मुठभेड़ भी शुरू हुई। वास्तव में, नक्सलवादी दल में साम्यवादी दल के वे लोग थे जो साम्यवादियों की कार्यप्रणाली से सन्तुष्ट नहीं थे। इस तरह नक्सलवादियों के संगठन में अधिकांश व्यक्ति साम्यवादी दल के असन्तुष्ट कार्यकर्ता और नेता ही थे। इनकी सोच, मानसिकता और कार्यप्रणाली साम्यवादियों से मेल नहीं खाती थी। इनका सोचना था कि साम्यवाद, संसदीय प्रणाली को अपना कर अपने जुझारूपन को खो रहा है, वहीं अपने लक्ष्य से दूर होता जा रहा है। दोनों में टकराहट हो जाने के बावजूद भी साम्यवादी जिनका संगठन और शक्ति दोनों ही बड़ी थी, नक्सलवाद को समाप्त करने में अक्षम सिद्ध हुए। बंगाल में उस समय सिद्धार्थ शंकर राय की सरकार थी। साम्यवादियों ने बंगाल से नक्सलवाद को समाप्त करने में इनकी सहायता की। परिणामस्वरूप बंगाल में नक्सलवाद की गतिविधियाँ थम सी गयी। किन्तु इसके विपरीत नक्सलवाद को उन स्थानों और क्षेत्रों में पनपने का अवसर प्राप्त हुआ जहाँ जनता भूख, बेरोजगारी, सामन्तों के शोषण, जमीन्दारों के अत्याचारों से पीड़ित थे। भूमिहीन कृषकों की पत्नियों और बेटियों के साथ

अनाचार किया जा रहा था। इनसे अनाप-शनाप भूमि कर और तरह-तरह के कर वसूल किये जा रहे थे। ऐसे शोषित वर्ग के व्यक्तियों में नक्सलवाद ने अपना स्थान बनाया है। इन सब के होते हुए भी आम जनता नक्सलवादी आन्दोलन की न तो पक्षधर है और न उसके साथ। नक्सलवाद की घटनायें विभिन्न राज्यों में घटित हो रही हैं, जैसे आन्ध्र प्रदेश, बिहार, झारखण्ड, मध्य-प्रदेश, कर्नाटक आदि।

नक्सलवाद को स्वरूप प्रदान करने वाले **चारू मजूमदार** थे। उन्होंने इस आन्दोलन को एक क्रांतिकारी फलसफा दिया। वे कहते थे कि नक्सलवादी न मरा है और न मरेगा। इस आन्दोलन के ऐसे ही जनप्रिय नेता कानू सान्याल है। नक्सलवादी आन्दोलन के आरम्भिक काल में सक्रिय सिपाही की भूमिका निभाने वाले **तीन भाई थे : नेमू सिंह, खेमू सिंह और पटल सिंह**। ये जान की बाजी लगाकर संगठन की गतिविधियों में भाग ले रहे थे। नेमू सिंह 70 के दशक में नेपाल के झापा अंचल के किसान विद्रोह में सक्रिय थे। तीनों भाई पुलिस के लिये सरदर्द बन चुके थे क्योंकि छापा मार (गौरिल्ला युद्ध) आक्रमण के जरिये विरोधियों और शासकों के लोगों के नाक में दम किये हुए थे। इसके साथ ही पुलिस और शासन का दमन चक्र भी बहुत तेज़ हो गया। अनेक नक्सलवादी बन्दी बनाये गए। आन्ध्र प्रदेश में मुठभेड़ों के नाम पर नक्सलवादी ही नहीं आम जनता भी मारी जा रही थी। पुलिस की बर्बरता बढ़ती ही जा रही थी। जय प्रकाश नारायण 'सिटीजन फार डेमोक्रेसी' के अध्यक्ष थे। इन घटनाओं की जाँच के लिये एक कमेटी बनाई जिसके अध्यक्ष वी.एम. तारकुण्डे थे। इस कमेटी ने रिपोर्ट दी कि नक्सलवादियों के साथ निर्दोष व्यक्ति भी मारे जा रहे हैं। इस संबंध में कमीशन ने सरकार से जाँच कमेटी बैठाने के लिये कहा। जब तक जाँच चले पुलिस अधिकारी निलम्बित रहें जिससे जाँच में कोई बाधा न पहुँचे और न दबाब ही डाला जा सके। 'आरगेनाइजेशन फार द प्रोटेक्सन आफ डेमोक्रेटिक राइट' ने राष्ट्रपति को ज्ञापन दिया जिसमें 10.7.70 से लेकर 1976 तक की सूची दी गयी जिसमें निर्दोष व तथाकथित नक्सलवादियों के मारे जाने की जानकारी दी गयी।[1] इतना जुल्म, अत्याचार और हत्याओं के पश्चात् भी नक्सलवादी आन्दोलन भारत के अनेक राज्यों में आज भी चल रहे हैं क्योंकि नक्सलवाद सामन्ती व्यवस्था और अत्याचार के विरुद्ध है। **विनोद मिश्र** लिखते हैं -

"जैसा कि मैंने पहले ही कहा, नक्सलवाद, लोकप्रिय अर्थों में हर अत्याचार के खिलाफ विद्रोह का प्रतीक बन गया था, इसीलिए विद्रोह की तमाम विचारधाराएँ, क्रांतिकारी मार्क्सवाद से लेकर अराजकतावाद तक, सर्वहारा क्रांति से लेकर निम्न पूंजीवादी विप्लववाद तक यहाँ तक कि व्यक्तिगत प्रतिशोध का दर्शन-सभी मिलकर एक रूप हो गए थे, पराजय और उससे पैदा विचार मंथन के दौरान ये धारायें एक दूसरे से पृथक होती गयीं हैं, बोल्शेविज्म के बारे में लेनिन ने कहा था कि बोल्शेविक अपने आप में कोई विशिष्ट धारा नहीं है, यह तो केवल मार्क्सवाद की क्रांतिकारी धारा है,उसी तरह नक्सलवाद भी क्रांतिकारी

---

1. सेमिनार, पत्रिका, 1977.

मार्क्सवाद के सिवा कुछ नहीं और इसकी परम्परा 1967 में नक्सलबाड़ी से नहीं बल्कि भारत में कम्युनिस्ट आन्दोलन के जन्म से ही विद्यमान क्रांतिकारी परम्परा से जुड़ी है। इसीलिए आज भी क्रांतिकारी वामपंथी कतारें चाहे वे भाकपा में हों या माकपा में, इससे लगातार जुड़ती जा रही है।[2]''

वास्तव में, नक्सलवाद का फलसफा शोषण के विरुद्ध है। सामन्तवादी शक्तियों के विरुद्ध है। वह साम्प्रदायिकता और जातिवाद का विरोधी है। इसके स्थान पर वह किसानों, भूमिहीन श्रमिकों, श्रमिकों का पक्षधर है जिनका शोषण जमीन्दार, महाजन, साहूकार और धनाढय व्यक्ति करते हैं। ये उस पूरी व्यवस्था के विरुद्ध है जहाँ आदमी आदमी का शोषण करता है। निर्धन महिलाओं के साथ अनाचार करता है। उनसे बेगार लेता है। भूमिहीन कृषकों के परिवार को बन्धुआ श्रमिक बनाकर जीवन पर्यन्त दोहन करता है। इस भ्रष्ट, अनैतिक अनाचारी व्यवस्था को नक्सलवादी समाप्त करना चाहते हैं। **विनोद मिश्र** नक्सलवादी दृष्टि को स्पष्ट करते हुए लिखते हैं-

''....... जो अपने आपको नक्सलवादी कहता या समझता है, उसमें मार्क्सवाद की वह दृष्टि होनी चाहिए जिसका प्रस्थान बिन्दु अन्तरराष्ट्रवाद है,अर्न्तराष्ट्रीय पूंजीपति वर्ग के खगोलीकरण के इस युग में 'दुनिया के मजदूरों एक हो' का महत्त्व भी असीम हो उठा है। जहानाबाद, पलामू और तेलंगाना जैसे क्षेत्रों में आपस में गरज रही बन्दुकें केवल नक्सलवाद को बदनाम करती है, जब अन्तरराष्ट्रवाद के सिपाही इलाकाई स्वार्थों में एक दूसरे के खून के प्यासे हो जाते हैं, तब वे और कुछ भी हों, नक्सलवादी तो कतई नहीं हो सकते।[3]''

स्वतंत्रता के एक दशक बीत जाने के पश्चात आदमी को यह महसूस नहीं हो पा रहा था कि वह स्वतंत्र भारत का एक सम्मानित नागरिक है। स्वतंत्र भारत में उसके जीवन की दैनिक आवश्यकतायें तो अवश्य पूरी होगी। एक आजाद देश में आशा और विश्वास की उड़ान बहुत ऊंची होती है और जब वह टूटती है तो शीशे की तरह चकनाचूर हो जाती है जिसमें अपना ही चेहरा कटा-फटा दिखायी पड़ता है। इन परिस्थितियों ने जहाँ आदमी मर तो नहीं रहा था पर कराह रहा था। एक नये आन्दोलन जिसे नक्सलवाद कहा जाता है, जन्म हुआ। यह शीघ्र ही आन्ध्र प्रदेश, त्रिपुरा, महाराष्ट, असम, बिहार, बंगाल, आदि प्रदेशों में फैल गया। इस आन्दोलन के दर्शन ने भूखी, बेरोजगार, शिक्षित व अशिक्षित युवा-पीढ़ी को बहुत प्रभावित किया। वैसे भी किसी नये आन्दोलन को चलाने के लिये युवा ऊर्जा की आवश्यकता पड़ती है। बहुत बड़ी संख्या में शिक्षित युवा नक्सलवादी आन्दोलन से जुड़ गया। इस नयी-पीढ़ी ने शोषण के विरुद्ध एक जुट होकर आन्दोलन में हिस्सा लिया। अनेक सफलतायें मिली। नक्सलवादी आन्दोलन के बढ़ते प्रभाव को कुचलने के लिये सरकार ने

2. विनोद मिश्र, विकल्प, पृष्ठ 26-27 सन 2000.
3. विनोद मिश्र, विकल्प, पृष्ठ 28.

दमन का सहारा लिया। नक्सलवादी नेता बन्दी बनाये गये। उनके साथ पाश्विक व्यवहार किया गया पर वे टूटे नहीं। जेल से छूटने के पश्चात वे दुगनी शक्ति से संगठन को मजबूत करने में लग गये। नतीजा इसका यह हुआ कि आज भारत के अधिकांश भागों में नक्सलवादी अपने पैर जमा रहे हैं। आन्ध्र-प्रदेश, बिहार, असम, कर्नाटक के नक्सलवादियों ने तो सरकार की नींद उड़ा रखी है। **कौटिल्य** नक्सलवादी आन्दोलन के बारे में लिखते हैं -

''नक्सलवादी आन्दोलन दरअसल एक बहुत बड़े मोहभंग की अभिव्यक्ति थी। ये मोहभंग था मार्क्सवादी कम्युनिस्ट पार्टी (माकपा) के नेतृत्व के खिलाफ भारतीय कम्युनिस्ट पार्टी (भाकपा) के एक तबके के मोहभंग के बाद माकपा अस्तित्व में आई थी, पर बाद में भाकपा भी माकपा की राह पर चलने लगी कि संसदीय मार्ग से ही व्यवस्था परिवर्तन हो सकता है, ये सही है कि उस समय तक भाकपा के दस्तावेज में ये बात नहीं आई थी, पर व्यवहार में उनका रुख यही था जो बाद के दशकों में सही भी साबित हो गया। नक्सलवादी का विद्रोह भाकपा की इसी विचारधारा के खिलाफ था।[4]''

आरम्भ में नक्सलवादी आन्दोलन चीन की कम्युनिस्ट पार्टी से प्रभावित था और उन्हीं के नक्शो-कदम पर चलने का प्रयास कर रही थी बल्कि चीनी मार्क्सवादी सिद्धान्तों को नक्सलवादी अपना रहे थे, पर नक्सलवादी नेताओं ने बाद में यह सोचना आरम्भ किया कि भारत और चीन की आर्थिक, सामाजिक एवं राजनीतिक परिस्थितियाँ भिन्न-भिन्न हैं। यहाँ शासन की संसदीय लोकतंत्र प्रणाली है। इसलिये चीनी क्रांति के समय जो वहाँ परिस्थितियाँ थी वे भारत से भिन्न थी। लेकिन नक्सलवादी को समाजवादी देश चीन व रुस से बहुत कुछ सीखने को मिल सकता है। इसे सीखने का प्रयास भी करना चाहिए। लेकिन चीन व रूस का अन्धानुकरण नहीं किया जा सकता है। नक्सलवादियों में कुछ ऐसे भी लोग थे जो संसदीय प्रणाली के कटु आलोचक थे कि संसदीय व्यवस्था निर्धनों के लिये कुछ नहीं कर सकती। क्रांति ऊपर से नहीं सदैव नीचे से उत्पन्न होती है। इसलिये एक जन संगठन बनाने की आवश्यकता है। इस दृष्टि से चारू मजूमदार की सोच में काफी बदलाव आया। सभी संगठनों के अपने जन संगठन भी हैं और जहाँ नहीं थे वहाँ भी निम्न स्तर से ही संगठन बनने की प्रक्रिया आरम्भ हो गयी। इस तरह ग्रास-रूट पर संगठन को खड़े करने का प्रयास होने लगा। संगठन के लोग इस तथ्य से भी परिचित थे कि उनकी पकड़ जितनी ग्रामीण अचंलों में है उतनी नगरीय क्षेत्रों में नहीं। क्योंकि नक्सलवादी कृषि समाज के शोषित लोगों के कल्याण कार्य में लगे थे। यह वर्ग इनसे सहानुभूति भी रखता था और संगठन के कार्यों में सहभागी भी बनता था। सभी का यह मानना था कि स्थानीय सत्ता को प्राप्त करके ही सत्ता को हासिल किया जा सकता है। यह वर्ग इस बात पर जोर दे रहा था कि सत्ता हासिल करने हेतु उन्हें एक सीमा तक संसदीय प्रणाली का भी लाभ उठाना चाहिए। इसमें

4. कौटिल्य, विकल्प, 30.

सी.पी.आई. (एम.एल. जनशक्ति), सी.पी.आई. (एम.एल.पी.सी.सी.), वर्ग के नेता और कार्यकर्ता आते हैं। ये संसदीय प्रणाली से लाभ उठाने के पक्षधर थे। इसके विपरीत पार्टी के दूसरे लोगों का मत था कि उन्हें जन संगठन तक ही अपने को सीमित रखना चाहिए। यही वह आधार है जिस पर पार्टी और नक्सलवादी आन्दोलन मजबूती से खड़ा हो सकता है। इसके पीछे मार्क्स और लेनिन की अवधारणा समाहित है। इनका मत था कि सत्ता जनता के हाथों में रहनी चाहिए और कम्युनिस्ट पार्टी अपने काम के बल पर, अपने समर्पण के बल पर ही जनता को आकर्षित भी करती है और उनकी सहानुभूति भी प्राप्त करती है। अन्ततः जनता का विश्वास पार्टी के साथ जुड़ जाता है।

1964 पश्चिमी बंगाल में सी.पी.आई.एम. की एक सभा में यह कहा गया कि किसान मोर्चे पर सशस्त्र तैयारी शुरु करें। कृष्ण कोनार और प्रमोद दास गुप्ता ने सी.पी.आई.एम. के कार्यकर्ताओं को इस दृष्टि से प्रोत्साहित भी किया। कृषक सभा में यह घोषणा भी की गयी कि वे सशस्त्र आन्दोलन के लिये अपने को तैयार करें बगैर इसके काश्तकारों में कोई बुनियादी परिवर्तन लाना कठिन होगा। सी.पी.आई.एम. के नेताओं ने यह निर्णय किया कि 1967 के आम चुनाव के पश्चात आन्दोलन छेड़ा जाय। 1969-70 में भारत के 8 राज्यों में संयुक्त सरकारें बनी। इसी समय दार्जिलिंग की सी.पी.आई.एम. के नेता ने सोचा कि यह किसान विद्रोह का उचित समय है। यह कांग्रेस को चुनौती देने का एक अच्छा अवसर है इस तरह सी.पी.आई.एम. की गतिविधियाँ निरन्तर क्रांतिकारी बनती गयी।

पी.एन. मुखर्जी ने नक्सलवादी आन्दोलन का आधार किसानों को बनाया जिनका शोषण, जमीन्दार, महाजन, सूदखोर कर रहे थे। सबसे पहले किसानों की उपज जमीन्दारों के यहाँ रखी जाती थी। इसके दो भाग किये जाते थे। इसके बाद किसान के पशुओं को जो सुविधा दी जाती थी उसके एवज में 8 मन अनाज ले लिया जाता था। यदि बीज भी दिये गये हैं तो उसके भाग से दो गुना अनाज कम कर लिया जाता था। जमीन्दार का आदमी जो अनाज तौलता था वह भी अपना हिस्सा ले लेता था। इस तरह जमीन्दार से लेकर अनाज तौलने वाले तक किसान की उपज का सारा अनाज बंट जाता था। उसके पास नाम मात्र को अनाज बचता था। परिणामस्वरूप कर्ज के दबाव में किसान परिवार के लोग बन्धुआ श्रमिक बनते थे।[5] किसानों के इस शोषण, अत्याचार और उत्पीड़न के विरुद्ध ही नक्सलवादियों ने इनकी समस्याओं के समाधान के लिये जहाँ अपने को तैयार किया वहीं इन्हें भी अपने साथ जोड़ने का प्रयास किया। किसी सीमा तक वे इसमें सफल भी हुए।

1967 में जब कम्युनिस्टों का प्रवेश सिलीगुड़ी में हुआ। इसके बाद किसान विद्रोह की पृष्ठभूमि में नक्सलवाद था। इस विद्रोह को जानना इस दृष्टि से आवश्यक है क्योंकि इस समय तेभागा आन्दोलन उत्तरी-बंगाल के सिलीगुड़ी के पाथार घाटा पर अपना दम तोड़ चुका था। इस समय चार नक्सलवादी नेता बन्दी बनाये जा चुके थे – निरपन, बीरेन, अतिन,

---

5. पी.एन. मुखर्जी, सोशल मूवमेन्टस इन इन्डिया, पृष्ठ 34-35.

बन्धन ओरांव। तारा सिंह भी बन्दी बनाये गये थे और इसके साथ अनेक अधिकतर लोग भी। इन घटनाओं के पश्चात ही सी.पी.एम.आई. पर सरकार ने प्रतिबन्ध लगा दिया।

यद्यपि तेभागा आन्दोलन लगभग समाप्त सा हो गया था, किन्तु इसकी आन्तरिक लहर आत्मा के रूप में दो दशक तक किसान आन्दोलन को प्रेरित करती रही। कृषि सभा और कृषि समिति की स्थापनायें हुई। किसान शोषण के विरुद्ध खड़े हुए। इन समितियों के साथ पनपन सरकार, कानू सन्याल सक्रियता के साथ जुड़ गये। **तेभागा आन्दोलन** के महत्व को निम्नलिखित मांगों से जाना जा सकता है-

1. जमीन्दारी व्यवस्था समाप्त की जाय।
2. खेत जोतने वालों को भूमि दी जाय।
3. काश्तकारों को बेदखल करना सहन नहीं किया जायगा।
4. 25 प्रतिशत उधार पर सूद लगाया जाय।
5. कहा गया कि बगैर किसी आत्म समर्पण के खेती करो।
6. कांग्रेस सरकार को उखाड़ फेकों।[6]

कृषि सभा, कृषि समिति के कार्यकर्ता गाँव के हाट बाजार में सभायें करने लगे। इससे ग्रामीण जनता इनके सम्पर्क में आई। जोतेदारों ने यह प्रचार करना आरम्भ कर दिया कि किसान और ग्रामीण, लाल-झण्डे के प्रभाव में न आये। लेकिन पार्टी के कार्यकर्ता और नेता कृषि शोषण के विरुद्ध प्रचार करने में जी जान से लग गये। वे ग्रामीणों से कह रहे थे कि वे कृषि सभा के सदस्य बने। उत्पीड़न इस सीमा तक बढ़ गया था कि जो लोग सदस्य बन रहे थे उनके मवेशी और हल आदि छीने जा रहे थे। खाने के लिये जो धान दिया जाता था वह भी छीना जा रहा था। उत्पीड़न के कार्यों से एक बार लगने लगा कि कार्यकर्ता अन्दर से कहीं कमजोर पड़ रहा है। इसलिये कानू सन्याल को पार्टी मजबूत करने के लिये लगाया गया। क्योंकि ग्रास रूट पर ही जब पार्टी मजबूत होती है तो चुनाव में विजयी होती है। ये गांव में स्कूल खोलने और सिंचाई का भी प्रबन्ध करने में लग गये। दुःख की बात है कि 1950 से 1967 तक कुछ इस प्रकार की परिस्थितियाँ देश में बनी कि किसानों और श्रमिकों की मांगें बहुत कुछ अपना आधार खो चुकीं थी। इससे किसान विद्रोह को भी आघात लगा।

1964 में सी.पी.आई. का विभाजन हो गया। दार्जिलिंग के सी.पी.आई.एम. के सदस्यों की इच्छा थी कि किसान आन्दोलन किया जाय। इस समय अनेक नेता जेल में थे और जोतेदार अंधाधुंध भूमिहीन श्रमिकों का मनचाहे रूप में शोषण कर रहे थे। जेल से छूटने के पश्चात् नेताओं ने सोचना-विचारना शुरू कर दिया कि किसानों और निर्धनों के

---

6. पी.एन. मुखर्जी, सोशल मूवमेन्टस इन इन्डिया, पृष्ठ 37.

शोषण का कानूनी ढंग से निराकरण नहीं हो सकता है। इनकी समस्याओं का समाधान केवल क्रांति के द्वारा ही सम्भव है। अन्त में यह निर्णय लिया गया कि बेनाम भूमि और खास भूमि किसानों में वितरित की जाय। इसके साथ ही जमीन के मालिकाना अधिकारों में बदलाव लाने की आवश्यकता है।[7] इस प्रस्ताव को कृषि सभा ने पारित कर दिया। इसके साथ ही यह भी विचार किया गया कि राज्य से मोर्चा लेने के लिये असलाहों की भी तैयारी जरूरी है। नेताओं ने हजारों की संख्या में सन्यालियों को तीर धनुष का प्रशिक्षण दिया। इसी समय कानू सन्याल ने घोषणा की कि –

1. फसल को काटो और अपने स्थान पर एकत्र करो।
2. कृषि समिति के सम्मुख जोतेदार अपनी भूमि का प्रमाण दे।
3. अपनी फसल की रक्षा हेतु हथियार बन्द हो।
4. पुलिस से फसल की रक्षा करें।

वास्तव में, यह वह समय था जब नक्सलवादियों में आत्मविश्वास और चेतना सन् 1967 से कहीं अधिक थी और कानू सन्याल व्यवस्था के विरुद्ध संघर्ष करने के लिये तैयार थे। एक तरफ नक्सलवादियों में एकजुटता की झलक थी तो दूसरी तरफ शासन और पुलिस का दबाव इन पर बढ़ता जा रहा था। पुलिस उन स्थानों पर छापा मार रही थी जहाँ इन्हें सन्देह था कि यहाँ नक्सलवादी छिपे होंगे। पुलिस नग्न नाच कर रहे थे। गाँव में घुसते ही वे झोपड़ियाँ गिराते। बर्तनों को तोड़ते। खाने की सामग्री बाहर फेंकते। पुलिस की इस अराजकता के विरोध में महिलाओं ने कड़ा विरोध दर्ज किया। पुलिस को वापस जाना पड़ा। किन्तु वे पुनः अपने अधिकारियों को लेकर गाँव में खूंखार रूप में प्रवेश करते। इस प्रकार की स्थिति के लिये नक्सलवादी विशेष रूप से प्रशिक्षित लिए गये थे। वे धनुष और तीर से उन पर आक्रमण करते। यह क्रम निरन्तर चलता रहता। नक्सलवादियों के विद्रोह और छापामार आक्रमण से राज्य सरकार परेशान हो चुकी थी। इसलिये सरकार विभिन्न प्रकार की कमेटी बनाकर विशेष रूप से इनकी भूमि संबंधी समस्याओं का निराकरण करना चाहती थी। सी.पी.आई.एम. के कार्यकर्ताओं ने इन कमेटियों का विरोध किया क्योंकि वे इस सत्य से अनभिज्ञ थे कि सरकार आन्दोलन को किसी तरह टालना चाहती है। समस्याओं का वास्तविक समाधान करने की वह इच्छुक नहीं है।

नक्सलवादियों के 1967 के विद्रोह के पश्चात सी.पी.आई.एम.एल. का प्रभाव दिन पर दिन बढ़ने लगा। इनके विद्रोह के ढंग पर सी.पी.आई.एम., एस.एस.पी. से एक प्रकार से परस्पर प्रतिस्पर्धा चलने लगी। वास्तव में सी.पी.आई.एम.एल. अतिवादी थे। ये किसी भी सीमा तक जा सकते थे। जून, 1969 में सी.पी.आई.एम. ने सैनिक कार्यवाही करनी शुरू कर दी। 16 जून, 1967 के किसान सभा ने घोषणा की कि गोके-जंगल पर जबरन कब्जा

7. पी.एन. मुखर्जी, सोशल मूवमेन्टस इन इन्डिया, पृष्ठ 40-41.

कर लो। 1971 तक आते-आते नक्सलवादियों और पुलिस के मध्य झड्पें और मारा-मारी में वृद्धि होने लगी। दोनों तरफ से लोग हताहत होने लगे। आज भी नक्सलवादी हिंसात्मक कार्यों में लिप्त हैं।

वास्तव में, नक्सलवाद का **मूल स्थान पश्चिमी बंगाल रहा है। जहाँ से नक्सलवादी आन्दोलन का विकास हुआ है।** 1967 में माओवादी कम्युनिस्ट विचारधारा के कार्यकर्ताओं द्वारा पश्चिमी बंगाल के उत्तरी भाग नक्सलवादी क्षेत्र, दार्जिलिंग जिला से आरम्भ हुआ और धीरे-धीरे यह आन्दोलन भारत के विभिन्न राज्यों में फैल गया। मूलत: नक्सलवादी आन्दोलन कम्युनिस्ट पार्टी के अन्दुरूनी झगड़ों से जन्मा है। 1964 में सी.पी.आई. पार्टी में मतभेद उत्पन्न हो गए जिसके परिणामस्वरूप सी.पी.आई. का विभाजन हो गया। इसका एक वर्ग चीनी आक्रमण का पक्षधर था और दूसरा इसका विरोधी। विभाजन के पश्चात जो पार्टी बनी उसका नाम भारत की मार्क्सवादी कम्युनिस्ट पार्टी (सी.पी.आई.एम.) रखा गया। पार्टी में विभाजन अभी थमा नहीं था। 1967 में इसका पुन: विभाजन हो गया। इसके नेता चारू मजूमदार, कानू सन्याल, सरोज दत्त आदि थे। ये नेता पूर्णतया माओवादी सिद्धान्तों पर संघर्ष करने के पक्षधर थे। एक नये दल की स्थापना हुई-मार्क्सवादी लेनिनवादी कम्युनिस्ट पार्टी। इस दल के नेताओं की यह सोच थी कि पार्टी को मज़बूती से खड़ा करने के लिये उन्हें ग्रामीण अचंल में जनवादी क्रांति लानी होगी। इसके लिये यदि हिंसात्मक आन्दोलन चलाने क़ी आवश्यकता पड़ती है तो उसे भी चलाया जाय। **इस हिंसात्मक क्रांति को ही नक्सलवाद की संज्ञा दी जाती है।** दूसरे अर्थों में इसका यह अर्थ निकला कि नक्सलवाद का मूल आधार हिंसात्मक क्रांति है। इसी के माध्यम से जनवादी क्रांति सम्भव है। इस क्रांति के माध्यम से ही किसानों, श्रमिकों, भूमिहीन श्रमिकों को शोषण से निज़ात दिलायी जा सकती है।

1970 और 1971 के मध्य नक्सलवादी आन्दोलन सफलताओं की सीढ़ी पर चढ़ता नज़र आया। 1972 में चारू मजूमदार गिरफ्तार हो गये। इससे संगठन कमजोर हो गया और बंट भी गया।

नक्सलवादी आन्दोलन पूरी तरह से कभी समाप्त नहीं हुआ। वह बीच-बीच में संगठनात्मक दृष्टि से कमजोर तो हुआ पर उसकी गतिविधियाँ विभिन्न राज्यों में आज भी चल रही हैं जैसे आन्ध्र प्रदेश, बिहार, असम, कर्नाटक, बस्तर आदि। आन्ध्र प्रदेश में मुख्य रूप से नक्सलवादियों के दो संगठन सक्रिय है। **भारतीय कम्युनिस्ट पार्टी (मार्क्सवादी लेनिनवादी) पीपुल्स वार ग्रुप** और **भारतीय कम्युनिस्ट पार्टी (मार्क्सवादी लेनिनवादी) चन्द्रफुल्स ग्रुप।** पश्चिम बंगाल से नक्सलवाद आन्ध्र प्रदेश में आया। सी.पी.आई.एम.एल. ने नक्सलवादी गतिविधियों का ताना-बाना बुनना आरम्भ कर दिया। विशेष बात यह है कि आन्ध्र प्रदेश का पीपुल्स वार ग्रुप विभिन्न राज्यों में धीरे-धीरे अपनी जड़ें जमाने लगा। पीपुल्स वार ग्रुप से जुड़े अन्य संगठन भी गतिशील हैं जैसे **रेडिकल यूथ लीग, रेडिकल स्टुडेन्ट**

यूनियन, रैयत कुली संघम, आल इण्डिया रिवोल्यूशनरी फोरम, रिवोल्यूशनरी वर्कर्स यूनियन आदि। मध्य प्रदेश में सी.पी.आई. (एम.एल.) का पीपुल्स वार ग्रुप केन्द्रीय समिति के निर्देशों और आदेशों के अनुसार नक्सलवादी गतिविधियों का जाल फैलाते हैं और कार्य भी करते हैं। मध्य प्रदेश में 25 दलम (इसमें 25 से 30 सदस्य) तक होते हैं जो सक्रिय रूप से कार्य कर रहे हैं। नक्सली अपने दलम के नेता को कमाण्डर कहते हैं। मध्य प्रदेश में नक्सलियों का प्रथम दलमदक्षिण बस्तर में 1983 में बना था। मध्य प्रदेश का दूसरा महत्वपूर्ण संगठन 'फारेस्ट डिवीजन' है। इस दल में एक प्रकार की 'आम्यत्तर संरचना' है। इसके सदस्य गोपनीय ढंग से कार्य करते हैं। इसका एक उप भाग बाह्य संरचना का भी है जिसे संघम की संज्ञा दी जाती है। इनका मुख्य कार्य क्षेत्र ग्रामीण समाज है जहाँ ये शिक्षित लोगों को अपना एजेण्ट बनाते हैं। आज बस्तर में पीपुल्स वार ग्रुप के अनेक नक्सली संगठन सक्रिय रूप से कार्य कर रहे हैं, जैसे एटापल्ली दलम, अबुझमाड, कोण्टा सुकमा दलम, बैलाडीला दलम आदि। वास्तव में, मध्य प्रदेश नक्सलवादी गतिविधियों का केन्द्र बनता जा रहा है। यह आन्ध्र प्रदेश की सीमा से जुड़ा हुआ है और मध्य प्रदेश का बस्तर जिला नक्सलवादियों का केन्द्र बन गया। इस प्रदेश का भौगोलिक पर्यावरण इस प्रकार का है कि जहाँ नक्सलवादी बिना किसी भय के गोपनीय ढंग से सक्रिय रहते हैं। यह वह क्षेत्र है जहाँ आदिवासियों का शोषण होता रहता है। इस शोषण के विरुद्ध नक्सलवादियों ने आदिवासियों को प्रशिक्षित किया। पीपुल्स वार ग्रुप के नक्सलियों ने आदिवासियों को एक बड़ा आकर्षक और मन लुभावन नारा भी दे दिया एक पृथक राज्य (दण्डकारण्य) का 1980 से 1996 तक नक्सलवादियों की गतिविधियों में इतनी सक्रियता उत्पन्न हो गयी कि ये हिंसक भी हो गये। इन्होंने उचित माहौल और अवसर पाकर सशस्त्र संघर्ष का नारा भी दे दिया। इस तरह नक्सलवादी आन्दोलन ने हिंसा का रूप भी धारण कर लिया।

नक्सलवादी आन्दोलन सी.पी.आई. और सी.पी.एम. के गर्भ से जिन उद्देश्यों को लेकर आगे बढ़ा था वह मध्य में पहुंच कर ही अपनी हिंसात्मक गतिविधियों के कारण बढ़ नहीं सका और न यह सामन्तवादी एवं पूंजीवादी व्यवस्था को पलट सका। बल्कि सत्य यह है कि लोकतांत्रिक शासन में भ्रष्टाचार, शोषण, अन्याय बढ़ा है। सामाजिक सुरक्षा और सामाजिक न्याय मात्र सरकारी नारे बनकर रह गये हैं। ग्रामीण सामन्तवादी व्यवस्था से भूमिहीन श्रमिकों, खेतिहर श्रमिकों की रक्षा करने में यह आन्दोलन सफल नहीं हो सका। इसका मुख्य कारण यह भी है कि इस आन्दोलन को जन सहयोग प्राप्त नहीं हो सका और न ग्रास रूट पर यह अपना आधार मजबूत कर सका। कानू सान्याल नक्सलवादी आन्दोलन का पुनर्मूल्यांकन करते हुए कहते हैं कि एक दौर में अगर तत्कालीन संयुक्त मोर्चा सरकार के साथ समझौता करके थोड़ा पीछे हट लिया जाता तो हो सकता है कि उस समझौते के आधार पर नक्सलवाद को टिकाया जा सकता था। चारू मजूमदार की जिद के चलते ऐसा न हो सका। हो सकता है कि कोई समझौता नक्सलबाड़ी को टिका सकता था, लेकिन तब वह नक्सलवाड़ी इतिहास की परिघटना नहीं होती, तब वह नक्सलवाड़ी सिवाय जमीन के

लिये किसानों के जुझारू संघर्ष की अर्थवादी परम्परा से अधिक कुछ नहीं होता। नक्सलवादी इसी जिद की वजह से नक्सलवाड़ी बना, अपने आपको बलिवेदी पर कुर्बान करके ही वह देश में क्रांति की नई मशाल बन सका, यही तो उसकी सार्थकता है।[8]''

नक्सलवादी संगठनों में इतने अधिक संगठन हो गए हैं कि एक ही संगठन में अनेक उप संगठन बनने का अर्थ संगठन में एकता, अनुशासन और कार्यप्रणाली में विघटन। नक्सलवादी शोषणविहीन न्यायपूर्ण व्यवस्था, समानता को स्थापित नहीं कर सकी है और न ग्रामीण समाज को शोषण रहित ही बना सकी है, बल्कि इसकी जो इमेज जनता में बननी चाहिए थी, नहीं बनी और बल्कि यह हिंसा और प्रतिहिंसा की नीतियों में उलझती गयी। भारत में आज भी हिंसा पर आधारित आन्दोलन को जनता खारिज कर देती है। एक विशाल देश में आन्दोलन चलाने हेतु सकारात्मक और अहिंसक सोच की आवश्यकता होती है। हिंसा तो अन्तिम बदलाव का हथियार हो सकता है, पर प्रथम नहीं। इतना मैं कहना चाहूँगा कि आज भी देश में सामन्तवादी और पूंजीवादी व्यवस्था है। सन् 1990 के पश्चात इसका जाल बहुत ही चतुरता के साथ बुना गया है। नया धनाढय वर्ग तेजी से बढ़ा है। यह शोषण और भ्रष्ट व्यवस्था के कारण ही बढ़ा है। वैश्वीकरण और बाजारवाद के नाम पर आम जनता ठगी जा रही है। 10 प्रतिशत पूंजीवादी लोग विश्व के 90 प्रतिशत का दोहन कर रहे हैं। कटु सत्य यह भी है कि सी.पी.एम. जो शोषण और पूंजीवादी व्यवस्था के विरुद्ध आग उगलती है, वह मनमोहन सिंह की सरकार को बाहर से समर्थन देकर सरकार चला रही है। यह भी उतनी ही सत्ता लोलुप और सत्ता भोगी है जितने अन्य दल। नक्सलवाद जिस सी.पी.आई. और सी.पी.एम. के गर्भ से जन्मा था। वही सत्ता भोगी हो गयी तो नक्सलवादी आन्दोलन तो स्वत: ही ध्वस्त हो जायेगा। इसके अतिरिक्त नक्सलवादी आन्दोलन के असफल होने का एक महत्त्वपूर्ण कारण यह भी है कि अति वामपंथी और अति दक्षिणपंथी रहे हैं। विदेशी सिद्धान्तों और आदर्शों को लेकर भारत में आन्दोलन चलना कठिन भी है और अपने को धोखा देना भी है। मास्को और पीकिंग के इशारे पर आन्दोलन नहीं चलाया जा सकता है। प्रत्येक देश की अपनी संस्कृति और आर्थिक सामाजिक तथा राजनैतिक ढांचा होता है। इससे जुड़ी होती है जमीन और परम्परात्मक सोच वह विदेशी विचारों से नहीं बदली जा सकती है। हीरालाल शुक्ल नक्सलवाद की आलोचना करते हुए कहते हैं –

''वर्ष 1967 में पश्चिम बंगाल के नक्सलवादी से सशस्त्र जन आन्दोलन के द्वारा जिस नक्सल पंथ को कामरेड चारू मजूमदार आदि ने जन्म दिया, वह आज न सिर्फ अपने उद्देश्यों से भटक कर रह गया है, बल्कि आतंकवाद के रास्ते पर चल रहा है। इससे न तो किसान मजदूर की भलाई हो रही है और न ही देश का हित हो रहा है। यह सही है कि जनसमस्या को लेकर जन संगठित आन्दोलन के जरिए ही देश की दशा को सुधार कर सही दिशा दी जा सकती है, किन्तु हिंसा के सहारे चलने वाले आन्दोलनों में भटकाव

8. विनोद मिश्र, विकल्प, पृष्ठ 27.

के अतिरिक्त कुछ नहीं मिलता।[9]''

इसमें कोई दो मत नहीं हैं कि आज भी भारत के अनेक राज्यों में नक्सलवादी आन्दोलन खूंखार रूप में चलाये जा रहे हैं। जहाँ सम्पत्ति की हानि हो रही है वहीं निर्दोष लोगों की हत्यायें की जा रही है। ऐसा करके यह सरकार पर दबाव बनाये रखना चाहते हैं। आन्ध्र प्रदेश के नक्सलवादियों से सरकार बात करने के लिये तैयार है। केन्द्र के राज्य मंत्री श्री प्रकाश जायसवाल ने कहा है कि ''मंत्रालय चाहता है कि राज्य सरकारें नक्सली संगठनों के साथ वार्ता करें। लेकिन इसके साथ ही साथ राज्य सरकारों को कानून व्यवस्था के संबंध में भी पर्याप्त सावधानी बरतनी होगी।[10]'' उत्तर प्रदेश में नवम्बर 2004 की नक्सलवादी घटनायें चिन्ता का विषय बनती जा रही हैं। देश और राज्य के जान माल की सुरक्षा का पूर्ण दायित्व देश और राज्यों पर है। उन्हें इस प्रकार के आक्रमणों से चौकन्ना रहना पड़ेगा।

---

9. हीरालाल शुक्ल, आदिवासी अस्मिता और विकास, पृष्ठ 334.
10. दैनिक जागरण, 25 सितम्बर, 2004, पृष्ठ 9.

References

Banerjee, Sumanla, Social Movements and the State, Ghanshyam Shah (ed) Sage Publications, New Delhi.

Dayite, J.C.. Towards a Theory of Revolution, Linderfied (ed.), New York, Funk and Wagnalls.

Kautilya - Vikalp.

Marx, K. and F. Engels, Selected Works, Moscow, Progress Publishers.

Misra, Vinod Vikalp, 2000.

Mukherji, Partha N., Social Movements in India, M.S.A. Rao, (ed), Manohar Publications, New Delhi.

N.C. 1985 Communist Movements: Some Reflections, Mainstream - 23 (21) 7.10.

Rao, M.B. (ed) Documents of the History of the Communist Party of India, Volume, VII (1948-1950) People's Publishing House, New Delhi.

Reddy, R.N., Heroic Telangana, Communist Party Publication, New Delhi.

Seminar (Magazine), 1977.

Shukla, Hiralal, Aadiwasi Asimita Aur Vikas, Madhya Pradesh Hindi Granth Academy, Bhopal.

Sundarayya, P., 1972, Telanagana People's Struggle and its Lessons, Culcutta (C.P.I.M.)

11

श्रमिक आन्दोलन
(Labour Movement)

जन्म के साथ ही श्रम किसी न किसी रूप में जुड़ जाता है हम से। बच्चे की भूख, भूख से उत्पन्न छटपटाहट, रोना, चीखना, मचलना आदि क्रियाओं के पश्चात माँ दुग्ध पान करा कर उसकी भूख को शान्ति कराती है। श्रम जीवन के साथ जुड़ा है। आदिमयुगीन समाज में भी अपनी आवश्यकताओं की पूर्ति करने हेतु सामूहिक श्रम किया जाता था। इस श्रम के एवज़ में सभी एक स्थान पर बैठ कर खाते थे। किसी व्यक्ति अथवा स्त्री को अमुक प्रकार के श्रम करने पर उसे कुछ दिया नहीं जाता था। कालान्तर में कृषि और वैयक्तिक सम्पत्ति के विकास के साथ श्रम करने वाले व्यक्ति को अनाज अथवा रुपया दिया जाने लगा। इस तरह श्रम से कुछ अर्जित करने वाला व्यक्ति श्रमिक कहलाने लगा। इस श्रम के अन्तर्गत शारीरिक व मानसिक दोनों प्रकार के कार्य आते हैं। प्रसिद्ध अर्थशास्त्री मार्शल का मत है कि श्रम, आंशिक अथवा पूर्णरूप से किसी आर्थिक लाभ की दृष्टि से किये जाने वाला मानसिक अथवा शारीरिक कार्य है।[1] श्रमिक अपने श्रम के माध्यम से आय करता है। श्रमिक अपने श्रम को निश्चित अवधि के लिये किसी मालिक के यहाँ कार्य करता है और उसके एवज में मालिक उसे मजदूरी अथवा पारश्रमिक देता है। यह श्रम शारीरिक भी हो सकता है और मानसिक भी। एक मजदूर भी श्रमिक है और एक बड़ा अधिकारी भी। श्रमिक का संबंध जीवकोपार्जन से है। जो श्रम जीविका से जुड़ा नहीं है, उसे हम न तो श्रम कहेंगे और न इसके करने वाले व्यक्तियों को श्रमिक ही।

संसार भर में यदि कोई आन्दोलन सर्वप्रथम आरम्भ हुआ है तो वह श्रमिक आन्दोलन है। बगैर व्यक्ति के श्रम के कोई भी चीज़ न तो बन सकती है और न किसी वस्तु का उत्पादन ही हो सकता है। इस दृष्टि से मुझे यह कहने में कहीं भी हिचक नहीं है कि श्रमिक आन्दोलन सभी प्रकार के आन्दोलनों से पूर्व जन्मा है। इसलिये श्रमिक आन्दोलन प्राचीनतम आन्दोलन है।

---

1. एलफ्रेड मार्शल, प्रिसंपल्स आफ इकोनामिक्स, पृष्ठ 51.

उपर्युक्त विभिन्न अध्यायों में जितने भी प्रकार के आन्दोलनों की व्याख्या की गयी है चाहे वे जनजातियों के आन्दोलन हों अथवा किसान आन्दोलन, वे सभी श्रमिकों से जुड़े हैं। सामन्ती और खेतिहर समाज में श्रमिक और भूमिहीन श्रमिकों का जमीन्दार, तालुकदार, महाजन, धनाढय व्यक्तियों ने मन चाहे रूप में शोषण किया है। उनका उत्पीड़न किया है। खाने को दो समय का अनाज भी नहीं दिया। कर्ज में डुबोकर उन्हें बरसों बरस बन्धुआ श्रमिक बनाकर रखा है। इन परिस्थितियों ने उन्हें सामन्ती शोषण युक्त व्यवस्था के विरुद्ध आन्दोलन करने के लिये विवश किया। जब चीजें पक जाती है तो वह फूटती अवश्य हैं। श्रमिक आन्दोलन उसी का परिणाम था। वह आग जो ज्वालामुखी पर्वत में अन्दर ही अन्दर धधक रही थी वह जब फटा तो दुनियां के अनेक देशों में उसके लावे की गरमी महसूस की गई। दुनियाँ के सभी देशों में श्रमिकों के आन्दोलन आरम्भ हो गये।

श्रमिक आन्दोलन का वृहद स्वरूप औद्योगीकरण के पश्चात् आरम्भ हुआ। आधुनिक प्रौद्योगिकी युग तक आते-आते श्रमिक संगठित होकर और श्रमिक संघ बनाकर अपनी मांगों के लिये नियोजित ढंग से आन्दोलन चलाने लगे। यह वह समय था जब श्रमिक को उद्योग की एक महत्त्वपूर्ण ईकाई माना जाने लगा। उसे औद्योगिक नागरिक की संज्ञा दी जाने लगी। वह मिल, फैक्टरी, कारखानें और सरकारी व गैर सरकारी संस्था और संगठन में एक वस्तु के रूप में नहीं देखा जाने लगा बल्कि वह उत्पादन की एक अभिन्न अनिवार्य ईकाई बन गया। यह औद्योगिक क्रांति का वह युग था जिसमें श्रमिकों ने वेतन वृद्धि और काम की दशाओं को स्वस्थ बनाने की माँग की। अवकाश और निवास की सुविधाओं की माँग की। चिकित्सा सुविधाओं की माँग की। बोनस की माँग की। सामाजिक सुरक्षा की दृष्टि से भविष्य-निधि की माँग की। जाहिर है पूंजीपति अथवा पूंजीवादी सरकारें श्रमिकों की मांगों को सरलता से मानने वाले नहीं थीं। उनकी आदत शोषण करने की पड़ चुकी थी। यह धूर्त, चालाक और शोषक वर्ग श्रमिकों को अपने जायज अधिकार भी नहीं देना चाहते थे। इसलिये श्रमिकों ने श्रमिक संघ बनाकर अपनी माँगों के लिये आन्दोलन आरम्भ कर दिया। उन्होंने नारा दिया 'दुनियाँ के मज़दूरों एक हो'। फ्रांस-क्रांति के नारे में भी यह भावना समाहित थी। स्वतंत्रता, समानता और भ्रातृत्व के नारे से सम्पूर्ण विश्व को अपनी ओर आकर्षित किया था। प्रत्येक वर्ग का व्यक्ति इससे प्रभावित होकर आन्दोलन के लिये खड़ा हुआ था। श्रमिक आन्दोलनों की पृष्ठभूमि में आर्थिक सामाजिक एवं राजनैतिक पक्ष भी हैं जो श्रमिक समस्याओं को उजागर करते हैं और उनकी प्रकृति को भी। इस तरह श्रमिक आन्दोलन श्रमिक समस्याओं के गर्भ से जन्मा है। औद्योगीकरण, प्रौद्योगीकरण के साथ श्रमिक समस्यायें भी निरन्तर जटिल होती गयीं। इन समस्याओं का निराकरण भी जटिल प्रक्रिया में गुथ गया। परिणामस्वरूप हड़ताल, घेराव, बन्द, तालाबन्दी आदि की घटनाओं में वृद्धि होने लगी। इसी के साथ श्रमिक आन्दोलनों में भी वृद्धि होने लगी। औद्योगिक परिस्थितियों ने श्रमिकों में चेतना का संचार किया। संघर्ष करने की क्षमता को उत्पन्न किया।

उनमें जुझारूपन का पैनापन उत्पन्न किया। श्रमिक इन परिस्थितियों में परिपक्कव हो रहा था। **लेनिन ने 1908 में कहा था-**

"भारतीय मज़दूर वर्ग अब इतना परिपक्कव हो गया है कि वह वर्ग चेतना के साथ राजनीतिक जन-संघर्ष चला सकता है।" उन्होंने यह बात इस आधार पर कही थी कि उस वर्ष लोकमान्य तिलक को छ: वर्ष की सजा सुनाये जाने के विरोध में बम्बई के मिल मज़दूरों ने राजनीतिक हड़ताल की थी।[2] यह हड़ताल निश्चित रूप से श्रमिकों के मध्य ब्रिटिश शासन के विरुद्ध जो सुगबुगाहट अन्दर ही अन्दर श्रमिकों में थी, वह आक्रोश रूप में लोकमान्य तिलक के बन्दी बनाने पर और 6 वर्ष का दण्ड सुनाने पर फूट पड़ी। यह हड़ताल राजनीतिक होते हुए भी श्रमिक चेतना की सामूहिकता का द्योतक थी।

भारत में औद्योगिक श्रमिकों का अस्तित्व 1850 के लगभग हुआ। यह समय वह था जब प्रथम कपड़ा मिल, पहली चटकल और पहली रेलवे चली। इसके साथ ही 1835 तक चाय श्रमिकों की पहचान बन चुकी थी। इस तरह उद्योगों के चारों तरफ श्रमिकों का एक जाल बिछता जा रहा था। श्रमिक विभिन्न प्रकार के उत्पादन के कार्यों से जुड़ता जा रहा था। औद्योगिक श्रमिकों की संख्या में निरन्तर वृद्धि होती जा रही थी। इसके साथ श्रमिक समस्याओं में वृद्धि हो रही थी, श्रमिकों की दशा दिन प्रतिदिन शोचनीय होती गई। काम के घंटे अत्यधिक थे और पारिश्रमिक कम से कम था। आज तो पहले की अपेक्षा श्रमिकों की दशा कहीं अच्छी है। बम्बई के मजदूरों के संबंध में ब्वायलरों के सीनियर इन्सपेक्टर **टाम ड्रिवेट** लिखते हैं-

"बिनौले से रूई को अलग करने का सीजन लगभग 8 महीने रहता है। इनमें से लगभग 5 महिने मजदूर सबेरे 5 बजे से लेकर रात के 10 बजे तक काम करते हैं। बाकी 3 महिने वे दिन रात काम करते हैं। ...... मेरे ख्याल से इस उद्योग में बच्चों की दो पालियाँ कहीं भी नहीं है, इसलिये वे अवश्य ही 24 घन्टों में वे 23 घन्टे काम करते होगें।[3]"

यह उदाहरण उस नाटकीय दशा का प्रमाण है कि ब्रिटिश शासन काल में उद्योगों का तो विकास हो रहा था, किन्तु श्रमिकों का शोषण अधिक से अधिक किया जा रहा था। काम अधिक होने पर मजदूर-मजदूरिनों से 24-24 घन्टे काम लिया जाता था। इस अत्याचार के विरुद्ध श्रमिक आन्दोलन होना स्वाभाविक ही था। पशुओं से अधिक कार्य कारखानों के मालिक श्रमिकों से लेते थे। 12 घन्टों से लेकर 15 घन्टों तक प्रतिदिन कार्य लेना स्वाभाविक बात थी। श्रमिक कब तक इस शोषण और अत्याचार को सहते? कब तक अन्दर ही अन्दर घुटकर मरते? इस शोषण, अत्याचार और अमानवीय व्यवहार के विरुद्ध श्रमिक आन्दोलन हुए। मालिकों के जुल्म और शोषण के विरुद्ध अनेक श्रमिकों की हड़ताल हुई, जो श्रमिक आन्दोलन की शुरुआत है जो बहुत पहले भारत में घटित हुए। इन

---

2. रजनी पाम दत्त, भारत वर्तमान और भावी, पृष्ठ 192.
3. अयोध्या सिंह, भारत का मज़दूर आन्दोलन, पृष्ठ 27

आन्दोलनों का विवरण अयोध्या सिंह प्रस्तुत करते हैं-

"1880 के पहले उनकी निम्नलिखित हड़तालों का जिक्र मिलता है। मजूरी बांधने के सरकारी कानून के खिलाफ कलकत्ता के हजारों पालकी वालों की एक महीने से ज्यादा की हड़ताल (1827) काम के घन्टे 10 से घटाकर 8 करने के लिये हावड़ा रेलवे स्टेशन के लगभग, 1,200 मज़दूरो की हड़ताल (मई 1862), जुर्मानों के प्रतिवाद में कलकत्ता के गाड़ीवानों की हड़ताल (सितम्बर 1862), बड़े साहब के दुर्व्यवहारों के खिलाफ ईस्ट इण्डिया रेलवे लेखा परीक्षा (आडिट) विभाग के कर्मचारियों की हड़ताल (1862), बम्बई के 3000 नाईयों की हड़ताल (1863), कलकत्ता के पालकी वालों की हड़ताल (1863), बम्बई सरकार के प्रेस के कम्पोजीटरों की हड़ताल (1873), नागपुर की टाटा की एम्प्रेस मिल के बुनकरों की हड़ताल (1877).[4]"

यह विभिन्न प्रकार के श्रमिक वर्गों की हड़ताल इस बात के संकेत है कि श्रमिकों पर ब्रिटिश शासन में अमानवीय रूप से अत्याचार किये गये। उस शासन के विरुद्ध भी, भारत के श्रमिक, जो अंग्रेजों के गुलाम थे, ने अपनी मांगों के लिये आन्दोलन किया।

अत्याचार और शोषण की सीमायें जब भी किसी शासन ने पार की है, आन्दोलन हुए हैं। एम्प्रेस मिल के मजदूरों की हड़ताल श्रमिक आन्दोलन की आहट देते हैं। वैसे औद्योगिक श्रमिकों की हड़ताल का व्यवस्थित रूप में, हमें, प्रथम फैक्टरी एक्ट के पास होने के पश्चात यानी 1881 के बाद दिखायी पड़ता है। फैक्टरियों में काम की दशाओं में कोई सुधार दिखाई नहीं पड़ रहा था। इसलिये 23 और 26 सितम्बर 1884 को एक ज्ञापन 5,500 श्रमिकों के हस्ताक्षर सहित द्वितीय फैक्टरी कमीशन को दिया गया जिसमें कहा गया कि इतवार को उन्हें पूर्ण अवकाश दिया जाय। प्रत्येक दिन उन्हें 30 मिनट का भोजन अवकाश का समय दिया जाय। कार्य की अवधि का आरम्भ प्रातः 6.30 से हो और सूर्यास्त तक रहे। प्रत्येक माह की 15 तारीख तक वेतन दे दिया जाय। यदि श्रमिक काम के समय घायल हो जाता है तो जब तक वह ठीक नहीं हो जाता उसे पूरा वेतन दिया जाय। यदि श्रमिक का कार्य करते समय कोई अंग-भंग हो जाता है तो जीवन्त पर्यन्त पेन्शन दी जाय जिससे उसकी जीविका चलती रहे। यह मांगें स्पष्ट रूप से इस बात का प्रमाण हैं कि भारत में श्रमिक आन्दोलन का आरम्भ 1884 से नियोजित और सुगठित रुप से आरम्भ होता है। इन ज्ञापनों को हस्ताक्षर सहित इन्होंने उस समय के भारत के गवर्नर जनरल को भी भेजा कि उनकी समस्याओं का निराकरण किया जाय और उनकी मांगें मानी जाय। अपनी माँग का दबाव बनाने हेतु उन्होंने 10,000 फैक्टरी कर्मचारियों की सभा बम्बई में की। सप्ताह में एक दिन का अवकाश की मांगे मान ली गयी। श्रमिकों की यह प्रथम बहुत बड़ी सफलता थी। इस सफलता के कारण उन्होंने 'बाम्बे मिल हैन्डस एसोसियेशन' की स्थापना की। इन्होंने प्रथम फैक्टरी 1881 को संशोधन करने के लिये 1890 को एक ज्ञापन फैक्टरी लेबर

4. अयोध्या सिंह, भारत का मज़दूर आन्दोलन, पृष्ठ 36.

कमीशन को दिया।[5] वास्तव में, 'बाम्बे मिल हैण्डस एसोसियेशन' मजदूरों की एक समिति थी न कि श्रमिक संगठन का कोई संघ। इसके न कोई सदस्य थे। न इसके कोई नियम व्यवस्था थी और न इसे सुचारू रूप से चलाने के लिये धन था। इन सब अभाव के बावजूद भी इस समिति के सदस्य फैक्टरी व मिल कर्मचारियों को सलाह दिया करते थे। इसके पश्चात श्रमिकों को यह महसूस हुआ कि उनका कोई संगठन होना चाहिए जो उनके हितों की रक्षा कर सके।

ए.आर. देसाई का यह मानना है कि यदि 1908 के बम्बई के सूती मिलों के श्रमिकों की हड़ताल छोड़ दी जाय जो कि तिलक के बन्दी बनाने पर हुई थी तो ''मजदूरों का आन्दोलन 1914-18 के विश्व युद्ध के बाद ही शुरू हुआ। लेकिन उसके पहले भी यदा-कदा भारतीय मजदूरों के संघर्ष होते रहे थे। ये संघर्ष स्वत: स्फूर्त थे, और उनका कोई निश्चित जागरूक और सचेत वर्ग उद्देश्य नहीं था।[6]'' उस समय की परिस्थितियों का विश्लेषण करते हुए देसाई इस निष्कर्ष पर पहुँचते हैं कि 1918 के पश्चात श्रमिकों में एक नई वर्ग चेतना का जन्म हुआ। अपने को संगठित करने का जज्बा उत्पन्न हुआ। अपने को शक्तिशाली बनाने के लिये ट्रेड यूनियन के विकास की ओर अग्रसर हुए। **व्हिटली कमीशन** की रिपोर्ट में इस बात का वर्णन प्राप्त होता है- ''1918-19 के जाड़े में कुछ हड़तालें हुई, दूसरे साल के जाड़े में हड़तालों की संख्या और बढ़ी और 1920-21 के जाड़े में संगठित उद्योग में औद्योगिक हड़तालें आम हो गई। असल कारण था कि लोगों ने वर्तमान स्थिति में हड़तालों की शक्ति को समझा और इस बात को मजदूर संगठन कर्त्ताओं के आविर्भाव, जन साधारण को युद्ध से मिली शिक्षा, उद्योगों के विस्तार से श्रमिकों की संख्या में कमी, जो इन्फ्लूएंजा के संक्रामक होने की वजह से और बढ़ी, आदि कारकों से मदद मिली।[7]''

1919 और 1920 के पूर्वार्ध में हड़तालों में इतनी तीव्र वृद्धि हुई कि वे सम्पूर्ण भारत में देखते ही देखते फैल गये। **श्री आर.के.दास** ने अपनी पुस्तक 'भारत का मज़दूर आन्दोलन' में लिखा है -

''इस काल में हड़तालों की तेजी और फैलाव का कुछ अन्दाजा नीचे दिये हुए आंकड़ों से लग सकता है। 4 नवम्बर से 2 दिसम्बर, 1919 तक कानपुर की ऊनी मिलों के 17,000 मजदूरों ने हड़ताल की, 7 दिसम्बर 1919 से 9 जनवरी, 1920 तक जमालपुर के 16,000 रेलवे मज़दूरों ने हड़ताल की, 1920 में 9 से 18 जनवरी तक कलकत्ते के 35,000 जूट मिलों के मज़दूरों ने काम बन्द रखा, 2 जनवरी से 3 फरवरी तक बम्बई में आम हड़ताल रही, जिसमें दो लाख मज़दूरों ने भाग लिया, 20 से लेकर 31 जनवरी तक रंगून के 20,000 मिल मज़दूरों ने काम बन्द रखा, 31 जनवरी को बम्बई में ब्रिटिश इण्डिया

5. बी.आर. लूथरा, लेबर मूवमेन्ट इन इण्डिया, पृष्ठ 8.
6. ए.आर.देसाई, भारतीय राष्ट्रवाद की सामाजिक पृष्ठभूमि, पृष्ठ 167.
7. ए.आर.देसाई, भारतीय राष्ट्रवाद की सामाजिक पृष्ठभूमि, पृष्ठ 167-68.

नेवीगेशन कम्पनी के 10,000 मज़दूरों ने हड़ताल की, 26 जनवरी से 16 फरवरी तक शोलापुर के 16,000 मिल मजदूरों ने काम बन्द रखा, 2 से 16 फरवरी तक इण्डियन मैरीन डाक (गोदी) के 20,000 मजदूरों ने हड़ताल रखी, 24 फरवरी से 29 मार्च तक टाटा के लोहे और इस्पात के कारखाने के 40,000 मजदूरों ने हड़ताल रखी, 9 मार्च तक मद्रास के 60,000 मिल मज़दूरों ने हड़ताल की, मई 1920 में अहमदाबाद के 25,000 मजदूरों ने काम बन्द किया।[8]'' ''1920 के पहले छ. महीनों में 200 हड़तालें हुई और उनमें 15 लाख मजदूरों ने हिस्सा लिया।''

हड़तालों का देश व्यापी कैलेन्डर इस बात का प्रमाण है कि सम्पूर्ण देश के मजदूर ब्रिटिश पूंजीवादी शासन के विरुद्ध खड़े हो गये। उनकी शोषणयुक्त नीतियों और अत्याचारों के विरुद्ध श्रमिक एकजुट हो गया। यही कारण है कि हजारों हजारों की संख्या में मजदूर संगठित होकर आन्दोलन चलाने लगा। यह निश्चय ही मजदूर आन्दोलन के शक्तिशाली होने के प्रमाण हैं। यह इस बात के भी प्रमाण हैं कि भारत का श्रमिक अपने हितों के लिए संघर्ष के रास्ते पर चल पड़ा था।

मजदूर आन्दोलन का दूसरा महत्वपूर्ण दौर 1946-47 के मध्य देखने को मिलता है। इस समय एक नारा हवा में गूंज रहा था कि **''हर जुलम की टक्कर में हड़ताल हमारा नारा है।''** मज़दूरों की हड़ताल की धमकी को उस समय एक हथियार की तरह प्रयोग किया जा रहा था। क्योंकि साम्राज्यवादी शक्तियों और उत्पादन को कमज़ोर बनाने के लिये हड़ताल आवश्यक थी। हड़ताल का दबाव सरकार पर इतना अधिक पड़ता था कि उसे मज़ूदरों की समस्याओं को सुनने के लिये मज़बूर होना पड़ता था। 1946 में 23 अगस्त को रेलवे के अधिकारियों ने कुछ नेताओं को नौकरी से निकाल दिया। इस कार्यवाही के जवाब में मज़दूरों ने हड़ताल कर दी। शासन के अत्याचार और दमन की नीति के आगे भी मज़दूर नहीं झुके। 15 सितम्बर 1946 को मद्रास में मजदूर एक स्थान पर सभा कर रहे थे। सभा को तितर-बितर करने के लिये पुलिस ने गोलियां चला दी। इस हादसे में 9 लोग मारे गये और सैकड़ों जख्मी हो गये। सैकड़ों मज़दूरों को बन्दी बना लिया गया। इस घटना के विरोध में भारत के कई राज्यों में हड़ताल हुई। अनेक स्थानों पर सभा कर मज़दूरों ने अपना आक्रोश प्रकट किया। इसी समय रेलवे कर्मचारियों ने शासन और अधिकारियों से मज़दूरों पर अत्याचार रोकने को कहा। लेकिन उन्होंने सुनी अनसुनी कर दी, परिणाम स्वरूप 22 सितम्बर तक ट्रेनों को चलने नहीं दिया गया। अगस्त, 1946 कानपुर के ब्रिटिश मिलों और चमड़े के कारखानों के 30,000 श्रमिकों ने हड़ताल कर दी। यह हड़ताल अन्य शहरों में भी जंगल की आग की तरह फैल गयी। इस हड़ताल का मुख्य कारण था मजदूरों को गलत ढ़ंग से नौकरी से निकालना एवं उनके वेतन से अनावश्यक कटौती करना। इसी तरह कानपुर के मजदूरों ने 6 जनवरी, 1947 को मजदूरों की जबरदस्ती छटनी करने पर जोरदार प्रदर्शन

8. रजनी पाम दत्त, भारत वर्तमान और भावी, पृष्ठ 204.

किया।[9] इस तरह यह कहा जा सकता है कि 1946-47 के समय मजदूरों में जबरदस्त एकता थी। वे हर जुल्म का डटकर सामना करते थे। शासन के विरुद्ध प्रदर्शन करते थे और हड़ताल कर सरकार की सारी मशीनरी को ध्वस्त कर देते थे। इन सब कार्यवाहियों से अनेक बार मज़दूरों की मांगों को स्वीकार करना पड़ा।

वास्तव में, मज़दूरों द्वारा हड़ताल, प्रदर्शन, सभायें करके ब्रिटिश शासन की दमनकारी नीतियों की आलोचना की जाती थी। किन्तु यह पर्याप्त नहीं था जब तक कि मजदूरों का कोई संघ स्थापित नहीं हो जाता है। इसकी महती आवश्यकता को श्रमिक वर्ग ने गंभीरता से लिया। मजदूर संघों की स्थापनायें होने लगी। ''एकता असीम रूप में मूल्यवान है तथा मजदूर वर्ग के लिए असीम रूप से महत्त्वपूर्ण है। असंगठित होने पर कुछ नहीं रह जाते हैं। संगठित होने पर वे सब कुछ हो जाते हैं।'' ये शब्द लेनिन के हैं।[10] इन पंक्तियों में अनुभव और क्रांति की वह गूंज सुनाई पड़ती है जिसमें संगठन की शक्ति है। इस शक्ति को श्रमिकों ने समझना आरम्भ कर दिया था। 1920 में एन.एम.एम. जोशी, लाला लाजपत राय और जोसेफ बेपटिस्टा के प्रयासों से **'आल इण्डिया ट्रेड यूनियन कांग्रेस'** की स्थापना हुई। उनका उद्देश्य था, ''देश के सारे प्रान्तों में मज़दूरों के सारे संगठनों के कार्यों को समन्वित करना और आर्थिक, सामाजिक और राजनीतिक मामलों पर भारतीय मजदूर के हितों को प्रश्रय देना।[11]'' इसकी स्थापना के साथ ट्रेड यूनियन की स्थापनायें सम्पूर्ण भारत में होने लगी। वहीं मजदूरों को संगठन की शक्ति का भी एहसास हुआ कि वे साम्राज्यवादी शक्तियों और पूंजीवादी व्यवस्था से संघ के माध्यम से लड़ सकते हैं। फिर एक महत्वपूर्ण और प्रभावी नारा मजदूर शक्ति के लिये आया कि ''दुनिया के मजदूरों एक हो''। यह ट्रेड यूनियन शक्ति को और बेहतर बनाने के लिये दिया गया। 1927 के पश्चात ट्रेड युनियन आन्दोलन में वामपक्षी नेतृत्व विकसित हुआ।

फ़िदेल कास्त्रो क्यूबाई क्रांति के ऐतिहासिक अनुभव और मजदूरों की अजेय शक्ति के लिये कहते हैं-

''अन्तराष्ट्रीय मजदूर वर्ग की अजेय शक्ति के बल पर ही हमारा छोटा सा देश उस भयानक खतरे का सामना कर पाया जो अमरीका की राजनीतिक, आर्थिक तथा सैन्य ताकत से पैदा हुआ था और इस बात का श्रेय मजदूर वर्ग की रणनीति, सिद्धान्तों एवं विचारधारा को तथा हरावल के रूप में उस वर्ग को ही जाता है कि हमारी क्रांति देश की निर्णायक राष्ट्रीय मुक्ति तथा सामाजिक विमुक्ति तक बढ़ पाने में सक्षम हुई-[12]'' वास्तव में, श्रमिक संघ श्रम जीवियों के संगठन की रीढ़ है जिस पर मजदूर संघ अथवा ट्रेड यूनियन खड़ा

9. अयोध्या सिंह, भारत का मज़दूर आन्दोलन, पृष्ठ 136.
10. ए.बी. बर्धन, ट्रेड यूनियन शिक्षा, में उद्धृत, पृष्ठ 72.
11. ए.आर. देसाई, भारतीय राष्ट्रवाद की सामाजिक पृष्ठभूमि, पृष्ठ 168.
12. ए.बी.बर्धन, ट्रेड यूनियन शिक्षा, पृष्ठ 82.

है। इसके माध्यम से श्रमिकों की जहाँ विभिन्न प्रकार की समस्याओं का निराकरण करने का प्रयास किया जाता है, वहीं श्रमिक और मालिकों के आपसी संबंधों का नियमन करता है। दोनों के मध्य तनाव रहित संबंध रखने का प्रयास करता है।

1920 में अखिल भारतीय ट्रेड युनियन कांग्रेस की स्थापना के पश्चात 1922 में '**अखिल भारतीय रेलवे कर्मचारी महासंघ**' की स्थापना हुई। इसी तरह 1922 में '**बम्बई औद्योगिक अशांति समिति**', 1921 में '**बंगाल औद्योगिक अशांति समिति**' की स्थापना हुई। इसी मध्य एक श्रमिक संघ विधेयक भी तैयार किया गया जो सन् 1926 में पारित हो गया और अधिनियम बन गया। यह बहुत बड़ी सफलता थी। इस अधिनियम द्वारा पंजीकृत श्रमिक संघों को वैधानिक तरीके से मान्यता प्रदान की गई। इससे पंजीकृत मजदूर संघों की संख्या में निरन्तर वृद्धि होती गयी। 1938 में **वी.वी.गिरी** के प्रयासों द्वारा **ट्रेड यूनियन फेडरेशन** को भी अखिल भारतीय ट्रेड युनियन कांग्रेस में मिला दिया गया। इसी समय समाजवादी पार्टी अस्तित्व में आई और ''**हिन्द मजदूर सेवक संघ**'' की स्थापना हुई, द्वितीय विश्व-युद्ध के समय श्रमिकों के मात्र दो श्रमिक संगठन महत्वपूर्ण थे। एक '**अखिल भारतीय ट्रेड यूनियन कांग्रेस**' और दूसरा '**इण्डियन फेडरेशन आफ लेबर**'। 1947 में श्रमिक संगठन में फूट पड़ने से इसी वर्ष एक नई श्रमिक संगठन की स्थापना हुई जिसका नाम भारतीय राष्ट्रीय ट्रेड यूनियन कांग्रेस था। इसी तरह संयुक्त ट्रेड यूनियन कांग्रेस की स्थापना हुई। सबसे महत्वपूर्ण घटना 1919 में **अन्तर्राष्ट्रीय श्रम संगठन** की स्थापना हुई। इसकी स्थापना से श्रमिक आन्दोलन को बल प्राप्त हुआ। इस तरह भारत के श्रमिकों में अखिल भारतीय संगठनों की स्थापनायें हुई जिन्होंने श्रमिक आन्दोलन को जहाँ ताजी ऊर्जा और शक्ति प्रदान की, वहीं उनकी समस्याओं के निराकरण के लिये सरकार पर दबाव भी बनाया। यदि सरकार मजदूर संघों की मांगों को स्वीकार नहीं करती थी तो ये संघ हड़ताल और तालाबन्दी की घोषणा करते थे। इस तरह एक मजदूर आन्दोलन खड़ा हो जाता था।

वास्तव में, औद्योगीकरण के विकास के साथ श्रमिकों की समस्यायें विकासशील और अर्द्ध विकासशील देशों में बढ़ने लगी और श्रमिक आन्दोलन आरम्भ हुए थे। अस्तु श्रमिक संगठन अथवा संघ की स्थापनायें भी होने लगी। संघ श्रमिकों की समस्याओं और मांगों को लेकर राजकीय अथवा प्राईवेट संस्थाओं से बात करके श्रमिकों और मालिकों के मध्य समझौता कराने का यथा सम्भव प्रयास करता है किसी कारण से समझौते की बातचीत असफल होती है तो ऐसी स्थिति में मजदूर का नारा होता है, ''हर जुल्म की टक्कर में संघर्ष हमारा नारा है।'' श्रमिक आन्दोलन इसी के साथ आरम्भ हो जाता है। इस तरह श्रमिक संघ श्रमिकों के हित व कल्याण का संगठन है जिसका उद्देश्य सदस्यों के दैनिक कार्य सम्बन्धित हितों की रक्षा और नौकरी की सुरक्षा करना है। साथ ही रोजगार की दशाओं में सुधार करना है। श्रमिक संघ की स्थापनायें उद्योगों के केन्द्रीकरण से उत्पन्न होने वाले आर्थिक दबावों का परिणाम है। श्रमिक संघ उस समय तक बने रहेंगे जब तक उत्पादन प्रणाली बनी रहेगी। यही कारण है कि आज विश्व के विकासशील और अर्द्ध-विकासशील

देशों में श्रमिक संघों की संख्या में निरन्तर वृद्धि हो रही है। इसे हम कह सकते हैं कि श्रमिक आन्दोलन से उपजा श्रमिक संघ, श्रमिक संगठन का द्योतक है। उनकी सामूहिक शक्ति का प्रतीक है। इसी संघ की शक्ति के आधार पर वे मालिकों के अत्याचार,शोषण और उत्पीड़न का उत्तर देते हैं। इसलिये श्रमिक संघ श्रमिकों की एक बड़ी शक्ति है।

1919 तथा 1923 के पश्चात जितने मजदूर संघ बने वे अपने आरम्भिक दौर में काफी महत्त्वपूर्ण रहे हैं। उन्होंने मजदूरों की एकता को शक्तिशाली बनाने का यथासम्भव प्रयास किया। किन्तु 1924–1935 के मध्य वामपंथियों की गतिविधियाँ श्रमिक क्षेत्र में बढ़ती गयी। पूंजीवादी व्यवस्था और शोषण के विरुद्ध इनके आक्रोश ने श्रमिक संघों को बहुत प्रभावित किया क्योंकि वे इसके शिकार थे। इसलिये इस अवधि में श्रमिक संघों पर वामपंथियों का प्रभाव काफी गहरे रूप में पड़ने लगा। इस दौरान ए.आई.टी.यू.सी. की गतिविधियों में वृद्धि हुई किन्तु इसका भी दो बार विघटन हुआ 1929 और 1931 में क्रमशः ट्रेडिशनल ट्रेड यूनियन फेडेरेशन और 'आल इंडिया ट्रेड यूनियन' कांग्रेस की स्थापना हुई। 1935 तक आते-आते नेतृत्व को यह महसूस हुआ कि संघ के विभाजन से शक्ति का बंटवारा होता है। इसलिये 1935 में रेड ट्रेड यूनियन कांग्रेस को ए.आई.टी.यू.सी. में मिला दिया गया। इसी समय श्रमिकों के राष्ट्रीय नेता वी.वी.गिरी के प्रयासों से 1938 में नेशनल ट्रेड यूनियन फैडरेशन 1940 में ए.आई.टी.यू.सी. में मिल गया। इसी समय कांग्रेस के विचारधारा के नेताओं ने एक पृथक श्रमिक संघ बनाने की आवश्यकता समझी। इस तरह एक और श्रमिक संघ 'इण्डियन नेशनल ट्रेड यूनियन कांग्रेस' की स्थापना हो गयी। इसकी स्थापना मई, 1947 में की गयी। इसने एक विशाल श्रमिक संगठन का स्वरूप, थोड़े ही समय में ले लिया। श्रमिक संघ बनने का क्रम रूका नहीं। स्वतंत्रता के पश्चात समाजवादी पार्टी का गठन हुआ। इसने अपना श्रमिक संगठन ''हिन्द मजदूर सभा'' दिसम्बर, 1948 के नाम से स्थापित किया। इसी तरह जनसंघ पार्टी के संगठित होने के पश्चात 1955 में 'भारतीय मजदूर संघ' (बी.एम.एस.) का गठन हुआ। श्रमिक संघों के बनने और टूटने के क्रम निरन्तर चलते रहे। आज स्थिति यह है कि एक मिल, फैक्टरी, कारखानों में एक से अधिक श्रमिक संगठन कार्य कर रहे हैं। यह संगठन श्रमिकों का कम और निजी स्वार्थों में अधिक लीन हो गये। परिणामस्वरूप आज भारत के औद्योगिक महानगरों के मिल और कारखाने जाने कितने वर्षों से बन्द पड़े हैं और निर्धन श्रमिक दो समय का भोजन अर्जित करने में असमर्थ हो रहा है, श्रमिक नेताओं ने एकजुटता का परिचय नहीं दिया। इतनी हड़तालें कीं, करोड़ों रुपयों का उत्पादन ठप्प हो गया। मिलें घाटे में जाने लगी। साथ में भ्रष्ट तंत्र ने मिलों, कारखानों को अन्दर ही अन्दर खोखला कर दिया। अन्ततः श्रमिक आन्दोलन हाशिये पर आ गया। इस पर गंभीरता से श्रमिक संघों को विचार करना होगा क्योंकि श्रमिक रोटी-रोज़ी का मोहताज हो गया। उनके नेतृत्व में कौन सी कमी थी कि श्रमिक आन्दोलन जो श्रमिक संघों पर आधारित था वह इतना कमज़ोर क्यों हो गया? सोचना होगा कि क्या संघ की प्रतिद्वन्दिता के कारण श्रमिक संघ धीरे-धीरे कमजोर हो गये? वैचारिक स्तर के मतभेदों ने इन्हें तोड़

दिया अथवा अनुशासनहीनता, स्वार्थ और भ्रष्टतंत्र ने श्रमिक संघों को निगल लिया। क्या वर्तमान व्यवस्था इतनी भ्रष्ट है कि श्रमिक संघों और श्रमिक आन्दोलनों को उसने अपने राजनैतिक चालों से चलने नहीं दिया? आपको सोचना होगा कि वह नारा 'दुनिया के मजदूरों एक हों' का स्वप्न कैसे टूट गया। प्रथम मई अन्तर्राष्टीय मजदूर आन्दोलन का एक ऐतिहासिक दिन है। 1 मई, 1890 को **एंजेल्स** ने कहा कि –

''आज जब मैं ये पंक्तियां लिख रहा हूँ, यूरोपीय तथा अमरीकी सर्वहारा वर्ग अपनी जुझारू शक्तियों को एक ही सेना में, एक ही झन्डे तले, एक ही तात्कालिक ध्येय के हेतु, सामान्य आठ घन्टे के कार्य दिवस की स्थापना के हेतु लामबन्द अपनी जुझारू शक्तियों का पुनरावलोकन कर रहा है। ..... और आज का दृश्य समस्त देशों के पूंजीपतियों तथा जमीदारों को यह प्रदर्शित कर देगा कि आज तमाम देशों के मजदूर सचमुच एक्यबद्ध हो गये।[13]'' फिर एक शक्तिशाली नारा उछला विश्व के श्रमिक कैनवास पर ''समस्त देशों के सर्वहाराओं तथा उत्पीड़ित जनगण, एक हो।''[14] शक्ति टूटने, बिखरने और वैचारिक मतभेदों से नहीं बनती। एक अच्छे लक्ष्य के लिये एकजुटता, सुसंगठन ही मंत्र है। श्रमिक आन्दोलन के संबंध में आचार्य नरेन्द्र देव के विचार हैं –

''सचेत सुगठित मजदूर ही समाजवादी आन्दोलन की रीढ़ है। पूंजीवाद के शोषण के विरुद्ध मजदूरों का वर्ग संघर्ष ही समाजवादी क्रांति का मूल मंत्र है। मजदूरों की आर्थिक आवश्यकताएं और आकाँक्षाएँ ही उनके संगठन और संघर्ष का मूल आधार है। इसलिये कतिपय विचारकों और क्रांतिकारियों की राय में मजदूरों के क्रांतिकारी आर्थिक संघर्ष द्वारा ही समाजवादी क्रांति सम्भव है।[15]'' **आचार्य नरेन्द्र देव** को इस बात का काफी दु:ख था कि श्रमिक आन्दोलन सशक्त रूप में खड़ा नहीं हो सका। उसके कारणों को बताते हुए कहते हैं –

''श्रमिक वर्ग धीरे–धीरे राजनीतिक चेतना विकसित कर रहा है। पर उन्हें दुख था कि अवसरवादी नेताओं ने उनकी श्रेणी में फूट पैदा कर दी है और मजदूरों को गुमराह कर रखा है। क्षमता सम्पन्न क्रांतिकारी नेतृत्व की कमी है, संगठन अपूर्ण है, इसलिये मजदूरों की हड़तालें इतनी बार असफल होती हैं।[16]''

1990 में पूर्व प्रधानमंत्री **नरसिम्हाराव** की सरकार ने **भूमण्डलीकरण** को प्रभावी ढंग से भारत के आर्थिक ढाचे में प्रवेश करा दिया। वैसे विश्व के सभी देश कमोबेश इसके प्रभाव को एक खतरे की घन्टी की तरह देखने लगे हैं। पूंजीवादी देश विकसित और अर्द्ध–विकसित देशों में अपना बाजार नियोजित और लुभावने ढ़ंग से बनाने में जुटे है। इसका प्रभाव किसी

---

13. अ.रव्रामत्सोव, मई दिवस की परम्परायें, पृष्ठ 24.
14. अ.रव्रामत्सोव, मई दिवस की परम्परायें, पृष्ठ 51.
15. मुकुट बिहारी लाल, आचार्य नरेन्द्र देव युग और नेतृत्व, पृष्ठ 260.
16. मुकुट बिहारी लाल, आचार्य नरेन्द्र देव युग और नेतृत्व, पृष्ठ 264.

एक देश के बाजार पर ही नहीं पड़ा है। श्रम शक्ति भी अन्य चीजों की तरह छली जा रही है जिस कार्य को अमेरिका, इंग्लैण्ड में कोई व्यक्ति लाखों रुपये पारिश्रमिक लेकर करता है वही कार्य भारत का प्रबुद्ध श्रमिक हज़ारों रुपयों में करता है। यह श्रमिक शोषण की एक नयी नीति है कि किसी भी देश में घुसकर वहाँ के श्रमिकों का कैसे शोषण किया जाय। श्रमिकों का आर्थिक लाभ में टूटना और बंटना जहाँ श्रमिक संगठनों को कमजोर बनाते हैं वहीं श्रमिक संघ भी कमजोर होते हैं। श्रमिकों का वैश्वीकरण होना निश्चय ही किसी भी दृष्टि से श्रमिक संगठन और संघ के लिये उपयोगी नहीं है।

एजाज अहमद श्रम के भूमन्डलीकरण पर अपने विचार प्रकट करते हुए कहते हैं–

''**श्रम के भूमन्डलीकरण** का मतलब है **श्रमिक आन्दोलन का वैश्विक होना।** मगर इसमें बड़ी बाधायें हैं। सबसे बड़ी बाधा तो यही है कि ट्रेड यूनियन आन्दोलन 'ग्लोबल' नहीं,नेशनल होता है, क्योंकि हर देश के श्रमिक अपने राष्ट्र राज्य के श्रम कानूनों के अन्तर्गत काम करते हैं और उसी के अन्दर अपना संघर्ष या आन्दोलन चलाते हैं। अब जैसे यूरोप के देश यूरोपीय यूनियन के रूप में इक्टठे हो गये। इससे होना तो यह चाहिए था कि यूरोप के सारे श्रमिक और उनके संगठन भी एक हो जाते। ऐसा हो जाता, तो यूरोप का श्रमिक आन्दोलन बहुत शक्तिशाली हो जाता, लेकिन उल्टे वह कमजोर हो गया। कारण यह है कि इंग्लैण्ड, फ्रांस, जर्मनी आदि के श्रमिक अब भी अपने-अपने देश के कानूनों के अन्तर्गत काम करते हैं।[17]''

इसलिये श्रम के भूमण्डलीकरण का सीधा प्रभाव, श्रम, श्रमिक आन्दोलन और श्रमिक संघों पर पड़ रहा है। आवश्यकता है इन पूंजीवादी देशों की वैश्वीकरण की नीतियों से सावधान होने की क्यों कि ये अपनी फैक्टरी दूसरे देशों में लगाते हैं वहाँ के श्रमिकों से सस्ता काम कराते हैं यदि श्रमिकों में किसी प्रकार का आक्रोश या आन्दोलन होता है तो वे अपना सामान अन्य देशों से तैयार कराते हैं। इस दशा में श्रमिक ठगा जाता है। उसका शोषण किया जाता है। इस दृष्टि से भूमन्डलीकरण का आर्थिक औपनिवेशिक फलसफा एक खूबसूरत शोषण की नीति का छलावा है। इसीलिये विश्व के अधिकांश देश भूमन्डलीकरण का खुले आम विरोध कर रहे हैं। ये देश पूंजीवाद के विरोध में खड़े हैं। ये सब साम्राज्यवाद की नीतियों से परिचित हैं। इसलिये **भूमन्डलीकरण किसी भी देश को आर्थिक रूप से गुलाम बनाने की सोची-समझी साजिश है।**

अन्त में, मैं बाल और महिला श्रमिकों की बात करना चाहता हूँ। इनसे सम्बन्धित अनेक कानून और एक्ट बने किन्तु वे लागू नहीं होते। 8 से लेकर 14 वर्ष की आयु तक के लड़के रेस्टोरंट, होटल में प्रातः से लेकर देर रात तक काम करते हैं। छोटी-छोटी फैक्टरी में भी ये काम करते देखे जा सकते हैं। ठीक इसी प्रकार महिला श्रमिकों का भी शोषण हो रहा है। यह वह वर्ग है जो बड़ी-बड़ी इमारतों को खड़ा करता है। 10 से लेकर 12

---

17. एजाज अहमद, श्रम का भूमंडलीकरण, पृष्ठ 29.

घन्टे तक ये गारा, ईंट ढोती हैं और कम से कम इन्हें मजदूरी दी जाती है। खुले आम इनका शोषण होता है। कोई महिला संगठन अथवा पुरुषों का संगठन इनके अत्याचारों और शोषण के विरुद्ध आन्दोलन नहीं छेड़ता है। संविधान में और कानून की दृष्टि में पुरुष और महिला श्रमिक सभी बराबर हैं। सभी को नौकरी के समान अवसर देने की बात कही गयी है, पर व्यवहार में बाल और महिला श्रमिकों का कोई ऐसा प्रभावी संगठन नहीं है जो इनके वेतन, दैनिक पगार, शोषण और उत्पीड़न के विरुद्ध प्रभावी ढ़ंग से आन्दोलन करे और कुछ महिला संगठन आन्दोलन कर भी रही हैं। वे सामाजिक बुराइयों जैसे दहेज प्रथा, दहेज हत्या, तलाक को लेकर आंदोलन कर रही हैं। आवश्यकता है बाल और महिला श्रमिकों की शोषण और उत्पीड़न से रक्षा करने की। यह पुरुष और महिला श्रमिक संगठनों के संयुक्त आन्दोलन से ही सम्भव है।

References

Ahmad, Azaz, Shram Ka Bhoomandalikaran, Shabd Sandhan Prakashan, New Delhi.

Bardhan, A.B., Trade Union Shiksha, Rajasthan People's Publishing House, Jaipur.

Desai, A.R., Bhartiya Rashtrawad Ki Samajik Pristhabhumi, The MacMillan Company of India, New Delhi.

Dutt, Rajni Pam, Bharat Vartman Aur Bhawi, People's Publishing House, New Delhi.

Gisbert, P., Fundamentals of Sociology, Orient Longmans, New Delhi.

Lal, Mukut Bihari, Acharya Narendra Dev, Vishvidyalaya Prakashan, Varanasi.

Luthra, B.R., Labour Movement in India.

Marshal, Alfred, Principle's of Economics.

Ravanmtsova, A., Traditions of the First May Day, People's Publishing House, New Delhi.

Singh, Ayodhya, Bharat Ka Mazdoor Andolan, Rekha Prakashan, Culcutta.

Singh, Janmejai, Samkaleen Bhartiya Samaj, Samajik Gatshilta, Granthayan Prakashan, Kanpur.

Upadhyay, Ramesh (ed) Shram Ka Bhoomandalikaran, Shabd Sandhan Prakashan, New Delhi.

12

दलित आन्दोलन
(Dalit Movement)

सोरोकिन ने कहा है कि प्रत्येक संगठित समाज स्तरीकरण में विभाजित है। संसार के सभी देशों में अपने प्रकार के स्तर हैं जिन्हें वार्ड कहता है 'द लो' निम्न। रोम में 'प्लेबियनस', स्पार्टन में 'हीलोट्स', अंग्रेजी में 'वीलेन्स', इजीपिशियन में 'गुलाम', अमेरिका में 'नीग्रो', जर्मन में 'ज्यूस'। हिन्दुओं में 'अस्पृश्य' और 'गिरीजन' हैं। हरिजन के अतिरिक्त सभी देशों में उपर्युक्त वर्ग समाप्त हो चुके हैं, केवल भारत में अभी भी अस्पृश्य हैं। यह इस बात का द्योतक है कि भारत में एक श्रेणी असुविधा भोगियों की है।[1] इस सुविधा भोगी श्रेणी को सामान्यतया पिछड़ा वर्ग की संज्ञा दी जाती है। इसकी भी तीन निम्नलिखित श्रेणियाँ हैं-

1. अनुसूचित जनजातियाँ, गिरीजन्स Scheduled Tribes (Girijan)
2. अनुसूचित जातियाँ हरिजन्स Scheduled Castes (Harijans)
3. अन्य पिछड़ी जातियाँ Other Backward Castes

उपर्युक्त दो श्रेणियों को संविधान में सम्मिलित किया गया किन्तु, तीसरी श्रेणी को स्थान नहीं दिया गया है। इसे बहुत ही लचीले ढंग से कहकर टाल दिया गया कि यह न के बराबर सजातीय है।[2] वास्तव में, अनुसूचित जातियों में अधिकांश पिछड़ी अथवा शोषित जातियों के ही लोग हैं। यह वह वर्ग है जो आर्थिक सामाजिक स्तर पर समाज के आखिरी पायदान पर है। इसका जातियों में निम्नतम स्थान है। प्राचीन हिन्दू सामाजिक व्यवस्था में अनुसूचित जातियों का हिन्दू व्यवस्था में एक दम पृथक स्थान था जैसे वे पांचवाँ वर्ण हो। वैदिक युग में इन्हें चन्डाल कहकर सम्बोधित किया जाता था। चन्डाल को अस्पृश्य जाति के रूप में ही देखा जाता था। पंतजली में चन्डाल के अनेक प्रकार मिलते हैं। मनु का कहना है कि चन्डाल जाति का जन्म प्रतिलोम विवाह के फलस्वरूप उत्पन्न हुआ है। अंग्रेज इन्हें बाहरी जाति मानते थे। उन्होंने इन्हें **'अस्पृश्य जाति'** कहा। **1928 में साइमन कमीशन** ने इस

---

1. सी.एन. शंकर राव, सोसिअॅलाजी, पृष्ठ 640.
2. सी.एन. शंकर राव, सोसिअॅलाजी, पृष्ठ 640.

शब्द का प्रथम बार प्रयोग किया। भारतीय संविधान में इन्हें अनुसूचित जाति कहा गया है जब कि गांधी जी इन्हें 'हरिजन' कहते थे। अर्थात ईश्वर के व्यक्ति।

3. उपर्युक्त अस्पृश्य जातियों से सम्बन्धित शब्द इस बात के द्योतक हैं कि संसार के लगभग सभी देशों में एक ऐसा वर्ग था जो समाज के निम्नतम स्थान पर रखा गया था। ये आदमी तो थे पर इन्हें मनुष्य माना नहीं जाता था। इनका जीवन गुलामों की तरह था। पशु से भी गिरी इनकी दशा था। समाज में इनकी कोई प्रतिष्ठा नहीं थी। शताब्दियों तक इन्होंने सामन्तवादी व्यवस्था में दासों की तरह जीवन व्यतीत किया है और आज भी इनकी कोई बहुत अच्छी स्थिति नहीं है, फिर भी इनमें राजनीतिक, सामाजिक और आर्थिक आधार पर जो चेतना जन्मी है वह अपने अस्तित्व और पहचान के लिये संघर्ष कर रही है। इस संघर्ष को दलित आन्दोलन का नाम दिया गया है। इस आन्दोलन के माध्यम से इसने वर्ण व्यवस्था, और जाति व्यवस्था पर सीधे प्रहार किया है। जब तक ये व्यवस्थायें समाज से जड़-मूल से उखाड़ फेंक नहीं दी जातीं, तब तक समतामूलक और सर्वधर्म समभाव की स्थापना नहीं हो सकती है। जाति और धर्म के आधार पर समाज को ही नहीं विभाजित किया है, वरन् मनुष्यों को भी ऊंची-नीची श्रेणियों में विभाजित किया गया है जब कि ईश्वर एक है, उसने सभी को समान रूप से जन्म दिया है। इसलिये इस मानव निर्मित कुप्रथा का हर हालत में समाप्त किया जाना चाहिए। दलित आन्दोलन के केन्द्र में यही भावना समाहित है। इसीलिये एम.एस.ए.राव, ने कहा है कि संसार के विभिन्न भागों में वंचित वर्ग के लोग संगठित हो रहे हैं कि उन्हें रंग, धर्म, जाति, जनजाति आदि के आधार पर बांटा न जाय। ये अपनी एक पहचान बनाना चाहते हैं। समाज में एक सम्मानित स्थिति बनाना चाहते हैं और चाहते हैं आत्म सम्मान।[3]

निश्चय ही इन सभी चीजों को प्राप्त करने के लिये ये मात्र संघर्ष ही नहीं कर रहे हैं, वरन आन्दोलन करके सरकार का ध्यान उनकी समस्याओं की ओर आकर्षित करने का निरन्तर प्रयास कर रहा है।

इधर लगभग एक दशक से विचार-विमर्श का दौर चल रहा है। स्त्री विमर्श पर तो जाने कितनी पुस्तकें लिख दी गयी हैं। ठीक इसी प्रकार दलित आन्दोलन को और शक्तिशाली और व्यापक बनाने हेतु `दलित विमर्श' की अवधारणा भी गढ़ ली गयी है। दलित विमर्श में दलितों की समस्याओं व भावनाओं को केन्द्र में रखा गया है। इस संबंध में **कँवल भारती** लिखते हैं-

"..... दलित विमर्श सिर्फ एक जाति का विमर्श नहीं है, जैसी कि आम धारणा है कि किसी दलित समस्या को लेकर किया गया विमर्श ही दलित विमर्श है। यह धारणा गलत है। दलित विमर्श के केन्द्र में दलित समस्या को नहीं नकारा जा सकता। पर यह समस्या एक राष्ट्रीय समस्या के रूप में है। इसके केन्द्र में दलित मुक्ति का प्रश्न राष्ट्रीय मुक्ति का प्रश्न

3. एम.एस.ए.राव, सोशल मूवमेन्ट इन इन्डिया, पृष्ठ 191.

है। करोड़ों लोगों के लिये अलगाववाद का जो समाजशास्त्र और धर्मशास्त्र ब्राह्मणों ने निर्मित किया, उसने राष्ट्रीयता को खण्डित किया था और उसी के कारण भारत अपनी स्वाधीनता खो बैठा था। इसलिये दलित विमर्श के केन्द्र में वे सारे सवाल हैं, जिनका संबंध भेदभाव से है, चाहे वे भेदभाव जाति के आधार पर हों, रंग के आधार पर हों, नस्ल के आधार पर हों, लिंग के आधार पर हों या फिर धर्म के आधार पर क्यों नहों।[4] इसमें कोई दो मत नहीं है कि शिक्षा के प्रचार व प्रसार से दलित जातियों में नई चेतना और नए बोध का जागरण तैयार हो रहा था। इसके साथ ही अम्बेडकर जैसा बहुआयामी व्यक्तित्व दलितों को प्राप्त हो गया जिसने दलित आन्दोलन को एक नयी दिशा और आयाम दिया। **ए.आर.देसाई** अम्बेडकर और दलित आन्दोलन के संबंध लिखते हैं– ''डॉ. अम्बेडकर ने उनकी तकलीफों के खिलाफ आवाज़ बुलन्द की और उनके मूलभूत मानवीय अधिकारों के लिये जमकर संघर्ष किए। 'आल इंडिया डिप्रेस्ड कलासेज एसोसियेशन' और 'ऑल इण्डिया डिप्रेस्ड क्लासेज फैडरेशन' इन जातियों के प्रमुख संगठन थे। दूसरे संगठन को डॉ. अम्बेडकर ने स्थापित किया और उन्होंने ही इसका नेतृत्व और पथ प्रदर्शन किया। इनके अलावा, दलित वर्गों में शुमार होने वाली जातियों के और भी अनेक स्थानीय और जातीय संगठन थे।[5]'' यह उद्धरण इस बात का प्रतीक है कि शताब्दियों की गुलाम जिन्दगी से त्रस्त, दुखी और बेहाल अस्पृश्य जातियाँ एकजुट हुई। अपना संगठन बनाकर संस्थायें स्थापित की और एक नियोजित ढ़ंग से दलित अथवा अस्पृश्य जातियों ने आन्दोलन आरम्भ किया। **डॉ. अम्बेडकर** ने दलित आन्दोलन को एक राजनीतिक स्वरूप भी प्रदान किया। डॉ. अम्बेडकर ने दलित जातियों को राजनीतिक सेना के रूप में भी परिणित करने का प्रयास किया। उनके राजनैतिक दावे डॉ. अम्बेडकर की वकालत के कारण मान भी लिए गए और इनके लिये 1935 के विधान में विशेष प्रतिनिधित्व की व्यवस्था की गई थी। यों दलित जातियों की विशेष प्रतिनिधित्व की माँग राष्ट्र विरोधी थी और उससे राष्ट्रीय एकता कमजोर होती थी, फिर भी यह माँग इन जातियों के राजनीतिक जागरण की परिचायक थी।[6] इस तरह दलितों की राजनीतिक चेतना डॉ. अम्बेडकर के नेतृत्व में अपना रंग रूप प्रदर्शित करने लगी थी।

यहाँ पर यह कहना अनुचित न होगा कि भारत में शताब्दियों से अशपृश्य जातियाँ रही हैं। उनके नारकीय जीवन से साधु-सन्त, आदि सभी दु:खी और चिंतित थे। धार्मिक सुधार आन्दोलनों द्वारा इस घृणित सामाजिक कुरीति के समाधान हेतु प्रयास किये गये। ए.आर.देसाई इस पर अपने विचार प्रकट करते हुए कहते हैं–

> ''हिन्दू समाज में सदियों से अस्पृश्यता का प्रचलन रहा है। बुद्ध, रामानुज, रामानन्द, चैतन्य, कबीर, नानक, तुकाराम और अन्य लोगों द्वारा चलाए गए

---

4. कंवल भारती, दलित विमर्श की भूमिका, पृष्ठ 17.
5. ए.आर.देसाई, भारतीय राष्ट्रवाद की सामाजिक पृष्ठभूमि, पृष्ठ 211.
6. ए.आर.देसाई, भारतीय राष्ट्रवाद की सामाजिक पृष्ठभूमि, पृष्ठ 211.

व्यापक और आधारभूत मानवीय एवं धार्मिक सुधार आन्दोलनों का भी युगों की पुरानी इस अमानुशिक प्रथा पर कोई प्रभाव नहीं पड़ा। परम्परासम्मत, धर्मपूत यह प्रथा अपनी सम्पूर्ण बर्बर शक्ति के साथ सदियों तक जीवित रही।[7]''

भक्ति आन्दोलन - डॉ. वी.एन. सिंह लिखते हैं ``वे धार्मिक नेता थे और जो कुछ भी उन्होंने प्रासंगिक रूप से समाज सुधार किये वे धर्म के ही उद्देश्य से किए गए। परन्तु यह कोई नयी बात नहीं है। धर्म उस युग की नींव के समान है और कोई भी विचारधारा ..... धर्म के प्रभाव से अछूती नहीं रह सकी। .... इसलिये धार्मिक विचारक कहकर उन्हें हम भारतीय रिनांसा से अलग नहीं रह सकते।[8]''

सिद्धों की परम्परा में 84 सिद्ध माने जाते हैं। इस सम्प्रदाय का सबसे प्रखर स्वर ब्राह्मण विरोध था। सरहपा जो स्वयं ब्राह्मण थे, कहते हैं - ''ब्राह्मण ब्रह्मा के मुख से उत्पन्न हुए थे। जब हुए थे, तब हुए थे। इस समय तो वह भी दूसरों की तरह उत्पन्न होते हैं तो ब्राह्मणत्व रहा कहाँ? यदि यह कहा जाय कि संस्कारवश ब्राह्मण होता है तो फिर चंडाल को भी संस्कार करने दो, वह भी ब्राह्मण हो जायगा। यदि वेदाध्ययन से कोई ब्राह्मण होता है तो चण्डालों को भी वेदाध्ययन करके ब्राह्मण क्यों नहीं बनने दिया जाता?'' जहाँ ब्राह्मणों की आलोचना की गयी वहीं धार्मिक आचार-विचार पर भी तीखे प्रहार किये गए। इसका मुख्य कारण है कि इन्हीं के आधारों पर वर्ण व्यवस्था, जो भारत में कभी भी वास्तविक रूप में नहीं रहीं, उसे धार्मिक जामा पहनाकर अस्पृश्यता और जातिवाद की जड़ें गहरी कर दी। इन दोनों ने ही सम्पूर्ण भारतीयों को ऊंच-नींच, छोटी बड़ी जातियों में बांट दिया। निम्न अथवा अस्पृश्य जातियों को पशु तुल्य बना दिया। इसीलिये धार्मिक आचारों का भी खण्डन-मण्डन किया गया। ''यदि अग्नि में घृत डालने स ही मुक्ति मिलती है तो फिर यज्ञादि सबको क्यों नहीं करने दिये जाते, जिससे सबके सब मुक्त हो जायें।'' इस प्रकार सिद्ध सम्प्रदाय ने प्रचलित रूढ़ियों का डटकर विरोध किया और सहज मार्ग की स्थापना कर उस पर चलने का उपदेश दिया।

उत्तर भारत में (1400-1700) **रामानन्द** का प्रभाव फैलने और कबीर के अवतरण के बाद से वहाँ सांस्कृतिक जागरण का जो स्वर सुनाई देता है, उसने समाज व विद्वानों को अन्दर तक झकझोर दिया। कबीर अपने युग के बड़े और कड़े आलोचक थे। धर्मों के बाह्य आडम्बरों पर उन्होंने तीखा प्रहार किया है। उन्होंने जातिवाद, वर्ण व्यवस्था, साम्प्रदायिकता, धार्मिक आडम्बरों पर गहरी चोट की है। देखें -

ऊचें कुल का जनमिया, करनी ऊंच न होय।
सुबरन कलस सुरा भरा, साधो निंदा सोय॥

7. ए.आर.देसाई, भारतीय राष्ट्रवाद की सामाजिक पृष्ठभूमि, पृष्ठ 209.
8. वी.एन.सिंह, भारतीय सामाजिक चिन्तन, पृष्ठ 168.

सम्पूर्ण **कबीर साहित्य** सामाजिक कुरीतियों, धार्मिक आडम्बरों, वर्ण और जाति व्यवस्था पर प्रहार करने से नहीं चूकता है। कबीर की दृष्टि में जब तक यह जातिवादी धार्मिक और वर्ण व्यवस्था समाज में जीवित रहेगी तब तक सर्व धर्म समभाव की स्थापना सम्भव नहीं है। भक्ति आन्दोलन के संबंध में **के. दामोदरन** लिखते हैं –

''..... तो भी भक्ति आन्दोलन ने जिसने दो शताब्दियों से अधिक समय तक समूचे देश को आन्दोलित किया था। जनता के राष्ट्रीय नव जागरण में जिसमें हिन्दू और मुसलमान दोनों शामिल थे, महत्वपूर्ण योगदान किया। यदि वह आन्दोलन सदा के लिये सामाजिक असमानताओं और जाति प्रथा से उत्पन्न अन्यायों को खत्म नहीं कर सका तो सम्भवतः इसका कारण था कि कारीगर व्यापारी जो इस आन्दोलन का मुख्यता आर्थिक आधार थे, अब भी कमजोर और असंगठित है।[9]'' एक लम्बी परम्परा धार्मिक सामाजिक सुधार आन्दोलन की है। उन सबकी व्याख्या करना यहाँ पर सम्भव नहीं है। पर इतना सत्य है कि धार्मिक सुधार आन्दोलनों से बन्धे साधु, सन्तों ने सामाजिक कुरीतियों को समाप्त करने हेतु, सामाजिक स्तर पर जागृति उत्पन्न की। इस आन्दोलन ने आम जनता में चेतना उत्पन्न की। पिछड़ी, शोषित अस्पृश्य जातियों में अपनी स्थिति और अधिकार के प्रति सजगता बढ़ी है।

मैं यहाँ **सिख-धर्म** का भी उल्लेख करना चाहता हूँ जिसने अस्पृश्य जातियों के उत्थान के लिये कमर कसी। सच्चे मन से उन्होंने इनके कल्याण हेतु संकल्प लिया। अस्पृश्यता और जातिवाद जैसी सामाजिक धार्मिक कुरीतियों को सिख धर्म ने अपने धर्म के आधार पर इसके निराकरण के लिये यथा सम्भव प्रयास किया। वर्ष 1469 ई. में गुरु नानक देव का उदय हो चुका था। उन्होंने जीवन पर्यन्त एकता, समता एवं मानवीय प्रेम के लिये कार्य किया। उन्होंने कहा–

नीचा अन्दर नीच जाति नीची हूँ अति नीच।
नानक तिनके संग साथ वडिया स्युं क्या रीस।
जिथे नीच सम्हालीयन तिथे नदर तेरी बरवशीश।[10]

गुरू नानक देव ने अत्यन्त नीच, निकृष्ट व शूद्र लोगों को अपना मित्र व साथी बना लिया। उन्होंने जाति अभिमानी व धनी लोगों का बहिष्कार कर वर्ग विहीन नए सिख समाज की स्थापना की।

उनके अस्पृश्य जातियों के उत्थान में जहाँ धर्म की प्रेरणा उनके साथ थी वहीं सामाजिक दासता जो शूद्र सदियों से झेल रहे थे उन्हें समाप्त करने का संकल्प लिया था। ''उनके उत्तराधिकारी गुरु-अंगद देव ने छोटी जाति व शूद्रों को उच्च सम्मान देते हुए, उन्हें

---

9. के. दामोदरन, भारतीय चिन्तन परम्परा, पृष्ठ 337.
10. नन्द किशोर, भारत के शूद्र एवं खालसा भारत, भूमिका, प्रो. कन्हैया सिंह पृष्ठ X

बौद्धिक व शारीरिक स्तर पर सुदृढ़ किया। शूद्र जाति के बच्चों को शिक्षा देने के प्रबन्ध किए।........ अपनी धर्म पत्नी के साथ मिलकर परम्परागत ब्राह्मण जाति के पुरोहितों, पण्डितों को भोजन कराने की बजाय उनके द्वारा गरीब व शूद्रों को आदर पूर्वक भोजन कराने का कार्य एक अत्यन्त क्रांतिकारी अभियान था।[11]'' तृतीय गुरू अमरदास और आगे बढ़ गए। ''उनके पास आने वाले दर्शनाभिलाशी श्रद्धालुओं के लिये नीच शूद्रों के साथ बैठकर भोजन (लंगर) खाने की शर्त को उन्होंने अनिवार्य बना दिया।...... चतुर्थ गुरु रामदास ने 52 प्रकार के उद्योग धन्धों का प्रबन्ध किया ..... श्रमजीवी व कारीगर 'शुद्रों' का आर्थिक उत्थान किया।[12]'' सिख गुरुओं ने अस्पृश्य जातियों के उत्थान और प्रगति के लिये सराहनीय कार्य किये हैं। ये कार्य निश्चय ही सामाजिक व दलित आन्दोलन के साक्षी हैं। पांचवें गुरु अर्जुनदेव ने गुरुओं की वाणी के साथ शूद्र सन्तों की वाणी को भी सम्मान देकर उसे 'गुरु ग्रन्थ साहिब' में सम्मिलित किया। सिख गुरुओं का एक असाधारण उदाहरण दृष्टव्य है। 1699 में वैसाखी के दिन गुरु गोविन्द सिंह जी ने 'खालसा पंथ' की स्थापना की 'पाँच प्यारों' जिनमें चार शूद्र थे, को अमृत पिलाकर तथा फिर उन्हीं पाँच प्यारों शूद्रों के द्वारा बनाया गया अमृत स्वयं गुरुदेव ने पीकर जाति-पांति के जहां भेद भाव को समाप्त किया, वहीं गुरु एवं सिख का भेद भी समाप्त कर दिया।[13] इन उद्धरणों से स्पष्ट ज्ञात होता है कि सिख धर्म के गुरुओं ने अपनी विशाल दृष्टि, मानवतावादी सोच के तहत जाति पर आधारित भारतीय समाज का कलंक शूद्र अथवा अस्पृश्य जातियों के उत्थान और प्रगति के लिये असाधारण कार्य किये हैं। **इन्हें हम मात्र धार्मिक आन्दोलन की श्रेणी में न रखें बल्कि यह दलित आन्दोलन की एक मज़बूत नींव रखते हैं। वर्ण व्यवस्था पर कड़ा प्रहार कर एक समतामूलक समाज की स्थापना करने का प्रयास करते हैं।**

इसी कड़ी में हम नवजागरण काल के योगदान की भी चर्चा करना अति आवश्यक समझते हैं क्योंकि इस युग ने जड़वादी, जातिवादी, रूढ़िवादी, धार्मिक कट्टरता पर जितना कड़ा प्रहार किया है कि सम्पूर्ण सवर्ण जाति के व्यक्ति जो धर्म के नाम पर समाज का दोहन कर रहे थे, आश्चर्य चकित होकर रह गये। यह समय अछूतों की दशा में सुधार के आन्दोलन का था। **ए.आर. देसाई** पुनर्जागरण आन्दोलन के संबंध में लिखते हैं-

''अस्पृश्यता जैसी अमानुषिक और अन्यायपूर्ण प्रथा के प्रति शेष प्रबुद्ध और शिक्षित भारतीयों के सामान्य प्रजातांत्रिक रोष का ही एक रूप था। ब्रह्म समाज, आर्य समाज, समाज सुधार सम्मेलन, इन्डियन नेशनल कांग्रेस जैसे राजनीतिक संगठन, गाँधी द्वारा स्थापित अखिल भारतीय हरिजन संघ जैसी गैर राजनीतिक संस्थाएं, इन सबने प्रचार, शिक्षा और

11. नन्द किशोर, भारत के शूद्र एवं खालसा भारत, भूमिका, भूमिका प्रो. कन्हैया सिंह, पृष्ठ X
12. नन्द किशोर, भारत के शूद्र एवं खालसा भारत, भूमिका, भूमिका प्रो. कन्हैया सिंह, पृष्ठ X
13. नन्द किशोर, भारत के शूद्र एवं खालसा भारत, भूमिका, भूमिका प्रो. कन्हैया सिंह, पृष्ठ X

अन्य व्यावहारिक उपायों द्वारा अछूतों को सामाजिक, धार्मिक और सांस्कृतिक अधिकार दिलाने की चेष्टा की।[14]''

(पुनर्जागरण आन्दोलन के अध्याय में इस काल के योगदान पर विस्तृत चर्चा की जा चुकी है, इसलिये पुनः दोहराना उचित नहीं है।)

इतना कहा जा सकता है कि पुनर्जागरण आन्दोलन के पिता कहे जाने वाले राजा राम मोहन राय ने जिस कठोरता से सती-प्रथा, बाल-विवाह, छुआछूत पर प्रहार किया है वह सराहनीय है। विधवा-पुनर्विवाह की जैसी वकालत की है कि कट्टरवादी ब्राह्मणों के दांत खटटे हो गये। इसीलिये रवीन्द्रनाथ ठाकुर ने कहा कि ''राजा राम मोहन राय ने ही भारत में आधुनिक युग का सूत्रपात किया है।'' उन्होंने ब्रह्म समाज द्वारा सामाजिक कुरीतियों को दूर करने का प्रयास किया, प्रार्थना समाज ने इस कार्य को शक्ति प्रदान की। स्वामी दयानन्द सरस्वती ने धार्मिक अन्धविश्वासों की जहाँ निन्दा की, वहीं स्त्री-शिक्षा को प्रोत्साहित किया। आर्य समाज ने स्त्री और शूद्र उत्थान में महत्त्वपूर्ण भूमिका अभिनीत की। स्वामी विवेकानन्द महान चिन्तक और विचारक थे। उन्होंने जो कुछ भी कहा वह अपने ज्ञान रूपी समुद्र के मन्थन के पश्चात ही कहा, जड़वादी और रूढ़िवादी विचारधारा से हटकर अपनी बात कहते थे। वे समन्वयवादी दृष्टिकोण के चिन्तक थे। इसीलिये उन्हें पाश्चात्य और भारतीय संस्कृति का सेतु कहा जाता है। वे धर्म के मानवीय पक्ष के समर्थक थे। वे कहते थे कि धर्म को इस प्रकार होना चाहिए कि वह निर्धन व दरिद्र व्यक्तियों की सहायता कर सके। वह, वास्तव में, मानवतावादी धर्म के समर्थक थे। इस तरह हम यह कह सकते हैं कि सम्पूर्ण पुनर्जागरण आन्दोलन धार्मिक कट्टरता, जातिवाद, अन्धविश्वास और सामाजिक कुरीतियों के विरोध में खड़ा किया गया था। इसे किसी सीमा तक सफलता भी प्राप्त हुई। इससे भी महत्वपूर्ण बात यह है कि इस आन्दोलन से अस्पृश्य, पिछड़ी और दलित कही जाने वाली जातियों में नवचेतना का संचार हुआ। आगे चलकर यह दलित आन्दोलन का आधार बना। इन सुधार आन्दोलन के संबंध में **जगजीवनराम** के विचार अपना महत्त्व रखते हैं -

''इन सुधार आन्दोलनों के बावजूद, बहुत से शूद्र या अछूत सिख धर्म, इस्लाम या ईसाई धर्म की ओर आकृष्ट हुए। परन्तु सिख व ईसाई बन जाने पर भी जाति का कलंक उनके माथे पर लगा ही रहा और आज भी भारत में अछूत सिख और अछूत ईसाई देखने को मिलते हैं। यह विलक्षण घटना इस बात की प्रतीक है कि जनता के मन पर जातिवाद की छाप कितनी गहरी है। इससे यह अनुमान लगाया जा सकता है कि इस्लाम और ईसाई धर्म पर हिन्दू समाज की व्यवस्था का प्रभाव कम नहीं था।[15]'' नवजागरण आन्दोलन के पीछे विद्वानों, समाज सेवियों, चिन्तकों का चिन्तन भी था और निस्वार्थ सेवा की भावना भी,

---

14. ए.आर.देसाई, भारतीय राष्ट्रवाद की सामाजिक पृष्ठभूमि, पृष्ठ 210-211.
15. जगजीवन राम, भारत में जातिवाद और हरिजन समस्या, पृष्ठ 13.

फिर भी इस आन्दोलन को जितनी सफलता जातिवादी, वर्णवाद, अन्धविश्वास, रुढ़िवाद के निराकरण करने में मिलनी चाहिए नहीं प्राप्त हुई। इस पर जगजीवनराम कहते हैं कि "पहले के सुधारक अपने उद्देश्य की पूर्ति में सफल नहीं हो पाये इसका कारण सम्भवत: यह था कि उन्होंने उस समय की प्रचलित हिन्दू विचारधारा पर प्रत्यक्ष कुठाराघात करने की चेष्टा की। समाज उन मूल्यों को न तो समझ सका और न आत्मसात कर पाया, जो सुधार आन्दोलनों की नींव थे।[16]"

नवजागरण का काल निश्चय ही एक नवीन चेतना के साथ जन्मा। इसके जितने भी नेता थे वे सभी सम्पन्न वर्ग के थे। प्रबुद्ध शिक्षित वर्ग के थे। इसलिये उनमें समाज को प्रभावित करने की क्षमता और शक्ति भी थी। उन्हें अनेक सामाजिक-धार्मिक कुरीतियों को समाप्त करने का श्रेय भी प्राप्त है। किन्तु ज्योतिबा फूले का 'सत्य शोधक समाज' का समाज पर गहरा प्रभाव पड़ा। कन्हैयालाल चंचरीक लिखते हैं – 'ज्योतिबा द्वारा संस्थापित 'सत्य शोधक समाज' ब्राह्मण वर्चस्व और उच्च जातियों द्वारा समाज की निम्न जातियों के बौद्धिक शोषण तथा सामाजिक सांस्कृतिक उत्पीड़न अन्याय के विरुद्ध प्रतीकात्मक रूप में एक जन आन्दोलन बनकर सामने आया। इसे हम एक नयी सांस्कृतिक क्रांति की संज्ञा दे सकते हैं।[17]'

सामाजिक संरचना की बुनावट पर यह निर्भर करता है कि अमुक समाज में किस प्रकार के धार्मिक, सामाजिक मूल्य, विश्वास, कार्यप्रणाली आदि विकसित होती है। सामाजिक संरचना की व्यवस्था में पूरे के पूरे समाज की व्यवस्था समाहित होती है। इस व्यवस्था में धार्मिक साभाजिक आधार पर श्रम विभाजन भी होता है जहाँ गहरे छिपा होता है शोषण, अत्याचार, अनाचार की प्रवृत्तियाँ। निर्धन और निम्न जाति के व्यक्ति इस संरचना में दुहे जाते हैं। इस संबंध में समाजवादी चिन्तक, लेखक और साहित्यकार **राजेन्द्र यादव** लिखते हैं-

"अपराधी जनजातियों और आदिवासियों के साथ-साथ समाज व्यवस्था में अनिवार्य रूप से गुथे हुए दलित और स्त्रियाँ हमारे सत्ता विमर्श में केवल रिसीविंग-एंड पर ही रहे हैं .... कृषि आधारित सामन्ती व्यवस्था किसी भी तरह की मोबिलिटी की अनुमति नहीं देती। वहाँ मालिक श्रमिक दोनों स्थायी होते हैं जो जहाँ हैं वहीं बने रह कर उसे अपने धर्म यानी कर्तव्यों का पालन करना है : 'स्वधर्म निधनं श्रेय' कोई भी जाति या अपने निर्धारित स्थान से ऊपर नीचे नहीं जा सकता न ब्राह्मण क्षत्रिय बन सकता है, न वैश्य ब्राह्मण: शूद्रों को तो हर हाल में वहीं बने रहना है, वरना उनके लिये बाकायदा हत्या या अन्य दण्डों का विधान है।[18]"

उपर्युक्त उदाहरण इस तथ्य की पुष्टि करता है कि सामाजिक संरचना में विभिन्न जातियों की आर्थिक सामाजिक स्थिति क्या है? निश्चय ही भारतीय खेतिहर सामन्ती व्यवस्था में

---

16. जगजीवन राम, भारत में जातिवाद और हरिजन समस्या, पृष्ठ 14.
17. कन्हैयालाल चंचरीक, महात्मा ज्योतिबा फुले, पृष्ठ 80.
18. राजेन्द्र यादव, हंसे, अगस्त 2004, पृष्ठ 4.

अस्पृश्य जातियों की स्थिति निम्नतम थी। इसीलिये उनका शोषण जी भर कर किया गया। किन्तु इस व्यवस्था में आन्दोलन के बीज भी थे जो अंग्रेजों के शासन में प्रस्फुटित हुए। इस काल में दलित व शोषित जातियों का आन्दोलन भी आरम्भ हुआ। **राजेन्द्र यादव कटाक्ष** करने में चूकते नहीं है कि –

''जाहिर है कि दलितों और स्त्रियों की मुक्ति का सवाल राजनैतिक हिस्सेदारी या उससे भी पहले सामाजिक न्याय का प्रश्न है। सारी लड़ाई उस मर्दवादी वर्ण–व्यवस्था के खिलाफ है जो इन दोनों वर्गो को कोई अधिकार नहीं देती।[19]''

मैं यहाँ कहना चाहूँगा कि दलित आन्दोलन को सामाजिक संरचना के परिपेक्ष्य में देखना और विश्लेषण करना चाहिए। इसमें सामाजिक व्यवस्था भी समाहित होती है। इस व्यवस्था के तहत जाति, धर्म और कार्यों के अनुसार व्यक्ति विभाजित होता है। इस व्यवस्था में एक संस्तरण नत्थी होता है। जैसे अस्पृश्य जातियों का सामाजिक संरचना में निम्नतम स्थान है और वर्ण–धर्म के अनुसार भी वह सबसे नीचे पायदान पर है। इस व्यवस्था से उपजते हैं आन्दोलन के तेवर। अस्पृश्य जातियों अथवा दलितों का शोषण इसी सामाजिक व्यवस्था में हो रहा है। दोहन की प्रक्रिया अभी थमी नहीं। इस व्यवस्था में परिवर्तन लाने के लिये ही दलित आन्दोलन कर रहे हैं। आन्दोलन के दौरान मात्र संरचनात्मक परिवर्तन ही नहीं होते, वरन संस्थागत ढांचें में और आर्थिक, सामाजिक और सांस्कृतिक परम्पराओं और मूल्यों में भी बदलाव होते हैं। ब्रिटिश काल में भारतीय संरचना एवं व्यवस्था में अनेक प्रकार के परिवर्तन घटित हुए हैं। पुनर्जागरण आन्दोलन इसका उदाहरण है जिसका उल्लेख ऊपर किया जा चुका है। यद्यपि जाति व्यवस्था को समाप्त करने के लिये हजारों वर्ष पूर्व आन्दोलन किये गये हैं। ईसा से सदियों पूर्व महावीर ने जाति प्रथा का विरोध किया था। बुद्ध ने लगभग ढ़ाई हजार वर्ष पूर्व जन्म और जाति पर आधारित सामाजिक भेदभाव का खण्डन मण्डन किया था। यही कारण था कि भारतीय वर्ण व्यवस्था और जाति प्रथा से अम्बेडकर इतनी दुखी थे कि उन्होंने कहा था कि हिन्दू जाति में पैदा तो हुआ हूँ पर मरूंगा नहीं। जीवन के अन्तिम समय में क्षुब्द होकर उन्होंने बौद्ध–धर्म ग्रहण कर लिया था। इसीलिए जीवन पर्यन्त वे वर्ण–व्यवस्था और जाति व्यवस्था के विरुद्ध आन्दोलन करते रहे। दलितों, हरिजनों के उत्थान के लिये अनेक संगठनों की स्थापना थी। बाबा साहेब डॉ. भीमराव अम्बेडकर हिन्दू धर्म शास्त्रों की उन बातों से घृणा करते थे जो बातें अस्पृश्यता, जातिवाद और वर्णवाद को प्रश्रय देती थीं। उनका कहना था कि हिन्दू समाज अपने धर्म–ग्रन्थों पर आस्था होने के कारण उनमें लिखी उन विभेदकारी बातों का भी निष्ठा के साथ पालन करता है। अतः जातिगत भेद उत्पन्न करने वाली बातों को इन धर्म–ग्रन्थों में से निकाल देना चाहिए और आज इन ग्रन्थों के पुनर्मूल्यांकन की आवश्यकता है।[20]''

---

19. राजेन्द्र यादव, हंसे, अगस्त 2004,पृष्ठ 5.
20. पुरुषोत्तम सत्य प्रेमी, उत्तरार्द्ध, 2003, पृष्ठ 60.

उन्होंने अपनी विचारधारा को क्राँतिकारी रूप देने हेतु अनेक संगठनों की स्थापना की - जैसे समता सैनिक दल, शेडयूल्ड कास्ट फेडरेशन, दी पीपुल्स एज्यूकेशन सोसायटी, दलित विद्यार्थी फेडरेशन रिपब्लिकन पार्टी आफ इन्डिया, बहिष्कृत हितकारिणी सभा, डिप्रेस्ड क्लास एजूकेशन सोसायटी आदि। इन संस्थाओं के माध्यम से अम्बेडकर ने दलित समाज में चेतना उत्पन्न करने का यथा सम्भव प्रयास किया और किसी सीमा तक उन्हें सफलता भी प्राप्त हुई। वे कहते थे सामाजिक और आर्थिक अधिकार तब तक प्रभावकारी नहीं हो सकते हैं जब तक कि दलितों को शासन में भागीदारी प्राप्त नहीं होती। शायद इसीलिए दलितों और श्रमिकों को राजनैतिक शक्ति के रूप में संगठित करने के उद्देश्य से अम्बेडकर ने (1936) में ही **'इण्डिपेण्डेन्ट लेबर पार्टी'** का गठन किया था। वास्तव में, सम्पूर्ण दलित आन्दोलन में दो मुख्य धारायें समानान्तर रूप से कार्य कर रही थीं-

1. सामाजिक समानता के लिये संघर्ष
2. सांस्कृतिक गुलामी से छुटकारा अथवा मुक्ति।

इन्हीं लक्ष्यों को लेकर भीमराव अम्बेडकर, दलित आन्दोलन कर रहे थे। शायद इसीलिये अम्बेडकर को दलित आन्दोलन का पिता कहा जाता है। क्योंकि यह प्रथम विद्वान और प्रतिभाशाली दलितों के नेता थे, जिन्होंने हर मोर्चे के लिये दलितों को तैयार करने का प्रयास किया। उन्हें संघर्षशील बनाया। अम्बेडकर का यह विचार था कि धर्म और दासता दोनों एक स्थान पर नहीं रह सकते और अधिकार कठिन संघर्ष से ही प्राप्त किये जाते हैं। वास्तव में, दलित आन्दोलन के अन्दर झांक कर देखें और उसका विश्लेषण करें तो ज्ञात होता है कि **दलित आन्दोलन के मुख्य आधार हैं :**

1. धार्मिक कर्मकाण्ड और ब्राह्मण और ब्राह्मण वर्चस्व का विरोध करना।
2. दलितों के आत्मसम्मान की रक्षा
3. समतामूलक समाज
4. सामाजिक न्याय
5. जाति भेद और वर्ण भेद की समाप्ति।

ए.आर. देसाई निम्न जातियों के आन्दोलन के संबंध में कहते हैं "अप्रजातांत्रिक जाति व्यवस्था जन्य सामाजिक धार्मिक, न्यायिक अपंगताओं से पीड़ित हिन्दू समाज की निम्न जातियों के आन्दोलन के दो रूप थे। प्रगतिशील एवं अराष्ट्रवादी और प्रतिगामी। निम्न जातियों ने अपनी जाति के आधार पर संगठन बनाए और जनतांत्रिक स्वतंत्रताओं के लिए संघर्ष किए तो इनसे सारे देश की जनता के एक्य की लड़ाई को बल मिला। ... नया समाज सभी व्यक्तियों का प्रजातांत्रिक सम्मिलन होगा और नई सामाजिक आर्थिक संरचना में उनकी

वास्तविक भूमिका के आधार पर उनका नया वर्गीकरण होगा, जो ऐतिहासिक दृष्टि से अधिक संगत होगा।[21]''

मधु लिमए प्रसिद्ध समाजवादी चिन्तक थे। उन्होंने अम्बेडकर और दलित आन्दोलन का विश्लेषण करते हुए लिखा कि, ''जाति के सिद्धान्त और इसके उन्मूलन के संघर्ष की दूसरी अवस्था 1927-28 में आती है। बड़ौदा रियासत की नौकरी छोड़ने के बाद डॉ. अम्बेडकर ने दलितों के उत्थान के लिये बहिष्कृत हितकारिणी सभा का संगठन किया और उसकी विभिन्न गतिविधियाँ चलायी ...... डॉ. अम्बेडकर मात्र सिद्धान्तवादी नहीं थे, बल्कि एक कर्मनिष्ठ और जुझारू व्यक्ति भी थे। जब उन्होंने पालिका के तालाब से पानी लेने के सवाल पर महाड़ (कोलावा) में सत्याग्रह करने का फैसला किया तो उन्होंने एक विद्रोही सैद्धान्तिक घोषणा पत्र जारी किया। उन्होंने कहा कि उनका लक्ष्य न केवल अस्पृश्यता को हटाना है, बल्कि जाति व्यवस्था के खिलाफ युद्ध छेड़ना है।[22]'' अम्बेडकर के ये तेवर निश्चय ही दलित आन्दोलन को जुझारू और संघर्षमय बनाने की दिशा में एक मजबूत कदम का परिणाम है। हमने देखा भी है कि इन्होंने किस तरह दलित आन्दोलन को शोषण और जातिवादी ढांचे के विरुद्ध खड़ा किया।

अम्बेडकर पूरी सामाजिक व्यवस्था पर प्रश्न खड़ा करते हैं और दलितों की शोचनीय स्थिति पर प्रकाश डालते हैं। एक विचारक की दृष्टि से कहते हैं कि ''दासता और अस्पृश्यता दोनों ही स्वतंत्र समाज व्यवस्था नहीं है।'' उन्होंने प्रश्न किया ''क्या दासता अथवा अस्पृश्यता के अन्तर्गत शिक्षा, सद्‌गुण, आनन्द, संस्कृति और धन सम्पत्ति सम्भव है?'' इस मानदण्ड से देखें तो ''दासता में शिक्षा, सद्‌गुण, आनन्द, संस्कृति या धन सम्पत्ति के लिये गुंजाइश है। दासता की भाँति, अस्पृश्यता में एक अस्वतंत्र समाज व्यवस्था के ये लाभ कतई नहीं है। उसमें एक स्वतंत्र समाज व्यवस्था के सभी अलाभ है।[23]'' अम्बेडकर ने दास और अस्पृश्यता को लेकर जो तर्क उपस्थित किया है वह सत्य को उद्‌घाटित करता है। उनकी इसी पीड़ा को भी दर्शाता है कि अस्पृश्य जातियाँ गुलामों से भी बद्‌तर जिन्दगी जीती है। आन्तरिक पीड़ा के कारण ही दलित आन्दोलन को उन्हेांने जुझारू बनाया, चेतनशील बनाया और अपनी जाति को शिक्षित करने का बीड़ा उठाया।

एम.एस.ए. राव[24] ने दलित आन्दोलन को एक व्यापक और ऐतिहासिक परिप्रेक्ष्य में देखने का प्रयास किया है। इसी आधार पर वे तथ्यों का विश्लेषण करते हैं। उनका विचार है कि भारतीय राष्ट्रीय आन्दोलन और ब्रिटिश शासन काल में उदारवादी विचार व दृष्टि का विकास हुआ जिसने पिछड़ी जातियों को एक पहचान दी। इस समय तीन प्रकार के विचार

---

21. ए.आर. देसाई, भारतीय राष्ट्रवाद की सामाजिक पृष्ठभूमि, पृष्ठ 205.
22. मधु लिमए, परिवर्तन, पृष्ठ 10.
23. डी.आर. जाटव, डॉ. अम्बेडकर के समाजशास्त्रीय विचार, पृष्ठ 39.
24. एम.एस.ए. राव, सोशल मूवमेन्ट इन इन्डिया, पृष्ठ 197.

प्रवाहमान थे। प्रथम वे जातियाँ जो पिछड़ी थीं उनका कहना था कि जाति व्यवस्था का पुनर्मूल्यांकन किया जाय और उन्हें वर्ण व्यवस्था में उच्च स्थान प्राप्त हो। उदाहरण के लिये यादव अनेक राज्यों में विभिन्न नामों से जाने जाते हैं और ये अपने को कृष्ण वंशज मानते हैं। इसीलिये इन्होंने अखिल भारतीय यादव समिति की स्थापना भी की। दूसरी विचारधारा यह थी कि ब्राह्मण आर्य का जो धर्म हो उसे अस्वीकार किया जाय। इस विचारधारा के तहत तामिलनाडु का द्रविड़ कषगम आन्दोलन ने आर्य संस्कृति और धर्म के स्थान पर द्रविड़ संस्कृति को प्रचारित किया। द्रविड़ कषगम आन्दोलन में राम को शैतान और रावण को पवित्र व्यक्ति माना गया। रामास्वामी नायकर ने आत्म सम्मान आन्दोलन के जरिये कहा कि उनके अनुयायी अपने पुरोहित रखेंगे। इस आन्दोलन ने निम्न जातियों और वर्गों को अपनी ओर आकर्षित किया। ब्राह्मणों ने जब इसका कड़ा विरोध किया तो द्रविड़ मुनेत्र कषगम ने तामिलनाडु को भारत से अलग होने की माँग की। अम्बेडकर के नेतृत्व में महार आन्दोलन ने ब्राह्मण विचारधारा के विरूद्ध आवाज बुलन्द की। जातिवाद और ब्राह्मणवाद की आलोचना की। महाराष्ट्र की अनुसूचित जातियों का एक संगठन महारों ने गठित कर लिया। महार आन्दोलन ने हिन्दू धर्म को पूरी तरह से अस्वीकार कर दिया क्योंकि यह असमानता और जाति के ऊंचे-नीचे संस्तरण पर आधारित था। महार आन्दोलन ने नागरिक अधिकारों का मुद्दा भी उठाया। सभी के लिये समान नागरिक संहिता होनी चाहिए।

1972 में मुम्बई और पूना में **अमेरिका के ब्लैक पैन्थर्स की तर्ज पर दलित पैंथर आन्दोलन आरम्भ हुआ।** विशेष तौर से महार इसके सहभागी थे। दलित पैंथर के बुद्धिजीवी प्रवक्ता नामदेव धासाल, राजा धाले और जे.वी. पोवर थे। दलित पैंथर के घोषणा पत्र में यह घोषित किया गया कि हिन्दू जाति व्यवस्था को नष्ट कर दो। हमारे शत्रु जमींदार, पूंजीपति और महाजन है। इसने एक समग्र-क्रांति की घोषणा की। उस व्यवस्था को समाप्त करने का आह्वाहन किया जिसमें दलितों का शोषण, उत्पीड़न अनादि काल से हिन्दू धर्म और जाति के नाम पर हो रहा है। शोषण मुक्त समाज की स्थापना होनी चाहिए। अपने आन्दोलन के जरिये उन्होंने माँग की कि ग्रामीण समाज में दलितों की बस्तियाँ पृथक न बनाई जाय। सार्वजनिक कुओं से सभी को जल लेने का अधिकार दिया जाय। सभी दलितों को नौकरी का समान अधिकार प्राप्त हो। नौकरी देते समय जाति व धर्म पूछना समाप्त किया जाय। वास्तव में, सम्पूर्ण दलित आन्दोलन प्रभु जातियों के विरुद्ध था। ये वे सवर्ण जातियाँ हैं जिन्होंने जाति और धर्म के आधार पर उन्नति करने के समान अवसर नहीं दिये वर्ण धर्म के दर्शन को आधार बनाकर उन्हें समाज में निम्नतम स्थान प्रदान किया। इन्हीं के विरुद्ध दलित आन्दोलन के अनेक स्वरूप हमें विभिन्न काल खण्ड में देखने को मिलते हैं।

अस्पृश्य जातियों को सम्मान दिलाने हेतु **महात्मा गांधी** के योगदान को भुलाया नहीं जा सकता है। असंख्य स्थलों पर उन्होंने अस्पृश्य भावना की आलोचना की है। इसे कलंक बताया है। गाँधी जी ने वैचारिक स्तर पर अस्पृश्यता की आलोचना कठोर से कठोर शब्दो में की है और अस्पृश्यता के निराकरण के लिये जीवन भर संघर्ष करते रहे। गांधी जी कहते

थे कि यदि सम्पूर्ण राष्ट्र का निर्माण बगैर किसी भेदभाव के समान स्तर पर करना चाहते हैं तो सबसे पहले अस्पृश्यता समाप्त करनी होगी। अस्पृश्यता लोकतंत्र विरोधी है। इस व्यवस्था में सभी समान हैं। यदि कुछ व्यक्तियों को सम्मान दिया जाता है और कुछ का अनादर किया जाता है अथवा उनसे घृणा की जाती है तो यह लोकतंत्र नहीं है। व्यक्ति व्यक्ति का शोषण करें यह किसी भी दृष्टि से न मानवीय है और न न्याय संगत ही। गांधी जी अस्पृश्यता को कलंक मानते थे। वे कहते थे-

"अस्पृश्यता के लिए करोड़ों हिन्दू जिम्मेदार हैं, उससे मुझे हार्दिक घृणा है। सत्याग्रही को चाहिए कि वह अपने अस्पृश्य कहे जाने वाले भाई के लिए रक्षक बनकर डटा रहे और कष्ट सहे।" उन्होंने कहा कि "हम सबको हरिजन बनना पड़ेगा नहीं तो हम अस्पृश्यता का नामोनिशान नहीं मिटा पायेंगे। मैं अस्पृश्यता को मानवता के विरुद्ध एक भीषण अपराध समझता हूँ। यह आत्मसंयम का लक्षण नहीं, बल्कि अपने को श्रेष्ठ मानने की हठपूर्ण कल्पना है।[25]" गांधी जी ने अस्पृश्यता की आलोचना करने में अनेक शब्दों का प्रयोग किया है जैसे अस्पृश्यता अपराध है, अत्याचार है, विष है, कलंक है, एक शैतानी योजना है, अस्पृश्यता अन्याय है आदि।[26]

अस्पृश्यता पर गांधी जी का सम्पूर्ण चिन्तन व विचार, वैचारिक स्तर पर एक दलित आन्दोलन का द्योतक है। इसलिये वे जीवन पर्यन्त इसकी समाप्त के लिये मंचों से भाषण देते रहे। अपने लेखों में अस्पृश्यता की भावना की आलोचना करते रहे। इसे जड़ मूल से समाप्त करने के लिये वे भारतवासियों और विशेष तौर से सवर्णों से जिसने इस कलंकित व्यवस्था को स्थापित किया है, आह्वान करते थे। गांधी जी ने राष्ट्रीय आन्दोलन में खुले रूप में दलितों को इसमें हिस्सा लेने का न्योता दिया। यही वजह है कि असंख्य स्वतंत्रता सेनानियों में अस्पृश्य जाति के असंख्य लोग थे। स्वतंत्रता आन्दोलन में इस जाति के व्यक्तियों का भी महत्त्वपूर्ण योगदान है। हमें यह नहीं भूलना चाहिए कि 1857 से पूर्व भी ब्रिटिश शासन के विरुद्ध अनेक दलित और आदिवासियों ने अपनी शहादत दी। 1857 के स्वतंत्रता संग्राम में अनेक दलितों की भागीदारी रही है, जैसे चेताराम और बल्लू मेहतर, वीरा पासी, बिरसा मुण्डा, रामपति अछूतानन्द, केजूराम चण्डाकर, गंगाराम धानुक आदि।[27] इस तरह यह कहा जा सकता है कि देश की आजादी में दलितों की भागीदारी का महत्व अत्यधिक है। गांधी जी ने राष्ट्रीय आन्दोलन में उन्हें सम्मिलित कर उनके सम्मान और मनोबल को बढ़ाया। इन संघर्षों में दलितों में एक नयी चेतना का प्रस्फुटन हुआ जो दलित आन्दोलन में परिणित हुआ।

लगभग दो दशकों से बहुजन समाज पार्टी दलितों के कल्याण व उत्थान के लिये कार्य

---

25. समाज सुधार, समस्यायें और समाधान, पृष्ठ 587.
26. समाज सुधार, समस्यायें और समाधान, पृष्ठ 594-597.
27. मोहन दास, स्वतंत्रता संग्राम के दलित क्रांतिकारी, पृष्ठ 42-95.

कर रही है। इसके नेता अभी तक काशीराम थे, अब मायावती हो गयी है। यह अम्बेडकर के उस सिद्धान्त का अनुकरण कर रही है कि दलितों में परिवर्तन लाना है तो सत्ता पर काबिज होना पड़ेगा। मायावती सत्ता प्राप्ति के ही संघर्ष में लगी है। दलित आन्दोलन से कम सत्ता की कुर्सी का मोह उन्हें कहीं अधिक है। सत्ता मोह ने इन्हें दलितों की समस्याओं से विमुख कर दिया। कंवल भारती मायावती की आलोचना करते हुए लिखते है कि "दलित इन दिनों मायावती से भी ख़ासे नाराज़ हैं। बताते है कि डॉ. अम्बेडकर कहते थे कि जाति के आधार पर बने किसी संगठन को नष्ट हो ही जाना होता है लेकिन मायावती ने आन्दोलन को संकीर्ण बना दिया। जबकि देश जनवादीकरण की लड़ाई से जुड़ा है। वे कहते हैं कि मायावती राजनीतिक दृष्टि से अपरिपक्कव और फूहड़ है।[28]"

सम्पूर्ण दलित आन्दोलन का यदि मूल्यांकन किया जाय तो इसके केन्द्र में जातिवादी और वर्णवादी व्यवस्था का विरोध स्पष्ट दिखायी पड़ता है। वर्ण और जाति के आधार पर ही अस्पृश्य जातियों को समाज में निम्नतम स्थान प्राप्त था। इनके कोई अधिकार नहीं थे। इनका जीवन गुलामों से भी गया गुजरा था। इसीलिये सन्त सम्प्रदाय के विचारकों और कवियों ने जातिवाद की घोर आलोचना की है। नवजागरण आन्दोलन भी इसी का प्रतीक है कि बुद्धिजीवियों ने सामाजिक धार्मिक कुरीतियों के विरुद्ध आन्दोलन किया। रामास्वामी नायकर धर्म के नाम पर आग उगलते थे। वे कहते थे कि "भारत में जब तक ईश्वर का अस्तित्व रहेगा तब तक छुआछूत रहेगी।" सत्य यह है कि जाति व्यवस्था सामन्तवादी व्यवस्था की देन है। शोषण, अत्याचार और उत्पीड़न इसी व्यवस्था में है। ईश्वर न तो शोषण करने की हमें प्रेरणा देता है और न वह इसका माध्यम ही है। इस सम्पूर्ण व्यवस्था का निर्माण हमने किया है। अपने स्वार्थ को ध्यान में रख कर मानव समाज को ऊंच-नीच के खानों में विभाजित किया। कोई भी सच्चा भारतीय ईश्वर को नहीं कोसता। सामाजिक कुरीतियाँ इस समाज की देन है न कि ईश्वर की। ठीक इसी प्रकार जाति व वर्ण ईश्वर ने नहीं बनाये हैं। विशेष परिस्थितियों में इनका विकास हुआ है। विचार करने की बात है कि वर्ण चार है और जातियाँ कई हजार हैं। संत घासीदास ने 'सतनामी सम्प्रदाय' की स्थापना की और इस संस्था के माध्यम से जातिगत भेदभाव का निराकरण करने में महत्त्वपूर्ण भूमिका निभाई है।

जातिवाद को ईश्वर नहीं हम ही समाप्त करें बशर्ते दलित स्वयं जातिवादी विचारधारा की बिमारी के शिकार न हो जायं। अश्पृश्य जातियाँ स्वयं में बंटी हैं। उनमें भी ऊंच-नीच की भावना है, फिर सम्पूर्ण समाज से इस जातिवादी विष को कैसे समाप्त किया जा सकता है। सर्वप्रथम अपना उदाहरण समाज के सम्मुख रखना होगा, पर वे इसके विपरीत कर रहे हैं। जातियों का राजनीतिकरण हो गया है। भारतीय सरकार ने जातियों का सरकारीकरण कर दिया है, जैसे अनुसूचित जातियाँ, दलित जातियाँ, पिछड़ी जातियाँ, जनजातियाँ, दुर्बल वर्ग,

---

28. के. नाथ, मेरे गांव का कुआँ, पृष्ठ 13-14.

अन्य पिछड़ी जातियाँ। ये उदाहरण जातिवाद को मजबूत करने के हैं उसे समाप्त करने के नहीं। यह दलित व पिछड़ी जातियों की सरकारी वर्ण व्यवस्था है जो वोट बैंक और सत्ता भूख के आधार पर गढ़ी गयी है, शायद इसी लक्ष्य की प्राप्ति के लिये अम्बेडकर ने दलित आन्दोलन को राजनैतिक स्वरूप दिया। **जगजीवन राम** के विचार दृष्टव्य हैं :

"जब हम अतीत को वापस नहीं ला सकते तो हम उसी प्रकार के समाज को फिर से स्थापित करने की इच्छा भी नहीं कर सकते। यह न तो सम्भव है और न जनता या समाज के हित में है। हाँ विचारों को शाश्वतता प्रदान की जा सकती है।[29]"

सवर्णों और मनुवादियों को अपशब्दों के गुलदस्ते देने से दलितों की समस्याओं का निराकरण तो नहीं हो सकता, हाँ टकराहट, तनाव, दूरी, प्रतिस्पर्धा में वृद्धि अवश्य हो सकती है। जातियों का राजनीतिकरण होने से विभिन्न जातियों में दूरियाँ भी बढ़ी है और अलगाव भी। असंख्य जातिगत संगठनों और संस्थाओं की स्थापनायें हुई हैं। इनके केन्द्र में कहीं न कहीं जातिगत स्वार्थ हैं। इसलिये आज की परिस्थिति में सकारात्मक और मानवतावादी सोच ही समाज में सर्व धर्म समभाव की स्थापना कर सकता है। जातियों को परस्पर लड़ा कर किसी भी प्रकार का लाभ सम्पूर्ण समाज को नहीं प्राप्त हो सकता है। अस्तु मानवता ही धर्म है। वहाँ न कोई छोटा है और न कोई बड़ा। यह हर्ष का विषय है कि आज भारतीय संविधान में अनुसूचित जातियों को शिक्षा, नौकरी, चिकित्सा, आदि क्षेत्रों में कानूनी और संवैधानिक रूप से अनेक लाभ प्राप्त हैं।

---

29. जगजीवन राम, भारत में जातिवाद और हरिजन समस्या, पृष्ठ 24.

References

Bharti, Kaval, Dalit Vimarsh Ki Bhumika, Itihas Bodh Prakashan, Allahabad.

Chanchrik, Kanhiyalal, Mahatama Jyotiba Phule, Prakashan Vibhag, Bharat Sarkar.

Chandran, E., Reservation for O.B.C. Kasmas, Book Haiwa, New Delhi.

Damodaran, K., Bhartiya Chintan Prampara, People's Publishing House, New Delhi.

Desai, A.R., Bhartiya Rashtrawad Ki Samajik Prishthabhumi, The Macmillan Co. of India, New Delhi.

Dubey, Abhay Kumar (ed), Adhunikta Ke Aaeene Main Dalit, Vari Prakashan, Delhi.

Jain, P.C., Samajik Anadolan Ka Samajshastra, National Publishing House, Jaipur.

Jatav, D.R., Ambedkar Ke Samajshastriya Vichar, Samta Sahitya Sadan, Jaipur.

Kuber, W.H., Bhimrao Ambedkar, Super Bazar, New Delhi.

Manmohan (ed) Utradh, Yugantar Prakashan, Mathura.

Naimisharay, Mohandas, Svatantrata Sangram Ke Dalit Krantikari, Neelkanth Prakashan, New Delhi.

Nakvi, S. (ed) Parivartan, Current Book Depot, Kanpur.

Nand Kishore, Bharat Ke Shudra, Khalsa Bharat, Sarojni Nagar, Kanpur.

Nath, K., Aadhuri Dalit Kranti Ka Ek Dastavej, Shastri Nagar, Kanpur.

Raj Kishore, (ed), Harizan Se Dalit, Vari Prakashan, New Delhi.

Ram, Jagjeevan, Bharat Mein Jatiwad. Aur Harijan Samasya, Rajpal and Sons, Delhi.

Rao, C.N. Shankar, Sociology, S. Chand and Company, New Delhi.

Rao, M.S.A. (ed) Social Movements in India, Manohar Publication, New Delhi.

Singh, Ram Gopal, Bhartiya Dalit Samsyaein & Smadhan, Madhya Pradesh Hindi Granth Academy, Bhopal.

Singh, Ram Gopal, Ambedkar Ka Vichar Darshan, Madhya Pradesh Hindi Granth Academy, Bhopal.

Singh, V.N., Bhartiya Samajik Chintan, Vivek Prakashan, Delhi.

Thapar, Romesh (ed) Seminar, May, 1974, New Delhi.

Varma, Lal Bahadur, Itihas Bodh, Allahabad.

Yadav, Rajendra, Hans (2004) Akshar Prakashan, Delhi.

13

महिला आन्दोलन
(Women's Movement)

स्त्री समाज पर हम जब विचार करना चाहते हैं तो अनेक प्रश्न खड़े हो जाते हैं। किस युग की स्त्री पर विचार करें? स्त्री की किस स्थिति पर विचार करें? किस समाज की स्त्री पर विचार करें? किस व्यवस्था में स्त्री की क्या दशा, स्थिति और भूमिका रही उस पर विचार करें या क्या स्त्री कभी स्वतंत्र भी रही है, उस पर विचार करें? ढेर सारे प्रश्न हमसे उत्तर माँगते हैं।

संसार के सभी देशों में कमोबेश रूप में स्त्री पुरुष की दास रही है। पुरुष की वैयक्तिक सम्पत्ति रही है। चाहे जिस रूप में जैसा चाहे वह उसका प्रयोग कर सकता है। स्त्री समाज की जड़ चेतना ने उसे शताब्दियों तक गुलाम की तरह जीवनयापन करने के लिये विवश किया। उसकी अपनी कोई इच्छा नहीं थी और थी भी तो उसे प्रकट नहीं कर सकती थी, क्योंकि वह मालिक के अधीन थी। यहाँ तक कि उसकी देह भी उसकी नहीं थी। वह भी मालिक के इशारे पर खरीदी और बेची जाती थी। हमारी पूरी सामाजिक व्यवस्था स्त्री को निरीह, दयनीय रूप में गढ़ती आई है। बचपन से ही हमने लड़की के कान में यह मंत्र अथवा शब्द डाल दिये हैं कि लड़की परायी सम्पत्ति होती है, उसे तो दूसरे के घर जाना है। यहाँ पर फ्रांसीसी लेखिका **सीमोन द बोउआर** के शब्द कितने महत्त्वपूर्ण है **''औरत पैदा नहीं होती बल्कि उसे बना दिया जाता है।''** यह कथन कल भी सत्य था और आज भी है। इस पुरुष प्रधान समाज ने ही तो उसे शताब्दियों से ऐसा गढ़ा है।

पूरी की पूरी सामन्तवादी और पूंजीवादी व्यवस्था ने सभी स्त्रियों के साथ बेहद अन्याय किया है, उसके साथ जुल्म किये हैं। उसे ईश्वर द्वारा गढ़ी एक कृति माना ही नहीं है। ऐसा लगा कि ईश्वर ने केवल पुरुषों को ही जन्म दिया है। सम्पूर्ण समाज की चीजों पर उसका ही एक मात्र अधिकार है। प्रसिद्ध साहित्यकार **राजेन्द्र यादव** सामन्ती समाज का विश्लेषण करते हुए लिखते हैं –

''कृषि आधारित सामंती व्यवस्था किसी भी तरह की 'मोबिलिटी' की अनुमति नहीं देती। वहाँ मालिक और श्रमिक दोनों स्थायी होते हैं जो जहाँ हैं वहीं रहकर उसे अपने धर्म यानी कर्त्तव्यों का पालन करना है...... इस ढांचे में स्त्री ही अपेक्षाकृत अधिक मोबाइल

है। वह वस्तु की तरह अनेक समाजों, स्थानों, धर्मों और परिवारों में लाई, ले जाती रही है – अक्सर ही स्वेच्छा से नहीं, मालिकों की हैसियत या शक्ति के हिसाब से..... यहाँ तक कि उनकी अपनी देह और जिन्दगी के फैसले भी मालिक ही लेते हैं। इसलिये अनुपयोगी या बोझ होने पर आसानी से इनसे जान छुड़ाई जा सकती है,ये दोनों ही डिस्पोजेबिल वस्तुएं हैं। स्वतंत्रता इन्हें सामन्ती व्यवस्था से बाहर जाकर ही मिल सकती है।[1]'' लेकिन यह भी उतना ही सत्य है कि स्त्री का आरम्भिक युग में और विशेषतौर से मातृसत्तात्मक समाज में स्थिति सुदृढ़ थी। वह परिवार की मुखिया थी। नीलम चौहान के शोध ने प्रमाणित किया है कि ''बाद में एक खास दौर में ही ऐसा हुआ जब स्त्री को सम्पत्ति के सवाल पर सामाजिक गतिविधियों से काटकर घर के अन्दर सीमित कर दिया गया।[2]''

स्त्री समाज की यातनायें, अत्याचार, दुखी, पीड़ित, जिन्दगी के विरोध में वे अन्दर ही अन्दर सुलग रही थी। ज्वालामुखी एक दिन में फूटता और फटता नहीं। इसी प्रकार वर्षों लगते हैं किसी आन्दोलन अथवा क्रांति, विद्रोह को जन्म लेने में। **रामधारी सिंह दिनकर** कहते हैं कि ''विद्रोह बगावत या क्रांति कोई ऐसी चीज नहीं होती जिसका विस्फोट अचानक होता हो। घाव फूटने से पहले बहुत काल तक पकता रहता है। विचार भी, चुनौती लेकर खड़े होने के पहले वर्षों तक अर्द्ध-जाग्रत अवस्था में फैले रहते हैं।[3]'' इसी सन्दर्भ में **जे. फ्रीडमन** का विचार है कि नारीवाद की परिभाषा नहीं की जा सकती है पर इसके लक्षणों पर प्रकाश डाला जा सकता है। मुख्य तथ्य यह है कि समाज में नारी की निम्न स्थिति- यह लैंगिक विभेद के कारण ही है। इसीलिये महिलाओं ने यह आवाज बुलन्द की है कि उनके सामाजिक आर्थिक, राजनैतिक अथवा सांस्कृतिक व्यवस्था में बदलाव आना आवश्यक है।[4] इस प्रकार के बदलाव की गूंज स्त्री आन्दोलन की पृष्ठिभूमि में सदैव उपस्थित रही है। आरम्भ में नारी चेतना में वह चिन्गारी जो आन्दोलन के लिये होनी चाहिए थी उसका अभाव था क्योंकि उसे तो चार दीवारियों में ही कैद कर रखा था। सामाजिक चेतना और शिक्षा के अभाव में सैकड़ों वर्षों तक भारतीय महिला पुरुष और सामन्ती समाज की भोग की वस्तु बनकर रह गयी और वह सामाजिक न्याय के लिये छटपटाती रही। क्यों नहीं स्त्री आन्दोलन सशक्त रूप में आगे बढ़ा? इसकी ओर संकेत करते हुए **राजेन्द्र यादव** कटाक्ष करने में किसी प्रकार का गुरेज़ नहीं करते हैं कि –

''जाहिर है दलितों और स्त्रियों की मुक्ति का सवाल राजनीतिक हिस्सेदारी या उससे भी पहले सामाजिक न्याय का प्रश्न है। सारी लड़ाई उस मर्दवादी वर्ण व्यवस्था के खिलाफ है जो इन दोनों वर्गों को कोई अधिकार नहीं देती।[5]''

---

1. राजेन्द्र यादव, सम्पादकीय, हंस, पृष्ठ 4, अगस्त, 2004.
2. नीलम चौहान, मुक्ति के स्वर, पृष्ठ 3.
3. रामधारी सिंह दिनकर, संस्कृति के चार अध्याय, पृष्ठ 102.
4. जे. फ्रीडमैन, फेमिनिज्मस, पृष्ठ 1.
5. राजेन्द्र यादव, सम्पादकीय, हंस, पृष्ठ 5.

ए.आर. देसाई उन स्थितियों व परिस्थितियों की ओर ध्यान दिलाते हैं जिसने स्त्री आन्दोलन को प्रेरित किया क्योंकि शताब्दियों से वे दमन, अत्याचार और शोषण की शिकार थी। मध्ययुगीन भारत में तो स्त्रियों की स्थिति अत्यंत दयनीय और शोचनीय थी। **देसाई** के शब्दों में,

''नए आर्थिक पर्यावरण के उद्‌भव, नई राजनीतिक व्यवस्था की स्थापना, आधुनिक पाश्चात्य शिक्षा पद्धति और चिन्तन शैलियों के प्रसार आदि के फलस्वरूप भारत में साधारण राष्ट्रीय और प्रजातांत्रिक जागरण हुआ, उसी की एक अभिव्यक्ति यह भी थी कि जिस मध्ययुगीन सामाजिक अधीनस्थता और प्रपीड़न से भारतीय नारी सदियों से त्रस्त थी, उससे उसकी मुक्ति के आन्दोलन शुरू हुए।[6]''

जी.एच. फोरबेस 19वीं शताब्दी के सुधार आन्दोलनों सुधारवादियों को स्त्री की स्थिति को लेकर काफी गहरी चिन्ता थी। उनका सर्व प्रथम प्रयास था कि समाज से सती प्रथा, शिशु हत्या और विधवा पुनर्विवाह निषेध को समाप्त किया जाय क्योंकि ये स्त्री की सामाजिक स्थिति के लिये हानिकारक हैं। बाद में इन्होंने महिलाओं को शिक्षित किया और उन्हें सामाजिक जीवन में भी प्रवेश कराया। 20 वीं सदी के आरम्भ में महिलाओं ने यह अनुभव किया कि उनका भारतीय स्तर पर एक महिला संगठन होना चाहिए जिसे महिलायें ही संचालित करें और जो महिलाओं की समस्याओं को उजागर करें।[7] लेकिन **जे. फ्रीडमैन** का विचार है कि स्त्री आन्दोलन ठीक किस समय आरम्भ हुआ यह बताना कठिन है क्योंकि इनके अनेक समूह, तरीके और संगठन रहे हैं। फिर भी इन आन्दोलनों के दो स्वरूप उभर कर आते हैं। एक है सुधारवादी और दूसरा स्त्री अधिकार और स्त्री आन्दोलन।[8]

आरम्भ में पुरुषों की सोच और मानसिकता का एक ऐसा फ्रेम बना हुआ था कि उसके आगे वे स्त्री के लिये सोचते ही नहीं थे। सुकरात से लेकर स्टुअर्ट मिल तक स्त्री के संबंध में पूर्वाग्रह ग्रसित थे। उनका विचार है कि दार्शनिक एवं बौद्धिक चिन्तन में स्त्रियों को इनसे दूर ही रखा जाना चाहिए क्योंकि स्त्रियों के स्वाभाव में अनेक कमजोरियां होती हैं। अरस्तू भी स्त्री को स्वाभावतः परिवार के कार्यों में उलझी बताते हैं। इसलिये समाज में उनकी निम्न स्थिति होती है। इस तरह प्राचीन दार्शनिक स्त्री को स्त्री समाज, अर्थात् परिवार तक ही उपयोगी बताकर छुटकारा प्राप्त कर लते हैं। लेकिन जान स्टुअर्ट मिल के विचार महिलाओं के पक्ष में हैं। वे कहते हैं, कि पुरुषों की तरह महिलाओं को भी मताधिकार, शिक्षा और रोजगार के समान अवसर प्राप्त होने चाहिए। लेकिन इन सबसे कहीं पूर्व गौतम बुद्ध ने जांत-पांत के बन्धन को समाप्त कर संघ की स्थापना की थी। इस संघ में जाति और जातिवाद का कोई स्थान नहीं था। बुद्ध ने सैकड़ों महिलाओं को बुद्ध धर्म में दीक्षित करके संघ में प्रवेश

---

6. ए.आर. देसाई, भारतीय राष्ट्रवाद की सामाजिक पृष्ठभूमि, पृष्ठ 218.
7. जे.एच. फोरबेस, सोशल मूवमेन्ट इन इन्डिया, पृष्ठ 13.
8. जे. फ्रीडमैन, फेमिनिज्मस, पृष्ठ 191.

दिया था। जाति के बन्धनों को तोड़ना। उसका खण्डन-मण्डन करना। इसलिये 500 ई. पूर्व में महिलाओं को संघ में लेना एक महानतम् घटना है। स्त्री समाज में चेतना की दृष्टि का यह बेजोड़ उदाहरण है। ऐसा मैं सोचता हूँ कि –

महिला आन्दोलन को अध्ययन की दृष्टि से निम्नलिखित वर्गों में विभाजित किया जा सकता है –

1. पुरुषों द्वारा महिला आन्दोलन
2. महिलाओं द्वारा आन्दोलन
3. स्त्री विमर्श और महिला आन्दोलन
4. अह्म मुद्दों पर आधारित आन्दोलन।

1. पुरुषों द्वारा महिला आन्दोलन
(Women's Movement Supported by Men)

यहाँ पर मैं मनुस्मृति की चर्चा अवश्य करना चाहूँगा जहाँ मनु ने भी स्त्री को वह स्वतंत्रता नहीं प्रदान की जिससे वह अपने व्यक्तित्व का विकास कर सके और पुरुषों की तरह स्वच्छ वायु में साँस ले सके। अपने को पुरुषों की तरह स्वतंत्र अनुभव कर सके। मनु ने भी स्त्री को पुरुष के अधीन आयु के प्रत्येक सोपान में रखा है। मनु के स्त्री स्वभाव के विचारों का विश्लेषण करते हुए वी.एन. सिंह लिखते हैं –

> "वह स्त्रियों को इस प्रकार के कार्य देना चाहते हैं जो उनके स्वाभावानुकूल हों और वे सरलता से कर सकें। आपका विचार है कि गृहस्थी का कार्य स्त्रियाँ सरलता से कर सकती हैं। इसलिये वह गृहलक्ष्मी हैं। वह घर से बाहर की परिस्थितियों का सामना सरलता से नहीं कर सकती। इसलिये उसे बाहर स्वतंत्र होकर नहीं घूमना चाहिए। स्त्री-पुरुष की क्षमतायें भिन्न-भिन्न हैं और उसकी सीमायें भी।..... उसमें सन्तुलित मस्तिष्क का अभाव होता है।[9]"

मनुस्मृति की चर्चा करना इसलिये यहाँ पर आवश्यक था क्योंकि शास्त्रों के रचयिता पुरुषों ने भी स्त्री को दोयम दर्जे का माना। इसीलिये पुरुष प्रधान और पितृसत्तात्मक समाज में स्त्री सदैव छली गयी है। प्रताड़ित की गयी है। घर की सीमाओं में निरक्षर होकर रह गयी। कुछ अपवादों को छोड़ दें। काल के चक्र में आन्दोलन के बीज समाहित होते हैं। एक आन्दोलन के बीज में सम्पूर्ण आन्दोलन की रूपरेखा समाहित होती है। इसीलिये एक समय में आन्दोलनों की गति काफी तीव्र होती है। पुनर्जागरण आन्दोलन में सर्वप्रथम पुरुषों ने

---

9. वी.एन.सिंह, भारतीय सामाजिक चिन्तन, नवम संस्करण, पृष्ठ 43-44.

ही महिला उत्थान के लिये व्यवस्थित रूप में आन्दोलन चलाया। महिला की समस्याओं को लेकर आन्दोलन किये गये।

18वीं शताब्दी संक्रमणकाल का एक ऐसा दौर था जहाँ परिवर्तन के विभिन्न आयाम सामने उभर कर आ रहे थे। आर्थिक, सामाजिक, राजनैतिक एवं धार्मिक क्षेत्रों में परिवर्तन हो रहे थे। ब्रिटिश शासन काल में अंग्रेजी शिक्षा को जहाँ प्रोत्साहित किया गया, वहीं उदारवादी विचार भी पनपने लगे। ईसाई मिशनरियों ने शिक्षा और समाज सेवा के क्षेत्र में कार्य करके यहाँ के लोगों को प्रभावित किया। भारतीय भी उच्च शिक्षा अंग्रेजी माध्यम से प्राप्त करने लगे। इनके सोचने का ढंग व्यापक, विशाल और उदारवादी था। इन सबका परिणाम यह हुआ कि 19वीं सदी में अनेक प्रकार के सुधार आन्दोलन आरम्भ हुए। इन आन्दोलनों में मुख्य भूमिका पुरुषों की रहीं। 19वीं शताब्दी में सुधार आन्दोलन के प्रणेता **राजा राम मोहन** हैं। उन्हें पुनर्जागरण आन्दोलन के पिता के रूप में स्मरण किया जाता है। राजा जी ने स्त्री समाज की उन कुरीतियों को समाप्त करने का सकंल्प लिया जो स्त्री-समाज के लिये और साथ ही भारत के लिये कंलक बने हुए थे। इसका मुख्य कारण यह था कि राजनीतिक एवं सामाजिक चेतना इतनी नहीं विकसित हुई थी कि वह धर्म को प्रभावित कर सके। 19वीं सदी में धर्म की परख सामाजिकता की कसौटी पर की जाने लगी। राजा जी ने समाज को एक नयी दिशा प्रदान की। ब्रिटिश शासन काल में राजा जी ने महिलाओं की समस्याओं को लेकर आन्दोलन आरम्भ कर दिया। इसमें मुख्य थीं सती-प्रथा, विधवाओं के साथ दुर्व्यवहार, विधवा पुनर्विवाह निषेध, बाल-विवाह, बहुपत्नी विवाह की प्रथा, स्त्री को सम्पत्ति के अधिकार से वंचित रखना। उन्होंने स्त्री शिक्षा पर भी जोर दिया। सती-प्रथा के विरूद्ध इतना व्यापक आन्दोलन छेड़ा गया कि 1829 ई. में लार्ड विलियम बैंटिक ने सती-प्रथा को गैर कानूनी घोषित कर दिया, साथ ही इसके विरूद्ध कानून बना दिया। इसका पूरा का पूरा श्रेय राजा जी को है। इसी प्रकार राजा जी के समय कुलीन ब्राह्मण अनेक विवाह करते थे। इन्होंने इसका विरोध किया कि एक पत्नी के रहते हुए पुरुष को दूसरा विवाह नहीं करना चाहिए। इसे शास्त्रों के आधार पर उन्होंने प्रमाणित भी किया। उन्होंने महिला को सम्पत्ति पर अधिकार दो, इस पर नोटस भी लिखे।

इसमें दो राय नहीं है कि भारत में सुधार आन्दोलन 14वीं शताब्दी से 17वीं सदी तक विभिन्न सन्तों ने सामाजिक धार्मिक कुरीतियों के निराकरण हेतु अनेक प्रयास किये। इन सन्तों ने जातिवाद, अस्पृश्यता, धार्मिक संकीर्णता, मूर्ति पूजा, बहुदेववाद आदि की कटु आलोचना की। राजा जी के चलाये आन्दोलन की विशेषता यह है कि उन्होंने धार्मिक सामाजिक कुप्रथाओं को दूर करने के लिए व्यवस्थित और योजनाबद्ध रूप से आन्दोलन चलाए। स्त्री-शिक्षा के क्षेत्र में भी पुरुषों ने अद्वितीय कार्य किये। बालिकाओं के लिये स्कूल और कालेज खोले गये। इनके लिये छात्रावास बनवाये गये। विधवा आश्रम खोले गये आदि। क्योंकि सुधारवाद आन्दोलन से जुड़े लोग यह महसूस करने लगे कि एक अशिक्षित पत्नी और शिक्षित पति के मध्य अनेक स्तरों पर दूरी होती है, इसलिये परिवार और स्त्री दोनो का

विकास सम्भव नहीं है। अस्तु स्त्री-शिक्षा पर ज़ोर दिया गया।

राजा जी ने समाज और महिला समाज की कुरीतियों के समाधान के लिये ब्रह्म समाज की स्थापना की जिससे व्यवस्थित रूप में आन्दोलन को चलाया जा सके और महिला समाज की बुराइयों को दूर किया जा सके। केशवचन्द्र सेन ने भी स्त्री-शिक्षा पर अत्यधिक बल दिया। इसी समय बंबोधिनी पत्रिका भी प्रकाशित की गयी। अन्तरजातीय विवाह को भी प्रोत्साहित किया गया। बह्म समाज द्वारा इस प्रकार के विवाह को प्रोत्साहित किया जाता था। इस तरह राजा राम मोहन राय ने जहाँ स्त्री-आन्दोलन को एक नया स्वरूप प्रदान किया, वहीं महिलाओं को अपने समाज की कुरीतियों के विरूद्ध संघर्ष करने की प्रेरणा भी दी।

राजा राम मोहन राय के पश्चात **केशवचन्द्र सेन**, जो ब्रह्म समाज में सक्रिय रूप से भाग लेते थे, आगे चलकर आपने भी महिला समाज के उत्थान के लिये कार्य किये। केशवचन्द्र सेन का साथियों से मतभेद होने के कारण उन्होंने अपनी पृथक संस्था की स्थापना की जिसका नाम 'सोशल रिफार्म एसोसिएशन' था। इस संस्था ने नारी शिक्षा को बढ़ावा देने हेतु दो स्कूल खोले। स्त्री-शिक्षा का मूल उद्देश्य यह था कि ये सामाजिक धार्मिक विषयों पर स्वयं विचार करें, स्त्री-जगत की कुरीतियों का समाधान ढूंढें और उन पर सामूहिक रूप से विचार करें। वे इस प्रकार की गोष्ठियां स्कूल में आयोजित करते थे। जिनका उद्देश्य था कि स्त्री भी पुरुष की तरह कर्मठ बने और प्रत्येक क्षेत्र में पुरुषों की तरह कार्य करे। सेन की शिक्षा-दीक्षा अंग्रेजी ढंग से हुई थी। इसलिये वे प्रगतिशील थे। अस्तु वे स्त्रियों को कूपमण्डूप बनायें रखने के पक्षधर नहीं थे। इसी प्रकार केशवचन्द्र ने बाल विवाह के विरूद्ध भी आन्दोलन किये और विधवा-पुनर्विवाह निषेध का भी विरोध किया। इस तरह राजारामोहन राय के स्त्री सुधार कार्यो को केशवचन्द्र ने आगे बढ़ाया।

'ब्रह्म समाज' के प्रभाव से महाराष्ट्र में 1867 में **'प्रार्थना समाज'** की स्थापना हुई। इस संस्था के भी लगभग वहीं उद्देश्य थे जो ब्रह्म समाज के थे। इसके प्रभावशील और सक्रिय सदस्य महादेव गोविंद रनाडे, सर आर.जी. भण्डारकर और नारायण चन्द्रावरकर थे। 1869 में 'बम्बई विधवा सुधार समिति' की स्थापना हुई जिसने 1869 में सर्वप्रथम विधवा पुनर्विवाह का प्रबंध किया। 1916 में बम्बई में आर.जी. भन्डारकर और एन.जी. चन्द्रावरकर को महिला विश्वविद्यालय के कुलपति होने का गौरव प्राप्त है। बाद में इसी का नाम एस.एन.डी.टी. महिला विश्वविद्यालय कर दिया गया। इन शिक्षा संस्थाओं का उद्देश्य था कि महिला-शिक्षा इस प्रकार की हो कि वे भी पुरुषों की तरह योग्य और सक्षम बनें। आधुनिक शिक्षा का लाभ महिला को भी प्राप्त हो सके। इस तरह 'प्रार्थना समाज' महिला शिक्षा को आधुनिक परिप्रेक्ष्य में विकसित करने का श्रेय लेती है। 'प्रार्थना समाज' ने महिला उत्थान के लिये निम्नलिखित कार्य किये। इसने महिला आन्दोलनों को एक नयी जमीन दी-

1. बाल-विवाह पर प्रतिबन्ध लगाया जाय।
2. स्त्री-शिक्षा को प्रोत्साहन दिया जाय।
3. विधवा-पुनर्विवाह का समर्थन किया गया।
4. विधवा-आश्रम की स्थापना करना और
5. स्त्रियों को सामाजिक एवं सम्पत्ति संबंधी अधिकार दिलाना।

स्वामी दयानन्द सरस्वती का '**आर्य समाज**' और स्वामी जी की महिलाओं के उत्थान में महत्वपूर्ण भूमिका है। वास्तव में, स्वामीजी उन विचारकों में से थे जिन्होंने धार्मिक कट्टरता और रुढ़िवादी अन्धविश्वासों पर कड़ा प्रहार किया। उन्होंने एक पत्नी के रहते हुए दूसरे विवाह की अनुमति नहीं दी। द्वितीय विवाह केवल विशेष परिस्थितियों में ही किया जा सकता है। स्वामी जी स्त्री शिक्षा में क्रांति के द्योतक हैं। उन्होंने शिक्षा जगत में, यह कहकर कि सभी वर्ण की महिलायें शिक्षा प्राप्त कर सकती हैं तहलका मचा दिया। इसके लिये उन्होंने आन्दोलन भी किया। वे इस बात के विरोधी थे कि शूद्र वर्ण की स्त्रियों को धर्म ग्रन्थ पढ़ने न दिया जाय। उन्होंने वेदों के आधार पर यह प्रमाणित कर दिया कि शूद्रों को वेदाध्ययन करने का अधिकार है। वे प्रश्न करते थे कि क्या ईश्वर शूद्रों के लिये नहीं है? क्या ईश्वर केवल ब्राह्मणों के लिये ही है? वास्तव में, स्त्री शिक्षा जगत में स्वामी जी ने सभी वर्णों की स्त्रियों के लिये जो आन्दोलन चलाया, वह अद्वितीय है। ईश्वरचन्द्र विद्या सागर और महात्मा ज्योतिबा फूले ने कहा कि महिलाओं के पिछड़े होने का कारण जाति व्यवस्था है। महिलाओं की समाज में, निम्न स्थिति और दशा का मूलाधार जड़वादी जाति व्यवस्था ही है जिसमें स्त्रियों को पनपने का अवसर ही नहीं प्राप्त होता है। ज्योतिबा फूले अनमेल विवाह, बाल विवाह के विरुद्ध रहे हैं। विधवा विवाह को प्रश्रय देना उनकी सर्वोपरि प्राथमिकता रही है। उन्होंने महिला समाज की जड़ता और उनके शोषण के विरुद्ध आवाज बुलन्द की। वे इस तथ्य से भली-भांति परिचित थे कि शिवाजी को योद्धा बनाने में उनकी माँ का ही हाथ था। इसलिये भावी पीढ़ियों के निर्माण में स्त्रियों की शिक्षा अत्यन्त आवश्यक है। वह भी दलित जातियों के लिये तो और भी आवश्यक है। यह निश्चय ही क्रांतिकारी विचार था। ज्योतिबा फूले ने अपने चिन्तन को व्यावहारिक रूप देने के लिये शूद्र और निम्न जातियों की स्त्रियों और बालिकाओं के लिये विद्यालय की स्थापना की।[10] इस तरह स्त्री शिक्षा के विकास में आपका महत्त्वपूर्ण योगदान है।

2. महिलाओं द्वारा आन्दोलन (Women's Movement)

जो. फ्रीमैन की यह बात किसी सीमा तक उचित प्रतीत होती है कि सामाजिक आन्दोलन का विषय समाजशास्त्र में उपेक्षित रहा है। सामाजिक आन्दोलन के सिद्धान्तवादियों ने भी

---

10. के. चंचरीक महात्मा ज्योतिबा फुले, पृष्ठ 34.

इसकी उत्पत्ति के संबंध में कुछ नहीं कहा। वे केवल सामाजिक आन्दोलनों के कारणों का विश्लेषण करते रहे।[11] इसीलिये **डेहरनडोरफ** ने कहा कि समाजशास्त्री सामान्यतया घटना की उत्पत्ति के संबंध में रुचि नहीं रखते क्योंकि ये एक बृहत्तर रूप में विकसित होते हैं।[12] **जो. फ्रीमैन** भी यह कहते है कि सामाजिक आन्दोलन की उत्पत्ति के तत्वों को सामान्यतया भुला देते हैं अथवा उसे तोड़-मरोड़ कर प्रस्तुत किया जाता है। वैसे सामाजिक आन्दोलन के आरम्भिक समय का विश्लेषण करना एक दुरुह कार्य है।[13] वास्तव में, महिला मुक्ति आन्दोलन अनेक समूहों, अनेक प्रकार के और संगठनों के द्वारा चलाये जाते रहे हैं। इनका कोई बुनियादी ढांचा नहीं था जिसके आधार पर महिला आन्दोलन की इमारत खड़ी होती किन्तु समय के साथ महिला आन्दोलन का एक निश्चित स्वरूप बना। इसने महिलाओं से जुड़ी असंख्य समस्याओं को लेकर आन्दोलन आरम्भ किये।

राष्ट्रीय और अन्तर्राष्ट्रीय स्तर पर महिला आन्दोलन महिला समस्याओं को लेकर ही किये गये हैं। आज भी इनका इसी आधार पर संघर्ष जारी है। इसमें सन्देह नहीं है कि ब्रिटिश शासन काल में जहाँ अनेक परिवर्तन हुए, वहीं नारी जगत में भी अपने अस्तित्व को लेकर जिस चेतना का विकास हुआ उसने स्त्री आन्दोलन को बल भी प्रदान किया और प्रेरणा भी। इसलिये **ए.आर.देसाई** का विचार है कि-

> ''सामाजिक अस्तित्व की स्थिति में जो समाज सुधार आन्दोलन उद्भूत हुए, उनका एक लक्ष्य यह भी था कि भारतीय नारी जिन सामाजिक और न्यायिक विषमताओं एवं अनीतियों की शिकार है, उन्हें दूर किया जाय।[14]''

अन्तर्राष्ट्रीय स्तर पर महिला मुक्ति आन्दोलन 1960 के दशक में, मुख्यतया, अमेरिका में आरम्भ हुए। इस शताब्दी में जुझारू महिलायें सामाजिक अधिकार के लिये संघर्ष कर रही थी। सभी के लिये बालिग मताधिकार समान हों। इसमें किसी प्रकार का लैंगिक भेद न किया जाय। इन आन्दोलनों से महिलाओं को अनेक सफलतायें भी प्राप्त हुई जैसे ब्रिटेन में 1970 में समान वेतन एक्ट पारित किया गया। इसी प्रकार 1975 में लैंगिक विभेद का एक्ट। ऐसा प्रतीत होता है कि जैसे ही महिला मुक्ति का अधिकार स्त्रियों को प्राप्त हुआ स्त्री आन्दोलन की गति भी बढ़ने लगी।[15] कम से कम विदेशों में इन महिला आन्दोलनों से भारत में आन्दोलन को शक्ति प्राप्त हुई।

भारत में महिलाओं द्वारा अनेक आन्दोलन चलाये गये। लेकिन यह भी उतना ही सत्य

---

11. जो. फ्रीमैन, सोशालजी आफ डिसेन्ट, पृष्ठ 188.
12. डेहरनडॉर्फ, वही, पृष्ठ 189.
13. जो. फ्रीमैन, सोशालजी आफ डिसेन्ट, पृष्ठ 190.
14. ए.आर.देसाई, भारतीय राष्ट्रवाद की सामाजिक पृष्ठभूमि, पृष्ठ 219.
15. एम. हरलम्वोबस, सोशालजी, पृष्ठ 403.

है कि पुनर्जागरण आन्दोलन के नेताओं और समाज सेवकों ने नारी समस्याओं को लेकर जो आन्दोलन किये उन से भारतीय स्त्रियों को आन्दोलन चलाने में प्रेरणा मिली। उन्होंने व्यवस्थित रूप से महिला संगठन बनाकर आन्दोलन किये। वास्तव में, यह इतना बड़ा विषय है कि इस पर एक भारी भरकम पुस्तक लिखी जा सकती है। अस्तु यहाँ पर मुख्य महिला आन्दोलनों से सम्बन्धित कुछ जानकारियाँ ही दी जा रही हैं :

20वीं शताब्दी के प्रथम दशक में स्त्रियों ने यह महसूस किया कि उनका एक सामाजिक संगठन होना चाहिये जो नारी जगत के उत्थान के लिये कार्य कर सके। यह भी अनुभव किया गया कि यह संगठन स्त्रियों के द्वारा ही संचालित किया जाय। इस तरह 1910 और 1920 के मध्य अनेक स्त्री संगठनों की स्थापनायें हुई जिन्हेंाने स्त्रियों के उत्थान के लिये महत्त्वपूर्ण कार्य किये। इनमें मुख्य हैं **'महिला समिति'**, **'वीमन्स क्लब'**, **'वीमन्स इण्डियन एसोसियेशन'**, (1917) इन महिला संगठनों के पीछे सुधारवादी आन्दोलन की प्रेरणा समाहित है जिसने नारियों को घर से निकलने का प्रेरणा दी। उन्हें जागरुक बनाया। स्त्रियों की ज्वलन्त सामाजिक कुरीतियों के समाधान के लिये उन्हें तैयार किया। इन महिला संगठनों की क्रियाकलापों ने महिला संगठनों को राष्ट्रीय स्तर प्रदान किया। हजारों महिलाओं ने राष्ट्रीय आन्दोलन में मुक्त होकर भाग लिया। इसीलिये इस आन्दोलन को महिला आन्दोलन की भी संज्ञा दी गई।[16] महिलाओं ने यह गंभीरता से सोचना आरम्भ कर दिया कि उनका अखिल भारतीय स्तर पर एक महिला संगठन होना चाहिए जिसका नेतृत्व महिलायें करें। महिलाओं की समस्याओं का निराकरण भी इसी संगठन द्वारा किया जाय। इस दृष्टि से **सरला देवी चौधरी** ने **'भारत स्त्री महामन्डल'** की स्थापना की।

स्त्री आन्दोलन में दो योग्य, शिक्षित, सम्भ्रान्त महिलाओं का योगदान काफी महत्वपूर्ण है। इनकी सक्रियता से महिला आन्दोलन को गति भी प्राप्त हुई और दिशा भी। **सरोज नलिनी दत्त** जिन्होंने बंगाल में और **'महिला समिति'** की स्थापना की और दूसरी प्रसिद्ध महिला **सरोजनी नायडू** जिनकी अपनी पहचान सम्पूर्ण भारतवर्ष में थी। वे सामाजिक और राजनीतिक दोनों स्तरों पर सामान्य रूप से कार्य करती थीं। ये दोनों ही भद्र महिलायें स्त्रियों को उनकी नयी भूमिका के बारे में बताती और उनके उत्तरदायित्व बताती, उन्हें प्रेरित करती कि वे संगठन में शामिल हों और क्रियाकलापों में सहभागी बने।[17]

सरोज नलिनी को बंगाल के गांवों की महिलाओं के दु:ख ने अन्दर तक झकझोर दिया। अशिक्षित, निर्धन और परेशानियों व समस्याओं से ग्रस्त महिलायें अपने भाग्य को कोसती थी। इसलिये नलिनी ने यह निर्णय लिया कि एक महिला संगठन की आवश्यकता है जिसमें महिलायें एक दूसरे से मेल मुलाकात करें। अपनी समस्याओं पर चर्चा करें। इसे ध्यान में रखते हुए उन्होंने प्रथम 'महिला समिति' की स्थापना 1913 में पबना में की। पबना

---

16. जनमेजय सिंह, समकालीन भारतीय समाज, पृष्ठ 152.
17. एम.एस.ए. राव, भारत में सामाजिक आन्दोलन, पृष्ठ 367.

के पश्चात वीर भूमि (1916), सुलतानपुर (1917), रामपुरहट (1918) और बाकूड़ा में की।[18] इस तरह नलिनी ने महिला समिति के जैसे संगठन को अन्य नगरों में भी स्थापित करने का श्रेय प्राप्त किया। इस समिति ने जहाँ महिला जागृति में अहम् भूमिका अभिनीत की वहाँ महिलाओं को अपनी समस्याओं को समझने एवं सुलझाने के योग्य ही नहीं बनाया वरन् उनमें एकजुटता की भावना भी उत्पन्न की। 1935 में अल्पायु में ही सरोज नलिनी नहीं रहीं। उनके पति ने उनकी याद में एक संस्था की स्थापना की 'सरोज नलिनी दत्त मेमोरियल एसोसियेशन फार वीमनस वर्क इन बंगाल'। इसने अपने कार्य क्षेत्र को काफी व्यापक बना लिया। इसने हस्तशिल्प और दाई और बच्चों के क्लीनिक्स खोले। ऐसे स्कूल आरम्भ किये जिसमें गृह विज्ञान पढ़ाया जाता था। नलिनी ने परम्परावादी और रूढ़िवादी लोगों से जमकर मोर्चा लिया। उनके आरोपों को तर्कों द्वारा खण्डन-मण्डन किया। इस तरह सरोज नलिनी की स्त्री आन्दोलन में महत्त्वपूर्ण भूमिका ही नहीं वरन् नारी चेतना को प्रोत्साहित करने में भी है।

सरोजनी नायडू का व्यक्तित्व और कार्य क्षेत्र दोनों ही काफी व्यापक हैं। आपकी पहचान सम्पूर्ण भारत में थी, फिर भी दोनों की स्त्री आन्दोलन में भूमिका किसी से कम नहीं थी। दोनों का लक्ष्य समान था।

सरोजनी नायडू का विचार था कि महिलायें सामाजिक कार्यों और राजनीति के द्वारा समाज में एक अहम् भूमिका अदा कर सकती हैं। नायडू ने सम्पूर्ण भारत की महिलाओं के उत्थान और कल्याण के लिये कार्य किया है। वे सामाजिक एवं राजनैतिक दोनों प्रकार के संघों से समान रूप से जुड़ी थीं। उनका मत था कि महिलाएँ 'महिला समिति' के साथ कन्धे से कन्धा मिलाकर कार्य करें। घर से बाहर निकलकर सामाजिक क्षेत्र में कार्य करें। नायडू ने सम्पूर्ण बंगाल की महिलाओं को आन्दोलन करने की प्रेरणा दी। सरोजनी नायडू भारत के विभिन्न नगरों में छात्रों और समाज सुधार समितियों में भाषण देती, उन्हें प्रेरित करती कि वे राष्ट्र के लिये कार्य करें। सरोजनी नायडू का महत्वपूर्ण योगदान यह भी है कि उन्होंने महिलाओं को राष्ट्रीय आन्दोलन से भी जोड़ा। ब्रिटिश शासन में नारी चेतना को जागृत करना निश्चय ही अपने में एक महत्वपूर्ण कार्य है।

अखिल भारतीय महिला परिषद्

महिला आन्दोलन में अखिल भारतीय महिला परिषद् की भूमिका को नज़र अंदाज नहीं किया जा सकता है। इस परिषद ने सम्पूर्ण भारत में हलचल मचा दी। महिलाओं को एक जुटकर एक मंच पर ले आयी। बम्बई में, 1920 में 'अखिल भारतीय महिला परिषद' की स्थापना की गई। इसने सामाजिक और राजनैतिक क्षेत्र को अपना कार्य क्षेत्र बनाया। इसने

18. एम.एस.ए. राव, भारत में सामाजिक आन्दोलन, पृष्ठ 368.

जहाँ घरेलू उद्योगों को प्रोत्साहित किया, वहीं महिला शिक्षा को भी प्रोत्साहित किया। इसके साथ ही संसदीय समिति जैसे राजनीतिक कार्यक्रमों को भी प्रोत्साहित किया। सबसे महत्त्वपूर्ण घटना 1926 में हुई जब अनेक महिला संगठनों ने एक जुटता का परिचय देकर, सबने परस्पर मिलकर, अखिल भारतीय महिला सम्मेलन का आयोजन किया। इसके पश्चात महिला परिषद का सम्मेलन निरन्तर किसी न किसी नगर में आयोजित किया जाने लगा। इस परिषद् की यह भी विशेषता थी कि इसमें विदेशी महिलायें भी हिस्सा लेती थीं और अपने विचार प्रकट करती थीं। इसके साथ ही वे भारतीय महिलाओं द्वारा जो प्रस्ताव परिषद् में प्रस्तुत किये जाते थे उनका अनुमोदन भी करती थीं।

लगभग प्रत्येक वर्ष अखिल भारतीय महिला परिषद् का आयोजन किसी न किसी नगर में आयोजित किया जाता था। इस आयोजन में मूलतः महिला समस्या व समाधान पर खुलकर विचार विमर्श किया जाता था। इन आयोजनों में कभी बाल विवाह की भर्त्सना की जाती तो कभी विवाह की आयु बढ़ाने के लिये सरकार को ज्ञापन दिया जाता। 1930 के आयोजन में शारदा अधिनियम का समर्थन किया गया जिसके अनुसार लड़के और लड़की एक निश्चित आयु के पश्चात ही विवाह कर सकते थे। महिलाओं की सम्पत्ति संबंधी अधिकार के लिये भी बहस की गयी। विधवा पुनर्विवाह को प्रोत्साहित किया जाय। लड़कियों को शिक्षित करने के लिये विशेष जोर दिया गया। महिला श्रमिक समस्याओं के निराकरण के लिये सुझाव दिये गये। संक्षेप में, यह कहा जा सकता है कि अखिल भारतीय महिला परिषद् की स्त्री आन्दोलन में और स्त्री चेतना को प्रोत्साहित करने में महत्वपूर्ण भूमिका है। इसके साथ ही महिलाओं की समसमायिक समस्याओं को समाज और सरकार के सम्मुख प्रस्तुत कर सराहनीय कार्य किया है। इस परिषद् का कार्य केवल नगर की सीमाओं तक ही सीमित नहीं रहा बल्कि ग्रामीण कल्याण,उत्थान और सुधार के कार्यों में संलग्र रहा है। इस दृष्टि से परिषद् का श्रेय अन्य महिला संगठनों की तुलना में कहीं अधिक है।

अखिल भारतीय महिला परिषद् के अतिरिक्त कई महिला संगठन भी सक्रिय रूप से महिलाओं की समस्याओं को लेकर आन्दोलन रत थे जिसमें मुख्य थे-हिन्दू महिला उद्धार गृह समाज, सर रतन टाटा औद्योगिक संस्थान, (1928) यह मूलतः पारसी महिलाओं के लिये ही था। 'ज्योति संघ' वगैर भेद-भाव के पीड़ित महिलाओं की सेवा करती। दयाल बाग महिला सहकारी संगठन (1938) इसकी स्थापना आगरा में हुई। इस संस्था ने महिला जगत में सराहनीय लेखन कार्य किया है। आज भी यह संस्था अपनी सेवाओं के लिये प्रसिद्ध है। यह संस्था महिलाओं को विभिन्न प्रकार की हस्तशिल्प कार्यों में प्रशिक्षित कर उन्हें स्वावलम्बी बनाती है। दीन-दुखी, पीड़ित महिलाओं की सहायता करती है। ऐसे विवाहों को प्रोत्साहित करती है जिसमें दहेज न दिया जाता हो और न लिया जाता हो।

महिला जागृति और महिला आन्दोलनों ने विश्व की महिलाओं को एक मंच पर लाकर स्त्री समस्याओं पर गहन विचार व मन्थन होने लगा। महिलाओं की आर्थिक, सामाजिक, राजनैतिक और सांस्कृतिक स्थिति पर विचार किया जाने लगा। प्रबुद्ध महिलाऐं

स्त्री समस्याओं पर आधारित लेख लिखने लगीं। इन सबका प्रभाव पुरुष समाज और विश्व के राजनीतिज्ञों पर भी पड़ा। शायद इसीलिये वर्ष 1975 को यूनाइटेड नेशन्स ने अन्तर्राष्ट्रीय महिला वर्ष घोषित कर दिया। इसके पश्चात भारत के विभिन्न नगरों व महानगरों में महिला दिवस मनाया जाने लगा। इसके साथ ही महिला संगठन भी स्थापित होने लगे। चीनी आन्दोलन का नारा भी महिलाओं के लिये प्रेरणा का सबक बना कि ''तीसरी दुनियां की स्त्रियां आधे आकाश की स्वामिनी है।''

1975 में इन्दिरा गांधी ने जब आपातकाल घोषित किया था तो सारे महिला संगठन आपात काल की काली छाया में दुबक गये थे, किन्तु जैसे, 1977 में आपातकाल हटा और 1978 में जनता दल की स्थापना हुई इसके साथ ही सम्पूर्ण भारत में महिला संगठन पुनः सक्रिय हो गये। साथ ही अनेक महिला मंच भी स्थापित होने लगे। 1980 में महिला संगठनों ने अपने लक्ष्य व कार्य क्षेत्र में संशोधन किया। ये मुफ्त कानूनी सलाह, रोजगार संबंधी मशविरा, स्वास्थ्य संबंधी जानकारियाँ देने लगी। साथ ही शिक्षा के क्षेत्र में भी कार्य करने लगीं। भारतीय सखी परम्परा ने महिलाओं को एक दूसरे के सुख दुख का भागीदार बना दिया। वे एकजुट होकर स्त्री समस्याओं के निराकरण में सहभागी बनी। इस भावना ने विश्व की स्त्रियों को परस्पर जोड़कर सखी व बहन बना दिया जिसे 'सार्वभौम भगिनीवाद' की संज्ञा दी गयी। इस तरह अन्तर्राष्ट्रीय महिला दिवस घोषित होने के पश्चात भारत की महिला जगत में नयी चेतना का जन्म हुआ और उन्होंने स्त्री समस्याओं को लेकर एक के बाद एक आन्दोलन आरम्भ किये। दहेज, अपहरण, बलात्कार, हत्यायें, दहेज हत्यायें, पारिवारिक उत्पीड़न, महिला श्रमिकों का शोषण आदि को मुददा बनाकर आज आन्दोलन किये जा रहे हैं। इस तरह महिला संगठन, महिला परिषद्, महिला मंच, सखी केन्द्र, महिला-रक्षा समिति, महिला दक्षता समिति, स्त्री मुक्त संगठन आदि ने महिलाओं को एक जुट कर, आन्दोलनों के माध्यम से दबाव बनाया है। इसी तरह महिलाओं से सम्बन्धित अनेक कानून बनाये गये हैं और बनाये जाने की प्रक्रिया में है। ये उपलब्धियाँ महिला संगठनों की देन है।

3. स्त्री-विमर्श और आन्दोलन
(Women's Study and Movements)

अभी तक स्त्री आन्दोलन के व्यावहारिक पक्षों पर ही मुख्यतः ध्यान दिया गया किन्तु गत दो दशकों से महिला लेखन वैचारिक क्राँति लाने के प्रयास में जुटा है। सामान्यतः ये महिलायें प्रगतिशील हैं और समाजवादी विचारधारा से प्रभावित हैं। आधुनिक समय में स्त्री आन्दोलन का एक तरीका साहित्य के द्वारा आन्दोलन करना अथवा आन्दोलन करने की प्रेरणा देना। आज तरह-तरह के साहित्य में स्त्री आन्दोलन की गूंज सुनाई पड़ती है जैसे कहानी, उपन्यास, कवितायें, साक्षात्कार, लघु कथायें, रिपोर्ताज आदि।

इस प्रकार का महिला लेखन जो विशेषतया स्त्रियों को प्रेरित करने के लिये रचा जा रहा है। स्त्री आन्दोलन को लेकर एक प्रकार की वैचारिकी गढ़ी जा रही है। अनेक पुस्तकें स्त्री-विमर्श पर लिखी गयी है और लिखी जा रही हैं। लेखिकाओं व लेखकों का भी एक वर्ग विशेष स्त्री को केन्द्र में रखकर समस्याओं से साक्षात्कार करवा रहा है। महिला जगत की समस्याओं, उत्पीड़न शोषण, बलात्कार, अपहरण, हत्यायें आदि को उजागर कर श्रेय लूटने में लगा है। मैं स्पष्ट करना चाहूँगा कि स्त्री को केन्द्र में रखकर, स्त्री के पक्ष में जितने प्रकार के विचार और वैचारिक आन्दोलन, अध्ययन और रचनात्मक साहित्य उपलब्ध होता है वह सब स्त्री-विमर्श के अन्तर्गत आता है। प्राय: यह स्त्रियों द्वारा किया गया है लेकिन पुरुषों द्वारा किये गये स्त्री के पक्ष में इस प्रकार के जो कार्य हैं, वे भी इसी श्रेणी में आते हैं।

स्त्री-विमर्श में भी स्त्रियों के कार्य क्षेत्र समान न होकर पृथक-पृथक है। कुछ महिलायें केवल रचनाओं के द्वारा वैचारिक क्रांति लाने के प्रयास में हैं, इन्हीं में से कुछ ऐसी भी हैं जो उच्च कोटि की लेखिकायें भी हैं और स्त्री की समस्याओं के समाधान में सक्रिय भागीदार भी है जैसे महाश्वेतादेवी, मेधा पाटकर, अरुधन्ती राय आदि। एक वर्ग स्त्रियों का वह भी है जो राजनीति के माध्यम से महिला जगत की समस्याओं का हल करवाने का प्रयास करती हैं। इनमें से अनेक एम.एल.ए., एम.पी. और मंत्री भी हैं अथवा रह चुकी हैं।

4. अहम मुद्दों पर आधारित आन्दोलन
(Movements Based on Important Issues)

स्त्री आन्दोलन का पूरा परिदृश्य इस बात का साक्षी है कि एक विशेष युग अथवा समय की समस्याओं को लेकर पुरुष अथवा स्त्रियों ने आन्दोलन किये हैं। उदाहरण के लिये राजा राम मोहन राय ने बंगाल की स्त्रियों की समस्याओं को लेकर आन्दोलन किया जिसमें मुख्य थे सती प्रथा, बाल विवाह, बहुपत्नी प्रथा। बहुपत्नी प्रथा की बंगाल में तो यह स्थिति थी कि एक धनाढय व्यक्ति की कितनी पत्नियाँ है उसे ज्ञात नहीं था। इसी प्रकार बेमेल विवाह। पति व पत्नी के आयु में बेहद अन्तर होता था। इसीलिये बंगाल में कम आयु की लड़की विधवा हो जाती थी। राजा जी ने विधवा पुनर्विवाह के लिये आन्दोलन किया। सती प्रथा पर अन्तत: कानून बनाकर इसे 1829 में गैर कानूनी घोषित कर दिया गया। इसी प्रकार गोविन्द रानाडे ने बाल विवाह पर प्रतिबन्ध लगाने की बात कही। इसके साथ ही स्त्रियों को शिक्षित किया जाय तथा उनकी समस्याओं का समाधान किया जाय। स्वामी दयानन्द सरस्वती ने जितना स्त्री शिक्षा को प्रोत्साहित किया शायद ही किसी ने किया हो। संक्षेप में, कहा जा सकता है कि एक युग विशेष की स्त्रियों की समस्यायें काफी गंभीर और चुटहिल भी होती है जो स्त्री समाज को जख्मी बनाये रखती है। इन्हीं के विरुद्ध आन्दोलन किये जाते हैं। ज्योतिबा फुले ने भी कहा कि बाल विद्यालयों से भी अधिक महत्त्वपूर्ण कन्या

पाठशालायें हैं। ये युग-विशेष की स्त्री-समस्यायें थी जिनके निराकरण हेतु पुरुषों ने आन्दोलन किये।

स्वतंत्र भारत में स्त्री आन्दोलन के मुद्दे कुछ भिन्न हो गये जिन्हें लेकर वे प्रायः आन्दोलन करती हैं। संसद में स्त्री समस्याओं से जुड़े प्रश्नों को उठाती हैं। कुछ मुद्दे पहले भी थे, पर वे नये रूप रंग में उभरे हैं और वे समाज और सरकार के लिये चुनौती बन गये। इन अहम् मुद्दों में निम्नलिखित स्त्री समस्यायें मुख्य हैं : बलात्कार, दहेज हत्यायें, अपहरण, महिला श्रमिकों की समस्यायें, लैंगिक शोषण, काम काजी महिलाओं की समस्या, महिलाओं में निरक्षरता, आरक्षण, सामाजिक न्याय, तलाक, भ्रूण हत्यायें, निर्धन गर्भवती महिलाओं की समस्यायें, महिला उत्पीड़न, मूल्य वृद्धि, मंहगाई, जबरन वैश्यावृत्ति आदि।

21 वीं सदी की असंख्य विशेषतायें हैं पर यह सदी बिमार और सिनीकल भी है। विकृत सोच और बीमार मानसिकता की भी है। इस प्रगतिशील और वैज्ञानिक युग में मनुष्य भी है पर मनुष्यनुमा पशु भी हैं जिनके पाश्विक व्यवहार, स्त्रियों बालिकाओं, युवतियों और बहुओं के लिये उत्पीड़न के कारण भी बने हैं। पुरुष समाज के लिये कलंक भी। बलात्कार ऐसा ही पुरुषों का एक पाश्विक व्यवहार है। इधर एक दशक में बलात्कार की घटनाओं में तीव्रता से वृद्धि हुई है। यहाँ तक कि 6 वर्ष की लड़की के साथ बलात्कार किया गया और उसे मारा डाला गया। नाबालिग लड़के भी कम आयु की लड़की साथ ऐसा करके उसे मौत की नींद सुला देते हैं। बलात्कार एवं दहेज सम्बन्धित हत्यायें महिला संगठनों के लिये व्यापक मुद्दा बना जिसे लेकर धरना, घिराव, जलूस निकाले गये। बलात्कारियों को मृत्यु दण्ड देने की आवाज बुलन्द की गयी। यही कारण है आज दहेज संबंधी हत्यायें और बलात्कार करने वालों को कड़ी सजायें दी जा रही हैं। बलात्कारियों और दहेज के मामलों में नगर में बड़े पैमाने पर पोस्टर चस्पा किये गये। अपराधियों के घरों पर महिलाओं ने धरना दिया, उन्हें अपमानित किया गया आदि।

आज भारत की सभी महिला संगठन, समिति व परिषद् सामाजिक न्याय और समता को लेकर आन्दोलन कर रही हैं। उनकी माँग है कि संसद में महिलाओं को 33 प्रतिशत आरक्षण दिया जाय जिससे वे शोषित, उपेक्षित, प्रताड़ित, दीन-दुखी महिलाओं का कल्याण कर सके। उनकी समस्याओं का समाधान कर सके। क्योंकि अभी तक सारे राजनीतिक दल महिला आरक्षण के स्वरूप और माँग से सहमत नहीं। संसद ने इसे अभी पारित नहीं किया फिर भी महिला संगठन संसद में महिला आरक्षण के मुद्दे पर अडिग हैं।

उपर्युक्त महिला समस्याओं के अहम् मुद्दे आज महिला आन्दोलनों के आधार हैं। महिलायें आज इतनी जागरुक हो चुकी हैं कि वे अपने अधिकारों के लिये एकजुट होकर संघर्ष कर रही हैं। इन अहम् मुद्दों से जुड़े आन्दोलनों में सभी महिलायें एक साथ हैं। इन

आन्दोलनों में जाति, वर्ग, सम्प्रदाय, धर्म, निर्धन, धनी आदि को कोई स्थान नहीं है। सभी समान हैं। सब एक के लिये हैं और एक सभी के लिये।

5. राष्ट्रीय आन्दोलन में महिलाओं की सक्रिय भागीदारी (Active Participation in National Movement)

राष्ट्रीय आन्दोलन वह उर्वर भूमि थी जिसमें वैचारिक और क्रियात्मक रूप से महिला आन्दोलन विकसित हुआ क्योंकि उस समय देश के सामने सबसे बड़ी चुनौती स्वतंत्रता प्राप्त करना था। इसलिये महिला आन्दोलन भी राष्ट्रीय हितों को साथ लेकर चल रहा था। इस प्रकार के सहवर्ती आन्दोलनों की सबसे प्रमुख विशेषता यह थी कि इसमें समाज के उच्च वर्गों से लेकर निम्न वर्गों तक की महिलायें सम्मिलित थीं। परिणामस्वरूप स्वतंत्रता प्राप्त करने के साथ ही वे सुविधायें भारतीय महिलाओं को स्वतः मिल गयी जिनके लिये पाश्चात्य देशों की महिलाओं को पृथक से संघर्ष करना पड़ा। इसका दूसरा परिणाम यह हुआ कि भारतीय महिला आन्दोलन सामाजिक लक्ष्यों को सामने रखकर संगठित होने लगा। इस दृष्टि से स्वतंत्रता आन्दोलन के अन्तर्गत महिलाओं की भूमिका पर एक दृष्टि डालना उचित ही होगा।

राष्ट्रीय आन्दोलन में महिलाओं की भूमिका और सक्रियता के मोटे तौर पर दो स्वरूप देखने को मिलते हैं :

1. प्रथम वे महिलायें जो राजनीति में रुचि भी रखती थी और सक्रिय भी थी।
2. द्वितीय वे महिलायें जो अपने लेखन द्वारा राष्ट्रीय स्वतंत्रता आन्दोलन में सक्रिय रही हैं।

ये दोनों ही वर्ग की महिलायें प्रत्यक्ष अथवा अप्रत्यक्ष रूप से महिलाओं को जहाँ राष्ट्रीय आन्दोलन से जुड़ने की प्रेरणा दे रही थीं, वहीं लेखिकायें अपनी लेखिनी से नारी चेतना को प्रज्जवलित करने का कार्य कर रही थी। स्त्री चेतना के उत्पन्न होने के साथ ही वे अपने अधिकारों से परिचित होने लगी। शोषण, उत्पीड़न, अत्याचार, दहेज तथा अन्य महिला समस्याओं से अवगत होने लगी। कुछ ही वर्षों में अनेक राष्ट्रीय व अन्तर्राष्ट्रीय महिला संगठन स्थापित होने लगे। ये सभी महिला संगठन महिला समस्याओं को न केवल दबंगी से उजागर करते थे वरन् उनके समाधान की मांग भी सरकार से करते थे। समस्याओं के निराकरण के लिये सरकारों को कानून बनाने के लिये भी विवश करते थे।

यहाँ पर हम उदाहरण के लिये कुछ मुख्य महिलाओं की चर्चा करना उचित समझते हैं जिन्होंने स्वतंत्रता आन्दोलन और महिला जागृति में महत्वपूर्ण योगदान दिया है। इन्हीं की प्रेरणा से महिला आन्दोलन को बल प्राप्त हुआ। नारी शक्ति का आभास हुआ। इस शक्ति का आभास पूरी तरह गांधी जी को भी था। उन्हीं के शब्दों में –

''मुझे विश्वास है कि महिलायें स्वाधीनता के संग्राम में भाग लेगीं। मुझे चिन्ता नहीं है कि मेरे सारे सिपाही बन्दी बना लिए जाए। हमारा कार्य तो इतना सरल है कि इसे तो महिलायें भी सरलता से चला सकेगी।''

झांसी की रानी लक्ष्मी बाई देश की उन महान् महिला क्रांतिकारियों में थी जिन्होंने अपने साहस, क्षमता, कूटनीति और युद्ध कौशल से अंग्रेजों के दाँत खट्टे कर दिये थे। 5 जून, 1857 को झांसी ने खुले रूप में अंग्रेजों के विरुद्ध बगावत कर दी। दूसरे ही दिन इस बगावत में झाँसी की रानी भी सम्मिलित हो गयी। 8 जून को कि॰े पर आक्रमण कर दिया गया और अंग्रेजों को मात दे दी। 9 जून, 1857 से पुन: झ॰ा में लक्ष्मी बाई का राज्य स्थापित हो गया। अन्तत: अंग्रेजों की सशस्त्र सेना को युद्ध में सफलता मिली। इस 1857 की क्रांति में झाँसी की रानी ने सम्पूर्ण भारत में क्रांति की लहर फैला दी। झाँसी की रानी का यह आत्म बल अन्य महिलाओं के लिये प्रेरणा बना।

एनी बेसन्ट एक विदेशी महिला थीं जिसने भारत को आजीवन अपना देश समझा। उसके उत्थान में लगी रही। वे समाज सेवा और राजनीति दोनों में सक्रिय रूप से भाग लेती थी। उन्होंने **थियोसाफिकल सोसायटी** के माध्यम से अनेक प्रकार के सेवा कार्य किये। महिलाओं को अपने भाषणों से प्रभावित ही नहीं किया वरन् उन्हें समाज सेवा के कार्य में लगाने की भी प्रेरणा दी। इसी समय बंगाल की महिलाओं ने महिला कर्म समाज की स्थापना की। इस की शाखायें सम्पूर्ण कलकत्ते में फैल गयी। श्रीमती बासन्ती देवी और उर्मिला देवी ने बंगाल की महिलाओं का नेतृत्व किया। गांधी जी और एनी बेसन्ट के कार्यों और प्रेरणा से समाज सेवा कार्य में स्त्रियाँ सामने आईं। नारी चेतना में एक उबाल आया समाज, देश की सेवा करने का और स्वतंत्रता प्राप्त करने का।

आबदी बनो बेगम (बाई अमन) का नाम भारत के स्वतंत्रता आन्दोलन में स्वर्ण अक्षरों में लिखा गया। इन्होंने पर्दा प्रथा को तिलाजंलि दे दी। उन्होंने निरन्तर हिन्दू मुस्लिम एकता के लिये कार्य किया। वे एक संवेदनशील महिला थी वे कहती थी–

''हममें से कुछ अपने बच्चों के लिये मकान और जेवर छोड़ जायेंगे, पर अच्छा हों कि अपने पीछे अपने बच्चों के लियें स्वराज्य छोड़ जाय।''

स्वर्णकुमारी देवी रवीन्द्रनाथ ठाकुर की बड़ी बहन विदुषी साहित्यकार थीं। उपन्यास लेखिका थी और भारती पत्रिका की संपादिका थी। स्वतंत्रता संग्राम में आपने सक्रिय हिस्सा लिया। आशा रानी वोहरा ने उनके लिए लिखा है कि–

पत्रिका (भारती) के माध्यम से उन्होंने तत्कालीन समाज में जागृति, देश भक्ति और महिला उत्थान की अलख जगाई थी और याचिकाओं के युग में कांग्रेस कार्यकर्त्ताओं व स्वतंत्रता सेनानियों में जोश की लहर दौड़ाई थी। वे एक अच्छी कवयित्री, कथाकार, पत्रकार स्वतंत्रता सेनानी और राष्ट्र चेतना की लेखिका थी। उनका मुख्य कार्य क्षेत्र ..... समाज सुधार व राष्ट्र चेतना जागरण था। ...... बस पहले अपनी लेखनी को कुरीति निवारण, रूढ़ि भंजन,

समाज सुधार और राष्ट्रीय चेतना जागरण का हथियार बनाया......।[19]

एनीबेसन्ट की तरह **भगिनी निवेदिता** विदेशी होते हुए भी वे विदेशी नहीं थी। उन्होंने अपना सम्पूर्ण जीवन समाज सेवा में लगा दिया। वे जीवन पर्यन्त स्त्री शिक्षा, समाज सुधार और गरीब लोगों की सेवा में लगी रहीं। 1899 में कलकत्ते में प्लेग की महामारी विकराल रूप में फैल गयी थी। प्लेग कमेटी की सचिव निवेदिता थी। निवेदिता ने मेहतर लड़कों को साथ लेकर कार्य आरम्भ किया, फिर धीरे-धीरे और लोग भी शामिल हो गये। उनका स्वभाव था कि, 'स्वयं पहल करो, दूसरे लोग साथ आ ही जायेंगे।' नि:स्वार्थ सेवा का सूत्र निस्सन्देह सामाजिक आन्दोलन का आधार है। भगिनी निवेदिता को रवीन्द्रनाथ ठाकुर ने प्रथम भेंट में ही उन्हें लोकमाता कहकर सम्मान प्रकट किया था।

उन्होंने मलिन बस्तियों में बालिका विद्यालय खोले। आरम्भ में ऊंची जाति की लड़कियां पढ़ने नहीं आई तो उन्होंने अछूत कही जाने वाली लड़कियों को ही शिक्षा देना आरंभ कर दिया। फिर धीरे-धीरे अन्य जातियों की भी बालिकायें स्कूल में आने लगी। शिक्षा जगत में यह एक समर्पित विदेशी महिला का आन्दोलन था जिसने अस्पृश्य जातियों की बालिकाओं को पढ़ाना प्रारम्भ किया। उनका बालिकाओं के लिये यह नारा अथवा सन्देश था 'हम भारत कन्यायें हैं, स्वयं ऊंचा उठें और भारत माँ का भी सिर ऊंचा उठायें।' यह नारा स्त्री आन्दोलन का भविष्य में बीज मंत्र बना।

रवीन्द्र नाथ ठाकुर के परिवार की एक और प्रसिद्ध बंगला साहित्यकार थीं सरला देवी चौधरी। ये ठाकुरजी की भाँजी थी। अपनी माँ की पत्रिका 'भारती' में लिखती रहती थीं। 'सुहृद सोसाइटी' से जुड़कर आप समाज सेवा कार्यों में लगी रहती थी। सरला जी स्वदेशी आन्दोलन की अग्रणी नेताओं में से थीं। **आशा रानी वोहरा** उनके कार्य क्षेत्र का परिचय देती हुई लिखती हैं -

"स्वदेशी प्रचार, कुरीति निवारण यज्ञ जागरण कार्य के साथ स्त्री शिक्षा प्रसार के लिये उन्होंने 'भारत स्त्री मन्डल' नामक संस्था की स्थापना भी की, जिसकी शाखायें लाहौर, अमृतसर, दिल्ली, कराची, हैदराबाद, कानपुर, बाकीपुर, हजारीबाग, मेदिनीपुर, कलकत्ता आदि नगरों से लेकर कस्बों तक फैली थीं।[20]"

इसी तरह के अनेक महिलाओं ने सामाजिक व राजनैतिक कार्य किये हैं जिससे नारी चेतना, राष्ट्रीय चेतना और महिला समाज सेवी संगठन को प्रेरणा भी मिली है और ऊर्जा भी। समाज सेवी कार्यों में सराजनी नायडू, विजय लक्ष्मी पंडित, सुचेता कृपलानी, अरूणा आसेफ अली, पुत्तुलक्ष्मी रेड्डी आदि। रेड्डी भारत की प्रथम महिला विधान सभा अध्यक्ष थीं। विधान सभा और संसद में नारी अन्याय और अत्याचार के विरुद्ध विरोध प्रकट किया गया। इन महिला आन्दोलनों की विशेष बात यह भी थी कि महिला उत्पीड़न को तो

19. आशा रानी वोहरा, स्वतंत्रता सेनानी लेखिकाएँ, पृष्ठ 22-24.
20. आशा रानी वोहरा, स्वतंत्रता सेनानी लेखिकाएँ, पृष्ठ 38.

आन्दोलन का मुद्दा बनाया गया पर पुरुष की बराबरी हेतु कोई बात नहीं की गयी और न पुरुषों और महिलाओं की पारिवारिक अथवा सामाजिक भूमिका के विरुद्ध कोई सशक्त आवाज बुलन्द की गई। इस तरह इन आन्दोलनों से स्त्री और पुरुष संबंधों में कटुता, अलगाव, या तनाव उत्पन्न नहीं हुए किन्तु संसद में 33 प्रतिशत महिला आरक्षण की माँग ने पुरुष और स्त्री के मध्य वैचारिक मतभेद को बढ़ाया है। इसका सीधा सा अर्थ है कि इससे पुरुष सत्ता की कुर्सी डगमगाने लगी। इसीलिये शायद अभी तक सभी राजनीतिक दल महिला आरक्षण के मुद्दे पर एकमत नहीं हो पाये हैं।

हम इस तथ्य को भी नकार नहीं सकते हैं कि महिला लेखन, महिलाओं द्वारा रचित साहित्य ने स्त्री समाज में जन जागृति की मशाल जलायी है। महिला संगठनों ने एक जुट होकर अपनी समस्याओं को समाज के सम्मुख रखा है। सरकार को विवश किया है कि महिला संसार की समस्याओं के निराकरण के लिये वे कानून बनाये। अत्याचारियों को कठोर से कठोर दण्ड दे। पुरुष और महिला आन्दोलनों का समकालीन सरकार पर इतना अधिक प्रभाव और दबाव पड़ा कि उन्हें कानून बनाने पड़े। उदाहरण के लिये कुछ मुख्य अधिनियम –

1. सती प्रथा अधिनियम 1829 ई. 4 दिसम्बर 1829 को पारित किया गया
2. हिन्दू विधवा पुनर्विवाह अधिनियम, 1856
3. बाल विवाह निरोध अधिनियम (शारदा एक्ट 1929)
4. हिन्दू स्त्रियों का सम्पत्ति पर अधिकार अधिनियम, 1937
5. हिन्दू विवाह तथा विवाह विच्छेद अधिनियम, 1955.
6. हिन्दू उत्तराधिकार अधिनियम, 1956
7. हिन्दू नाबालिग और संरक्षता अधिनियम, 1956
8. दहेज निरोधक अधिनियम, 1961
9. स्त्रियों और कन्याओं का अनैतिक व्यापार निरोधक अधिनियम, 1956.

महिला आन्दोलन के संबंध में यह कहा जा सकता है कि इन आन्दोलनों ने भारतीय स्त्रियों की आर्थिक, सामाजिक व राजनीतिक स्थिति को प्रगतिशील बनाने में जहाँ सहायता की है, वहीं महिला शोषण,उत्पीड़न और अत्याचार में भी काफी कमी आई है। दुःख इस बात का भी है कि बलात्कार की घटनाओं में जिस तरह से वृद्धि हुई है पुरुष समाज के लिये कलंक है। निर्धन, पिछड़ी दलित महिलाओं के साथ आज भी अत्याचार किये जा रहें हैं। जो देश प्रगतिशील और विकासशील देश होने का दावा कर रहा है वहाँ अपहरण भी हो रहा है, बलात्कार उनकी हत्यायें भी की जा रही हैं। विश्वास नहीं होता कि यह देश शक्ति मां की आराधना करता है। जहाँ मां दुर्गा, सरस्वती, और लक्ष्मी देवी हो वहाँ स्त्रियों के साथ अनाचार हो। यह तो किसी पतित देश के ही चिन्ह हैं। अन्त में, मैं कहना चाहूँगा

कि सम्पूर्ण महिला आन्दोलन महिला चेतना से जन्मा आन्दोलन है जो स्त्रियों का शोषण, अत्याचार, उत्पीड़न, अन्याय आदि के विरुद्ध सशक्त रूप में खड़ा है। उसे पुरुष समाज से कोई विरोध नहीं है। विरोध है तो सामाजिक कुरीतियों और पितृसत्तात्मक समाज से। विरोध है सामन्ती विचारधारा से और पूंजीवादी मानसिकता से। इस भ्रष्ट, अनैतिक, व्यवस्था के विरुद्ध ही महिला आन्दोलन खड़ा हुआ है।

सम्पूर्ण महिला आन्दोलन का यदि विश्लेषण करें तो हम इस निष्कर्ष पर पहुँचते हैं कि महिला आन्दोलन संस्थात्मक मूल्यों, रीति-रिवाजों, परम्पराओं, अन्धविश्वासों, परिवार के रूढिवादी ढांचे के विरोध में जहाँ खड़ा हुआ, वहीं महिलाओं को दोयम दर्जे का समाज व परिवार में स्थान देने के विरुद्ध भी आन्दोलन किये गये। वे रूढ़ियाँ जो स्त्री के पैरों में बेड़ियाँ बांधे हुए थी, गुलाम बनाकर रखा गया था। अत्याचार, दमन, अनाचार, की वे शिकार थीं इस पुरुष समाज की रूढ़िवादी धार्मिक अन्धविश्वासों के खिलाफ भी आन्दोलन छेड़े गये। ऐसी सामाजिक कुरीतियों के विरुद्ध पुरुषों ने ही सर्व प्रथम आन्दोलन किये जैसे सती-प्रथा, बाल विवाह, बहुपत्नी विवाह। महिलाओं को शिक्षित किया जाय इस क्षेत्र में पुरुष और स्त्री दोनों का योगदान है। 20वीं सदी में अनेक महिला संगठन, परिषद, समिति स्थापित कर महिलाओं को उनके ही समाज की गंभीर समस्याओं से परिचय कराया। उन्हें एकजुट होकर सामाजिक न्याय, समता, स्वतंत्रता के लिये संघर्ष करने हेतु तैयार किया। इसलिये 19वीं सदी के अन्त और 20वीं शताब्दी के आरम्भ में अनेक महिला आन्दोलन हुए।

स्वतंत्र भारत का समकालीन आन्दोलन महिला के शोषण, बलात्कार, अपहरण, दहेज प्रथा, श्रम में लिंग के आधार पर अन्याय को समाप्त करने के लिये बड़े से बड़े आन्दोलन किये गये। जलूस निकाले गये।

References

Aaina Samkalin Stri Vimarsh, Manju Shukla (ed), Gopal Nagar, Lucknow.

Agnihotri, I. and V. Mazumdar, Changing Terms of Political Discourse: Women's Movement in India, Economic and Political Weekly-30 (29) 1969-78.

Basu, A. and B. Ray, Women's Struggle : A History of All Indian Women's Conference 1927-1990, Manohar Publications, New Delhi.

Chancharik, K., Mahatma Jyotiba Phule, Prakashan Vibhag, Bharat Sarkar.

Dahrendorf, Sociology of Discent Movement, Jo Freeman (ed)Harcourt Brace Jovanovich, New York.

Desai, A.R., Bhartiya Rashtrawad Ki Samajik Pristhabhumi, The Macmillan Company of India, New Delhi.

Desai, N., A Decade of Women's Movement in India, Himalaya Publication House, Bombay.

Dietrich, G., Women's Movement and Religion, Economic and Political Weekly, 21(4), 157-59.

Dinkar, Ramdhari Singh, Sanskrit Ke Char Adhyay, Rajpal and Sons, Delhi.

Freedman, Jane, Feminism, Viva Books, New Delhi.

Freeman, Jo (ed) Sociology of Dissent, Harcourt Brace Jovanovich, New York.

Haralambos, M., Sociology, Oxford University Press, Delhi.

Singh, Janmejay, Samkaleen Bhartiya Samaj, Granthayan, Kanpur.

Singh, V.N., Bhartiya Samajik Chintan, Vivek Prakashan, Delhi.

Vohra, Asha Rani, Swatantrata Senani Lekhikayen, Satsahitya Prakashan, Delhi.

Vsudha, Kamla Prasad, Panchsheel Garden, Delhi.

Yadav, Rajendra, Hans Patrika, August 2004.

14

सम्पूर्ण क्रांति

(Total Revolution)

विश्व के प्रत्येक आन्दोलन अथवा क्रांति की पृष्ठभूमि में कोई न कोई नेतृत्व अवश्य होता है। इस नेतृत्व में वे सभी विशेषतायें समाहित होती हैं कि वह सम्पूर्ण देश को अपने विचारों से प्रभावित करता है। एक विशेष दिशा में परिवर्तन लाने के लिये प्रेरित करता है। उदाहरण के लिये महात्मा गांधी, जिन्होंने अपने नेतृत्व व विचारों से अंग्रेजों को झकझोर दिया और सम्पूर्ण भारत के निवासियों को एकजुट करके स्वतंत्रता प्राप्त करने के लिये प्रोत्साहित किया। यह गांधी जी का ही व्यक्तित्व था जिससे सभी जाति, धर्म व सम्प्रदाय के व्यक्तियों ने स्वतंत्रता संग्राम में भाग लिया। सत्य, प्रेम, अहिंसा और सत्याग्रह के मंत्र ने अन्ततः अंग्रेज़ों को भारत छोड़ने के लिये बाध्य कर दिया।

महात्मा गांधी, विनोबा भावे और जय प्रकाश नारायण ये तीन व्यक्ति हैं जो सत्ता के भूखे नहीं थे। इन्होंने आन्दोलन इसलिये नहीं किया कि वे स्वतंत्र भारत में प्रधान मंत्री अथवा राष्ट्रपति बनेंगे बल्कि उन्होंने देश के कल्याण, उत्थान और पुनर्निमाण के लिये किया। जयप्रकाश नारायण ने अपना सम्पूर्ण जीवन देश और जन की सेवा में लगाया। सम्पूर्ण-क्रांति की विवेचना करने से पूर्व हम बहुत संक्षेप में जे.पी. (जयप्रकाश नारायण) के व्यक्तित्व के बारे में कुछ बताना चाहेंगे क्योंकि जिन आर्थिक, सामाजिक और राजनीतिक गलियारों से वे गुजरे थे उसने उन्हें अनुभव के भंडार दिये। समाज को बदलने का एक क्रांतिकारी फलसफा दिया।

आरम्भिक जीवन में यदि हम झांककर देखें तो उन पर अनेक विचारकों और दर्शन का प्रभाव पड़ा था। 16 वर्ष की आयु में ही सामयिक राजनीतिक गतिविधियों से परिचित होने लगे थे। यह वह समय था जब एक तरफ उग्रवादी हिंसात्मक कार्यों से अंग्रेजों को थका रहे थे। दूसरी तरफ महात्मा गांधी ने सत्याग्रह के द्वारा अंग्रेज़ी शासकों को झकझोर कर रख दिया था। जे.पी. पर गांधी जी का इतना गहरा प्रभाव पड़ा कि उनके सम्पूर्ण जीवन को ही बदल दिया। सन् 1921 में वे गाँधी जी के सत्याग्रह में शामिल हुए।

उच्च शिक्षा के लिये जब वे अमेरिका गये, वहाँ समाज के विभिन्न स्वरूपों को देखने

का उन्हें अवसर मिला। पूंजीवादी व्यवस्था के अमानवीय रूप को देखा। व्यक्ति–व्यक्ति का शोषण कर रहा था। व्यवस्था के नीचे नरक पल रहा था। इस अनुभव ने उन्हें पूँजीवाद के विरुद्ध खड़ा कर दिया। वे समाजवादी चिन्तक एम.एन.राय से भी प्रभावित हुए बिना नहीं रह सके। शिकागो और विस्कांसिन के मध्य की उनकी यात्रा समाजवाद से मार्क्सवाद की यात्रा थी। इस समय वे कट्टर मार्क्सवादी बन गये, लेकिन वे मार्क्सवाद के सिद्धान्तों के क्रियान्वयन से सहमत नहीं थे। इसीलिये भारत लौटने पर वे साम्यवादी खेमे में न जाकर गांधी जी के आन्दोलन में शामिल हुए। गाँधी जी के आन्दोलनों में भाग लेने से कुछ पृथक प्रकार के अनुभव उन्हें हुए। कालान्तर में गांधी जी की नीतियों और कार्यशैली से भी वे पूर्णतः सहमत नहीं हुए। इसीलिये 17 मई, 1934 को नासिक जेल से छूटने के पश्चात प्रथम अखिल भारतीय कांग्रेस समाजवादी सम्मेलन किया गया। आचार्य नरेन्द्र देव अध्यक्ष और जय प्रकाश इसके मंत्री बने। इस खेमें के प्रसिद्ध जनप्रिय नेता अशोक मेहता, अच्युत पटवर्धन, राम मनोहर लोहिया, एम.आर. मसानी आदि थे।

समय के साथ जे.पी. में क्रांतिकारी परिवर्तन हुए। उनका मार्क्सवाद और मार्क्सवादी भौतिकवाद से लगाव और मोह समाप्त हो गया। गांधी से भी वे पूरी तरह सहमत नहीं दिखायी पड़े, पर उनके अनेक विचारों से बहुत प्रभावित थे। 1951 में भूदान आन्दोलन के आरम्भ होने के पश्चात वे विनोबा भावे के सम्पर्क में आये। विनोबा जी का प्रभाव उनके चिन्तन, सोच, और विचारों पर इतना गहरा पड़ा कि वे कह उठे कि सर्वोदय का एक सिद्धान्त है कि सत्ता के द्वारा सच्ची जन–क्रांति लाना सम्भव नहीं है। इसीलिये वे नेहरू के मंत्रि मंडल में मंत्री नहीं बने। इसके पश्चात उन्होंने अपना सम्पूर्ण जीवन सर्वोदय को समर्पित कर दिया।

जय प्रकाश नारायण के विचारों का यदि विश्लेषण किया जाय तो उनके चिन्तन में मार्क्स, गांधी और विनोबा भावे के विचार स्पष्ट रूप से दिखाई पड़ते हैं। इन तीन मनीषियों और समाज सेवकों के विचारों का समन्वयात्मक रूप हमें जे.पी. में दिखाई पड़ता है किन्तु उनका वैयक्तिक सोच और चिन्तन इतना विशाल था कि उन्होंने समग्र समाज के ढांचे को बदलने के लिये एक व्यावहारिक दर्शन की स्थापना की, जिसे हम सम्पूर्ण क्रांति अथवा आन्दोलन कहते हैं।

क्रांति का गहरा प्रभाव समाज पर पड़ता है लेकिन समाज के सभी सांस्कृतिक पक्षों पर इसका प्रभाव तत्काल नहीं पड़ता है। सामान्यतया क्रांति का अर्थ है कि सत्ता ढांचे में परिवर्तन लाना अथवा मौजूदा शक्ति सत्ता को बदलना। इसके साथ ही हित समूह समाज के अन्य ढांचे में भी परिवर्तन लाने का प्रयास करता है। वास्तव में, क्रांति समाज के बुनियादी ढांचे में ही आमूलचूल परिवर्तन करना चाहती है। इसी के लिये संघर्ष करती है।

जय प्रकाश नारायण की सम्पूर्ण क्रांति में हिंसात्मक गतिविधियों का कोई स्थान नहीं है। जीवन के अन्तिम क्षणों में जे.पी. ने भारत के नव निर्माण के लिये एक व्यावहारिक कार्ययोजना का दर्शन प्रस्तुत किया। सम्पूर्ण क्रांति की अवधारणा की घोषणा उन्होंने 5 जून 1974 को पटना में की। उन्हीं के शब्दों में –

''5 जून, 1974 को पटना के गांधी मैदान की विशाल सभा में बोलते हुए सहज ही मेरे मुँह से पहली बार सम्पूर्ण क्रांति शब्द निकल पड़े थे। उस दिन मैंने कहा था यह आन्दोलन छात्र संघर्ष समिति की मात्र 10-12 मांगों की पूर्ति के लिये ही नहीं, यह सम्पूर्ण क्रांति की शुरुआत है। इसके उद्‌देश्य बहुत दूरगामी है। भारतीय लोकतंत्र को वास्तविक तथा सुदृढ़ बनाने, जनता का सच्चा राज कायम करना, समाज से अन्याय, शोषण आदि का अन्त करना, एक नैतिक, सांस्कृतिक तथा शैक्षणिक क्रांति करना, नया बिहार बनाना और अन्ततोगत्वा नया भारत बनाना है। ऐसा एक सम्पूर्ण क्रांति का आन्दोलन है यह।'' आगे उन्होंने कहा 'समाज और व्यक्ति के जीवन के हर पहलू में क्रांतिकारी परिवर्तन हो और व्यक्ति का और समाज का विकास हो, दोनों ऊंचे उठें, केवल शासन बदले इतना ही नहीं बल्कि व्यक्ति और समाज भी बदले। इसलिए मैंने सम्पूर्ण क्रांति कहा है। आप इसे समग्र क्रांति भी कह सकते हैं।[1]'

सम्पूर्ण क्रांति की तलाश उनके मन में अन्दर ही अन्दर घर बना रही थी। वे देश की व्यवस्था से चिन्तित थे। निरन्तर सोचते रहते थे कि कैसे और किन साधनों से देश के आर्थिक, सामाजिक व राजनीतिक ढांचे में परिवर्तन लाया जाय। चण्डीगढ़ में कारावास के दौरान जे.पी. ने कारावास की जो कहानी लिखी जो (जेल डायरी के नाम से मशहूर है) उसमें उन्होंने क्रांति से अपने तीव्र लगाव की चर्चा की है। उन्होंने लिखा है-

''जब मैं उच्च विद्यालय में था, तब ही क्रांति का विचार मेरे मन में अंकुरित हो गया। उस समय वह राष्ट्रीय क्रांति, राष्ट्रीय स्वतंत्रता का विचार था। ..... क्रांति करने की जो तीव्रता मेरे मन में थी, वह मुझे मार्क्सवाद की ओर तथा राष्ट्रीय आन्दोलन से गुजरते हुए लोकतांत्रिक समाजवाद की ओर और फिर विनोबा जी के प्रेम से क्रांति की ओर खींच ले गई। ..... क्रांति के साथ मेरा लगाव होने के कारण जब मुझे लगा कि ग्राम स्वराज्य से वह अंहिसक क्रान्ति होने वाली नहीं है, तो मैं दूसरे रास्तों की तलाश करने लगा।[2]'' क्रांति की खोज उनके अन्तर्मन में युवावस्था से ही थी। वे विचारधाराओं के अनेक पड़ावों पर रुके पर सन्तोष नहीं हुआ तो समाजवाद, गाँधीवाद और सर्वोदय की ओर मुड़ गये और अन्त में अपने जीवन की राजनैतिक, सामाजिक एवं आर्थिक पड़ाव पर सम्पूर्ण क्रांति का व्यावहारिक दर्शन प्रस्तुत किया। **हरि विष्णु कामथ** सम्पूर्ण क्रांति के संबंध में लिखते हैं -

''यह सम्पूर्ण शब्द बड़ा ही अर्थपूर्ण है। इतिहास में क्रांतियाँ अनेक हुई। मानव समाज अपने विकास के क्रम में अपनी दिशा बदलता रहा। उसकी विकास यात्रा में अनेक मोड़ आते रहे हैं। ऐसे हर मोड़ को क्रांति की संज्ञा दी जा सकती है। परन्तु इतिहास साक्षी है कि समाज के जीवन में सर्वांगीण क्रांति जिसको जे.पी. ने 'सम्पूर्ण क्रांति' का नाम दिया

---

1. वी.एन. सिंह, भारतीय सामाजिक चिन्तन, पृष्ठ 316
2. जयप्रकाश नारायण, उधृत, जय प्रकाश, पृष्ठ 103.

है, नहीं हुई। फ्रांस की क्रांति और रूस, चीन की क्रान्ति भी जे.पी. की नज़र में अधूरी और अपूर्ण है। वह सर्वांगीण या सम्पूर्ण तो हरगिज नहीं है। जे.पी. अपने जीवन की आखिरी सांस तक ऐसी सर्वांगीण और सम्पूर्ण क्रांति की खोज करते रहे और उस मंजिल तक पहुँचने के लिये बार-बार अपना मार्ग बदलते रहे।[3]''

क्रांति की यात्रा के अनुभव ने क्रांति शब्द के अर्थ को कहीं अधिक व्यापक बना दिया। क्रांति बदलाव अथवा सत्ता परिवर्तन तक ही सीमित नहीं रहा। क्रांति का अर्थ मार-काट अथवा उथल-पुथल के घेरे तक ही सीमित होकर नहीं रह गया वरन् अब क्रांति में मूल्य, मनोवृत्ति, रचना, समाज के सभी क्षेत्रों में रचनात्मक और सृजनात्मक परिवर्तनों का समावेश हो गया था। क्रांति का कैनवास विशाल और व्यापक बन गया था। जे.पी. के सम्पूर्ण क्रांति का आन्दोलन कहीं अधिक गहरा और व्यापक है। वह फ्रांस, रूस की क्रांति की तरह नहीं है। जे.पी. ने सम्पूर्ण क्रांति को एक नया आयाम और अर्थ दिया जो समुद्र की तरह गहरा है और हिमालय की तरह ऊँचा और विशाल है। यह समाजवाद, गाँधीवाद और विनोबा भावे के विचारों के मन्थन के पश्चात एक नयी दृष्टि के साथ जन्मा है। जे.पी. के जीवन में स्वतंत्रता, समानता, भ्रातृत्व, जो फ्रांस क्रांति के नारे थे वे उनके जीवन के साथ थे और साथ थे उनके मानवता के मूल्य व आदर्श। वे छोटे-से-छोटे व्यक्ति को भी आदमी के रूप में देखते थे और उसका सम्मान करते थे। जे.पी. की क्रांति की अवधारणा उनकी गतिशीलता का परिचायक रही है।

सम्पूर्ण क्रांति के संबंध में स्वयं **जे.पी. लिखते हैं कि** ''सम्पूर्ण क्रांति' समाज की नवरचना के लिये एक ऐसी क्रांति की आवश्यकता है, जो सम्पूर्ण भी हो और समग्र भी हो। वह समाज के एक-एक अंग को और एक-एक क्षेत्र को स्पर्श करने वाली हो। साथ ही, वह व्यक्ति के समग्र जीवन को भी आन्दोलित करे। व्यक्ति और समाज दोनों में सर्वांगींण परिवर्तन लाने की शक्ति इस सम्पूर्ण क्रांति में होनी चाहिए।..... मैं कहता हूँ कि सात प्रकार की क्रान्तियों के मिलने से एक सम्पूर्ण क्रांति बनती है। ये हैं, सामाजिक क्रांति, आर्थिक-क्रांति, राजनीतिक क्रांति, सांस्कृतिक क्रांति और नैतिक अथवा आध्यात्मिक क्रान्ति।[4]''

जय प्रकाश नारायण का यह विचार था कि राजनैतिक सत्ता दिलाने वाली स्वतंत्रता पर्याप्त नहीं है। वे यह भी मानते थे कि जनता की सामाजिक व आर्थिक स्थिति में परिवर्तन के लिये राज्य सत्ता पर निर्भर रहना काफी नहीं है। उनका लक्ष्य और प्रयास दोनों इस बात के लिये था कि जनता की अधिक से अधिक जन आन्दोलन में सहभागिता हो। जनता ही समाज में बदलाव ला सकती है। सत्ता नहीं। सम्पूर्ण क्रांति में जनता की आम भागीदारी हो। इसके माध्यम से ही समाज के आर्थिक सामाजिक ढांचे में जहाँ परिवर्तन घटित होंगे, वहीं आर्थिक सामाजिक न्याय सभी को समान रूप से प्राप्त हो सकेंगे। राजनैतिक बदलाव

3. जयप्रकाश नारायण, उधृत, जय प्रकाश, पृष्ठ 103.
4. जयप्रकाश नारायण, उधृत, जय प्रकाश, पृष्ठ 585.

के द्वारा एक अहिंसात्मक सामाजिक व्यवस्था की रचना हो सकेगी। सम्पूर्ण क्रांति कोई आदर्श कल्पना नहीं है, वरन् यह यथार्थ पर आधारित एक व्यावहारिक दर्शन है जो आम, निर्धन और धनाढ़य वर्ग के व्यक्तियों से समानता और सामाजिक न्याय से सीधा जुड़ा है। इसके दर्शन में न कोई छोटा है और न कोई बड़ा। सभी व्यक्ति समान हैं। जे.पी. का सकारात्मक और रचनात्मक सोच, समाज की पुनर्रचना, मानवतावादी मूल्य उनके सम्पूर्ण क्रांति की अवधारणा की पृष्ठभूमि में थी। यह सामाजिक अन्याय और शोषण के विरुद्ध है। जे.पी. ने स्वयं लिखा है कि ''कमजोर वर्गों का उत्थान, कल्याण और मुक्ति तब तक सम्भव नहीं है जब तक भारतीय सरकार के सभी पहलुओं को शामिल करते हुए एक व्यापक अहिसंक क्रांति न हो'', जे.पी. का अपना अडिग विश्वास था जब वह यह कहते हैं कि-

''सम्पूर्ण क्रांति में व्यवस्था भी बदलेगी और व्यक्ति भी, इनमें कोई आगे पीछे नहीं, साथ-साथ होगा। व्यक्ति समूह के लिये जिये और समूह व्यक्ति के लिये। यह मानवीय क्रांति होगी,ऐसी-क्रांति जिसमें भारत का अध्यात्म व्यक्ति-व्यक्ति के जीवन में उतर जायेगा। तब व्यक्ति अपने हितों का दर्शन समूह के हितों में करने लगेगा और वैसा ही जीवन जीने लगेगा। .... सम्पूर्ण क्रांति के सारे परिवर्तन मोटे तौर पर महात्मा गांधी की विचारधारा के अनुरूप होंगे। सर्वोदय इस क्रांति का दूसरा नाम है।[5]

जे.पी. की सोच में सम्पूर्ण क्रांति राजनीतिक दलों के माध्यम से स्थापित नहीं हो सकती। इसकी वास्तविक शक्ति आम जनता में निहित होती है जिसका कोई सरोकार राजनीतिक दलों से नहीं होता जो पक्षपाती होते हैं। दलगत पक्षता और पूर्वाग्रह सम्पूर्ण क्रांति को लाने में असमर्थ हैं। सम्पूर्ण क्रांति में छात्र और युवा अग्रणी होंगे। आगे की पंक्ति में होंगे। इनके पीछे पूर्वाग्रह रहित आम जनता की शक्ति होगी। यदि इनके साथ नैतिक शक्ति भी जुड़ गयी तो फिर वह अपराजित होगी। सम्पूर्ण क्रांति की शक्ति युवा वर्ग है। साथ में उन्होंने यह भी कहा कि सम्पूर्ण क्रांति कोई एक वर्ष में ही नहीं आ जायेगी। इसमें अनेकों बरस लग सकते हैं। यह एक दीर्घकालीन क्रांति है जो समय की परिपक्वता और तैयारी पर निर्भर करती है।

डॉ. राधाकृष्ण सिंह जे.पी. के सम्पूर्ण क्रांति आन्दोलन पर विचार करते हुए कहते हैं .... जे.पी. का मानना था कि सम्पूर्ण क्रांति के बिना समाज का सम्पूर्ण, किन्तु रचनात्मक परिवर्तन सम्भव नहीं है। मार्क्सवाद, गांधीवाद, लोकतांत्रिक समाजवाद और सर्वोदय सभी में पारंगत जे.पी. इस निष्कर्ष पर पहुँच चुके थे कि राजनीति सामाजिक जीवन की आत्मा है। राजनीति के शुद्धिकरण के बिना समाज को स्वस्थ और सबल नहीं बनाया जा सकता है। सिर्फ सत्ता परिवर्तन से व्यक्ति के आचरण में परिवर्तन नहीं हो सकता है। उनकी दशा और दिशा में सुधारात्मक परिवर्तन लाने के लिये सम्पूर्ण व्यवस्था की जड़ता को झकझोरना पड़ेगा। ..... जे.पी. ने सम्पूर्ण क्रांति के लिये सात प्रमुख स्तम्भ गिनायें। ये 'सप्त क्रांति के

5. लोक दृष्टि में जय प्रकाश, में उधृत, पृष्ठ 85.

ही विशिष्ट रूप हैं' जिसकी बुनियाद कभी लोहिया ने रखी थी। सप्त सिन्धु, सप्त ऋषि, सप्ताह के सात दिन और इन्द्र धनुष के सात रंग के समान ही सप्त क्रांति के प्रमुख आयाम या व्यायाम थी।[6]' इस तरह सप्त क्रांति की अवधारणा पवित्र और आध्यात्मिक भी है जिसमें भारत की नदियों, ऋषियों और प्रकृति से प्रेरित होकर सम्पूर्ण क्रांति को मूर्त रूप दिया गया। इस क्रांति में भारतीय मिट्‌टी की गंध आती है। जर्जर, राजनीतिक, आर्थिक और सामाजिक व्यवस्था जे.पी. को अन्दर तक झकझोर रही थी। इसीलिये उन्होंने सम्पूर्ण क्रांति का आवाह्‌न किया।

जय प्रकाश नारायण लोकतंत्र की दुर्बलताओं से भली भाँति परिचित थे। वे जनता के सेवक थे। वे जन से जुड़ी आर्थिक सामाजिक व राजनैतिक समस्याओं से अवगत थे। वे कहते थे कि ''हमारा लोकतंत्र बहुत संकुचित आधार पर टिका हुआ है। यह एक ऐसे उलटे पिरामिड की तरह है, जो सिर के बल खड़ा है। प्रत्यक्षतः हमारा कार्य है चित्र को ठीक करना और पिरामिड को फिर सही आधार पर खड़ा करना, केवल यह तथ्य कि हर बालिग भारतीय को वोट देने का हक है, शासन पद्धति के पिरामिड को व्यापक आधार नहीं दे देता है। करोड़ों की संख्या में बिखरे हुए व्यक्तिगत मतदाता बालु के कणों के ऐसे ढ़ेर की तरह है, जो किसी भी संरचना की बुनियाद नहीं बन सकते हैं। इन कणों को ईटों का रूप देने के लिए मिलाना होगा या कंकरीट जैसे साचें में ढालना होगा, तभी ये नींव के पत्थर का रूप ग्रहण कर सकेंगे।[7]'' इस लोकतंत्रीय लचर व्यवस्था से वे काफी पीड़ित और दुःखी थे। समाज के किसी एक अंग में सुधार करने से भारतीय समाज और उसकी संरचना में कोई विशेष बदलाव नहीं आ सकता है। इसलिये समग्र सामाजिक व्यवस्था को परिवर्तित करने हेतु ही जे.पी. ने सम्पूर्ण क्रांति आन्दोलन की अवधारणा को मूर्त रूप दिया। इसके साथ ही उन्होंने यह भी कहा कि ''जब तक लोगों में नैतिकता की भावना न रहेगी, लोगों का आचार-विचार ठीक न रहेगा, तब तक अच्छे-से-अच्छे संविधान और राजनीतिक प्रणाली के बावजूद लोकतंत्र ठीक से काम नहीं कर सकता। लोकतंत्र के लिए ये नैतिक गुण और मानसिक प्रवृत्तियाँ आवश्यक है।[8]'' इसलिये सम्पूर्ण क्रांति जिसके सात आयाम हैं, उसमें आध्यात्मिकता का विशेष महत्त्व है। कोई भी देश नैतिक रूप से पतित होने पर विकास नहीं कर सकता है।

सम्पूर्ण क्रांति के निम्नलिखित सात आयाम है जो अग्रलिखित हैं –

1. शैक्षिक क्रांति
2. सांस्कृतिक क्रांति
3. सामाजिक क्रांति

---

6. राधाकृष्णन, लोक दृष्टि में जय प्रकाश, पृष्ठ 371-372.
7. जयप्रकाश नारायण, लोक स्वराज्य, पृष्ठ 10.
8. जयप्रकाश नारायण, भारतीय राज्य व्यवस्था की पुनर्रचना, पृष्ठ 11

4. आर्थिक क्रांति
5. राजनीतिक क्रांति
6. वैचारिक क्रांति
7. आध्यात्मिक क्रांति

1. शैक्षिक क्रांति (Educational Revolutions)

भारतीय शिक्षा पद्धति जो अंग्रेजी शासन से बहुत कुछ वैसे ही आ रही है, दोषपूर्ण है। इसमें आमूलचूल परिवर्तन होना चाहिए। शिक्षा के जो मूल तत्त्व हैं जैसे नैतिक शिक्षा और आध्यात्मिक शिक्षा वे तो वैसे ही रहेंगे। शिक्षा-पद्धति को परिस्थिति के अनुसार बदलना चाहिए। इसलिये सम्पूर्ण क्रांति में शिक्षा का स्वरूप नवनिर्माण के अनुकूल बनाना होगा। आज की शिक्षा डिग्री बांटने की है। लाखों युवा डिग्री प्राप्त कर रहे हैं पर उनकी उपयोगिता कुछ नहीं है। इसलिये प्राथमिक से लेकर विश्वविद्यालय तक की शिक्षा में आमूलचूल परिवर्तन करना आवश्यक है। आज की शिक्षा व्यवस्था में गाँव, निर्धन और उपेक्षित वर्ग का ध्यान नहीं रखा गया है। कमजोर वर्ग का तो शिक्षा-व्यवस्था में कोई स्थान ही नहीं है। शिक्षा वर्तमान परिस्थितियों में युवा-पीढ़ी को तैयार कराने में असफल रही है। जे.पी. का विचार है कि शिक्षा जीवन के लिये उपयोगी हो। वह युवाओं को आत्म निर्भर बना सके। पाठ्यक्रम इस प्रकार का बनाया जाय जो सामयिक हो। शिक्षा श्रममूलक हो। गांधी जी की बुनियादी शिक्षा पद्धति का भी यही लक्ष्य है। इसलिये सम्पूर्ण क्रांति में शिक्षा व्यवस्था गांधी दर्शन के आधार पर ही गढ़ी गयी है। अमुक कार्य के लिये योग्य सक्षम और जानकार व्यक्ति की आवश्यकता होती है न कि डिग्रियों की। जय प्रकाश नारायण का कहना है कि -

"और ज्यादातर लोग पढ़ने के लिये नहीं पढ़ते ब्रल्कि इसलिये पढ़ते हैं कि डिग्री मिलने पर नौकरी के लिये दरवाजा खुल जाता है। इसलिये अब व्यवस्था ऐसी होनी चाहिए कि भविष्य में केवल डिग्री के आधार पर किसी को नौकरी न मिले। जहाँ जिस काम के लिए नौकरी देनी हो, उसकी अलग से परीक्षा ले ली जाय। तब शायद यह हो सकता है कि किसी को विश्वविद्यालय की औपचारिक शिक्षा न मिलने पर भी वह उस परीक्षा में पास हो जाय, और जिसने विश्वविद्यालय में शिक्षा प्राप्त की है, वह न पास जाए। जब तक नौकरी और डिग्री के बीच के नाते को समाप्त नहीं किया जायेगा, तब तक डिग्री का यह झूंठा मोह नष्ट नहीं हो सकेगा।[9]" जे.पी. का यह भी विचार था कि प्रत्येक व्यक्ति को न्यूनतम शिक्षा उपलब्ध होनी चाहिए। अज्ञान और निरक्षरता को पूर्णतया समाप्त किया जाना चाहिए। शिक्षा इस प्रकार की हो कि व्यक्ति किसी भी प्रश्न अथवा समस्या पर अपने विचार दे सकें। ऐसी शिक्षा नहीं है तो वह निकम्मी मानी जायेगी। इतना ही नहीं वे यह भी कहते हैं कि गांव

9. जयप्रकाश नारायण, भारतीय राज्य व्यवस्था की पुनर्रचना, पृष्ठ 590.

में किस प्रकार की शिक्षा होनी चाहिए तो इसके लिये नये सिरे से ही सोचना होगा। निश्चय ही शहर और गाँव की शिक्षा का धरातल समान नहीं हो सकता। दोनों की आवश्यकतायें भिन्न-भिन्न है। गाँव के युवा भी उच्ची शिक्षा अवश्य प्राप्त करें पर ऐसा न हो कि सभी अपने गांव में ही रह जायें। यह सम्भव नहीं है कि गाँव के सभी शिक्षित युवाओं को नगर में नौकरी प्राप्त हो जायेगी। इस पर निःसन्देह गंभीरता से विचार करने की आवश्यकता है। इस तरह शिक्षा इस प्रकार की होनी चाहिए कि उसका सीधा संबंध देश की समस्याओं से हो। सभी वर्ग के लोगों को बुनियादी शिक्षा दी जानी चाहिए। इस तरह शिक्षा के बुनियादी ढांचे में क्रांति लानी होगी।

2. सांस्कृतिक क्रान्ति (Cultural Revolution)

भारतीय संस्कृति की जड़ें बहुत गहरी हैं। भारतीय संस्कृति में जहाँ परम्परा, रीति-रिवाज, रुढ़ियाँ, धर्म जहाँ हैं, वहीं वर्ण, जाति अस्पृश्यता जैसी सामाजिक बिमारियाँ भी हैं जिसने मानवतावाद को बहुत छला है। सांस्कृतिक क्रांति के मार्ग में सबसे बड़ी बाधा जातिवाद की है। वर्ण व्यवस्था जो कभी भी व्यावहारिक रूप में भारत में नहीं रही क्योंकि वर्ण यदि चार हैं तो हजारों जातियाँ कहाँ से उत्पन्न हो गयी। जे.पी. का कहना है वर्ण व्यवस्‍ समाप्त होना चाहिए क्योंकि यह वर्ग-भेद को समाप्त करने से कहीं महत्वपूर्ण है। वर्ण व्यवस्था की जड़ता ने भाई चारे की संस्कृति को स्थापित नहीं होने दिया है। इसलिये जातिवादी व्यवस्था को समाप्त करने के लिये युवकों को आगे आना होगा। उन्हें अन्तर्जातीय विवाह को अपनाना होंगा और अपने नाम के आगे से जाति सूचक शब्द हटाना होगा। परम्परात्मक रूढ़ियों के विरुद्ध खड़ा होना होगा। यह समाज को जड़ बनाते हैं। चेतनायुक्त समाज के लिये इनका हर स्तर पर विरोध करना होगा। मानवतावादी समाज की स्थापना हेतु अस्पृश्यता की भावना को सदैव के लिये तिलांजलि देनी होगी। वास्तव में, व्यक्ति को श्रेष्ठ अथवा निम्न उसका चरित्र बनाता है न कि जाति अथवा वर्ण। वे तर्क प्रस्तुत करते हैं कि अन्तर्जातीय विवाह ऊंच-नीच की भावना को समाप्त करते हैं। युवा-पीढ़ी को समानता के आदर्श को अपनाना चाहिए। इसी तरह जे.पी. कहते हैं -

''इसी तरह विवाह, जन्म और मृत्यु के साथ जुड़े हुए कुछ गलत रिवाज भी हैं। सम्पूर्ण क्रांति में हमें उन रिवाजों को भी दूर करना है। समाज की इन सब कुरीतियों कुरिवाजें और कुसंस्कारों के विरुद्ध भी संघर्ष की आवश्यकता है। ..... इससे मुक्त होने का एक कारगर कदम यही है कि घर-घर में युवक और युवतियाँ इनके विरूद्ध विद्रोह की आवाज बुलन्द करें। इसके लिये युवकों को प्रह्लाद की तरह अपने माता-पिता के विरुद्ध भी सत्याग्रह करने के लिये तैयार होना पड़ेगा। इसके बिना सम्पूर्ण क्रांति एक खोखला नारा ही बनी रहेगी।[10]''
इस तरह जे.पी. की सम्पूर्ण क्रांति जाति, धर्म, वर्ण व्यवस्था, कुसंस्कारों और सामाजिक

10. जयप्रकाश नारायण, भारतीय राज्य व्यवस्था की पुनर्रचना, पृष्ठ 588-589.

कुरीतियों को समाप्त करना चाहती हैं। महज एक मानवतावादी समाज की स्थापना के लिये।

3. सामाजिक क्रांति (Social Revolution)

वास्तव में, सांस्कृतिक क्रांति और सामाजिक क्रांति एक ही सिक्के के दो पहलू हैं। संस्कृति की बुराइयाँ, उसकी परम्पराओं, रीति-रिवाजों आदि में समाहित हैं वहीं सामाजिक कुरीतियाँ उसी संस्कृति से जन्मी हैं। इसलिये अहिंसक क्रांति के द्वारा सामाजिक समस्याओं को समाप्त करना है और एक भाई-चारे का समाज गढ़ना है जिसमें जाति, धर्म, वर्ण आदि के आधार पर व्यक्ति को छोटे-बड़े ख़ानों में विभाजित नहीं किया जायगा। यह समता और सामाजिक न्याय से युक्त समाज होगा।

4. आर्थिक क्रांति (Economic Revolution)

जय प्रकाश नारायण पर कार्ल मार्क्स का अत्याधिक प्रभाव था। आरम्भ में वे कट्टर मार्क्सवादी और समाजवादी थे। गांधी जी और विनोबा भावे के सम्पर्क में आने से उनके सोच में आमूलचूल परिवर्तन हो गया। आर्थिक ढाचें में किस प्रकार बदलाव लाया जाय कि वह जनहित और जन कल्याण के लिये हो सके। वे भारत के आर्थिक ढांचें से भली-भांति परिचित थे और उसकी बुराइयों से भी। शताब्दियों तक इस देश के आर्थिक ढांचे पर सामन्तों की पकड़ थी। स्वतंत्रता के पश्चात यह पूंजीपतियों के हाथ में आ गयी। परिणाम वही ढाक के तीन पात। शोषण की परम्परा कायम रही। जे.पी. पर गांधी जी के संरक्षता के सिद्धान्त का काफी प्रभाव है। पूंजीपति अपनी अथाह धन या चल, अचल सम्पत्ति का स्वामी नहीं है, वरन् उसका संरक्षक मात्र है। अपनी आवश्यकताओं की पूर्ति के पश्चात जो सम्पत्ति उसके पास है वह समाज हित व कल्याण में प्रयोग की जानी चाहिए। जे.पी. का मत था कि गाँव की भूमि पर स्वामित्व गाँव का होना चाहिए, पर कब्जा खेत जोतने वाले कृषक का होना चाहिए। भूमि जीविका का साधन व माध्यम है न कि स्वामित्व का। जब देश की अधिकांश पूंजी का प्रयोग खेतीहर श्रमिकों, कृषकों और निम्न वर्गीय काश्तकारों के हित में किया जायेगा तभी देश के विकास की दिशा में पूर्ण क्रांति या बदलाव आ सकेगा। यह आर्थिक क्रांति किसी भी क्रांति से श्रेष्ठ होगी। इसलिये सम्पत्ति और शक्ति का विकेन्द्रीकरण होना चाहिये। कुटीर उद्योगों द्वारा अधिक से अधिक उत्पादन किया जाना चाहिए। ग्रामीण कल्याण के लिये यह अत्यन्त आवश्यक है। इससे ग्रामीण युवकों को स्वरोजगार भी प्राप्त हो सकेंगे और नौकरी भी। ग्रामीण आर्थिक ढांचे में आमूलचूल परिवर्तन से ही भारत प्रगति कर सकेगा और देश की 75 प्रतिशत जनता खुशहाल बन सकेगी। वास्तव में, जय प्रकाश नारायण की आर्थिक क्रांति सर्वोदय दर्शन से प्रेरित है।

5. राजनीतिक क्रांति (Political Revolution)

पाँच दशक बीत जाने के पश्चात् भी भारत में स्वराज्य की स्थापना नहीं हो सकी। मात्र सत्ता का हस्तान्तरण हुआ है। सत्ता के गलियारे में विभिन्न राजनीतिक दलों में इस बात की प्रतिस्पर्धा है कि सत्ता की कुर्सी पर किस प्रकार जुगाड़ और तोड़-फोड़ करके आसीन हुआ जाय। स्वतंत्रता का लाभ कुछ धनाढय वर्ग और नेता वर्ग को ही अधिक से अधिक मिला। शेष जनता अभी भी हाशिये पर खड़ी है। इसे स्वराज्य नहीं कहा जा सकता है। आम आदमी क्या सत्ता और आजादी को अपने जीवन में कहीं महसूस कर रहा है? उसे तो दो समय का भोजन अर्जित करने के लिये जूझना पड़ रहा है। इस प्रकार की व्यवस्था से कभी पूर्ण स्वराज स्थापित नहीं हो सकेगा और न गांधी जी के सर्वोदय समाज की ही स्थापना हो सकेगी। आज की राजनीतिक व्यवस्था में सत्ता प्राप्ति ही मुख्य लक्ष्य है। इस प्रकार के समाज में व्यक्ति ठगा जाता है और भ्रष्टाचार बढ़ता जाता है। पूर्ण स्वराज्य के पश्चात ही व्यक्ति और समाज की मौलिक समस्याओं का समाधान हो सकता है। इसके बाद किसी मौलिक राजनीतिक परिवर्तन की आवश्यकता नहीं होगी। जे.पी. का विचार है कि वर्तमान राजनीतिक व्यवस्था जनता के हाथों में नहीं है, बल्कि एक विशिष्ट समूह के हाथों में केन्द्रित होकर रह गयी है। यह समूह ही सारी राजनीतिक शक्ति का केन्द्र बिन्दू है और जनता बिल्कुल शक्तिहीन है और वह विशिष्ट समूह की नीतियों और संकेतों के आधार पर नाचती है। मैं अक्सर कहता हूँ जनता भेड़ है कोई सरकार आये, उसके तो बाल कटने ही हैं।

जय प्रकाश की राजनीति का अर्थ है लोक नीति। सत्ता कुछ विशिष्ट हाथों में सदैव केन्द्रित रहे वे इसके सख्त विरोधी रहे हैं। गाँधी जी कहते थे दिल्ली की सरकार भारत के लाखों गांवों तक नहीं पहुंच सकती है। जे.पी. का भी यही कहना है कि शक्ति का विकेन्द्रीकरण होना चाहिए। लोकतंत्र को शक्तिशाली बनाने हेतु सत्ता की शक्ति को गाँव-गाँव के हाथों में पहुँचाना चाहिए। सम्पूर्ण क्रांति के तहत और लोक शक्ति को मजबूत करने के लिये लोक समिति या संस्थाओं की स्थापना करना चाहिए तभी लोकतंत्र की जड़ें मजबूत हो सकेंगी। ग्रामीण समाज से लेकर जिला स्तर तक स्वायत्तशासी संस्थाओं को यह दायित्व दिया जाना चाहिए कि वे लोक नीति,लोक शक्ति के अर्थ को जनता में बताये। लोक समितियाँ ही इतनी शक्तिशाली भूमिका अदा करें कि वे राज्य सत्ता की गतिविधियों पर अंकुश लगा सके। लोक समितियों का यह भी दायित्व है कि वे अपने उम्मीदवारों का भी चयन करे, चुनाव में खड़ा करें। जे.पी. यह भी सुझाव देते हैं कि यदि जनप्रतिनिधि जनता की आकांक्षाओं को पूर्ण करने में असमर्थ रहता है तो उसे यह अधिकार प्राप्त होना चाहिए कि प्रतिनिधि को वापस बुला ले। जे.पी. का यह 'रीकाल' का राजनीतिक सिद्धान्त है। इस सिद्धान्त से जनता के प्रतिनिधि ईमानदारी से कार्य करेंगे और भ्रष्टाचार में लिप्त नहीं होंगे। लोक समितियों का यह भी दायित्व है कि वे शोषण, अन्याय, अत्याचार आदि के विरुद्ध आन्दोलन करें। जे.पी. का यह विश्वास है कि लोक समितियों के द्वारा ही सम्पूर्ण क्रांति का बल प्राप्त होगा। अन्ततः इसी के माध्यम से जन जागृति करनी चाहिए। इसमें जनता की आम शक्ति निहित है और यही सम्पूर्ण क्रांति

का सशक्त आधार है। जय प्रकाश नारायण का यह मानना है कि जन क्रांति जनता के ही सहयोग से और उसी के हाथों होती है। सम्पूर्ण क्रांति सरकारी शक्ति से नहीं, जनता की ही शक्ति से हो सकती है। यह काम सत्ता के पदों पर बैठे हुए नेताओं के भाषणों या आह्वान से नहीं हो सकता। इस प्रकार परिवर्तन केवल उन लोक नेताओं और लोक सेवाओं के द्वारा ही सम्भव हो पाता है, जो स्वयं राज़ी खुशी से सत्ता के पदों से दूर रहकर लोगों तक पहुंचते हैं और उनके बीच रह कर काम करते हैं।[11]

6. वैचारिक क्रांति (Ideological Revolution)

'सम्पूर्ण-क्रांति' वास्तव में एक यथार्थ वैचारिक क्रांति है। वह स्वप्न लोक वाली यूटोपिया नहीं है। इसकी जड़ें ग्रामीण लोक जीवन, लोक शक्ति, लोक मन, लोक समितियों में है। उन्हें सीचने की आवश्यकता है। जन-जन तक पहुँच कर 'सम्पूर्ण क्रांति' की अवधारणा को स्पष्ट करना चाहिए। उनके विश्वास को प्राप्त करना चाहिए क्योंकि विचार शक्ति आन्दोलन का आधार है। वैचारिक क्रांति सम्पूर्ण क्रांति की नींव है जिस पर क्रांति की पूर्ण बिल्डिंग खड़ी है।

समाज के सड़े-गले, ढाचे को वैचारिक क्रांति के द्वारा ही बदला जा सकता है। आज वैचारिक क्रांति नहीं, सत्ता प्राप्त की जुगाड़ क्रांति चल रही है। गत 50 वर्षों से हम खामोश होकर यही निहार रहे हैं। सम्पूर्ण क्रांति के सात आयाम जिनका हम वर्णन कर चुके हैं। वे सभी वैचारिक क्रांति पर आधारित हैं। मानवीय जीवन का फलसफा है।

7. आध्यात्मिक क्रांति (Spiritual Revolution)

जे.पी. की आध्यात्मिक क्रांति, इस लोक और परलोक से नहीं जुड़ी है। वह इस धरती के मानव जीवन से सीधी जुड़ी है। गांव के दैनिक जीवन से जुड़ी है। वह व्यक्ति की समस्याओं पर गंभीरता से विचार करता। धरती पर ही स्वर्ग लाने के लिये चिन्तन करता है। जयप्रकाश नारायण कहते हैं -

"आम तौर पर मैं आध्यात्म का नाम नहीं लेता। लेकिन दूसरों के दुःख से दुखी होना,और गरीबी के लिए कुछ कर गुजरने की प्रेरणा होना, भी आध्यात्मिकता हो सकती है। मेरे विचार में तो अपने पराए का भेद मिटाना ही सबसे ऊंचा धर्म है। समाज के और गांव के जीवन में आध्यात्म का मुख्य और प्रकट लक्षण यही हो सकता है, अथवा होना चाहिए कि जो लोग एक जगह रहते हैं, कम से कम गांवों में रहने वाले लोग, वे एक दूसरे की चिन्ता करें, एक दूसरे की मदद करें, जब जरूरत आ पड़े तो एक दूसरे के लिए त्याग करें। मेरे सुख में दूसरों का हिस्सा हो। दूसरों के दुःख में मेरा भी हिस्सा हो। व्यक्ति के लिए,

---

11. जयप्रकाश नारायण, भारतीय राज्य व्यवस्था की पुनर्रचना, पृष्ठ 592.

समाज के लिए, यह आध्यात्मिक मूल्य माना जाएगा, मानवीय मूल्य माना जायेगा।[12]'' यह अपने में एक चिन्तन का विषय है कि जो लोग हाशिये पर खड़े हैं। दीन हैं, दुखी हैं, बेघर के हैं, और बेरोजगार हैं और एक अपाहिज की जिन्दगी जी रहे हैं, हमें उनकी चिन्ता करनी चाहिए। यह समाज के यथार्थ जीवन की आध्यात्मिकता है। आध्यात्मिक चिन्तन है।

जे.पी. की सम्पूर्ण क्रांति की बागडोर युवा-पीढ़ी पर है। इसलिये वे कहते हैं कि ''देश का आध्यात्म बूढ़ों की चीज नहीं है, नौजवानों की चीज है।''

बिठ्ठल महादेव तारकुण्डे जय प्रकाश नारायण की सम्पूर्ण क्रांति का विश्लेषण करते हुए लिखते हैं कि उनकी सम्पूर्ण क्रांति में निम्नलिखित तत्वों का समावेश है -

1. वैयक्तिक और सामाजिक जीवन के प्रत्येक क्षेत्र में आमूलचूल परिवर्तन हो,
2. नीचे से ऊपर तक व्यक्ति को ले जाने के लिए आन्दोलन किया जाय। केन्द्रीय सरकार द्वारा ऊपर से न किया जाय।
3. किन्तु मित्रतापूर्ण सरकार की यथा सम्भव सहायता की जाय।
4. यदि निहित स्वार्थ वाले लोग कोई बाधा खड़ी करें तो उसका सामना किया जाय।

वास्तव में, जयप्रकाश नारायण की सम्पूर्ण क्रांति के आन्दोलन में कुछ और तत्त्वों को भी जोड़ा जा सकता है -

1. सम्पूर्ण क्रांति की रीढ़ लोकजन, लोक शक्ति है।
2. यह क्रांति हर मोर्चे पर लड़ी जाती है।
3. समाज के सभी क्षेत्रों में जनहित में परिवर्तन लाना।
4. समाज के सभी व्यक्तियों को सभी क्षेत्रों में सामाजिक न्याय दिलाना।
5. सम्पूर्ण क्रांति के सहभागियों का सत्ता से कोई संबंध नहीं होगा।
6. जन शक्ति के आधार पर ही राज्य शक्ति को बदलना होगा।
7. सामाजिक परिवर्तन राज्य शक्ति से सम्भव नहीं। यह लोकशक्ति से ही सम्भव है।
8. निहित स्वार्थों को तोड़ना। समाज का सर्वांगीण विकास करना।
9. दलित-शोषितों का संगठन बनना।
10. सम्पूर्ण क्रांति से ग्रामीण समाज में आमूलचूल परिवर्तन करना।
11. ग्रामीण अंचलों और जिला स्तर पर लोक समितियों का गठन करना।
12. जनता में जागृति उत्पन्न करना और सम्पूर्ण क्रांति की अवधारणा को इस तरह बताना कि जिससे जन चेतना में एक आशा का नया प्रकाश उदय हो सके।

---

12. जयप्रकाश नारायण, भारतीय राज्य व्यवस्था की पुनर्रचना, पृष्ठ 591.

13. प्रत्येक स्तर पर सत्ता का विकेन्द्रीकरण किया जाय।
14. शिक्षा को जीवनोपयोगी बनाया जाये।
15. सामाजिक न्याय सभी को प्राप्त हो।
16. जाति व वर्ण संबंधी भेदभाव को समाप्त करना।
17. युवा पीढ़ी को सत्ता परिवर्तन हेतु जागृत करना।
18. जनता के सुख-दुःख में सहभागी बनना। उनके लिये चिन्तित होना कि उनकी समस्याओं का कैसे निराकरण किया जाय।
19. सम्पूर्ण क्रांति युवा पीढ़ी के द्वारा ही सम्भव है।

सत्ता, शक्ति और विकेन्द्रीकरण के संबंध में अन्त में कहते हैं कि ''सत्ता के इस प्रकार के हस्तान्तरण का जिसमें केन्द्र के पास उतने ही अधिकार रहें, जितने कि उसके केन्द्रीय कार्यों को पूरा करने के लिए जरूरी हैं और शेष अधिकार नीचे की इकाइयों को सौंप दिये जायें। इसका यह अर्थ नहीं है कि केन्द्र निर्बल हो जायगा। यह तो क्षमता का प्रश्न है। हर स्तर पर निर्वाचित सत्ता वह सब कार्य करती है, जिसके लिए वह सक्षम है।[13]'' जे.पी. इस तथ्य से परिचित थे कि निहित स्वार्थ वाले व्यक्ति सम्पूर्ण क्रांति का जमकर विरोध करेंगे। बाधायें खड़ी करेंगे पर भारत के नव निर्माण समानता, सामाजिक न्याय आदि का कोई और विकल्प भी नहीं है।

इसे भारत का दुर्भाग्य ही कहेंगे कि 5 दशकों में विकास और नव निर्माण का कोई मॉडल सफल नहीं हो सका। नेहरू जी ने सर्व प्रथम कल्याण राज्य का मॉडल पेश किया, फिर इसे लोकतांत्रिक समाजवाद का रूप दिया गया। गाँधी का सर्वोदय समाज भी आगे न बढ़ सका और 1990 में समाजवाद भी मुँह के बल गिर गया। इसके स्थान पर भूमन्डलीकरण का विकास मॉडल प्रस्तुत हुआ। मुझे यह कहने में किंचित मात्र भी संकोच नहीं है कि कांग्रेस समाजवाद से चली पुनः औपनिवेशिक आर्थिक पूंजीवाद की तरफ लौट गयी। फिर एक बार देश में नये राजनीतिक मुखौटे के साथ देश में पूंजीवाद स्थापित हो गया।

जहाँ तक सम्पूर्ण क्रांति आन्दोलन का प्रश्न है जे.पी. के लिहाज से इसे युवा-पीढ़ी ही अंजाम देने में सक्षम है। किन्तु आज युवा पीढ़ी निराशा, कुंठा, हताशा और बेरोजगारी का जीवनयापन कर रही है। वह उन चीजें में लिप्त हो गयी है जिससे वह स्वयं भी नष्ट भ्रष्ट हो रही है और समाज भी विघटित हो रहा है। प्रश्न है फिर सम्पूर्ण क्रांति की जिम्मेदारी कौन लेगा? सम्पूर्ण क्रांति की जन्म भूमि बिहार है जो भारत का सबसे निर्धन और पिछड़ा राज्य है। यहाँ भी सम्पूर्ण क्रांति मुँह के बल गिर गयी। प्रश्न है वरिष्ठ नेताओं के साथ इस लूट तंत्र की आग में कमोबेश सभी नेता,समाज सेवक, मंत्री और अधिकारी हाथ सेक रहे

---

13. जयप्रकाश नारायण, लोक स्वराज्य, पृष्ठ 14.

हैं। इस तंत्र पर सरकार की कुछ नजर लगी है तो कुछे नेता, मंत्री, बड़े अधिकारी आदि जेल की हवा खा रहे हैं। पर इन कार्यों से सम्पूर्ण क्रांति को कोई बल प्राप्त नहीं होगा जब तक जे.पी. के बताये हुए सातों आयामों में क्रांति उत्पन्न नहीं होती है। जब तक इस देश में जाति, धर्म, सम्प्रदाय की राजनीति होगी तब तक सम्पूर्ण क्रांति बजाय आगे बढ़ने के पीछे लुढ़कती रहेगी। वर्तमान राजनीति सत्ता तक पहुँचने की राजनीति है। चाहे जैसे हो सत्ता हथियाओ, न जनता कीं चिन्ता है और न देश की। राजनीति का यह बदसूरत और भ्रष्ट चेहरा जब तक हम बनाये रखेंगे 'सम्पूर्ण क्रांति' हम से बहुत दूर ही रहेगी। आवश्यकता है निजी स्वार्थों और हितों से ऊपर उठने की। लूट की संस्कृति में सहभागी बनना देश को गर्त में पहुंचाना है। अक्सर मैं कहता हूँ कि व्यक्ति जब बड़ा होता है तो देश छोटा होता और जब देश बड़ा होता है तो समग्र रूप में सभी बड़े होते हैं।

References

Argali, Faroq, Loknayak Jai Prakash Narain, Janta Pocket Book, Delhi.

Barik, Radhakant, Politics of the J.P. Movement, Radiant Publishers, New Delhi.

Bhatt, Sri Krisha Dutt, Sampurna Kranti Ke Loknayak, Jai Prakash Narain Sarva Seva Sangh, Varanasi.

Chawla, Jagdish, Lok Nayak Jai Prakash Narain, Prem Prakashan Mandir, Delhi.

Desai, Narain (ed.), Jai Prakash, Jai Prakash Amrit Kosh, New Delhi.

Gupta, Ram Chandra, J.P. From Marxism to Total Revolution, Sterling Publishers, Delhi.

Lok Swaraj, Serva Seva Sangh, Varanasi.

Narain, Jai Prakash, Lok Swaraj, Sarva Sewa Sangh Prakashan, Varanasi.

Narain, Jai Prakash, Bhartiya Rajya Vayvastha, Sarva Seva Sangh, Varanasi.

Raghuvansh (ed.), Jai Prakash Narain Ke Vichar, Lok Bharti Prakashan, Allahabad.

Rammurti, Total Revolution for All, Seva Sadan Prakashan, Varanasi.

Singh, V.N., Bhartiya Samajik Chintan, Vivek Prakashan, Delhi.

Sinha, Vibha (ed.), Lok drasti me Jai Prakash, Bihar Hindi Granth Akadami, Patna.

Swaraj for the People, Sarva Seva Sangh, Varanasi.

15

सर्वोदय आन्दोलन
(Sarvodaya Movement)

सर्वोदय दर्शन दार्शनिकों और राजनीतिज्ञों का कोई यूटोपिया नहीं है। यह ऐसा कोई कल्पना का संसार नहीं है कि जिसमें सभी मानव सुख-समृद्धि का भोग करेंगे। वहाँ कम से कम दुःख और कष्ट होंगे। इस प्रकार की अवधारणा सर्वोदय समाज के लिए बनाना कोरी कल्पना है। सर्वोदय में जहाँ अपार आनन्द की अनुभूति है वहाँ अभिव्यक्ति मानव जीवन के लक्ष्य में स्वतः बाधा है। सर्वोदय दर्शन में आनन्द छिपा है। यहाँ न प्रतिस्पर्धा है और न भौतिक सुखों की प्राप्ति की दौड़। सभी में समानता की भावना है। सभी सौहार्दपूर्ण वातावरण में रहते हैं। यह अनुभूति सर्वोदय में ही सम्भव है क्योंकि यहाँ न कोई छोटा है और न कोई बड़ा। सर्वोदय सामूहिक उत्थान, कल्याण और प्रगति का पथ है। इसमें भेद-भाव, ऊंच-नीच, निर्धन-धनी, जाति, वर्ण, वर्ग-भेद आदि को कोई स्थान नहीं है। यह तो समानता, सद्भावना और भाई-चारे का केन्द्र स्थल है। इस प्रकार की संस्था में व्यक्ति आनन्द की अनुभूति करता है क्योंकि यहाँ वैयक्तिक स्वार्थ का कोई स्थान नहीं होता। सर्वोदय में भारतीय दर्शन का मानवतावाद प्रतिबिम्बित होता है। सर्वोदय की प्रेरणा भारतीय दर्शन से ही प्राप्त हुई है। देखें-

सर्वे भवन्तु सुखिनः सर्वे सन्तु निरामयः
सर्वे भद्राणि पश्यन्तु मा कश्चित् दुख मो सुयात।

भारत में मनीषियों का पुरातन आदर्श ही सर्वोदय का आदर्श है। जहां सबका उदय हो, सबका कल्याण हो, समाज में अवसाद न हो, गरीबों का क्रन्दन न हो, दरिद्र को निराशा न हो, असहाय वेदना की व्यग्रता न हो, भूख की पीड़ा न हो, अन्य न्याय एवं अंध मानवता न हो, समाज में क्रूरता न हो, स्वार्थ सिद्ध करने वाले वाद न हो, दैहिक सुख का उत्पीड़न न हो, ऐसे जाग्रत मनुष्यत्व का दर्शन ही सर्वोदय का आदर्श है। सर्वोदय में नैतिकता और मानवता अपना सानी नहीं रखते हैं। **श्री कृष्ण दत्त भट्ट** सर्वोदय के दर्शन के संबंध में लिखते हैं कि "सर्वोदय आध्यात्मिक उन्नति की बात करता है। वह क्रांति ही क्या जिसमें मानवता का नैतिक स्तर ऊपर न उठे और इस क्रांति का साधन है हृदय परिवर्तन, जीवन

शुद्ध, साधन शुद्ध और प्रेम का अधिकतम विस्तार[1]'' गीता में भी योगियों का वर्णन मिलता है। उनका दर्शन है 'सर्वभूतहितेरताः' बाइबिल का दर्शन है 'अपने पड़ोसी के साथ अपने जैसा ही प्रेम करो।'

गोपीनाथ धवन सर्वोदय दर्शन के संबंध में लिखते हैं ''सर्वोदय तत्व दर्शन आवश्यक रूप से व्यावहारिक है। वह विद्वान सिद्धान्तवादियों की उन क्रमबद्ध कल्पना से नहीं मिलता जो प्रायः इतनी अधिक स्पष्ट और तर्क संगत है कि जीवन से दूर जा पड़ती है। गाँधी कर्मयोगी थे, व्यवहारिक आदर्शवादी थे और उनके सिद्धान्तों का स्त्रोत उनके अनुभव, सत्य तथा अहिंसा के उनके प्रयोग थे।[2]'' गांधी जी के सर्वोदय दर्शन में वैष्णव और जैन धर्म का काफी प्रभाव है। करुणा और अहिंसा का दर्शन उनके जीवन के साथ घुला मिला था, सर्वोदय दर्शन में इसकी स्पष्ट छाप दिखायी पड़ती है।

डार्विन ने मानव समाज में यह स्थापित करने का प्रयास किया कि जो जीने की योग्य क्षमता रखता है वही जीवित रहेगा। इसे वह प्रकृति का मूल नियम कहता है। इस विचार ने असमानता, भेदभाव, ऊंच-नीच, वर्ग-संघर्ष, हिंसा आदि को एक वैचारिक आधार प्रदान कर दिया जबकि साम्य योग यह कहता है कि सम्पूर्ण समाज एक रूप हो, मनुष्यों में समानता हो। योग में प्रतिकार नहीं होता। इसलिए संघर्ष की सम्भावना भी नहीं होती। इसीलिये विनोबा भावे इस दर्शन की व्याख्या करते हुए कहते हैं ''हर व्यक्ति अपनी शक्ति समाज को अर्पण करे और समाज की ओर से जो मिले उसे प्रसाद के रूप में ग्रहण करे।[3]''

गांधी दर्शन में साध्य और साधन के मध्य एक पवित्र, निस्वार्थ, मानवीय मूल्य है जो सर्वोपरि है। ऐसा लगता है वह कहीं पर भी छला नहीं जाता। उसके लक्ष्य में मानव कल्याण और उत्थान की भावना है। इस दर्शन में विचार के अनुरूप पद्धति का विकास होता है। **धीरेन्द्र मजूमदार** लिखते हैं कि-

> ''गांधी ने कहा था किसी लक्ष्य की प्राप्ति के लिए साध्य के अनुरूप ही साधन कर उपयोग होना चाहिए। इसी सिद्धान्त के अनुसार यह आवश्यक है कि किसी विचार को साकार करने के लिये तथा उसके अनुसार समाज के संगठन तथा संचालन के लिए सिद्धान्त (आईडियोलाजी) के अनुरूप पद्धति (टेक्नोलाजी) का विकास हो।[4]''

सर्वोदय दर्शन में कहीं-कहीं **टालस्टाय** का प्रभाव दिखायी पड़ता है। गांधी टालस्टाय के विचारों से भी प्रभावित थे क्योंकि टालस्टाय का यह मत था कि अहिंसा या प्रेम मार्ग

---

1. श्री कृष्ण दत्त भट्ट, समग्र सर्वोदय दर्शन, पृष्ठ XXVI, प्राक्कथन.
2. गोपीनाथ धवन, सर्वोदय तत्व दर्शन, पृष्ठ 6.
3. विनोबा भावे, सर्वोदय के आधार, पृष्ठ 11.
4. धीरेन्द्र मजूमदार, क्रांति-प्रयोग और चिन्तन, पृष्ठ 6.

के सिवा व्यक्ति और समाज में न्याय और शान्ति असम्भव है। इसी तरह रस्किन की पुस्तक 'अंटू दिस लास्ट' के प्रभाव ने गांधी जी के चिन्तन को एक व्यावहारिक जीवन का दर्शन प्रदान किया। उन्होंने इस पुस्तक का गुजराती में अनुवाद किया जिसका नाम 'सर्वोदय' रखा। गाँधी जी ने पुस्तक के संबंध में तीन बातें कही हैं –

1. सब की भलाई में हमारी भलाई निहित है।
2. वकील और नाई, दोनों के काम की कीमत समान होनी चाहिए, क्योंकि आजीविका का अधिकार सभी का समान है।
3. मेहनत मज़दूरी का किसान का सादा जीवन ही सच्चा जीवन है।

वास्तव में, गांधी जी का मुख्य उद्देश्य एक ऐसे समाज की स्थापना करना था जिसमें सत्य, अंहिसा और प्रेम हो, जिसमें व्यक्ति, व्यक्ति का शोषण न करे बल्कि वह सहयोग और समानता की भावना से परस्पर मिले। सर्वोदय का अर्थ है, 'सबका उदय'। सभी को उन्नति के समान अवसर प्राप्त हों, इसमें किसी भी वर्ग, जाति और धर्म के व्यक्ति की उपेक्षा नहीं की जाती है। इसका परम लक्ष्य है–सबका कल्याण। सबका अधिकतम हित। 'जियो और जीने दो' के दर्शन को इसने एक नया आयाम प्रदान किया। सर्वोदय इससे भी एक कदम आगे बढ़कर कहता है, 'तुम दूसरों को जिलाने के लिये जियो।' यह वह भारतीय भावना है जिसमें प्रेम, अंहिसा, अपरिग्रह संरक्षता का सिद्धान्त समाहित है। ये सभी सिद्धान्त हमें सीख देते हैं कि दूसरों से प्रेम करो, दूसरों के प्रति अच्छी धारणा रखो और अच्छा काम करो। स्वयं कष्ट सहकर और त्याग कर दूसरों को सुखी बनाओ। दूसरों की सेवा करना मानव धर्म है।

विनोबा भावे सर्वोदय में निहित भावना के संबंध में कहते हैं कि सर्व सेवा के माध्यम से समस्त प्राणियों की उन्नति करना है। राज्य शक्ति, धन आदि तब तक मानव जाति का कल्याण नहीं कर सकते जब तक कि मानव शक्ति का प्रयोग बिना किसी भेदभाव के मानव जाति के लिये नहीं किया जाता है। अस्तु, सर्वोदय मानव एवं मानव शक्ति को प्राथमिकता एवं महत्व देता है। इसमें राजा और रंक दोनों समान होंगे। दोनों के लिये दो प्रकार की सुविधायें नहीं होंगी। सभी के लिये समान दृष्टिकोण रखा जायेगा। सभी समान घाट पर पानी पीयेंगे। सर्वोदय भारत की एक पवित्र नदी के समान है जो हर भूमि को समान जल से सींचना चाहती है। चाहे वह ऊसर हो अथवा उर्वरा। उन्हीं के शब्दों में देखें ''सर्वोदय कुछ का या बहुतों का अधिकतम उत्थान नहीं चाहता। हम अधिकतम से अधिकतम सुख से सन्तुष्ट नहीं हैं। हम तो केवल एक ही ओर सब की ऊँचें और नीचे की, सबल और निर्बल की, बुद्धिमान और बुद्धिहीन की भलाई से ही सन्तुष्ट हो सकते हैं। सर्वोदय शब्द एक उत्कृष्ट और सर्वव्यापी भावना को अभिव्यक्त करता है।

वास्तव में, सर्वोदय आन्दोलन के दर्शन में यह तथ्य समाहित है कि वह एक ऐसा नूतन सामाजिक, आर्थिक, राजनैतिक और सांस्कृतिक ढांचा तैयार करेगा जिसका अपना

धर्म, व्यवसाय, संगठन, राजनीति और सेवा कार्य करने की पद्धति होगी। इसमें सभी धर्म के व्यक्ति होंगे। धर्म के आधार पर वर्ग और सम्प्रदाय नहीं होंगे। व्यक्ति ऐसे व्यवसाय को करेगा जिससे वह स्वावलम्बी बन सके। व्यक्ति को अपनी आवश्यकताओं की वस्तुओं को स्वयं उत्पन्न करना होगा। इस तरह शोषण की भावना का स्वत: अन्त हो जायगा। सर्वोदय समाज में ऐसे संगठनों की स्थापना की जायगी जो व्यक्ति की उन्नति में सहायक बन सके, चाहे वह उन्नति विद्या के क्षेत्रों में हो अथवा सेवा के क्षेत्र में। इसकी आधारभूत भावना सेवा है। यह सेवा किसी भी प्रकार के फल की कामना नहीं करती। यह निस्वार्थ होती है जिसमें व्यक्ति प्रधान है और अन्य वस्तुयें गौण। विनोबा जी तो यहाँ तक कहते हैं कि धनी ओर निर्धन दोनों ही पतित हैं। आध्यात्मिक रूप से तो उन की कभी उन्नति नहीं हुई है। इसलिए आवश्यकता दोनों के उत्थान एवं कल्याण की है। जयप्रकाश नारायण कहते हैं सर्वोदय व्यवस्था में प्रत्येक को दूसरों की रुचि ध्यान रखना पड़ेगा, मनुष्य का स्वभाव परिवर्तित करना होगा। **आर.पी. मसानी** ने कहा ''सर्वोदय समाज, सत्य और अहिंसा पर आधारित जाति-विहीन एवं धर्म-विहीन एक ऐसा समाज होगा जिसमें मनुष्य के शोषण के लिये कोई स्थान नहीं होगा।[5]''

भावी समाज की संरचना किस प्रकार हो यह उनके मस्तिष्क में स्पष्ट रूप से अंकित थी। **गांधी** कहते हैं ''मेरे कहने का सार यह है कि मनुष्यों को अपनी सच्ची जरूरतों से सन्तुष्ट रहना चाहिए और आत्म निर्भर बन जाना चाहिए। अगर मनुष्य यह संयम नहीं रखता तो वह अपनी रक्षा नहीं कर सकता।..... तुम्हें यह नहीं सोचना चाहिए कि मेरी कल्पना में वही ग्रामीण जीवन है, जो आज हम देख रहे हैं। मेरे सपनों का गाँव अभी तक मेरे विचारों में ही है। .... मेरे आदर्श गाँव में बुद्धिमान प्राणी होंगे। वे जानवरों की तरह गंदगी और अन्धकार में नहीं रहेंगे।..... सबको अपने हिस्से का शरीर-श्रम करना होगा।[6]'' निश्चय ही यह भावी समाज और गांव गांधी जी के सर्वोदय दर्शन में ही निहित है। इस प्रकार के समाज में मानव सम्बन्ध पवित्र और स्वच्छ होंगे। श्रम का महत्व होगा और अनुत्पादक चीजों का मूल्य कम होता जायेगा। वास्तव में, गांधी जी का सर्वोदय दर्शन का आन्दोलन स्वदेशी आन्दोलन का एक महत्वपूर्ण अंग है जिसका साध्य है सभी का समान रूप से उदय और विकास के साधन स्वदेशी हों जो व्यक्ति और समाज को स्वावलम्बी बनाते हैं। उनमें आनन्द की अनुभूति उत्पन्न करते हैं। **जैनेन्द्र कुमार** के शब्दों में इसे इस प्रकार कहा जा सकता है - ''स्वदेशी सिद्धान्त में से जो उद्योग का कार्यक्रम प्राप्त होता है, उसमें मानव संबंधों के अस्वच्छ होने का खटका कम रहता है। उसमें उत्पादन केन्द्रित नहीं होगा और खपत के लिए मध्यम वर्ग के बढ़ने और फूलने की गुंजाइश कम होगी। मानव श्रम बढ़ेगा और अनुत्पादक चातुर्य का मूल्य घटेगा।[7]''

---

5. आर.पी.मसानी, द फाइव गिफ्टस, पृष्ठ 34.
6. प्यारे लाल, महात्मा गांधी, पूर्णाहुति, में उद्धृत, पृष्ठ 155-156.
7. जैनेन्द्र कुमार, अकाल पुरुष गांधी, पृष्ठ 69.

कभी-कभी कुछ लोग गांधी जी के सर्वोदयी आर्थिक समानता का गलत ढंग से अर्थ निकालते हैं। सर्वोदय आन्दोलन के सिद्धान्तों व आदर्शों में कहीं पर भी यह रेखांकित नहीं किया गया है कि इस समाज में सभी जाति, धर्म और वर्ग के व्यक्ति आर्थिक रूप से समान होंगे। गांधी जी के अनुसार ''आर्थिक समता का यह अर्थ कभी नहीं समझना चाहिए कि हर व्यक्ति के पास बराबर परिमाण में सांसारिक वस्तुएं हों, लेकिन उसका अर्थ यह है कि हर एक के पास रहने को ठीक मकान हो, खाने का काफी सन्तुलित आहार हो और शरीर ढ़कने को काफी खादी हो। उसका यह भी अर्थ है कि आज की निर्दयी असमता शुद्ध अहिंसक साधनों से हटा दी जायगी।[8]'' **इन्दु टिकेकर** सर्वोदय के दर्शन की गहराई में जाते हुए लिखते हैं कि ''सर्वोदय तो दुनिया भर के सत्य विचारों को निमंत्रित करता है। हर देश, हर संस्कृति और हर धर्म में जीवन सत्य के अनन्त आविष्कार हैं। सर्वोदय में अपेक्षित है कि मनुष्य का सम्वेदनशील मन विविधता का सौन्दर्य ग्रहण कर उनके समन्वय से सत्य और प्रेम के रास्ते पर आगे बढ़ने का प्रयास करे। विचार के आग्रह से किसी भी तरह का सामाजिक, नैतिक या वैचारिक ढांचा निर्माण होता है। ऐसा ढांचा मनुष्य के व्यक्तित्व और आज़ादी का गला घोट देता है।[9]''

स्वदेशी के भाव में सर्वोदय पूर्णतया अपना देशीय घर बनाये हुए है। वह किसी ऐसी चीज को ग्रहण करने के लिए तैयार नहीं जो व्यक्तियों में कटुता, अलगाव और प्रतिस्पर्धा को जन्म दे। प्रेम के स्थान पर घृणा उत्पन्न करे। अहिंसा के स्थान पर हिंसा जन्म दे। त्याग के स्थान पर लूट और स्वार्थ की संस्कृति स्थापित करे। सर्वोदय का दर्शन और आन्दोलन मानव संबंधों की निकटता और सौहार्द में विश्वास करता है। पड़ौसीपन में आस्था रखता है। पड़ौसी के सुख-दुख में सहभागी बनने में विश्वास रखता है। **जैनेन्द्र कुमार** सर्वोदय दर्शन का विश्लेषण करते हुए लिखते हैं, ''स्वदेशी द्वारा व्यक्तिगत कर्म में सामाजिक उपयोगिता पहली शर्त के तौर पर मांगी जाती है। उस शर्त का अर्थ है कि हमारे काम से लोगों को लाभ पहुंचे। आदान-प्रदान बढ़े, सहानुभूति विकसित हो और पड़ौसीपन पनपे। पास-पड़ौसीपन स्वदेशी की जान है। मेरा देश वह है जहाँ मैं रहता हूँ। इस भाँति सबसे पहले मेरा घर और मेरा गाँव मेरा देश है।..... भूगोल के नक्शे का देश अन्तिम देश नहीं है। मेरे घर को इन्कार कर नगर कुछ नहीं रहता (स्वदेशी में यही भाव है) उसमें भाव है कि पड़ौसी से दूर नहीं, अलग न पडूं और अधिकाधिक हम में हितैक्य बढ़े। दूसरा उसमें भाव है, सर्वोदय।[10]

इन्दु टिकेकर गांधी फलसफा और सर्वोदय आन्दोलन पर विचार करते हुए यह कहती हैं कि व्यक्ति और समाज के विकास में किसी का किसी से किसी प्रकार का विरोध नहीं है वरन् विकास के अपरोच में अन्तर अवश्य है, ''बल्कि सम्पूर्ण मानव जाति का समग्र

---

8. गोपीनाथ धवन, सर्वोदय तत्व दर्शन, पृष्ठ 213 उद्धत
9. इन्दु टिकेकर, क्रांति का समग्र दर्शन, पृष्ठ 19.
10. जैनेन्द्र कुमार, अकाल पुरुष गांधी, पृष्ठ 68.

विकास और उत्थान अविभाजित एवं एकात्मय स्वरूप का है।...... सर्वोदय नाम से कोई नया धर्म खड़ा करने का प्रयास नहीं है ...... हां मानव को मानव के नाते ही समग्र विकास का अधिकार है।[11]''

मैंने पिछले पृष्ठों में किसानों, जनजातियों और गाँव के शोषण, उत्पीड़न और भुखमरी आदि की व्याख्या विस्तार से की है। सामन्तवादी और साम्राज्यवादी नीतियों ने ग्रामीण और नगरीय समाज को पूर्णतया झुलसा दिया। ग्रामीण व्यक्ति भूख, बेरोजगारी, शोषण और अत्याचार से टूट चुका है।

ऐसे शोषित, निर्धन, दुःखी, पीड़ित असंख्य व्यक्तियों का समग्र विकास किस प्रकार किया जाय? आज भी लगभग 45 करोड़ व्यक्ति गरीबी रेखा से नीचे हैं। भले ही सरकारी आंकड़े कुछ ही बोलें। इन्हें किस प्रकार सामाजिक न्याय दिलाया जाय? हर कहीं, विवादों से घिरी सरकारें और शासन तंत्र असफलता का मुँह देख रही हैं। ऐसी स्थिति और परिस्थिति में पुनः हम 'सर्वोदय' आन्दोलन की बात कर रहे हैं। कारण स्पष्ट है जब तक ग्रामीण समाज स्वालम्बी नहीं बनता है तब तक विकास का स्वप्न अधूरा और अधकचरा रहेगा। सर्वोदय वास्तविक जगत से जुड़ा जन-जन का आन्दोलन है जिसमें समग्र विकास का दर्शन समाहित है। सर्वोदय के समग्र विकास का आधार स्वदेशी अर्थव्यवस्था है। सर्वोदय का सामाजिक, सांस्कृतिक और राजनीतिक ढांचा भी ग्रामीण समाज की संरचना के आधार पर गढ़ा गया है क्योंकि ग्रामीण उद्योगों के विकास से ही स्वराज्य सम्पन्न हो सकेगा।

गांधी जी का सम्पूर्ण चिन्तन व्यावहारिक जीवन के अनुभवों से गुथा है। वहाँ कल्पना नहीं यथार्थ है। वे व्यक्ति को समाज से जोड़ना चाहते हैं। उसे पड़ौसी के सुख-दुःख से जोड़ना चाहते हैं। नैतिकता और आध्यात्म पर जोर देते हैं। ऐसे समाज की रचना करना चाहते हैं जहाँ सभी समानता, प्रेम और शान्ति का अनुभव कर सकें। निर्धनों को रौंद कर अपने घरों को न भरे। उन्होंने कहा कि धनियों को चाहिए कि वह आवश्यकता से अधिक धन एकत्र न करें। अतिरिक्त धन निर्धनों और समाज के विकास में लगायें। गांधी जी गरीबी और अमीरी की खाई पाटने के लिए हृदय परिवर्तन की बात कहते हैं। वे मार्क्स की तरह पूंजीवादी व्यवस्था को समाप्त करने के पक्ष में नहीं है। वे हिंसा और हिंसात्मक क्रांति में विश्वास नहीं रखते। उनका कहना है कि पूंजीपति वर्ग को समाप्त करने का अर्थ है उनकी धन संचय और कुशलता की नीति को भी समाप्त कर देना है। यह कला सभी व्यक्तियों में नहीं होती। हमें यह प्रयत्न करना चाहिए कि धनी वर्ग स्वेच्छा से अपना कर्त्तव्य समझ कर निर्धन व्यक्तियों की सेवा करें। यह सेवा उनके अतिरिक्त धन से की जा सकती है जिसका उन्होंने अनावश्यक रूप से संग्रह कर रखा है। इस धन का सदुपयोग दलित, निर्धन और शोषित वर्ग के लिये करें। यह तभी सम्भव है जब उनके हृदय में सेवा, प्रेम और कर्म की निस्वार्थ भावना उत्पन्न हो। वे ईश्वर के विधान को समझें कि जो सम्पत्ति उनके पास है उसका

11. इन्दु टिकेकर, क्रांति का समग्र दर्शन, पृष्ठ 8.

उपयोग और प्रयोग सभी के लिए होना चाहिए न कि कुछ व्यक्तियों के लिये। इससे एक समतामूलक समाज की स्थापना हो सकेगी और सर्वोदय समाज का उत्थान, कल्याण व विकास हो सकेगा। गांधी जी ने लिखा है-

> ''अहिंसक मार्ग यह है कि जितना उचित माना जा सके उतनी अपनी आवश्यकतायें पूर्ण करने के पश्चात जो धन बचे उसका, धनी व्यक्ति प्रजा की ओर से संरक्षक बन जाय। इस प्रकार का उत्तरदायित्व जब कभी धनी वर्ग पर आ पड़ेगा, निश्चय ही उस धन का सदुपयोग जनता के कल्याण एवं उन्नति के लिए करेगा।[12]''

गांधी जी की इसी भावना को सर्वोदय दर्शन के विद्वान **दादा धर्माधिकारी** इस प्रकार विवेचना करते हैं ''ट्रस्टीशिप का अर्थ है परम्परा और परिस्थिति से जो धन तुझे प्राप्त है, उसे दूसरों का समझकर जल्दी से जल्दी उससे मुक्त हो जाय।..... ट्रस्टीशिप के दो पहलू हैं। एक है संक्रमणकाल के लिए व्यवस्था। पूंजीवादी समाज व्यवस्था से हमें श्रम निष्ठ समाज व्यवस्था की ओर कदम बढ़ाना है। इसके लिए संग्रह के विसर्जन की आवश्यकता है। ट्रस्टीशिप का दूसरा पहलू है केवल धनिक ही ट्रस्टी नहीं है, श्रमिक भी ट्रस्टी है। श्रमिक जहाँ काम करता है, वह काम समाज का है।..... हम पहले यह माँग करते हैं कि उत्पादन के साधन, उत्पादक के कब्जे में होना चाहिए। बाद में यह माँग करते हैं कि उत्पादक भी उनका ट्रस्टी होगा। वह उन उपकरणों और उत्पादन का भी अपने आपको मालिक नहीं मानेगा। यह शाश्वत ट्रस्टीशिप है।''[13] वे वास्तव में राजनीतिक दल, दलवाद, विचारवाद और शासन के ढांचे सत्ता की राजनीति के साथ बदलते रहते हैं और हाशिये पर खड़ा आदमी वहीं पड़ा रहता है, बल्कि साधनों के अभाव में और अवसरों की कभी के कारण समाज के सभी व्यक्तियों का न तो उदय हो पाता है और न कल्याण और न विकास ही। इसलिये सर्वोदय समाज की स्थापना हेतु यह आवश्यक है कि व्यक्ति का और विशेष रूप से पूंजीपति का हृदय परिवर्तन हो। वे समाज के सेवक बने। संग्रह किया हुआ धन जन कल्याण और विकास में लगाये। ऐसा करने से ही सबका आर्थिक स्तर पर उत्थान हो सकेगा। **दादा धर्माधिकारी** पुनः कहते हैं कि यहाँ शासन तो बदलते रहे पर परिस्थितियाँ नहीं बदली, ''यही कारण है कि जिन लोगों ने बदलाव किया उनके मन बदले नहीं थे।..... क्रांति करने वाले को पहले अपना हृदय परिवर्तन करना चाहिए।..... गांधी ने दूसरा आयाम दिया साधन और साध्य संबंधी। उसने कहा कि जैसा तुम्हारा साध्य हो वैसा ही साधन। साध्य क्या है? प्यूरीफिकेशन आफ ह्यूमन रिलेशनशिप। ..... क्रांति इस ढ़ंग से होनी चाहिए कि मनुष्य और मनुष्य के बीच की दूरी समाप्त होती चली जाय और एक दूसरे के पास आते चले जाय।[14]''

12. वी.एन.सिंह, भारतीय सामाजिक चिन्तन में उद्धृत, पृष्ठ 197.
13. दादा धर्माधिकारी, समग्र सर्वोदय दर्शन, पृष्ठ 453.
14. दादा धर्माधिकारी, समग्र सर्वोदय दर्शन, पृष्ठ 483.

वास्तव में, सर्वोदय दर्शन का आन्दोलन लोकतंत्रीय समाजवाद का वास्तविक स्वरूप है। यह कार्ल मार्क्स, लेनिन या माओ के सिद्धान्तों पर आधारित समाजवाद की स्थापना नहीं करता, बल्कि इसमें जन आन्दोलन के द्वारा समानता और सामाजिक न्याय हेतु आन्दोलन किये जाते हैं। इस आन्दोलन में सत्ता केन्द्र में नहीं होती वरन् जन हित और जन विकास होती है। सत्ता और शासन सरकार के पास न होकर जनता के पास होती है जो लोकनीति के आधार पर सभी को समान सुविधायें और अवसर प्रदान करती है। यह वह समाज है जिसमें सभी छोटे-बड़ों का समान रूप से विकास होता है। **धीरेन्द्र मजूमदार**, सर्वोदय समाजवाद का विश्लेषण करते हुए लिखते हैं, ''वस्तुतः सर्वोदय लोकतांत्रिक समाजवाद की आगे की कड़ी है। आज के पूंजीवादी लोकतंत्र तथा सैनिक शैक्षिक समाजवाद के बदले वास्तविक समाजवाद का अधिष्ठान हो जाय तो उसकी गति, शक्ति तथा धृति-शक्ति सैनिक शक्ति के रूप में रह ही नहीं सकती। वह शक्ति निश्चित रूप से सहकारी लोक सम्पति के रूप में ही अधिष्ठित होगी, जो दबाव मूलक न होकर मानव मूलक होगी। मनाने का काम, समझाने का यानी शिक्षण का काम है और जिस दिन समाज की प्रेरक शक्ति, चालक-शक्ति तथा धृति-शक्ति तालीम हो जायगी, उस दिन मानव सर्वोदय समाज के प्रारम्भिक बिन्दु पर पहुँच जायेगा।फिर तालीम मूलक विकास सर्वोदय की साधना बन जायगी। ऐसी साधना के लिये लोक-सेवा-शिक्षण का ही प्रकार बन जाती है। इस प्रकार सर्वोदय क्रांति में समाज सेवा का प्रकार समाज शिक्षण ही है।[15]''

सोमनाथ शुक्ल ने गांधी साहित्य को विभिन्न दृष्टि से देखा और परखा है और उसकी विवेचना की है। वे समाज के आर्थिक सामाजिक विकास के लिये सर्वोदय दर्शन के यथार्थ को महत्व देते हैं। उनका विचार है कि सर्वोदय में आर्थिक सामाजिक विकास का समन्वय है। उन्हीं के शब्दों में देखें ''गांधी समाजवाद का आदर्श सर्वोदय समाज है। वैज्ञानिक समाजवाद ने समाज को परस्पर विरोधी तथा संघर्षरत वर्गों में विभाजित कर और विग्रह आरोपित कर मनुष्य जाति को दो शिविरों में आबद्ध किया है। कोई भी सामाजिक संरचना जो समाज को वर्ग, भेद और विग्रह से आक्रान्त करने की प्रस्तावना करती है, वह क्या समाजवाद का आदर्श या यथार्थ हो सकती है? यह अपूर्ण समाजवाद है। समाजवाद को परस्पर विरोधी वर्गों की कल्पना से मुक्त चिन्तन करना एक अनिवार्यता है। समाजवाद की एक ही मंजिल हो सकती है - सर्वोदय। ... सर्वोदय, सिद्धान्त और व्यवहार का समन्वय या सामंजस्य है। सर्वोदय समग्र समाजवाद है।[16]''

सर्वोदय और अर्थनीति (Sarvodaya and Economic Policy)

विश्व के किसी भी देश की अर्थनीति अथवा आर्थिक ढांचा इस बात पर निर्भर करता है

15. धीरेन्द्र मजूमदार, क्रांति-प्रयोग और चिन्तन, पृष्ठ 169.
16. सोमनाथ शुक्ल, गांधीवादी समाजवाद, समाज और संस्कृति, पृष्ठ 6.

कि उस देश की राजनीति किस प्रकार की है और कौन सा राजनीतिक दल सत्ता पर आसीन है। ऐसे भी देश हैं जहाँ आर्थिक ढांचे में कोई विशेष परिवर्तन नहीं होता है भले ही नेता बदलते रहे हैं। उदाहरण के लिए रूस, चीन में आर्थिक नीतियाँ समाजवादी प्रकृति की हैं यद्यपि यहाँ भी भूमन्डलीकरण और उदारीकरण ने सेंध लगा दी और विदेशी पूंजीवादी देशों की कम्पनियों का जाल बिछ गया है। पूंजीवाद देशों में आज अमेरिका का वर्चस्व है। वह विश्व के देशों में पूंजीवाद को प्रत्यक्ष अथवा अप्रत्यक्ष रूप में प्रोत्साहित कर रहा है। विदेशी व्यापार का बाजार अन्य देशों में स्थापित कर रहा है। यह बाजारवाद पूंजीवादी देशों की देन है जहाँ सामान्य व्यक्ति ठगा जा रहा है, लूटा जा रहा है और श्रमिकों का शोषण किया जा रहा है। स्वदेशी लघु उद्योग नष्ट होने के कगार पर हैं।

हमें इस तथ्य और सत्य को भूलना नहीं चाहिए कि भारत में सैंकड़ों वर्ष सामन्तों और साम्राज्यवादियों की सत्ता रही है। इन्होंने मन चाहे रूप में भारत के करोड़ों व्यक्तियों का शोषण किया है। उनका उत्पीड़न किया है। उन्हें बन्धुआ श्रमिक बनाकर पशुओं की तरह उनसे काम करवाया है। आर्थिक रूप से भारत के आंचल में एक अपाहिज देश पलता और बड़ा होता रहा है। स्वतंत्रता के पश्चात तरह-तरह की आर्थिक नीतियाँ घोषित की गयीं जैसे कल्याणकारी राज्य, लोकतांत्रिक समाजवाद और 1990 के पश्चात देश की आर्थिक नीतियों को पूरी तरह से पूंजीवादी बना दिया। इन आर्थिक नीतियों से आमजन का न कल्याण सम्भव है और न विकास। वह हाशिये पर था और हाशिये पर है। यह अर्थ नीति व्यक्ति को आत्म निर्भर और स्वावलम्बी नहीं बनाती। भले ही सरकार किसी की हो। परिस्थितियाँ नहीं बदली। थोड़ी बहुत परिस्थितियाँ परिवर्तित भी हो जाय तो भी आर्थिक ढांचे में बदलाव नहीं उत्पन्न हो सकता। **जब तक स्वयं व्यक्ति मन नहीं बदलता है, समाज का सेवक नहीं बनता है तब तक व्यक्ति का शोषण होता रहेगा। इसी को गांधी ने हृदय परिवर्तन की संज्ञा दी है।**

गांधी जी ने नगर और ग्रामीण समाज के समग्र विकास के लिये सर्वोदय समाज की स्थापना पर बल दिया। सर्वोदय अर्थनीति इस देश की भूमि से जुड़ी हुई नीति है। किसी विदेशी अर्थनीति की छाया तक इस पर नहीं है। देश का समग्र और सर्वांगीण विकास स्वदेशी साधन के प्रयोग से ही सम्भव है। अपार मानव-ऊर्जा के दोहन से ही देश स्वावलम्बी और आत्म निर्भर बनता है। **सोमनाथ शुक्ल** सर्वादय अर्थनीति का विश्लेषण करते हुए कहते हैं-

''गांधी जी ने शाश्वत मूल्यों पर आधारित एक समाधानकारी तथा सार्वभौमिक अर्थ व्यवस्था का निर्माण किया है। यह निर्माण जीवन से उद्‌भूत तथा प्रयोगसिद्ध है। इस अर्थशास्त्र में सर्वउदय या समग्र समाधान की आकांक्षा है। गाँधी जी ने भारत देश के लिए इसे उचित और उपादेय माना है। देश की ही नहीं दुनियां की आर्थिक समस्याओं का भी इसमें समाधान है। गांधी जी ने सर्वोदय का जो अर्थशास्त्र बनाया, वह सारी दुनियाँ पर लागू

होता है, पर भारत के लिए यह अत्यन्त अपरिहार्य है। उसके बिना यहाँ के गरीबों को पूरा खाना नहीं मिल सकता।[17]''

सर्वोदय समाज अपने व्यक्तियों को इस प्रकार प्रशिक्षित करता है कि व्यक्ति बड़ी से बड़ी कठिनाई में भी अपने साहस और धैर्य को खोता नहीं है। उसे यह सिखाया जाता है कि समाज में कैसे जियें। निजी कार्य को किस प्रकार करें जिससे कि वह स्वावलम्बी बन सके। इस समाज में इस प्रकार की योजनाओं का निर्माण किया जाता है कि प्रत्येक व्यक्ति को काम मिल सके जिससे वह अपनी आवश्यकताओं को पूर्ण कर सके। इस समाज में प्रत्येक व्यक्ति को श्रम करना पड़ेगा। गांधी जी कहते थे 'जो श्रम करेगा वही खाएगा।' सर्वोदय समाज की आर्थिक नीति पाश्चात्य देशों की तरह भौतिक सम्पन्न नहीं है और न सुख के पीछे भागना है। व्यक्ति की आवश्यक आवश्यकताओं की पूर्ति सर्व प्रथम होनी चाहिए जैसे रोटी, कपड़ा, मकान, शिक्षा, चिकित्सा की सुविधा, नौकरी आदि। सर्वोदय देश के कुछ भागों को ही स्वावलम्बी नहीं बनाना चाहता बल्कि सम्पूर्ण देश को स्वावलम्बी, बनाना चाहता है। कम से कम प्रत्येक क्षेत्र में इतनी चीजें तो अवश्य उत्पन्न होने लगे कि उस क्षेत्र के व्यक्तियों की आवश्यकतायें पूर्ण हो सके। अमुक क्षेत्र के व्यक्तियों को इस प्रकार का प्रशिक्षण दिया जायगा जिससे कि वे अपनी आवश्यकताओं के अनुसार चीज़ों का उत्पादन करें। वे प्रत्येक चीज को बाजार और सौदे के रूप में तैयार नहीं करेंगे क्योंकि बाजार, सौदा एक यांत्रिक मन का निर्माण करता है जैसा कि दादा धर्माधिकारी कहते हैं ''यांत्रिक मानव जिसे टेक्नोलॉजिकल मानव कहते हैं ...... आज के मानव का जो संस्करण है उसके दो पहलू है एक है मार्केट ओरिएण्टेशन - पण्य संस्करण, बाजार संस्करण जिसमें हर चीज कमोडिटी-सौदा बन जाती है। हर चीज को सौदे का स्वरूप प्राप्त होता है।[18]''

सर्वोदय समाज की अर्थनीति पूंजीवादी और समाजवादी देशों से कहीं पर भी मेल नहीं खाती है। इस समाज में जाति, धर्म, सम्प्रदाय, वर्ग आदि के आधार पर विभाजन रेखा नहीं खींची जाती। इसमें सभी व्यक्ति समान हैं। इसमें व्यक्ति का शोषण नहीं किया जाता और न व्यक्ति भौतिक सुखों के पीछे भागता है। इसलिये व्यक्तियों में न तो प्रतिस्पर्धा है और न संघर्ष और न शोषण की प्रवृत्ति ही। ये अपने पास उतनी ही वस्तुओं का संग्रह करते हैं जितनी इनकी आवश्यकतायें होती हैं। सर्वोदय समाज की अर्थनीति का महत्वपूर्ण आधार यह है कि यह उन्हीं व्यापार, उद्योगों को प्रोत्साहित करता है जिससे क्षेत्रीय व्यापार को किसी प्रकार का आघात न पहुंचें। अन्तर्राष्ट्रीय स्तर पर उन्हीं चीजों के व्यापार को प्रोत्साहित किया जायेगा जिनका उत्पादन आवश्यकता से अधिक होता है। कृषि कार्य में बैल और गाय को भी प्रोत्साहित किया जायगा। इतना ही नहीं ग्रामीण समाज में जो बैंक स्थापित किये जायेंगे उनका कार्य है कि ग्रामीणों में बचत की आदत को प्रेरित करना और जो इनका धन बैंक

17. सोमनाथ शुक्ल, गांधीवादी समाजवाद, राजनीति और अर्थनीति, पृष्ठ 136.
18. दादा धर्माधिकारी, समग्र सर्वोदय दर्शन, पृष्ठ 574.

में जमा किया जाय उसका प्रयोग ग्रामीण विकास में ही किया जायेगा। सर्वोदय समाज में कर की भी व्यवस्था है। इस समाज में जितने भी कर लगाये जायेंगे वे सभी प्रत्यक्ष कर होंगे। अप्रत्यक्ष कर की कोई व्यवस्था नहीं होगी। सर्वोदय समाज में सभी आर्थिक दृष्टि से समान हैं। न कोई छोटा है और न कोई बड़ा। श्रम का अपना महत्त्व है। **सोमनाथ शुक्ल** सर्वोदय-अर्थनीति के संबंध में लिखते हैं-

''गांधी विचार की अर्थनीति स्वमताभिमानी (डागमेटिक) नहीं है। सतत परिष्कार, परिवर्तन तथा प्रगति और प्रामाणिकता गांधी अर्थनीति का शाश्वत चरित्र है। गांधी अर्थनीति वैज्ञानिक और विवेकपूर्ण है। वैज्ञानिक अर्थनीति व्याख्या, विश्लेषण तथा विवेक पर आधारित हो सकती है। देश विदेश की परम्परा और ऐतिहासिक परिस्थितियों में वैज्ञानिक अर्थनीति का विकास सम्भव है। गाँधी अर्थनीति परम्परा और परिस्थितियों के सही परिप्रेक्ष्य के आकलन पर आधारित है।[19]''

सर्वोदय समाज की अर्थनीति आध्यात्मिक और सात्विक है। आत्मतुष्टि उसका सर्वोत्तम गुण है। व्यक्ति भूख में व्यक्ति का सहयोगी बनता है। पड़ौसी का सहयोगी बनता है। वह छीन कर खाने में विश्वास नहीं करता। **गांधी** कहते हैं ''पृथ्वी प्रत्येक मनुष्य की अवश्यकता पूरी करने के लिए तो काफी देती है, परन्तु प्रत्येक मनुष्य के लोभ को तृप्त करने के लिए नहीं देती। जब तक हम जीवनचक्र के साथ सहयोग करते हैं तब तक जमीन अपना उपजाऊपन निरन्तर नये सिरे से निर्माण करती रहती है और जो उस पर निर्भर करते हैं उन्हें स्वास्थ्य, मनोरंजन, पोषण और सुख शान्ति प्रदान करती रहती है। परन्तु जब 'छीन कर खाने' की वृत्ति का बोल-बाला होता है, तब प्रकृति का सन्तुलन बिगड़ जाता है और सर्वत्र जीवन के क्षेत्र में बिगाड़ होने लगता है।[20]'' गांधी जी का यह व्यावहारिक जीवन पर आधारित आध्यात्मिक चिन्तन सर्वोदय की अर्थनीति का दर्शन है। वास्तव में, सर्वोदय अर्थनीति के दर्शन का विश्लेषण करने पर हमें ज्ञात होता है कि यह लोकान्मुखी है। लोक हित में ही समाज का आर्थिक ढांचा गढ़ा जाता है जिसमें लोक ही सर्वोपरि है। सत्ता और शासन नहीं है। इसलिये यह मानवतावादी भी है क्योंकि इस समाज में सभी व्यक्तियों का समान रूप से विकास होता है। **इन्दु टिकेकर** सर्वोदयी अर्थव्यवस्था के संबंध में कहती हैं -पारस्परिक विश्वास और सबके हित की प्रेरणा व्यवस्था में प्रकट होगी तथा कथित लोकतांत्रिक राष्ट्रों में जो केन्द्रित महाकाय यंत्रों के कन्धों पर चढ़ी हुई अर्थव्यवस्था है। शुरू से आज तक गरीबी या गरीब देशों का शोषण ही किया है। राजनीतिक आर्थिक ठेकेदारी व्यक्ति और समाज को आजादी देती है। गाँधी जी ने कहा था कि समताधारी समाज में कभी होड़ नहीं चलेगी। सबके लिए समान अवसर और शान्ति की आकांक्षा रहने पर निश्चय ही आर्थिक पुनर्रचना हो सकती है। इस नयी व्यवस्था का नाम गांधी जी ने सुझाया अहिंसा

19. सोमनाथ शुक्ल, गांधीवादी समाजवाद, राजनीति और अर्थनीति, पृष्ठ 136.
20. प्यारे लाल, महात्मा गांधी, पूर्णाहुति, पृष्ठ 166.

का अर्थशास्त्र।[21] ''इसका सीधा सा अर्थ है कि आर्थिक ढांचे में इस प्रकार से परिवर्तन लाया जाता है जिसमें हिंसात्मक किसी प्रकार की गतिविधियाँ नहीं होती। न संघर्ष होता है और न प्रतिस्पर्धा। अहिंसा और प्रेम के माध्यम से व्यक्ति-व्यक्ति से जुड़ता और बन्धता है। इस समाज में बन्धुत्व भी है और मानवीय मूल्य भी। इस संरचना में अस्तेय भी है और अपरिग्रह भी। सभी को श्रम करना है। मनुष्य ही उत्पादन की शक्तिशाली इकाई है। वह उत्पादन करता है पर मालिक नहीं बनता। इसलिये सर्वोदय समाज में शोषण नहीं होता। उत्पादन कार्य में अधिक से अधिक मानव ऊर्जा और शक्ति का प्रयोग किया जाता है। अत्यन्त आवश्यक स्थिति में ही यंत्रों का उपयोग होता है। सर्वोदय समाज में पूंजीवादी व्यवस्था की तरह लाभ का लक्ष्य नहीं होता। क्षेत्र व व्यक्ति स्वावलम्बी बने, यही इसका मुख्य उद्देश्य है। अति भौतिकवादी दृष्टि का यहाँ कोई स्थान नहीं है। गांधी जी की सर्वोदयी आर्थिक व्यवस्था में शान्ति भी है और भाई-चारा भी है। आध्यात्मिकता और मानवतावाद भी है। इसलिये विश्व के किसी भी देश में विकास का यह सर्वोदय मॉडल देखने को नहीं मिलता। इस व्यवस्था में सम्पूर्ण जीवन-शैली भारतीयता का प्रतिनिधित्व करती है। राक्षसी तृष्णा, तेरा-मेरा और अति धनवान होने की लिप्सा विलीन हो जाती है। यह जीवन का अद्वैत है। यही परम साम्य है।

सर्वोदयी सामाजिक व्यवस्था (Sarvodaya Social System) - गांधी जी के विचार एक ही सिक्के के दो पहलू हैं। यदि आर्थिक व्यवस्था व नीति सर्वोदय समाज की रीढ़ है तो सामाजिक व्यवस्था उसका शरीर है। आर्थिक नीतियों का लक्ष्य है सामाजिक व्यवस्था की पुनर्रचना।

ऐसे समाज की स्थापना करना जिसमें असमानता के स्थान पर समानता हो, व्यक्तियों में घृणा के स्थान पर प्रेम और सौहार्द हो, शोषण और स्वार्थ के स्थान पर त्याग और दूसरों की सेवा करने की प्रवृत्ति में वृद्धि हो, सम्पत्ति के संचय के स्थान पर पूंजीपति अपनी आवश्यकताओं को पूर्ण करने के पश्चात जो धन उसके पास बचे वह जनता के सेवा कार्य में लगाए। गांधी जी एक ऐसे सर्वोदयी समाज की स्थापना करना चाहते थे जो प्रेम, सत्य, अहिंसा और समानता पर आधारित हो। सभी वर्ग के व्यक्ति श्रम करें और श्रम को महत्व दें। श्रम के अभाव में समाज का निर्माण कैसे सम्भव हो? इसलिये सभी को अपने हिस्से का श्रम करना चाहिए। इस प्रकार की समाज की व्यवस्था में धर्म और नैतिकता का अपना स्थान है। इन्हीं के आधार पर व्यक्ति में आध्यात्मिकता और आनन्द की प्राप्ति होती है। दूसरों को सुखी देखने में ही आनन्द की अनुभूति होती है। गांधी जी का यह व्यावहारिक फलसफा व्यक्ति को व्यक्ति से जोड़ता है। व्यक्ति के सृजन की शक्ति को एक नूतन आयाम देता है।

सर्वोदयी सामाजिक व्यधस्था में व्यक्ति एक दूसरे का सहयोगी हैं। वे परस्पर न तो प्रतिस्पर्धा करते हैं और न संघर्ष, वे उत्पादक तो हैं पर मालिक बनने की महत्वाकांक्षा उनमें

---

21. इन्दु टिकेकर, क्रांति का समग्र दर्शन, पृष्ठ, 44.

नहीं उत्पन्न होती है। इसलिये इस समाज में वैयक्तिक स्वार्थ शून्य के समान होता है। स्वार्थ रहित समाज में द्वन्द्व नहीं प्रेम और सौहार्द होता है। प्रत्येक व्यक्ति को उन्नति के समान अवसर प्राप्त होंगे। वर्ग-भेद न के समान होगा। निर्धन और धनी के मध्य आर्थिक सामाजिक दूरी समाप्त करने का प्रयास किया जायेगा। शक्ति के केन्द्रीकरण के स्थान पर विकेन्द्रीकरण होगा क्योंकि दिल्ली की सरकार लाखों गांवों में नहीं पहुँच सकती है। ग्राम सेवा संगठनों, पंचायतों आदि को ग्रामीण विकास के कार्य में लगाया जायेगा। सर्वोदय समाज की व्यवस्था एक आदर्श व्यवस्था होगी जिसमें न शोषण होगा और न असमानता।

विनोबा भावे ने सर्वोदय समाज की व्यवस्था के संबंध में कहा है सर्वोदय कुछ का या बहुतों का अधिकतम उत्थान नहीं चाहता। हम अधिकतम से अधिकतम सुख से सन्तुष्ट नहीं हैं। हम तो केवल एक ही और सबकी, ऊंचे और नीचे की, सबल और निर्बल की, बुद्धिमान और बुद्धिहीन की भलाई से ही सन्तुष्ट हो सकते हैं। सर्वोदय शब्द एक उत्कृष्ट और सर्वव्यापक भावना को अभिव्यक्त करता है। सर्वोदय की उन्नति के लिए समाज का एक नया ढांचा बनाना पड़ेगा जिसका अपना धर्म, व्यवसाय, संगठन और सेवा कार्य करने की पद्धति और प्रणाली होगी। इसमें सभी धर्म के व्यक्ति होंगे। धर्म के आधार पर वर्ग न होंगे क्योंकि धर्म व्यक्तिगत विश्वास की वस्तु है न कि किसी पर जबरदस्ती थोपने की।.... व्यक्ति को अपनी आवश्यकता की वस्तु स्वयं उत्पन्न करनी होगी। इस तरह शोषण की भावना स्वतः समाप्त हो जायगी।.... सर्वोदय का अन्तिम लक्ष्य ही दूसरों की सेवा एवं कल्याण करना है।..... विनोबा जी तो यहाँ तक कहते हैं कि धनी और निर्धन दोनों ही पतित हैं एवं आध्यात्मिक दृष्टिकोण से तो इनकी कभी उन्नति नहीं हुई। इसलिये आवश्यकता दोनों के उत्थान एवं कल्याण की है।[22]''

निःसन्देह कोई व्यवस्था कितनी भी अच्छी हो यदि उस व्यवस्था में पले-पोसे और बड़े हुए नागरिक स्वार्थी, अनैतिक, लोभी, महत्वाकांक्षी और शोषणकारी प्रवृत्तियों से परिपूर्ण है तो ऐसी व्यवस्था कभी भी मानव समाज का कल्याण नहीं कर सकती है। इसे तो राक्षसी सभ्यता ही कहेंगे। आज अति भौतिक संस्कृति इसी सभ्यता व संस्कृति को विकसित कर रही है। इस अमानवीय, स्वार्थी और भ्रष्ट व्यवस्था को समाप्त करने हेतु ही गांधी जी ने सर्वोदय समाज व्यवस्था की नींव रखी। **इन्दु टिकेकर** सर्वोदयी सामाजिक व्यवस्था के संबंध में अपने विचार प्रकट करते हुए लिखती हैं, ''इस व्यवस्था में दूरवर्ती बाजार के लिये, मुनाफे के लिये उत्थान मान्य नहीं होगा। यही गांधी जी का स्वदेशी था। हजारों, लाखों, गरीब देश वासियों को सार्वत्रिक खादी और चरखा बचा सकेंगे। यह उनका अन्दाजा था। यह व्यवस्था केवल पड़ौसी केन्द्रित नहीं मजदूर केन्द्रित भी थी। मजदूर का श्रम ही गांधी जी के लिये पूंजी थी।[23]''

---

22. वी.एन.सिंह, भारतीय सामाजिक चिन्तन, पृष्ठ 199 पर उद्धृत.
23. इन्दु टिकेकर, क्रांति का समग्र दर्शन, पृष्ठ 44.

विश्लेषणात्मक दृष्टि से सर्वोदय समाज का आन्दोलन
(Analytical Perspective of Sarvodaya Samaj Movement)

गांधी जी के समस्त विचारों की पृष्ठभूमि में भारतीय धर्म, नैतिकता, आध्यात्मिकता और मानवतावाद है। सारे विचारों के केन्द्र में व्यक्ति है। व्यक्ति का उत्थान और कल्याण है। गांधी जी के अनुभव आधारित यथार्त दर्शन व्यक्ति को आत्मिक बल प्रदान करते हैं। व्यक्ति देश की सेवा निस्वार्थ भाव से करने के लिये आतुर दिखायी देने लगता है। गांधी का स्वप्न कहीं पीछे छूट गया। आज के भूमन्डलीकरण, उदारीकरण, बाजारवाद और उपभोक्ता संस्कृति ने सर्वोदय आन्दोलन को पीछे ढकेल दिया। नव आर्थिक उपनिवेशवाद परोक्ष और प्रत्यक्ष रूप से भारतीय समाज को डस रहा है। महानगर, नगर, कस्बे और गांव इसके प्रभाव से आज अपने को बचा नहीं पा रहे हैं। अति भौतिकवादी संस्कृति ने व्यक्ति को स्वार्थी और अमानवीय बना दिया है। देश में सत्ता और राजनीति बदलती रहती है। परिस्थितियाँ भी बदलती हैं पर व्यक्ति का मन नहीं बदलता। जाहिर है समाज में कोई परिवर्तन नहीं होता। **गोपीनाथ धवन** ने ठीक ही लिखा है, ''इस नैतिक अवनति की अभिव्यक्ति मनुष्य की धन लिप्सा में होती है। लाभ की असाधारण प्रवृत्ति ने उसे सेवा के आदर्श के प्रति अन्धा बना दिया है और यही पूंजीवाद की जड़ है।[24]''

लोकतंत्रीय व्यवस्था और हादसे के जो परिणाम सामने आ रहे हैं उससे एक नये युग की स्थापना हो रही है। आज की भ्रष्ट, स्वार्थी, जातिवादी, धार्मिक, राजनैतिक गतिविधियों के पैरवीकार राजनीतिज्ञ एवं स्वार्थी जन सेवक, संस्थायें, धक्कावाद के प्रतीक बन गये। देश आगे के बजाय पीछे जा रहा है। मात्र उद्योगों और विज्ञान के आधार पर विकास को नापना हमारी भूल है जबकि व्यक्ति का आचरण, चरित्र, दिन-प्रतिदिन अनैतिक होता जा रहा है। इन सब स्थितियों के बावजूद भी सर्वोदय का महत्व कम नहीं होगा। गांधी जी के विचार सदैव प्रासंगिक रहेंगे। **श्री कृष्ण दत्त भट्ट** ने उचित ही लिखा है ..... ''समग्र सर्वोदय दर्शन जैसे विचारों की प्रासंगिकता कभी समाप्त नहीं हो सकती, बल्कि उसकी सार्थकता दिनोंदिन बढ़ती जायगी। इन विचारों की शक्ति ही मनुष्य में मानव जाति के लिए शुद्धतम करुणा, समझ और कृति पैदा करेगी, जिससे मानवीय संस्कृति के विकास का पथ प्रशस्त होगा।[25]''

24. गोपीनाथ धवन, सर्वोदय तत्व दर्शन, पृष्ठ 5.
25. दादा धर्माधिकारी, समग्र सर्वोदय दर्शन, उद्धृत, पृष्ठ III.

References

Bhatt, Sri Krishan Dutta, Samagra Saryodya Darshan, Sarva Sewa Sangh, Varanasi.

Bhave, Vinoba, Sarvodya Ke Adhar.

Dada Darmadhikari, Samgra Saryodya Darshan, Sarva Sewa Sangh, Varanasi.

Dhawan, Gopi Nath, Saryodya Tatva Darshan, Navjeewan Prakashan Mandir, Ahmedabad.

Kumar, Jainendra, Akal Purush Gandhi, Purvodya Prakashan, Delhi.

Masani, R.P., The Five Gifts.

Mazumdar, Dhirendra, Kranti Prayog Aur Chintan, Sarvodya Sewa Sangh, Varanasi.

Narain, Jai Prakash, Bhartiya Rajya Vaivastha Ki Punarachna, Ek Sunawad, Sarsewa Sangh, Varanasi.

Narain, Jai Pakash, Meri Vichar Yatra, Part I, Sarysewa Sangh, Varanasi.

Pyare Lal, Mahatma Gandhi, Purna Ahuti, Navjeevan Prakashan Mandir, Ahmedabad.

Tikekar, Indu, Kranti, Samagra Darshan, Sarva Sewa Sangh, Varanasi.

Shukla, Somnath, Gandhivadi Smajvad, Smaj Aur Sanskrit, Sarvodya Vidhya Sansthan, Kanpur.

Shukla, Somnath, Gandhivadi Smajvad, Rajneet Aur Arthaneet, Sarvodya Vidya Sansthan, Kanpur.

Shard, Onkar, Desh Ka Prakash, Jai Prakash Sahitya Bhavan, Allahabad.

Singh, V.N., Bhartiya Samajik Chintan, Vivek Prakashan, Delhi.

16

पर्यावरण जागरूकता आन्दोलन
(Environmental Movement)

पर्यावरण एक परिचय

ऐसा अनुमान लगाया जाता है कि तीन सौ करोड़ वर्ष पूर्व पृथ्वी पर जीवन का प्रादुर्भाव हुआ था। सच यह भी तो है कि पर्यावरण एक शाश्वत चीज है क्योंकि जहाँ भी जल, वायु, पृथ्वी, आकाश है वहाँ पर्यावरण भी उपस्थिति है। इसी आधार पर आज इस बात की खोज की जा रही है कि अन्य ग्रहों पर भी जीवन पाने की सम्भावना व्यक्त की जा रही है। अनेक ग्रहों पर शोध कार्य हो रहे हैं। वास्तव में, जीव जगत् के विकास में विभिन्न प्रकार की परिस्थितियाँ, जीवों में परस्पर अन्त: सम्बन्ध और जीव अथवा प्राणी के मध्य पाये जाने वाले तथा पनपने वाले अन्तर सम्बन्धों पर परस्पर निर्भरता से और अन्त: क्रियाओं के द्वारा समाज का विकास हुआ। इसी के साथ जगतीय पर्यावरण का भी विकास होता चला है।

पर्यावरण एक जटिल शब्द है। इसकी व्यापकता का घेरा काफी विशाल है। इसलिये इसके अर्थ को शब्दों की सीमा में बांधना एक दुरूह कार्य है। सामान्यत: हम सम्पूर्ण पर्यावरण को दो श्रेणियों में रखते हैं : 1. सामाजिक पर्यावरण और 2. भौगोलिक पर्यावरण। सामाजिक पर्यावारण वह है जो व्यक्ति द्वारा नियंत्रित होता है। भौगोलिक पर्यावरण वह है जिस पर व्यक्ति नियंत्रण नहीं कर पाता है। इसे प्राकृतिक पर्यावरण की भी संज्ञा दी जाती है। इसे स्पष्ट करते हुए मेकाइवर और पेज लिखते हैं ''पृथ्वी का धरातल, उसकी सब प्रकार की प्राकृतिक दशायें, प्राकृतिक उत्पादन के साधन, भूमि, जल, पर्वत, मैदान, खनिज पदार्थ, पौधे, जलवायु और विश्व की वे सभी शक्तियाँ जो पृथ्वी और मानव को प्रभावित करती हैं, भौगोलिक (प्राकृतिक) पर्यावरण के अन्तर्गत आती हैं।[1]'' सामान्यत: पर्यावरण उसे कहा जा सकता है जिसमें जीव और प्रकृति निवास करते हैं और जिनमें परस्पर क्रियायें व अन्त: क्रियायें होती रहती हैं।

वैसे जब इस विषय पर मैं लिखने बैठा तो मेरे दिमाग में यह बात बार-बार कोंधती

1. मेकाइवर एण्ड पेज, सोसायटी, पृष्ठ 98.

रही कि क्या कभी पर्यावरण से जुड़ी असंख्य समस्याओं को लेकर आन्दोलन हुए हैं, पर्यावरण से जुड़ी किसी एक समस्या को लेकर देश के विभिन्न अंचलों में धरना दिये गये हैं? लोग अनशन पर बैठे हैं? जलूस निकाला गया है? सड़कों पर नारे लगाये गये हैं आदि। इस आधार पर मैं यह कह सकता हूँ कि समग्र पर्यावरण की समस्याओं को लेकर कोई बड़ा आन्दोलन नहीं किया गया है जो आन्दोलन हुए वे जनजागृति तक ही सीमित रहे।

सम्पूर्ण देश के विभिन्न राज्यों में नहीं हुए। इसे पर्यावरण के लघु जीवी आन्दोलन की भी संज्ञा दी जा सकती है। इस प्रकार के लघु जीवी पर्यावरणीय आन्दोलनों की जन जागृति में महत्वपूर्ण भूमिका है। राष्ट्रीय व अन्तर्राष्ट्रीय सेमिनारों, गोष्ठियों और सरकारी विभागों में पर्यावरण पर गंभीर चर्चायें हुई हैं। दुर्भाग्य से वे चर्चाओं और बहस तक ही कैद होकर रह गयी। पर्यावरण संबंधी निष्कर्ष सरकारी तंत्र की गर्द में दबकर रह गये हैं। उन्हें जिस शिद्दत के साथ लागू करना चाहिए था, नहीं किया गया। इन पर्यावरण संबंधी जनजागृति आन्दोलनों का प्रभाव इतना तो अवश्य पड़ा है कि सरकार को पर्यावरण संबंधी अनेक कानून, नियम और अधिनियम बनाने पड़े। पर्यावरण विभाग खोले जाने लगे हैं।

पर्यावरण संबंधी समस्याओं को उजागर करने में समाचार पत्रों की भूमिका को नकारा नहीं जा सकता है। इन्होंने बहुत बड़े स्तर पर पर्यावरण को अपने अखबार का हिस्सा बनाया है। प्राकृतिक सम्पदा को संवारने और सुधारने की आवाजें बुलन्दी पर उठी हैं। पर्यावरण का दोहन करने वाले भू-माफियाओं, उद्योगपतियों की पर्यावरण संबंधी स्वार्थी नीयत का पर्दाफाश किया जा रहा है। इस दृष्टि से देश भर में छोटे बड़े संगठनों ने पर्यावरण संबंधी मुद्दों पर विचार करना ही आरम्भ नहीं किया है, बल्कि उन्हें गंभीरता से भी लिया जाने लगा है। यह पर्यावरण संबंधी लोक चेतना तेजी से आगे बढ़ रही है। घरों में गमले जहाँ सज रहे हैं, वहाँ पार्कों में पेड़-पौधे लगाये जा रहे हैं। सड़कों के किनारे पेड़ लग रहे हैं। विभिन्न प्रकार के वायु, जल, ध्वनि, रासायनिक प्रदूषणों को गरम जोशी से अखबार उठा रहे हैं। इन सब चीज़ों को देखकर यह महसूस होने लगा है कि पर्यावरण जागृति आन्दोलन के कदम निरन्तर आगे बढ़ रहे हैं।

सैंकड़ों लोग और संस्थायें पर्यावरण के मामले को अपने-अपने ढंग से अपना रहे हैं, किन्तु उनके अनुभव और दिलचस्पी के क्षेत्र एक दम अलग-अलग हैं। कुछ वनों को काटना बन्द करना चाहते हैं तो कुछ वन लगा रहे हैं। कुछ बड़े बाँधों से जूझ रहे हैं। कुछ जल प्रदूषण से लड़ रहे हैं। उत्तर-प्रदेश के हिमालय के पर्वतीय इलाके में 'चिपको आन्दोलन' चल रहा है। उधर कर्नाटक के पश्चिमी घाट में 'अप्पिकों आन्दोलन' खड़ा हो गया। सैरंधी घाटी और बड़ेथी बांध जैसी योजनायें जनविरोध के कारण ही रोक दी गई। मध्य-प्रदेश, आन्ध्र प्रदेश तथा महाराष्ट की सीमा के पास बनने वाले प्रस्तावित भोपालपट्नम और ईचमपल्ली बाँधों का विरोध करने वाले आन्दोलनों की अगुवाई प्रसिद्ध समाज सेवी बाबा आमटे कर रहे हैं। केरल शास्त्र साहित्य परिषद् ने केरल में चेलियार नदी को बिरला की रेयान मिल से बचाने के खिलाफ भारी लड़ाई लड़ी है। ....शाह डोल के

लोग जिले में कागज के दलदल में बदलने के खिलाफ किसानों को संगठित करने के काम में मिट्टी बचाओ अभियान में जुटा हुआ है।[2]

आधुनिक भौतिकवादी संस्कृति और सभ्यता के विकास ने देश की सम्पदा में वृद्धि की है। औद्योगीकरण, नगरीकरण, यंत्रीकरण की प्रगति के साथ-साथ विशालकाय, मिल, फैक्टरी, कारखाने भी स्थापित हुए। कृषि में विज्ञान का प्रवेश हुआ, वैज्ञानिक ढंग से खेती करने के कार्य में वृद्धि हुई। इन सब ने मिलकर प्राकृतिक पर्यावरण को नष्ट-भ्रष्ट कर दिया। प्राकृतिक सन्तुलन जो बना और गठा था, वह टूटने लगा, क्योंकि प्रदूषण एक अनिच्छित परिवर्तन है जो भौतिक, रासायनिक क्रियाओं से वायु, मिट्टी और जल से उत्पन्न होकर मानव जीवन के लिये घातक बनता है। इस पर्यावर्णीय प्रदूषण से मानव-जीवन कष्ट-प्रद बन जाता है। **राजेश्वरी प्रसाद चन्दोला** इसी संबंध में लिखते हैं "आज के भौतिकवाद के युग में हम एक प्रकार के आर्थिक विकास के इन्द्रजाल में फंसे हुए हैं। इसने हमारे पर्यावरण को काफी प्रभावित किया है। पिछले कुछ वर्षों से पूंजीवादी राष्ट्रों द्वारा भारत सहित सभी तीसरी दुनियाँ के राष्ट्रों पर अपनी अर्थव्यवस्था को खुला रखने के लिए दबाव डाला जा रहा है। कहा जा रहा है कि अर्थ-व्यवस्था को खुला करने से इन राष्ट्रों में विदेशी पूंजी का विनियोग होगा।..... पूंजीवादी राष्ट्रों की विदेशी पूंजी का विनियोग होगा।.... पूंजीवादी राष्ट्रों द्वारा अपने इस तर्क की पुष्टि के लिए कोरिया, ताइवान, मलेशिया, सिंगापुर आदि पूर्व एशियाई देशों का उदाहरण दिया जाता है।[3]" यह पूंजीवादी देशों की बहुत गहरी चाल है कि देश को आर्थिक फलक पर, आज की दुनिया में, उन्नति करना आवश्यक है। यह उदारीकरण, वैश्वीकरण, बाजारवाद और उपभोक्तावाद नव उपनिवेशवादी पूंजीवादी देश के गर्भ से निकला है। पश्चिम के देश अविकसित और विकासशील देशों को ऋण देकर उद्योग की प्रतिस्पर्धा में उतार रहे हैं। चन्द पूंजीपतियों के व्यापार में वृद्धि हुई पर उससे कई गुना ज्यादा प्राकृतिक पर्यावरण को हानि उठानी पड़ रही है। प्रदूषण जीने योग्य समाज का निर्माण नहीं कर रहा है। पश्चिम देशों का पेट कितना बड़ा है, इसकी व्याख्या इस प्रकार की गयी है -

"पश्चिम के भोजन की जरूरतें पूरी करने के कारण बाकी दुनिया में तबाही मची है। अगर इस बारे में आंकड़े जुटाये जायं तो यह साफ हो जायगा कि उपनिवेशवाद खत्म होने के दौर में बाकी दुनियां की जितनी जमीन का उपयोग पश्चिमी देशों के खाने और अन्य जरूरतों को पूरा करने में हो रहा है, वह 1940 में उपनिवेशों के रूप में मौजूद जमीन से कई गुना अधिक है।.... संयुक्त राष्ट्र पर्यावरण कार्यक्रम (यूनेप) ने हाल में एक रिपोर्ट जारी की है जिसमें कई देशों पर कर्ज के बोझ और इस कर्जे पर पश्चिमी देशों द्वारा वसूल किया जाने वाले मोटे सूद का जिक्र है। यह सूद पर्यावरण की कीमत के रूप में वसूला जा रहा है। कर्ज के बोझ और विदेश व्यापार की उल्टी सीधी शर्तों के चक्कर में ये देश

2. स. अनिल अग्रवाल, हमारा पर्यावरण, पृष्ठ 203.
3. राजेश्वरी प्रसाद चन्दोला, पर्यावरण : आज का भारतीय परिदृश्य, पृष्ठ 38.

अपनी प्राकृतिक सम्पदा पर काफी दबाव डालते हैं और उनका जरूरत से ज्यादा दोहन करते हैं।[4]'' यह उद्धरण इस तथ्य का प्रतीक है कि हम पश्चिम की औद्योगिक नीतियों और बाजारवाद के जाल में फंसते जा रहे हैं। हम प्राकृतिक साधनों का दोहन अपने स्वार्थों के अनुसार बड़ी मात्रा में कर रहे हैं। इससे पर्यावरण का सन्तुलन जहाँ असन्तुलित हुआ है वहीं प्रदूषण की समस्या भी गंभीर हो गयी है! यह एक बीमार समाज को गढ़ रही है। मनुष्य, समाज और देश की धन की लिप्सा ने पर्यावरण को अपने हितों और लाभों के लिये प्रयोग करने लगा। **हरिश्चन्द्र व्यास** ने ठीक ही लिखा है कि उन्नीसवीं शताब्दी के पहले तक तो सब कुछ ठीक ठाक चल रहा था क्योंकि तब तक मनुष्य की तीसरी आँख-लालच की आँख खुली नहीं थी। तब तक प्रकृति के सौन्दर्य को ललचाई दृष्टि से उसने नहीं देखा था। आज विनाश की पटकथा जो लिखी जा रही है उसके पीछे लालच की, लूट-खसोट की और लिप्सा की यही दृष्टि उत्तरदायी है।[5]''

वह कहने में अजीब सा लगता है कि जब कभी पश्चिमी देश किसी समस्या पर चिन्ता प्रकट करते हैं। सम्पूर्ण विश्व में अमुक विषय पर चिन्ता प्रकट की जाने लगती है। प्रचारतंत्र अमुक समस्या को तरह-तरह ढंग से प्रचारित करता है। विश्व का ध्यान उस ओर ले जाता है और समस्या किसी विशेष देश की न होकर सम्पूर्ण विश्व की बन जाती है। पर्यावरण, इकोलाजी और प्रदूषण ऐसे ही विषय हैं जो विश्व के लिये समस्या बन चुके हैं। इसे देखते हुए अनेक देशों ने चिन्ता प्रकट करना आरम्भ कर दिया है। इस दृष्टि से विश्व के अनेक देशों में सम्मेलन, संधिया और पर्यावरण की समस्याओं के समाधान हेतु हस्ताक्षर किये गए हैं। अन्तर्राष्ट्रीय दृष्टि से पर्यावरण के संबंध में **हरिश्चन्द्र व्यास** का विचार है कि, ''जीव वैज्ञानिकों का विचार है कि परिस्थितिकीय सन्तुलन बनाये रखने के लिये विश्व के अन्य जीवों के साथ अंततः अन्तरिक्ष का भी उपयोग आवश्यक हो सकता है, वैज्ञानिक दृष्टि से विकास, प्रकृति और मानव समाज की अन्तः निर्भरता और विश्व पर्यावरण के सन्दर्भ में इनके महत्व को नकारा नहीं जा सकता। अतएव, अब हमें तकनीकी एवं ज्ञान के तारतम्य को पर्यावरण सन्तुलन की दृष्टि से देखने की आवश्यकता है और सम्पूर्ण जीव जगत् के हित में अन्तर्राष्ट्रीय सहयोग तथा मानवीय विचारों को अन्तर्राष्ट्रीय संधियों, सम्मेलनों एवं विज्ञान से जोड़ने का सफल प्रयास करने की आवश्यकता है जिससे विश्व में काफी आर्थिक विकास के साथ-साथ विश्व का पर्यावरण सन्तुलन भी कायम रखा जा सके।[6]''

विश्व में संयुक्त राष्ट्र संघ का अपना महत्व है। इसका उद्देश्य है विश्व के मानव जाति का उत्थान और कल्याण करना। संसार के व्यक्तियों में मानव संबंधों की स्थापना करना।

---

4. सम्पादक, अनिल अग्रवाल, हमारा पर्यावरण, पृष्ठ 254-255.
5 हरिश्चन्द्र व्यास, पर्यावरण शिक्षा, पृष्ठ 5.
6. हरिश्चन्द्र व्यास, पर्यावरण शिक्षा, पृष्ठ 264.

संयुक्त राष्ट्र संघ पर्यावरणीय समस्याओं को लेकर सदैव चिन्तित रहा है। समस्याओं के समाधान के लिये जहाँ उसने अनेक सुझाव दिये हैं, वहीं इनके निवारण हेतु अनेक कदम भी उठाये हैं। साथ ही अविकसित, तीसरी दुनियाँ और विकासशील देशों को पर्यावरण की समस्या के निराकरण के लिये हर तरह की सहायता भी की है। स्वीडन की राजधानी स्टाकहोम में संयुक्त राष्ट संघ द्वारा आयोजित ''मानव-पर्यावरण पर एक सम्मेलन'' 5 जून से 16 जून 1972 तक किया गया। विश्व पर्यावरण के सन्दर्भ में यह एक महत्वपूर्ण घटना कही जा सकती है। इस सम्मेलन में अनेक महत्वपूर्ण प्रस्ताव पारित हुए। उन प्रस्तावों की भावना निम्नलिखित है-

1. प्राकृतिक और मानव निर्मित पर्यावरण पर सम्पूर्ण मानव जाति का समान रूप से अधिकार होना चाहिए जिससे सभी बौद्धिक, नैतिक, सामाजिक तथा आध्यामिक विकास समान रूप से हो सके।

2. मानव पर्यावरण की सुरक्षा और सुधार के हेतु सभी देशों की सरकारें और जन मानस का वांछित कर्त्तव्य होना चाहिए जिससे मानव जाति का कल्याण तथा उचित आर्थिक विकास सम्भव हो सके।

3. हम महसूस कर रहे हैं कि मानव निर्मित पर्यावरण विशेषकर आवासीय और कार्यकारी पर्यावरण (लिविंग एण्ड वर्किंग इनवायरमेन्ट) में अवांछनीय तथा हानिकारक परिवर्तन हो रहे हैं। जल, वायु एवं मिट्टी के प्रदूषण में वृद्धि हो रही है। जीव मण्डल के सन्तुलन में असन्तुलन उत्पन्न हो रहा है। मानव जाति के शारीरिक, मानसिक और सामाजिक स्वास्थ्य पर घातक प्रभाव पड़ रहा है। हमें इन अनुभवों के प्रति सचेत एवं जागरूक होने की आवश्यकता है।

4. विकसित और विकासशील देशों के मध्य व्याप्त दूरी को कम करना चाहिए। विकासशील देशों में पर्यावरण की सुरक्षा तथा सुधार को दृष्टि में रखकर तथा आवश्यकता को आधार मानकर औद्योगीकरण होना चाहिए।

5. बढ़ती हुई जनसंख्या भी पर्यावरण के लिये एक समस्या बन गयी है। इस समस्या का निराकरण करना आवश्यक है। लेकिन सामाजिक प्रगति, उत्पादन में वृद्धि और वैज्ञानिक तथा प्रौद्योगिकी को ध्यान में रखना भी आवश्यक है। अस्तु, उचित मापदण्डों को अपनाया जाना चाहिए।

6. मानव सभ्यता के इतिहास का विश्लेषण करते हुए हमें अपने कार्यों के विषय पर चिन्तन करने की आवश्यकता है। प्रकृति, पर्यावरण और प्राणी के सहयोग के साथ-साथ संयमित और संगठित प्रयत्न से ही विश्व अर्थ व्यवस्था और समाज का विकास सम्भव है। इन्हीं से विश्व-शान्ति भी स्थापित हो सकती है।

1972 से पूर्व भी पर्यावरण से जुड़ी हुई समस्याओं पर विचार होना आरम्भ हो गया था। जैसे सन् 1959 में अन्तर्राष्ट्रीय भू-भौतिकी वर्ष आई.जी.वाई. मनाया गया। इस कार्यक्रम

से वैधानिकों ने प्रेरणा प्राप्त की और एक विराट कार्यक्रम बनाने की योजना तैयार की। इस कार्यक्रम को आई.बी.पी. (अन्तर्राष्ट्रीय जैविक कार्यक्रम) के रूप में जाना जाता है। इस कार्यक्रम का मुख्य उद्देश्य था कि मानव कल्यांण और उत्पादकता के जैविक आधार को विषय बनाकर उस पर शोध कार्य किया जाय। इस आई.बी.पी. का संबंध संयुक्त राष्ट्र के अनेक संगठनों से अन्ततः हो गया। इस कार्यक्रम के तहत पर्यावरण की विभिन्न समस्याओं का समाधान करना है।

1975 में पर्यावरण और समुद्र निधि पर संयुक्त राष्ट्र संघ का तृतीय सम्मेलन हुआ। 1982 में स्टॉकहोम में 19वीं जयन्ती के अवसर पर नेरोबी में सम्पन्न हुए सम्मेलन में एक घोषणा पत्र स्वीकार किया गया जिसमें सभी राष्ट्रों से अनुरोध किया गया:[7]

1. मरुस्थल के प्रकार और वनों के काटे जाने पर नियंत्रण सहित, भूमि एवं जल प्रबन्ध का संवर्द्धन किया जाना चाहिए।
2. प्राकृतिक संसाधनों के संरक्षण पर ध्यान दिया जाना चाहिए।
3. पेयजल और जल-मल निकासी की ओर अन्तर्राष्ट्रीय स्तर पर ध्यान दिया जाना चाहिए।
4. ऊर्जा के नये स्त्रोतों का संवर्द्धन किया जाना चाहिए।
5. क्षेत्रीय महासागर कार्यक्रम का संवर्द्धन किया जाना चाहिए
6. वायु प्रदूषण से पर्यावरण पर पड़ने वाले दुष्प्रभावों को रोकने के प्रयास किये जाने चाहिए।
7. रासायनिक सुरक्षा को बढ़ा दिया जाना चाहिए और हानिकारक रसायनों पर नियत्रंण स्थापित किया जाना चाहिए।

पर्यावरण (संरक्षण) अधिनियम 23 मई, 1986
(Environmental Conserving Act 23 May, 1986)

संयुक्त राष्ट्र के मानवीय पर्यावरण सम्मेलन, जो 16 जून, 1972 में स्टाकहोम में हुआ था, में यह निर्णय लिया गया था कि मानवीय पर्यावरण के संरक्षण और सुधार के लिये उचित कदम उठाये जायें। भारत गणराज्य के 37वें संसद द्वारा अग्रलिखित रूप में वह अधिनियम हो। इसके मुख्य बिन्दुओं की व्याख्या इस प्रकार की जा सकती है-

इस अधिनियम का विस्तार सम्पूर्ण भारत में किया गया। अधिनियम को अलग-अलग क्षेत्रों और भिन्न-भिन्न तिथियों में लागू करने का प्रावधान है। पर्यावरण के अन्तर्गत जलवायु और भूमि और इनके अन्तः संबंध इनमें व्याप्त हैं। वे पर्यावरणीय चीज़ें जैसे द्रव्य, गैसीय

---

7. हरिश्चन्द्र व्यास, पर्यावरण शिक्षा, पृष्ठ 267.

पदार्थ जो पर्यावरण के लिये हानिकारक हैं, ऐसे रासायनिक या भौतिक रासायनिक पदार्थ जो मानव जीवन के लिये हानिकारक हों। इस अधिनियम के दूसरे अध्याय में केन्द्रीय सरकार की शक्तियों का ब्योरा मिलता है कि वह पर्यावरण और प्रदूषण की रोकथाम के लिये क्या-क्या कर सकती है। तीसरे अध्याय में पर्यावरण प्रदूषण का निवारण, नियंत्रण और उपशमन की विवेचना की गई है। चौथा अध्याय में पर्यावरण संबंधी अपराध की व्याख्या मिलती है कि किस तरह पर्यावरण के उल्लंघन करने वाले व्यक्ति पर कार्यवाही की जानी चाहिए। **शिवानन्द नौटियाल** ने इन सभी चीजों की विस्तृत व्याख्या की है।[8]

पर्यावरण संबंधी कानून (Laws Relating to Environment)

यद्यपि पर्यावरण को लेकर गत दो दशकों से जितनी चिन्ता व्यक्त की जा रही है, उतनी पहले नहीं थी पर इसका यह अर्थ नहीं है कि भारतीय सरकार अथवा अंग्रेजी सरकार ने इस संबंध में कोई कार्यवाही न की हो। अनेक पर्यावरण संबंधी कानून बनाये गये हैं। किन्तु पर्यावरण को लेकर जितनी जागरूकता समाज में आज उत्पन्न हुई, वह पहले नहीं थी। यदि पहले ही समाज जागरूक हो गया होता तो पर्यावरण का यह जान लेवा रूप सामने नहीं आता। पर्यावरण को हानि न पहुँच सके इसलिये अंग्रेजों ने भी अनेक कानून बनाये।

उदाहरण के लिये –

1. भारतीय बन्दरगाह अधिनियम, (1901)
2. द बंगाल स्मोक न्यूसेंस ऐक्ट, (1905)
3. द इंग्लैण्ड स्टीम वेसटेज ऐक्ट, (1917)
4. द.ए.पी. एग्रीकल्चर, पेस्ट एण्ड डिजीज ऐक्ट, (1919)
5. द इण्डियन फारेस्ट ऐक्ट, (1927)
6. द मोटर वेहिकल ऐक्ट, (1938)
7. द दामोदर वैली कार्पोरेशन 'प्रिवेंशन - पोल्यूशन आफ वाटर' रेगुलेशन ऐक्ट, (1948)
8. द महाराष्ट्र प्रिवेंशन ऑफ वाटर पोल्यूशन ऐक्ट, (1953)
9. द गुजरात स्मोक न्यूसेंस ऐक्ट, (1963)
10. द वाइल्ड लाइफ ऐक्ट, (1972)
11. वाटर ऐक्ट, (1974)

वन जीवन कानून (1972) और जल कानून 1974 अनुच्छेद 252 के तहत बनाई

8. शिवानन्द नौटियाल, पर्यावरण : समस्या और समाधन, पृष्ठ 417-429.

गई प्रक्रिया के बाद बनाया गया। इस प्रक्रिया के तहत दो या ज्यादा राज्य किसी विषय पर प्रस्ताव पास करके संसद को उस पर कानून बनाने का अधिकार देते हैं। वायु कानून 1981 स्टाकहोम में 1972 में मानवीय पर्यावरण सम्मेलन के फैसलों को लागू करने के लिये बनाया गया था। स्वास्थ्य मंत्रालय ने जल प्रदूषण के अध्ययन के लिये 1962 में ही एक विशेषज्ञ समिति बनाई थी। 1974 में यह विधेयक मंजूर किया गया। जल कानून का दायरा काफी बड़ा है। इसमें प्रदूषण मल, जल, कचरा, कारखानों का कचरा आदि की व्यापक परिभाषा दी गयी है।

जल कानून 1974 के सेक्शन 24 (1) पर विशेष ध्यान देने की जरूरत है। इस सेक्शन में प्रदूषण फैलाने वाले कचरे को जन स्त्रोतों या कुओं में बहाने पर रोक लगाने की बात कही गई है। जल स्त्रोतों के नैसर्गिक प्रवाह को कुप्रभावित करने या उसमें प्रदूषण फैलाने की जानबूझ कर कोशिश या कोशिश की अनुमति को अपराध करार दिया गया है।

ये सारे कानून इस बात के साक्षी है कि सरकार पर्यावरण को साफ सुथरा रखने के लिये प्रयासरत है किन्तु जनता और जनमानस में पर्यावरण को लेकर जो जागरूकता होनी चाहिए शायद वह अभी तक दिखायी नहीं पड़ रही है। सच यह है कि कानून भी हम बनाते हैं और तोड़ते भी हम ही हैं। हम पर्यावरण को सन्तुलित और अच्छा बनाने की बात करते हैं और अपने स्वार्थ और लाभ के लिये उसे मटमैला भी बनाते हैं और मन चाहे रूप में उसका दोहन भी करते हैं।

सरकार ने निः सन्देह पर्यावरण के महत्व को संविधान के निर्माण के समय ही आंक लिया था कि पर्यावरण पृथ्वी पर रहने वाले सभी जीवों के लिये अत्यन्त आवश्यक है। पर्यावरण यदि दूषित और असन्तुलित होता है तो सम्पूर्ण सामाजिक व भौगोलिक पर्यावरण मानव जाति के और समाज के लिये हानिकारक बन जाता है। एक स्वस्थ और अच्छा पर्यावरण पृथ्वी पर निवास करने वाले सभी प्रकार के जीव, जन्तु और मानव के लिये लाभप्रद होता है। इसीलिये भारत के संविधान के अनुच्छेद 48 के पृष्ठ 14 पर कहा गया है –

> **''पर्यावरण का संरक्षण तथा संवर्धन और वन तथा अन्य जीवों की रक्षा राज्य देश के पर्यावरण के संरक्षण तथा संवर्धन का और वन तथा वन्य जीवों की रक्षा करने का प्रयास करेगा।''**

संविधान के इस अनुच्छेद से स्पष्ट ज्ञात होता है कि पर्यावरण की रक्षा का दायित्व केन्द्र और राज्य की सरकारों पर है। यदि कोई व्यक्ति इसे अपने लाभ के लिये प्रयोग करता है तो उसे विभिन्न धाराओं के अन्तर्गत दण्ड देने का प्रावधान है। इस तरह प्रत्यक्ष **रूप में कहीं न कहीं पर्यावरण जागरूकता आन्दोलन में भारतीय संविधान भी है।**

पर्यावरण संरक्षण संबंधी सरकारी प्रयास
(Government Efforts Conserving Environment)

यह अत्यन्त प्रसन्नता की बात है कि पर्यावरण की भयावह स्थिति को देखकर केन्द्र और राज्य की सरकारों ने अनेक पर्यावरण संबंधी कार्यक्रमों को अंजाम दिया है। यह इसका भी स्वाभाविक परिणाम है कि अखबार, मैगजीन आदि पर्यावरण पर जनता को जागरूक करने की महत्वपूर्ण भूमिका अभिनीत की है, वहीं सरकार को भी चेतावनी दी है कि यदि पर्यावरण को प्रदूषित होने से, समय रहते बचाया नहीं जाता तो सम्पूर्ण समाज और जन जीवन के लिये घातक सिद्ध होगा। नि:सन्देह पर्यावरण जागरूकता आन्दोलन में समाचार पत्रों, पत्रिकाओं और समाज सेवी संस्थाओं का महत्वपूर्ण स्थान है। पर्यावरण संरक्षण संबंधी सरकारी प्रयासों की गति में निरन्तर वृद्धि होती जा रही है।

पर्यावरण और वन मंत्रालय विभिन्न पर्यावरण व वानिकी कार्यक्रमों के नियोजन संवर्द्धन, समन्वय और क्रियान्वयन की निगरानी के लिए भारत सरकार के प्रशासनिक ढांचे में एक केन्द्रीय संस्था के रूप में कार्य करता है। मंत्रालय को देश में संयुक्त राष्ट्र पर्यावरण कार्यक्रम (यू.एन.ई.पी.), अन्तर्राष्ट्रीय समन्वित पर्वत विकास केन्द्र (आई.सी.आई.एम. ओ.डी.) के लिए केन्द्रीय एजेंसी के रूप में नामित किया गया है और संयुक्त राष्ट्र पर्यावरण एवं विकास सम्मेलन (यू.एन.सी.ई.डी.) की अनुवर्ती कार्यवाही पर ध्यान देता है। .... वनस्पति जीव जन्तुओं, वनों और वन्य जीवन का संरक्षण और सर्वेक्षण, प्रदूषण की रोकथाम व नियंत्रण, वनीकरण और अवक्रमित क्षेत्रों को फिर से हरा भरा बनाना और पर्यावरण की रक्षा करना इस मंत्रालय के उत्तरदायित्व हैं। इन उद्‌देश्यों की पूर्ति के लिए मंत्रालय पर्यावरण प्रभावों का आंकलन पारिस्थितिकीय पुनर्रजीवन पर्यावरण एवं वन्य अनुसंधान को बढ़ावा देने, अध्ययन प्रशिक्षण तथा पर्यावरण जागरूकता उत्पन्न करने तथा पर्यावरण संबंधी जानकारी सभी वर्गों में मुहैया कराने का कार्य करता है।[9]''

यह उद्धरण इस बात का प्रतीक है कि भारत सरकार पर्यावरण जागरूकता आन्दोलन को इस स्तर तक ले जाना चाहती है कि सामान्य व्यक्ति भी पर्यावरण संबंधी जानकारी प्राप्त कर ले और पर्यावरण की सुरक्षा, सम्वर्धन में अपना योगदान दे। यहाँ पर उचित होगा कि हम भारत सरकार के पर्यावरण संबंधी महत्वपूर्ण कार्यों की विवेचना करें। यह देखने का प्रयास भी करें कि इनका पर्यावरण जागरूकता आन्दोलन में किस स्तर पर भूमिका है। इस दृष्टि से भारत सरकार के कुछ महत्वपूर्ण पर्यावरण संबंधी योजनायें निम्नलिखित हैं जिनका विवरण हमें भारत 2004 से प्राप्त हुआ है –

वन नीति और कानून (Forest Policy) – 1944 से ही वन नीति लागू है। इसे 1952 और 1988 में संशोधित किया गया। इस नीति के तहत वनों की सुरक्षा, संरक्षण और

9. भारत, 2004, सूचना और प्रसारण मंत्रालय भारत सरकार, पृष्ठ 274.

विकास किया जाता है। इसका मुख्य लक्ष्य है पर्यावरण सन्तुलन को बनाए रखना और प्राकृतिक संपदा का संरक्षण करना।

प्रदूषण की रोकथाम (Pollution Control) – सन् 1992 में जारी प्रदूषण में कमी लाने के लिए नीतिगत बयान में भूमि, जल और वायु प्रदूषण पर नियंत्रण और कमी लाने हेतु नियमन, वित्तीय प्रोत्साहन, स्वैच्छिक अनुबंधों और शिक्षा कार्यक्रमों और सूचना अभियानों का प्रावधान है। नीतिगत मुद्दे इस प्रकार हैं – साफ और कम कचरा उत्पन्न करने वाले प्रौद्योगिकी को प्रोत्साहित करना। मल जल को पुनः प्रयोग करने हेतु रिसाइक्लिंग करना, जल की गुणवत्ता में सुधार लाना, पर्यावरण समीक्षा करना।

केन्द्रीय प्रदूषण नियंत्रण बोर्ड (Central Pollution Control Board) – केन्द्रीय प्रदूषण नियंत्रण बोर्ड का काम जल, और वायु प्रदूषण का परीक्षण करना, उसकी गुणवत्ता का आंकलन करना है। यह शीर्ष राष्ट्रीय संस्था है। बोर्ड पर जल प्रदूषण की रोकथाम और नियंत्रण अधिनियम (1974), वायु प्रदूषण की रोकथाम और नियंत्रण अधिनियम (1981) और जल उपकर अधिनियम (1977) को लागू करने का कार्यकारी दायित्व है। पर्यावरण संरक्षण अधिनियम (1986) के प्रावधानों को लागू करने के लिए मंत्रालय को तकनीकी सेवाएं प्रदान करता है।......

खतरनाक पदार्थों का प्रबंध – खतरनाक अपशिष्ट प्रबन्धन विभाग अपशिष्ट और सूक्ष्म जैव पदार्थों और रसायनों के प्रबंध पर नियंत्रण एवं नियोजन करने वाली केन्द्रीय एजेंसी है। ऐसे पदार्थों का प्रयोग करना जिससे स्वास्थ्य और पर्यावरण को किसी प्रकार की हानि ना हो। ये गतिविधियाँ तीन प्रकार के मुख्य क्षेत्रों में संचालित की जाती हैं – रासायनिक सुरक्षा, खतरनाक अपशिष्टों तथा म्युनिसिपल ठोस अपशिष्ट पदार्थों का बेहतर प्रबन्धन। इनको केन्द्रीय प्रदूषण बोर्ड और राज्य प्रदूषण नियंत्रण बोर्ड तथा पर्यावरण और वन मंत्रालय द्वारा लागू किया जाता है। इसी प्रकार अनेक समाज सेवी संस्थायें हैं जो पर्यावरण के संबंध में कार्य कर रही हैं। उन्हें सरकार प्रोत्साहित भी करती है और आर्थिक सहायता भी देती है। भारत सरकार ने पर्यावरण संबंधी अनेक संस्थाओं की स्थापना की है जो पर्यावरण संबंधी समस्याओं का अध्ययन करती है और उनके निराकरण हेतु सुझाव भी देतीं है। अनुसंधान के द्वारा उन कार्यों को करने की सलाह भी देती है जिससे पर्यावरण समृद्ध बने और प्रदूषण रहित बन सके। यही कारण है किसी भी आयु वर्गों में पर्यावरण संबंधी शिक्षा, चेतना और पर्यावरणीय सूचना प्रणाली तंत्र के माध्यम से पर्यावरण जानकारी प्रदान करने को मंत्रालय द्वारा प्राथमिकता दी जाती है। मंत्रालय ने शैक्षणिक पाठयक्रमों में पर्यावरण शिक्षा को अलग से तथा एक अनिवार्य विषय के रूप में शामिल करने की औपचारिक शिक्षा में सभी स्तरों पर महत्वपूर्ण पहल की है। ये सभी भारत सरकार के कार्यक्रम पर्यावरण जागरुकता आन्दोलन के अंश कहे जा सकते हैं।

अन्तराष्ट्रीय सहयोग की पर्यावरण उन्नयन में भूमिका (Role of International Cooperation in the Development of Environment)

सम्पूर्ण विश्व के लिये पर्यावरण संबंधी समस्यायें एक चुनौती और चेतावनी बन गयी है। इसीलिये अन्तर्राष्ट्रीय स्तर पर पर्यावरण से जुड़ी समस्याओं पर विचार और निदान के रास्ते खोजे जा रहे हैं। संयुक्त राष्ट्र पर्यावरण, दक्षिण एशिया सहयोग पर्यावरण कार्यक्रम, अन्तर्राष्ट्रीय समेकित पर्वत विकास केन्द्र तथा अन्तर्राष्ट्रीय एजेंसियों, प्रादेशिक संगठनों तथा बहुपक्षीय संस्थानों के लिये प्रमुख एजेंसी के रूप में कार्य करता है। मंत्रालय और उसकी ऐजेसियों को स्वीडन, नीदरलैण्ड, नार्वे, डेनमार्क, आस्ट्रेलिया, ब्रिटेन, अमरीका, कनाड़ा, जापान और जर्मनी आदि विभिन्न देशों से द्विपक्षीय सहायता मिलती हैं। विभिन्न पर्यावरण और वन परियोजनाओं के लिये संयुक्त राष्ट्र और कई अन्य बहुपक्षीय, जैसे यू.एन.डी.पी., 'विश्व बैंक' एशियाई विकास बैंक, ओ.ई.सी.एफ. जापान और ओ.डी.ए. ब्रिटेन से सहायता मिलती है।[10] भारत में समय-समय पर विभिन्न देशों की पर्यावरण प्रतिनिधियों का दल आता रहता है जिसमें जापान, नीदरलैण्ड, अमेरिका आदि की भूमिका महत्वपूर्ण है।

चिपको आन्दोलन (Chipko Movement)

सम्पूर्ण भारतीय आन्दोलनों की पृष्ठभूमि में आर्थिक, सामाजिक और सांस्कृतिक तथ्य और कारक समाहित हैं। ये वे कारक हैं जो सामन्तवादी व्यवस्था से जन्मे हैं। इस व्यवस्था से जुड़े जमीन्दार, तालुकेदार, राजा, महाजन, ठेकेदार, निर्धनों, भूमिहीन श्रमिकों का जहाँ शोषण और उत्पीड़न करते रहे हैं, वहीं महिलाओं को भी एक वस्तु की तरह प्रयोग करते रहे हैं। इन समस्त शोषणों और अत्याचारों के विरुद्ध भूमिहीन श्रमिक, जनजातियों के लोग और महिलायें एक जुट होकर सामन्तों और साम्राज्यवादी शासन से मोर्चा लेती रही हैं। अनेक बार उन्हें सफलता मिली है। यह उनके अटूट साहस, शक्ति और क्षमता का प्रतीक था, वहीं सामुदायिक एकता का भी।

चिपको आन्दोलन का परिदृश्य सभी सामाजिक आर्थिक आन्दोलनों से भिन्न है। इसका सीधा संबंध पर्यावरण से है। पहाड़ और वनों से घिरा हुआ पर्यावरण। झरनों और नदियों के मध्य बसा और फैला हुआ पर्यावरण जिसमें निवास करते हैं सीधे, सरल, निष्कपट पहाड़ वासी। इनके जीविका के साधन, वन और वन से उत्पन्न होने वाली चीजें। ये इनके जीवन के आधार है। ये इनके जीविका के एक मात्र साधन हैं। विश्व प्रसिद्ध **सुन्दर लाल बहुगुणा** का विचार है कि उत्तराखण्ड में जन्मा और चल रहा बहुचर्चित चिपको आन्दोलन हिमालय के पर्वतीय क्षेत्रों में पेड़ों की कटाई रोकने का प्रतिकारात्मक आन्दोलन मात्र नहीं है, बल्कि प्रख्यात कृषि वैज्ञानिक एम.एस. स्वामीनाथन के शब्दों में "एक प्रत्यक्ष दर्शन है,

10. भारत, 2004, सूचना और प्रसारण मंत्रालय भारत सरकार, पृष्ठ 293.

एक जीवंत विचार है। यह मौजूदा भोगवादी सभ्यता के खिलाफ एक बगावत है। इस सभ्यता ने अपनी निरन्तर बढ़ती हुई भोगलिप्सा की तृप्ति के लिये मानव को प्रकृति का विजेता बनाकर धरती के साथ बलात्कार किया है। यह सभ्यता आज स्वयं अपने अस्तित्व की रक्षा के लिये पर्यावरण की समस्याओं से घिरी हुई है।[11]''

चिपको आन्दोलन का सीधा संबंध वन और वन सम्पत्ति से है। यह आज सम्पूर्ण भारत का आन्दोलन बन गया है। यह प्रथम पर्यावरणीय आन्दोलन है जो सम्पूर्ण भारत के वनों की समस्याओं से जुड़ गया है। इसीलिये इस आन्दोलन का अत्यधिक महत्त्व है। चिपको आन्दोलन का ''स्पष्ट रूप मार्च 1973 को उ. प्र. के सीमान्त ज़िला चमोली, गढ़वाल के मन्डल गांव में सामने आया। जहाँ प्रदेश सरकार द्वारा इलाहाबाद की एक खेल कूद कम्पनी को दिये गये ऐश (अंग्र्) के पेड़ों को गाँव के लोगों ने काटने नहीं दिया। ये पेड़ कुछ समय पहले खेती के उपकरण बनाने के लिये उन्हें इसलिये नहीं दिये गये थे कि यह वन विभाग की दृष्टि से सम्भव नहीं था। .... इस बफिया विज्ञान को यह कह कर खुली चुनौती दी गई कि ''यदि पेड़ काटने के लिये कुल्हाड़ी वाले आयें तो हम चिपककर उनकी रक्षा करेंगे।[12]''

चिपको आन्दोलन को मूर्तरूप देने का श्रेय बहुत कुछ उत्तराखण्ड की साहसी और बहादुर महिलाओं को है। इन्होंने ने ही उन ठेकेदारों को ललकार कर कहा था कि यदि वे वनों की लकड़ी और पेड़ काटते हैं तो हम पेड़ों से चिपककर उनकी रक्षा करेंगे। कुल्हाड़ी वाले श्रमिकों को महिलाओं ने यह कहकर खदेड़ दिया कि ''**यह जंगल हमारा मायका है, हम इसे कटने नहीं देंगे।**'' मायका शब्द एक ऐसा प्रतीक है जहाँ स्त्री को स्नेह, संरक्षण प्राप्त होता है। उसी के आंचल में वह बड़ी होती है। मायका संकट के समय सुरक्षा प्रदान करता है। इस आधार पर सम्पूर्ण वन में निवास करने वाली महिलाओं का वन किसी भी मायके से कम नहीं है क्यों वे जीविका के साधन है। क्योंकि अनादि काल से वनवासियों को जंगल से कंद, मूल, पशुओं के लिये चारा, जड़ी-बूटी और निवास करने हेतु एक प्राकृतिक स्वच्छ वातावरण प्राप्त होता है। भोगवादी संस्कृति के विकास के साथ ठेकेदारों और पूँजीपतियों की गिद्ध दृष्टि जंगल पर पड़ी। वनों से आर्थिक लाभ लेना चाहते थे। इस वन लाभ के विरुद्ध वन निवासियों ने अंग्रेजी शासन काल में ही आन्दोलन छेड़ दिया था। सुन्दर लाल बहुगुणा इस संबंध में लिखते हैं-''इस पृष्ठभूमि में चिपको आन्दोलन ने वनवासियों के एक सदी पुराने दबे हुए आक्रोश को मुखरित किया। इस आन्दोलन की मांगें प्रारम्भ में आर्थिक थी, जैसे वनों और वनवासियों का शोषण करने वाली दोहन की ठेकेदारी प्रथा को समाप्त कर वनश्रमिकों की सहकारी समितियों की स्थापना, वन श्रमिकों की न्यूनतम मज़दूरी का निर्धारण, ग्रामवासियों के हक-हकूकों की सुरक्षा, नया

11. सुन्दर लाल बहुगुणा, चिपको, पृष्ठ 1.
12. इन्द्रमणि सेमवाल के लेख से 'मानव और प्रकृति के प्रेम मूलक सबंधों का अभिनव जन आन्दोलन', पृष्ठ 1.

वन आन्दोलन और स्थानीय छोटे उद्योगों के लिये रियायती कीमत पर कच्चे माल की आपूर्ति। परन्तु आन्दोलन का जन्म तो 30 मई, 1969 को उत्तरकाशी जिलादान के अवसर पर आचार्य विनोबा भावे के ग्रामदान ग्राम स्वाराज्य आन्दोलन की कोख में से हुआ था।[13]''

अजय महाजन और कांची कोहली चिपको आन्दोलन के प्रभाव को बताते हुए लिखते हैं कि ''इस आन्दोलन में जहाँ महिलाओं ने पेड़ों से चिपक कर उन्हें कटने से बचाया है, वहीं यह अहिंसात्मक आन्दोलन उत्तराखण्ड से बाहर भी फैल गया। इसने वनों की सुरक्षा की और पेड़ और वनों के प्रति जन चेतना को भी उत्पन्न किया। इस आन्दोलन में महिलाओं, बच्चे और युवकों ने अग्रणी भूमिका निभाई।[14]'' आरम्भ में व्यक्ति प्रकृति के साथ समरस होकर रहते थे। अपनी आवश्यक आवश्यकताओं, भोजन, मकान और कपड़े को ही मानते थे। इन्हें पूर्ण करने हेतु ही श्रम करते थे, किन्तु औद्योगिक क्रांति ने मनुष्य में लिप्सा और धनी बनने की महत्वाकांक्षा उत्पन्न की है। उसके चारों तरफ प्रकृति थी। प्राकृतिक सम्पत्ति थी। इससे सहज और सरल रास्ता क्या हो सकता था कि प्रकृति का दोहन कर धनी बना जाय क्योंकि बहुगुणा के अनुसार 'प्रकृति एक वस्तु है जिसको बेचा और खरीदा जा सकता है। उसका अपना अस्तित्व नहीं है और समाज केवल मनुष्यों का है।' अमेरिका में बसने वाले गोरे लोगों ने जंगलों का सफाया कर गन्ना, तम्बाकू, कपास आदि व्यापारिक फसलों की खेती प्रारम्भ कर दी, आज वहाँ पर 6 करोड़ एकड़ वन क्षेत्र ही रह गया है। सघन खेती का क्षेत्र अब धूल के ढ़ेर बन गये हैं। जंगलों को काट का वनवासियों को बेरोजगार और प्रकृति से दूर करने की साजिश ने ही उत्तराखण्ड में चिपको आन्दोलन को विश्व के नक्शे पर ला दिया। जंगलों की रक्षा के लिये पहाड़ और वन निवासियों ने एकजुट होकर वनों की रक्षा के लिये आन्दोलन खड़ा कर दिया।

पर्यावरण की रक्षा (Protection of Environment)

विश्व पर्यावरण पर स्टाकहोम में जो संगोष्ठी की गई, उसने पर्यावरण रक्षा पर जहां जोर दिया, वहीं वनों की मुख्य उपज के रूप में प्राण-वायु और जल के महत्त्व को भी स्वीकार किया। इस प्रकार चिपको आन्दोलन को नये आयाम भी प्राप्त हुए। इस आन्दोलन के लिये एक स्थानीय आन्दोलन से पर्यावरण की रक्षा के आन्दोलन की ओर अग्रसर होने की शक्ति प्राप्त हुई। 1974 में उत्तराखण्ड सर्वोदय परिवार ने यह मांग की कि 5 वर्षों तक हरे वृक्षों की कटाई न की जाय। इस माँग को आर्थिक मांगों से भी ऊपर रखा गया। इसी मध्य चिपको कार्यकर्ताओं का ध्यान बिरोजा और तारपीन बनाने के लिये चीड़ के पेड़ों से लीसा निकालने के लिये गहरे घावों से होने वाली हानि की ओर भी गया। इसका भी विरोध किया गया।

13. सुन्दर लाल बहुगुणा, चिपको, पृष्ठ 3.
14. अजय महाजन, कांची कोहली, सर्वे आफ द इनवायरमेन्ट - 2002, पृष्ठ 105.

वनों की समस्याओं पर सरकार का ध्यान आकर्षित करने के लिये सितम्बर-अक्टूबर 1974 में वनों की नीलामी के अवसर पर धरने दिये गये ओर उपवास किये गये। उत्तराखण्ड के मनीषियों ने 'चीड़ के पेड़ों का क्रदंन' नाम से एक अपील निकाली और जनता को इसकी रक्षा करने के लिये आगे आने को कहा। 30 मई, 1977 को टिहरी गढ़वाल जिले की हेवल घाटी के लोगों ने घायल चीड़ पेड़ों पर गीली मिट्‌टी की पट्‌टी की और पेड़ों में लीसा निकालने के लिये जो कीले ठोकी गयी थी उन्हें उखाड़ कर फेंका गया।

इसी समय राष्ट्रीय स्तर के अनेक वरिष्ठ प्रसिद्ध समाज सेवियों, जैसे जयप्रकाश नारायण, काका कालेलकर, आचार्य दादा धर्माधिकारी और अनेक मनीषियों ने हिमालय की रक्षा हेतु राष्ट्रीय अपील जारी की। इस अपील में 'चिपको आन्दोलन' को जहाँ समर्थन दिया गया, वहीं वन नीति में आमूलचूल परिवर्तन की जोरदार मांग की गयी। इस अपील का प्रभाव सरकार पर तो इतना नहीं पड़ा, पर हेवल घाटी की महिलाओं ने अदवाणी गाँव मे् काटने के लिये जो पेड़ निश्चित किये गये थे उन्हें काटने से रोकने के लिये संकल्प लिया। इन्होंने भावात्मक स्तर पर कविता में नारा दिया जिसने सम्पूर्ण उत्तराखण्ड के निवासियों को वन रक्षा के लिये संघर्ष करने का आह्वान किया। यह नारा था-

क्या है जंगल के उपकार, लीसा, लकड़ी और व्यापार
क्या है जंगल के उपकार, मिट्‌टी, पानी और बयार
मिट्‌टी, पानी और बयार, जिन्दा रहने के आधार।

यह कवितायुक्त नारा उस दर्द की अभिव्यक्ति है जो वनों से बंधी हुई है और उनके दैनिक और आर्थिक जीवन का आधार भी है, और साधन भी। महिलाओं की पीड़ा कितनी गहरी है कि पुरुष बाहर जीविका अर्जित करने चले जाते हैं। परिवार, पशु, पानी, लकड़ी आदि का प्रबन्ध उन्हीं को करना पड़ता है।[15] वनों की कटाई का अर्थ है रेगिस्तान का तैयार होना और धरती को सूखा बनाना। इसीलिये उत्तराखण्ड की महिलाओं ने चिपको आन्दोलन में बढ़ चढ़ कर भाग लिया है। सरकार के कार्यवाही करने के अपने ढंग होते हैं। उनकी अपनी प्रशासनिक मशीनरी होती है जो लोगों को भ्रमित कर और समझा बुझा कर काम निकालती है। वनाधिकारियों को महिलाओं को समझाने भेजा गया। उन्होंने इनका जलती हुयी लालटेन से स्वागत किया। महिलाओं ने कहा 'जहाँ से पेड़ कटे वहाँ से रेड़े आये। भूस्खलन हुआ। नये पेड़ तो उगे ही नहीं' यह प्रत्यक्ष वन कटने का प्रमाण वनाधिकारियों को पसीना छुड़ा गया। .... 1 फरवरी, 1978 को सशस्त्र पुलिस के 50 जवानों की एक टुकड़ी वनाधिकारियों और ठेकेदार द्वारा भाड़े के कुल्हाड़ी के मजदूरों के संरक्षण के लिये पहुंची। स्वयं स्त्रियाँ यह कहते हुए पेड़ों पर चिपक गयीं, 'पेड़ नहीं हम कटेगीं।' .... इन्ही महिलाओं ने पुनः सशस्त्र पुलिस के कड़े पहरे में 9 फरवरी, 78 के नरेन्द्र नगर में होने वाली

15. अजय महाजन और कांची कोहली, वही, पृष्ठ 105.

वनों की नीलामी का विरोध किया। इन्हें गिरफ्तार कर जेल में बन्द कर दिया गया। बाद में अल्मोड़ा जिले में चाचरीधार और चमोली में म्यूंडार में जनता जन आन्दोलन के द्वारा पेड़ों की कटाई रोकने में सफल हुई।[16]'' इस प्रकार के सरकारी कार्यवाही के विरुद्ध जो वनों को रेगिस्तान बनाने के लिये और यहाँ के निवासियों के मुँह से निवाला निकालने का कार्य कर रहे थे जनता ने मुँह तोड़ जवाब दिया और सरकार को विवश होकर वनों की नीलामी को रोकना पड़ा। सरकार व सत्ता का यह चरित्र है कि वह परिस्थितियों को देख कर कार्य करती है किन्तु अन्दर ही अन्दर चीजों को पकाती रहती है। इसी प्रकार का एक दूसरा चिपको आन्दोलन मोर्चा पुनः उत्पन्न होता है जब अलकनन्दा की सत्यक बड़ियार गाड का मालगडडी क्षेत्र रहा है। वहाँ लगभग 2500 पेड़ काटने के लिये निश्चित किये गये थे। इसके विरुद्ध भी जन आन्दोलन किया गया। महिलाओं ने बढ़-चढ़ कर इसमें भी भाग लिया। कटवाने के सारे प्रयास विफल हो गये। बहुगुणा जी का 9 जनवरी, 1979 को प्रारम्भ हुआ प्रार्थनामय उपवास 13 दिनों तक जंगल में चला। इन्हें बन्दी बनाया गया और टिहरी और देहरादून की जेलों में 1 फरवरी तक जारी रहा। सुन्दरलाल बहुगुणा के चिपको आन्दोलन को सफलता प्राप्त हुई। वन काटने के आदेश को रोक दिया गया और वन संबंधी समस्याओं पर बातचीत करने का सरकार ने न्योता भी दिया। वनों के महत्त्व को दर्शाते हुए उच्चतम न्यायालय का निर्णय दृष्टव्य है –

> ''वनों के संबंध में फैसले में कहा गया, जीवन के लिये अनिवार्य हवा और पानी प्रकृति की महत्त्वपूर्ण देन है – अनादिकाल से बस्तियाँ नदियों के तट पर और पानी के निकट पनपी हैं। वनों में प्राकृतिक रूप से बिमारियों के उपचार के लिये जड़ी-बूटियों के रूप में औषधियाँ पैदा होती हैं। हमारे पूर्वज जानते थे कि पेड़ मानवजाति के मित्र हैं और मानव अस्तित्व व सभ्यता के विकास के लिए वन अनिवार्य हैं। वनों ने ऋषियों को आश्रय दिया और वहीं पर प्राचीन गुरुकुल थे।[17]''

इन्द्रमणि सेमवाल ने चिपको आन्दोलन के दूसरे पक्षों की ओर भी संकेत किया है कि इस आन्दोलन से जुड़ी और चीजें भी अपना महत्त्व रखती है। भूस्खलन में कई लोग दबकर मर गये। इससे चिपको आन्दोलन को एक नई दृष्टि मिली कि वनों की रक्षा केवल तत्काल आर्थिक लाभ के लिये ही नहीं बल्कि भूस्खलन और भूक्षरण को रोकने की दृष्टि से उससे भी अधिक है।[18] सन् 1990 में चिपको के नेताओं ने बीज बचाओ आन्दोलन (बी.बी.ए.) चलाया क्योंकि भूस्खलन और भूक्षरण से हिमालय के अचंलों में खेती को हानि

---

16. सुन्दरलाल बहुगुणा, चिपको, पृष्ठ 5-6.
17. सुन्दरलाल बहुगुणा चिपको सन्देश, पृष्ठ 13.
18. इन्द्रमणि सेमवाल, के लेख से 'मानव और प्रकृति के प्रेम मूलक सबंधों का अभिनव जन आन्दोलन' पृष्ठ 1.

पहुँच रही थी। इस आन्दोलन ने जन चेतना का प्रसार किया और चिपको आन्दोलन को एक नया आयाम प्रदान किया। इस नारे के साथ कि **''पहाड़ की हड्डी टूटेगी, देश की धरती डूबेगी।''**

चिपको आन्दोलन समय के साथ शक्तिशाली होता गया। वह केवल वनों को काटने तक ही सीमित नहीं रहा बल्कि वह वन निवासियों की आर्थिक व्यवस्था से भी जुड़ गया। चिपको आन्दोलन का एक माँग पत्र **सुन्दरलाल बहुगुणा** ने प्रस्तुत किया जिसमें मुख्य मांगें थी - ''हिमालय के वनों की मुख्य उपज राष्ट्र के लिये जल है और कार्य मिट्टी बनाना, सुधारना और उसे टिकाये रखना है। इसलिये इस समय खड़े हरे पेड़ों की कटाई उस समय (10 से 25 वर्ष) तक स्थगित रखी जानी चाहिए.... हिमालय में 60 प्रतिशत क्षेत्र पेड़ों से आच्छादित नहीं हो जाता है। ...... पाँच 'एफ' फूड, जिसमें नट्स, तेल देने वाले फलों के बीज, शहद शामिल है, फोड्डर, फॅयूल, फर्टिलाइजर, फाइबर पेड़ लगाये जाय। खाद्य चारा, ईंधन, उर्वरक और रेशा देने वाले पेड़ों का रोपड़ सर्वत्र ढालदार कृषि भूमि और वन पर किया जाये।..... चिपको हिमालय के लोगों की समस्या का ही नहीं, सारी मनुष्य जाति की समस्या का उत्तर है।[19]''

वास्तव में, चिपको आन्दोलन प्रकृति, धरती, वन और वन सम्पत्ति से सीधा जुड़ा आन्दोलन है। हमें सदैव यह स्मरण रखना चाहिए कि भूमि का क्षय चाहे किसी भी प्रकार का हो वह सम्पूर्ण पर्यावरण के लिये घातक बनता है। वनों के स्थान पर रेगिस्तान बनते हैं जब वनों को आर्थिक लाभ के लिये काटा जाता है। चिपको आन्दोलन का महत्त्व तो इतना व्यापक बन चुका है कि स्वीडन ने तो इसे अंग्रेजी सिखाने के प्रौढ़ शिक्षा के पाठ्यक्रम में भी शामिल कर लिया है। चिपको आन्दोलन की वास्तविकता तो आज यह है कि यह हिमालय के अंचलों से निकलकर कई राज्यों में सशक्त दस्तक दे रहा है जिसमें उड़ीसा, छोटा नागपुर, बस्तर तथा मूक घाटी में चिपको आन्दोलन चला है और धीरे-धीरे यह विश्व के कई देशों में आज पहुँच चुका है। सुन्दरलाल बहुगुणा को अनेक राष्ट्रीय व अन्तर्राष्ट्रीय पुरस्कारों से नवाजा गया है। जैसे राष्ट्रीय एकता पुरस्कार, जमुनालाल बजाज पुरस्कार, राइट लिवली हुड पुरस्कार, मैन आफ द डीस अवार्ड, फ्रेन्डस ऑफ नेचर अवार्ड केनाडा, अवार्ड फार इनवायरमेन्ट कन्जरवेशन आदि। भारतीय सरकार ने बहुगुणा को पद्मश्री से सम्मानित करना चाहा पर इसे उन्होंने विनम्रता पूर्वक अस्वीकार कर दिया।

नदी, बाँध और पर्यावरण (River, Dam and Environment)

वास्तव में, 'पर्यावरण एक बहुअर्थी' व्यापक और विशाल शब्द है जिसका सीधा संबंध पृथ्वी पर निवास करने वाले जीव-जन्तु से भी और पेड़, पौधे, नदी, पहाड़, खेत, वन आदि से

19. सुन्दरलाल बहुगुणा, चिपको, पृष्ठ 8.

भी है। ये सभी भारतीय संस्कृति में अपना विशेष महत्त्व रखते हैं। भारतीय संस्कृति और धर्म में शायद ही कोई ऐसी चीज है जिसकी पूजा और अराधना न की जाती हो। प्रकृति की छोटी से छोटी चीज भी मनुष्य के लिये उपयोगी ही नहीं है, वरन् वह ईश्वर के अंश के रूप में देखी जाती है। इसीलिये खेत, वन, नदी, पहाड़, पृथ्वी, आकाश, सूर्य, चन्द्र, वृक्ष, पशु और पक्षी आदि सभी पूजे जाते हैं। जब कभी व्यक्ति इनका शोषण करता है अथवा अपने स्वार्थ के लिये इनको हानि पहुँचाता है तब ऐसे कार्यों के विरुद्ध वे आन्दोलन करते हैं। जनसंघर्ष का मोर्चा बनता है और सरकार की कार्यवाही के विरुद्ध आवाज बुलन्द की जाती है।

सरकार विभिन्न कार्यों के लिये बांधों का निर्माण करती है। जहाँ यह खेत की सिंचाई के लिये आवश्यक है, वहीं बिजली उत्पादन के लिये भी जरूरी है, पर जब यह बाँध हजारों लाखों कृषकों को बेघर कर दे तो निश्चय ही बाँध मानव जीवन और पर्यावरण के लिये हानिकारक बन जाते हैं।

मेधा पाटकर पर्यावरण के संबंध में लिखती हैं कि 1970 में ब्रूटलैण्ड कमीशन की पर्यावरण पर रिपोर्ट प्रकाशित हुई। इसका प्रभाव ग्लोबल नीति निर्धारण पर भी पड़ा। भारत पर भी पड़ा। गत तीन दशकों से प्राकृतिक साधनों और पर्यावरण की सुरक्षा हेतु तरह-तरह के आन्दोलन चलाये जा रहे हैं जो भूमि, पानी, वन, वन पशु, वायु, प्रदूषण से जुड़े हैं। आज एक व्यापक पर्यावरणीय दृष्टि विकसित हुई है। भूमन्डलीकरण, उदारीकरण, निजीकरण की नीति पर्यावरण के लिये चुनौती बन गई है। इसके विकल्प के साधन तलाशने होंगे जो मानव समाज और आर्थिक पक्ष के लिये हितकर हो। इसके लिये लोकतांत्रिक प्रक्रिया अपनानी होगी।[20] यह उद्धरण इस तथ्य का प्रतीक है कि पर्यावरण को क्षति पहुंचाये बगैर विकास के नये रास्ते और साधन खोजने होंगे जिनसे मानव समाज समृद्ध और खुशहाल बन सके। किन्तु दुर्भाग्य यह है कि सरकार भी प्राकृतिक पर्यावरण का दोहन विकास के नाम पर करती है। बाँध निर्माण भी उन्हीं में से एक है। जीवन के लिये अनिवार्य जल समस्या का निराकरण बाँध बनाने के रूप में प्रस्तुत करते हैं।

हिमालय के अनेक अंचलों पर बाँध बनाने की योजनायें चलने लगी। सरकार ने कार्यवाही की बात की। इसके विरुद्ध हिमालय क्षेत्र से जमीन से जुड़े कार्यकर्ताओं और प्रबुद्ध वर्ग ने 'हिमालय बचाओ आन्दोलन' की घोषणा कर दी। हिमालय बचाओ का विचार टिहरी में भागीरथी पर बनने वाले देत्याकार बांध के विरुद्ध चलने वाले जन आन्दोलन में से निकला है। 20 अक्टूबर, 1991 को उत्तरकाशी में आये भूकम्प के बाद टिहरी बांध की योजना पर पुनर्विचार किया गया। नदी बहाव वाली जल विद्युत परियोजना में बदलने की माँग को लेकर 8 महिने तक धरने और प्रदर्शन किये गये। सरकार ने आन्दोलन को कुचलने के लिये कोई कोर कसर नहीं छोड़ी। इन दमनकारी नीतियों के बावजूद उत्तराखण्ड के विद्वान और सक्रिय

20. मेधा पाटकर, सर्वे आफ द इनवायरमेन्ट, 2000, पृष्ठ 61.

कार्यकर्ता एक मंच पर आये और इन्होंने 13, 14, 15 मई को टिहरी से ही भागीरथी के तट पर धरना स्थल से हिमालय बचाओ की घोषणा का उद्घोष किया।[21] उत्तराखण्ड से जो आवाज उठी वह शीघ्र ही हिमालय के अन्य क्षेत्रों में फैल गई। भारत में भाखड़ा और पोंग बाँध बनने से हजारों हजार विस्थापित लोग आज तक स्थापित नहीं हो पाये हैं। टिहरी बाँध से विस्थापित होने वाली जनसंख्या 86 हजार है और 3 लाख से अधिक लोग प्रभावित हुए हैं। यह बाँध यदि टूट गया तो करोड़ों लोग इसके शिकार हो जायेंगे। बांध बनने से जो उपजाऊ मिट्टी नदियों के द्वारा लाई जाती थी वह भी थम जायेगी और इससे कृषि और किसान दोनों को काफी क्षति पहुंचेगी क्योंकि उत्तम भूमि जल मग्न हो जायेगी। **बहुगुणा** कहते हैं कि ''हिमालय में ज़िन्दा रहने के लिये प्रकृति की तीन देन है –जल, जंगल और जमीन में से जंगल और जमीन तो समाप्त प्रायः हैं, अब बिमार हिमालय को जीवन्त बनाने का एक मात्र साधन जल है। बाँध बनाकर उसका निर्यात प्राकृतिक न्याय के विरुद्ध है। लोगों को धोखे में रखकर, इस संसाधन की कानूनी डकैती है और हिमालय को मौत की ओर धकेलने का घिनौना षड्यन्त्र है।[22]''

13, 14, 15 मई, 1992 को टिहरी बाँध स्थल के निकट 'हिमालय बचाओ सम्मेलन' का घोषणा पत्र है जिसकी मुख्य बात यह है कि ''भोगवादी सभ्यता की बुनियाद पर आधारित नीतियों ने गंभीर रूप से घायल हिमालय के घावों को भरने के बजाय उसकी जल, जंगल और खनिज सम्पदाओं का शोषण करने की गति को तीव्र कर दिया है। इस बाँध का पिछले 20 वर्षों से सतत विरोध हो रहा है। यह आर्थिक दृष्टि से दिवालिये, समाज का विघटन, संस्कृति की हत्या तथा पारिस्थितिकीय तबाही लाने वाला है। इसलिये आर्थिक, सामाजिक, सांस्कृतिक और परिस्थितिकीय मूल्यों की रक्षा के लिये इसे तत्काल बन्द करने का हम हर सम्भव प्रयास करेंगे।''

हरिद्वार में पहला गंगा बचाओ आन्दोलन
(First Movement to Save Ganga in Haridwar)

देश में बाँध निर्माण के विरुद्ध जन चेतना युक्त आन्दोलन समय के साथ बढ़ता गया है। बाँध के बनने से जितना लाभ नहीं है कालान्तर में उससे कहीं अधिक क्षति आस-पास के निवासियों को, कृषि और कृषि भूमि को पहुँचेगी। खेती की भूमि की उर्वरा शक्ति दिन प्रति दिन कम होती जायेगी। इस दृष्टि से बाँध निर्माण के विरुद्ध विरोध सर्व प्रथम 75 वर्ष पूर्व गँगा पर बाँध को लेकर हुआ था। **कौशल किशोर** कहते हैं कि ''नर्मदा और टिहरी बांधों के लिये जारी आन्दोलनों को देखकर आज से पचहत्तर वर्ष पूर्व गंगा पर बांध को लेकर हुआ वह संघर्ष याद आ जाता है जो एक प्रकार से विश्व का पहला बाँध विरोधी

---

21. सुन्दरलाल बहुगुणा, हिमालय बचाओ आन्दोलन, पृष्ठ 1-2.
22. बहुगुणा, हिमालय बचाओ आन्दोलन, पृष्ठ 4.

आन्दोलन था। इससे पूर्व और बाद में दुनियाँ में जलधाराओं से सम्बन्धित कई आन्दोलन हुए, परन्तु हरिद्वार का आन्दोलन विश्व का प्रथम बाँध विरोधी सफल आन्दोलन कहा जा सकता है ...... वह दिन वस्तुतः अलौकिक रहा होगा, जब 1914 में देश की जानी मानी रियासतों की नंगी तलवारें बाँध को रोकने के लिए हर की पैड़ी पर लहरा उठी थी। इक्कीस नरेशों ने अपने वाहनों पर सवार होकर महामना मदन मोहन मालवीय के नेतृत्व में ब्रिटिश सरकार के खिलाफ दुदंभि बजा दी। अखण्ड भारतवर्ष का राष्ट्रीय समाज एकमत से गंगा पर बन रहे बाँध के विरोध में उठ खड़ा हुआ।[23]"

गंगा बाँध बचाओ आन्दोलन ने जन समुदाय और पुरोहितों को भी आन्दोलन में आगे आने के लिये प्रेरित किया क्योंकि गंगा नदी नहीं है। भारत की संस्कृति और धर्म की प्रतीक है। उसके प्रवाह को बांधा कैसे जा सकता है? यह भारत की अस्मिता का प्रतीक है। जन-जन का यह नारा बन गया 'गंगा बंधकर बहेगी', 'बंधा हुआ जल मृतकों की अस्थियों के लिये', 'कुंभ की नगरी में बंधित जल' आदि नारों ने गंगा बचाओ आन्दोलन को जन आन्दोलन के रूप में परिणित कर दिया। राजा, महाराजा, नेता, समाज सेवक पुरोहित, बुद्धिजीवी सभी एकजुट होकर गंगा बचाओ आन्दोलन में शामिल हो गये। अन्ततः सरकार ने जन आन्दोलन के सम्मुख घुटने टेक दिये। लेकिन चालबाज अंग्रेज बाँध बनाने का प्रयास करते रहे और वे बार-बार मात खाते रहे। 1914-1916 का आन्दोलन भी ऐसा ही था। मदन मोहन मालवीय जी की भूमिका इसमें सराहनीय थी। गंगा बचाओ आन्दोलन ने राष्ट्रीय स्तर पर ही नहीं वरन् विश्व में अपनी पहचान बनायी। इससे प्रेरित होकर अमेरिका, कनाडा और यूरोप के कुछ शहरों में भी बाँध विरोधी आन्दोलन किये गये।

नर्मदा घाटी का आन्दोलन (Narmada Valley Movement)

स्वतंत्रता के 55 वर्ष बीत जाने के पश्चात भी हम नदियों और नदियों के तट पर बसे नगरों, कस्बों और गावों को सुरक्षित नहीं रख सके। उनके बिगड़ते स्वरूप को संवार नहीं सके हैं। उनकी प्रवाह की गति को बनाये नहीं रख सके। नदियाँ या तो सूख रही हैं अथवा घाटों से दूर जा रही हैं। बाढ़ आने पर पूरे के पूरे गाँव को निगल रही हैं। अरबों रूपयों को व्यय करने के पश्चात भी हम नदियों के विकास में सफल नहीं हुए हैं। इतना अवश्य हुआ है कि घोटालों और भ्रष्टाचार के कारण मंत्रियों, नेताओं, समाज सेवकों, दलालों, बड़े अधिकारियों और अभियन्ताओं के घर अवश्य खुशहाली के बाग खिल गये हैं और शेष सूखाग्रस्त हो गये हैं। दुख इस बात का है कि हमने साम्राज्यवादी शक्तियों को मात दी है। उन्हें उलटे पैर भगाया है पर हम अपने ही देश के चन्द भ्रष्ट लोगों और उनकी राजनीतिक व्यवस्था से परास्त हो रहे हैं। बाँध निर्माण की योजना के पीछे भी बहुत कुछ काला है।

---

23. कौशल किशोर, गंगा बचाओ, पृष्ठ 4.

टिहरी बाँध (Tihari Dam)

देश के अन्य बांधों की तरह टिहरी बाँध से भी असंख्य निवासियों को तरह-तरह की परेशानियों और समस्याओं से जूझना पड़ेगा। सरकार अल्पकालीन लाभों का स्वप्न बिखेरती है और कुछ समय के पश्चात स्वप्न टूटते हैं और आम जनता को हानि पहुंचती है। जल और विद्युत की समस्या का समाधान नदियों पर बांधों का निर्माण करना नहीं है। **बहुगुणा** के शब्दों में ..... "एशिया का सबसे ऊंचा बाँध रूस की मदद से भागीरथी पर टिहरी में बन रहा है। 260 मीटर ऊंचे इस बाँध से 42 वर्ग कि.मी. की झील बनेगी। इस बाँध की ओर पश्चिमी उ.प्र. के किसान सिंचाई के लिये, यद्यपि इसकी सिंचाई क्षमता प्रारम्भिक 62 हजार हेक्टेयर से घटकर अब आधी रह गयी है, तो दिल्ली के नागरिक पीने के पानी की आपूर्ति के लिये आशा भरी निगाहों से देख रहे हैं, राजस्थान भी अपना हिस्सा मांगता है। पश्चिम बंगाल ..... पानी की कमी का सवाल उठाते हुए टिहरी बाँध के पानी की माँग की है। उधर टिहरी के आसपास के लोगों ने भूकम्प के सक्रिय क्षेत्र में बनने वाले इस बाँध की संभावित दुर्घटना से अपने प्राणों की रक्षा के लिए, जीवन के अधिकार के प्रश्न को लेकर उच्चतम न्यायालय में न्याय के लिये गुहार की है।"[24] इस बाँध की आयु 100 वर्ष मानी गई थी। गाद भरने के कारण इसकी आयु घटकर 60 वर्ष आंकी जा रही है। सत्येश्वर प्रसाद नौटियाल के अनुसार यह 30-40 वर्षों में गाद से भर जायेगा। यही हाल देश के सभी बाँधों में घटित होगा। यहाँ पर प्रश्न उठता है कि बाँध निर्माण पर अरबों रुपये क्यों व्यय किये जायें जिससे निवासियों और जनता को लाभ कम और हानि अधिक हो। इतने ही धन में हमें जल की वैकल्पिक व्यवस्था और प्रबन्धन करना चाहिए।

वास्तव में टिहरी बाँध के साथ अनेक प्रश्नों का उत्तर देने में सरकार, विशेषज्ञ और अभियन्ता असमर्थ रहे हैं। सरकारी अधिकारी तो सरकार के साथ ही हाँ में हाँ मिलाते हैं। उदाहरण के लिये सन् 1968 में उत्तरकाशी जिले में कनोडिया गाड के उद्गम से जो 3 कि.मी. लम्बा भूस्खलन हुआ था, उसका कारण क्या था? उसके ठीक 13 वर्ष पश्चात भूकम्प आया। इसका केन्द्र दक्षिण की ओर बढ़ रहा है। क्या अगले भूकम्प का केन्द्र बिन्दु टिहरी बाँध के निकट श्रीनगर भ्रंश पर नहीं होगा? इतना ही नहीं अधिक वर्षा होने पर बाँध की सुरक्षा करनी पड़ती है और अतिरिक्त जल को निकालना पड़ता है। इससे कृत्रिम बाढ़ आती है जो आस-पास के निवासियों के लिये तबाही का कारण बनती है। सितम्बर, 1988 की तरह भाखड़ा द्वारा इसी प्रकार की घटना हुई थी। बाँध परियोजना की सुरंगों को बनाने के लिये शक्तिशाली विस्फोट किये जाते हैं। इससे आस-पास के मकान तक हिल उठते हैं। लोगों ने इसका विरोध किया किन्तु विकास की आंधी में यह दबा दिया गया। इन विस्फोटों से टिहरी बाँध स्थल के लोग भयभीत है। इनके मकानों में दरारें पड़ गयी हैं। टिहरी बाँध पर **सुन्दरलाल बहुगुणा** का दुःख और दर्द इन शब्दों में देखा जा सकता है-

---

24. सुन्दरलाल बहुगुणा, हिमालय बचाओ आन्दोलन, पृष्ठ 7.

''टिहरी बाँध हिमालय में बनने वाले दर्जनों बांधों में से एक है और हिमालय की स्थलाकृति,वहाँ का जन जीवन, परिस्थिति की और अर्थ व्यवस्था पर तथा सारे देश पर इन परियोजनाओं का दूरगामी प्रभाव क्या होगा? इस महाप्रश्न का दिल्ली और लखनऊ के उन राजकर्ताओं को उत्तर देना है, जो टिहरी जैसे बांध बनाकर अपने ही नागरिकों को जिन्दा रहने के अधिकार छीन रहे हैं।[25]''

अपील (टिहरी बाँध विरोधी संघर्ष समिति की ओर से सर्वश्री सुन्दरलाल बहुगुणा, वीरेन्द्र दत्त सकलानी और विद्या सागर नौटियाल ने केन्द्रीय सरकार से अपील की:

''हम आपका ध्यान टिहरी बाँध परियोजना से विस्थापित होने वाले 86000 लोगों तथा इसके ऊपर व नीचे गंगा घाटी में बसने वाले लाखों लोगों के जीवन के लिये खतरे की समस्या की ओर आकर्षित करना चाहते हैं।..... इस बाँध परियोजना का कार्य आरम्भ होने के समय से ही हम टिहरी गढ़वाल के लोग इसका विरोध करते रहे हैं। (हम सरकार, संसद और उच्च न्यायालय में भी अपनी आवाज पहुंचाते रहे जिससे समस्या की गंभीरता को समझे।''

''हमारी आशंकाओं को भारत सरकार के पर्यावरण विभाग द्वारा सुनील कुमार राय की अध्यक्षता में नियुक्त कमेटी ने पुष्ट किया, कमेटी की राय में यह परियोजना पर्यावरण की दृष्टि से घातक है। इसके पश्चात वन और पर्यावरण मंत्रालय ने राष्ट्रीय हित में इस योजना को पूर्णतया समाप्त करने की सिफारिश की थी।''[26]

नर्मदा बचाओ आन्दोलन (Save Narmada)

सरदार सरोवर बांध आरम्भ से ही विवादास्पद रहा है। 1994 तक यह थमा नहीं था। इस परियोजना के विरोध में नर्मदा घाटी में चल रहा जन आन्दोलन विकास की सोच के तहत चल रहे आन्दोलन का एक महत्त्वपूर्ण हिस्सा है। गत 8 वर्षों से नर्मदा घाटी के बूढे, जवान, स्त्री, बच्चे इस परियोजना के विरुद्ध संघर्ष कर रहे हैं। यहाँ के आन्दोलन कर्त्ता चीख-चीख कर कहते हैं कि चन्द लोगों की खुशहाली के लिये प्रकृति और संसाधनों का मनमाने ढंग से दोहन किया जा रहा है। विकास की प्रचलित अवधारणा के विरुद्ध, नर्मदा घाटी में व बाहर एक चुनौती के रूप में यह आन्दोलन किया जा रहा है।

नर्मदा पर बनने वाला यह बाँध आरम्भ से ही विवादों के घेरे में रहा है और जिस समय वर्ल्ड बैंक ने अपने ऋण सहायता 170 मिलयन डालर के वायदे को वापस ले लिया, वे लोग जो बाँध निर्माण का विरोध कर रहे थे, वे अपनी जीत पर बेहद खुश थे। विश्व बैंक परियोजना से हट जाने के बाद भी लोग आन्दोलन करते रहे कि 'डूबेंगे पर नहीं हटेंगे' संकल्प दोहराते रहे। आदिवासियों ने डूब का सामना किया। पुलिस हमले हुये। महिलाओं

---

25. सुन्दरलाल बहुगुणा, हिमालय बचाओ आन्दोलन, पृष्ठ 37.
26. सुन्दरलाल बहुगुणा, हिमालय बचाओ आन्दोलन, पृष्ठ 40.

के साथ बलात्कार किया गया। गोलियाँ चलाई गयी। पुलिस फायरिंग में रेहमल वसाबे मारे गये। (19 नवम्बर 1993) अंततः केन्द्र सरकार ने बाँध पर सम्पूर्ण पुनर्विचार करने की घोषणा की। इस कार्य हेतु एक दल गठित किया गया। 31 दिसम्बर 1993 को बाँध का निर्माण कार्य रोक दिया गया। इस समय मध्य प्रदेश सरकार ने इस परियोजना पर प्रश्न खड़े किये और नर्मदा घाटी की परियोजना में आमूलचूल परिवर्तन लाने की पेशकश की।

गुजरात सरकार नर्मदा घाटी के कार्य को रोकने से सहमति नहीं दिखा रहे थे। वे जनता को नर्मदा बांध निर्माण के लिये प्रोत्साहित करने में कोई कोर कसर नहीं छोड़ रहे थे, किन्तु 'नर्मदा बचाओ आन्दोलन' इसका डटकर विरोध कर रहा था। मध्य प्रदेश और महाराष्ट के असंख्य व्यक्ति बांध बनाने की परियोजना से कहीं भी सहमत नहीं थे।

नर्मदा बचाओ आन्दोलन की नायक मेधा पाटकर थीं। वे नर्मदा बाँध निर्माण के विरोध में मुम्बई में आमरण अनशन पर बैठ गईं और यह माँग की कि केन्द्रीय सरकार बाँध निर्माण परियोजना पर पुनर्विचार करे। लगभग 2 सप्ताह तक आमरण अनशन पर बैठी रहीं। अन्ततः मेधा पाटकर को सफलता प्राप्त हुई। सरकार ने वार्ता के लिये न्योता दिया। इसके साथ ही परियोजना पर पुनर्विचार कराने की मंशा जाहिर की। किन्तु इसी समय अधिक मानसूनी वर्षा होने के कारण बाँध में पानी की ऊंचाई 61 मीटर तक पहुंच गयी। शूपेनेश्वर का मन्दिर लगभग डूब गया जो लगभग 1000 वर्षों में भी डूबा नहीं था। सब जगहों पर त्राहि-त्राहि मच गयी। लोग ऊंचे स्थानों की ओर भागने लगे। व्यक्ति पलायन करने के लिये विवश हो गये। सामान पानी में डूब गये। बह गये। खेत जलमग्न हो गये। अनेक आश्वासनों के पश्चात भी केन्द्रीय सरकार ने बाँध पुनर्वालोकन की कमेटी घोषित नहीं की। अन्ततः नर्मदा बचाओ आन्दोलन ने जेल सर्मपण का निर्णय लिया।

मीडिया की भूमिका इस मुद्दे को उछालने में सराहनीय थी। अंततः परिणाम यह हुआ कि केन्द्रीय सरकार ने कमेटी गठित करने का निर्णय लिया और तीन माह के अन्दर रिपोर्ट तैयार कर प्रस्तुत करने का वचन दिया।[27]

यह सफलता मनोवैज्ञानिक अधिक और वास्तविक कम थी और न इसकी ही गारन्टी थी कि जो तथ्य उभर कर सामने आयेंगे उसे केन्द्र अथवा राज्य की सरकारें मानने के लिये विवश होंगी। इस प्रकार का समझौता हुआ था कि नर्मदा बाँध परियोजना का कार्य रोक दिया जायगा। राज्य सरकार को भी कोई आदेश देने की बात नहीं कही गयी। अन्ततः यह रिपोर्ट समय की गर्द के नीचे दब गई। नर्मदा बचाओ आन्दोलन भी ठन्डा पड़ता गया। आन्दोलनकारी हताश से दिखने लगे और धीरे-धीरे पीछे हटते दिखायी पड़ने लगे। इसी मध्य गुजरात हाई-कोर्ट में रिट दायर की गयी कि रिपोर्ट को प्रस्तुत करने से पूर्व इसकी घोषणा न की जाय।[28] नर्मदा कन्ट्रोल अथारिटी (एन.सी.ए.) ने भी यह सुझाव दिया कि पर्यावरण

27. कल्पना शर्मा, सर्वे आफ द इनवायरामेन्ट, 1995, पृष्ठ 185:186.
28. कल्पना शर्मा, सर्वे आफ द इनवायरामेन्ट, 1994, पृष्ठ 153.

संबंधी जो भी कदम उठाये गये हैं वे पर्याप्त नहीं है। केन्द्रीय पर्यावरण और वन मंत्रालय ने भी यह कहा कि पर्यावरण पर पर्याप्त ध्यान नहीं दिया गया है। इन आधारों पर बाँध निर्माण का कार्य रोक दिया गया। प्रधानमंत्री नरसिम्हाराव ने कहा कि जब तक पर्यावरण संबंधी सारे मुद्दे तय नहीं हो जाते बाँध का काम आरम्भ नहीं किया जायगा। इसे नर्मदा बचाओ आन्दोलन ने अपनी सफलता माना।

इसी समय भारतीय जनता पार्टी को चुनाव में असफलता का मुँह देखना पड़ा। मध्य प्रदेश के मुख्य मंत्री दिग्विजय सिंह बने। कांग्रेस की सरकार बनी। मुख्य मंत्री का मत था कि मध्य प्रदेश को बांध से कोई लाभ प्राप्त नहीं होगा बल्कि अधिक से अधिक भूमि की क्षति होगी। इसके साथ ही लोगों की पुनर्वास की समस्या भी खड़ी होगी। इसलिये आवश्यक है कि बाँध की ऊंचाई कम की जाय जो 138.68 मीटर (455 फीट) है उसे कम करके 118.26 मीटर (388 फीट) किया जाय। मध्य प्रदेश की सरकार का यह कहना था कि बाँध का जल स्तर कम होने से 38,000 व्यक्तियों का पुनर्वास कराने की आवश्यकता नहीं पड़ेगी। अपेक्षाकृत 1,50,000 के 'नर्मदा बचाओ आन्दोलन' ने बांध निर्माण के विरुद्ध आन्दोलन किये पर व्यक्तियों को 1995 तक पुनर्वास के लिये विवश किया जा रहा था।

मेधा पाटकर 'नर्मदा बचाओ आन्दोलन' की नायक है। बाँध के संबंध में उनके मार्मिक विचार देखते ही बनते हैं ''हम चाहते हैं कि छोटे से पर अनूठे कदम से हमारे दलित-पीड़ित, शोषित, आदिवासी, किसान, मज़दूरों को आज तक फैलाए गए झूठे विकास को चुनौती देने का बल मिले, अपने जीवन को ही हथियार बनाकर संघर्ष में उतरने की वे तैयारी बताएं।''

''इस देश में जो भी सम्वेदना जिन्दा हो, उसी से नर्मदा घाटी बचाने का विवेक और गुजरात की जनता को भी झूठे सपनों से जगाने की प्रेरणा उभर कर आये। हमारे (आत्मसमर्पण) से हमारी छोटी सी जिन्दगी तो समाप्त होगी, लेकिन मानव व प्रकृति के निरन्तर एवं न्यायपूर्ण रिश्तों पर आधारित सही विकास को समझकर भी आज तक किसी न किसी कारण सक्रिय न हुए, दलीय राजनीति, संगठनों से जुड़े या अपने में ही खोए हुए हजारों लाखों लोग सक्रिय हो उठे, यही हमारी आशा है। नर्मदा की घाटी में चल रहे संघर्ष की अन्तिम दम तक विवेक के सिद्धान्तों के आधार पर जिन्दा रहने की, तार्किक परिणिति है हमारा कदम।[29]''

1985 से लगातार नर्मदा घाटी के लोग अपना मुद्दा पकड़े हुए हैं। विश्व बैंक जैसी महासत्ता को बाँध परियोजना से अपने को अलग करना पड़ा। यह नर्मदा आन्दोलन की बहुत बड़ी सफलता थी। अब मध्य प्रदेश राज्य ने अनेक प्रश्न खड़े किये हैं। केवल सरदार सरोवर ही नहीं देश में अब तक बनाए गए बांधों का मूल्यांकन अब नये जनवादी परिप्रेक्ष्य से और वैकल्पिक विकास की अवधारणा को दृष्टि में रखकर करने की आवश्यकता है। संसार के राजनीतिक जल की समस्या को लेकर चिन्तित हैं। चीन जैसे समाजवादी देश में

---

29. हम लड़ेंगे साथी, नारायण पेठ, पूणे, पृष्ठ 58-59.

जल का गंभीर संकट है। भारत के प्रतिनिधि जब चीन भ्रमण से लौटे तो बताया कि वहाँ नहाने के पानी के लिये पैसे देने पड़ते हैं। इसीलिये कहा जाता है कि अगला विश्व युद्ध पानी को लेकर होगा। अस्तु आवश्यकता है जल के प्रबन्धन करने की और वैकल्पिक संसाधन जुटाने की, जिससे जल का सदुपयोग अधिक से अधिक हो सके और कम से कम लोगों की हानि हो सके।

References

Agarwal, Anil, Hamara Prayavaran, Gandhi Shanti Pratishthan, Delhi.

Bahuguna, Sundarlal, Chipko, Parvatiya Navjeewan Mandal, Garhwal.

Bahuguna, Sundarlal, Himalaya Bachao Aandolan, Akhil Bhartiya Garhwal Parishad, Kanpur.

Bharat Suchna Aur Prasaran Mantralaya, Bharat Sarkar, New Delhi.

Chandola, Rajeshwar Prasad, Aaj Ka Prayavaran: Paridarsh, Suyog Prakashan, New Delhi.

Ham Laregen Sathi, Narain Peth, Pune.

Kishor, Kaushal, Ganga Bachao, Parvatiya Navjeewan Mandal, Garhwal.

MacIver and Page, Society, Macmillan Co., London.

Mahajan, Ajai and Kanchi Kohli, Survey of the Environment, 2000.

Nautiyal, Shivanand, Prayavaran: Samasya Aur Samadhan, Smayik Prakashan, New Delhi.

Patekar, Medha, Survey of the Environment, 2000.

Semwal, Indra Mani, Manav Aur Prakriti (Article) Vikas Nagar, Kanpur.

Sharma, Kalpana, Survey of the Environment, 1995.

Vyas, Harish Chandra, Prayavaran, Vidya Vihar, New Delhi.

17

भूमन्डलीकरण - एक परोक्ष आन्दोलन
(Globalization - An Indirect Movement)

भूमन्डलीकरण का आन्दोलन भारत की भूमि से नहीं जन्मा है। यह पाश्चात्य देशों से नियोजित ढंग से उत्पन्न किया गया है। विश्व के अनेक देशों में इसने परोक्ष रूप में अपना जाल बिछाया है। भारत और अन्य विकासशील देशों पर इसका प्रभाव प्रत्यक्ष और परोक्ष दोनों ही रूप में पड़ा है। तीसरी दुनियाँ के देश भी अपने को इसके प्रभाव से बचा नहीं पाये। सबसे आश्चर्य और चौकाने वाला तथ्य यह है कि विश्व के दो बड़े शक्तिशाली समाजवादी देश रूस और चीन भी इसकी लपेट में आ गये। इस तरह विश्व के छोटे-बड़े देशों में इसने अपना घर बना लिया। आरम्भ में प्रतीत हो रहा था कि भूमन्डलीकरण का आन्दोलन मात्र आर्थिक जगत ही तक है, सत्य यह है कि आज इसके प्रभाव से कोई भी चीज अछूती नहीं है। यह परोक्ष रूप में नव आर्थिक उपनिवेशवाद है। विश्व से साम्राज्यवाद समाप्त हो गया, किन्तु 21 वीं शताब्दी में परोक्ष रूप में भूमन्डलीकरण के द्वारा साम्राज्यवाद अपनी जड़ें पुनः मजबूती से जमा रहा है। तमाम विरोधों के बावजूद भी भारत ने इसे किसी सीमा तक अपना लिया है। विदेशी शक्तियों और अन्तर्राष्ट्रीय बाजारवाद के दबाव में भारत अपने को इससे पृथक नहीं रख सका क्योंकि नवउदारवादी भूमन्डलीकरण की जड़ें साम्राज्यवादी पूंजी की गति के नियमों में निहित है।

भूमन्डलीकरण का फलसफा है कि वह सम्पूर्ण विश्व को 'एक गाँव' (ग्लोबल विलेज) के रूप में देखता है। भारत के लिये 'ग्लोबल विलेज' की अवधारणा नयी नहीं है। भारतीय दर्शन में 'वसुधैव कुटुम्बकम' की अवधारणा सैकड़ों वर्ष पुरानी है। भारत का मानवतावादी दर्शन सम्पूर्ण विश्व को अपना परिवार मानता है। आज पाश्चात्य देश के व्यक्ति, और राजनीतिज्ञ ग्लोबल विलेज की अवधारणा लेकर बाजार में उतरे हैं। भूमन्डलीकरण के नाम पर पूरे विश्व में एक साम्राज्यवादी और नवआर्थिक उपनिवेशवादी व्यवस्था का विस्तार हुआ है। भूमन्डलीकरण की अवधारणा और नीति के द्वारा पूंजीवादी देश अर्ध विकसित, विकासशील और तीसरी दुनियां के बाजारों में अपनी धाक जमाना चाहते हैं। अपने माल की खपत इन देशों में बढ़ाना चाहते हैं और पूरे बाजार पर कब्जा करना चाहते हैं। इसकी

पृष्ठभूमि में प्रचार यह किया जाता है कि पूंजीवादी देश पिछड़े देशों को विकासशील बनाना चाहते हैं। इन दोनों की आर्थिक व्यवस्था और ढांचे को ग्लोबल स्वरूप प्रदान करना चाहते हैं जिससे वे अन्तर्राष्ट्रीय बाजार में अपनी साख बना सकें। यह परोक्ष रूप विदेशी-व्यवसायी मॉडल है जो भूमन्डलीकरण के नाम से विश्व के बाजारों में परोसा जा रहा है। इसका जादू सर पर चढ़कर बोल रहा है। इसका परिणाम भी हमारे सामने है कि दुनियां के 20 प्रतिशत लोगों के पास विश्व का 90 प्रतिशत धन है और 20 प्रतिशत व्यक्तियों के पास मात्र 10 प्रतिशत धन है।

नरेन्द्र सिंह और सीमा देवी भूमन्डलीकरण के संबंध में लिखते हैं ''आज भारत में ही नहीं बल्कि पूरे विश्व में उदारीकरण, बाजार अर्थव्यवस्था, आर्थिक सुधार तथा भूमन्डलीकरण के नाम पर एक नयी पूंजीवादी, साम्राज्यवादी एवं उपनिवेशवादी विश्व व्यवस्था का अभियान चल रहा है। .... भूमन्डलीकरण वर्तमान समय के व्यापारिक माहौल की एक ऐसी अवधारणा है जो पूरे विश्व को एक मन्डल, एक केन्द्र बनाने की बात करती है।[1]'' वास्तव में, सम्पूर्ण विश्व बाजारवाद और उदारीकरण की प्रक्रिया के माध्यम से एक दूसरे पर निर्भर होते जा रहे हैं। यह प्रक्रिया (ग्लोबल गांव) के निर्माण की कल्पना करता है। इस पूरी आर्थिक-व्यावसायिक प्रक्रिया को हम भूमन्डलीकरण की संज्ञा दे सकते हैं।

भूमन्डलीकरण के यथार्थ के संबंध में **इवोश** के अपने विचार हैं कि आज भूमन्डलीकरण एक बहुचर्चित अवधारणा बन चुकी है। साथ ही यह विवादास्पद भी है। वे कहते हैं ''वास्तव में यह एक प्रक्रिया और परिघटना है जो आज एक विशेष अर्थ ग्रहण कर चुकी है और एक अत्यन्त संकीर्ण अर्थ में प्रयुक्त होने लगी है। आज भूमन्डलीकरण का अविकसित और विकासशील देशों के लिए मतलब है पूंजीवाद का नया पैतरा और विकसित देशों के शासकों के लिये भी है वही चीज, पर उसे वह नई विश्व व्यवस्था, नई अर्थ व्यवस्था और एक मात्र उपाय के रूप में प्रस्तुत कर रहे हैं। ..... आज का भूमन्डलीकरण आर्थिक ही नहीं सांस्कृतिक से सामरिक तक किसी भी तरह भूमन्डली वर्चस्व ही नहीं एक छत्रता स्थापित करने की प्रक्रिया है।[2]''

भूमन्डलीकरण के संबंध में अधिकांश तर्क इस तथ्य पर आधारित है कि इस अवधारणा को उछालने के पीछे पूंजीवादी और साम्राज्यवादी शक्तियों की सोची समझी चाल है कि वे संसार भर के देशों को अपनी आर्थिक व्यावसायिक मायाजाल में फंास कर उनका दोहन करते रहें। बाजारवादी उपभोक्ता संस्कृति को स्थापित कर अथाह धन अर्द्ध विकसित, विकासशील और तीसरी दुनियां के देशों से अर्जित करते रहें। **श्रीलता स्वामीनाथन** लिखती हैं ''भूमन्डलीकरण शब्द वर्तमान युग के पूंजीपतियों द्वारा उछाला गया शब्द है जिसकी आड़

1. नरेन्द्र सिंह और सीमा देवी, कुरुक्षेत्र, सितम्बर 2004, पृष्ठ 21.
2. इबोश, इतिहास बोध, जून 2003, पृष्ठ 34.

में वे दुनियां भर के संसाधनों की लूट को छिपाने का प्रयास कर रहे हैं। उन्हें आशा है कि इस नए शब्द जाल से वे शोषण, नव उपनिवेशवाद एवं नव साम्राज्यवाद जैसी नग्न अवधारणाओं को छिपा लेंगे। वित्तीय पूंजी के उस युग में भूमन्डलीकरण पूंजीवाादी साम्राज्यवाद के अलावा कुछ नहीं है।[3]''

भूमन्डलीकरण के नाम पर पूंजीवादी देश जहाँ एक तरफ सम्प्रभुता को आघात पहुँचा रहे हैं, वहीं इस प्रकार की नीतियाँ बनायी जा रही हैं जिससे अधिक से अधिक लाभ साम्राज्यवादी शक्तियों को प्राप्त हों। फिलहाल पत्रिका लिखता है ''निश्चित रूप से साम्राज्यवाद के स्वरूप में परिवर्तन आए हैं। आज उपनिवेशों पर हुकूमत नहीं है। लेकिन विश्व बैंक (वि.बै.) अन्तर्राष्ट्रीय मुद्राकोष (अंमुको) और विश्व व्यापार संगठन (विव्यासं) अमीर देशों के शोषण तंत्र को संचालित कर रहे हैं जिन देशों के शासक इस शोषण तंत्र का विरोध करते नज़र आते हैं उन पर सीधे हमलों के साथ साथ परोक्ष युद्ध भी थोपे जाते हैं। तीसरी दुनियां के देशों के शासकों के जरिये साम्राज्यवाद वहाँ जो चाहे, करता जा रहा है। यह इन देशों की आर्थिक और राजनीतिक सम्प्रभुता का हनन कर रहा है। यहाँ के शासक तमाम महत्त्वपूर्ण आर्थिक फैसले साम्राज्यवादी पूँजी के हितों के अनुरूप कर रहे हैं। प्राकृतिक संसाधनों के भंडार और राजकीय उपक्रमों को कौड़ी के मोल विदेशी कम्पनियों के हवाले किया जा रहा है।[4]''

भूमन्डलीकरण को इतने चमत्कारिक और चौंकाने वाली अवधारणा और उद्देश्यों के साथ प्रचारित किया जा रहा है जैसे सम्पूर्ण विश्व का कल्याण करने का दायित्व इन्हीं पूंजीवादी देशों पर आ गया है। विश्व कल्याण कार्य में ये अपने को ही सक्षम, योग्य और समर्थ मानते हैं। इस प्रकार के भ्रमजाल के मुखौटे सैकड़ों वर्षों से पूंजीवादी साम्राज्यवादी देश लगाते रहे हैं। अंग्रेजों की ईस्ट इन्डिया कम्पनी इसका उदाहरण है कि व्यापारी बनकर भारत का कल्याण करने आये थे और सैकड़ों वर्षों तक केवल भारत पर शासन ही नहीं किया वरन् यहाँ के प्राकृतिक संसाधनों का दोहन भी किया। क्योंकि विश्व के देशों से साम्राज्यवादियों का शासन समाप्त हो गया, इसलिये शोषण और दोहन के दूसरे रास्ते खोजे जा रहे हैं। यही कारण है भूमन्डलीकरण की अवधारणा को नयी अर्थव्यवस्था के अर्थ से संजोया जा रहा है। इसे एक आन्दोलन का जामा पहनाया जा रहा है जिससे ये अपने लक्ष्यों को पूर्ण कर सके। यह भूमन्डलीय बाजारवाद का परोक्ष आन्दोलन विभिन्न देशों में बाजारवाद को स्थापित करने का एक आन्दोलन है। यह एक आन्दोलन है जिसका उद्देश्य उपभोक्तावादी समाज की स्थापना करना हैं। विश्व के उत्पाद का एक ऐसा बाजार बनाना जहाँ उपभोक्ता उस ग्लेमर में फंस कर चीज़ों को अनावश्यक रूप में भी क्रय करता रहे। इस तरह साम्राज्यवादी हितों की पूर्ति होती रहेगी। कहा गया कि ''अमेरिकी साम्राज्यवाद

3. श्रीलता स्वामीनाथन, आधी जमीन, सितम्बर 2001, पृष्ठ 12.
4. फिलहाल, मार्च 2001, श्री कृष्ण नगर, पटना, पृष्ठ 2.

के नेतृत्व में पुराने उपनिवेशवाद को हटाकर उसकी जगह नव उपनिवेशवाद को स्थापित किया गया और वहाँ देशी कुलीन वर्गों के हाथ में सत्ता का हस्तातंतरण किया गया जो साम्राज्यवदी हितों की सेवा करने और उसके साथ सहयोग करने के लिये तत्पर थे। नये रूप में उपनिवेशिक लूट को जारी रखने के लिए आई.एम.एफ., विश्व बैंक और गैट जैसी नई साम्राज्यवादी एजेन्सियों का गठन किया गया।[5]''

भूमन्डलीकरण का परोक्ष आन्दोलनः पृष्ठभूमि
(Indirect Movement of Globalization: Background)

भूमन्डलीकरण आन्दोलन के बीज औद्योगीकरण के विकास में विद्यमान थे। भूमन्डलीकरण, वैश्वीकरण, उदारीकरण, बाजारवाद, उपभोक्तावाद आदि राष्ट्र की पृष्ठभूमि में पूंजीवादी लाभ की प्रवृत्ति समाहित है। औद्योगीकरण धनाढ्य पूंजीपतियों द्वारा लाया गया एक व्यावसायिक लाभ का आन्दोलन था। महज अपने स्वार्थ, हित और लाभ के लिए और निर्धन देशों का शोषण करने हेतु औद्योगीकरण को प्रोत्साहित किया गया। उदाहरण के लिये भारत में अंग्रेजी शान को लिया जा सकता है अथवा जहां-जहाँ भी इन साम्राज्यवादियों का शासन था उस देश की प्राकृतिक सम्पदा का मन चाहे रूप में दोहन किया। इस औद्योगिक साम्राज्यवादी आर्थिक व्यवस्था में निर्धन देश और निर्धन बनता गया। **इबोश** लिखते हैं ''पन्द्रहवीं-सोलवीं शताब्दी के दौरान पूंजीवाद एक उत्पादन प्रणाली के रूप में स्थापित होना शुरू हुआ। इस प्रणाली में उत्पादन मुनाफे के लिए होने लगा और मुनाफे के लिए कोई भी नियम या मर्यादा अवरोध के रूप में स्वीकार नहीं थे। यूरोप के तब के विकासमान देशों ने व्यवसाय फैलाने के लिए अन्तर्राष्ट्रीय कम्पनियाँ बनाई, भारत से व्यापार करने वाली और बाद में भारत पर कब्जा जमाने वाली ईस्ट इन्डिया कम्पनी 1601 में रानी एलिजाबेथ और भारत के अकबर शासन काल में बनाई गई थी। अट्ठारहवीं शताब्दी में औद्योगिक क्रांति ने पूंजीवाद को नई ऊर्जा, विस्तार और शक्ति दी। अमरीकी और फ्रांसिसी क्रान्तियों ने पूंजीवाद को राजनीतिक सत्ता भी दे दी। अब उसके खुलकर खेलने का समय आ गया। तेजी से औपनिवेशीकरण शुरू हुआ। उन्नीसवीं शताब्दी में पूंजीवाद एक विश्व व्यवस्था के रूप में निर्द्वन्द्व हो गया।[6]

औद्योगिक आन्दोलन और पूंजीवादी आर्थिक व्यवस्था ने एक ऐसी आर्थिक भूमन्डलीय व्यवस्था को स्थापित करना आरम्भ किया कि 21 वीं शताब्दी तक आते-आते उसने पूंजीवादी व्यवस्था के स्थान पर भूमन्डलीकरण का नया शब्द नये अर्थों में गढ़ दिया। वास्तव में भूमन्डलीकरण का आन्दोलन परोक्ष रूप में औद्योगीकरण, पूंजीवादी तथा साम्राज्यवादी

5. रेड स्टार, दिसम्बर 2002, गोविन्दपुरी, काला काजी, नयी दिल्ली, पृष्ठ 4.
6. ईबोश, इतिहास बोध, जून 2003, पृष्ठ 38.

आर्थिक नीतियाँ और व्यवस्था की देन है। शनैः-शनैः इसे सत्ता की शक्ति द्वारा स्थापित किया गया। इंग्लैण्ड और आज अमेरिका इसके उदाहरण हैं। पूँजीवादी और साम्राज्यवादी देशों ने भूमन्डलीकरण के आन्दोलन को परोक्ष रूप से मीडिया के द्वारा जोर-शोर से प्रचारित कर रहा है। मीडिया विदेशी उत्पादों को आकर्षक और लुभावने ढंग से प्रचारित कर रहे हैं। ग्लेमर और प्रचार के युग में भूमन्डलीकरण का आन्दोलन प्रत्यक्ष और परोक्ष दोनों ही रूप में अब सक्रिय होते दिखाई पड़ रहे हैं। इस बात का प्रभावशाली ढंग से प्रचार किया जा रहा है कि जो देश अर्द्ध विकसित अथवा विकासशील हैं, वे भूमन्डलीकरण की नीतियों को अपना कर ही विकास की यात्रा कर सकते हैं। वैश्विक भूगोल के बाजार से कटकर आज कोई भी देश विकास की डगर पर चल नहीं सकता है। यह नव उपनिवेशवादी चारा है जिसका निमंत्रण सभी देशों को परोसा जा रहा है। कार्ल मार्क्स का यह कथन भूमन्डलीकरण के परोक्ष आन्दोलन पर प्रकाश डालता है, ''पूंजीवादी समाज का ऐतिहासिक कार्यभार है विश्व व्यापार की स्थापना जो उसकी बुनियाद पर टिकी होती है।'' **सच्चिदानन्द सिन्हा** का यह तर्क इस बात की पुष्टि करता है कि पूंजीवाद अपना वर्चस्व स्थापित करने में कोई कोर कसर नहीं छोड़ता है। ''भूमन्डलीकरण नाम तो अब प्रचलित हुआ है लेकिन पूंजीवाद के उदय से ही सभी पूंजीवादी प्रतिष्ठानों की महत्वाकांक्षा सारे संसार में अपना वर्चस्व फैलाने की रही है। लेकिन चूंकि कई देशों की सरकारें अपने यहाँ के पूंजीवादी प्रतिष्ठानों के हित साधने में लगी थी, राष्ट्रों के बीच संघर्ष पैदा होते थे। पहले ब्रिटेन का साम्राज्य दुनियां भर में फैला था इससे वहाँ एक तुष्टि का भाव था।[7]'' यह तुष्टि की भावना निश्चय ही उस पूंजीवादी बाजार की प्रवृत्ति थी जो निरन्तर एक देश की सीमाओं को लांघकर दूसरे देशों में प्रवेश करती है। ललचाई लाभ की भूख कभी सन्तुष्ट नहीं होती। इसीलिये भूमन्डलीकरण का आन्दोलन परोक्ष रूप में निरन्तर पूंजीवादी देशों के द्वारा चलाया जाता रहा है, जैसा कि आज अमेरिका कर रहा है।

प्रथम विश्व युद्ध के पहले विश्व अर्थतंत्र का भूमन्डलीकरण अपेक्षाकृत तीव्र गति से आगे बढ़ रहा था। आज के सन्दर्भ में कहें तो इस समय परिवर्तन को नया नाम दिया जा रहा था जैसे अन्तर्राष्ट्रीय आर्थिक एकीकरण, उत्पादन के नये तकनीकी माध्यम और साधनों की तलाश जिनकी उपेक्षा सम्भव नहीं थी। द्वितीय विश्व युद्ध की तस्वीर बिल्कुल पृथक थी। **सच्चिदानन्द सिन्हा** लिखते हैं ''द्वितीय विश्व युद्ध ने दुनियां की स्थिति को बिल्कुल बदल दिया। जापान और यूरोप के सभी औद्योगिक देश इस युद्ध में बुरी तरह ध्वस्त हो गए। लेकिन दो प्रतिरोधी राजनीतिक शक्तियों का उदय हो चुका था। एक तरफ अमेरिका न सिर्फ सैनिक दृष्टि से एक शक्तिशाली राष्ट्र के रूप में उभरा बल्कि औद्योगिक दृष्टि से भी एक मात्र अक्षत शक्ति बन गया था क्योंकि जापान और यूरोप के सभी औद्योगिक देश इस युद्ध में बुरी तरह ध्वस्त हो गये थे।[8]'' द्वितीय विश्व युद्ध के पश्चात अमेरिका एक शक्ति शाली पूंजीवादी देश

7. सच्चिदानन्द सिन्हा, भूमन्डलीकरण की चुनौतियाँ, भूमिका से
8. एस. उमादेवी, इकोनामिक एण्ड पोलिटिकल्, वीकली, पृष्ठ 4421.

के रूप में उभरा और कालान्तर में विश्व बाजार में नियोजित ढंग से उतरा। इस ग्लोब बाजार को आज भूमन्डलीकरण का नाम दिया गया है। इसे हम भूमन्डलीकरण के परोक्ष आन्दोलन की प्रक्रिया भी कह सकते हैं।

यह वह समय है जब भूमन्डलीकरण एक आर्थिक लुभावने, मनमोहक मॉडल के रूप में दुनियाँ के बाजारों में प्रवेश कर रहा है और अपने को स्थापित कर रहा है। यह पूंजीवाद और साम्राज्यवाद का नवीनतम रास्ता है जिसके द्वारा बहुर्राष्ट्रीय कम्पनियाँ अत्यधिक लाभ की आँच में हाथ सेकती हैं। इसीलिए कार्ल मार्क्स ने कम्युनिष्ट घोषणा पत्र में लिखा है कि ''अपने उत्पादों के बाजार की तलाश में बुर्जुआ इस पूरे भूमन्डल में दौड़ती है। इसे अपना नीड़ सर्वत्र बनाना है। इसे हर जगह बसना है। इसे अपना संबंध सभी स्थानों पर फैलाना है।[9]''

भूमन्डलीकरण आन्दोलन और अमेरिका की इसमें महत्त्वपूर्ण भूमिका निभाने के संबंध में 'जनमत' यह लिखता है कि ''अंततोगत्वा, भूमन्डलीकरण की मुहिम सत्ता पर और खासकर दुनिया की अकेली महाशक्ति या जैसा कि फ्रांसीसी लोग कहा करते हैं 'अतिशक्ति' अमरीका की सैनिक ताकत पर टिकी हुई है। भूमन्डलीकरण के समर्थक प्रसिद्ध अमरीकी पत्रकार तथा (दलेक्सस एण्ड आलिव ट्री) के लेखक टामस फ्रीडमैन ने अपनी किताब का अन्त इन शब्दों के साथ किया है, ''भूमन्डलीकरण की नयी प्रणाली को स्थायित्व प्रदान करने के लिए अमरीका अनूठी भूमिका निभा रहा है और जरूरी है कि वह इस भूमिका को निभाता रहे'' भूमन्डलीकरण परियोजना में अमरीकी महाशक्ति की केन्द्रीय भूमिका पर फ्रीडमैन काफी बल देते हैं। वे कहते हैं ''टिकाऊ भूमन्डलीकरण के लिए एक स्थायी शक्ति संरचना की जरूरत होती है। डिजिटल ध्वनि, वीडियो और आंकड़ों को दुनिया भर में संप्रेषित करने के लिए (सिलिकन वैली) इन्टरनेट और टेक्नोलाजी की जितनी योजनाएं बना रहा है, वह अपने खोजी के ज़रिये जिस कदर व्यापार और वित्तीय एकीकरण को संगठित कर रहा है, और वह जितना सम्पदा का निर्माण कर रहा है .....बाजार का छिपा हाथ एक छिपी मुट्ठी के बगैर काम नहीं कर सकता।[10]'' इस उद्धरण से स्पष्ट होता है कि महाशक्तिशाली अमेरिका भूमन्डलीकरण को परोक्ष रूप में आन्दोलन का रूप प्रदान कर रहा है। इसमें किंचित मात्र सन्देह भी नहीं है। **एस. उमा देवी** का विचार है कि भूमन्डलीकरण के विकास में यह बात महत्त्व रखती है कि यह विश्व की आर्थिक व्यवस्था को संगठित करती है। व्यापार और गतिशीलता के माध्यम से व्यक्ति को एक देश से दूसरे देश से जोड़ती है जैसे वे एक ही क्षेत्र के हों। ... स्थानीय जीवन-शैली और आदतें भूमन्डलीय आनुषंगिक बन जाती हैं। ग्लोबल समझ ग्लोबल संबंध स्थापित करते हैं।[11] दूसरे शब्दों में हम यह

9. सच्चिदानन्द सिन्हा, भूमन्डलीकरण की चुनौतियाँ, भूमिका से
10. पर्यवेक्षक, समकालीन जनमत, सितम्बर, 2002, पृष्ठ 22.
11. एस. उमा देवी, इकोनोमिक एण्ड पोलिटिकल वीकली, पृष्ठ 1109.

कह सकते हैं कि मानवीय संबंधों के द्वारा हम विश्व से जुड़ते हैं जैसे अपने क्षेत्र के लोगों से। इस प्रकार की भावना भूमन्डलीकरण आन्दोलन को बल प्रदान करती है। इसी भावना को **एंथनी गिडेन्स** भूमन्डलीकरण के संबंध में इस प्रकार व्यक्त करते हैं -

''इस प्रकार भूमन्डलीकरण को सामाजिक संबंधों के विश्व व्यापी सघनीकरण के रूप में परिभाषित किया जा सकता है जो दूर-दूर स्थित स्थानीयताओं को आपस में जोड़ देता है। यह सूत्र कुछ इस तरह से काम करता है कि स्थानीयताओं के दायरे में होने वाली घटनाओं की शक्ल सूरत उनसे बहुत दूर चल रहे घटनाक्रम के आधार पर बनती है और ऐसा ही असर स्थानीयताओं का घटनाक्रम स्वयं को प्रभावित कर रही सुदूर घटनाओं पर डालता है।[12]''

वास्तव में, 15वीं, 16वीं और 18वीं शताब्दी से जो औद्योगीकरण की प्रक्रिया आरम्भ हुई और 19वीं सदी तक आते-आते उसने भूमन्डलीकरण के प्रवेश के दरवाजे खोल दिये। उसने परोक्ष रूप में विश्व के अनेक देशों को अपने बाहुपाश में ले लिया। इसकी सशक्त जमीन उस समय तैयार हो गई जब गैट ने अपने अंगदी पाँव जमा लिये। **अभय कुमार दुबे** के यह विचार अपना अर्थ रखते हैं कि भूमन्डलीकरण का आन्दोलन परोक्ष रूप में किस रूप में विकसित हुआ और यथार्थ में परिणित हो गया। उन्हीं के शब्दों में ''सदी के आखिरी बीस वर्षों में खास बात यह हुई कि निर्यातोन्मुख विकास अपने आप में एक वैचारिक मानक बन गया क्योंकि आयात प्रतिस्थापना की नीतियाँ न तो विकासशील देशों में समाजवाद की रचना कर पायीं, और न ही वे उन्हें ठीक से आत्म निर्भर बना पायी। न वे राष्टीय तौर पर प्रबल हो पाये और न ही गैर-पूँजीवादी भूमन्डलीकरण आगे बढ़ पाया। विकास का जो रास्ता चुना गया था, वह पूंजी की सघनता वाला था। लगभग हर विकासशील देश के पास निवेश के लिये पूंजी की कमी थी। इस निवेश अन्तराल को पूरा करने के लिए विदेशी पूंजी की चाह बढ़ती जा रही थी। गैर पूंजीवादी भूमन्डलीकरण की विफलता और निवेश अन्तराल की समस्या का फायदा उठाकर पूंजीवादी भूमन्डलीकरण ने विश्व व्यापार के दायरे में लगभग सारी दुनियाँ को घसीट लिया।[13]''

भूमन्डलीकरण आन्दोलन जो आरम्भ में हमें परोक्ष रूप में दिखायी पड़ रहा था समाजवादी देशों की आर्थिक जगत् में असफलता के कारण पूंजीवादी देशों को आगे बढ़ने का अवसर प्राप्त हुआ। साथ ही वे देश जो देश के विकास में निवेश करने में सक्षम नहीं थे, वे पूंजीवादी देशों पर आश्रित हो गये। इस नयी निवेशी पूंजीवादी आर्थिक संरचना ने नव उपनिवेशवाद की भूमिका अभिनीत की और भूमन्डलीकरण का आन्दोलन तीव्रता से विश्व के देशों में पसरने लगा।

---

12. एंथनी गिडेन्स, भारत का भूमन्डलीकरण में उद्धत, पृष्ठ 39.
13. अभय कुमार दुबे, भारत का भूमन्डलीकरण, पृष्ठ 35.

गैट और भूमन्डलीकरण का आन्दोलन (GATT and Globalization)

द्वितीय विश्व युद्ध के पश्चात् अन्तर्राष्ट्रीय व्यापार को सुगम एवं विस्तृत बनाने और अन्तर्राष्ट्रीय सहयोग बढ़ाने के उद्देश्य से अन्तर्राष्ट्रीय व्यापार में वृद्धि करने पर बल दिया गया। इसी परिप्रेक्ष्य में वेटन बुडस सम्मेलन बुलाया गया जिससे अन्तर्राष्ट्रीय मुद्रा कोष एवं अन्तर्राष्ट्रीय व्यापार के स्वतंत्र स्वरूप संबंधी एक सन्धि की स्थापना की गयी जिसे हम प्रशुल्क और व्यापार का सामान्य समझौता (गैट) कहते हैं। गैट के संबंध में लिप्से एवं सटाइनर कहते हैं "व्यापार और प्रशुल्क संबंधी सामान्य समझौता युद्धेत्तर कालीन संसार की सर्वाधिक महत्त्वपूर्ण उपलब्धियों में से एक है। इसके अन्तर्गत विभिन्न राष्ट्र समय-समय पर परस्पर मिलते रहते हैं तथा सभी को लाभ पहुँचाने के ध्येय से प्रशुल्कों में कटौती के प्रश्न पर द्विपक्षीय वार्ता करते हैं।"

गैट की ऐतिहासिक पृष्ठभूमि को जानना आवश्यक है। 23 अक्टूबर 1947 को जेनेवा (स्वीट्जरलैण्ड) में 13 देशों के मध्य यह समझौता वार्ता सम्पन्न हुई। यह एक अस्थायी बहुपक्षीय आर्थिक अनुबन्ध था। गैट वार्ता का चक्र निरन्तर चलता रहा -

1. पहले पाच दौर की वार्ताओं के साथ पारस्परिक व्यापार समझौता अधिनियम 1934 में परिवर्तन हुआ।
2. छठे यानी केनेडी दौर की वार्ता वर्ष 1962, 1964 तथा 1967में व्यापार विस्तार अधिनियम के बाद हुई।
3. 1974 ;5 व्यापार अधिनियम के बाद टोक्यो दौर की वार्ता हुई।
4. उरूग्वे दौर की वार्ता चल ही रही थी तभी सर्व संग्रह व्यापार और प्रतिस्पर्धा अधिनियम 1988 बना। यह अधिनियिम व्यापारिक सहभागी के बाजार को अपने लिए जबरन खोलने के बारे में अमेरिकी व्यापार प्रतिनिधि को शक्तियाँ देता है।[14]

वास्तव में, यह वार्ता 1990 तक पूर्ण हो जानी चाहिए थी, किन्तु परस्पर मतभेद के कारण नहीं हो सकी। इस असफलता का मुख्य कारण था कि अमेरिका कृषि से सब सब्सिडी समाप्त करना चाहता था। जापान ने इसका विरोध किया। जापान ने सब्सिडी बन्द करने की बात भी अस्वीकार कर दी।

डंकल प्रस्ताव (Dankal's Resolution)

गैट के महानिदेशक आर्थर डंकल ने 20 दिसम्बर, 1991 को पहली बार जेनेवा की वार्ता टेबुल पर प्रस्ताव रखा जिसे हम डंकल प्रस्ताव के नाम से जानते हैं। इस प्रस्ताव में मुख्यतया 5 विषय हैं:

---

14. गैट का गड़बड़ झाला, पब्लिक इंटरेस्ट रिसर्च ग्रुप, दिल्ली, पृष्ठ 6.

1. ट्रिप्स (ट्रेड रीलेटड टू इन टेल्कूचूमल प्रोपर्टी राइटस) - विनियोग संबंधी व्यापार। इसके अन्तर्गत लेखाधिकार, प्रकाशनाधिकार, ट्रेडमार्क, प्रक्रिया पेटन्ट, उत्पाद पेटेन्ट आदि शामिल हैं।
2. ट्रिम्स (ट्रेड रीलेटड टू इनवेस्टमेन्ट मेजरस) - विनियोग संबंधी व्यापार इसमें पूंजी निवेश, तकनीकी निवेश, भुगतान प्रणाली, विदेशी मुद्रा का उपयोग आदि आते हैं।
3. गैटस (जनरल एग्रीमेन्ट आन ट्रेड इन सर्विस सेवा संबंधी व्यापार पर समझौता) - इस वर्ग के अन्तर्गत बहुराष्ट्रीय कम्पनियों की सेवा क्षेत्र में भी प्रवेश की बात कही गयी है। इसमें कहा गया है कि सेवा को व्यापार के रूप में मानकर इसका भी पेटेन्ट किया जाय। इस क्षेत्र में आते हैं - बैंक, जीवन बीमा, परिवहन, एयरवेज़, वाटरवेज़, शिक्षा, स्वास्थ्य, संचार, डाक, तार, विद्युत उत्पादन एवं वितरण आदि।
4. कृषि - इसमें सभी कृषकों को दी जाने वाली घरेलू सब्सिडी की सीमा 1999 तक 10 प्रतिशत कर देने का प्रावधान है।
5. वस्त्र (टेक्सटाइल) - इसके अन्तर्गत बहुरेशा, जिसके तहत आयातक देश के आयात पर प्रतिबंध और निर्यातक देश को सस्ते दर पर निर्यात करने पर प्रतिबन्ध का अधिकार प्राप्त है जिसे 10 वर्षों में चरण बद्ध तरीके से समाप्त करने का प्रावधान है।

   डंकल मसौदे के पाठ्य डी.डी.टी. पर चर्चा इस उम्मीद के तहत वर्ष 1992 के मध्य अप्रैल तक टाल दी गई थी कि तब तक समझौता हो जायगा और पहली जनवरी 1993 से नई बहुपक्षीय व्यापार प्रणाली शुरू हो जायेगी। लेकिन विकसित देशों के मतभेद दूर न हो पाने के कारण वार्ता एक बार फिर टूट गई।[15]

गैट विश्व के पूंजीवादी देशों की एक सोची समझी चाल थी जिसका प्रभाव विश्व के व्यापार पर पड़ना लाजिमी था। उदाहरण के लिये व्यापार का भूमन्डलीकरण किया जायगा इसमें अनुमानतः 200 अरब डालर मूल्य की वृद्धि होगी। इस वृद्धि से विकसित देशों का हिस्सा 60 प्रतिशत और विकासशील देशों का 40 प्रतिशत होगा। इसमें भारत का हिस्सा मात्र 1.5 प्रतिशत से 2 अरब डालर का होगा। वर्तमान में विश्व व्यापार में भारत की हिस्सेदारी 0.5 प्रतिशत है। इस नीति के तहत अफ्रीकी देशों को हानि उठानी पड़ेगी। सच तो यह है कि इस गैट के अनुबन्ध से विकसित देशों और बहुराष्ट्रीय कम्पनियों को अधिक से अधिक लाभ प्राप्त होगा। संचार माध्यमों पर बहुराष्ट्रीय कम्पनियों और उद्योगपतियों का कब्जा बढ़ता जायगा। साम्राज्यवादियों की शक्तियों में वृद्धि होने से उपनिवेशीवादी प्रवृत्ति पर निरन्तर वृद्धि होती जायगी। इन तमाम कारणों से भारत में गैट का विरोध किया जा रहा है। भारत में डंकल प्रस्तावों का विरोध अर्थशास्त्रियों, वकीलों, वैज्ञानिकों, कार्यकर्ताओं,

---

15. गैट का गड़बड़ झाला, पब्लिक इंटरेस्ट रिसर्च ग्रुप, दिल्ली, पृष्ठ 20.

पत्रकारों, सांसदों और अब किसानों की ओर से भी हो रहा है।[16] कटु सत्य यह है कि आज 70 प्रतिशत विश्व व्यापार 500 कम्पनियों के कब्जे में है जो 8 प्रतिशत विदेशी निवेश और दुनियाँ के 30 प्रतिशत कुल घरेलू उत्पाद को नियंत्रित करती है।

भारत में भूमन्डलीकरण के आन्दोलन (Globalization in India)

स्वतंत्रता के पश्चात् भारतीय सरकार ने समय-समय पर विकास की नीतियों को रेखांकित किया है। देश के आर्थिक ढाँचे को कैसे सुदृढ़ किया जाय जिससे देश के व्यक्तियों की आवश्यकताओं की पूर्ति हो सके। व्यक्ति के जीवन-स्तर में वृद्धि हो सके, साथ ही राष्ट्रीय आय में भी इजाफा हो सके। आरम्भ में सत्ताधारियों ने कल्याणकारी राज्य का लक्ष्य रखा पर आगे चलकर यह लोकतांत्रिक समाजवाद के आदर्श में ढल गया। नेहरू की समाजवादी अर्थव्यवस्था न तो रूस और न चीन की तरह है। उन्होंने स्पष्ट कहा है कि "मैं साम्यवादियों से बहुत दूर हूँ। उनकी अपेक्षा में कहीं अधिक मानवतावादी हूँ। मैं मार्क्स के सिद्धान्त की कट्टरता को पसन्द नहीं करता, यद्यपि मार्क्स ने अपनी पुस्तकों में जो लिखा है उनको चुनौती नहीं देता। साथ ही आधुनिक साम्यवाद के एक वर्गीकरण के सिद्धान्त और अपधर्म को पसन्द नहीं करता। इस तरह साम्यवाद के सिद्धान्त को कार्यरूप में देने के लिये उनके लिये समष्टि और व्यक्ति में कोई भेद नहीं है।" भारत की अर्थनीति मिश्रित अर्थव्यवस्था पर आधारित है। इस नीति का 1954 में संसद ने पारित किया था जिसका लक्ष्य था लोकतंत्रीय पद्धति से देश में समाजवाद की स्थापना करना, किन्तु कालान्तर में यह नीति मुँह के बल गिर गयी।[17] 1991 में जब नरसिम्हाराव ने प्रधान मंत्री की गद्दी सम्भाली तो देश आर्थिक रूप से जर्जर हो चुका था। इसे "गुरु चरणदास ने अपनी पुस्तक 'इंडिया अनबाउंड' में भूमन्डलीकरण की शुरूआत की यह कहानी बड़े दिलचस्प अन्दाज में बयान की है। दास के अनुसार 21 जून, 1991 को नरसिम्हाराव सरकार ने शपथ ली और अगले दिन राष्ट्र को बताया कि आर्थिक संकट की तलवार सिर पर झूल रही है।

...भारत के पास केवल दो हफ्ते के आयात के बिल चुकाने लायक क्षमता रह गयी है, यानी देश दीवालिया होने के कगार पर खड़ा है, और राव ने प्रमुख विपक्षी नेताओं की एक कमरा बन्द बैठक बुलायी और उन्हें बताया कि मुद्रा कोष से कर्ज लेने के अलावा अब कोई चारा नहीं है।[18]"

1991 से 1997 के मध्य भारत की आर्थिक नीतियाँ बदलने लगी। मिश्रित अर्थव्यवस्था और लोकतंत्रीय समाजवाद की अवधारणा कहीं पीछे छूटती दिखायी देने लगी। पूंजीवादी

---

16. गैट का गड़बड़ झाला, पब्लिक इंटरेस्ट रिसर्च ग्रुप, दिल्ली, पृष्ठ 24.
17. वी.एन.सिंह, दि अण्डर लाइन, सितम्बर 1999, पृष्ठ 12.
18. सा. अभय कुमार दुबे, भारत का भूमन्डलीकरण, पृष्ठ 44.

देशों के प्रभाव और दबाव से भारत भूमन्डलीकरण और उदारीकरण के बाजारवाद में प्रवेश कर गया। इस तर्क को प्रचारित किया जाने लगा कि भारत अन्तर्राष्ट्रीय बाजारवाद से अपने को अलग कैसे कर सकता है। विकासशील देशों को वैश्विक गांव का सदस्य बनना ही होगा। यह देश की प्रगति के लिये अत्यन्त आवश्यक है कि वह विश्व बाजार का एक महत्त्वपूर्ण और प्रभावशाली अंग बने।

इसी नीति के तहत भारत में वैश्विक बाजारवाद को प्रोत्साहित किया जाने लगा। अमरीका निरन्तर इस बात का प्रचार करता है कि विकासशील देश अपनी आर्थिक समस्याओं व कठिनाइयों को मुक्त नवीन विश्व अर्थव्यवस्था से ही हल कर सकता है। वे देश जो इस व्यवस्था में शामिल नहीं होंगे, वे प्रगति और विकास की दौड़ में पीछे छूट जायेंगे। अमरीकी अर्थव्यवस्था को बल इसलिये भी प्राप्त हो रहा है कि रूस का आर्थिक ढाँचा खण्ड-खण्ड हो गया है। इसका परिणाम यह हुआ कि विकासशील देशों पर अमरीका का दबाव बढ़ता गया। इस तरह अमेरिका, जो भूमन्डलीकरण का नेतृत्व कर रहा है उसका प्रभाव विकासशील देशों पर दिन पर दिन बढ़ता ही जा रहा है। उसमें भारत भी एक देश है। इस दबाव की भूमिका में विश्व बैंक और अन्तर्राष्ट्रीय मुद्रा कोष की भूमिका अह्म है। भूमन्डलीकरण की नीति के तहत बहुराष्ट्रीय कम्पनियों को बाजार में अपना समान बेचने की खुली छूट दी जा रही है। यही कारण है कि भारत में आज लगभग 4600 विदेशी कम्पनियाँ हैं। अंग्रेज शासक भी भारत में व्यापारी बनकर आये थे। आज विदेशी पूंजीपति भी यही कर रहे हैं। वास्तव में, विकसित देश मुक्त व्यापार की छूट चाहते हैं जिससे विकासशील देशों को अन्तर्राष्ट्रीय प्रतिस्पर्धा से बाहर करके अपना पूर्ण एकाधिकार बाजार पर कर सकें। ग्लोबल पैकेज में जो डंकल का प्रस्ताव है उसमें भारत को कहीं कुछ भूमन्डलीकरण का लाभ प्राप्त होगा तो मात्र चावल, चाय, सूती वस्त्र, स्वर्ण आभूषण में। यह कैसी प्रतिस्पर्धा है कि स्वदेशी वस्तुयें विदेशी वस्तुओं के सम्मुख अपना व्यावसायिक आधार खोती जा रही हैं। भारत के बाजार में छोटी से छोटी विदेशी चीजें सरलता से देखी जा सकती हैं। गंगा और जमुना के देश में जब बोतलों में पीने का पानी भी विदेशी बनकर बिकने लगा तो आप अनुमान लगा सकते हैं कि भारत का धन विदेशों को कितना जा रहा है। इस तरह भूमन्डलीकरण ने भारत में नव उपनिवेशी आर्थिक पूंजीवाद की स्थापना कर दी।

भूमन्डलीकरण और गैट के विरोध में तर्क
(Arguments against Globalization and GATT)

निम्नलिखित बिन्दुओं के आधार पर भारत के राजनीतिज्ञ, बुद्धिजीवी और मध्यम श्रेणी के व्यवसायी भूमन्डलीकरण के परोक्ष रूप में पसरते आन्दोलन के विरोध में हैं-

1. इन्दर गुजराल रिपोर्ट के अनुसार, इसका कृषि, सार्वजनिक वितरण, विदेशी पेटेन्ट

कानून से देशी दवा आदि अत्यधिक महंगी होगी और निर्धन जनता आवश्यक दवायें भी क्रय नहीं कर सकेगी।

2. कृषि जिन्सों पर विदेशी कड़े मानक के कारण निर्यात प्रभावित होंगे।

3. भारत अधिकांश मामलों में उत्पादन की प्रक्रिया पर पेटेंन्ट अधिकार देता था न कि उत्पादन पर। अब दोनों क्षेत्रों में उसे अधिकार देने होंगे।

4. सरकार खरीद (गवर्नमेन्ट प्रोक्योरमेन्ट लोबी) पर पूर्ण प्रतिबन्ध होगा। इसका परिणाम यह होगा कि सरकार मूल्य नियंत्रण के अधिकार से वंचित हो जायेगी।

5. लोबी के माध्यम से ही सरकार कृषकों की उपज को क्रय करके उन्हें राहत प्रदान करती है।

6. **डॉ. मकबूल हक आयोग** ने संयुक्त राष्ट्र विकास कार्यक्रम के लिये जो मानव विकास रपट 1992 में प्रस्तुत की, उसके अनुसार "दिन रात की ढोल बाजी के बावजूद अन्तर्राष्ट्रीय स्तर पर तीसरी दुनियाँ के देशों को विश्व के व्यवसायिक बैंकों से महज 0.3 प्रतिशत कर्ज समूचे विश्व का महज 1.3 प्रतिशत निवेश, विश्व व्यापार में महज 2 प्रतिशत की भागीदारी और समूचे विश्व की आमदनी के सन्दर्भ में महज 1.4 प्रतिशत मिल पाता है।" यह असमान वितरण है। इस वितरण के सौदेबाजी में भारत घाटे में ही रहता है। "पर इतना ही नहीं होता है, चूँकि विदेशी पूंजी ही आर्थिक वृद्धि का एक मात्र रास्ता बन जाती है, इसलिये देश के विभिन्न इलाके विदेशी पूंजी को प्राप्त करने की होड़ में लग जाते हैं और इसलिये देश में अलगाववादी प्रवृत्तियां उभरती हैं। राष्ट्रीय अर्थव्यवस्था की अवधारणा दिन ब दिन अप्रासंगिक होती जाती है।[19]"

भूमन्डलीकरण का आन्दोलन 21वीं सदी की जरूरत के रूप में देखा जा रहा है। (विश्व गांव) की कल्पना विश्व आर्थिक व्यवस्था का प्रतिनिधित्व करती है जिसकी भावना है परस्पर सहयोग। वे देश जो आर्थिक रूप से पिछड़े हैं और अर्द्ध विकसित हैं उन्हें आर्थिक सहायता दी जाय और उनकी विकास की गति को बढ़ाया जाय। किसी सीमा तक यह भी उचित प्रतीत होता है कि आज के विज्ञान, तकनीकी और सूचना क्रांति के युग में कोई देश अन्तर्राष्ट्रीय बाजार और समझौतों से अपने को अलग कैसे रख सकता है। इसलिये इस प्रकार के अवसर छोड़े नहीं जाते बल्कि उनका भरपूर लाभ उठाया जाता है। इसके साथ ही साथ हमें यह ध्यान रखना होगा कि हम भूमन्डलीकरणीय बाजार में इतना न खो जायें कि भारत का स्वदेशी बाजार लुप्त हो जाय। हमारा बाजार विदेशी न बन जाय और भारत के श्रमिक और व्यवसायी अपनी ही भूमि से अलग न हो जाय। हमें केवल आर्थिक क्षेत्र पर ही ध्यान नहीं रखना है, वरन् सामाजिक, सांस्कृतिक और राजनीतिक स्वरूप को भी भारतीय बनाये रखना है। भूमन्डलीकरण का प्रभाव हमारी संस्कृति पर जिस रूप में पड़ रहा है वह खतरनाक है। संस्कृति राष्ट्र की आत्मा और पहचान होती है। सूचना क्रांति हमारी

19. फिलहाल, मार्च-2001, श्रीकृष्ण नगर, पटना.

संस्कृति को नष्ट भ्रष्ट कर रही है। यह चेतावनी भी है और चुनौती भी। इसकी तरफ संकेत करता हुआ अखिल भारतीय जन प्रतिरोध मंच लिखता है कि ''जैसा कि हम अच्छी तरह जानते हैं, भूमन्डलीकरण साम्राज्यवादियों द्वारा विश्व की उत्पीड़ित जनता, खासकर एशिया, अफ्रीका एवं लातिन अमेरिका के देशों की जनता की लूट को अधिकाधिक बढ़ाते जाने की नीति है। यह 1970 के मध्य से उनके गहराते संकट से बाहर निकलने का रास्ता है। साम्राज्यवादियों को पता है कि भूमण्डलीकरण की प्रक्रिया के साथ अभूतपूर्व रफ्तार से व्यापक गरीबी, बेरोजगारी, भुखमरी, भयानक बीमारियों का पैदा होना एवं पर्यावरण का विनाश होना लाजिमी है। इससे दुनियां भर में साम्राज्यवाद विरोधी आन्दोलनों एवं साम्राज्यवादी मारकाट के खिलाफ सशस्त्र प्रतिरोध का उभरना सुनिश्चित है। उत्पीड़ित वर्गों की यह एकता, जो निश्चित रूप से होनी है, भूमन्डलीकरण के सूत्रधारों का सर्वनाश कर देगी।[20]''

भूमन्डलीकरण का विकल्प (Globalization : An Alternative)

भूमन्डलीकरण के विरुद्ध अनेक देशों में जोर-शोर से आवाज़ उठायी गयी है कि भूमन्डलीकरण ही क्यों? इसके नानाविध विकल्प हो सकते हैं। अभी तक इस बात का प्रचार अमेरिकन एजेन्सियाँ कर रही थी कि भूमन्डलीकरण का कोई भी विकल्प नहीं, किन्तु आजकल टामा (बहुत से विकल्प मौजूद है।) का प्रचलन जोरों पर है। टामा को शक्ति प्रदान करने वाला वर्ल्ड सोशल फोरम (डब्लू.एस.एफ.) का गठन है और वेबसाइटस द्वारा इसका प्रचार किया जाना है। डब्लू.एस.एफ. अब भूमन्डलीकरण के अनेक विकल्पों और यहाँ तक कि अनेक विश्वों की कल्पना करने लगा है। इस परिप्रेक्ष्य के साथ डब्लू.एस.एफ. स्वयं को महाद्वीपीय और राष्ट्रीय स्तर के संस्करणों जैसे यूरोपीय सोशल फोरम, अफ्रीकी सोशल फोरम, एशियाई सोशल फोरम[21] आदि को स्थापित कर रहा है। डब्लू.एस.एफ. का जन्म पोर्तो अलेग्रे उद्घोषणा (दूसरा विश्व सम्भव है) के साथ हुआ है।

वास्तव में, भूमन्डलीकरण के विरुद्ध डब्लू.एस.एफ. और इससे जुड़े विश्व भर के एन.जी.ओ. ने नव उपनिवेशवादी आर्थिक साम्राज्यवाद के विरुद्ध आवाज बुलन्द की। नियोजित ढंग से इसके खिलाफ प्रोपेगन्डा किया गया। इसके कुप्रभाव के अनेक स्वरूपों का वर्णन किया गया। बुद्धिजीवियों ने भूमन्डलीकरण से जन्मी लूट की संस्कृति का भंडा-फोड़ किया। विश्व स्तर पर नव उपनिवेशवादियों की उदारवादी बाजार नीति का पर्दाफाश किया गया।

पी.जे. जेम्स लिखते हैं कि डब्ल्यू.एस.एफ. प्रस्तुत ''बहु विकल्पों के सूत्रीकरण में यह अच्छी तरह चरितार्थ होता है। ... डब्ल्यू.एस.एफ. का हर संस्करण या आयोजन का नतीजा इसके द्वारा प्रस्तुत भूमन्डलीकरण के विकल्प के संस्करण या स्थानीयकरण जैसे

20. सा. विश्वनाथ मिश्र, दायित्व बोध, पृष्ठ 41.
21. सा. विश्वनाथ मिश्र, दायित्व बोध, वही, पृष्ठ 52.

दूसरा एशिया, (दूसरा अफ्रीका), दूसरा लातिन अमेरिका, (दूसरा भारत) और यहाँ तक कि दूसरा केरल इत्यादि में होता है। .... यह फेहरिस्त बढ़ती जाती है।[22]'' इस तरह की अराजनीतिक विचारधारा भूमन्डलीकरण के विरुद्ध जमीन बनाने में सफल नहीं हो पाती है, क्योंकि यह प्रत्येक देश के लिये पृथक-पृथक प्रकार के विकल्पों का नारा देते हैं जो भूमन्डलीय अर्थ व्यवस्था के विरुद्ध खड़ा होने में असमर्थ है। इस आधार पर यह कहा जा सकता है कि भूमन्डलीकरण के परोक्ष आन्दोलन को नकारा नहीं जा सकता है। वे समाजवादी शक्ति और देश जो नव उपनिवेशवादी आर्थिक साम्राज्यवाद का विरोध आज तक कर रही थी, उन्हीं के देश में आज विदेशी कम्पनियाँ माल बेच रही हैं। विभिन्न चीजों का उत्पादन कर रही हैं, पर ये समाजवादी देश आँखें खोल और दिमाग खुला रखकर इसे अपना रही है। लेकिन भारत में एक धनाढ्य और पूंजीपति वर्ग भूमन्डलीकरण आन्दोलन का समर्थक है और कुछ बुद्धिजीवी जो पाश्चात्य सभ्यता और संस्कृति के पोषक और समर्थक हैं वे भी इस वर्ग में आते हैं। एक वर्ग का व्यापारिक संबंध विदेशों से है और दूसरों के बच्चे विदेशों में डालर और पौण्ड अर्जित कर रहे हैं। भारत के करोड़ो-करोड़ों लोग जो गरीबी रेखा से आज भी नीचे हैं वे भूमन्डलीकरण, उदारीकरण, बाजारवाद, नव उपनिवेशवाद का अर्थ ही नहीं समझते। ये तो दो समय का भोजन अर्जित करने में ही सारा जीवन गंवा देते हैं। इनका स्वदेशी पूंजीपति भी शोषण करते हैं और विदेशी भी इनके श्रम का उन्हें उचित पारश्रमिक नहीं देते। इनके लिये दोनों ही सम्मानित लुटेरे और शोषक हैं।

---

22. पी.जे. जेम्स, दायित्व बोध, पृष्ठ 53.

References

Devi, Uma, Economic and Political Weekly, Mumbai.

Dubey, Abhai Kumar (ed.), Bharat Ka Bhumadalikaran, Vani Prakashan, Delhi.

GATT Ka Garbar Jhala, Public Interest Research Group, Delhi.

Ibosh, Itihas Bodh, June, 2003, Teliyaganj, Allahabad.

Parvechhak, Samkaleen Janmat, Madandhari Bhavan, Patna.

Philhal, Srikrishan Nagar, Patna.

Red Star, Govindpuri, Kalkaji, New Delhi.

Sawaminathan, Shrilata, Adhi Jameen, September, 2001, Samkaleen Prakashan, Patna.

Singh, Narendra and Seema Devi, Kurushetra, Gramina Vikas Mantralya, New Delhi.

Sinha, Sachidananad, Bhumandalikaran Ki Chunautiya, Vani Prakashan, New Delhi.